2019
中国投入产出
理论与实践

主编：赵同录　陈　璋　杨翠红

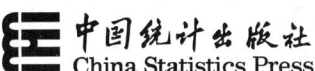

中国统计出版社
China Statistics Press

图书在版编目(CIP)数据

中国投入产出理论与实践. 2019 / 赵同录,陈璋,杨翠红主编. —— 北京:中国统计出版社,2021.9
ISBN 978-7-5037-9569-5

Ⅰ. ①中… Ⅱ. ①赵… ②陈… ③杨… Ⅲ. ①投入产出分析-中国-文集 Ⅳ. ①F223-53

中国版本图书馆 CIP 数据核字(2021)第 184544 号

中国投入产出理论与实践 2019

编　　者	/ 赵同录　陈璋　杨翠红
责任编辑	/ 冯诗萌
封面设计	/ 李雪燕
出版发行	/ 中国统计出版社有限公司
通信地址	/ 北京市丰台区西三环南路甲 6 号　邮政编码/100073
电　　话	/ 邮购(010)63376909　书店(010)68783171
网　　址	/ http://www.zgtjcbs.com
印　　刷	/ 河北鑫兆源印刷有限公司
经　　销	/ 新华书店
开　　本	/ 787×1092mm　1/16
字　　数	/ 588 千字
印　　张	/ 26.25
版　　别	/ 2021 年 9 月第 1 版
版　　次	/ 2021 年 9 月第 1 次印刷
定　　价	/ 140.00 元

中国统计版图书,版权所有,侵权必究。
中国统计版图书,如有印装错误,本社发行部负责调换。

《中国投入产出理论与实践－2019》
编辑委员会

主　　编：赵同录　陈　璋　杨翠红

副 主 编：（以拼音为序）

　　　　　郭菊娥　何建武　潘文卿　宋　辉

　　　　　夏　明　徐雄飞　许　健　张亚雄

编辑人员：（以拼音为序）

　　　　　陈　杰　耿安齐　贾俊霞　李秀婷　李益祯

　　　　　林　晨　刘秀丽　沈　哲　曾宪欣　张红霞

　　　　　张　乐　张卓颖　周晓波

编者说明

2019年8月16日—18日，中国投入产出学会第十一届年会在西安召开。本届年会的参会人员超过160人，共收到论文全文或摘要115篇，在年会上报告的论文有90篇。本届年会的参会人员来自于各高校、科研单位和政府统计系统，还有来自国外的学者。参会的专家学者对每个专题都进行了深入广泛的交流讨论，共同促进投入产出研究的发展和投入产出技术在各个领域中的推广。同时，本届年会继承了往届年会重视国际交流的传统，邀请了日本投入产出学会组织的团队参会，并特别设立了英文报告组，促进了国际间的交流与合作。

按照惯例，中国投入产出学会在每次年会结束后由学会秘书处组织专家对参会论文进行匿名评审，经过筛选，编辑出版论文集。对于本次评审工作，秘书处总结以往的经验，根据理事长会议的建议和要求，考虑论文作者的意愿，并遵循"精选优选"的原则，组织、推进了评审工作。整个评审过程进行了两轮，最终入选27篇论文。

根据入选论文的实际情况，27篇文章分为四个专题，包括：专题一，投入产出基础理论与方法；专题二，区域协同发展研究；专题三，产业发展与产业结构演变研究；专题四，贸易与价值链分析。本届年会论文集有两个特点，一是密切关注现实的热点问题，既有理论、方法和编表实践上的研究进展，也与中国经济发展的实际紧密结合；二是与投入产出领域的国际研究前沿保持了很好的一致性。

需要说明的是，由于水平有限，不足与错误之处在所难免，恳请广大读者批评指正！

编 者

2021年9月

目　录

■ **专题一　投入产出基础理论与方法**

列昂惕夫动态投入产出模型平衡增长解的推广/徐大举　张海燕 …………… 3
基于实物价值投入产出模型的企业产品价值形成研究/宋　辉　王笑阳 …… 16
投入产出技术在新疆的推广与应用/刘　用 ………………………………… 33
在投入产出框架下探讨单双缩减法对经济增长率测算的影响分析/李　洁　戴艳娟 …… 42
我国投入产出表中进出口数据的编制方法及思考/耿安齐 ………………… 57

■ **专题二　区域协同发展研究**

中国区域价值链的空间分布及演化特征——以交通运输设备制造业为例/张卓颖
　　石敏俊 …………………………………………………………………… 67
火力发电行业水足迹量化研究——以张掖市为例/马　忠　王　浩 ……… 84
北京市行业能源消耗碳排放效应的分解研究/王　玢　袁剑琴　唐夕茹　张　伟
　　宋　扬　徐丽萍 ………………………………………………………… 94
产业关联、地理距离与区域协同——基于中国区域投入产出表的京津冀产业影响研究/
　　武　帅　胡秋阳 ………………………………………………………… 105
京沪深区域间及其对中国其他区域经济联系研究——2012年深圳市与中国
　　（深圳以外）区域间投入产出表的编制以及分析/郭佳宁　居城琢 …… 117
京津冀地区间产业隐含能、隐含碳及隐含增加值流动——基于2017年京津冀地区间投
　　入产出表的分析/于浩杰　张铁军　唐志鹏　王　滨　郑晓光　束映川 …… 133
广西经济增长动能转换研究——基于广西投入产出表/庞丽萍　谢再统　陈家芹
　　兰佳信　廖鸣霞 ………………………………………………………… 147
税收政策与经济增长的关系研究/苑立波　王莉芳 ………………………… 164
基于云南固定资产投资对经济影响的实证分析/胡明武　曲　卓 ………… 175

■ **专题三　产业发展与产业结构演变研究**

对我国近年来总体产值利润率变动趋势的因素分解分析——基于产业分工视角的投入
　　产出分析/程　远　胡秋阳 ……………………………………………… 189
高技术产业创新活动的影响分析——基于R&D产业间溢出效应/张红霞

夏梦寒……207

我国就业增长与就业结构变迁因素分析/张　瑜　杨翠红……224

我国生产性服务业与制造业互动关系及区域差异——基于三部门投入产出结构分解模型/陈瑾玫……236

北京需求结构优化对经济增长影响及相关预测模型研究/廖明球　张恪渝　王璐瑶
　安　禹　张志强　高孚嘉　王　滨　郑晓光　束映川……256

广西制造业转型升级对经济、能耗和就业的效应研究——基于广西2017年投入产出表/唐　旭　黄保荣　袁夏莹　蔺　龙　黄靖贵……276

江苏现代产业体系发展现状及特征分析——基于2017年投入产出表/李宝会　张远征
　高　斌　刘瑞琪……295

中国先进制造业与现代服务业深度融合发展研究/陈汉臻　李国锋　彭丽芳
　王　媛……312

专题四　贸易与价值链分析

从投入产出视角看中美贸易平衡问题——兼论中美贸易摩擦动因/陈　璋
　寇宏伟……335

我国扩大进口是否有助于解决内需不足问题——基于国家间投入产出模型的分析/
　潘高远……345

中国增加值出口贸易规模核算研究/郑珍远　郑姗姗　刘艺辉　颜　晓……362

中国技术类别制造业全球价值链嵌入动态研究/金继红……378

基于投入产出技术的中美贸易摩擦对广东经济影响研究/杨新洪　夏南新　杨少浪
　李珠桥　蔡晓冰　陈宇游　张旭杏　冯　祥　王铭婵……391

专题一

投入产出基础理论与方法

列昂惕夫动态投入产出模型平衡增长解的推广

徐大举　张海燕

摘要：本文首先给出了可约矩阵的一般置换相似标准型,研究了奇异点的集合与终点的集合相等,并且集合中元素的个数大于等于2的非负可约矩阵、对应于特征值为谱半径的正特征向量的个数问题。其次,基于以上非负矩阵的谱理论,对列昂惕夫动态投入产出模型的平衡增长解进行了推广。具体来讲,基于提出的平衡增长解集合锥的概念,分别讨论了在什么条件下,模型没有平衡增长解,即平衡增长解集合锥是零锥;在什么条件下模型存在唯一的平衡增长解,即平衡增长解集合锥是一维的;在什么条件下模型存在多个平衡增长解,即平衡增长解集合锥是多维的。最后,解释了这些不同条件的经济意义。

关键词：列昂惕夫动态投入产出模型　平衡增长解　非负矩阵

一、引言

近年来,投入产出技术在对外贸易和全球价值链、区域、环境等重大问题分析中发挥了重要作用。然而,在重视投入产出技术应用的同时,更应该重视它的理论研究。本文就是一篇关于投入产出技术理论研究的文章,主要研究了列昂惕夫动态投入产出模型的平衡增长解的推广。

自20世纪80年代以来,国内外的一些学者对列昂惕夫动态投入产出模型的平衡增长解进行了研究。1985年和1988年,Szyld D. B. 研究了平衡增长解存在的条件,但是,没有涉及解的个数问题。2001年Lisheng Zeng首先研究了对应于特征值为谱半径,非负矩阵存在唯一一个正的特征向量的充分必要条件,提出了基本特征子向量(Basic Characteristic Sub-vector)这一概念,给出了正的特征向量中的每个剩余分量是这个基本特征子向量的分量的线性函数,并且给出了线性函数的解析表达式。然后,基于上述非负矩阵的谱理论,以及迭代矩阵(Iteration Matrix)和M-分裂(M-Splitting)等组合矩阵理论的概念,给出了列昂惕夫动态投入产出模型存在唯一的平衡增长解的充分必要条件,最后解释了这些条件的经济含义。2015年,曾力生进一步研究了有一个正的特征向量的非负矩阵的谱性质,给出了非负矩阵与对应的非奇异M-矩阵的逆矩阵之间的关系,研究了迭代矩阵的谱性质,然后与列昂惕夫动态投入产出模型存在唯一的平衡增长解的等价条件相对偶,得出了列昂惕夫投入产出价格模型存在唯一的生产价格的等价条件。

基于以上学者的研究,本文对列昂惕夫动态投入产出模型的平衡增长解进行了一般化研究。与曾力生的研究方法相同,本文首先发展和完善了数学理论,包括可约矩阵理论,非负矩阵的谱理论等;其次,将这些理论应用到投入产出技术中,得到一些具有普遍性的结论。本文的创新点包括:对于可约矩阵,在弗罗贝尼乌斯标准型的基础上,提出了一般置换相似标准型的概念;对于列昂惕夫动态投入产出模型,引入了平衡增长解集合锥的概念;对列昂惕夫动态投入产模型的平衡增长解,进行了一般化研究。

全文共分四部分。第二部分为数学概念和符号,以及引理和定理。在列举出的5个引理中,引理3是著名的佩龙－弗罗贝尼乌斯(Perron-Frobenius)定理的一部分内容,也是关于非负矩阵理论经典的结论。引理2是本文结论的重要基础,结论定理2是引理2的一个特殊情况,只是在本文中定理2清晰地反映出这种特殊情况下,特征子空间的基和维数。定理3基于定理2,定理4(在第三部分)基于引理1和定理2,定理5(在第三部分)基于定理3。第三部分为列昂惕夫动态投入产出模型的平衡增长解的推广。首先,给出列昂惕夫动态投入产出模型的定义,给出模型的平衡增长解的定义;其次,基于矩阵的特征子空间的概念,本文首次提出了模型的平衡增长解集合锥的概念;最后,给出了在不同的条件下,模型的平衡增长解集合锥分别为零锥、一维和多维的情况。第三部分说明,数学家之所以研究矩阵图、简化图、M-分裂和迭代矩阵的谱性质等问题,是因为要解决经济中、工程中等现实生活中出现的问题。第四部分讨论了在投入产出技术领域,上述不同条件的经济意义。

二、数学理论

(一)概念和符号

关于非负矩阵分类的概念。实数矩阵 T 称为是非负的(Nonnegative),如果它的所有元素都是非负的,记为 $T \geqslant 0$,非负矩阵 T 称为是半正的(Semi-Positive);如果 $T \neq 0$,记为 $T > 0$;如果 $T > 0$,并且 T 至少有一个元素为零,那么称半正矩阵 T 为严格半正的。半正矩阵 T 称为是严格正的(Strictly Positive),如果它的所有元素都是正的,记为 $T \gg 0$,上述关于矩阵的概念,同样可以用来定义向量。

在本文中,一些地方稍加改动,比如矩阵 A 本文改为矩阵 T;矩阵 A 置换相似于一个下三角分块矩阵本文改为矩阵 T 置换相似于一个上三角分块矩阵[①]。

实数矩阵 $T = (t_{ij})_{n \times n}$,集合 $\langle n \rangle = \{1, 2, \cdots, n\}$,定义矩阵 T 的有向图(Directed Graph):顶点集合为 $\langle n \rangle$,对于任意 $i, j \in \langle n \rangle$,有且只有 $t_{ij} \neq 0$ 时,才存在一条有向弧 (i, j)。矩阵 T 的有向图记为 $G(T)$,简称为矩阵图。称矩阵图 $G(T)$ 是强连通的(Strongly Connected),如果对于任意的 $i, j \in \langle n \rangle$,总有一条从顶点 i 到顶点 j 的路,或者 $G(T)$ 只有一个顶点。当 $G(T)$ 是强连通有向图时,矩阵 T 称为不可约矩阵(Irreducible Matrix);否则,称为可约矩阵(Reducible Matrix)。矩阵图 $G(T)$ 的一个最大强连通子图,

---

① 关于组合矩阵理论的概念,来源于文献[7]的第163页和165页。

称为 $G(T)$ 的一个强连通分支(Strong Component)。$G(T)$ 的所有的强连通分支,标号为 $1,2,\cdots,r(r\leqslant n)$,集合 $\langle r \rangle=\{1,2,\cdots,r\}$,在强连通分支集合 $\langle r \rangle$ 上,定义一种偏序关系(Partial Order):如果 $i,j\in\langle r\rangle$,存在偏序关系:$j=<i$($i>=j$)当且仅当 $i=j$,或者在 $G(T)$ 中,存在一条从第 j 个强连分支中的一个顶点为始点,到第 i 个强连分支中的一个顶点为终点的一条路。定义了这种偏序关系的强连通分支集合 $\langle r\rangle$ 称为矩阵 T 的简化图(Reduced Graph),记为 $R(T)$。如果 $j=<i$ 成立,那么称简化图 $R(T)$ 中有通路从顶点 j 到顶点 i。符号 $j-<i$ 表示 $j=<i$,但是 $i\neq j$。在简化图 (T) 中,对强连通分支重新标号,使得 $j=<i$ 成立时满足 $j\leqslant i$(但是,反之未必成立)。总之,矩阵 T 置换相似于一个上三角的分块矩阵。

不失一般性,假设以上的这些步骤已经完成,那么可以令矩阵 T 等于一个上三角分块矩阵:

$$T=\begin{bmatrix} T_{11} & T_{12} & \cdots & T_{1r} \\ & T_{22} & \cdots & T_{2r} \\ \vdots & & \ddots & \vdots \\ 0 & & \cdots & T_{rr} \end{bmatrix} \tag{1}$$

这里,主对角块 $T_{11},\cdots,T_{rr}$ 为不可约矩阵(方阵)。在一些文献中,称式(1)为矩阵 T 的 Frobenius 标准型(Frobenius Normal Form)。

对于非负矩阵 $P=(p_{ij})_{n\times n}$,$\rho(P)$ 表示它的谱半径(Spectral Radius),又称为非负矩阵 P 的 Perron-Frobenius 根。形如 $T=\lambda I-P$ 的矩阵 T 称为 Z-矩阵,这里 λ 为正实数,I 表示单位矩阵,P 为非负矩阵。Z-矩阵 T 称为 M-矩阵,如果 $\lambda\geqslant\rho(P)$。当 $\lambda=\rho(P)$ 时,M-矩阵 T 为奇异的(Singular);当 $\lambda>\rho(P)$ 时,M-矩阵 T 为非奇异的(Nonsingular)。

对非负矩阵 P 的简化图 $R(P)$ 做标记。令 $\rho_i=\rho_i(P)=\rho(P_{ii})$,我们常常将顶点 i 等同于对角块 P_{ii}。称顶点 i 为 λ-顶点,如果 $\rho_i=\lambda$。其中,$\rho(P)$-顶点称为奇异点(Singular Vertex),它对应集合 $\langle n\rangle$ 的一个分拆子集——称为基本类,其余的顶点称为非奇异点(Nonsingular Vertex),对应非基本类。每一个顶点都标记了对应的 Perron-Frobenius 根的简化图 $R(P)$,称为做标记的简化图(Marked Reduced Graph),仍然记为 $R(P)$。

简化图 $R(P)$ 中的顶点,又可分为始点、非始非终点和终点。顶点 i 称为始点(Initial Vertex),如果 $R(P)$ 中没有顶点 j 使得 $j-<i$。始点对应集合 $\langle n\rangle$ 的一个分拆子集—称为初始类。顶点 i 称为终点(Final Vertex),如果 $R(P)$ 中没有顶点 j 使得 $i-<j$。终点对应集合 $\langle n\rangle$ 的一个分拆子集—称为最终类。既不是始点、又不是终点的顶点称为非始非终点,既是始点又是终点的顶点称为孤立点(Isolated Vertex)。

给出一个重要的概念——特异点。简化图 $R(P)$ 中的顶点 i 称为特异点(Distinguished Vertex),如果每当 $j-<i$ 时,$\rho_j<\rho_i$。因此,奇异点 i 为特异点的充分必要条件是每当 $j-<i$ 时,顶点 j 为非奇异点。

举例 非负矩阵

$$P = \begin{matrix} & 1 & 2 & 3 & 4 & 5 \\ 1 \\ 2 \\ 3 \\ 4 \\ 5 \end{matrix} \begin{bmatrix} 0 & 1 & 1 & 1 & 1 \\ & 0 & 0 & 1 & 1 \\ & & 1 & 0 & 1 \\ & & & 1 & 1 \\ 0 & & & & 0 \end{bmatrix}$$

顶点 1 为始点,即 {1} 为初始类,顶点 2,3,4 为非始非终点,顶点 5 为终点,即 {5} 为最终类。由于 $\rho(P)=\rho_3=\rho_4=1$,因此,顶点 3,4 为奇异点,即 {3,4} 为基本类,顶点 1,2,5 为非奇异点,即 {1,2,5} 为非基本类。根据特异点的定义,顶点 1,3,4 为特异点。

关于 M-分裂的概念,来源于文献[8]的第 410 页。假设矩阵 M(非奇异)和矩阵 N 为两个实数矩阵,$T=M-N$,矩阵对 (M,N) 称为是矩阵 T 的一个分裂(Splitting)。通常,我们称 $T=M-N$ 为一个分裂。如果 $N\neq 0$,分裂 $T=M-N$ 称为是非平凡的(Nontrivial)。如果矩阵 M 是 M-矩阵,并且矩阵 $N\geqslant 0$,分裂 $T=M-N$ 称为是 M-分裂(M-Splitting)。

两个图 G_1 和 G_2 的乘积图(Product Graph)G_1G_2 定义为:$(i,j)\in G_1G_2$,如果存在 $k\in\langle n\rangle$,使得 $(i,k)\in G_1,(k,j)\in G_2$。定义 $G^2=GG$,$G^3=G^2G=GG^2$,以此类推。分裂 $T=M-N$ 称为是图相容的(Graph Compatible),如果 $G(M)\subseteq \overline{G(T)}$。其中,$\overline{G(T)}$ 表示图 $G(T)$ 的自反传递闭包,其定义为:$\overline{G(T)}=\Delta\cup G(T)\cup [G(T)]^2\cup [G(T)]^3\cup\cdots$,而 $\Delta=\{(i,i)\mid i\in\langle n\rangle\}$ 称为对角图(Diagonal Graph)。

最后,给出凸锥的概念。假设集合 $S\subseteq R^n$,由 S 生成的集合——即所有 S 的有限个元素的非负线性组合,记为 S^G。如果集合 $K\subseteq R^n$ 满足 $K=K^G$,那么集合 K 称为锥(Cone)。一个集合既是锥,又是凸集(Convex Set),称为凸锥(Convex Cone)。例如,集合 $R_+^n=\{X\in R^n\mid x_i\geqslant 0\}$,$\{0\}\cup\{X\in R^n\mid x_i>0\}$,和 $\{0\}$ 都是凸锥,其中 $\{0\}$ 称为零锥。

(二)引理

引理 1[①] 对于非负可约矩阵 T,下列条件等价:

(1) T 存在对应于 $\rho=\rho(T)$ 的严格正的特征向量,即 $Tx=\rho x$,$x\gg 0$。

(2) 做标记的简化图 $R(T)$ 中,奇异点的集合等于终点的集合。

引理 2[②] 对于非负可约矩阵 T,$\rho=\rho(T)$,假设 $\delta_1<\cdots<\delta_m$ 为做标记的简化图 $R(T)$ 的特异的奇异点,那么

(1)存在唯一一组(相差一个常数因子)向量 $x^1,\cdots,x^m$,使得 $Tx^i=\rho x^i$,并且

$$x_j^i \begin{cases} \gg 0, \text{若 } j=<\delta_i \\ =0, \text{其他} \end{cases}$$

---

① 引理 1 来源于文献[7]中的推论(3.5),第 167 页。
② 引理 2 来源于文献[7]中的定理(3.1),第 165 页。

这里，$j=1,2,\cdots,r$，$i=1,2,\cdots,m$。

(2) T 对应于 ρ 的每一个非负特征向量是 $x^1,\cdots,x^m$ 的线性组合，其中所有系数为非负数。

引理 3[①] 对于非负不可约矩阵 T，一定存在对应于 Perron-Frobenius 根 $\rho(T)$ 的唯一(不计常数因子)严格正的特征向量。

引理 4[②] 假设 $T=M-N$ 为一个 M-分裂，那么分裂 $T=M-N$ 是图相容的。

引理 5[③] 假设 $T=M-N$ 为一个 M-分裂，$i,j\in\langle n\rangle$，j 是矩阵图 $G(M^{-1}N)$ 的一个非空循环上的顶点，那么在 $G(M^{-1}N)$ 中，有通路从顶点 i 到顶点 j 的充分必要条件是在 $G(T)$ 中有通路从顶点 i 到顶点 j。

(三)定理

定理 1 对于可约矩阵 $T=(t_{ij})_{n\times n}$，一定置换相似于以下的上三角分块矩阵：

$$\begin{bmatrix} T_{11} & \cdots & 0 & T_{1,g+1} & \cdots & T_{1p} & T_{1,p+1} & \cdots & T_{1r} \\ & \ddots & \vdots & \vdots & & \vdots & \vdots & & \vdots \\ & & T_{gg} & T_{g,g+1} & \cdots & T_{gp} & T_{g,p+1} & \cdots & T_{gr} \\ & & & T_{g+1,g+1} & \cdots & T_{g+1,p} & T_{g+1,p+1} & \cdots & T_{g+1,r} \\ & & & & \ddots & \vdots & \vdots & & \vdots \\ & & & & & T_{pp} & T_{p,p+1} & \cdots & T_{pr} \\ & & & & & & T_{p+1,p+1} & \cdots & 0 \\ & & & & & & & \ddots & \vdots \\ 0 & & & & & & & & T_{rr} \end{bmatrix} \quad (2)$$

其中，主对角块元素 $T_{11},\cdots,T_{rr}$ 为不可约矩阵，当 $1\leqslant i\leqslant g$ 时，$T_{i,g+1},\cdots,T_{ir}$(即第 i 行的非主对角块元素)不全是零；当 $g+1\leqslant i\leqslant p$ 时，$T_{i,i+1},\cdots,T_{ir}$ 不全是零，而且 $T_{1i},\cdots,T_{i-1,i}$(即第 i 列的非主对角块元素)不全是零；当 $p+1\leqslant i\leqslant r$ 时，$T_{1i},\cdots,T_{pi}$ 不全是零。

证明：基于式(1)，根据文献[6](第 64 页)中的方法——利用有向图理论来分析可约矩阵组合结构的方法，可得定理 1 成立。(证毕)

上述定理说明，在简化图 $R(T)$ 中，所有顶点被分为三类：始点集合 $\{1,2,\cdots,g\}$，非始非终点集合 $\{g+1,g+2,\cdots,p\}$，和终点集合 $\{p+1,p+2,\cdots,r\}$，并且满足 $g\geqslant 1$，$p-g\geqslant 0$，$r-p\geqslant 1$，$r\geqslant 2$。特别地，如果 $r=2$，那么两个顶点一个是始点，一个是终点。本文中，我们不考虑 $R(T)$ 中存在孤立点的情况。

我们称式(2)为可约矩阵 T 的一般置换相似标准型。

推论 1 对于非负可约矩阵 $T=(t_{ij})_{n\times n}$，一定置换相似于形如(2)的上三角分块矩阵。其中，主对角块元素 $T_{11},\cdots,T_{rr}$ 为非负不可约矩阵，当 $1\leqslant i\leqslant g$ 时，$T_{i,g+1},\cdots,T_{ir}$ 中至少有一个为半正矩阵；当 $g+1\leqslant i\leqslant p$ 时，$T_{i,i+1},\cdots,T_{ir}$ 中至少有一个为半正矩阵，

---

① 引理 3 来源于文献[7]中的文献[F12]，第 456—477 页。
② 引理 4 来源于文献[8]的引理 2.4，第 411 页。
③ 引理 5 来源于文献[8]的定理 2.8，第 413 页。

而且 $T_{1i},\cdots,T_{i-1,i}$ 中至少有一个为半正矩阵；当 $p+1 \leqslant i \leqslant r$ 时，$T_{1i},\cdots,T_{pi}$ 中至少有一个为半正矩阵。

非负可约矩阵 T，$\rho=\rho(T)>0$，对应于 ρ 的所有严格正的特征向量以及零向量构成一个特征子空间，记为 V_ρ。

定理 2 假设非负可约矩阵 T 等于式(2)，矩阵 T 的奇异点的集合等于终点的集合，并且集合中元素的个数 $t=r-p$，满足 $t \geqslant 2$，那么特征子空间 V_ρ 存在一组基础解系，它是由 t 个严格半正的向量组成，V_ρ 中每一个正向量可以由这组基础解系线性表出。

证明：根据引理 1，T 存在对应于 ρ 的严格正的特征向量。由于顶点 $p+1,p+2,\cdots,r$ 是终点，同时也是奇异点，因此，顶点 $p+1,p+2,\cdots,r$ 是特异的奇异点，那么根据引理 2 可得：存在唯一一组向量 $x^{p+1},\cdots,x^r$，使得 $Tx^{p+i}=\rho x^{p+i}$，并且

$$x_j^{p+i}\begin{cases} \geqslant 0,\text{若}(p+i)>=j \\ =0,\text{其他} \end{cases}$$

这里，$j=1,2,\cdots,r$，$i=1,2,\cdots,t$。

根据引理 3，假设非负不可约矩阵 $T_{p+1,p+1},\cdots,T_{rr}$ 对应于 ρ 的唯一严格正的特征向量分别记为 $U_{p+1},\cdots,U_r$，那么向量 $x^{p+1},\cdots,x^r$ 分别为：

$$x^{p+1}=\begin{bmatrix} x_1^{p+1} \\ \vdots \\ x_g^{p+1} \\ x_{g+1}^{p+1} \\ \vdots \\ x_p^{p+1} \\ U_{p+1} \\ 0 \\ \vdots \\ 0 \end{bmatrix}, x^{p+2}=\begin{bmatrix} x_1^{p+2} \\ \vdots \\ x_g^{p+2} \\ x_{g+1}^{p+2} \\ \vdots \\ x_p^{p+2} \\ 0 \\ U_{p+2} \\ \vdots \\ 0 \end{bmatrix},\cdots,x^r=\begin{bmatrix} x_1^r \\ \vdots \\ x_g^r \\ x_{g+1}^r \\ \vdots \\ x_p^r \\ 0 \\ 0 \\ \vdots \\ U_r \end{bmatrix}$$

其中，$x_1^{p+i},\cdots,x_p^{p+i}$ 至少有一个子列向量为严格正的，并且可以证明它们都能被 $U_{p+1},\cdots,U_r$ 唯一线性表示（$i=1,2,\cdots,t$）。

显然，向量组 $x^{p+1},\cdots,x^r$ 线性无关，并且 T 对应于 ρ 的每一个严格正的特征向量都可以由这组向量线性表出。（证毕）

推论 2 如果满足定理 2 的条件，那么特征子空间 V_ρ 是 $r-p$ 维的。

为了得到定理 3，需要引入多个上三角分块矩阵。①

设 n 阶实数矩阵 $M-N$ 是一个非平凡的 M-分裂。其中，$M=\lambda I-P$，I 表示单位矩阵，$P=(p_{ij})_{n\times n}$ 为非负矩阵，$\lambda>\rho(P)$。$M-N$ 有一个形如式(2)的一般置换相似标准型：

---

① 它们来源于文献[4]（第 19 页，第 20 页）中相对应的矩阵。

$$\begin{bmatrix} M_{11}-N_{11} & \cdots & 0 & M_{1,g+1}-N_{1,g+1} & \cdots & M_{1p}-N_{1p} & M_{1,p+1}-N_{1,p+1} & \cdots & M_{1r}-N_{1r} \\ & \ddots & \vdots & \vdots & & \vdots & \vdots & \ddots & \vdots \\ & & M_{gg}-N_{gg} & M_{g,g+1}-N_{g,g+1} & \cdots & M_{gp}-N_{gp} & M_{g,p+1}-N_{g,p+1} & \cdots & M_{gr}-N_{gr} \\ & & & M_{g+1,g+1}-N_{g+1,g+1} & \cdots & M_{g+1,p}-N_{g+1,p} & M_{g+1,p+1}-N_{g+1,p+1} & \cdots & M_{g+1,r}-N_{g+1,r} \\ & & & & \ddots & \vdots & \vdots & \ddots & \vdots \\ & & & & & M_{pp}-N_{pp} & M_{p,p+1}-N_{p,p+1} & \cdots & M_{pr}-N_{pr} \\ & & & & & & M_{p+1,p+1}-N_{p+1,p+1} & \cdots & 0 \\ & & & & & & & \ddots & \vdots \\ 0 & & & & & & & & M_{rr}-N_{rr} \end{bmatrix} \quad (3)$$

其中,主对角块元素 $M_{ii}-N_{ii}(i=1,2,\cdots,r)$ 为不可约矩阵。根据引理 4,以及文献[8](第 418 页)的最后一个观察(Observation),可以得到:M 和 N 也有相应的上三角分块矩阵(不一定是一般置换相似标准型)分别如下:

$$\begin{bmatrix} M_{11} & \cdots & 0 & M_{1,g+1} & \cdots & M_{1p} & M_{1,p+1} & \cdots & M_{1r} \\ & \ddots & \vdots & \vdots & \ddots & \vdots & \vdots & \ddots & \vdots \\ & & M_{gg} & M_{g,g+1} & \cdots & M_{gp} & M_{g,p+1} & \cdots & M_{gr} \\ & & & M_{g+1,g+1} & \cdots & M_{g+1,p} & M_{g+1,p+1} & \cdots & M_{g+1,r} \\ & & & & \ddots & \vdots & \vdots & \ddots & \vdots \\ & & & & & M_{pp} & M_{p,p+1} & \cdots & M_{pr} \\ & & & & & & M_{p+1,p+1} & \cdots & 0 \\ & & & & & & & \ddots & \vdots \\ 0 & & & & & & & & M_{rr} \end{bmatrix},$$

$$\begin{bmatrix} N_{11} & \cdots & 0 & N_{1,g+1} & \cdots & N_{1p} & N_{1,p+1} & \cdots & N_{1r} \\ & \ddots & \vdots & \vdots & \ddots & \vdots & \vdots & \ddots & \vdots \\ & & N_{gg} & N_{g,g+1} & \cdots & N_{gp} & N_{g,p+1} & \cdots & N_{gr} \\ & & & N_{g+1,g+1} & \cdots & N_{g+1,p} & N_{g+1,p+1} & \cdots & N_{g+1,r} \\ & & & & \ddots & \vdots & \vdots & \ddots & \vdots \\ & & & & & N_{pp} & N_{p,p+1} & \cdots & N_{pr} \\ & & & & & & N_{p+1,p+1} & \cdots & 0 \\ & & & & & & & \ddots & \vdots \\ 0 & & & & & & & & N_{rr} \end{bmatrix}$$

同样,M^{-1} 和 $M^{-1}N$ 对应的上三角分块矩阵分别如下:

$$\begin{bmatrix} M_{11}^{-1} & \cdots & 0 & M_{11}^{-1}\bar{C}_{1,g+1}M_{g+1,g+1}^{-1} & \cdots & M_{11}^{-1}\bar{C}_{1,p}M_{pp}^{-1} & M_{11}^{-1}\bar{C}_{1,p+1}M_{p+1,p+1}^{-1} & \cdots & M_{11}^{-1}\bar{C}_{1,r}M_{rr}^{-1} \\ & \ddots & \vdots & \vdots & \ddots & \vdots & \vdots & \ddots & \vdots \\ & & M_{gg}^{-1} & M_{gg}^{-1}P_{g,g+1}M_{g+1,g+1}^{-1} & \cdots & M_{gg}^{-1}\bar{C}_{gp}M_{pp}^{-1} & M_{gg}^{-1}\bar{C}_{g,p+1}M_{p+1,p+1}^{-1} & \cdots & M_{gg}^{-1}\bar{C}_{gr}M_{rr}^{-1} \\ & & & M_{g+1,g+1}^{-1} & \cdots & M_{g+1,g+1}^{-1}\bar{C}_{g+1,p}M_{pp}^{-1} & M_{g+1,g+1}^{-1}\bar{C}_{g+1,p+1}M_{p+1,p+1}^{-1} & \cdots & M_{g+1,g+1}^{-1}\bar{C}_{g+1,r}M_{rr}^{-1} \\ & & & & \ddots & \vdots & \vdots & \ddots & \vdots \\ & & & & & M_{pp}^{-1} & M_{pp}^{-1}P_{p,p+1}M_{p+1,p+1}^{-1} & \cdots & M_{pp}^{-1}\bar{C}_{pr}M_{rr}^{-1} \\ & & & & & & M_{p+1,p+1}^{-1} & \cdots & 0 \\ & & & & & & & \ddots & \vdots \\ 0 & & & & & & & & M_{rr}^{-1} \end{bmatrix},$$

$$\begin{bmatrix} M_{11}^{-1}N_{11} & \cdots & 0 & & * & \cdots & * & & * & \cdots & * \\ & \ddots & \vdots & & \vdots & \ddots & \vdots & & \vdots & \ddots & \vdots \\ & & M_{gg}^{-1}N_{gg} & & * & \cdots & * & & * & \cdots & * \\ & & & M_{g+1,g+1}^{-1}N_{g+1,g+1} & \cdots & & & & & & \\ & & & & \ddots & \vdots & & & & & \\ & & & & & M_{pp}^{-1}N_{pp} & & * & \cdots & * \\ & & & & & & M_{p+1,p+1}^{-1}N_{p+1,p+1} & \cdots & 0 \\ & & & & & & & \ddots & \vdots \\ 0 & & & & & & & & M_{rr}^{-1}N_{rr} \end{bmatrix}$$

其中,$\bar{C}_{ij}$类似于文献[4](第15页)中的式(1.16),"$*$"代表未详细写出的子矩阵。同样地,上述M^{-1}和$M^{-1}N$对应的上三角分块矩阵中,某些主对角块可能是可约子矩阵。

根据文献[4](第20页)中的引理1.2,类似地可以证明:

定理3 矩阵$M-N$有且只有$t=r-p$个最终类($t\geqslant 2$),分别是$\{p+1,p+2,\cdots,r\}$,非负矩阵$M^{-1}N$对应的上三角分块矩阵中,$\rho[M_{p+1,p+1}^{-1}N_{p+1,p+1}]=\cdots=\rho[M_{rr}^{-1}N_{rr}]>\rho[M_{jj}^{-1}N_{jj}]$,$j=1,2,\cdots,p$,那么$M^{-1}N$的最终类的集合等于基本类的集合,并且集合中元素的个数为t。

证明:$M^{-1}N$的基本类的集合由$M_{p+1,p+1}^{-1}N_{p+1,p+1},\cdots,M_{rr}^{-1}N_{rr}$的基本类合并而成,因为$M_{p+1,p+1}^{-1}N_{p+1,p+1},\cdots,M_{rr}^{-1}N_{rr}$中的每一个非负矩阵只有一个基本类,它也是该矩阵唯一的最终类,同时,也是非负矩阵$M^{-1}N$的一个最终类。所以,$M^{-1}N$有且只有t个基本类,同时,也是该矩阵的t个最终类。下面证明,$M^{-1}N$只有这t个最终类。

假设x为$M_{p+1,p+1}^{-1}N_{p+1,p+1},\cdots,M_{rr}^{-1}N_{rr}$中的任意一个的最终类中的任意元素,由于这个类是基本类,所以x为$G(M^{-1}N)$的一个非空循环上的顶点。由于矩阵$M-N$有且只有t个最终类,分别是$\{p+1,p+2,\cdots,r\}$,所以对于任意的$y\in\langle n\rangle$,y必须在$G(M-N)$中进入某个x,根据引理5可得,$M^{-1}N$只有这$r-p$个终点。(证毕)

三、列昂惕夫动态投入产出模型平衡增长解的推广

(一)定义

假设半正矩阵A为价值型中间投入系数矩阵,半正矩阵B为价值型资本投入系数矩

阵,严格正向量 X_k 表示 k 时期的总产值列向量,那么离散并且封闭的列昂惕夫动态投入产出模型为:

$$(I-A)X_k = B(X_{k+1} - X_k)$$

其中,k 为自然数,$\rho(A)<1$,因此 M-矩阵 $(I-A)$ 非奇异,并且 $(I-A)^{-1}>0$。

(二)平衡增长解

假设 δ 为一正数,X_0 为基期的总产值列向量,称

$$X_k = (1+\delta)^k X_0 \gg 0$$

为列昂惕夫动态投入产出模型的平衡增长解,它表示经济系统每个部门的总产值在单位时期内按照相同的比例 δ 增长。

(三)平衡增长解集合锥

根据文献[4]中的命题 2.1(第 24 页),如果将平衡增长解 $X_k = (1+\delta)^k X_0$ 代入到列昂惕夫动态投入产出模型中,可得 $(I-A)^{-1}BX_0 = (1/\delta)X_0$,所以列昂惕夫动态投入产出模型存在(唯一的)平衡增长解当且仅当矩阵 $(I-A)^{-1}B$ 存在(唯一的)正的特征向量。根据凸锥的定义,零向量和所有平衡增长解组成的集合为一个凸锥,称之为平衡增长解集合锥。同时,可以将非负矩阵 $(I-A)^{-1}B$ 对应于 $\rho[(I-A)^{-1}B]$ 的特征子空间的维数,定义为列昂惕夫动态投入产出模型的平衡增长解集合锥的维数。

假设集合 $H = \{X_k = (1+\delta)^k X_0 \gg 0 \mid (I-A)X_k = B(X_{k+1} - X_k)\}$,

(1)如果 $H = \phi$,那么称模型的平衡增长解集合锥为零锥,或者称模型无平衡增长解;

(2)如果 $H \neq \phi$,那么称模型的平衡增长解集合锥为非空的,为 $\{0\} \cup \{X_k \mid X_k = (1+\delta)^k X_0\}$;或者称模型有平衡增长解,为 $X_k = (1+\delta)^k X_0$;

(3)如果存在 $X_k^* = (1+\delta)^k X_0^* \in H$,使得 $[\forall X_k \in H \Rightarrow X_k = \lambda X_k^*]$ 成立,这里 λ 为一个正数,那么称模型的平衡增长解集合锥是一维的,为 $\{0\} \cup \{X_k^* \mid X_k^* = (1+\delta)^k X_0^*\}$,或者称模型存在一个唯一的平衡增长解,为 $X_k^* = (1+\delta)^k X_0^*$;

(4)如果 $H \neq \phi$,并且模型的平衡增长解集合锥不是一维的,那么称模型的平衡增长解集合锥是多维的。

下面,关于模型的平衡增长解集合锥的不同情况,给出相应的例子,这些例子来源于文献[4]中的例 2.1 和例 2.2(第 23 页)。

例题 1 假设某个经济系统的价值型中间投入系数矩阵 A 和价值型资本投入系数矩阵 B 分别为:

$$A = \begin{bmatrix} 0.2 & 0 & 0.3 \\ 0 & 0.4 & 0 \\ 0 & 0 & 0 \end{bmatrix} \text{ 和 } B = \begin{bmatrix} 0.8 & 0 & 0.4 \\ 0 & 2.5 & 0 \\ 0 & 0 & 5 \end{bmatrix}$$

这时,

$$(I-A)^{-1}B = \begin{bmatrix} 1 & 0 & 2.375 \\ 0 & 4.1666667 & 0 \\ 0 & 0 & 5 \end{bmatrix}$$

则

$$X_k = 1.2^k \begin{bmatrix} 19 \\ 0 \\ 32 \end{bmatrix}$$

即这个经济系统的列昂惕夫动态投入产出模型无平衡增长解；也就是说，模型的平衡增长解集合锥为零锥。

例题 2 假设

$$A = \begin{bmatrix} 0.2 & 0 & 0 \\ 0 & 0 & 0.1 \\ 0 & 0 & 0 \end{bmatrix} \text{ 和 } B = \begin{bmatrix} 0.8 & 0 & 0.4 \\ 0 & 0 & 0 \\ 0 & 0 & 5 \end{bmatrix}$$

这时，

$$(I-A)^{-1}B = \begin{bmatrix} 1 & 0 & 0.5 \\ 0 & 0 & 0.5 \\ 0 & 0 & 5 \end{bmatrix}$$

则

$$X_k = 1.2^k \begin{bmatrix} 5 \\ 4 \\ 40 \end{bmatrix}$$

为这个经济系统的列昂惕夫动态投入产出模型的一个唯一的平衡增长解，即模型的平衡增长解集合锥是一维的。

例题 3 假设

$$A = \begin{bmatrix} 0.2 & 0 & 0.3 \\ 0 & 0.5 & 0 \\ 0 & 0 & 0 \end{bmatrix} \text{ 和 } B = \begin{bmatrix} 0.8 & 0 & 0.4 \\ 0 & 2.5 & 0 \\ 0 & 0 & 5 \end{bmatrix}$$

这时，

$$(I-A)^{-1}B = \begin{bmatrix} 1 & 0 & 2.375 \\ 0 & 5 & 0 \\ 0 & 0 & 5 \end{bmatrix},$$

则

$$X_k = 1.2^k \begin{bmatrix} 19 \\ \sigma \\ 32 \end{bmatrix}$$

为这个经济系统的列昂惕夫动态投入产出模型的一个平衡增长解，由于其中的 σ 是任意正实数，所以模型的平衡增长解有无数个。下面说明，这个经济系统的列昂惕夫动态投入产出模型的平衡增长解集合锥是 2 维的。

在例题 1 中，由于矩阵 $(I-A)^{-1}B$ 的基本类 $\{3\}$ 与最终类 $\{2,3\}$ 不相等，根据引理 1，可得列昂惕夫动态投入产出模型的平衡增长解集合锥为零锥，即无平衡增长解。

在例题 2 中，矩阵 $(I-A)^{-1}B$ 的基本类 $\{3\}$ 与最终类 $\{3\}$ 相等，并且集合中元素的个数为 1，根据文献[4]（第 8 页）中的定理 1.1，$(I-A)^{-1}B$ 有一个唯一正的（右）特征向量，列昂惕夫动态投入产出模型存在一个唯一的平衡增长解，即模型的平衡增长解集合锥是一维的。

在例题 3 中,矩阵 $(I-A)^{-1}B$ 的基本类 $\{2,3\}$ 与最终类 $\{2,3\}$ 相等,并且集合中元素的个数为 2,根据推论 2,$(I-A)^{-1}B$ 有多个正的特征向量,模型的平衡增长解集合锥是 2 维的。其中,两个严格半正的基向量分别为:$\eta_1=1.2^k\begin{bmatrix}0\\1\\0\end{bmatrix}$,$\eta_2=1.2^k\begin{bmatrix}19\\32\\0\\1\end{bmatrix}$,平衡增长解集合锥中任意一个正向量是这两个基向量的正的线性组合,比如 $X_k=1.2^k\begin{bmatrix}19\\\sigma\\32\end{bmatrix}$
$=\sigma\eta_1+32\eta_2$。

定理 4 关于列昂惕夫动态投入产出模型的平衡增长解,以下结论成立:

(1) 矩阵 $(I-A)^{-1}B$ 的基本类的集合与最终类集合不相等的充分必要条件是列昂惕夫动态投入产出模型的平衡增长解集合锥是零锥。

(2) $(I-A)^{-1}B$ 只有一个基本类,同时它也是唯一的最终类的充分必要条件是列昂惕夫动态投入产出模型的平衡增长解集合锥是一维的。

(3) $(I-A)^{-1}B$ 的基本类的集合与最终类集合相等,并且基本类的个数为 $t(\geqslant 2)$ 的充分必要条件是列昂惕夫动态投入产出模型的平衡增长解集合锥是 t 维的。

根据证明两个集合相等的方法,即 $[\forall x\in A\Rightarrow x\in B,\forall y\in B\Rightarrow y\in A]\Leftrightarrow A=B$,可得:

推论 3 矩阵 $(I-A)^{-1}B$ 存在某个基本类不是最终类,或者某个最终类不是基本类的充分必要条件是列昂惕夫动态投入产出模型的平衡增长解集合锥是零锥。

根据第二部分数学理论中的定义可得,$I-A$ 为非奇异的 M-矩阵,$I-A-B$ 为非平凡的 M-分裂。由于 $I-A-B$ 的可约性与 $A+B$ 的可约性完全一致,即简化图 $R(I-A-B)=R(A+B)$,假设 $A+B$ 具有形如式(2)的一般置换相似标准型,那么根据定理 3 和定理 4,可得:

定理 5 如果矩阵 $A+B$ 有且只有 $t=r-p$ 个最终类($t\geqslant 2$),分别是 $\{p+1,p+2,\cdots,r\}$,非负矩阵 $(I-A)^{-1}B$ 对应的上三角分块矩阵中,$\rho[(I_{p+1}-A_{p+1,p+1})^{-1}B_{p+1,p+1}]=\cdots=\rho[(I_r-A_{rr})^{-1}B_{rr}]>\rho[(I_j-A_{jj})^{-1}B_{jj}]$,$j=1,2,\cdots,p$,那么列昂惕夫动态投入产出模型的平衡增长解集合锥是 t 维的。

四、经济意义解释

假设一:半正矩阵 A 为价值型中间投入系数矩阵,半正矩阵 B 为价值型资本投入系数矩阵,则 $(I-A)^{-1}B$ 被称为资本投入率与增加价值率之间的关联矩阵或乘数矩阵(文献[4],第 27 页)。

假设二:$A+B$ 的一般置换相似标准型为:

$$\begin{bmatrix} A_{11}+B_{11} & \cdots & 0 & A_{1,g+1}+B_{1,g+1} & \cdots & A_{1p}+B_{1p} & A_{1,p+1}+B_{1,p+1} & \cdots & A_{1r}+B_{1r} \\ & \ddots & \vdots & \vdots & & \vdots & \vdots & & \vdots \\ & & A_{gg}+B_{gg} & A_{g,g+1}+B_{g,g+1} & \cdots & A_{gp}+B_{gp} & A_{g,p+1}+B_{g,p+1} & \cdots & A_{gr}+B_{gr} \\ & & & A_{g+1,g+1}+B_{g+1,g+1} & \cdots & A_{g+1,p}+B_{g+1,p} & A_{g+1,p+1}+B_{g+1,p+1} & \cdots & A_{g+1,r}+B_{g+1,r} \\ & & & & \ddots & \vdots & \vdots & & \vdots \\ & & & & & A_{pp}+B_{pp} & A_{p,p+1}+B_{p,p+1} & \cdots & A_{pr}+B_{pr} \\ & & & & & & A_{p+1,p+1}+B_{p+1,p+1} & \cdots & 0 \\ & & & & & & & \ddots & \vdots \\ 0 & & & & & & & & A_{rr}+B_{rr} \end{bmatrix} \quad (4)$$

假设三：$\rho[(I_i-A_{ii})^{-1}B_{ii}]>0, i=1,2,\cdots,r$，根据文献[4]（第28页）中的定理2.1的证明可得，每一个子经济系统 S_i（定义在下面）有一个唯一的平衡增长解。

如果上述三个假设成立，那么根据定理4、定理5，以及文献[4]（第27页）中的定理2.1，以下结论成立：

(1)列昂惕夫动态投入产出模型的平衡增长解集合锥为零锥，即模型不存在平衡增长解的充分必要条件为：$A+B$ 可约，即对应于式(4)，$r\geqslant 2$，经济系统可以根据各个部门的中间产品和资本之间的依赖关系，分解为 r 个子经济系统 $S_1,S_2,\cdots,S_r$，S_k 中的每个部门都直接或者间接消耗 S_k 中的其他各个部门的中间产品或资本，或者 S_k 只由一个部门组成，$k=1,2,\cdots,r$。存在某个子经济系统 S_{i_0}，其平衡增长率不大于其他任何子经济系统的平衡增长率，即该子经济系统对应的类为基本类，但是，S_{i_0} 向其他某个子经济系统提供中间产品或者资本，即该子经济系统对应的类不是最终类；或者存在子经济系统 S_{j_0}，S_{j_0} 不向其他任何子经济系统提供中间产品或者资本，即该子经济系统对应的类是最终类，但是，S_{j_0} 的平衡增长率大于某个其他子经济系统的平衡增长率，即 S_{j_0} 对应的类不是基本类。

(2)列昂惕夫动态投入产出模型的平衡增长解集合锥为一维的，即模型存在一个唯一的平衡增长解的充分必要条件为：(i) $A+B$ 不可约，其中，(a)如果每个部门都消耗某些资本，则 $(I-A)^{-1}B$ 不可约，它的唯一正的特征向量就是平衡增长结构向量；(b)如果至少存在一个不消耗资本的部分，则可约的 $(I-A)^{-1}B$ 有一个基本特征子向量，它是经济系统的唯一的平衡增长结构向量的子向量，平衡增长结构向量的每个剩余分量是该子向量的分量的线性函数。

或者(ii) $A+B$ 可约并且只有一个最终类，即对应于式(4)，$r\geqslant 2$，$t=r-p=1$，经济系统可以根据各个部门的中间产品和资本之间的依赖关系，分解为 r 个子经济系统 $S_1,\cdots,S_r$，S_k 中的每个部门都直接或者间接消耗 S_k 中的其他各个部门的中间产品或资本，或者 S_k 只由一个部门组成，$k=1,2,\cdots,r$。S_j 既不消耗 $S_{j+1},\cdots,S_r$ 的中间产品，又不消耗 $S_{j+1},\cdots,S_r$ 的资本，但是，S_j 向 $S_{j+1},\cdots,S_r$ 中的至少一个子系统提供中间产品或资本，$j=1,2,\cdots,r-1$。作为一个子经济系统的 S_r 有一个唯一的平衡增长解，其平衡增长率小于 S_j 的平衡增长率。

(3)"列昂惕夫动态投入产出模型的平衡增长解集合锥为 $t(t\geqslant 2)$ 维的"成立的一个充分条件为：$A+B$ 可约并且有 t 个最终类，即对应于式(4)，$r\geqslant 3$，$t=r-p\geqslant 2$，经济系统可以根据各个部门的中间产品和资本之间的依赖关系，分解为 r 个子经济系统 $S_1,\cdots,S_g,\cdots,S_p,\cdots,S_r$，$S_k$ 中的每个部门都直接或者间接消耗 S_k 中的其他各个部门的中间产品或资本，或者 S_k 只由一个部门组成，$k=1,2,\cdots,r$。这 r 个子经济系统根据简化图

$R(A+B)$ 中的顶点的分类(即始点,非始非终点,和终点),可以分为三类:

第一类由子经济系统 $S_1,\cdots,S_g$ 组成($g\geqslant 1$),S_i 既不消耗 $S_{i+1},\cdots,S_r$ 的中间产品,又不消耗 $S_{i+1},\cdots,S_r$ 的资本,同时,S_i 也不向第一类中的其他子系统(如果有)S_{i+1}, $\cdots,S_g$ 提供中间产品或资本,但是,S_i 向 $S_{g+1},\cdots,S_r$ 中的至少一个子系统提供中间产品或资本,$i=1,2,\cdots,g-1$。

第二类由子经济系统 $S_{g+1},\cdots,S_p$ 组成($p-g\geqslant 0$),S_i(如果有)既不消耗 $S_{i+1},\cdots,$ S_r 的中间产品,又不消耗 $S_{i+1},\cdots,S_r$ 的资本,但是,S_i 消耗 $S_1,\cdots,S_{i-1}$ 中的至少一个子系统的中间产品或资本,同时,S_i 向 $S_{i+1},\cdots,S_r$ 中的至少一个子系统提供中间产品或资本,$i=g+1,g+2,\cdots,p$。

第三类由子经济系统 $S_{p+1},\cdots,S_r$ 组成($r-p\geqslant 2$),S_i 既不消耗 $S_{i+1},\cdots,S_r$ 的中间产品,又不消耗 $S_{i+1},\cdots,S_r$ 的资本,同时,S_i 也不向第三类中的其他子系统 $S_{i+1},\cdots,S_r$ 提供中间产品或资本,但是,S_i 消耗 $S_1,\cdots,S_p$ 中的至少一个子系统的中间产品或资本,$i=p+1,p+2,\cdots,r-1$。

第三类中的所有子经济系统具有相等的平衡增长率,因为 $\rho[(I_{p+1}-A_{p+1,p+1})^{-1}B_{p+1,p+1}]=\cdots=\rho[(I_r-A_{rr})^{-1}B_{rr}]$,并且这个平衡增长率小于第一类和第二类(如果有)中的任何一个子经济系统的平衡增长率,因为 $\rho[(I_r-A_{rr})^{-1}B_{rr}]>\rho[(I_j-A_{jj})^{-1}B_{jj}]>0, j=1,2,\cdots,p$。

参考文献

[1] Szyld D B. Conditions for the existence of a balanced growth solution for the Leontief dynamic input-output model[M]. Econometrica, 1985,53: 1411-1419.

[2] Szyld D B, Moledo L, Sauber B. Positive solutions for the Leontief dynamic input-output model. In: Ciaschini, M. (Ed.), Input-Output Analysis: Current Developments [M]. Chapman and Hall, London, 1988.

[3] Zeng L S. Some applications of spectral theory of nonnegative matrices to input-output models[M]. Linear Algebra and its Applications, 2001,336: 205-218.

[4] 曾力生. 投入产出经济学理论与矩阵理论之间关系的新进展[M]. 北京:中国社会科学出版社,2015.

[5] 陈公宁. 矩阵理论与应用(第二版)[M]. 北京:科学出版社,2007.

[6] 李乔,张晓东,矩阵论十讲[M]. 合肥:中国科学技术大学出版社,2015.

[7] Hans Schneider. The Influence of the Marked Reduced Graph of a Nonnegative Matrix on the Jordan Form and on Related Properties: A Survey, Linear Algebra and Its Applications, 1986,84: 161-189.

[8] Hans Schneider. Theorems on M-Splitting of a Singular M-Matrix Which Depend on Graph Structure. Linear Algebra And Its Applications. 1984, 58:407-424.

作者简介:

张海燕,山东交通学院理学院,wszhhaiyan@163.com。

徐大举,山东交通学院理学院,xudj1968@163.com。

基于实物价值投入产出模型的企业产品价值形成研究

宋 辉 王笑阳

摘要: 企业实物价值投入产出模型重要应用功能就是揭示产品价值的形成过程。本文通过该模型,一是科学核算和预测了企业产品的成本与价格,并对财务计算成本价格方法与投入产出完全需要系数的计算及经济意义进行了分析;二是通过采用计算的企业产品成本价和市场价分别对自制半成品的估值和计算,揭示了自制半成品价值是由初始投入或盈利额的间接费用构成的事实,并剖析了企业产品盈利额的体现和生产的原理;三是根据模型计算的成本和价格,结合大数据提供的市场接受价格进行对比分析,为产品投产的经营决策提供了参考;最后对模型在制定企业生产经营计划和产品定额及提高产品竞争力、实施现代化管理等方面做出了展望。由于实际模型数据涉及企业的产品成本费用和盈利水平,不易找到公开数据,本文通过简例予以阐述。

关键词: 企业投入产出 产品价值形成 模型技术

一、引言

从世界范围内看,投入产出技术在国家和区域宏观层次的应用所占比重大于在微观企业的应用,这是因为人们还未充分认识到该技术在企业的应用途径和价值。我国李秉全、佟仁城、魏法杰等一批学者和德国 Kloock 等人最先把列昂惕夫研究国民经济的投入产出方法移植到企业微观领域。赵彦云(1986)结合天津机械厂的实际情况编制了企业价值型投入产出表,并分析了其在企业管理中的应用。中国科学院研究员李秉全(1988)提出的实物价值模型将企业生产的实物运动和价值运动融为一体,以此来计算企业产品的成本与价格。为了更好地管理企业,刘棠、夏长富(1989)与湖北省东风轮胎厂合作,构建了该厂1988年实物—价值型综合投入产出模型。李松玉(1991)利用投入产出模型构建了工业企业成本计算通用模型,提出建立基于投入产出技术原理的包括成本预测、成本计算、成本分析、成本控制等在内的成本管理体系。宋辉、潘晓明(1995)基于实物价值投入产出模型,采用以制造成本法为依据的新方法,将成本与费用区别开来,克服了以往企业计算成本与实际成本之间的差异,提高了模型的应用效果。白宝光、宝音朝克图(2001)通过计算直接消耗系数和完全消耗系数,对投入产出实物模型在电力企业的应用进行了深入研究。于仲鸣(2002)根据财务成本核算规则,提出了计算工序产品的实物价值型投入产出表。邵建鸣(2010)以钢铁企业为例,编制了企业实物型投入产出表,说明应用投入产出模型进行企业计划管理的方法。宋辉,何海臣(2015)等人通过编制邢钢实物投入产出模型和计算产品的实物消耗系数,分析了企业生产经营状况,为企业制定生产经营计划和降低产品成本提供了途径。

上述研究为我国应用企业投入产出技术进行产品成本价格分析、提高科学管理水平发挥了积极作用。但存在如下问题:一是对于企业实物价值模型刻画产品价值形成的机理特别是对自制半成品价值的来源分析不足;二是对于企业产品盈利额的体现和生产的原理适用企业的范围界定不清;三是对该模型的扩展应用未能涉及,如产品成本价格的计算和预测的结合,计算价格与市场接受价格的对比分析,制定生产经营计划和提高产品竞争力等方面。本文力求在以上三方面进行探讨。

二、企业实物价值表与产品成本、价格的核算

利用投入产出技术原理可构建企业实物价值模型。它的上部是以实物为计量单位,反映了企业自产品的消耗和产出及其流向,与实物型投入产出表自产品的中间使用和最终使用部分是一样的。表的下部以货币为计量单位,反映了企业自产品在生产过程中所消耗的直接材料、直接工资、其他直接支出、制造费用和期间费用等费用以及所创造的利润。它实质上是企业生产费用要素与盈利的构成。

表1是高度抽象化的某企业实物价值投入产出表。为简化表式,表的上半部,中间使用部分可列为三个车间,生产六种半成品和产成品。自产品的最终使用部分列了销售和库存增减项目,其中库存增减部分考虑了半成品或产成品不同的具体增减情况。总产出即是各半成品和产成品的总产量,计量单位为"吨"。表的下半部为费用投入及盈利额情况,计量单位为"元"。为简化内容,共分六项,其中管理费用、财务费用、销售费用合并为一项称为期间费用(不含其他销售中的管理费用、财务费用),将期间费用与盈利构成生产损益。

(一)计算单位产品直接消耗系数

我们只要把表1中的六种自产品总产出量,分别去除各相应列的产品投入量,就得出单位产品的各项消耗,即直接消耗系数。对六种产品来说,手工计算是可以的,但在实际企业中,半成品、产成品,一般都要几十、几百种,这就需要使用电子计算机了,采用的数学模型为:

$$\text{由 } a_{ij} = x_{ij}/x_j \text{ 可得}, A = [X_{ij}]\hat{X}^{-1} \tag{1}$$

$$\text{由 } d_{ij} = u_{ij}/x_j \text{ 可得}, D = [U_{ij}]\hat{X}^{-1} \tag{2}$$

式中,A 为自产品之间的直接消耗系数矩阵,$[X_{ij}]$ 为自产品中间使用部分的流量矩阵,$\hat{X}^{-1}$ 为自产品总量向量变为对角的逆矩阵。D 为自产品对投入费用部分的直接消耗系数矩阵,$[U_{ij}]$ 为自产品对投入费用部分的流量矩阵。

表 1　某企业实物—价值投入产出表

		单位	中间使用							最终使用			总产出（合计）
			一车间		二车间		三车间		合计	销售	库存增减	合计	
			产品1	产品2	产品3	产品4	产品5	产品6					
自产品	一车间 产品1	吨		500	460	340	320	180	1800		400	400	2200
	一车间 产品2	吨			1120	460	328	215	2123		−100	−100	2023
	二车间 产品3	吨				1200	250	320	1770				1770
	二车间 产品4	吨					1260	250	1510	100	50	150	1660
	三车间 产品5	吨						1100	1100	400	−100	300	1400
	三车间 产品6	吨								1300		1300	1300
费用及盈利	直接材料	元	87941	23685	12376	11021	23456	17981	176460				176460
	直接工资	元	11011	9856	7423	8765	4327	8569	49951				49951
	其他直接支出	元	1211	1084	817	964	467	943	5495				5495
	制造费用	元	4329	2365	1986	1789	2021	1979	14469				14469
	期间费用	元	3469	4321	2789	1426	7421	3426	22852				22852
	生产损益 盈利	元	2326	4157	3291	1987	4624	3796	20181				20181

注：假设该企业非生产使用量为 0。

通过上面两个数学模型,便可计算出该企业单位产品的各项直接消耗系数,如表2所示。

表2 单位产品直接消耗系数表

		单位	产品1	产品2	产品3	产品4	产品5	产品6
自产品	产品1	吨		0.2472	0.2599	0.2048	0.2286	0.1385
	产品2	吨				0.6328	0.2771	0.2343	0.1654
	产品3	吨					0.7229	0.1786	0.2462
	产品4	吨						0.9000	0.1923
	产品5	吨							0.8462
	产品6	吨							
费用及盈利	直接材料	元	39.9732	11.7079	6.9921	6.6392	16.7543	13.8315
	直接工资	元	5.0050	4.8720	4.1938	5.2801	3.0907	6.5915
	其他直接支出	元	0.5505	0.5358	0.4616	0.5807	0.3400	0.7254
	制造费用	元	1.9677	1.1691	1.1220	1.0777	1.4436	1.5223
	期间费用	元	1.5768	2.1359	1.5757	0.8590	5.3007	2.6354
	盈利	元	1.0573	2.0549	1.8593	1.1970	3.3029	2.9200

表2实际上是一张单位产品消耗定额表。如第5号产品,每生产1吨需要直接消耗0.2286吨的第1号产品、0.2343吨的第2号产品、0.1786吨的第3号产品、0.9000吨的第4号产品和16.7543元的直接材料、3.0907元的直接工资、0.3400元的其他直接支出、1.4436元的制造费用、5.3007元的期间费用,并获3.3029元的盈利。从表中其他各列,也都能清楚看出各自产品的直接消耗情况。表中的每个数据,其实物部分可称为a_{ij},其价值部分可称为u_{ij},表明了生产单位第j种自产品对第i种自产品和各种费用的消耗定额。它们是计算企业产品成本和价格的基础。在实际企业中,可以结合实际把自产品和生产费用要素细分,形成一套比较完整适用的定额体系,为企业的计划管理和成本核算服务。

(二)计算单位产品投入费用的完全消耗系数

产品的成本与价格的形成过程是生产费用要素在产品加工中,不断吸收、转移和累加的过程。这一过程的计算在会计成本核算中称为"平行结转方法",实际上是计算单位产品投入费用的完全消耗系数的过程。该过程可在表2的基础上进行,其计算结果如表3所示。

从表3中可见,表的下部每列的费用及盈利部分每格中是三个数据。由下而上分别代表的直接、间接和完全费用消耗系数。计算过程为:第1列的1号产品,在自产品中没有直接消耗系数,表明它不消耗任何一种自产品。因而,没有结转关系,就没有间接消耗(完全费用消耗系数=直接费用消耗系数+间接费用消耗系数),故第1列费用与盈利部分每个项目数据相同。第2列的2号产品,每生产1吨要直接消耗1号产品0.2472吨。因而,

表 3 直接消耗系数平行结转计算表

		单位	产品1	产品2	产品3	产品4	产品5	产品6
自产品	产品1	吨		0.2472	0.2955	0.2048	0.2286	0.1385
	产品2	吨			0.6328	0.2771	0.2343	0.1654
	产品3	吨				0.7229	0.1786	0.2462
	产品4	吨					0.9000	0.1923
	产品5	吨						0.8462
	产品6	吨						
费用及盈利	直接材料	元	39.9372 0 39.9372	21.5875 9.8796 11.7079	31.0405 24.0484 6.9921	43.2474 36.6082 6.6392	75.4143 58.66 16.7543	102.7062 88.8747 13.8315
	直接工资	元	5.005 0 5.005	6.109 1.237 4.872	9.3601 5.1663 4.1938	14.7644 9.4843 5.2801	20.6254 17.5347 3.0907	30.8905 24.299 6.5915
	其他直接支出	元	0.5505 0 0.5505	0.6719 0.1361 0.5358	1.0298 0.5682 0.4616	1.6241 1.0434 0.5807	2.2688 1.9288 0.34	3.3983 2.6729<ㅠbr>0.7254
	制造费用	元	1.9677 0 1.9677	1.6554 0.4863 1.1691	2.6809 1.5589 1.122	3.8775 2.7998 1.0777	6.2496 4.806 1.4436	8.7623 7.24 1.5223
	期间费用	元	1.5768 0 1.5768	2.5257 0.3898 2.1359	3.5837 2.008 1.5757	4.4725 3.6135 0.859	10.918 5.6173 5.3007	14.252 11.6166 2.6354
	盈利	元	1.0573 0 1.0573	2.3162 0.2613 2.0549	3.5997 1.7404 1.8593	4.6576 3.4606 1.197	8.9218 5.6189 3.3029	12.7804 9.8604 2.9200

应该把 0.2472 吨 1 号产品中所包含的各项完全费用消耗系数的数额转移累加在 2 号产品相应各项直接费用消耗系数的数额上。故第 1 号产品各项完全费用消耗系数和盈利额,乘以 0.2472 后得出间接费用消耗系数,再平行结转累加在第 2 号产品相对应的各项直接费用消耗系数上,就得出第 2 号产品的各项完全费用消耗系数(包括盈利)。第 6 号产品生产 1 吨需要直接消耗第 1 号产品 0.1385 吨、第 2 号产品 0.1654 吨、第 3 号 0.2462 吨、第 4 号产品 0.1923 吨、第 5 号产品 0.8462 吨。因而,需分别把第 1、2、3、4、5 列的相应产品的各项完全费用消耗系数和盈利额分别乘以 0.1385 倍、0.1654 倍、0.2462 倍、0.1923 倍、0.8462 倍后得出间接费用系数,再平行转移累加在第 6 号产品相应的直接费用消耗系数和盈利额上去,便得出第 6 号产品的各项完全费用消耗系数和盈利额。其中,6 号产品对 1 号产品直接材料的间接消耗为(0.1385×39.9372)元;6 号产品对 2 号产品直接材料的间接消耗为(0.1654×21.5875)元;6 号产品对 3 号产品直接材料的间接消耗为(0.1923×43.2474)元;6 号产品对 4 号产品直接材料的间接消耗为(0.1923×43.2474)元;6 号产品对 5 号产品直接材料的间接消耗为(0.8462×75.414)元;6 号产品对直接材料的直接消耗为 13.8315 元,则计算 6 产品对直接材料的完全费用消耗:[(0.1385×

39.9372)+(0.1654×21.5875)+(0.2462×31.0405)+(0.1923×43.2474)+(0.8462×75.414)]+13.8315=102.7062(元)。

计算过程可见，以实物计量的自产品之间的直接消耗系数，只起费用结转倍数和结转关系的工具作用，产品的价值则是由各种直接和间接费用消耗系数和盈利额累加形成的。平行结转方法刻画了成本与价值的形成过程，而反映平行结转方法的就是自产品对外购直接材料、直接工资和其他管理等各项费用求其完全消耗系数矩阵的数学模型。

设直接费用初始投入系数为 $d_{nj} = \dfrac{u_{nj}}{x_j}$，完全初始投入系数计算与产品之间完全的消耗系数原理一样，我们把第 j 种产品生产单位最终使用产品对各产品的完全需求引起的初始投入称为第 j 产品的完全初始投入系数 c_{nj}，定义如下：

$$c_{nj} = d_{nj} + \sum_{k=1}^{n} d_{nk} a_{kj} + \sum_{k=1}^{n}\sum_{s=1}^{n} d_{ns} a_{sk} a_{kj} + \cdots \quad (j=1,2,\cdots,n) \quad (3)$$

可见，第 j 产品完全初始投入系数是因该产品提供单位最终使用产品而拉动所有产品生产而带来的初始投入之和。上式用矩阵形式表示如下：

$$\begin{aligned} C'_n &= D'_n + D'_n A + D'_n A^2 + \cdots \\ &= D'_n (I-A)^{-1} \end{aligned} \quad (4)$$

其中，D'_n、C'_n 分别为直接初始投入系数行向量和完全初始投入系数行向量。

因而计算完全初始投入费用指标的模型有：

$$C = D(I-A)^{-1} \quad (5)$$

式中，C 为完全费用及盈利的消耗系数矩阵，$(I-A)^{-1}$ 为自产品的完全消耗系数矩阵。

由上述模型看出，只要求出完全需要系数矩阵 $(I-A)^{-1}$，乘上前面已计算出来的自产品对投入的直接费用消耗矩阵 D，就可得到完全费用消耗系数矩阵 C。为此我们计算出 6 种自产品的完全需要系数矩阵如表 4 所示。然后，按照模型（5）求出矩阵 C。

表 4 完全需要系数矩阵表

	产品 1	产品 2	产品 3	产品 4	产品 5	产品 6
产品 1	1.00000	0.24716	0.41628	0.57423	0.87762	1.13484
产品 2		1.00000	0.63277	0.73453	1.00836	1.31562
产品 3			1.00000	0.72289	0.82917	1.08678
产品 4				1.00000	0.90000	0.95385
产品 5					1.00000	0.84615
产品 6						1.00000

即：

$$C = D(I-A^d)^{-1}$$

$$= \begin{bmatrix} 39.9732 & 11.7079 & 6.9921 & 6.6392 & 16.7543 & 13.8315 \\ 5.0050 & 4.8720 & 4.1938 & 5.2801 & 3.0907 & 6.5915 \\ 0.5505 & 0.5358 & 0.4616 & 0.5807 & 0.3400 & 0.7254 \\ 1.9677 & 1.1691 & 1.1220 & 1.0777 & 1.4436 & 1.5223 \\ 1.5768 & 2.1359 & 1.5757 & 0.8590 & 5.3007 & 2.6354 \\ 1.0573 & 2.0549 & 1.8593 & 1.1970 & 3.3029 & 2.9200 \end{bmatrix} \cdot$$

$$\cdot \begin{bmatrix} 1.0000 & 0.2472 & 0.4163 & 0.5742 & 0.8776 & 1.1348 \\ & 1.0000 & 0.6328 & 0.7345 & 1.0084 & 1.1356 \\ & & 1.000 & 0.7229 & 0.8292 & 1.0868 \\ & & & 1.0000 & 0.9000 & 0.9539 \\ & & & & 1.0000 & 0.8462 \\ & & & & & 1.0000 \end{bmatrix}$$

$$= \begin{bmatrix} 39.9372 & 21.5875 & 31.0405 & 43.2475 & 75.4143 & 102.7062 \\ 5.0050 & 6.1090 & 9.3601 & 14.7644 & 20.6254 & 30.8905 \\ 0.5505 & 6.6719 & 1.0298 & 1.6241 & 2.2688 & 3.3983 \\ 1.9677 & 1.6554 & 2.6809 & 3.8775 & 6.2496 & 8.7623 \\ 1.5768 & 2.5257 & 3.5837 & 4.4725 & 10.9180 & 14.2520 \\ 1.0573 & 2.3262 & 3.5997 & 4.6576 & 8.9218 & 12.7804 \end{bmatrix}$$

从模型计算结果看,与表3下半部费用与盈利部分各项目每个方格上面结转累加而求得的各项完全费用消耗系数数据完全一致。

(三)计算单位产品的成本与价格

产品的成本与价格计算可在完全费用消耗系数矩阵上进行。根据会计核算制度,工业企业的产品制造成本主要是由企业生产过程中消耗的直接材料、直接工资、其他直接支出和制造费用构成,而其价格则是由制造成本加期间费用和盈利额构成。在计算出的完全费用消耗系数矩阵上,分别把每列有关费用项目加总,就得到6种产品的成本与价格。详见表5所示。

表5 单位产品成本、价格表

	单位	产品1	产品2	产品3	产品4	产品5	产品6
直接材料	元/吨	39.9732	21.5875	31.0405	43.2474	75.4143	102.7062
直接工资	元/吨	5.0050	6.1090	9.3601	14.7644	20.6254	30.8905
其他直接支出	元/吨	0.5505	0.6719	1.0298	1.6241	2.2688	3.3983
制造费用	元/吨	1.9677	1.6554	2.6809	3.8775	6.2496	8.7623
制造成本	元/吨	47.4964	30.0238	44.1113	63.5134	104.5581	145.7572
期间费用	元/吨	1.5768	2.5257	3.5837	4.4725	10.9180	14.2520
盈利	元/吨	1.0573	2.3162	3.5997	4.6576	8.9218	12.7804
产品价格	元/吨	50.1305	34.8657	51.2974	72.6435	124.3979	172.7896

由表 5 可见,第 1 号到第 6 号单位产品的制造成本依次为每吨 47.50 元、30.02 元、44.11 元、63.51 元、104.56 元、145.76 元。产品的价格每吨依次为 50.13 元、34.87 元、51.30 元、72.64 元、124.40 元、172.79 元。在表上各项成本费用的构成情况和计算过程都显示的一目了然。其产品价格 P 和制造成本 Z 计算一般公式为:

$$P(Z) = \sum_{i=1}^{n} D(I-A)^{-1} \quad (i=1,2,\cdots,n) \tag{6}$$

计算出来的产品价格是企业的出厂价格。也是反映企业产品消耗水平真实的出厂价格。因为自产品之间的消耗系数是企业在产品的生产加工中实际发生的消耗水平。各项费用的投入也是企业为生产产品所进行的实际支出。不管是在本企业完成全部加工过程的产成品,还是被消耗的半成品,都作为了产品成本核算和定价的对象,有利于在企业实行全面经济核算管理。

(四)自制半成品不同估值的价值剖析

在工业企业的制造成本项目中,既包括直接材料、直接工资、其他直接支出和制造费用,又应包括自制生产的半成品和自产的燃料、动力的价值。因为自产品包括半成品和产成品,而产成品生产出来就到了销售环节。因而,我们将自制生产的半成品和自产的燃料、动力的价值也一并简称为自制半成品价值。

由初始投入费用(直接材料、直接工资、其他直接支出和制造费用)加期间费用于表 2 中 6 种自产品对自产品的消耗是以实物为计量单位的,因此,还不能直接得出各种自制半成品价值的成本资料,只有将 6 种自产品的各项间接和盈利额,还原成直接的自制生产的半成品和自产的燃料、动力的价值才行。这就需要采用科学合理的价格体系对企业的自产产品进行估值。我们有了企业实物价值型投入产出表,就为建立科学合理的价格体系提供了可靠的数据基础。

通过表 5 计算出的各单位产品的制造成本和价格就可以对企业的自产产品按照不同需要进行科学合理的估值,从而得到企业需要的由自制半成品价值和初始投入等费用因素构成的价值体系。目前现行的企业在成本核算中,多数是采用不包括期间费用和盈利额的成本价来估值半成品价值的。针对此种情况,可利用表 5 计算出的 6 种单位产品的制造成本分别乘以表 2 自产品对自产品每行相应的实物直接消耗系数,就转换为单位产品消耗的价值量了,再按列对相应单位产品消耗的价值量进行加总计算,即得出 6 种自制半成品的价值,由于第 1 号产品不存在对自产品消耗系数,故为 0,第 2、3、4、5、6 号产品分别为每吨 11.74 元、31.34 元、49.94 元、82.93 元、123.1 元。然后再与各相应产品的直接材料、直接工资、其他直接支出和制造费用的直接系数定额相加,即得出 6 种单位产品的制造成本,其结果与表 5 计算出的 6 种单位产品的制造成本是完全相同的(除个别尾数)。最后再与 6 种相应产品的完全期间费用和完全盈利额相加就得出该企业 6 种单位产品的价格,其结果与表 5 计算出的 6 种单位产品的价格也是完全相同的(除个别尾数)。利用投入产出模型计算出的制造成本体系去估值,能够使企业产品的价值构成从经济含义到数量分析解释得非常清楚。详见表 6 所示。

表6 采用单位产品制造成本估值的价值计算构成表

		单位	产品1	产品2	产品3	产品4	产品5	产品6
自产品	产品1	元/吨	0.0000	11.7411	12.3443	9.7273	10.8577	6.5783
	产品2	元/吨	0.0000	0.0000	18.9991	8.3196	7.0346	4.9659
	产品3	元/吨	0.0000	0.0000	0.0000	31.8881	7.8783	10.8602
	产品4	元/吨	0.0000	0.0000	0.0000	0.0000	57.1621	12.2136
	产品5	元/吨	0.0000	0.0000	0.0000	0.0000	0.0000	88.4771
	产品6	元/吨	0.0000	0.0000	0.0000	0.0000	0.0000	0.0000
	半成品价值小计	元/吨	0.0000	11.7411	31.3434	49.9350	82.9327	123.0951
费用及盈利	直接材料	元/吨	39.9732	11.7079	6.9921	6.6392	16.7543	13.8315
	直接工资	元/吨	5.0050	4.8720	4.1938	5.2801	3.0907	6.5915
	其他直接支出	元/吨	0.5505	0.5358	0.4616	0.5807	0.3400	0.7254
	制造费用	元/吨	1.9677	1.1691	1.1220	1.0777	1.4436	1.5223
	直接投入小计	元/吨	47.4964	18.2848	12.7695	13.5777	21.6286	22.6707
	制造成本	元/吨	47.4964	30.0259	44.1129	63.5127	104.5613	145.7658
	完全期间费用	元/吨	1.5768	2.5257	3.5837	4.4725	10.9180	14.2520
	完全盈利	元/吨	1.0573	2.3162	3.5997	4.6576	8.9218	12.7804
	产品价格	元/吨	50.1305	34.8678	51.2963	72.6428	124.4011	172.7982

由表6进一步分析,6种单位产品的自制半成品价值的形成实质就是各自间接的直接材料、直接工资、其他直接支出和制造费用所构成的。但采用表5的6种单位产品是不包括期间费用和盈利额的制造成本价,是对自制半成品不完全的估值。

如果利用表5计算出的6种单位产品的价格体系估值,只需分别将6种产品的价格乘以表2每行相应自产品的实物直接消耗系数,再按列对消耗的其他单位产品价值量加总,就得出6种单位产品的自制半成品价值,第2、3、4、5、6号产品分别为每吨12.39元、35.09元、57.01元、94.17元、144.57元。分别比表6采用的制造成本价估值的自制半成品价值高0.65元、3.75元、7.07元、11.24元、21.47元,这是由于采用6种单位产品的价格估值的自制半成品价值不仅包括了各自间接的直接材料、直接工资、其他直接支出和制造费用,还包括了各自间接的期间费用和盈利额所致。有了自制半成品价值,再与各种产品的直接材料、直接工资、其他直接支出和制造费用的直接费用定额相加,便得出6种单位产品的制造成本,分别为每吨47.50元、30.68元、47.86元、70.59元、115.80元、167.24元。同理,分别比表6采用的制造成本价估值的制造成本高。最后再与6种相应产品的直接期间费用和直接盈利额相加便得出该企业6种产品的价格,其结果与表5和表6计算出的6种单位产品的价格完全相同(除个别尾数)。详见表7所示。

表7 采用单位产品价格估值的价值计算构成表

		单位	产品1	产品2	产品3	产品4	产品5	产品6
自产品	产品1	元/吨	0.000	12.3923	13.0289	10.2667	11.4598	6.9431
	产品2	元/吨	0.0000	0.0000	22.0630	9.6613	8.1690	5.7668
	产品3	元/吨	0.0000	0.0000	0.0000	37.0829	9.1617	12.6294
	产品4	元/吨	0.0000	0.0000	0.0000	0.0000	65.3792	13.9693
	产品5	元/吨	0.0000	0.0000	0.0000	0.0000	0.0000	105.2655
	产品6	元/吨	0.0000	0.0000	0.0000	0.0000	0.0000	0.0000
	自制半成品价值	元/吨	0.0000	12.3923	35.0919	57.0109	94.1697	144.5741
费用及盈利	直接材料	元/吨	39.9732	11.7079	6.9921	6.6392	16.7543	13.8315
	直接工资	元/吨	5.0050	4.8720	4.1938	5.2801	3.0907	6.5915
	其他直接支出	元/吨	0.5505	0.5358	0.4616	0.5807	0.3400	0.7254
	制造费用	元/吨	1.9677	1.1691	1.1220	1.0777	1.4436	1.5223
	直接初始投入	元/吨	47.4964	18.2848	12.7695	13.5777	21.6286	22.6707
	制造成本	元/吨	47.4964	30.6771	47.8614	70.5886	115.7983	167.2448
	期间费用	元/吨	1.5768	2.1359	1.5757	0.8590	5.3007	2.6354
	盈利	元/吨	1.0573	2.0549	1.8593	1.1970	3.3029	2.9200
	产品价格	元/吨	50.1305	34.8679	51.2964	72.6446	124.4019	172.8002

以上可给出单位自制半成品价值计算一般公式为：

$$Z_j = \sum_{i=1}^{n} p_i a_{ij} \quad (i,j=1,2,\cdots,n) \tag{7}$$

单位产品制造成本计算一般公式为：

$$C_j = \sum_{i=1}^{n} p_i a_{ij} + t_j \quad (i,j=1,2,\cdots,n) \tag{8}$$

其中 t_j 为直接材料、直接工资、其他直接支出和制造费用的直接初始投入费用之和。

对自产品进行估值是把各项间接初始投入费和间接期间费用和盈利额还原成直接的自制半成品价值。准确计量企业生产经营活动中的影响，计算产品的间接消耗，有利于提出具有针对性的措施和建议，加强企业的成本分析和管理。这也是投入产出技术能够打开企业产品成本和价值链的具体体现。当然，在实际企业的成本核算中，还要结合具体企业的生产类型考虑，不同生产类型企业计算成本的方法也不同。特别是计算在产品（在制品）和完工品（半成品或产成品）的成本方法，根据需要可以采用完工品产量与约当产量比例分配法、定额成本分配法、定额比例法、产品批别成本法、先进先出法和后进先出法等。而且按照本期完工成本是期初在产品成本加本期投入成本减期末在产品成本的公式进行计算，需要将实物价值型投入产出表的最终使用部分对于完工品和在产品等的库存期初、期末和增减细化，并在主栏初始费用投入中增加在产品期初末差异额等。总之，需要紧密结合企业实际，按照企业投入产出技术原理，依据财务成本核算的具体规则和方法进行，这样才能应用于企业的成本核算和管理的过程中。

三、产品盈利额的体现和生产原理

(一)产品盈利额的体现原理

在我国现行的核算制度下,为避免重复计算企业产值,统计核算是按照工厂法计算的,因而不包括自产自耗的产品价值量。会计核算上为反映只有产品销售了才能有销售收入,才能维持生产和扩大再生产,进而才能有盈利额。因此,产品的盈利额是由最终实现了销售的产品才能体现是有一定的理论和现实意义的。

实物价值型投入产出模型能够反映产品的盈利额是由最终实现了销售才能体现这一特点。在李秉全先生《投入产出技术与企业管理现代化》著作中表7—4所举化工企业例子里,最终使用仅为销售量,不包括库存增加和非生产使用量等,因而,用产品销售量乘以相应产品的单位完全盈利额结果与基础表各产品的盈利额之和是一致的。最终使用仅为销售量适用于没有产品库存的类型企业。鉴于一般企业多存在库存因素,在表1例子中,最终使用包括了销售和库存增减等因素,如仅用产品销售量乘以相应产品的单位完全盈利额,其结果与基础表各产品的盈利额之和就会产生一定误差,见表8。其误差为20496元－20181元＝315元。

表8 销售产品盈利额体现表

单位:元

	产品1	产品2	产品3	产品4	产品5	产品6	合计
销售量	0.0000	0.0000	0.0000	100.0000	400.0000	1300.0000	1800.0000
完全盈利	1.0573	2.3162	3.5997	4.6576	8.9218	12.7804	—
盈利体现额	0.0000	0.0000	0.0000	465.7600	3568.7200	16614.5200	20496.0000

这是因为企业投入产出模型的中间使用部分主要是反映企业自产自耗情况,最终使用部分主要是反映企业的自产品包括半成品和产成品离开了生产过程,都视同可供市场销售的产品,即使半成品也具备了价值和使用价值,所以,尽管库存增减量没有发生销售,但在这里不管是库存增减或非生产使用量都视同了销售的产品。因此,采用最终使用合计量乘以相应产品的单位完全盈利,其结果为20181元与基础表1各产品的盈利额之和是一致的,见表9。而最终使用仅为销售量的情况是企业生产经营活动的一种特例,在这种情况下,最终使用等于销售量。

表9 最终使用量盈利额体现表

单位:元

	产品1	产品2	产品3	产品4	产品5	产品6	合计
最终使用量	400.0000	－100.0000	0.0000	150.0000	300.0000	1300.0000	2050.0000
完全盈利	1.0573	2.3162	3.5997	4.6576	8.9218	12.7804	—
盈利体现额	422.9200	－231.6200	0.0000	698.6400	2676.5400	16614.5200	20181.0000

最终使用量盈利额体现计算一般公式为:

$$S = \sum_{j=1}^{n} W_j H_j \quad (j=1,2,\cdots,n) \tag{9}$$

(二)产品盈利额的生产原理

从另外一个角度看,活劳动创造价值是马克思的经济理论之一。企业劳动者付出的劳动新创造的价值是整个产品价值中的一部分,生产半成品的劳动和生产商品的劳动都创造了盈利,但生产半成品的劳动虽然也创造了盈利但不能实现盈利,这种核算方法使半成品在企业内部工序转移,劳务在企业内部的投入不按照它们的完全价值,而是按照成本价格计算,必然造成对半成品和劳务估值的偏低,降低了成本水平,也掩盖了盈利生产的来源,产品的交换是不等价的。在市场经济条件下,不利于调动全体职工的生产积极性。

因此,只有将企业盈利额视作全部产品生产的才有利于加强基础管理,使定量管理更加科学。为此,只要将企业生产的各种产品产量乘以我们计算的产品直接盈利额,就得出企业各种产品的盈利生产额,将其加总后的结果不仅与基础表1各产品的盈利额之和一致,而且与采用最终使用合计乘以相应产品的单位完全盈利额的结果也是一致的,都是20181元。

表10 总产量盈利额生产表

单位:元

	产品1	产品2	产品3	产品4	产品5	产品6	合计
总产量	2200.0000	2023.0000	1770.0000	16660.0000	1400.0000	1300.0000	10353.0000
直接盈利	1.0573	2.0549	1.8593	1.1970	3.3029	2.9200	—
盈利生产额	2326.0600	4157.0600	3290.9600	1987.0200	4624.0600	3796.0000	20181.1600

总产量盈利额生产计算一般公式为:

$$S = \sum_{j=1}^{n} x_j f_j \quad (j=1,2,\cdots,n) \tag{10}$$

这样,通过企业实物价值型投入产出模型,把产品盈利额的体现和生产都统一起来了。该模型不仅能计算符合最终使用量包括销售才能体现盈利的现行核算制度,也能使企业半成品分摊了盈利,认清了盈利额的生产来源,使产成品的真实成本和合理价格得到反映,也为企业根据实际生产经营活动需要,进行产品的成本和盈利分析奠定了基础。

四、企业产品成本与价格分析及经营决策

(一)一种构成费用因素变动对产品成本与价格的影响

假设在上面的例子中,由于市场上某种材料价格的提高,报告期自产品消耗的直接材料费用比基期表2中自产品对直接材料的消耗水平提高了10%,直接材料费用达到194106元(基期水平为176460元)。为了预测由于直接材料费用的提高对成本与价格的影响,我们可采取如下两个步骤进行。

1. 调整表2中直接费用消耗系数矩阵D中第一行自产品对直接材料消耗的定额数据。用六种自产品所直接消耗材料系数分别乘调整系数1.1,其他系数水平不变(乘1即

可),得出报告期直接费用消耗系数矩阵 D_1。如表 11 所示。

表 11　直接费用消耗系数表(D_1)

项目	单位	产品 1	产品 2	产品 3	产品 4	产品 5	产品 6
直接材料	元	43.9705	12.8786	7.6913	7.3031	18.4297	15.2147
直接工资	元	5.0050	4.8720	4.1938	5.2801	3.0907	6.5915
其他直接支出	元	0.5505	0.5358	0.4616	0.5807	0.3400	0.7254
制造费用	元	1.9677	1.1691	1.1220	1.0777	1.4436	1.5223
期间费用	元	1.5768	2.1359	1.5757	0.8590	5.3007	2.6354
盈利	元	1.0573	2.0549	1.8593	1.1970	3.3029	2.9200

由表 11 看出,由于直接材料费用上浮 10%,致使每吨第 1 号产品对材料的消耗由调整前的 39.9732 元上升为 43.9705 元,第 2 号产品对材料的消耗由 11.7079 元上升为 12.8786 元,第 3 号、4 号、5 号、6 号产品对材料的消耗也由基期水平分别上升到每吨 7.6913 元、7.3031 元、18.4297 元、15.2174 元。

2. 计算各产品直接材料费用变动后的成本与价格。

我们运用模型(5)求出报告期完全费用消耗系数矩阵,再利用模型(6)的计算结果,经过整理就得出六种自产品由于直接材料费用变动后的成本与价格及其构成如表 12 所示。

表 12　报告期单位价格表

项目 \ 产品	单位	产品 1	产品 2	产品 3	产品 4	产品 5	产品 6
直接材料	元/吨	43.9705	23.7463	34.1446	47.5722	82.9557	112.9768
直接工资	元/吨	5.0050	6.1090	9.3601	14.7644	20.6254	30.8905
其他直接支出	元/吨	0.5505	0.6719	1.0298	1.6241	2.2688	3.3983
制造费用	元/吨	1.9677	1.6554	2.6809	3.8775	6.2496	8.7623
制造成本	元/吨	51.4937	32.1826	47.2154	67.8382	112.0996	156.0278
期间费用	元/吨	1.5768	2.5257	3.5837	4.4725	10.9180	14.2520
盈利额	元/吨	1.5073	2.3162	3.5997	4.6576	8.9218	12.7804
产品价格	元/吨	54.1278	37.0244	54.3987	76.9682	131.9394	183.0602

从表 12 看出,因为六种自产品所耗直接材料的直接费用消耗系数增大,使各产品对材料的完全费用消耗水平也上升。特别是第 6 号产品,因其费用绝对值占比重较大,对材料完全费用单耗由 102.71 元/吨的基期水平上升为 112.98 元/吨的水平。各种产品对材料的单耗上升,又使其产品的制造成本和价格发生变动。

(二)多种因素变动对产品价格的影响

再假设当直接材料费用上浮 10% 的同时,企业增加了生产工人工资,幅度为 5%,这种二个因素变动的情况对其产品成本与价格所带来的影响是多大?

我们只要在表 11 的基础上,把直接工资一行的直接费用消耗系数均乘以系数 1.05,

其他系数不变(因直接材料费上浮10%因素已考虑)即可得出报告期由于成本构成的二因素变动后直接费用消耗系数矩阵 D_2 如表13所示。

表13 直接费用消耗系数表(D_2)

项目\产品	单位	1	2	3	4	5	6
直接材料	元	43.9705	12.8786	7.6913	7.3031	18.4297	15.2147
直接工资	元	5.0050	4.8720	4.1938	5.2801	3.0907	6.5915
其他直接支出	元	0.5780	0.5626	0.4847	0.6098	0.3570	0.7617
制造费用	元	1.9677	1.1691	1.1220	1.0777	1.4436	1.5223
期间	元	1.5768	2.1359	1.5757	0.8590	5.3007	2.6354
盈利	元	1.0573	2.0549	1.8593	1.1920	3.3029	2.9200

有了直接费用消耗系数矩阵 D_2 后,就可利用模型(5)、(6)计算,经过整理得出各自产品由于直接材料与工资费用变动后的成本与价格构成如表14所示。

表14 报告期单位产品价格表

项目\产品	单位	1	2	3	4	5	6
直接材料	元/吨	43.9705	23.7463	34.1446	47.5722	82.9557	112.9768
直接工资	元/吨	5.0050	6.1090	9.3611	14.7644	20.6254	30.8905
其他直接支出	元/吨	0.5780	0.7055	1.0813	1.7053	2.3822	3.5682
制造费用	元/吨	1.9677	1.6554	2.6809	3.8775	6.2496	8.7623
制造成本	元/吨	51.5212	32.2162	47.2668	67.9194	112.2130	156.1978
期间费用	元/吨	1.5768	2.5257	3.5837	4.4725	10.9180	14.2520
盈利额	元/吨	1.0573	2.3162	3.5997	4.6576	8.9218	12.7804
产品价格	元/吨	54.1553	37.0580	54.5402	77.0494	132.0528	183.2301

由表14看出,由于成本中的两个因素共同影响,使六种产品的成本与价格又有了相应程度的提高。通过以上的计算分析过程可见,不管企业生产的自产品所耗的各项费用发生什么变化,都可通过投入产出模型找到影响后产品的成本与价格及其影响程度。

(三)进行生产经营决策

实物价值模型应用目的之一,就是要计算出企业从原材料投产到产品产出实际按产品的消耗水平形成的真实成本与价格。特别是在市场经济条件下,产品竞争日益激烈,市场上还有一个价格是否能够接受的问题。因而,我们能利用实物价值模型计算出来的企业产品的真实成本与价格和市场能够接受价格做一对比分析,就可找出各个产品的投入与产出效益情况,从而进行科学的生产和经营决策。

我们仍以本章例子来说明,通过模型得出的产品价格与市场接受价格的对比来分析对企业产品效益的影响和投产决策问题。详见表15。

表 15 产品价格对比分析表

产品	单位	应销单价	实际单价	应得利税	实际利税	价差
1	元/吨	50.13	47.50	1.06	−1.57	−2.63
2	元/吨	34.87	35.68	2.32	3.13	+0.81
3	元/吨	51.29	51.50	3.60	3.81	+0.21
4	元/吨	72.64	73.14	4.66	5.16	+0.50
5	元/吨	124.40	120.60	8.92	5.12	−3.80
6	元/吨	172.79	167.25	12.78	7.24	−5.54

表 15 中,应销单价为通过实物价值模型计算的出厂价格,实际单价为市场允许的出厂价格。应得利税为应销单价中的利税,实得利税为企业实际销售单价产品所获得利税。

我们先看第 1 号产品,它的应销单价为 50.13 元/吨,而实际采用价格是 47.50 元/吨,销售每吨应得利税是 1.06 元,但实际不仅没有利税,还亏损 1.57 元,这就是实际销售单价比应销单价低 2.63 元/吨的结果。第 2 号产品应销单价为 34.87 元/吨,实际销售价格为 35.68 元/吨,应得利税 2.32 元/吨,实得利税为 3.13 元吨,这是由于实际单价高于应销单价 0.81 元/吨的结果。第 3、4 号产品,实际单价分别比应销单价高出 0.21 元/吨和 0.50 元/吨,致使实得利税在应得利税的 3.60 元/吨和 4.66 元/吨水平上提高到 3.81 元/吨和 5.16 元/吨的水平。而第 5、6 号产品,由于应销单价比实际单价分别高出 3.80 元/吨、5.54 元/吨,使得这两种产品实得利税分别由应得利税 8.92 元/吨和 12.78 元/吨降到 5.12 元/吨和 7.24 元/吨,减少了单位产品的盈利。根据以上分析,在投产决策中,应注意扩大第 2、3、4 号产品的生产,限制或停止第 1、5、6 号产品的生产。只有这样,才能在市场经济条件下,实现企业增加产品效益和减少产品亏损的目的。

五、模型应用展望

(一)制定实物与价值量的生产经营计划

企业实物价值模型能够较好地把生产计划和财务计划统一起来,实现企业的全面计划管理。而且,利用实物价值模型制定计划,能够使各种计划相互关联,配套协调。模型的上半部分,可制定实物销售计划,库存增减计划,各车间生产产品的消耗量计划与总量计划。模型的下半部分,可制定出各车间产品的制造成本计划、产品价格计划。并可制定出详细的自产品对外购直接材料、工资、制造费用、期间费用等项目消耗计划。同时,利用实物价值模型计算出来的价格去估值自产品的实物数量部分,又可使实物计划转化为价值量计划。

制定生产经营计划,可以利用投入产出计划模型完成。首先确定计划期最终产品向量 Y_t^d(最终使用计划),根据模型 $X_t = (I - A_t)^{-1} Y_t^d$ 求出总产出计划。然后,根据模型 $U_t = A_t^e \hat{X}_t + Y_t^e$ 求出总外购计划。再根据模型 $[X_{ij}] = A_t \hat{X}_t$ 和 $[U_{ij}] = D_t \hat{X}_t$ 分别求出自产品的中间使用计划和对各项成本费用的消耗等计划。这一制定过程,做到了以销定产,以产定耗,使企业实物与价值计划真正达到了平衡,这是其他计划工具所不能代替的。

(二)完善企业的定额管理

本模型所列的自产品与所耗费用部分只是综合概括。在实际企业模型中自产品部分可达几十个、几百个,费用部分也可根据实际管理需要进行比较细的分类。如原料可分出具体规格,材料可分出具体产品,制造费用和期间费用各项也可按会计科目细化。这样,通过编表计算,就可得到每种半成品和产成品的详细各项定额数据,还可使自产品的实物量定额与价值量定额配套,而且,只要总量发生变动,都可计算出一套新的定额系数,这对于统一和协调企业的定额种类,加强各项定额的考核以及实行全面经济核算都具有直接作用,使各项管理定量化。以此为前提,进行考核、计奖,体现社会主义"按劳分配"的原则,从而使企业的全面经济核算落到实处。

(三)具有广阔的应用前景

实物价值型投入产出模型,无论是采用计算出的制造成本体系估值,还是采用价格体系去估值,都能够满足一般企业的成本管理需要。其最大特点就是能够把间接的投入费用还原成自制的半成品价值,这是正确核算企业产品和发生劳务的实际成本和价格的关键所在。我国学者李松玉研究了工业企业成本计算通用模型。随着企业管理现代化的需要,企业管理水平的提高,大数据和互联网的应用,特别是在新业态下管理会计向成本管理的聚焦,基于业财融合的全面成本管理的实施,对自制半成品的完全估值将会是今后管理会计的研究内容之一。由于该模型具有多种功能,市场上有些企业管理咨询公司利用其为企业生产经营管理服务取得了较好的效果,也得到了一些企业的认可,为企业实现现代化管理提供了比较实用的工具。

参考文献

[1] 李秉全,陈锡康. 投入产出技术[M],中央广播电视大学出版社,1983年版.
[2] 彭志龙,刘起运,佟仁城等. 中国投入产出理论与实践—2007[M],中国统计出版社,2009年.
[3] 魏法杰,张人千. 面向作业过程的企业生产理论与成本理论[M]. 北京航空航天大学出版社,2006年.
[4] KLOCK J. Betriebswirtschaftliche Input — Output — Modelle. Ein Beitrag zur Produktionstheorie, Wiesbaden,1969.
[5] 赵彦云. 机械工业企业价值型投入产出表的编制及其在企业管理中的应用[J]. 数量经济技术经济研究,1986(07):68—72.
[6] 李秉全. 投入产出技术与企业管理现代化[M]. 科学出版社,1988年.
[7] 刘棠,夏长富. 湖北省东风轮胎厂实物—价值型综合投入产出模型的一个应用[J]. 现代财经—天津财经学院学报,1989(06):44—46.
[8] 李松玉. 完全历史成本计算的通用模型[M]. 西南财经大学出版社,1991年.
[9] 宋辉,潘晓明. 企业新型投入产出实用核算模型的建立与应用[J]. 系统工程理论与实践,1995(04):74—77.
[10] 白宝光,宝音朝克图. 电力企业投入产出实物模型的建立与应用[J]. 数量经济技术经济研究,2001(11):113—116.
[11] 于仲鸣. 现代企业投入产出方法[M]. 天津科学技术出版社,2002年.
[12] 邵建鹤. 投入产出方法在企业计划管理中的应用[J]. 财会研究,2010(05):36—38.

[13] 宋辉,何海臣,张云逸等.邢钢实物型投入产出模型的编制与分析[R].河北省统计局,2015年.

作者简介:

宋　辉,河北省统计科学研究所研究员、博士生导师,河北大学统计学硕士生导师。

王笑阳,河北大学经济学院统计学硕士生。

投入产出技术在新疆的推广与应用

刘 用

摘要: 投入产出技术是研究经济系统的数量工具。目前,投入产出表在国家、省级层面应用比较广泛,然而在地市、区县等层面的推广与应用比较少。本文基于乌鲁木齐高新区投入产出表、乌鲁木齐市非竞争型投入占用产出表、新疆非竞争型投入产出表的编表实践,浅谈投入产出技术在地市、区县等层面的推广与应用,其中地理尺度和模型精度是投入产出技术推广应用中的两个基本问题。实践证明,科学编制地区投入产出表对研究经济系统的运行特征、制定政策提供重要的参考依据,但是也存在着诸多困难。

关键词: 投入产出表　乌鲁木齐高新区　乌鲁木齐市　新疆

一、研究背景

投入产出方法是由美国经济学家诺贝尔奖获得者列昂惕夫于20世纪30年代创立,是研究经济系统各部门间表现为投入与产出的相互依存关系。投入产出方法包括投入产出表、模型及应用三个层面。投入产出表是以棋盘式平衡表的方式表征国民经济各部门间复杂的经济联系。投入产出模型是基于投入产出表以数学模型的方式通过代数运算揭示国民经济系统各部门之间的经济联系。投入占用产出技术是投入产出方法的拓展,增添了在生产活动中处于基础性地位的资源占用。

当前,投入产出技术已经成为研究全国、各省市经济系统运行的重要工具,在外贸、农业、工业、服务业、能源、水利、生态、环境等各领域应用广泛,但是在地市、区县层面的应用比较少。本文基于乌鲁木齐高新区投入产出表、乌鲁木齐市非竞争型投入占用产出表、新疆非竞争型投入产出表的编表实践,浅谈投入产出技术在地市、区县等层面的推广与应用,其中地理尺度和模型精度是投入产出技术推广应用中的两个基本问题。首先,地理尺度问题主要是指投入产出技术推广范围受到局限。国家统计局以及各省、自治区、直辖市统计局分别编制了国家和各省的投入产出表,其地理尺度限制在国家和省级行政区两个层面,在省际之间、跨区域、或者省级以下区域的地理单元编制投入产出表存在很大的困难。其次,模型精度问题主要是指除了国家投入产出表以外,各省市投入产出表以及间接推导的跨区域投入产出表的精度相对来说比较低,其根本原因在于相关信息缺失。

二、乌鲁木齐高新区投入产出表编制及应用

乌鲁木齐高新区是全疆第一家高新区,也是全疆重要的产业高地和人才高地。由于数据资料不足,样本有限,本文采用间接法编制了乌鲁木齐高新区投入产出表,主要步骤如下:一是科学划分产品分类,高新区地理单元尺度较小,投入产出表只包含21个产品部门,产品门类相对较少。二是确定消耗系数结构,本文假定高新区主要产品与新疆同类产品具有相同的消耗结构,并基于新疆静态投入产出表消耗系数,结合园区重点产业的消耗结构和增加值率,进行局部调整,确定直接消耗系数。三是确定各部门总产出,本文以报告期年报数据为基础,把农业、建筑业和服务业总产值视为农业、建筑业和服务业的总产出,将规上工业企业报表中总产值按照行业小类汇总求得规上工业产品总产出,规下工业企业总产值视为总产出,最终按照行业中类进行汇总求得工业总产出。四是确定各部门增加值结构,本文假定高新区主要产品与新疆同类产品具有相同的增加值结构,根据第一象限的消耗系数,确定增加值率,基于新疆静态投入产出表增加值结构,结合企业报表数据和年报数据,局部调整差别比较显著数据,确定增加值结构。五是估算各部门最终需求,高新区地理单元尺度较小,第二象限数据获取难度比较大,精确度不高,本文采用中间使用率直接确定最终使用率,没有编制最终需求结构。六是最终完成投入产出表编制。上述工作基本确定了高新区投入产出表的结构,再乘以各产品部门总产出,既估算出一张相对比较完整的高新区静态投入产出表(表1)。

表1 高新区投入产出表

投入＼产出	中间需求	最终需求	总产出
中间投入	Z	Y	X
最初投入	V		
总投入	X'		

乌鲁木齐高新区投入产出表比较粗糙,但是在资料条件有限情况下也提供了编制园区、区县投入产出表的一个基本思路。实践证明,乌鲁木齐高新区投入产出表比较有效地解释了其经济系统运行的若干特征。比如,高新区工业产品部门的中间投入率远大于1,主要工业产品对外部输入品的依赖性较大,这不仅是乌鲁木齐高新区的特点,同样也是全国各园区的一个共同特点。再比如,高新区各产品部门对交通运输业、能源和原材料的消耗系数较大,经济重工业特征突出,交通运输瓶颈制约显著,同时这也是全疆其他园区的共有特点。再比如,高新区金融业的感应度系数远远大于其他部门,金融行业瓶颈制约突出,尤其是科技金融是高新技术产业发展的重要短板。基于上述分析,制定了高新区发展的若干思路,即依托"空港＋"发展模式,完善园区配套设施,打造特色产业集群,发展科技金融,提升传统服务业,不断完善优化产业生态。几年来,乌鲁木齐高新区在上述发展思路的指引下不断做强做优,也取得了巨大的发展成就,成为西北地区重要的产业高地和科技高地。

三、乌鲁木齐市投入产出表编制及应用

乌鲁木齐市是新疆首府,是我国西部中心城市,同时也是典型的绿洲城市。本文着重介绍乌鲁木齐市投入产出表的构建及应用。2012年,乌鲁木齐市投入产出调查领导小组选取490家调查对象,涵盖煤炭采选业等100余个行业。国家统计局下发的编制方案为编制乌鲁木齐市投入产出表提供了比较详尽的技术支撑。为进一步提高投入产出表的精确度,在静态投入产出表的基础上,进行了改进,包括中间投入、最初投入、最终使用、占用等基本模块,比较完整地刻画了城市经济系统的运行特征(表2)。

表2 2012年乌鲁木齐市非竞争型投入占用产出表

投入 \ 产出		中间需求	最终需求	总产出
自产产品中间投入		Z^u	Y^u	X^u
调入品中间投入	疆内市外	Z^f	Y^f	X^f
	国内疆外	Z^m	Y^m	X^m
	国外	Z^n	Y^n	X^n
最初要素投入		V		
总投入		X^u		
占用		R		

中间投入构成(自产产品中间投入 Z^u、疆内市外调入产品中间投入 Z^f、国内疆外调入产品中间投入 Z^m、国外进口产品中间投入 Z^n)是指常住单位在生产或提供货物与服务过程中,消耗和使用的所有非固定资产货物和服务的价值,是投入占用产出表的核心部分。水平方向来看,该模块表示了各个产品部门产出的分配情况,或者作为中间产出,被其他部门生产所消耗,或者最终产出,用于各类消费、投资、或流出本市经济系统,其中部门产出既可以是本市产品部门产出,或者是其他省市产品部门的产出,也可以是进口产品,也可以是其他地州市的产出。从竖直方向来看,该模块表示了乌鲁木齐市各个产品部门的中间投入情况,投入产品或者是本市生产产品,或者是疆内其他地州市产品,或者是疆外调入产品,或者是国外进口产品。这部分资料主要是通过投入产出专项调查取得的具有代表性的中间投入构成比重,然后结合中间投入总量指标进行推算,即中间投入构成=中间投入总量×中间投入构成比重。

合理区分本地产品和调入品是一项极其繁琐的工作。乌鲁木齐市主要与疆内市外系统、疆外国内系统以及国外系统等三类经济地理系统发生贸易关系。显然,调入品也可以分为三个类产品,具体分配比例采取如下分配方案。以食品制造业为例,样本资料共有15家企业,共需要1000吨的粮食作为原料,其中100吨来自本市系统,600吨来自疆内市外系统,300吨来自疆内市外系统,来自国外系统的粮食几乎没有,从而假定整个食品制造业的调入品结构是1∶6∶3∶0,其调入品总量是粮食制造业的总产值乘以调入品结构。在

区分调入品和本地产品的过程中,采用电话调查和实地调查等补充方法进一步确认数据的可靠程度,对误差较大的数据进行修正。

最初要素投入 V 是反映其在生产过程中创造的新增加价值和固定资产转移价值的重要指标,是各产品部门生产活动的最终成果,包括劳动者报酬、固定资产折旧、生产税净额、营业盈余四个部分,也就是按照收入法计算的行业增加值,该模块主要基于投入产出专项调查取得的增加值结构,结合总量指标推算,但是某些样本企业增加值的推算主要基于企业的统计、会计、业务核算资料,采用收入法计算。该模块可以体现各个产品部门的盈利情况。以钢铁加工与压延为例,该部门增加值率为 7.1%(1 减去中间投入率),其中劳动者报酬率 2.1%,生产税净额率 1.4%、固定资产折旧率 1.7%、营业盈余率 2.1%。

总产出 X^u(总投入 X^u)是指一定时期内一个国家(或地区)常住单位生产的所有货物和服务的价值,是反映生产活动总规模的重要指标,既包括新增价值,也包括被消耗的货物和服务价值以及固定资产的转移价值。总产出测算分为工业部门和非工业部门。在投入占用产出表方法中,一个部门的总产出等于该部门的总投入,也就是说,一个部门的总产出是包括中间投入和最初要素投入在内的全部投入要素价值转移的结果。各个部门总产出占全部总产出的比重可以反映全社会的产出结构。全社会总产出减去全社会中间产出,即按照生产方法计算的地区生产总值(GDP)。

最终产出 Y^u,即支出法 GDP,是指从最终使用的角度反映一个国家(或地区)一定时期内生产活动的最终成果的一种方法,包括最终消费支出、资本形成总额、货物和服务的出口(或流出)和进口。该模块主要体现各个部门的产品最终使用情况,包括消费、投资、存货、流出或出口等。各个部门最终产出的总和是按照支出法计算的地区生产总值(GDP),也就是最终劳动成果。以钢铁加工与压延为例,该部门最终使用率为 33%,即该部门产品最终使用的产出占其总产出的比重为 33%,其中内地流出率为 16%,出口率为 0,投资率为 14%,消费率为 3%。

占用模块 R 主要取自相关部门(环保局、水务局、统计局能源处)以及年鉴资料,按照行业小类数据汇总,合并成与投入占用产出表口径一致的能源消耗、污染物排放、水资源利用、就业带动等数据。占用模块细分为能源消费行模块、污染物排放模块、水资源使用模块,主要体现与乌鲁木齐密切相关的能源消耗、污染物排放、水资源紧张问题。本文主要研究水资源问题,着重编制了水资源占用模块,用以揭示乌鲁木齐市水资源的配置特征。

在得到按购买者价格计算的中间投入构成、增加值构成、最终使用构成和总产出初步数据后,对根据不同资料来源计算的上述指标进行平衡和修订。平衡修订工作分为以下三个步骤:首先,从最终使用项出发,研究各项构成是否合理,对不合理的数据进行修订;其次,研究中间投入构成中主要消耗是否合理,对不合理的数据进行修订;最后,在达到基本平衡的基础上进行数学平衡。由于编制投入占用产出表所需资料大部分来自使用部门,其核算价格为购买者价格。通过调查样本可以获取流通费用,编制流通费用矩阵,从按购买者价格计算的投入占用产出表中扣除相应的流通费用,得到按生产者价格计算的投入占用产出表。

竞争型投入产出模型是各种类型投入产出模型的基础,但是该类模型不能够区分系统外产品和本地产品,在城市层面的精确度所降低,甚至是在解释一些经济现象时会得出

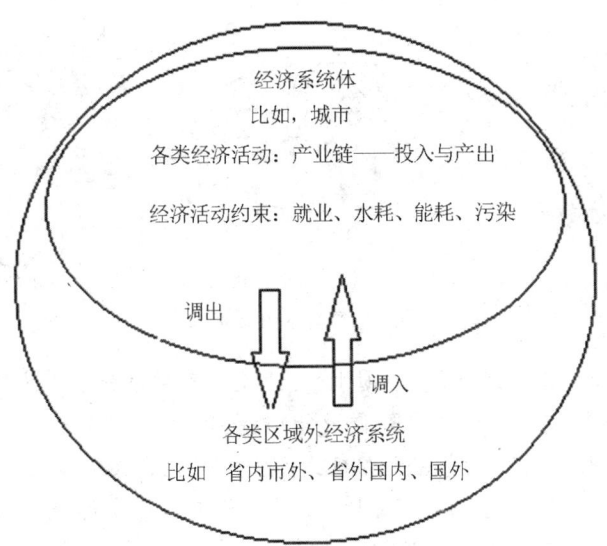

图 1　非竞争型投入占用产出表的经济地理含义

错误的结论。乌鲁木齐市非竞争型投入占用产出表及模型的结构设计更优化，信息内容更丰富，具有显著的经济地理含义，如图 1 所示。一个城市经济体总是包含各类相互联系的产业部门，各类产业活动总是彼此发生着各类投入产出关系，同时，也总与外界经济系统发生各种联系，集中体现在系统间的产品贸易往来，既包括各类系统外产品调入，也包括本地产品输出。此外，一个城市经济体总是与水资源消耗、能源消耗、污染物排放、就业等各类活动发生各种联系。显然，乌鲁木齐市非竞争型投入占用产出表既体现了城市系统内部各产业之间的关联特征，包括直接关联和各类间接关联，具有显著的经济学含义；也含有与城市系统有关的空间模块，体现了城市系统内部与外界系统之间的关联关系，具有显著地理空间含义；也包含资源占用模块，体现了各产品部门对各类资源的消耗与占用，具有显著的生态含义。该模型是经济社会巨复杂系统模型的具体化，是研究城市经济系统的有力工具。

　　本文举一个乌鲁木齐市非竞争型投入占用产出表的成功案例，即它有效解释了长期困扰当地学者和官员的这一个现象。长期以来，乌鲁木齐市水资源人口承载力不断被证明"已经接近上限"，然而"人口规模上限"不断被现实人口规模所突破。本文将这一现象归结为"水资源承载力之谜"，即在水资源紧张形势下，大城市人口规模和经济规模为何持续增长？求解这一现象的关键是建立水资源账户，而投入产出表不仅可以提供实体水资源，还可以估算虚拟水资源，进而可以建立一个比较完整的广义水资源账户。据测算，实体水资源总量为 12.9 亿立方米，其中生活用水量、生产用水量、生态用水量分别是 1.51、8.89、0.625 亿立方米；虚拟水资源总量为 38.9 亿立方米，其中本地虚拟和外界虚拟水资源分别是 5.98 和 32.9 亿立方米。广义水资源总量为 51.7 亿立方米，其中实体水资源和虚拟水资源分别占 26%、74%。虚拟水资源量是实体水资源量的 3 倍左右。虚拟水属于生产用水，则广义水资源生产用水总量达 47.7 亿立方米，占 92.3%，是实体水资源生产用水总量的 5.4 倍（图 2）。

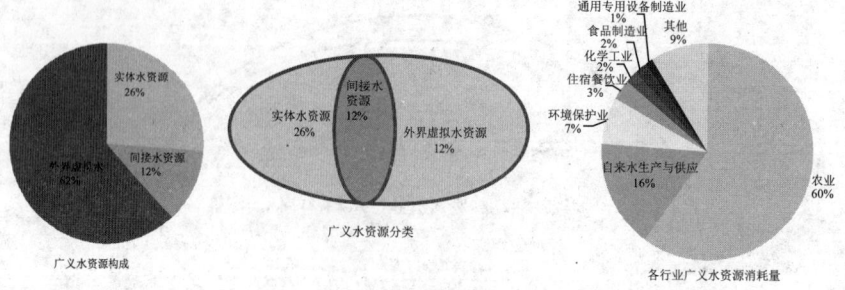

图 2　广义水资源构成

据推算,1980 年全市实体水量、虚拟水量、广义水资源量分别约为 11、6、16 亿立方米;2012 年实体水量、虚拟水量、广义水资源量分别约为 12.87、38.85、51.72 亿立方米(图 3(a))。人口数从 1980 年 100 万发展到 2012 年的 400 万人(图 3(b))。人均广义水资源量从 1600 立方米下降到 1293 立方米,减少 19.2%,其中人均实体量从 1100 立方米下降到 321.75 立方米,减少 70.8%;人均虚拟量从 307 立方米增加到 971.25 立方米,增加 216.4%(图 3(c))。表明,虚拟水资源对缓解水资源形势具有显著的作用,有效维持了水资源供需平衡。

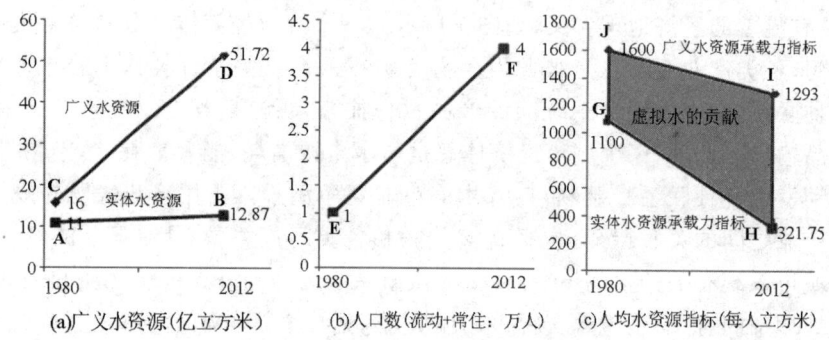

图 3　1980 年和 2012 年人均水资源量对比图

据测算,乌鲁木齐市总供给与总需求基本持平,其中总需求略小于总产出,其供需率,即总供给与总需求的比重为 102%,但是结构性差异比较显著,通过产品贸易从周边地区调入大量农产品、原材料、轻工品等初级产品,向周边地区输出较高端的产品和服务等高附加值的产品,实现了其价值增值;同时通过虚拟水贸易从周边地区调入大量农产品等水资源密集型产品,增加其虚拟水量供给量,虚拟水量为当地实体水资源量的 3 倍左右,有效维持了广义水资源的供需平衡。产品贸易和虚拟水贸易分别从实现价值增值和增加虚拟水供给两个角度同时维持了乌鲁木齐市的可持续发展,进而实现了人口规模和经济规模的持续增加。可见,蕴含于产品贸易和虚拟水贸易中广义水资源动态平衡是破解"水资源承载力之谜"的答案之一。求解乌鲁木齐市"水资源承载力之谜"是投入产出表在基层应用的成功典范,也为乌鲁木齐市相关政策的制定提供了重要的参考依据。《乌鲁木齐市"水资源承载力之谜"及广义水资源核算——基于非竞争型投入占用产出表》荣获 2017 年度全国统计系统优秀分析报告一等奖。

四、新疆非竞争型投入产出表编制及应用

2015年3月,新疆被定位为"新丝绸之路经济带"核心区。投入产出技术为构建反映新疆特点的宏观经济模型、科学规划核心区建设提供了重要的分析框架。在"一带一路"视角下研究新疆经济系统,划分不同的经济地理单元,分别理清其经济系统与不同地理单元的经济联系具有重要意义。比如,新疆大量的能源、资源、棉花等产品运往内地,内地的大量的轻工产品、电气设备、先进设备制造、计算机等产品流入新疆。但是,当前的竞争型投入产出表没有反映这一部分信息,也降低了精确度。本文的创新点在于在静态投入产出表的基础上,专门组织实地调研,编制了比较精确的非竞争型投入产出表,构建了反映新疆经济系统的特点并且具有显著经济地理含义的宏观经济模型,提高了静态投入产出模型的精度。

表3 新疆非竞争型投入占用产出表

投入\产出		中间产品	最终产品	总产出或总调入总进口
中间投入	疆内系统产品	Z_{ij}^{X}	F_i^X	X_i
	内地系统产品	Z_{ij}^{D}	F_i^D	D_i
	国外系统产品	Z_{ij}^{m}	F_i^m	M_i
最初投入		V_j		
总投入		X_j		
资源占用	能源占用	E_j		
	水资源占用	W_j		
	从业人员占用	L_j		
	污染物排放	P_j		

Z_{ij}^{X}表示疆内系统各产品部门之间的关联,即疆内系统第j部门对第i部门产品的消耗使用量。F_i^X表示疆内系统第i部门产品用于最终产品的数量。X_i表示疆内系统第i部门的总产出,包括中间产出和最终产出。Z_{ij}^{D}表示疆内系统各产品部门与内地系统各产品部门的关联,即疆内系统第j部门对内地系统第i部门的消耗使用量。F_i^D表示内地系统第i部门产品用于疆内系统最终产品的数量。D_i表示疆外系统第i部门产品调入疆内系统的总量。Z_{ij}^{m}、F_i^m和M_i分别表示国外系统产品与疆内系统的关联,其含义与疆外系统的相应指标基本相同。Z_{ij}^{m}表示疆内系统各产品部门与国外系统各产品部门的关联,即疆内系统第j部门对国外系统第i部门的消耗使用量。F_i^m表示国外系统第i部门产品用于疆内系统最终产品的数量。M_i表示国外系统第i部门产品调入疆内系统的总量。资源占用模块。E_j、W_j、L_j、P_j分别表示疆内系统第j部门的能源占用、水资源占用、从业人员以及污染物排放。其他模块。V_j和X_j分别表示最初投入(增加值)以及总投入(总产出)。

本地产品投入是生产系统内的产品,与调入产品、进口产品以及最初要素投入等生产系统外的产品有着本质的区别,它可以视为调入产品、进口产品以及最初要素投入通过不同的组合方式的产物。也就是说,同一部门的完全调入系数、完全进口系数与完全增加值系数之间隐含着一个非常重要的恒等式。令 $u=(1,1,\cdots,1)$,则

$$uB^D + uB^m + B^v$$
$$=uA^D(I-A^X)^{-1} + uA^m(I-A^X)^{-1} + A^v(I-A^X)^{-1}$$
$$=(uA^D + uA^m + A^v)(I-A^X)^{-1} = u(I-A^X)(I-A^X)^{-1}$$
$$=uI=(1,1,\cdots,1)=u$$

上式表明,对同一部门来说,完全调入系数+完全进口系数+完全增加值系数=1,其经济意义是该部门单位最终产品的完全价值有且只有三部分组成,即内地系统创造的价值(完全调入系数)、国外系统创造的价值(完全进口系数)以及疆内系统自身创造的价值(完全增加值系数),并且相应的数值是三者在完全价值中所占的比重,即完全价值构成。这一公式对研究新疆经济系统的空间特征具有重要参考价值。

新疆非竞争型投入占用产出表为全疆经济转型与产业结构调整提供了重要的参考依据。首先,投入产出表比较系统地解释了新疆经济系统运行的基本特征,结合主要系数提出了经济转型与产业结构调整的适度技术原则,即任何一个区域的经济发展水平都是建立在自己的比较优势基础上,遵循产业的发展路径逐步由低层次向高层次演化规律,可以适度创造条件逐步去引导产业迈向更高的层次,采用符合本地实际特点的技术水平逐步更新延伸价值链,避免完全依靠种植技术导致产业链孤岛。在此基础上,结合投入产出表的基本结论勾画了全疆经济转型与产业调整的具体路径,并提出了相关发展建议。《新疆经济转型与产业结构调整路径研究——基于2012年非竞争型投入占用产出表》荣获2016年全国统计系统优秀分析报告三等奖。

五、展望与不足

投入产出技术是我国核算制度的重要组成部分,是一门交叉学科,同时也是一个能把提出的各种发展战略和政策转化为具体可操作的数学模型和定量分析方法。本文基于乌鲁木齐高新区投入产出表、乌鲁木齐市非竞争型投入占用产出表、新疆非竞争型投入产出表的编表实践,结合不同地理尺度,尽可能提高模型精度,浅谈投入产出技术在地市、区县等层面的推广与应用,在新疆取得了初步成效。但是,投入产出技术专业性强,编制难度大,普及难度大,其推广和应用还比较困难,诸多问题有待深入研究。

参考文献

[1] 陈锡康,杨翠红. 投入产出技术[M]. 科学出版社,北京,2011.

[2] 国家统计局. 中国2012年投入产出表编制方法,中国统计出版社,2014.

[3] Liu Y. "Study on Generalized Water Resources: Contributions from A Non-competitive Water Input-Output Model in Urumqi." PhD Thesis, University of Chinese Academy of Sciences/Xinjiang University, 2017.

[4] Liu Y, Yang D G, Lü G H. "Water scarcity and generalized water resources management in Uru-

mqi: Contributions from noncompetitive water input-output model", Journal of Water Resources Planning & Management, 143(8):04017038-1-04017038-9.
[5] Liu Y. "Why an Urban Population Continues to Grow Under Intensifying Water Scarcity: An Answer from Generalized Water Resources. " Urban Water Journal (DOI: 10.1080/1573062X.2019.1595674) 2019,4.
[6] 刘用. 乌鲁木齐市"水资源承载力之谜"及广义水资源核算——基于非竞争型投入占用产出表（上），新疆统计，2018,2.
[7] 刘用. 乌鲁木齐市"水资源承载力之谜"及广义水资源核算——基于非竞争型投入占用产出表（下），新疆统计，2018,4.
[8] 刘用. 新疆经济转型与产业结构调整路径研究——基于2012年非竞争型投入占用产出表，新疆统计，2016,4.

作者简介：

刘用，新疆维吾尔自治区统计局高级经济师，32516022@qq.com。

在投入产出框架下探讨单双缩减法对经济增长率测算的影响分析①

李 洁 戴艳娟

摘要: 我国经济增长率是根据生产法国内生产总值实际值,即各产业增加值实际值加总后得到的。增加值定义为产出减去中间投入,增加值实际值的估算通常是使用对产出与中间投入都进行价格缩减的双缩减法。但是,双缩减法严重依赖投入产出统计,并且对价格指数要求很高。1993SNA 是以双缩减法为最优,单缩减法为次优;最新国际标准2008SNA 则指出二者各有利弊,不分优劣,应根据实际情况具体决定。国家统计局正是在充分探讨了国际标准之上,结合我国的具体情况而采用了单缩减法。

根据 2017 年国际货币基金组织研究小组对 G20 国家的调查,除英国以外主要发达国家都是采用双缩减法,而我国和印度是采用单缩减法。该研究小组还对 G20 中采用双缩减法的八个国家进行单缩减法实际值的估算并对结果进行比较分析。因为在理论上双缩减法是保证生产法与支出法 GDP 等值的唯一估算法,本研究使用投入产出框架考察行业间相对价格变化对单缩减法偏差带来的影响。并利用考察结果,讨论单缩减法得到的 GDP 实际值对我国经济增长率的影响,以及可能造成的对各行业经济增长相对贡献的扭曲。测算结果表明绝大部分期间,单缩减法估算的 GDP 实际值小于双缩减法的估算结果,也就是说可能低估了经济增长;同时单缩减法可能低估了制造业对经济增长的贡献,而高估了服务业和建筑业对经济增长的贡献。

关键词: 单双缩减法 GDP 实际值 经济增长率 投入产出表 国民经济核算

一、引言

国内生产总值(GDP)是估算经济增长的基础数据,GDP 实际值测算方法的不同也影响经济增长率的测算结果。GDP 实际值的测算方法包括生产法和支出法,我国采用的是生产

---

① 本文获自然科学基金项目"低碳全球化背景下我国碳排放转移传导路径及作用机制研究"(71873021)资助;为广东省教育厅"创新强校"科研项目"基于投入产出法的各国生产率测算"(17TS08)阶段性成果。

法,也就是将各行业的实际增加值进行加总。增加值通常被定义为产出减去中间投入,因此,估算实际增加值时需要分别对产出与中间投入进行价格缩减,也就是双缩减法。但是,由于使用双缩减法估算不变价增加值需要详细的价格指数及投入产出表(供给使用表,SUT)等各项完整的信息,而事实上绝大多数国家并不具备这样的完整信息,所以在很多情况下难以实践操作。而且鉴于双缩减法可能带来的统计误差,最新国际标准 2008SNA 改变了 1968SNA 以来强烈推荐双缩减法的做法,而改为利用各行业产出的平减指数直接缩减名义增加值的单缩减法与双缩减法并行推荐的做法。根据 2017 年国际货币基金组织研究小组(Alexander, et al. , 2017)对 G20 国家生产法 GDP 实际值测算方法的调查,现阶段除英国以外主要发达国家都是采用双缩减法,而我国与印度采用的是单缩减法。

该研究小组还对 G20 各国中采用双缩减法的八个国家,估算了其单缩减法的实际值,并对两种方法得出的结果进行了比较。得到:单缩减法低估经济增长率的有五个国家,高估的有三个国家。在此之前,李(2013)对我国与日本生产法 GDP 实际值估算方法进行了比较考察,并使用日本编制的 1960－2000 年固定价格投入产出序列表,第一次对单双缩减法得到的 GDP 实际值与经济增长率进行了大小比较分析。之后,李(2015)利用投入产出框架对单缩减法相对于双缩减法所产生的偏差的规律性进行了考察,得出中间产品与最终产品间的相对价格变化对单缩减法的影响关系,即中间产品的价格上升大于最终产品,则单缩减法的估算结果小于双缩减法;反之亦然。Li and Kuroko(2016)及 Li(2016)又进一步使用日本投入产出序列表数据,对该理论考察结果进行了实证分析,结果显示日本该期间中间产品产业主要为第一产业和第二产业,而第三产业大部分是最终产品产业;随着经济增长,第一产业和第二产业的产品价格相对下降,而第三产业的产品价格相对上升,从而得到单缩减法估算的 GDP 实际值增长率有可能高于双缩减法的结论。

本文首先整理以往对单缩减法偏差研究的相关结论;之后,沿用 Li and Kuroko(2016)及 Li(2016)的研究方法,在投入产出框架下对单缩减法产生的偏差方向的规律进行探讨;最后,利用我国 2002－2015 年期间的投入产出表及价格指数等数据,首先进行中间产品与最终产品的行业属性判定,并对中间产品和最终产品的价格变动方向及其对单缩减法的实际值可能带来的影响进行实证分析,利用我国的数据得到了与 Li and Kuroko(2016)及 Li(2016)不尽相同的结论。

二、以往研究的相关结论

Li and Kuroko(2016)及 Li(2016)利用日本的投入产出序列表,将 1960－2000 年 40 年分为 4 期,每 10 年为一期检验单双缩减法与中间产品及最终产品的价格变动之间的关系。文中首先通过行业的中间使用率对行业属性进行判断,得出日本的第一产业和除"机械制造业"以外的第二产业均具备中间产品行业的特征,第三产业中,除"对企业服务"具备中间产品行业的特征外,均具备最终产品行业特征的结论;其次,对产业间物价水平的变动方向和变化幅度进行判断,指出在石油危机的 1970－1980 年期间以外,其他各期的第一和第二产业价格上升幅度相对较低,而第三产业的价格由于日本经济快速增长引起劳动价格大幅上升而导致较大幅度上升,因此,日本最终产品行业价格上升速度高于的中间产品行业。从而得到单缩减法的估算值高于双缩减法的结果(参照表1)。也就是说,该期间日本如果采用单缩减法可能会高估经济增长率。

表 1　日本 1960—2000 年 GDP 实际值的增长率(%)

	a. 双缩减法的增长率(年均)	b. 单缩减法的增长率(年均)	c. 差值(b-a)
1960—1970	11.3	12.0	0.7
1970—1980	4.7	4.2	-0.5
1980—1990	4.2	4.8	0.6
1990—2000	1.2	1.4	0.2

注：资料来源：根据 Li and Kuroko(2016)的数据计算。

Alexander, et al.（2017）也提出单双缩减法估算 GDP 实际值可能出现差异的问题，并公布了 IMF 针对 G20 各国 GDP 实际值估算方法的调查结果。如表 2 所示，除英国之外的主要发达国家均采用双缩减法，我国和印度采用了单缩减法[①]。

表 2　G20 增加值实际值的估算法

	双缩减法	单物量外推法	单缩减法
阿根廷		√	
澳大利亚	√1995		
巴西	√1990		
加拿大	√20 世纪 50 年代		
中国			√
法国	√20 世纪 60 年代		
德国	√20 世纪 80 年代		
印度			√
印度尼西亚		√	
意大利	√20 世纪 80 年代		
日本	√1978		
韩国	√2004		
墨西哥	√1970		
俄罗斯		√	
沙特阿拉伯		√	
南非		√	
土耳其		√	
英国	√农业和电力		√除此以外的产业
美国	√1962		

资料来源：根据 Alexander, et al.(2017)和 Bean(2016)的资料进行整理。

---

① 关于英国的实际 GDP 统计方法，Alexander, et al.(2017)描述为"单缩减法的外插"。但是，Bean(2016)指出"由于英国缺乏投入品价格，特别是缺乏对企业服务方面的数据，ONS(Office for National Statistics，英国国家统计局)仅仅针对农业及电力产业使用了双缩减法，其他产业仍然使用单缩减法，也就是利用产出价格指数同时对投入及产出的名义值进行实际值的转换"(2.31)，并明确指出"ONS 虽然朝使用双缩减法的方向努力，但是由于统计数据方面的限制，2020 年之前不可能实施"(2.36)。本文认为 Bean(2016)的观点更加准确。

Alexander，et al.（2017）针对 G20 国家中利用双缩减法的比利时、巴西、加拿大、法国、日本、韩国、荷兰及美国等八个国家，采用单缩减法估算了 2000 年开始的 GDP 实际值（参照表 3），并将两者的结果进行比较。结果显示，利用单缩减法估算的 GDP 实际值小于双缩减法推算值的有比利时、法国、日本、荷兰和美国等为个国家，而单缩减法的估算值更大的有法国、加拿大和韩国等三个国家。其中 EU 各国间的差异较小，而差异较大的是日本、韩国和巴西。

表 3 Alexander 等利用单缩减法测算 GDP 增长率与公布的 GDP 增长率之间的差异

国家	标本期间	差额的平均值	差额绝对值的平均
比利时	2000—2013	−0.50	0.75
巴西	2000—2013	0.04	1.14
加拿大	2000—2012	0.05	0.41
法国	2000—2013	−0.20	0.36
日本	2000—2014	−0.74	1.21
韩国	2000—2014	0.18	1.21
荷兰	2000—2014	−0.25	0.61
美国	2000—2015	−0.33	0.86

资料来源：根据 Alexander，et al.（2017）和 Bean（2016）的资料进行整理。

三、单缩减法产生偏差的理论分析

增加值是名义价格的总产出减去中间使用。利用双缩减法推算 GDP 实际值时需要分别利用不同的价格指数将产出和中间投入转换为实际值，再求差值，因此，需要各产业中间投入的详细资料及包括产出及中间投入在内的详尽的价格指数等数据。由于双缩减法是在理论上满足 GDP 实际值两方等价（生产方面和支出方面）条件的唯一方法，被认为理论上优于其他方法，因此也是 1968SNA 强烈推荐的使用方法。

单缩减法直接使用产出价格指数对名义的增加值进行转换，在现实中较容易实现，但是，此方法暗含产出与中间投入的价格变动保持一致的假设。现实中这种假设在很多情况下并不成立，因此，通常只是在无法获取可靠的中间投入信息及其价格指数时采用单缩减法。

产出和中间投入的价格波动方向的不一致，导致单缩减法产生偏差。以下对这种可能产生的偏差及偏差方向在理论上进行探讨。

（一）由 Alexander 等整理的关于单缩减法产生偏差的相关原理[①]

Alexander，et al.（2017）指出，单缩减法偏差的大小与投入品与产出品的相对价格变动相关。实际增加值是不变价的产出与不变价的中间消费（中间投入）之间的差值。当投

---

① 参照 Alexander，et al.（2017），p.8。

入和产出价格指数完备的情况下[①],可以采用式(1)表示的双缩减法：

$$\overline{VA} = \overline{O} - \overline{IC} = \frac{O}{D_O} - \frac{IC}{D_{IC}} \tag{1}$$

式(1)中的 VA 为增加值，O 为产出，IC 为中间投入，D 为价格平减指数，D_O 为产出的价格平减指数，D_{IC} 为中间投入价格指数，各变量上方的横线表示不变价。

如果没有中间投入价格指数，可以采用产出价格指数直接对增加值进行转换，也就是单缩减法估算不变价的增加值，具体公式如式(2)所示：

$$\widetilde{VA} = \widetilde{O} - \widetilde{IC} = \frac{O}{D_O} - \frac{IC}{D_O} \tag{2}$$

式(2)中 $\widetilde{VA}$ 和 $\widetilde{IC}$ 分别为根据单缩减法估算的不变价表示的增加值及中间投入。偏差值的大小为 $\overline{VA}$ 与 $\widetilde{VA}$ 之间的差值。

由式(2)可以得到以下等式：

$$\frac{O}{D_O} - \frac{IC}{D_O} = \left(\frac{O}{D_O} - \frac{IC}{D_{IC}}\right) + \left(\frac{IC}{D_{IC}} - \frac{IC}{D_O}\right) \tag{3}$$

将式(1)代入式(3)可以得到以下公式：

$$\widetilde{VA} = \overline{VA} + \left(\frac{IC}{D_{IC}} - \frac{IC}{D_O}\right) = \overline{VA} + IC\left(\frac{D_O - D_{IC}}{D_{IC} D_O}\right) \tag{4}$$

式(4)中，如果产出及中间投入价格变动不一致，即 $D_{IC} \neq D_O$ 时，不变价的增加值 $\widetilde{VA}$ 与 $\overline{VA}$ 之间将产生差异，而偏差值则由以下公式进行定义：

$$bias = \widetilde{VA} - \overline{VA} = IC\left(\frac{D_O - D_{IC}}{D_{IC} D_O}\right) \tag{5}$$

推算实际增加值时，偏差值为正的情况下，被高估，为负的情况下，被低估。也就是说，当 $D_O > D_{IC}$ 时，GDP 实际值被高估，当 $D_O < D_{IC}$ 时，GDP 实际值被低估。偏差值的出现将影响 GDP 实际值的应有水平，同时影响经济增长率的测算。根据单缩减法计算时，如果中间投入价格指数作为增加值的平减指数时，偏差出现同向性，将产生更大的偏差值。

(二)在投入产出框架下讨论单缩减法的偏差

如 Alexander, et al. (2017) 所指，当产出价格平减指数大于中间投入价格平减指数时，根据单缩减法所推算的 GDP 实际值将被高估，当产出价格平减指数小于中间投入价格平减指数时，GDP 实际值将被低估。但就某个产业来说，产出的价格平减指数为标量，而投入价格平减指数为向量；对所有行业来说，产出的价格平减指数标量，而投入价格平减指数为矩阵。因此，无法直接比较产出价格指数与投入价格指数的大小。为了探讨产业间相对价格变动与单缩减法的偏差值大小关系，这里导入了封闭经济状况下的 2 部

---

① 作者注：还需同时具备中间投入等资料。

门投入产出模型①(参照表4)。

表 4 部门投入产出表及价格平减指数

			中间需求		最终需求	总产出		产出价格平减指数
			A 产业	B 产业				
中间投入		A 产业	x_{11}	x_{12}	F_1	X_1		D_1
		B 产业	x_{21}	x_{22}	F_2	X_2		D_2
增加值			V_1	V_2				
总投入			X_1	X_2				

利用表4的投入产出模型,首先整理出名义GDP的公式。由于增加值是产出和中间投入的差额,因此生产法GDP(用VA表示)用式(6)表示。

$$VA = V_1 + V_2 = \{X_1 - (x_{11} + x_{21})\} + \{X_2 - (x_{12} + x_{22})\} \tag{6}$$

另外,从"中间需求+最终需求=总产出"的需求方向的平衡出发,支出法GDP(用FD表示)可以由式(7)表示,

$$FD = F_1 + F_2 = \{X_1 - (x_{11} + x_{12})\} + \{X_2 - (x_{21} + x_{22})\} \tag{7}$$

由双缩减法求出生产法GDP实际值($\overline{VA}$),是平减后的产出减去平减后的中间投入的差额,具体由式(8)表示,

$$\overline{VA} = \left\{\frac{X_1}{D_1} - \left(\frac{x_{11}}{D_1} + \frac{x_{21}}{D_2}\right)\right\} + \left\{\frac{X_2}{D_2} - \left(\frac{x_{12}}{D_1} + \frac{x_{22}}{D_2}\right)\right\} \tag{8}$$

式(8)与式(9)支出法GDP实际值(由$\overline{FD}$表示)相等,这也是双缩减法合理性的依据。

$$\overline{FD} = \left\{\frac{X_1}{D_1} - \left(\frac{x_{11}}{D_1} + \frac{x_{12}}{D_1}\right)\right\} + \left\{\frac{X_2}{D_2} - \left(\frac{x_{21}}{D_2} + \frac{x_{22}}{D_2}\right)\right\} \tag{9}$$

而单缩减法的GDP实际值($\widetilde{VA}$),是将名义增加值直接用产出价格平减指数进行平减求出,具体由式(10)表示。

$$\widetilde{VA} = \frac{V_1}{D_1} + \frac{V_2}{D_2} = \left\{\frac{X_1}{D_1} - \left(\frac{x_{11}}{D_1} + \frac{x_{21}}{D_1}\right)\right\} + \left\{\frac{X_2}{D_2} - \left(\frac{x_{12}}{D_2} + \frac{x_{22}}{D_2}\right)\right\} \tag{10}$$

因此,单缩减法的偏差值可以用式(11)表示,

$$bias = \widetilde{VA} - \overline{VA} = \frac{x_{12} - x_{21}}{D_1} - \frac{x_{12} - x_{21}}{D_2} \tag{11}$$

在此假设A产业为中间产品产业,B产业为最终产品产业,也就是说,$x_{12} - x_{21} > 0$。只要中间产品产业和最终产品产业的价格变动不等($D_1 \neq D_2$),就可能产生偏差。如果中间产品产业的价格上升幅度大于最终产品产业($D_1 > D_2$),单缩减法的推算值小于双缩减法的推算值;如果中间产品产业的价格上升幅度小于最终产品产业($D_1 < D_2$),则出现单缩减法的推算值大于双缩减法的推算值。

---

① 通常的统计调查中,以企业为基本单位进行统计时,某个企业生产多种产品和服务时,会造成现有的统计调查难以把握各产品和服务的生产成本结构等问题。因此SNA从需求结构入手进行产品分类,但是生产成本及增加值等仍然以企业为单位进行产业分类。在此假定各产品及产业是1对1的关系,忽略产业分类与产品分类的差异。

这个结论也适合多部门。采用双缩减法时,某个中间产品行业的价格上升会引起这个行业的中间需求(并非中间投入)的实际值下降,从而导致 GDP 实际值整体(并非这个产业的增加值)上升;而采用单缩减法时,由于无法测算该中间产品价格上升引起的实际值下降的部分,中间需求的实际值将被高估,因此计算的 GDP 实际值将被低估。如果中间产品行业价格下降,将出现相反的情况。当然对所有行业来说影响程度并不相同,主要取决于这个行业所具备的中间产品特征或者最终产品特征的明显程度、与平均价格偏离的程度以及产业在经济中所占比重大小等因素。产业所占比重越大,对最终 GDP 实际值的影响越大。如果产业并不具备明显的中间产品或最终产品特征,属于中立行业或者价格变化与平均价格的变化相同,无任何偏离,那么利用单缩减法测算的实际值将不会发生偏差。

四、对单双缩减法的实证分析

我国是以生产法 GDP 为主,各行业的实际增加值基本上是利用产出平减指数,即单缩减法来估算,其中很小一部分行业是采用数量指数进行推算[①]。以下通过我国的投入产出表和产出价格平减指数等数据,检验各产业的物价水平相对变化导致单缩减法推算的 GDP 实际值以及经济增长率的偏差。

(一)采用数据

本文将国家统计局公布的 2002、2007 和 2012 年的基本表,以及 2005、2010 年的延长表整理为相同部门分类的 17 部门投入产出表,针对 2002—2005 年、2005—2007 年、2007—2010 年、2010—2012 年、2012—2015 年 5 个区间,进行单双缩减法的比较检验分析。

根据国家统计局(2008)我国实际增加值主要是使用产出价格平减指数直接进行平减,因此,本文主要利用各产业的名义 GDP 和 GDP 实际值推算出各产业的产出价格平减指数。但是由于公布的 GDP 实际值仅分为 9 大行业并未细分,特别是对在 GDP 中占据着相当大比重的工业(例如 2007 年占据 45.1%),并未进行划分。如果用这样大分类的价格平减指数进行检验可能存在较大问题,因此本文对工业部门采用了"工业品出厂价格指数"作为产出价格平减指数进行了细分。[②]

(二)2002—2007 年的实证结果

我国经济在 2002—2007 年间一直保持着 2 位数以上增长速度,表 5 对这一区间采用单缩减法产生的偏差进行检验。检验之前首先需要判断各产业的产品属于中间产品还是最终产品。如式(10)所示,本行业自身的中间使用不影响单双缩减法实际值的估算结果,因此,判断该行业产品属性的中间使用率不包含本行业的中间使用。当中间使用率大于平均值 48.1% 时,称为具备中间产品特征的行业;当中间使用率小于平均值时,称为具备最终产品特征的行业;当中间使用率与平均值接近时,称之为中立行业。由表 5 可知,此

[①] 我国 GDP 实际值的估算方法参照国家统计局(2008)。
[②] 根据国家统计局(2008),工业增加值的实际值估算采用的是"工业品出厂价格指数"。因此可以认为"工业品出厂价格指数"即为产出价格平减指数。

区间大部分行业属于中间产品行业,其中,2)采矿业和5)炼焦、燃气及石油加工业的中间使用率达到90%以上;属于最终产品行业的仅有3)食品、饮料直走及烟草制品业、4)纺织服装及皮革产品制造业、9)机械设备制造业、12)建筑业和17)其他服务业等5个行业。其中,第三产业的大部分行业属于中间产品行业,尤其是金融业的中间使用率达到79.5%,属于具备较强中间产品特征的行业。这点与日本有很大不同,日本大部分第三产业具备最终产品特征(Li and Kuroko,2016),中日差异的产生的原因与中日的经济发展阶段不同相关,2002－2007年期间我国经济发展主要依靠投资,消费占比相对低,因此,与日本相比我国的第三产业具有明显的中间产品特征。

表5 基于单缩减法测算的中国2002－2007年GDP实际值增长的偏差

单位:%

	中间使用率(2002)		增加值占比	产出价格平减指数（年均）			
				2002－2005		2005－2007	
1) 农、林、牧、渔业	48.9	□	13.6	105.7	▲	108.3	▲▲
2) 采矿业	91.7	■■	4.9	115.9	▲▲	108.1	▲▲
3) 食品、饮料制造及烟草制品业	33.4	●	3.7	102.1	▼	102.4	▼
4) 纺织、服装及皮革产品制造业	21.1	●●	3.2	101.1	▼▼	101.3	▼▼
5) 炼焦、燃气及石油加工业	92.0	■■	0.9	109.4	▲▲	108.6	▲▲
6) 化学工业	77.0	■	4.8	104.2	▲	101.6	▼
7) 非金属矿物制品业	85.2	■■	1.6	101.2	▼	101.4	▼▼
8) 金属产品制造业	85.9	■■	4.2	108.9	▲▲	107.3	▲
9) 机械设备制造业	35.1	●	9.1	99.4	▼▼	100.9	▼▼
10) 其他制造业	66.5	■	4.0	101.1	▼▼	101.6	▼
11) 电力、热力及水的生产和供应业	84.1	■■	3.5	103.5	□	104.0	□
12) 建筑业	6.2	●●	5.4	104.5	▲	104.1	□
13) 运输仓储、邮政、信息传输、计算机服务和软件业	71.1	■	5.8	101.8	▼	105.5	▲
14) 批发零售贸易、住宿和餐饮业	55.6	■	10.0	102.3	▼	102.8	▼
15) 房地产业、租赁和商务服务业	54.8	■	8.4	106.9	▲▲	106.3	▲
16) 金融业	79.5	■■	3.8	101.6	▼	114.2	▲▲
17) 其他服务业	10.7	●●	13.2	104.6	▲	106.5	▲
平均(合计)	**48.1**		**100.0**	**103.5**		**104.1**	
单双缩减法测算GDP增长率(年均)的差值				−1.5		−1.3	

注:①中间使用率=除去本行业的中间使用/总使用。
②计算产出价格缩减指数（年均）时,2)－11)部门的数据采用《中国统计年鉴》中的"工业品出厂价格指数",其他部门利用各行业的名义GDP/GDP实际值得出。产出平减指数的平均是各部门的产出作为权重进行的加权平均。
③单双缩减法测算GDP增长率(年均)的差值=基于$\widetilde{VA}$得出的GDP增长率－基于$\overline{VA}$得出的GDP增长率。
④中间使用中,使用的记号■■表示远高于平均值48.1%,■表示略高于平均值,上述行业均具备中间产品的行业特征;使用的记号●●表示远低于平均值48.1%,●表示略低于平均值,上述行业均具备最终产品的行业特征。接近平均值48.1%的行业属于中立行业,使用记号□表示。
⑤产出价格平均指数中,远高于平均值用▲▲表示,略高于平均值用▲表示,远低于平均值用▼▼表示,略低于平均值用▼表示,与平均值接近用□表示。

各产业增加值的占比显示了各产业在经济中的重要地位,以下结合各产业增加值占比来看整体相对价格的变化。由表 5 可知,"农林水产业"的增加值占比高达 13.6%,中间使用率为 48.9%,略高于平均值的 48.1%,可以看作中立行业,即,价格变化对中间使用和最终使用的影响相同,单缩减法不会产生偏差。"电力、热力及水的生产和供应业"两期的价格变动与平均变动与平均价格变动一致,对单缩减法的偏差值不产生影响。

在 2002—2005 年间具备中间产品特征的行业的"采矿业""炼焦、燃气及石油加工业""金属产品制造业"及"房地产业、租赁和商务服务业"等行业(占比 18.4%)相对价格上升幅度较大,"化学工业"(占比 4.8%)相对价格略有上升,仅有"其他制造业"(占比为 4%)的相对价格下降较多,而"非金属矿物制品业"和"金融业""运输仓储邮政、信息传输、计算机服务和软件业"以及"批发零售贸易、住宿和餐饮业"(占比 21.2%)相对价格略微下降。总体来看,中间产品特征行业价格上升的有 5 个,增加值占比为 23.2%,其中上升幅度较大的 4 个(占比为 18.4%),下降幅度较大的只有 1 个(占比为 4.0%)。因此,具备中间产品特征行业的价格总体来说是上升的。

具备最终产品特征的行业的"纺织、服装及皮革产品制造业""机械设备制造业"(占比 12.3%),行业相对价格大幅下降,"食品、饮料制造及烟草制品业"(占比 3.7%)的相对价格略有下降,仅有"建筑业"和"其他服务业"(占比 16.9)价格略微上升。总体来说,价格下降的行业有 3 个(占比 16%),其中大幅下降的 2 个,增加值占比为 12.3%,而上升的有 2 个行业,而且价格为略有上升。因此具备最终产品特征的行业总体相对价格水平是下降的。

在 2005—2007 年间与上一期变化类似的是,具有中间产品特征的"采矿业"和"炼焦、燃气及石油加工业"的价格上升幅度依旧很大,"金属产品制造业"价格上升高于平均水平。与上期不同的变化是,价格大幅下降的行业中,一部分具备最终产品行业特征,例如,"机械设备制造业"和"纺织、服装及皮革产品制造业",而另一部分具备中间产品行业特征,例如"化学工业"和"非金属矿物制品业"的价格略有下降。总体来说具备中间产品特征的行业相对价格上升的含有一共有 6 个行业,增加值占比为 28%,而相对价格下降的行业有 3 个,增加值占比为 16.4%,中间产品价格是上升的。而具备最终产品特征行业的价格略有上升的只有是"其他服务业",占增加值比重为 13.2%,4 个行业(占比 16%)的价格下降,其中 2 个行业(占比 12.3%)的相对价格大幅下降,因此总体上相对价格是下降的。

在 2005—2007 年期间,具有中间产品特征的"农、林、牧、渔业""采矿业"及"炼焦、燃气及石油加工业"等行业(占比 17.2%)的相对价格上升幅度很大,另外"金融业"(占比 5.0%)的相对价格略有上升。虽然"化学工业"等 6 个中间产品行业(占比 26.2%)相对价格略有下降,总体来看,具备中间产品特征行业的价格是上升的。具备最终产品特征的"机械设备制造业"(占比 10.5%)的价格大幅下降,而"房地产业、租赁和商务服务业"(占比 6.1%)的价格大幅上升;"纺织、服装及皮革产品制造业"等 2 个行业(占比 7.2%)价格略有下降,而"建筑业"和 3 个最终产品"其他服务业"行业(占比 16.6%)的相对价格略有上升。总体来看具备最终产品特征的行业的价格是下降的。

从以上分析可知,2002—2005、2005—2007 期间均为中间产品价格上升,而最终产品价格下降,也就是中间产品产业的价格上升大于最终产品产业,即出现 $D_1 > D_2$ 的趋势,因此利用单缩减法测算的 GDP 实际值比双缩减法推算的 GDP 实际值小,按年率换算出

2002—2005年间GDP增长被低估1.5%,2005—2007年间被低估1.4%。

(三)2007—2015年的实证结果

表6是2007—2010、2010—2012及2012—2015年3个阶段利用单缩减法测算的GDP实际值增长引起偏差的结果。在前两个时期,我国经济超过2位数的高速增长时期结束,2008年的金融危机之后,通过财政政策刺激国内投资,摆脱危机后的平均增长达到9%左右。2012—2015年中国经济增长速度放缓,但是仍然保持7%以上的增长。

表6 基于单缩减法测算的中国2007—2015年GDP实际值增长的偏差

单位:%

	中间使用率(2007)		增加值占比	产出价格缩减指数(年均)					
				2007—2010		2010—2012		2012—2015	
1)农、林、牧、渔业	65.9	■	10.8	107.3	▲▲	108.9	▲▲	102.1	▲
2)采矿业	97.2	■■	5.2	106.6	▲▲	105.5	▲	91.1	▼▼
3)食品、饮料制造及烟草制品业	41.9	●	3.8	103.0	▼	103.6	▼	100.3	▲
4)纺织、服装及皮革产品制造业	21.9	●●	3.4	101.6	▼	103.3	▼	100.4	▲
5)炼焦、燃气及石油加工业	92.3	■■	1.5	106.7	▲▲	108.0	▲▲	89.5	▼▼
6)化学工业	78.0	■■	4.7	101.8	▼	101.2	▼▼	97.1	▼
7)非金属矿物制品业	90.9	■■	2.4	103.2	□	102.7	▼	98.5	▼
8)金属产品制造业	80.8	■■	5.9	101.0	▼	101.1	▼▼	94.0	▼▼
9)机械设备制造业	28.5	●●	10.5	100.1	▼▼	100.1	▼▼	99.3	▼
10)其他制造业	63.8	■	4.2	101.7	▼	102.2	▼	98.6	▼
11)电力、热力及水生产和供应业	87.7	■■	3.5	103.0	▼	102.6	▼	100.9	▲
12)建筑业	2.3	●●	5.5	106.2	▲	106.0	▲	99.6	▼
13)运输仓储邮政、信息传输、计算机服务和软件业	67.9	■	7.9	101.9	▼	104.3	▲	102.8	▲
14)批发零售贸易、住宿和餐饮业	51.9	□	8.6	104.5	▲	105.5	▲	102.0	▲
15)房地产业、租赁和商务服务业	42.4	●	6.1	112.0	▲▲	108.6	▲▲	105.7	▲▲
16)金融业	74.7	■	5.0	106.0	▲	107.8	▲▲	105.3	▲▲
17)其他服务业	18.5	●●	11.1	105.8	▲	106.9	▲	104.5	▲▲
平均(合计)	**51.8**		**100.0**	**103.3**		**103.9**		**99.8**	
单双缩减法测算GDP增长率(年均)的差值				−0.4		−0.4		0.5	

注:参照表5的注解。

首先来看这3个阶段各产业的属性问题,产业属性发生变化的是:①"农、林、牧、渔业"由中立行业变为中间产品行业;②"电力、热力及水的生产和供应业"由具备较强中间产品特征的行业变为中立行业。③"房地产业、租赁和商务服务业"由一般中间产品行业变为具备最终产品特征的行业。产业基本属性未变,强度发生变化的是:①"机械设备制造业"由一般中间产品行业变为具备较强中间产品特征的行业;②"金融业"由具备较强中间产品特征的行业变为一般中间产品行业。其余大部分行业的产业属性基本不变,大部分制造业在这段期间仍然属于具备较强中间产品特征的行业。与2002年相比,2007年第三产业的中间产品特征减弱,而最终产品特征在加强。

增加值占比与2002年相比,"农、林、牧、渔业"的占比降低,制造业的占比增加。2007—2010年和2010—2012年期间的产业间相对价格变化趋势基本保持一致。具备中间产品特征的"农、林、牧、渔业"等5个行业(占比30.4%)的价格高于平均价格,其中3个行业的价格上升幅度较大,"农、林、牧、渔业"与"炼焦、燃气及石油加工业"在两期中均保持较大上升幅度,2007—2010年期间"采矿业"的价格上升幅度较大,2010—2012年期间"金融业"的价格大幅上升。两期中价格大幅上升行业的占比分别为17.5%和17.3%。价格大幅下降的中间产品行业2007—2010年为0,而2010—2012年有"化学工业"和"金属产品制造业"等2个行业(占比10.6%),远远低于价格大幅上升行业的占比,因此,两期的中间产品价格都呈上升的态势。

具备最终产品特征的各行业在两期中的价格变化完全相同。价格出现明显下降的最终产品行业有"机械设备制造业"(占比10.5%),价格大幅上升的行业有"房地产业、租赁和商务服务业"(占比为6.1%),价格略低于平均价格的有2个行业,占比为7.2%,价格略微上升的行业同样有2个行业,占比为16.6%。由以上变化可知,具备最终产品特征的行业的价格并无明显的上升或下降趋势。

由以上分析可知,2007—2010年和2010—2012年期间的2期都出现 $D_1 > D_2$,单缩减法的估算值低于双缩减法实际值,GDP增长被低估0.4%。

在2012—2015年期间,中间产品特征行业的价格变动与前期出现相反趋势,价格远高于平均的行业仅有"金融业"(占比5.0%),略有上升的行业仅有"农、林、牧、渔业"等2个行业(占比18.7%),相反价格下降的行业增加到6个(占比23.9%),其中下降幅度较大的增加到4个占比达17.3%。因此,与以上各期不同,具备中间产品特征的行业的价格出现下降的现象。具备最终产品特征的行业价平均格变动与前期相比也出现不同,价格大幅上升的行业增加到2个行业("房地产业、租赁和商务服务业"和"其他服务业"),占比达17.2%,而价格大幅下降的行业为0,总体上最终产品行业的价格高于平均价格,呈现出上升趋势。

由于最终产品产业的价格上升大于中间产品产业,出现 $D_1 < D_2$ 的趋势,因此,2012—2015年间利用单缩减法的估算值大于双缩减法的GDP实际值,GDP增长被高估0.5%。

五、各行业对经济增长相对贡献的比较

单缩减法不仅可能给GDP实际值及经济增长的测算造成偏差,还可能把各行业对经济增长的相对贡献也造成扭曲。单缩减法使用的假设前提是中间使用的价格与产出价格以相同比率变化,当各产业在生产时使用的中间使用的总体价格高于该产业产出时,单缩减法估算的不变价的增加值小于双缩减法测算的结果;相反,当中间使用的总体价格低于该产业产出时,单缩减法估算的不变价增加值大于双缩减法测算的结果。

以下比较各行业的中间使用与产出的价格,考察两者价格的差异导致单缩减法所产生的偏差,同时探讨这种偏差可能造成的各行业对经济增长相对贡献的扭曲程度。

(一) 各产业的产出平减指数与中间使用平减指数

生产各种产品时,需要投入各种中间产品和服务,中间使用的实际值的测算也需要使用各种中间产品和服务的产出价格平减指数进行平减。因此,某行业的中间使用价格指数定义为,该产业的名义中间使用的合计除以平减后的中间使用的合计,也就是以中间使用为权重的各产业产出平减指数的加权调和平均值,第 j 产业的中间使用价格指数由以下公式表示:

$$D_j^{IC} = \frac{\sum_{i=1}^{n} x_{ij}}{\sum_{i=1}^{n} \frac{x_{ij}}{D_i}} = \frac{1}{\sum_{i=1}^{n} \frac{1}{D_i} \cdot \frac{x_{ij}}{\sum_{i=1}^{n} x_{ij}}} \tag{12}$$

在此, x_{ij} 是第 j 产业在第 i 产业的中间使用, D_i 是第 i 产业的产出平减指数, n 是产业的数目。

表 7 是利用式(12)推算的分行业的中间使用价格指数(也可称作中间使用平减指数),与产出平减指数进行比较及单双缩减法估算的增长率的差值。首先,分产业的单双缩减法的差值比表 5 和表 6 中的整体 GDP 增长率的单双缩减法差值大,而且不同产业之间也存在较大的差异。当产出平减指数大于中间使用平减指数时,单缩减法的估算值大于双缩减法,即 GDP 实际值被高估,相反则 GDP 实际值被低估。

从表 7 的 2002—2012 年的四个时期的结果可知,"采矿业"的产出价格(可能受到国际市场价格的影响)以年均 15.9% 的速度上升,上升幅度很大,而生产过程中使用的中间使用价格仅上升了 4.3%。由于利用单缩减法进行估算时,中间使用也采用产出的价格平减指数,因此该行业不变价增加值可能被很大高估。同样被高估的行业有"农、林、牧、渔业""建筑业"和"房地产业、租赁和商务服务业"等行业。这些行业由于市场需求旺盛,产出价格大幅上升,单缩减法的实际值被高估,尤其是 2007—2010 年及 2010—2012 年的两期中尤为明显。相反,制造业(3—11)及部分第三产业存在被低估的情况,也就是产出缩减指数小于中间使用的缩减指数。例如,"食品、饮料制造及烟草制品业"的中间使用部门主要是"农、林、牧、渔业",由于原材料部门价格不断上升,中间使用的价格也在上升,但是产出价格上升幅度较小,因此依据单缩减法推算的实际增加值可能被低估。2002—2012 年的 10 年间,利用单缩减法推算的实际增加值被低估的行业为 10~11 个行业左右,而被高估的行业为 6~7 个行业,因此,总体来看实际增加值被低估。

在 2012—2015 年期间很多行业与前四期出现相反的动向,最终导致单缩减法的实际值被高估。分行业来看,"采矿业"与前四期不同,中间使用价格增长较快远远高于产出价格,最终导致该行业增加值的增长率被低估 10.4%。"采矿业"作为"炼焦、燃气及石油加工业""金属产品制造业"的重要中间使用部门,导致这两个部门的中间使用价格上升较快,而产出价格上升相对较缓,因此增长率分别被低估 15.1% 和 9.0%。增长率被低估的行业还有"化学工业"等其他 4 个制造业部门,而"非金属矿物制造业""机械设备制造业"及"电力、热力及水的生产和供应"等 3 个制造业的增加值的增长率被高估。服务行业的增加值基本上是产出价格上升幅度大于中间使用部门的价格上升幅度,导致增加值的增长率被高估,总体上,2012—2015 年间增加值增长率被高估,出现与前四期不同的趋势。

表 7 分行业产出与中间使用的缩减指数比较及单双缩减法增长率差值(年均)

单位:%

		2002-2005年			2005-2007年			2007-2010年			2010-2012年			2012-2015年		
		产出缩减指数	中间使用缩减指数	增长率差值	产出缩减指数	中间使用缩减指数	增长率差值	产出缩减指数	中间使用缩减指数	增长率差值	产出缩减指数	中间使用缩减指数	增长率差值	产出缩减指数	中间使用缩减指数	增长率差值
1	农、林、牧、渔业	105.7	104.1	1.2	108.3	104.8	2.4	107.3	104.2	2.3	108.9	105.1	2.7	102.1	100.1	1.5
2	采矿业	115.9	104.3	16.7	108.1	104.7	4.3	106.3	103.3	4.6	105.5	103.9	1.6	91.1	97.4	-10.4
3	食品、饮料制造及烟草制品业	102.1	104.2	-5.6	102.4	105.7	-10.3	103.0	105.3	-7.8	103.6	106.2	-8.8	100.3	101.4	-3.6
4	纺织、服装及皮革产品制造业	101.1	102.6	-5.4	101.3	102.8	-6.2	101.4	102.8	-4.8	103.4	104.1	-2.8	100.4	100.6	-0.8
5	炼焦、燃气及石油加工业	109.4	112.6	-12.6	108.6	107.4	6.1	106.7	106.0	2.8	108.0	105.4	12.4	89.5	93.4	-15.1
6	化学工业	104.2	104.7	-2.1	101.6	103.5	-8.2	101.8	103.1	-5.3	101.2	103.1	-8.2	97.1	97.9	-4.2
7	非金属矿物制品业	101.2	104.7	-10.0	101.4	104.2	-8.1	103.2	103.5	-1.0	102.7	103.1	-2.5	98.5	97.7	3.7
8	金属产品制造业	108.9	107.2	7.2	107.3	106.1	5.7	101.0	102.9	-7.9	101.1	102.8	-8.1	94.0	95.7	-9.0
9	机械设备制造业	99.4	102.5	-12.2	100.9	103.0	-9.7	100.1	103.2	-5.6	100.1	101.5	-6.0	99.3	98.7	2.3
10	其他制造业	101.1	103.0	-4.5	101.6	103.3	-4.5	101.7	102.7	-2.6	102.1	103.0	-2.6	98.6	99.2	-2.5
11	电力热力及水的生产和供应业	103.5	106.6	-5.7	103.3	105.1	-2.6	101.9	103.0	-2.6	102.2	103.8	-3.4	100.9	98.5	9.5
12	建筑业	104.5	103.9	2.0	104.1	104.0	0.4	106.2	102.4	14.1	106.0	102.9	9.9	99.6	98.5	4.2
13	运输仓储邮政、信息传输、计算机服务和软件业	101.8	103.3	-2.3	105.5	105.6	-0.1	101.9	103.9	-2.7	104.3	104.8	-0.8	102.8	100.3	4.2
14	批发零售贸易、住宿和餐饮业	102.3	103.2	-0.9	102.8	104.9	-1.9	104.0	104.5	-2.0	105.5	105.9	-0.3	102.0	103.0	-0.7
15	房地产业、租赁和商务服务业	106.9	102.2	4.1	106.3	104.1	1.6	112.0	104.6	6.9	108.6	105.3	3.0	105.7	101.4	5.0
16	金融业	101.6	102.8	-0.8	114.2	106.4	4.5	108.0	105.8	2.1	107.8	106.1	1.9	105.3	103.7	2.9
17	其他服务业	104.6	103.1	1.7	106.5	103.7	3.2	105.8	103.1	2.5	106.9	103.9	2.9	104.5	100.5	4.1

注:① 产出缩减指数:"2—11"的行业采用《中国统计年鉴》中的"按工业行业分工业生产者出厂价格指数",其他行业采用的是国内生产总值指数。

② 中间使用缩减指数:各行业的中间使用作为权重,对产出平减指数进行加权平均。

③ 增长率差值:是指利用单双缩减法测算的年均 GDP 增长率的差值=基于 $\widetilde{VA}$ 得出的该行业增加值的增长率—基于 $\overline{VA}$ 得出的该行业增加值的增长率=该行业的单缩减法的偏差÷该行业基年的增加值。

(二)各行业对 GDP 增长贡献率的比较

由于各行业的中间使用及产出的平减指数的差异产生的单缩减法测算结果的偏差也影响各行业对 GDP 增长的相对贡献率。表 8 显示了单双缩减法的测算结果对 GDP 贡献率的差异。由于国家统计局公布的数据中制造业为 1 个部门,因此将制造业(3—10)合并为一个行业,服务业的部门分类在不同时期的分类不同,在此将服务业(13—17)合并为一个行业进行分析更加有利于各时期进行比较。

表 8 的双缩减法贡献率显示了 2002—2005 年和 2005—2007 年的两期中制造业(3—11)在 GDP 增长中起到了极大的贡献。与此相比单缩减法显示的制造业对 GDP 的贡献率被低估了 10% 左右,而农业、采矿业、建筑业及服务业(13—17)的贡献率则被高估了。

2007—2010 年、2010—2012 年期间,虽然利用单双缩减法测算的制造业对 GDP 增长的贡献率都明显降低,但单双缩减法的差距更加拉大,单缩减法的低估幅度超过 17%。相反建筑业的贡献率被严重高估,另外,农业、采矿业和服务业(13—17)与前两期相同贡献率被高估。

2012—2015 年期间,单缩减法测算的制造业对 GDP 的贡献虽然有所上升,但是与双缩减法贡献率相比低估幅度仍未减少。"电力、热力及水生产和供应业"和"采矿业"出现与前四期不同的变化趋势,"电力、热力及水生产和供应业"被高估 3.3%,而"采矿业"被低估 7.5%。

表 8 单双缩减法计算结果对经济增长贡献率的比较

单位:%

		2002-2005年		2005-2007年		2007-2010年		2010-2012年		2012-2015年	
		双缩减法贡献率	单缩减法贡献率	双缩减法贡献率	单缩减法贡献率	双缩减法贡献率	单缩减法贡献率	双缩减法贡献率	单缩减法贡献率	双缩减法贡献率	单缩减法贡献率
1	农林牧渔业	4.4	6.5	0.4	2.5	2.1	4.7	1.5	4.4	3.6	5.5
2	采矿业	-5.1	-0.3	3.1	5.0	2.3	4.9	1.0	1.9	5.7	-1.8
3-10	制造业合计	61.3	47.7	61.8	51.4	54.2	34.9	51.3	34.0	53.9	37.2
11	电力、热力及水的生产和供应业	5.6	4.3	3.7	3.4	2.9	2.1	1.5	0.6	-2.6	0.7
12	建筑业	4.8	6.7	4.0	4.6	0.6	8.8	0.6	7.3	4.4	8.5
13-17	服务业合计	29.0	35.1	27.0	33.2	37.9	44.7	44.1	51.8	34.9	49.8
	总计	100.0	100.0	100.0	100.0	100.0	100.0	100.0	100.0	100.0	100.0

从总体来看,单缩减法长期以来可能低估了制造业对经济增长的贡献,而高估了服务业的贡献。

六、结论

尽管双缩减法是保证生产法与支出法 GDP 实际值等值的唯一估算法,在理论上优于其他方法,但是在实际可操作性上正如 2008 年 SNA 所述单双缩减法各有利弊,不分优劣,应根据实际情况具体决定。国家统计局正是在充分探讨了国际标准并结合我国的具体情况而采用了单缩减法。

根据 Li and Kuroko(2016)及 Li(2016)对日本 1960—2000 年期间进行的实证分析主要得到:日本的第一产业和第二产业(除了机械以外)具备了较强的中间产品特征,而第三产业则大多具备了最终产品特征;除了二次石油危机的 1970—1980 年期间之外,第一和第二产业的产品价格上升相对较慢,而第三产业的价格随着劳动价格快速上涨,因此整体上具备中间产品特征的行业价格上升相对较低,而具备最终产品特征的行业价格相对较高,从而得到该区间单缩减法的估算值高于双缩减法的结论。但是,Alexander, et al.(2017)对日本 2000—2014 年期间进行的实证分析显示:日本该期间单缩减法的估算值低于双缩减法。这些以往研究表明,即使同是日本在不同时期也呈现了完全相反的结果。

此次针对我国 2002—2015 年期间的实证分析,主要得到以下结论:首先,第二产业的中间产品特征没有日本的明显,而第三产业,尤其是 2002—2007 年期间,许多行业不是显示最终产品特征而显示中间产品特征;通常情况下,第三产业的价格上升较快,并且 2002—2012 年期间,第一及第二产业中的中间产品行业的价格也上升较快,导致前四个时段单缩减法的 GDP 实际增长估算值都小于双缩减法,也就是说与 Li and Kuroko(2016)及 Li(2016)对日本 1960—2000 年期间的分析结论相反,我国绝大部分期间经济增长率不仅没有被高估而极大可能是被低估了。只是在最后的 2012—2015 年期间,由于第三产业的最终产品特征开始增强,出现了微小的反弹(微弱的高估)。今后随着经济发展及国民收入水平的不断提高,对服务业的消费需求将继续扩大,由此第三产业的最终产品特征可能会继续增强,如果这个因素继续增强今后单缩减法的估算值有可能出现部分偏高的问题;相反,日本2000年前(Li and Kuroko(2016)及Li(2016)的分析结论)后(Alexander, et al.(2017)的分析结论)单缩减法偏差方向发生反转,笔者认为有可能是因为日本2000年之后由于面向企业的服务业增加,带来第三产业的中间产品特征增强导致的结果,对此还有待进一步的实证分析,如果我国今后也出现这种现象,它会导致单缩减法的估算值偏低。今后单缩减法的估算值究竟会是偏低还是偏高还有待跟踪新数据进一步研究。另外,对各产业在经济增长贡献的分析比较表明,单缩减法可能严重低估了制造业对GDP增长的贡献,而高估了服务业的贡献。

正如Alexander, et al. (2017)对八个双缩减法国家进行单缩减法的验证后所总结的那样,单缩减法相对双缩减法对GDP实际估算值的偏差可能很严重,但它们的方向无法准确预测,它们在不同国家和不同时期都有所不同。对此今后还有待对更多的国家及时间段进行实证分析。

参考文献

[1] Alexander, T., C. Dziobek, M. Marini, E. Metreau and M. Stanger. Measure up: A Better Way to Calculate GDP[J/OL]. 2017. IMF Staff Discussion Note, SDN/17/02. [Online] Available: https://www.imf.org/~/media/Files/Publications/SDN/2017/sdn1702.ashx.

[2] 李洁. 中国の実質GDPの推計に関する一考察:日本と比較しながら[J]. 産業連関,2013(6):27—38.

[3] 李洁. 付加価値の数量測度としてのダブルデフレーションとシングルデフレーション[J]. 統計学,2015(108):32—41.

[4] Li, J. and Kuroko, M. Single Deflation Bias in Value Added: Verification Using Japanese Real Input-Output Tables (1960-2000)[J]. Journal of Economics and Development Studies,2016(1):16—30.

[5] Li, J. China's GDP statistics — Comparison with Japan: Estimation Methods and Relevant Statistics[M]. Germany:Scholars' Press,2016.

[6] 联合国,国际货币基金组织,世界银行等《2008年国民账户体系》,2009.

[7] 国家统计局《中国非经济普查年度国内生产总值核算方法》中国统计出版社,2008.

[8] Bean, C. Independent review of UK economic statistics: final report[J/OL]. 2017, March. [Online] Available: https://www.gov.uk/government/uploads/system/uploads/attachment_data/file/507081/2904936_Bean_Review_Web_Accessible.pdf.

作者简介:

李洁,女,经济学博士,现为日本埼玉大学经济学部教授,博士生导师。研究方向为投入产出分析与国民经济核算。lij@mail.saitama-u.ac.jp。

戴艳娟,女,经济学博士,现为广东外语外贸大学经济贸易学院教授。主要利用投入产出表进行中日比较研究。研究方向包括购买力平均的推算、生产率比较、各国经济规模及竞争力的比较研究等。592466385@qq.com。

我国投入产出表中进出口数据的编制方法及思考

耿安齐

摘要： 随着 2017、2018 年中国投入产出表、供给使用表和非竞争型投入产出表编制工作的陆续完成，总结编表方法、分析研究数据等工作有序进行。进出口数据的编制是投入产出核算的重要组成部分。使用的基础统计数据量大、分类多且复杂，在处理过程中需要遵循科学且符合实际的方法。本文总结了编制投入产出表进出口部分的数据来源与处理、编制方法，学习和借鉴国际标准方法以及发达国家的做法，提出了几点思考和下一步的工作建议。

关键词： 投入产出核算　供给表和使用表　海关贸易统计　国际收支平衡表　进出口数据

一、引言

近年来，随着我国对外开放的进程不断提速，对国际贸易的研究趋热。投入产出表为研究国际贸易与我国经济增长的关系提供了数据支撑，也为分析贸易摩擦影响等问题提供了关键性工具。同时投入产出表中进出口数据也是构建全球价值链贸易和增加值数据库的重要基础。

本文总结了投入产出表编制过程中对进出口部分的处理方法，通过对相关方法制度的研究提出了下一步工作的思考。首先介绍了数据的处理。按照一定产品分类，将国际贸易数据转换为更加便于经济分析研究的口径。然后介绍了 2017 年投入产出表进出口部分的编制方法，最后结合国际标准和国外编表方法，提出了今后编表工作的改进意见。

二、数据来源与初步处理

投入产出表中的进出口数据主要来自于海关和外管局，但是在统计口径、分类方式上存在差异。需将海关和外管局的数据转换为投入产出核算口径。

(一)数据来源介绍

1. 货物进出口数据。

货物进出口数据主要取自海关总署提供的年度 HS[①] 8 位码货物进出口数据。以 2017 年为例,有 8555 种 HS 8 分类产品,按照 18 种贸易方式统计,进口数据共计 3.53 万条,出口数据共计 3.97 万条。表 1 为海关贸易方式。

表 1 海关贸易方式

贸易方式	贸易代码	贸易方式	贸易代码
一般贸易	10	外商投资企业作为投资进口的设备、物品	25
国家间、国际组织无偿援助和赠送的物资	11	出料加工贸易	27
其他捐赠物资	12	易货贸易	30
来料加工装配贸易	14	免税外汇商品	31
进料加工贸易	15	保税监管场所进出境货物	33
寄售、代销贸易	16	海关特殊监管区域物流货物	34
边境小额贸易	19	特殊监管区域进口设备	35
加工贸易进口设备	20	其他贸易	39
租赁贸易	23	免税品	41

其中,一般贸易是指境内有进出口经营权的企业单边进口或单边出口的贸易。来料加工装配贸易,是指外商提供全部原材料、辅料、零部件、元器件、配套件和包装物料,必要时提供设备,由承接方加工单位按外商的要求进行加工装配。进料加工贸易,是指我方用外汇购买进口的原材料、辅料、零部件、元器件、配套件、包装物料等,经加工成品或半成品后再外销出口的交易形式。

2. 服务进出口数据。

服务进出口数据主要来源于国家外汇管理局国际收支平衡表细项数据。服务进口数据涉及 12 个大项,33 个细项数据,主要涵盖运输、旅行、建设、保险、金融、知识产权、信息服务、商业服务、娱乐和政府服务等。其中旅游进出口部分的编制,需参考中国统计年鉴中国际旅游收入及构成表和居民消费结构数据。

3. 海关进口使用去向调查数据。

为编制 2017 年非竞争型投入产出表,在 2017 年投入产出调查中,国家统计局与海关总署联合进行了"2017 年进口商品使用去向调查",选取重点企业,就其进口产品的使用去向进行调查。

---

① 海关编码即 HS 编码,为编码协调制度的简称。其全称为《商品名称及编码协调制度的国际公约》(International Convention for Harmonized Commodity Description and Coding System)简称协调制度(Harmonized System,缩写为 HS)。

(二)进出口数据的处理

1. 建立海关 HS 8 位码与投入产出部门的对照。

由于海关提供的进出口货物资料为 HS 8 分类的原始数据,分类上与投入产出核算部门分类不完全匹配,需要建立相关的对应关系。海关商品分类(HS 分类)与投入产出部门分类对应工作是进出口数据处理的基础性工作。

首先,将 2017 年 HS 8 位码与上一调查年度 2012 年进行逐项比对。如果代码和商品名称完全一致,则沿用上一编表年度的对应关系,并考虑投入产出部门是否在两年之间涉及到国民经济行业分类调整,再对应到本年度投入产出部门。如果代码一致而名称不完全一致,则根据商品名称的相似度进行初步判别和比对。如果是 2017 年新增的代码,参照相近类别(HS 6 位码)的对应关系模糊匹配,再由人工进行核验。

人工核验时,需要参考 HS 8 位商品名称中的信息与 2017 国民经济行业分类注释的关系,提高结果的准确性。如 2017 行业分类注释中,"眼镜制造"相关产品的分类标准进行了调整,从而投入产出部门的内容也发生变化。另外,对一些包含产品较多的 HS 8 海关商品,有时按照一定比例分劈至多个投入产出部门。

2. 海关分贸易方式数据的处理。

进口部分,按照"经济所有权"定义,货物进口等于海关口径的进口额减去来料加工进口额,加上来料进口转内销。其中,来料进口转内销包括一般区域的来料加工转内销,以及海关特殊监管区域的来料加工货物转内销。特殊监管区域无法区分转来料或者是转进料加工,需要进行一定的数据分劈。

$$进口 = 分贸易方式进口合计 - 来料加工进口 + 来料进口转内销$$

出口部分,海关口径数据减去"来料加工装配贸易"的出口,加上来料加工出口包含的加工费,得到出口总额。

三、编制方法

在数据处理完成后,需结合投入产出表编制方法和相关原则对不同来源的进出口数据按照投入产出核算标准进行处理。

(一)编制原则及价格调整

1. 进口。

货物和服务的进口总额等于国际收支平衡表中进口的总数。根据资料来源的不同,以及处理的差异,分别按海关货物进口、中国居民在中国境外直接购买的货物和服务,以及中国居民在境内、境外向外国居民购买的服务计算。计算公式为:

进口总额=海关货物进口总额+中国居民在中国境外直接购买的货物和服务+外国居民向中国居民提供的服务

经海关进口的商品价值是按到岸价格计算的,这是一种对应于进口流量的基本价格。

2. 出口。

出口总额包括海关货物出口总额、外国居民在中国境内直接购买的货物和服务价值、中国居民向外国居民提供的服务三部分组成。计算公式为：

出口总额＝海关货物出口总额＋外国居民在中国境内直接购买的货物和服务价值
　　　　＋中国居民向外国居民提供的服务

在海关统计中,出口商品是按离岸价格计算的,离岸价格是出口商品离开中国国境时的实际价格,不是国内生产者价格。在编制生产者价格投入产出表时,需要扣除有关流通费用,转换成国内生产者价格的出口额。

(二)货物和服务进出口部分的编制

货物部分进出口数据编制在经过上述海关 HS 8 位码数据与投入产出部门数据的转换,贸易方式和价格处理等转化为投入产出表中的进出口列。

利用国际收支平衡表(BOP)中的数据。在国际收支平衡表中,货物进口是按离岸价计算的,因此在服务的借方(进口)数据中,包括了对进口货物进行到岸价和离岸价调整的运输和保险费用,需要从运输项目和保险项目服务的进口总量中扣除这一部分。

对于不同的服务采取不同的处理方式。分别对建筑业,交通运输业,邮政服务,住宿服务,餐饮服务,电信和其他信息传输服务,软件和信息技术服务,货币金融和其他金融,资本市场服务,保险,租赁和商务服务,研究和试验发展服务,教育服务,广播、电视、电影和影视录音制作,公共管理和社会组织分别调整。其中旅游服务做进一步拆分,借助国际旅游收入比例,进一步分解到交通运输、餐饮、住宿、商品销售、娱乐等部门。

表 2　2017 年国际收支平衡表(货物和服务部分)

单位:亿美元

项　　目	贷　方	借　方
1. 经常账户	27450	25499
1.A 货物和服务	24293	22123
1.A.a 货物	22162	17403
1.A.b 服务	2131	4720
1.A.b.1 加工服务	181	2
1.A.b.2 维护和维修服务	60	23
1.A.b.3 运输	373	933
1.A.b.4 旅行	386	2579
1.A.b.5 建设	123	86
1.A.b.6 保险和养老金服务	41	115
1.A.b.7 金融服务	34	16
1.A.b.8 知识产权使用费	48	287
1.A.b.9 电信、计算机和信息服务	269	194
1.A.b.10 其他商业服务	593	424
1.A.b.11 个人、文化和娱乐服务	8	27
1.A.b.12 别处未提及的政府服务	17	35

(三)进口品使用去向数据的处理

依据海关提供的进口使用去向调查,2017年投入产出表编制完成后,又利用相关数据编制了非竞争型投入产出表。先根据 BEC 分类划分为中间使用、投资和消费类的数据,再根据贸易方式的不同和调查资料分析进口使用的去向,为下一步编制进口矩阵提供数据基础。按照 BEC 分类标准,消费类主要包含初级食品、加工食品、加工汽油、耐用品、半耐用品和非耐用品,投资类主要包括除交通设备外的生产资料、工业用其他设备。

四、国际标准和国外主要国家编制方法的研究

编制符合国际标准的投入产出表和供给使用表是投入产出核算的目的之一,编制过程中需深入研究国际标准和国外的主要做法,并结合中国实际进行编制。

(一)SNA 2008 中关于供给表和使用表中进口和出口的编制标准

1. 进口的有关标准。

按照国际标准编制供给表的进口部分,首先需要将进口分类(HS、SITC)转换为与国内产出相一致的产品分类。在加工品的界定上,SNA 认为加工者的产出价值应是加工费,所加工的货物服务价值变化应属于该产品的法定所有者,也就是如果加工过程在国外发生,产品加工国的出口价值仅为加工费。

海关进口通常以物品进入进口国时的 CIF(到岸价)计价,包括货物成本和运保费,SNA 中建议将其区分处理为货物价值和服务价值两部分。

2. 出口的有关标准。

出口与进口的分类标准一致,需要先进行分类标准上的转换,贸易统计中的出口计价为 FOB(离岸价),估价的时点是到达边境,未必发生所有权变更,按照 SNA 的假定,这种所有权变更发生在国界上。

综上,我国现行的进出口编制方法既符合国际标准,又结合了中国实际情况,为编制国际可比的供给使用表打下基础。

3. 进口矩阵的编制。

把竞争型投入产出表中的国内生产与进口分开,对使用表做更进一步的细化则得到非竞争型投入产出表。某种产品的获得来源是不易于区分的,国内和国外产品的分离需要借鉴大量的专业知识。

(二)加拿大进出口账户的编制情况

1. 货物进出口。

加拿大采用在北美产业分类体系(NAICS[①])基础上形成的供给使用分类标准。产品分类依据北美产业分类体系设置,分 400 多个产品类别,2016 年加拿大供给使用表分 233 个产业部门以及 470 个产品类别。海关统计数据采用 HS 分类。

---

① 全称 North American Industry Classification System。

尽管加拿大统计局从海关得到的货物贸易数据是及时且非常详细的,但产品类别等信息并不完全符合国际收支概念要求,因此加拿大在编制国民经济核算国际账户时参照相关行业协会信息对国际收支平衡表进行了调整处理。如小麦利用从加拿大谷物委员会获得的通关信息,替换海关数据,认为这些数据更准确地反映了小麦的进出口情况。此外,加拿大统计局在编制进出口数据时,也会同税务局对部分产品的进出口进行重新估算。

2. 服务进出口。

与我国情况类似,加拿大主要依据国际收支平衡表编制服务进出口数据,使用的贸易服务产品分类是国际收支扩展服务(EBOPS)分类,与BPM6中服务类别大体一致,但稍详细一些。主要分为旅行(商务旅行、个人旅行),运输(水运、航空运输、陆路及其他运输),商业服务(维修服务、建筑服务、保险服务、金融服务),电信、计算机和信息服务,知识产权使用服务,专业和管理咨询服务,研发服务,技术、贸易相关及其他商业服务,文化和娱乐服务,政府服务。

五、下一步工作的思考和建议

通过总结编表过程中发现的问题,以及研究国际标准和国外主要国家的做法,对今后编制工作提出以下建议。

一是加强与海关统计部门的联系。加强沟通协调,对海关HS分类、进出口基础数据、关税和进口税数据进一步充分利用。在将来与经济普查合并的背景下,还需与海关保持充分的沟通,保障海关进口去向调查顺利过渡。

二是扩展数据来源。参照有关行业协会统计信息,税务总局税务信息,将进出口数据进一步细化。充分利用部门行政记录,探索与更多部门开展联合调查。拓展地区海关数据来源,为地区投入产出表进出口部分提供更多信息,保障地区表的编制。

三是进一步完善进口使用去向调查制度,提高数据质量。在调查开展之前,协商制定调查方案,明确数据需求,调查过程中加强数据审核。

参考文献

[1] 陈锡康,杨翠红. 投入产出技术[M]. 科学出版社,2011.
[2] 国家统计局国民经济核算司. 2017年中国投入产出表[M]. 中国统计出版社,2019.
[3] 国家税务总局. 中国税务年鉴2018[M]. 中国税务出版社,2019.
[4] 国家统计局国民经济核算司. 2017年全国投入产出调查方案[M]. 中国统计出版社,2018.
[5] 联合国、欧盟委员会、经济合作与发展组织、国际货币基金组织、世界银行. 2008国民账户体系(SNA)[M]. 中国统计出版社,2012.
[6] 国家外汇管理局.《国际收支和国际投资头寸手册》第六版(BPM6). 国家外汇管理局网站.
[7] Statistics Canada. User Guide: Canadian System of Macroeconomic Accounts. www.statcan.gc.ca.
[8] Francois Lequiller, Derek Blades. Understanding National Accounts [M]. China Statistics Press,2017.
[9] 海关总署综合统计司. 中华人民共和国海关统计商品目录(2017年版)[M],中国海关出版社,2017.

[10] 国家统计局.2016中国国民经济核算体系[M].中国统计出版社,2017.
[11] 董礼华,陈璋,杨翠红.中国投入产出理论与实践－2016[M].中国统计出版社,2018.

作者简介：

耿安齐,国家统计局国民经济核算司,gengaq@stats.gov.cn。

专题二

区域协同发展研究

中国区域价值链的空间分布及演化特征
——以交通运输设备制造业为例

张卓颖　石敏俊

摘要： 随着区域一体化的推进，区域分工不断深化，生产过程中不同的价值增值环节被分散到不同的区域。与传统的产业、产品层次的区域分工相比，价值链层次的区域分工能更加深刻地反映一个地区在产业链中的价值创造和利益获得情况。本文基于中国省区间投入产出模型，对2002—2012年间中国交通运输设备制造业的国内价值链在不同地区和不同生产环节的分布格局及演化特征进行分析。研究揭示了国内价值链"东高西低"的空间分布格局且国内价值链空间分布有持续向东部地区集聚的趋势，指出这种空间不均衡性与地区获得增加值能力的差异性有关。研究还发现交通运输设备制造业的国内价值链在不同生产环节的分布呈现出"拱形曲线"，表明该产业在国内的增加值获得主要是在生产制造环节实现的。在2002—2012年间，北部沿海地区、华南沿海地区、中南地区、西南地区和东北地区对生产制造环节获取增加值的依赖进一步强化，而华东沿海地区率先向"微笑曲线"左端的产业链上游攀升已初现端倪。通过中国两大交通运输设备制造基地吉林和上海的价值链分布格局演变分析发现，对于规模经济显著的交通运输设备制造业来说，制造业基地对周边省份的空间辐射作用趋于增强，空间产业关联的强化促进了国内价值链的空间集聚。本文的研究结果有助于深入理解中国交通运输设备制造业国内价值链的空间分布与演化特征。

关键词： 区域价值链　地域分工　区域间投入产出　交通运输设备制造业

一、引言

在经济全球化和区域经济一体化的背景下，当代地域分工的一个重要特征是产品生产过程的不同环节分散在不同区域进行。与此同时，生产过程中包含的价值创造也基于生产环节的不同要素偏好分散到不同的区域，形成了以价值增值环节为对象的价值链分工体系（张来春，2007）。与产业、产品层次的传统地域分工相比，价值链层次的地域分工

---

① 已发表在《社会科学战线》2019，11：56—67。

可以更加深刻地反映一个地区在产业链中的价值创造和利益获取情况,因此价值链越来越多地被用来研究国家和地区在产业链中的分工地位。

20世纪90年代以来,中国通过承接国际产业转移,嵌入全球价值链中承担加工制造环节,成为全球最具竞争力的加工制造平台,尤其是东部地区凭借率先加入全球价值链的先发优势和在位优势,实现了经济快速增长。另一方面,部分地区率先加入全球价值链的发展模式也给中国带来了产业转型和区域协调发展的双重挑战(张少军和刘志彪,2009)。由于东部地区的劳动密集型加工制造环节主要是凭借廉价和丰裕的低端生产要素获得竞争优势,伴随着东部地区的要素成本上升,近年来东部地区的成本竞争优势逐渐减弱,东部地区的加工制造环节开始逐步向中部地区转移。与此同时,东部地区也致力于技术创新和产业调整,以实现自身的产业转型升级。在此背景下,制造业的产业结构变动与产品生产工序的空间布局变迁正在重塑中国制造业区域价值链的空间格局。价值链在不同地区和不同生产环节的分布及演化特征,体现了不同地区参与产业分工与利益获得的差异性及其变化趋势,对于在经济学视角下考察地域分工与利益分配对资源配置效率与社会福利的影响、探索地区产业转型升级的影响因素具有重要意义。

已有的价值链研究主要关注两个方面,一是价值链的空间分布,二是价值链在不同生产环节的分布。关于价值链的空间分布,近年来全球价值链(GVC)的研究已成为热点。全球价值链的实证研究主要是在全球尺度上关注不同国家在全球价值链中的分工地位。其中,苹果公司iPod产品全球价值链在各国的分布是最为广泛引用的一个例子。美国苹果公司通过控制核心要素(如核心软件、专用性标准和宝贵的品牌形象等)在iPod价值链中占据了稳固的主导地位,获得了整个价值链中约1/3的增加值;其余大部分增加值分布在来自韩国、日本和荷兰的关键零部件,如解码器、微型硬盘和PCB板等的供应环节;中国大陆凭借丰富而廉价的劳动力资源参与到生产组装环节,但所获附加值很低,仅占全球价值链的3%左右(Linden, et al., 2007;Dedrick, et al., 2010)。也有部分学者以全球价值链为背景,对具体行业如服装制造业、电子信息产业、汽车制造业等融入全球价值链及产业升级路径及策略进行了研究(Kaplinsky, et al., 2002;Humphrey and Memodovic, 2003;黎继子等,2005;Kaplinsky, 2006;Sturgeon, et al., 2008;卓越和张珉,2008;Crestanello and Tattara, 2011;Kadarusman and Nadvi, 2013;王飞和郭孟珂,2014;马涛,2015;Zhang and Gallagher, 2016;Zhang X. 2018)。与此同时,部分学者开始将目光转向了国内区域价值链,尝试将国内价值链和国外价值链整合到统一的分析框架。张少军和刘志彪(2013)通过构建联立方程模型,实证验证了中国的全球价值链与国内价值链之间存在显著的割裂关系,认为这种关系可能是造成中国在全球价值链中低端锁定和地区差距扩大的微观原因。李根强和潘文卿(2016)从增加值流转的视角,拓展了Koopman, et al.(2014)和Wang, et al.(2014)的模型,将国内价值链和国外价值链整合到一个统一的逻辑框架,从垂直专业化生产、增加值供给偏好和区域再流出3个维度,考察了中国各区域对全球价值链的嵌入模式。李善同等(2018)构建了一个包含国内省际投入产出模型的国际投入产出模型,分析了国内不同区域参与全球价值链和国内价值链的状况。

价值链在不同生产环节分布的研究主要是围绕"微笑曲线"理论展开的。"微笑曲线"理论是描述生产环节与其创造的增加值之间关系的著名理论,由宏碁集团创始人施振荣于1992年率先提出。"微笑曲线"理论指出,如果以纵坐标表示附加值高低,横坐标表示产业链上游、中游、下游等主要环节，那么可以得到一条两端朝上的微笑嘴型的曲线，位于上游和下游生产环节的附加值较高，位于中游的加工制造环节附加值最低。"微笑曲线"理论被广泛应用于企业生产的案例研究中。由于在宏碁、苹果等电脑公司的成功实践，加上理论的简单形象、易于理解，"微笑曲线"理论迅速为实业界和学术界所接受，其应用逐渐拓展至行业层面（孙德升等，2017）。部分学者在高技术产业、汽车业、电子产业、环保产业、装备制造业以及一般制造业等的研究均发现存在"微笑曲线"，据此提出制造业转型升级的对策与方向（余建形等，2005；Shin, et al., 2012；Ye, et al., 2015；樊宇等，2015；马茹，2015；Ito and Vézina，2016；韩亮等，2016；王婷婷和程巍，2016；潘文卿和李跟强，2018）。也有部分学者就"微笑曲线"上增加值分布的影响因素进行了研究，指出影响"微笑曲线"的因素主要包括行业类型、资金技术密集度、知识类型、市场结构、人力资本密集型中间产品的垄断程度等（马永驰和季琳莉，2005；文婷和张生丛，2009；吕乃基和兰霞，2010；王敏和冯宗宪，2013）。然而，部分学者对"微笑曲线"的普适性以及制造业产业升级的方向提出了质疑。倪红福（2016）在全球投入产出模型框架中提出了测度全球价值链位置的"广义增加值平均传递步长"方法，对产业部门层面"微笑曲线"是否存在进行了考察，发现产业层面上的"微笑曲线"并不具有普遍意义，不应简单地放弃加工制造业而直接转向高技术或现代服务业等高端产业，应该在考虑行业异质性特点的基础上，专注生产链条上各产业内部特定商业功能的升级。邓欣（2012）和王茜（2013）也强调，中国的加工制造环节依然具有较大的利润空间，发展好加工制造环节仍能获得较高的市场回报，中国有必要把"世界制造车间"的道路继续走下去。此外，有学者认为新时期以智能制造为代表的新生产方式的出现，使得"微笑曲线"已不再适用，提出了"穹顶弧线""双曲线"等来替代"微笑曲线"（魏志强，2014；肖新艳，2015）。

已有文献表明，以全球价值链为代表的价值链空间分布研究已成为热门领域并取得了重要的理论和应用进展，对于以"微笑曲线"理论为基础的生产环节与其创造的增加值之间的关系也涌现出不少探索性研究，然而关于区域价值链的研究仍然尚有待进一步深入探讨：第一，关于价值链空间分布的已有研究，大多是在全球视角下探讨中国产业分工在全球价值链中的定位，即便少数关注国内价值链的研究也主要关注国内价值链与全球价值链的整合，对于国内价值链空间分布的研究并不充分；第二，对"微笑曲线"空间分布特征的研究也不够充分；第三，价值链的已有研究大多为对某一个时点的静态状态分析，对于一定时段内价值链动态演化的研究较少。

据此，本文以交通运输设备制造业为例，基于中国省区间投入产出模型，分析2002—2012年间价值链在国内不同地区与不同生产环节的分布格局及演化特征，可在一定程度上填补已有价值链研究的不足。交通运输设备制造业是重要的支柱产业，具有生产规模大、产业链条长、资金与技术密集等特点，与冶金、化工等上游产业和运输业、商业等下游产业有很强的关联度，对国民经济发展具有重要影响。本文的研究结果有助于深入理解产业转移背景下交通运输设备制造业区域价值链的空间分布特征与演化趋势。

二、数据与方法

本文的主要数据基础是2002年、2007年和2012年中国区域间投入产出表（石敏俊，张卓颖等，2012；Zhang，et al.，2015）。区域间投入产出表是一个自上而下的经济模型，量化表征了经济系统中不同地区不同部门之间货物和服务的交流状况，是区域价值链分析的有效工具。中国区域间投入产出表包含30个省、市、自治区和直辖市（表1）。受数据可得性的局限，中国香港、中国澳门、中国台湾和西藏未列入本文的研究区域。根据研究需要，在计算时区域间投入产出表的部门被统一合并为26个部门，本文重点对交通运输设备制造业的相关产业进行分析。

假设区域间投入产出表中的区域数为n，每个地区的部门数为m，则区域间投入产出表的数学结构是由$(m \times n)$个线性方程构成，如式(1)所示：

$$X^R = A^{RS}X^R + F^{RS} \tag{1}$$

式中：X^R 是区域 R 的产出矩阵；A^{RS} 是区域间中间投入系数矩阵，其元素表示 S 地区 j 部门生产单位产品时 R 地区 i 部门产品对其直接的投入量；F^{RS} 表示 R 地区对 S 地区最终产品的供给量。

中国区域间投入产出表为进口竞争型模型，隐含的假设为列向投入的进口产品与国内同类产品性能相同，可以完全替代，具有竞争关系，进口产品同国内产品一样进入到中间需求和最终需求。为了将 A^{RS} 和 F^{RS} 中所包含的进口部分剔除出去，引入进口系数矩阵 $\hat{M}$。进口系数 $\hat{M}$ 是按进口量占国内总需求（包括中间需求和最终需求）的比例确定的。剔除进口后，式(1)可改写为：

$$X^R = [I - (I - \hat{M})A^{RS}]^{-1}[(I - \hat{M})F^{RS}] \tag{2}$$

式中：$[I - (I - \hat{M})A^{RS}]^{-1}$ 是区域间投入产出模型剔除进口后的列昂惕夫逆矩阵，表示满足单位最终产品需求所需的国内生产；$[(I - \hat{M})F^{RS}]$ 表示的是由国内生产提供的最终需求。

如果令 V 为各地区各产业的增加值系数向量转换而成的对角矩阵，其对角线元素为各地区各产业的增加值系数，即单位产量获得的增加值。经由式(3)，增加值根据生产结构和最终消费结构被追溯到不同地区和不同产业部门。

$$K = V[I - (I - \hat{M})A]^{-1}[(I - \hat{M})F] \tag{3}$$

对于全球价值链来说，每一个经济体就是国家，对于国内区域价值链来说，每一个经济体是省区市或者国内的某个区域。中国区域间投入产出表没有详细刻画中国以外的其他国家的生产结构，而是用出口和进口作为投入产出表中外生的核算量。基于这一局限性，本文的分析结果仅仅刻画了价值链在国内各地区的分布情况。

三、结果与讨论

（一）区域价值链的空间分布及演化特征

关于交通运输设备制造业区域价值链分布的分析在八区域和省区两个尺度进行。八区域包括北部沿海、华东沿海、华南沿海、黄河中游、中南、西南、西北和东北，区域划分如表1所示。增加值计算采用2002年不变价调整，消除了不同年份比较时价格变动因素的影响。

2002—2012年间，交通运输设备制造业的国内增加值以每五年翻一番的速度增加，从

2002年的7332.77亿元,增长至2007年的15780.20亿元,再到2012年的33707.35亿元(表1)。其中,北部沿海地区和华东沿海地区从交通运输设备制造业价值链中获得的增加值增长率最高,超过500.00%(图1)。交通运输设备制造业价值链的分布总体上呈现出"东高西低"的格局。2012年,交通运输设备制造业的国内增加值将近一半集中分布在东部地区(包括北部沿海、华东沿海和华南沿海)。2012年,东部地区从交通运输设备制造业中获得的增加值占其国内增加值总量的份额为56.11%,同年西部地区(包括西南和西北)从交通运输设备制造业中获得的增加值份额仅为9.31%(图2)。

2002—2012年间,交通运输设备制造业区域价值链的国内分工格局呈现"东部扩张、中部稳定、西部收缩"的演变趋势(图2)。2002年、2007年和2012年,东部地区从交通运输设备制造业中获得的增加值占国内增加值总量的份额稳步增加,分别为45.24%、50.95%和56.11%。其中,华东沿海地区从交通运输设备制造业获得的增加值份额增幅最大,从2002年的20.21%增长至2012年的26.99%,这主要得益于江苏省的份额大幅提升。北部沿海地区各省份从交通运输设备制造业获得的增加值份额同期均达到2.00%左右的增幅。中南地区的安徽和湖北从交通运输设备制造业获得的增加值所占份额同期分别增加了1.09%和1.85%,使得中南地区总体的份额呈增加趋势。由于黄河中游的河南获得的增加值份额减少了近3.00%,同期中部地区(包括黄河中游和中南)获得的增加值份额总体上持平。同期西部地区从交通运输设备制造业获得的增加值所占份额大幅减小,从2002年的17.66%下降到2012年的9.31%,其中,西南地区获得增加值所占的份额减小幅度最大,从2002年的14.87%下降到2012年的7.34%,西南五省(云南、贵州、广西、四川、重庆)获得的增加值所占的份额均发生了不同程度的下降,降幅在1.00%~3.00%之间(图2,表1)。

交通运输设备制造业价值链在国内空间分布的不均衡性,与各地区在生产链中的分工、产业规模以及获得增加值的能力有关。东部地区的交通运输设备制造业发展水平较高,在获得增加值的能力方面具有绝对的竞争优势。2002—2012年间,中国交通运输设备制造业处于结构调整阶段,国内的地域分工发生了一定的转移和变化,尽管大部分地区从交通运输设备制造业中获得的增加值都在增加,但是东部地区的先发优势使其增长速度和幅度远超其他地区,导致在新一轮产业空间布局转换中,东部地区在价值链中的利益优势进一步得到强化,原本就处于劣势的西部地区获得的利益进一步缩小。

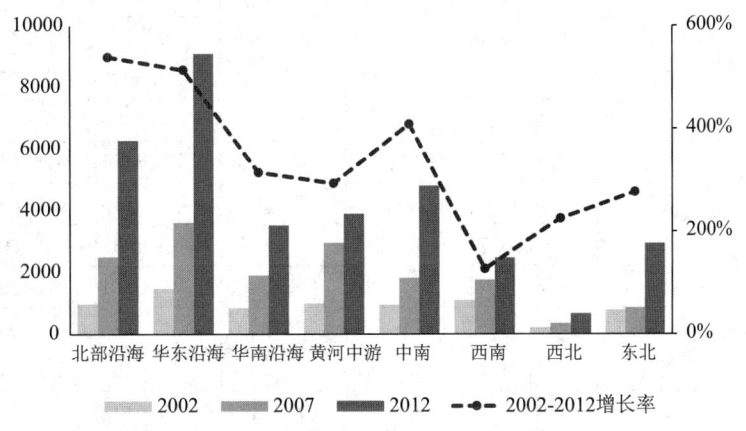

图1 2002—2012年八区域交通运输设备制造业增加值及增长率(单位:亿元)

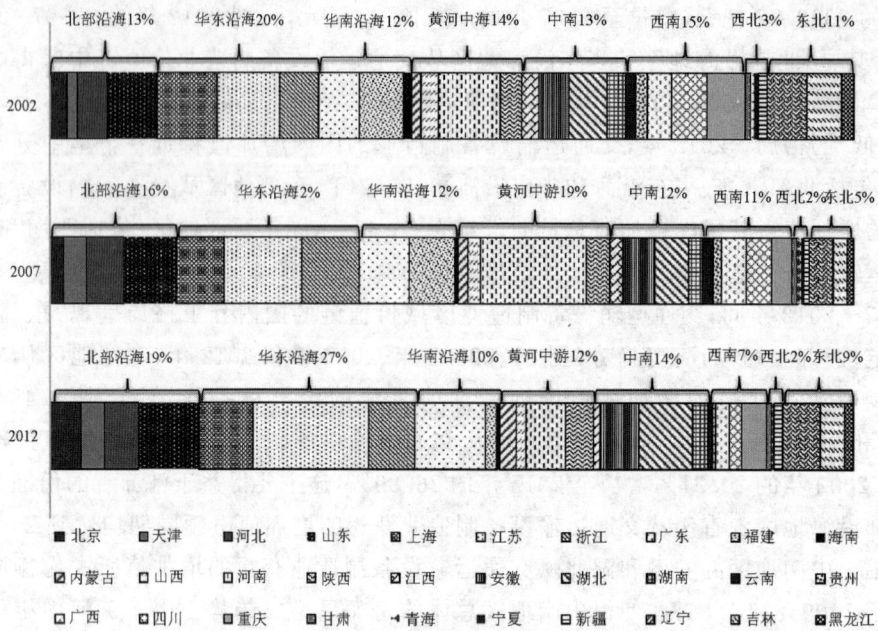

图2 2002—2012年交通设备制造业区域价值链在八区域的分布格局

表1 2002—2012年交通设备制造业区域价值链在各省的分布情况

单位:亿元

地区	省份	2002		2007		2012	
		增加值	比例	增加值	比例	增加值	比例
北部沿海	北京	152.4982	0.0208	256.0788	0.0162	1258.7343	0.0373
	天津	91.1609	0.0124	441.6593	0.0280	1005.9844	0.0298
	河北	275.5095	0.0376	748.2387	0.0474	1451.9744	0.0431
	山东	464.5237	0.0633	1059.8143	0.0672	2569.0292	0.0762
华东沿海	上海	548.4723	0.0748	919.9523	0.0583	2292.6231	0.0680
	江苏	577.7255	0.0788	1548.8540	0.0982	4921.6578	0.1460
	浙江	355.9161	0.0485	1153.4152	0.0731	1882.9850	0.0559
华南沿海	广东	377.4731	0.0515	966.9260	0.0613	2924.7945	0.0868
	福建	402.6062	0.0549	882.2278	0.0559	479.4828	0.0142
	海南	71.5362	0.0098	62.8928	0.0040	126.7750	0.0038
黄河中游	内蒙古	78.3731	0.0107	198.7485	0.0126	686.1844	0.0204
	山西	160.6797	0.0219	241.8390	0.0153	418.4440	0.0124
	河南	556.4207	0.0759	2077.2359	0.1316	1650.8566	0.0490
	陕西	197.4919	0.0269	443.8211	0.0281	1148.3966	0.0341
中南	江西	158.5653	0.0216	253.7409	0.0161	316.7587	0.0094
	安徽	272.6857	0.0372	624.9187	0.0396	1622.0536	0.0481
	湖北	348.2419	0.0475	676.8918	0.0429	2224.0495	0.0660
	湖南	165.3733	0.0226	271.7164	0.0172	643.1473	0.0191

续表

地区	省份	2002		2007		2012	
		增加值	比例	增加值	比例	增加值	比例
西南	云南	94.0797	0.0128	208.4670	0.0132	195.2273	0.0058
	贵州	104.4188	0.0142	156.2719	0.0099	135.7392	0.0040
	广西	221.3813	0.0302	487.6784	0.0309	563.9118	0.0167
	四川	320.5559	0.0437	503.0771	0.0319	549.9772	0.0163
	重庆	350.2188	0.0478	405.1039	0.0257	1029.7736	0.0306
西北	甘肃	48.0714	0.0066	106.6928	0.0068	216.3938	0.0064
	青海	36.4719	0.0050	65.8493	0.0042	57.2548	0.0017
	宁夏	38.0218	0.0052	58.0804	0.0037	55.1537	0.0016
	新疆	82.0658	0.0112	109.7325	0.0070	335.8754	0.0100
东北	辽宁	361.0907	0.0492	455.6919	0.0289	1585.9297	0.0470
	吉林	315.1319	0.0430	276.4018	0.0175	1015.6578	0.0301
	黑龙江	106.0047	0.0145	118.1847	0.0075	342.5250	0.0102
总计		7332.7659	1.0000	15780.2032	1.0000	33707.3506	1.0000

(二)区域价值链在各生产环节的分布及演化特征

基于投入产出表计算各部门对交通运输设备制造业的投入系数,可以识别出与交通运输设备制造业产业关联最密切的行业。根据这些产业的特性,可以将其分为交通运输设备制造业的上游产业、中游产业和下游产业,结果如表2所示。

表2 交通运输设备制造业产业链

产业链位置	生产环节	包括行业
上游产业	材料、零部件、模块生产	化学工业;冶金业;金属制品业;锅炉和专用设备制造业;通信设备、电子计算机、仪器仪表制造业
中游产业	加工制造	交通运输设备制造业
下游产业	物流、销售与服务	运输业;销售业;其他服务业

交通运输设备制造业区域价值链在各生产环节的分布呈现出与"微笑曲线"相反的"拱形曲线"(图3)。交通运输设备制造业区域价值链在各生产环节的"拱形"分布格局表明,中国交通运输设备制造业在国内创造的增加值主要是通过生产制造环节实现的,在价值链分工中仍处于较低端的位置。2002—2012年间,产品生产制造环节获得的增加值呈波动增长的态势,由2002年的26.85%增长至2007年的35.98%,2012年比例略降为33.68%。上游产业和下游产业所获得的增加值占比基本稳定在22.00%左右,其中获得增加值占比较高的行业分别为上游产业的冶金业、下游产业的销售业以及其他服务业(图4)。这一时期,中国交通运输设备制造业在国内所依靠的工业化大规模生产方式(如汽车生产装配的流水线作业等)依然具有较大的利润空间。因此,制造业企业更愿意将资源与技术投入到生产制造环节,上游的材料、零部件及模块生产环节,以及下游的物流、销售和

服务环节并没有得到足够的重视。因此,交通运输设备制造业在加工制造环节获得的增加值也最高,上、下游环节获得的增加值则相对较低,使得区域价值链在各生产环节的分布呈现出与"微笑曲线"相反的"拱形曲线"。

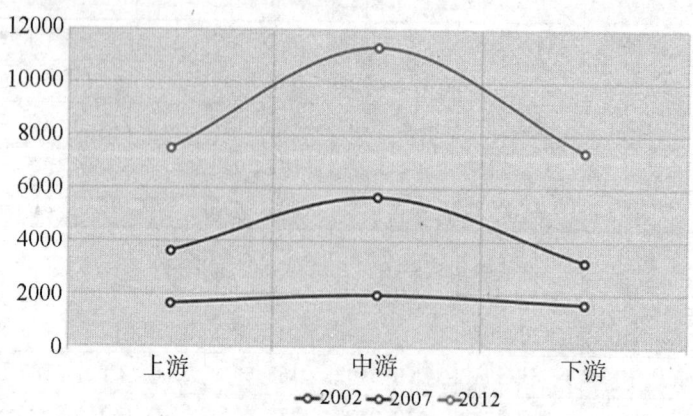

图3 2002—2012年中国交通运输设备制造业区域价值链的"微笑曲线"(单位:亿元)

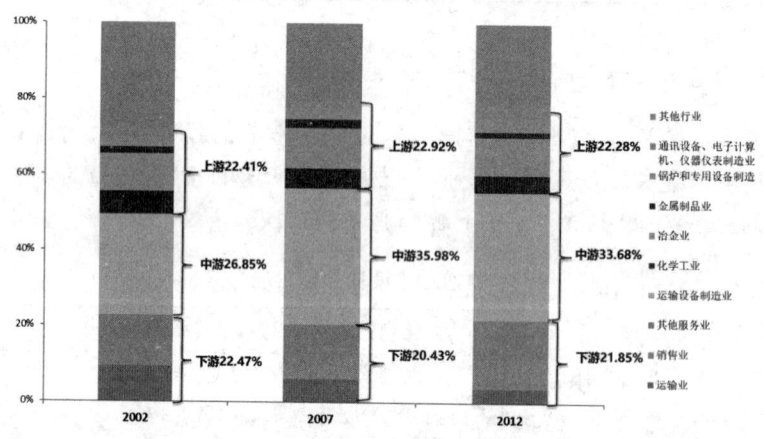

图4 2002—2012年交通运输设备制造业国内价值链在生产环节的分布

(三)区域价值链"拱形曲线"的空间差异及演化特征

交通运输设备制造业价值链在不同生产环节的分布存在显著的空间差异。首先,从增加值绝对量上看,东部地区在不论是从交通运输设备制造业的上游产业、中游产业还是下游产业获得的增加值份额都占绝对优势,西部地区从各生产环节获得的增加值份额都很小(图5-2,图5-7)。2012年,东部地区从交通运输设备制造业的上游产业、中游产业和下游产业获得的增加值份额均超过一半,分别为65.96%,54.52%和58.61%,其中,华东沿海地区从交通运输设备制造业上游产业、中游产业和下游产业获得的增加值份额最高,分别为38.34%,24.21%和28.45%。西部地区从交通运输设备制造业的上游产业、中游产业和下游产业获得的增加值份额最低,仅分别为6.34%,9.95%和8.76%。

在除西北地区外的其他七个区域,交通运输设备制造业区域价值链均呈现出与"微笑曲线"相反的"拱形曲线"(图5)。2002—2012年间,从增加值绝对量看,几乎所有地区从交通运输设备制造业的上游、中游和下游环节获得的增加值均得到了不同程度的提升,但价值链"拱形曲线"弯曲程度的变化趋势却不尽相同。"拱形曲线"弯曲程度增加意味着从中游产业获得增加值的相对份额增加,从上、下游产业获得的增加值相对份额减少;反之,"拱形曲线"弯曲程度减小意味着从中游产业获得增加值的相对份额减少,从上、下游产业获得的增加值相对份额增加。

2002—2012年间,价值链"拱形曲线"弯曲程度呈增加趋势的地区包括北部沿海地区、华南沿海地区、中南地区、西南地区和东北地区(图5—1,图5—3,图5—5,图5—6,图5—8)。这表明,这些地区对中游加工制造环节的依赖得到了进一步增强。其中,中南地区价值链"拱形曲线"的弯曲程度增加最为显著。2002年,中南地区从中游产业获得的增加值占整个产业链获得增加值总量的46.44%,到2012年该份额增加至53.06%,同期从上、下游产业获得的增加值份额则分别降低了2.64%和3.98%。2012年,中南地区已经超过北部沿海地区,成为继华东沿海地区之后从中游加工制造环节获得增加值最多的地区。

价值链"拱形曲线"弯曲程度呈减少趋势的地区为华东沿海地区(图5—2)。2012年华东沿海地区依然是从中游产业获得增加值最多的地区,但从中游产业获得的增加值占交通运输设备制造业价值链总量的份额已呈现出减少的趋势,从2002年的41.87%下降到2012年的35.59%,上游产业获得的增加值份额则从2002年的30.94%增加到37.27%,从下游产业获得的增加值份额保持在27.00%左右。这表明,华东沿海地区的交通运输设备制造业价值链朝着上游产业攀升的趋势已初现端倪。

上述结果反映出2002—2012年间产业转移背景下中国交通运输设备制造业区域价值链"微笑曲线"空间格局演化的基本特征。华东沿海地区开始从"微笑曲线"产业链的中游向上游攀升,北部沿海地区、华南沿海地区、中南地区、西南地区和东北地区对中游产业的依赖进一步强化,中南地区逐渐成为从中游加工制造环节获得增加值的主要地区之一。西北地区的价值链在上中下游产业的分布较为平均,这与其交通运输设备制造业发展水平较低有关。

(四)交通运输设备制造业主要生产中心价值链空间分布与演变

吉林和上海是交通运输设备制造业在北方和南方的两大生产基地。吉林省被誉为"中国汽车工业的摇篮",汽车产业在省内经济中占有重要的地位。在以一汽集团为代表的重点企业拉动下,吉林省的交通运输设备制造业形成了比较完整的产业生产体系。上海凭借优越的地理位置、良好的工业基础、强大的经济实力和灵活的民间资本,成为中国南方汽车制造业的生产基地之一。上海汽车工业(集团)作为中国三大汽车集团之一,拥有上海大众、上海通用这两大汽车合资企业。在上海还有华普、万丰和比亚迪三家民营汽车企业,另有客车、摩托车等多家交通运输设备制造相关企业。不论吉林还是上海,交通运输设备制造业在2002—2012年间都经历了区域价值链空间分布的变迁。

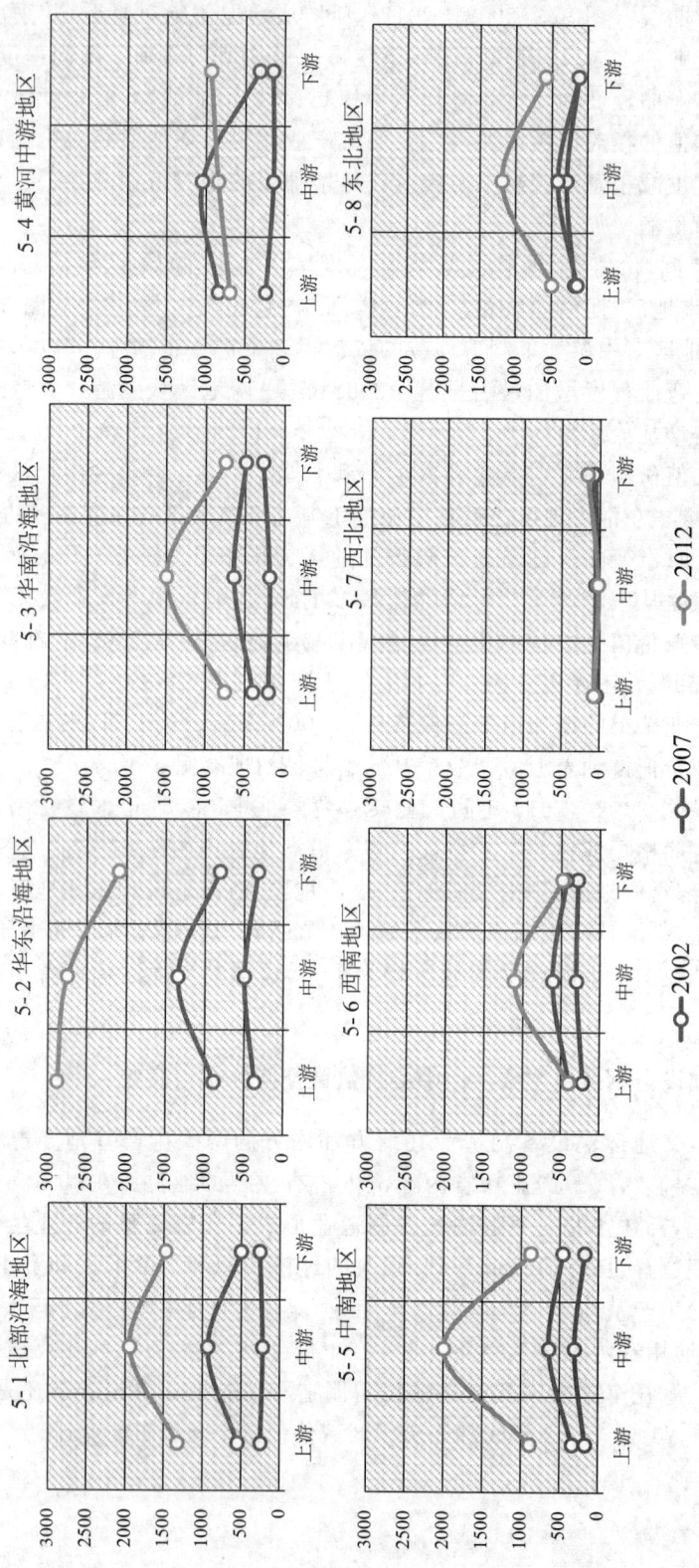

图5 2002-2012年国内八区域交通运输设备制造业区域价值链"微笑曲线"演变特征（单位：亿元）

吉林与上海的交通运输设备制造业价值链的空间分布及演化具有以下几点共性特征:第一,本地与周边省份一起获得了绝大部分的增加值。2012年,吉林从本地交通运输设备制造业获得的增加值份额为57.22%;邻近吉林的辽宁和黑龙江从吉林的交通运输设备制造业获得的增加值占比分别为15.24%和3.41%,吉林与周边省份一起从吉林的交通设备制造业获得的增加值占全国总额的比例为75.87%(表3)。同期,上海从本地交通运输设备制造业获得的增加值占全国总额的份额为55.41%;邻近上海的江苏、浙江从上海的交通运输设备制造业获得的增加值占比分别为4.56%和5.04%,上海与周边省份一起从上海的交通设备制造业获得的增加值占全国总额的比例为65.00%(表4)。

第二,本地与周边省份形成了比较紧密的分工协作关系,产业链条较完整。吉林和上海与周边省份在交通运输设备制造业的上、中、下游产业均获得了较高的增加值。2012年,东北三省从吉林交通运输设备制造业上、中、下游获得的增加值占全国总额的份额分别为66.37%、94.25%和63.08%(图6)。江浙沪三省市从上海交通运输设备制造业的上、中、下游获得的增加值占全国总额的份额分别为69.97%、92.40%和59.92%(图7)。

第三,价值链分布在空间上越来越集聚。2002—2012年间,不论吉林还是上海,本地与周边省份一起从本地交通运输设备制造业获得的增加值比例呈逐步上升的趋势。2002年,东北三省合计从吉林交通运输设备制造业获得的增加值占全国总额的份额为69.65%,到2012年该份额达到75.87%(表3)。江浙沪三省市合计从上海交通运输设备制造业获得的增加值份额在2002年和2012年分别为53.59%和65.00%(表4)。这表明,无论是吉林还是上海,交通运输设备制造业价值链的空间分布越来越聚集到本地及周边省份。

表3 吉林省交通运输设备制造业价值链空间分布(2002年 & 2012年)

省　份	2002年		2012年	
	增加值(万元)	比例(%)	增加值(万元)	比例(%)
北　京	27044	0.69	108062	2.47
天　津	58937	1.51	90483	2.07
河　北	122740	3.14	114600	2.62
山　西	59682	1.53	21828	0.50
内蒙古	83431	2.13	203363	4.65
辽　宁	378313	9.68	666430	15.24
吉　林	2161944	55.32	2501868	57.22
黑龙江	181708	4.65	148998	3.41
上　海	89375	2.29	78173	1.79
江　苏	133803	3.42	87417	2.00
浙　江	43345	1.11	44556	1.02
安　徽	38144	0.98	34759	0.79
福　建	48325	1.24	8906	0.20
江　西	19681	0.50	6160	0.14

续表

省 份	2002年		2012年	
	增加值(万元)	比例(%)	增加值(万元)	比例(%)
山 东	141318	3.62	92798	2.12
河 南	138877	3.55	28302	0.65
湖 北	25073	0.64	29132	0.67
湖 南	23305	0.60	5965	0.14
广 东	22253	0.57	20593	0.47
广 西	21461	0.55	2918	0.07
海 南	1214	0.03	1212	0.03
重 庆	6125	0.16	7079	0.16
四 川	19088	0.49	9841	0.23
贵 州	7546	0.19	2400	0.05
云 南	8449	0.22	2879	0.07
陕 西	19868	0.51	25394	0.58
甘 肃	7169	0.18	8779	0.20
青 海	6012	0.15	2990	0.07
宁 夏	3897	0.10	3410	0.08
新 疆	9935	0.25	13031	0.30
总 计	3908059	100.00	4372325	100.00

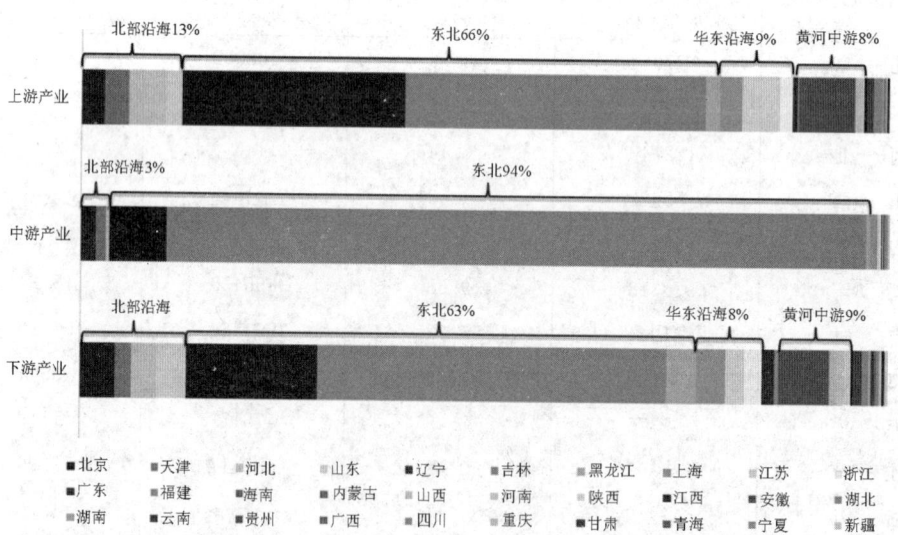

图6 吉林交通运输设备制造业上、中、下游产业获得的增加值在地区的分布情况(2012年)

以上三点说明,市场邻近和供给邻近决定的集聚经济效应是国内价值链分布走向空间集聚的重要驱动因素。但吉林与上海的交通运输设备制造业价值链空间分布及其演化也有两点不同之处：第一，上海的交通运输设备制造业价值链覆盖的区域范围比吉林更广。吉林的交通运输设备制造业价值链主要分布在东北三省以及北部沿海地区。这两个区域从吉林交通运输设备制造业获得的增加值占全国总额的比例将近90.00%。也就是说，除去东北三省及北部沿海三省（市），国内其他24个省（市）从吉林交通运输设备制造业获得的增加值份额仅为10.00%左右，属于零星分布（表3）。上海的交通运输设备制造业价值链分布在本地及周边省份的比例合计为50.00%—60.00%，另外的40.00%—50.00%以相对均匀的比例分布在北部沿海、黄河中游、华南沿海各省份（表4）。第二，上海的交通运输设备制造业价值链呈现向北部延伸的趋势。2002年，上海的交通运输设备制造业价值链在华南沿海、中南、西南的分布份额为5.81%、8.83%和4.56%，到2012年，这三地的份额下降到2.38%、7.83%和1.90%，其中在福建、四川、广西的份额降幅最大。同期，上海的交通运输设备制造业价值链在北部沿海和西北的分布份额持续增加，分别从2002的9.48%和1.77%上升至2012年的11.32%和2.47%。其中，北京的份额增幅最大，超过2.00%。

表4 上海交通运输设备制造业价值链空间分布（2002年 & 2012年）

省份	2002年		2012年	
	增加值（万元）	比例（%）	增加值（万元）	比例（%）
北 京	55705	0.67	352494	3.05
天 津	84798	1.02	155838	1.35
河 北	278413	3.34	477495	4.13
山 东	370283	4.45	322847	2.79
辽 宁	113604	1.36	112220	0.97
吉 林	61321	0.74	53374	0.46
黑龙江	37902	0.46	70244	0.61
上 海	3389442	40.71	6403622	55.41
江 苏	758192	9.11	526722	4.56
浙 江	314385	3.78	582071	5.04
广 东	156090	1.87	129742	1.12
福 建	307496	3.69	137501	1.19
海 南	19964	0.24	7654	0.07
内蒙古	67510	0.81	113938	0.99
山 西	173554	2.08	152582	1.32
河 南	772218	9.27	282736	2.45
陕 西	103368	1.24	265858	2.30
江 西	173805	2.09	78722	0.68
安 徽	289490	3.48	686084	5.94

续表

省份	2002年		2012年	
	增加值（万元）	比例（%）	增加值（万元）	比例（%）
湖北	150293	1.81	80731	0.70
湖南	121368	1.46	59686	0.52
云南	50965	0.61	26255	0.23
贵州	52613	0.63	15111	0.13
广西	120826	1.45	27276	0.24
四川	106793	1.28	79546	0.69
重庆	48396	0.58	71133	0.62
甘肃	48287	0.58	112382	0.97
青海	33181	0.40	40991	0.35
宁夏	19628	0.24	15133	0.13
新疆	45975	0.55	117430	1.02
总计	8325866	100.00	11557418	100.00

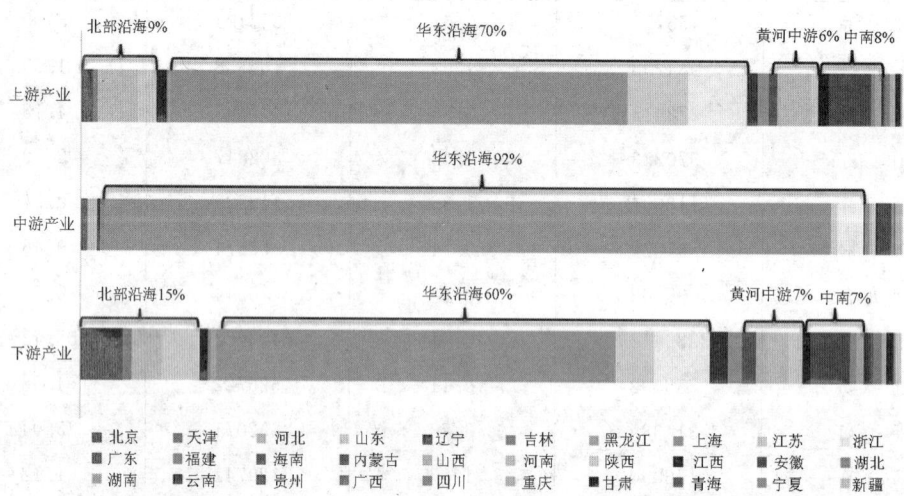

图7 上海交通运输设备制造业上、中、下游产业获得的增加值在地区的分布情况（2012年）

四、结论与启示

本文基于中国省区间投入产出模型，以交通运输设备制造业为例，分析了2002—2012年间国内价值链在地区间和生产环节间的分布及演化，揭示了国内价值链"东高西低"的空间分布格局，且国内价值链空间分布有持续向东部地区集聚的趋势。东部地区获得增加值的能力强，在新一轮产业布局转换中在价值链中的竞争优势还会进一步得到强化，西部地区在价值链中原本就处于劣势,获得利益的空间有可能会进一步缩小。这一事实告诉我们,在推进产业转移的过程中,中西部地区不仅要承接生产能力的空间转移,还需要关注获取增加值能力的提升。

与全球价值链的"微笑曲线"不同,交通运输设备制造业的国内价值链在不同生产环节的分布呈现出"拱形曲线",国内价值链主要是通过生产制造环节实现的,上、下游产业获得的增加值相对较少。值得注意的是,2002—2012年间,北部沿海地区、华南沿海地区、中南地区、西南地区和东北地区的"拱形曲线"的弯曲程度趋于加剧,也就是说,对中游生产制造环节获取增加值的依赖进一步得到强化,尤其是中南地区对中游加工制造环节获得增加值的依赖最深。只有华东沿海地区呈现出相反的趋势,价值链开始从中游加工制造环节向产业链上游攀升。这些事实说明,中国交通运输设备制造业在全球价值链分工中尚处于较低端的位置,但华东沿海地区率先向"微笑曲线"左端的产业链上游攀升已初现端倪。

从中国两大交通运输设备制造基地吉林和上海的价值链分布格局演变看,规模经济驱动的市场邻近和供给邻近促进了国内价值链的空间集聚,制造业基地与周边省份的分工协作关系趋于增强,共同获得了绝大部分的增加值。这说明,对于规模经济显著的交通运输设备制造业来说,制造业基地对周边省份的空间辐射作用趋于增强,空间产业关联的强化促进了国内价值链的空间集聚。

改革开放四十年来,中国成就了"世界加工工厂"的地位,同时也面临着低端锁定和区域发展失衡的双重挑战。在新时期产业转型和产业转移的大潮中,一方面要推动东部地区的劳动密集型产业和生产制造环节向中西部地区转移,但需要注意提升其获得增加值的能力,才能达到缩小趋于差异的目的;另一方面在推动中国制造在融入全球价值链的过程中,要加快产业转型步伐,推动中国制造尤其是东部地区制造业向"微笑曲线"两端攀升,提升在全球价值链中的位置。本文的研究结果有助于深入理解中国交通运输设备制造业国内价值链的空间分布与演化特征,但本文还只是对国内价值链的分布格局及演化态势的初步分析,未来还需在全球价值链的背景下对国内价值链演变的驱动因素和作用机制开展进一步的分析。

参考文献

[1] 邓欣. 浙江民营制造业升级途径研究—基于逆微笑曲线视角[J]. 经济论坛,2012,(10):22—24.

[2] 樊宇,吴舜泽,逯元堂等. "微笑曲线"视角下的我国环保产业竞争力研究[J]. 生态经济,2015,(11):47—50.

[3] 韩亮,仵琳,张敬等. "微笑曲线"视角下中国客车制造行业竞争战略及其优化[J]. 长安大学学报:社会科学版,2016(1):19—24.

[4] 黎继子,刘春玲,蔡根女. 全球价值链与中国地方产业集群的供应链式整合—以苏浙粤纺织服装产业集群为例[J]. 中国工业经济,2005(2):118—125.

[5] 李根强,潘文卿. 国内价值链如何嵌入全球价值链:增加值的视角[J]. 管理世界,2016(7):10—22.

[6] 李善同,何建武,刘云中. 全球价值链视角下中国国内价值链分工测算研究[J]. 管理评论,2018,30(5):11—20.

[7] 吕乃基,兰霞. 微笑曲线的知识论释义[J]. 东南大学学报:哲学社会科学版,2010(3):18—22.

[8] 马茹. 基于产业微笑曲线解读制造业产业升级发展[J]. 经济与管理,2015(6):63—66.

[9] 马涛. 全球价值链下的产业升级:基于汽车产业的国际比较[J]. 国际经济评论,2015(1):98—111.

[10] 马永驰,季琳莉. 从"微笑曲线"看"中国制造"背后的陷阱[J]. 统计与决策,2005(5):132—133.

[11] 倪红福. 全球价值链中产业"微笑曲线"存在吗?—基于增加值平均传递步长方法[J]. 数量经济技术经济研究,2016(11):111—126.

[12] 潘文卿,李跟强. 中国制造业国家价值链存在"微笑曲线"吗?—基于供给与需求双重视角[J]. 2018,30(5):19—27.

[13] 石敏俊,张卓颖等. 中国省区间投入产出模型与区际经济联系[M]. 北京:科学出版社,2012.

[14] 孙德升,刘峰,陈志. 中国制造业转型升级与新微笑曲线理论[J]. 科技进步与对策,2017,34(15):49—54.

[15] 王飞,郭孟珂. 我国纺织服装业在全球价值链中的地位[J]. 国际贸易问题,2014(12):14—24.

[16] 王敏,冯宗宪. 全球价值链、微笑曲线与技术锁定效应—理论解释与跨国经验[J]. 经济与管理研究,2013(9):45—54.

[17] 王茜. 中国制造业是否应向"微笑曲线"两端攀爬—基于与制造业传统强国的比较分析[J]. 财贸经济,2013(8):98—104.

[18] 王婷婷,程巍. 不同微笑曲线视角下辽宁装备制造业升级的路径选择[J]. 沈阳大学学报:社会科学版,2016(1):13—16.

[19] 魏志强. 从微笑曲线到穹顶弧线[J]. 中国新时代,2014(11):18—25.

[20] 文婧,张生丛. 价值链各环节市场结构对利润分布的影响—以晶体硅太阳能电池产业价值链为例[J]. 中国工业经济,2009(5):150—160.

[21] 肖新艳. 全球价值链呈现"双曲线"特征—"微笑曲线"和"彩虹曲线"[J]. 国际贸易,2015(8):38—40.

[22] 余建彤,徐维祥,楼杏丹. "微笑曲线"和高技术产业发展[J]. 经济问题探索,2005(9):86—88.

[23] 张来春. 长三角城市群汽车产品价值链分工研究[J]. 上海经济研究,2007(11):43—52.

[24] 张少军,刘志彪. 产业升级与区域协调发展:从全球价值链走向国内价值链[J]. 经济管理,2013(8):30—40.

[25] 张少军,刘志彪. 全球价值链模式的产业转移—动力、影响与对中国产业升级和区域协调发展的启示[J]. 中国工业经济,2009(11):5—15.

[26] 卓越,张珉. 全球价值链中的收益分配与"悲惨增长"—基于中国纺织服装业的分析[J]. 中国工业经济,2008(7):131—140.

[27] Crestanello, P., and G. Tattara. Industrial Clusters and the Governance of the Global Value Chain: The Romania—Veneto Network in Footwear and Clothing [J], Regional Studies, 2011, 45(2): 187—203.

[28] Dedrick, J., K. L. Kraemer, and G. Linden. Who Profits From Innovation in Global Value Chains? A Study of the IPod and Notebook PCs [J], Industrial and Corporate Change, 2010, 19(1): 81—116.

[29] Humphrey, J. and O. Memodovic. The Global Automotive Industry Value Chain: What Prospects for Upgrading by Developing Countries [R]? United Nations Industrial Development Organization Sectorial Studies Series Working Paper, 2003.

[30] Ito, T., and P. Vézina. Production Fragmentation, Upstreamness, and Value Added: Evidence from Factory Asia 1990 - 2005 [J]. Journal of the Japanese and International Economies, 2016, 42:1—9.

[31] Kadarusman, Y., and K. Nadvi. Competitiveness and Technological Upgrading in Global Value

[32] Kaplinsky, R. How Can Agricultural Commodity Producers Appropriate a Greater Share of Value Chain Incomes [A]? Sarris, A. and Hallam, D. Agricultural Commodity Markets and Trade: New Approaches to Analyzing Market Structure and Instability [C]. Cheltenham: Edward Elgar and FAO, 2006.

[31 continued] Chains: Evidence from the Indonesian Electronics and Garment Sectors [J], European Planning Studies, 2013, 21(7): 1007—1028.

[33] Kaplinsky, R., M. Morris, J. Readman. The Globalization of Product Markets and Immiserizing Growth: Lessons from the South African Furniture Industry [J]. World Development, 2002, 30(7): 1159—1177.

[34] Koopman, R., Z. Wang, and S. Wei. Tracing Value Added and Double Counting in Gross Exports [J], American Economic Review, 2014, 104 (2): 459—494.

[35] Linden, G., K. L. Kraemer, and J. Dedrick. Who Captures Value in a Global Innovation System? The Case of Apple's IPod [R]. Personal Computing Industry Center (PCIC) Working Paper, 2007.

[36] Shin, N., K. L. Kraemer, J. Dedrick. Value Capture in the Global Electronics Industry: Empirical Evidence for the "Smiling Curve" Concept [J]. Industry and Innovation, 2012, 19 (2): 89—107.

[37] Sturgeon, T., J. V. Biesebroeck, G. Gereffi. Value Chains, Networks and Clusters: Reframing the Global Automotive Industry [J]. Journal of Economic Geography, 2008, 8(3): 297—321.

[38] Wang, Z., S. Wei, K. Zhu. Quantifying International Production Sharing at the Bilateral and Sector Levels [R], National Bureau of Economic Research Working Paper, 2014.

[39] Ye, M., B. Meng, S. J. Wei. Measuring Smile Curves in Global Value Chains [R]. Institute of Developing Economies (IDE) Working Paper, 2015.

[40] Zhang, F., and K. S. Gallagher. Innovation and Technology Transfer through Global Value Chains: Evidence from China's PV Industry [J], Energy Policy, 2016, 94: 191—203.

[41] Zhang, X. China and Global Value Chains: Globalization and the Information and Communications Technology Sector [J]. Growth and Change, 2018, 49(2): 394—396.

[42] Zhang, Z. Y., M. J. Shi, Z. Zhao. The Compilation of China Interregional Input—output Model 2002 [J]. Economic Systems Research, 2015, 27(2): 238—256.

作者简介：

张卓颖，中国科学院数学与系统科学研究院，中国科学院管理、决策与信息系统重点实验室，zhangzy@amss.ac.cn，通讯地址：北京市海淀区中关村东路55号，邮编100190。

石敏俊（通讯作者），浙江大学公共管理学院，mjshi@zju.edu.cn，通讯地址：浙江省杭州市余杭塘路866号，邮编312500。

火力发电行业水足迹量化研究
——以张掖市为例

马 忠 王 浩

摘要：传统水足迹测算方法主要针对农牧产品，对非农产品水足迹量化研究不足，特别是对非农产品的蓝水、灰水的特殊性研究有待加强。本文引入混合生命周期评价模型和通用灰水足迹量化模型，以干旱内陆河流域地区——黑河流域张掖市的典型工业——火力发电业为研究对象，开展工业产品水足迹量化研究。本文区分了工业产品中的蓝水足迹和灰水足迹，并且区分了间接水足迹中的本地和外地水足迹，提供了更加全面详细的工业水足迹数据。

结果显示，张掖市火力发电行业的水足迹含量为 $16.73m^3 \cdot GJ^{-1}$（相当于 $0.06m^3 \cdot kwh^{-1}$），其中，张掖市火力发电行业直接水足迹为 $16.36m^3 \cdot GJ^{-1}$，占总水足迹的 97.8%，间接水足迹为 $0.37m^3 \cdot GJ^{-1}$，占总的水足迹的 2.2%，其中本地间接水足迹占 84%，外地间接水足迹占 16%。从不同的生命周期阶段分析，$0.3m^3 \cdot GJ^{-1}$ 的水足迹来源于采掘过程，$0.07m^3 \cdot GJ^{-1}$ 的水足迹来源于洗选过程，$0.01m^3 \cdot GJ^{-1}$ 的水足迹来源于煤炭运输阶段，$14.62m^3 \cdot GJ^{-1}$ 的水足迹来源于发电过程，$1.73m^3 \cdot GJ^{-1}$ 的水足迹来源于废水排放过程，火力发电过程是火力发电行业水足迹占用最多的阶段。从不同水足迹类型分析，89.6% 主要来源于蓝水足迹，10.4% 主要来源于灰水足迹，蓝水足迹是灰水足迹的 9 倍。

混合 LCA 方法的应用将为水足迹、虚拟水战略以及水资源管理等研究提供新的研究方向。同时，我们也希望张掖市火力发电业的水足迹量化研究对张掖市虚拟水战略和节水工程提供参考。

关键字：水足迹　火力发电　混合生命周期　投入产出

一、前言

实体水的调控手段尚不能完全解决缺水地区的用水问题，还需要从虚拟水和水足迹的角度来配合解决。因此，对水足迹、虚拟水、虚拟水战略、虚拟水贸易等方面展开研究显得尤为重要。

1993 年 Tony Allan 教授首先提出了虚拟水的概念，虚拟水是生产某一产品和服务的过程中所消耗的用水量。Arjen. Y. Hoekstra 在此基础上提出了水足迹的概念，它表示产品和服务过程消费中所需要的真实水资源数量。水足迹的概念可用于评价水资源自承载能力以及描述水资源安全状况。

国外的水足迹研究方面,农作物产品、动物产品水足迹的测算较为普遍,并对工业的水足迹也有一定研究。国内方面,我国水足迹的研究主要是针对农作物产品,而较少涉及工业水足迹或第三产业水足迹,国内工业水足迹研究也主要集中少量工业品上。国内学者在计算工业产品水足迹时多为估计或忽略不计,原因可以归纳为以下两点:工业产品水足迹计算较为复杂;工业产品中水足迹含量相对于农产品而言数量较小。

2014年国际标准化组织(ISO)发布了《环境管理、水足迹的原则、要求与指南》。该标准规定了水足迹评价的原则、要求与指南,即采用生命周期的方法为水足迹研究提供科学的技术依据,生命周期评价方法也已经用于相关水足迹研究当中。生命周期评价(Life cycle assessment,LCA)是一种评价产品、工艺或服务从原材料采集,到产品生产、运输、使用及最终处置整个生命周期阶段(从摇篮到坟墓)的能源消耗及环境影响的工具。过去几十年,LCA的应用范围已经从单一的产品逐渐延伸到资源开采、工业园区以及各类工程项目等评价对象,涉及的领域包括能源、环境、经济评价以及社会政策等各方面。

本文以张掖火力发电行业为例,对张掖市工业水足迹进行量化,旨在对张掖市虚拟水战略提供科学参考。

二、研究方法:

(一)基于生命周期评价的火力发电行业水足迹分析方法

根据ISO 14040和ISO 14046标准规定,水足迹评价应包括生命周期评价的4个阶段:目的与范围的确定、清单分析、影响评价和结果解释。所以,我们把火力发电行业的水足迹评价分为4个方面:

一是我们将火力发电行业的生命周期范围分为5个阶段:煤炭开采—煤炭洗选—运输—火力发电—废水排放(图1)。在这个生命周期过程中,煤炭运输、火力发电过程及废水排放阶段属于直接水足迹占用阶段,其中,火力发电部分包括利用煤炭燃烧使水变成水蒸气、蒸汽推动汽轮机旋转、汽轮机带动发电机、水循环等步骤。煤炭洗选、开采属于水足迹间接占用阶段,其中,煤炭洗选包括原煤准备、原煤的分选、产品脱水和产品干燥等步骤。煤炭开采包括破碎岩煤、岩煤采出和装入运输设备等步骤。煤炭的开采、煤炭的洗选、煤炭的运输和火力发电过程属于蓝水足迹的占用阶段,废水污水排放阶段属于灰水足迹占用阶段。

二是水足迹生命周期清单分析。通过生命周期清单分析得到火力发电行业各个阶段中水足迹的输入与输出情况。

三是对火力发电行业的水足迹影响进行评价。

四是对火力发电行业的水足迹数据结果进行解释和改进。

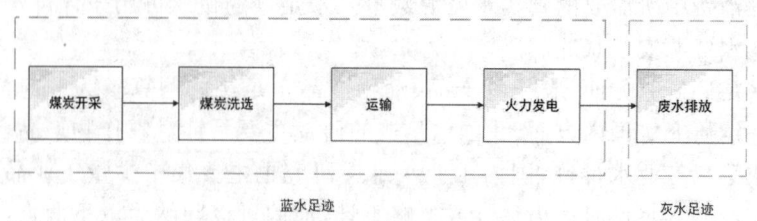

图 1　火力发电行业生命周期系统边界

(二)火力发电行业水足迹的计算方法

Hoekstra 将水足迹分为绿水足迹、蓝水足迹和灰水足迹。绿水足迹指产品(主要指农作物)生产过程中蒸腾的雨水资源量,对农作物而言是指存在于土壤中的雨水被蒸腾的量;蓝水足迹指人类消费的地表水和地下水的水量;灰水足迹是以现有的水质环境标准为基准,吸取一定的污染物负荷所需要的淡水水量。因为绿水足迹通常是指农业生产中所消耗的地面蒸发水量,所以本文只考虑工业生产中的蓝水足迹和灰水足迹。

1. 基于混合生命周期评价的蓝水足迹的计算方法。

混合生命周期评价由 Bullard 等为了能源投入产出分析而提出。混合生命周期评价是将过程生命周期评价(P-LCA)和投入产出生命周期评价(EIO-LCA)结合使用的方法。既可以消除截断误差,又可以针对具体评价对象,同时还能将产品的使用和报废阶段纳入评价范围。验证结果表明:与传统 LCA 方法相比,混合 LCA 方法的准确与可靠度提高30%。混合 LCA 在温室气体排放的研究方面应用较多,在工业水足迹的研究稀少。

根据结合的方式不同,目前存在三种不同形式的混合生命周期评价模型:分层混合生命周期评价(Tiered hybrid LCA,TH LCA)、基于投入产出的混合生命周期评价(IO based hybrid LCA,IOH LCA)以及集成混合生命周期评价(Integrated hybrid LCA,IH LCA)。本文选取基于分层混合生命周期评价(Tiered hybrid LCA,TH LCA)进行水足迹的计算。

基于 TH LCA 方法研究火力发电行业的蓝水足迹量化,应包括直接水足迹消耗部分和间接水足迹消耗部分,即 P-LCA 和 EIO-LCA 两部分。煤炭运输阶段、火力发电阶段要采用 P-LCA 方法进行量化,煤炭开采阶段与洗选阶段则采用 EIO-LCA 方法进行量化。

(1)直接水足迹的计算公式:

$$W_p = \tilde{R} T^{-1} \tilde{y}_u$$

式中,W_p 表示直接水足迹;$\tilde{R}$ 表示每单位产品消耗矩阵;T 表示投入材料矩阵;$\tilde{y}_u$ 表示最终需求向量。

(2)间接水足迹的计算公式:

直接消耗系数是每个部门生产产品时对相关部门产品的直接消耗,A 表示部门 j 生产单位产品对部门 i 产品的直接消耗系数,其计算公式如下:

$$A_{ij} = \frac{x_{ij}}{x_j} \quad (i,j = 1,2,3,\cdots,n)$$

列昂惕夫逆矩阵 B 揭示了经济各部门之间错综复杂的经济关联关系,又称为完全需

求系数矩阵,它反映获得最终产品时对各部门总产出的需求量,包括直接消耗系数 A 和单位向量 I,其计算公式如下:

$$B=(I-A)^{-1}$$

间接水足迹计算公式:

$$W_{EIO}=R(I-A)^{-1}y_s$$

式中,W_{EIO} 表示间接水足迹;R 表示直接用水系数矩阵,A 表示直接消耗系数矩阵;y_s 表示最终需求向量。

对于调入产品相对较大的地区,我们应该采用地区间投入产出表计算相关环境参数。将投入产出表中间投入和最终使用部分分为本地与外地生产两部分,这样可以更清晰准确的体现本地与外地产业间详细全面的经济技术数量关系。本文以此为依据,利用 RAS 法编制出《张掖市 2012 年地区间投入产出表》,在此基础上,分别计算了本地和外地的间接水足迹消耗。

本地间接水足迹计算公式:

$$W_{EIO}{}^d=R(I-A^d)^{-1}y^d$$

外地间接水足迹计算公式:

$$W_{EIO}{}^w=R(I-A^w)^{-1}y^w$$

式中,$W_{EIO}{}^d$ 表示本地间接水足迹,$W_{EIO}{}^w$ 表示外地间接水足迹;A^d 表示本地直接消耗系数矩阵,y^d 表示本地最终需求向量;A^w 表示外地直接消耗系数矩阵;y^w 表示外地最终需求向量。

间接水足迹等于本地间接水足迹与外地间接水足迹之和:

$$W_{EIO}=W_{EIO}{}^d+W_{EIO}{}^w$$

综上所述,蓝水足迹可通过公式表示如下:

$$W_B=W_P+W_{EIO}=\tilde{R}T^{-1}\tilde{y}_u+R(I-A)^{-1}y_s$$

2. 灰水足迹的计算方法。

由于火力发电过程是灰水足迹的直接消耗阶段,目前,火力发电阶段的灰水足迹的计算和评价方法主要以《水足迹评价手册》为指导基础。水足迹的计算公式如下:

$$W_G=\frac{L\times V_P}{C_{\max}-C_{nat}}$$

L 是所评价单位的废水排放量,单位为 $m^3 \cdot GJ^{-1}$,V_P 是指所排污水中的污染物含量,单位是 $mg \cdot m^{-3}$,$C_{\max}$ 是指排污地区的水域中可接受的污染物的最高浓度,单位是 $mg \cdot m^{-3}$,C_{nat} 是指自然水的污染物的浓度,单位是 $mg \cdot m^{-3}$。由于废水中的污染物种类繁多,为了避免计算复杂和重复计算,灰水足迹应由污水中最重要的污染物决定。因此,本研究选取化学需氧量作为灰水足迹计算的重要指标。本研究设 C_{nat} 为零。

三、实例分析

(一)研究对象

黑河流域是我国西北干旱地区典型的内陆河流域,张掖市是黑河流域中游的绿洲农业区,人均水资源量1190m^3,仅占全国平均水平的57%。2001年依照国务院节水方案部署,张掖市开始了节水型社会建设,而虚拟水战略是其建设节水型社会的关键,水足迹量化对其虚拟水战略有着参考意义。

《2017年张掖市国民经济和社会发展统计公报》中指出,张掖市2017年全年完成工业增加值55.69亿元,电力、热力、燃气及水生产和供应业增加值12.40亿元,电力产业成为张掖市的支柱工业产业。近三年以来,张掖市火力发电量占全市发电量的三成以上,在未来仍然是张掖重要的发电方式。所以本文选取张掖市工业中的典型代表——火力发电业,作为典型案例进行研究。

(二)数据来源

在水足迹数据清单中,数据主要来源于:①蓝水足迹数据中的直接水足迹数据主要来源于Ecoinvent生命周期数据库(https://www.ecoinvent.org/home.html)。Ecoinvent数据库是由苏黎世理工学院和瑞士联邦办公室共同开发的专业生命周期数据库,本文使用的数据库版本为Ecoinvent 3.5。物质消耗的系数数据来源于文献,各数据之间换算的数据来源于《综合能耗计算通则》(GB/T2589-2008);间接水足迹相关数据来源于《甘肃省水资源公报》《张掖统计年鉴》《张掖市2012年地区间投入产出表》等。②灰水足迹数据主要来源于污水综合排放标准(GB8978-1996)。

表1 蓝水足迹阶段单位火力发电量输入物质清单

输入物质	消耗能源量	单位	投入系数 R	单位
发电阶段煤炭	2.78	GJ	0.021	m^3/GJ
发电阶段燃料油	0.00215	GJ	0.0015	m^3/GJ
发电设备数量	3.6E-09	unit	1	$m^3/unit$
运输阶段煤炭	1.08	Kg	0.021	m^3/GJ
运输阶段柴油	0.374	Kg	0.00153	m^3/GJ
发电用水	14.624	m^3	1	m^3/m^3
洗选用水	0.15	m^3	——	
采掘用水	0.04	m^3	——	

表 2　灰水足迹阶段单位火力发电量输出物质数据清单

输出物质	物质量
污水排放量	3.5
COD	150.0
SS	150.0
BOD	30.0
石油类	10.0
氨氮	25.0
总砷	0.5
磷酸盐	1.0
氟化物	10.0
硫化物	1.0

注：污水排放量的单位是 m^3/Mwh，其他值的单位为 mg/L。

四、结果与讨论

张掖市火力发电行业的水足迹为 $16.73m^3 \cdot GJ^{-1}$（即 $0.06m^3 \cdot kwh^{-1}$），此结果与宋轩和丁宁的相关研究结果基本一致。其中，张掖市火力发电行业直接水足迹为 $16.36m^3 \cdot GJ^{-1}$，占总的水足迹的 97.8%，间接水足迹为 $0.37m^3 \cdot GJ^{-1}$，占总水足迹的 2.2%，其中本地间接水足迹占 84%，外地间接水足迹占 16%，直接水足迹仍然是张掖市火力发电行业的重点，火力发电过程和废水排放过程是张掖市火力发电行业水足迹占用的重中之重；"看不见"的间接水足迹在火力发电行业也占有一定的比例，煤炭的采掘和洗选过程虽然水足迹消耗比例不大，但是这也将成为水资源管理、节水工程给予重视的关键点，也是本次研究的重点。从不同的生命周期阶段分析，$0.3m^3 \cdot GJ^{-1}$ 的水足迹来源于采掘过程，$0.07m^3 \cdot GJ^{-1}$ 的水足迹来源于洗选过程，$0.01m^3 \cdot GJ^{-1}$ 的水足迹来源于煤炭运输阶段，$14.62m^3 \cdot GJ^{-1}$ 的水足迹来源于发电过程，$1.73m^3 \cdot GJ^{-1}$ 的水足迹来源于废水排放过程，火力发电过程是火力发电行业水足迹占用最多的阶段。从不同水足迹类型分析，89.6% 主要来源于蓝水足迹，10.4% 主要来源于灰水足迹，蓝水足迹是灰水足迹的 9 倍。改进采煤、洗煤和发电工艺的同时，也应该控制工业废水排放、优化废水处理，这也是必不可少的环节。张掖市火力力发电行业水足迹构成情况如图 2 所示。

在间接水足迹中，农林牧渔产品和服务业，建筑业，食品和烟草业，化学产品业，金属冶炼和压延加工业等 12 个部门间接水足迹的百分比较多，说明这 10 个部门的间接水足迹占用较大。张掖市 12 个主要部门的间接水足迹以及本地外地的水足迹百分比如图 3。

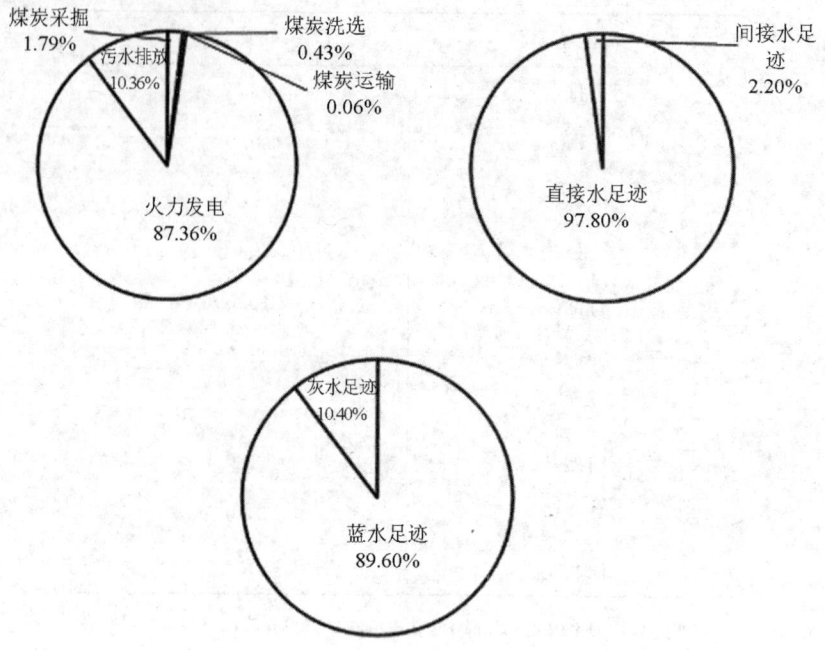

图 2 火力发电业水足迹构成分析

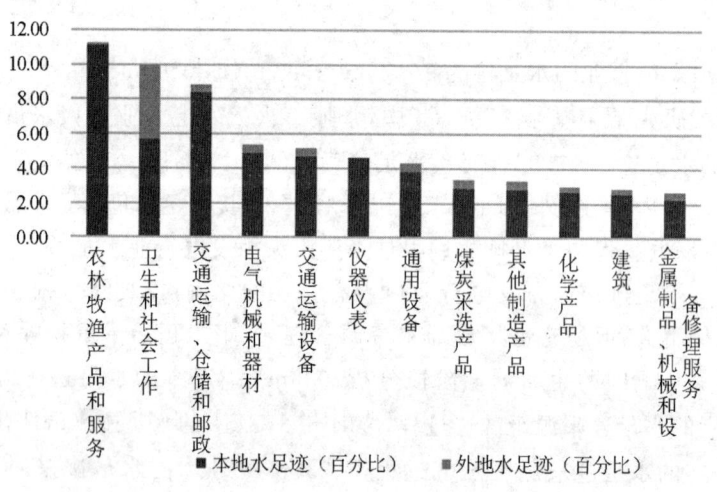

图 3 火力发电行业间接水足迹各主要部门百分比

五、结论与建议

本文从生命周期评价角度出发,利用生命周期评价的方法分析了火力发电行业的生命周期过程,研究得出一套较为全面的通用火力发电行业的水足迹计算方法。张掖市火力发电行业的水足迹为 $16.73 m^3 \cdot GJ^{-1}$(即 $0.06 m^3 \cdot kwh^{-1}$)。其中,张掖市火力发电行业直接水足迹为 $16.36 m^3 \cdot GJ^{-1}$,占总的水足迹的 97.8%,间接水足迹为 $0.37 m^3 \cdot GJ^{-1}$,

占总水足迹的 2.2%,其中本地间接水足迹占 84%,外地间接水足迹占 16%。从不同的生命周期阶段分析,$0.3 m^3 \cdot GJ^{-1}$ 的水足迹来源于采掘过程,$0.07 m^3 \cdot GJ^{-1}$ 的水足迹来源于洗选过程,$0.01 m^3 \cdot GJ^{-1}$ 的水足迹来源于煤炭运输阶段,$14.62 m^3 \cdot GJ^{-1}$ 的水足迹来源于发电过程,$1.73 m^3 \cdot GJ^{-1}$ 的水足迹来源于废水排放过程,火力发电过程是火力发电行业水足迹占用最多的阶段。从不同水足迹类型分析,89.6% 主要来源于蓝水足迹,10.4% 主要来源于灰水足迹,蓝水足迹是灰水足迹的 9 倍。我们得出以下结论:

(1)直接水足迹依然是张掖市火力发电行业的重点,其中火力发电过程和废水排放过程是张掖市火力发电行业水足迹消耗的重中之重;"看不见"的间接水足迹在火力发电行业也占有一定的比例,煤炭的采掘和洗选过程虽然水足迹消耗比例不大,但是这也将成为水资源管理、节水工程给予重视的关键点,也是本次研究的重点。

(2)从不同的生命周期阶段分析,火力发电过程消耗大量的水,原料和设备的水足迹占用较大是其中的关键。火力发电阶段是张掖市火力发电行业的水资源管理的重中之重,作为水资源消耗较大的火力发电厂需要采取有效的节水措施,提高节水意识,以达到节约用水的目的。改进发电技术手段,循环冷却水进行综合利用,采用梯级用水,一水多用等措施是节水的重点。我们要进行废水资源化,并对对循环水排污水进行了综合利用,已达到减少灰水足迹的目的。

2006 年至 2015 年 12 月底,张掖火力发电业平均每年发电量为 9723505GJ,产生水足迹量为 $24495530 m^3$。每万元盈利的水足迹占用达到 2841 立方米,所以,张掖市火力发电行业是张掖市虚拟水战略以及张掖市建立节水型社会不能忽略的一个因素。我们采取以下措施,来减少火力发电行业水足迹占用情况:

(1)提高煤炭采矿业和煤炭洗选业水综合利用率。优化技术步骤、工艺流程、洗选装备,鼓励和发展节水型煤炭化工企业,降低煤炭化工产品的单位水资源消耗。

(2)贯彻火力发电厂的节水政策与行动。火力发电厂的水资源节约思想应当从最初的规划和设计阶段一直贯彻落实到施工和生产运行阶段,特别在火力发电厂最开始的规划和设计中,要把水资源节约作为设计火力发电厂的一项非常重要的设计和技术原则。

(3)针对电厂在生产过程中消耗大量的水,加强污水的回收与处理。火力发电厂中各个工艺阶段所产生的废水,如循环排污水、锅炉系统产生的废水、过滤器反洗排水、反渗透系统的浓水等,均可进行处理后或直接再利用。

(4)改变传统思想,以水资源安全为新战略,为张掖市重建新虚拟水战略。

参考文献

[1] 杨志峰,支援,尹心安. 虚拟水研究进展[J]. 水利水电科技进展,2015,35(5):181-190.

[2] Allan J A. Fortunately there are substitutes for water otherwise our hydro-political future would beimpossible[M]. Priorities for Water Resources Allocation and Management. London:ODA,1993:13-26.

[3] HOEKSTRA A Y,HUNG P Q. Virtual water trade:a quantification of virtual water flows between nations in relation to international crop trade[J]. Value of Water Research Reports Series,2003,11:33-34.

[4] 马晶,彭建. 水足迹研究进展[J]. 生态学报,2013,33(18):5458-5466.

[5] 吴兆丹,赵敏,Upmanu Lall,等. 关于中国水足迹研究综述[J]. 中国人口:资源与环境,2013,23

(11):73-80.

[6] Chapagain A K, Hoekstra A Y. Virtual Water Trade: a Quantification of Virtual Water Flows between Nations in Relation to International Trade of Livestock and Livestock Products[C]. Proceedings of the Internatinal Expert Meeting on Virtual Water Trade. Delft: UNESCO-IHE,2003: 49-76.

[7] Zimmer D, Renault D. Virtual Water in Food Production and Global Trade: Review of Methodological Issues and Preliminary Results[C]. Proceedings of the Internatinal Expert Meeting on Virtual Water Trade. Delft: UNESCO-IHE,2003: 93-107.

[8] Chapagain A K, Hoekstra A Y, Savenije H, et al. The water footprint of cotton consumption: An assessment of the impact of worldwide consumption of cotton products on the water resources in the cotton producing countries[J]. Ecological Economics,2006,60(1): 186-203.

[9] Berger M, Warsen J, Krinke S, et al. Water footprint of European cars: potential impacts of water consumption along automobile life cycles[J]. Environmental Science & Technology, 2012, 46(7): 4091~4099.

[10] Mekonnen M M, Hoekstra A Y. The blue water footprint of electricity from hydropower[J]. Hydrology and Earth System Sciences, 2012, 8(1): 179~187.

[11] 黄晶,宋振伟,陈阜. 北京市水足迹及农业用水结构变化特征[J]. 生态学报,2010,30(23):6546-6554.

[12] 操信春,吴普特,王玉宝,等. 中国灌区粮食生产水足迹及用水评价[J]. 自然资源学报,2014,29(11):1826-1835.

[13] 胡婷婷,黄凯,金竹静,等. 滇池流域主要农业产品水足迹空间格局及其环境影响测度[J]. 环境科学学报,2015,35(11):3719-3729.

[14] 宋智渊,冯起,张福平,等. 敦煌1980-2012年农业水足迹及结构变化特征[J]. 干旱区资源与环境,2015,29(6):133-138.

[15] 严岩,贾佳,王丽华,等. 我国几种典型棉纺织产品的工业水足迹评价[J]. 生态学报,2014,34(23):7119-7126.

[16] 孙清清,黄心禹,石磊. 纺织印染企业水足迹测算案例[J]. 环境科学研究,2014,27(8):910-914.

[17] 白雪,胡梦婷,朱春雁,任晓晶,鲍威,孙亮. 基于ISO 14046的工业产品水足迹评价研究——以电缆为例[J]. 生态学报,2016,36(22):7260-7266.

[18] 王新华,徐中民,龙爱华. 中国2000年水足迹的初步计算分析[J]. 冰川冻土,2005,10:774-779.

[19] ISO14046:2014 Environmental management-water footprint-principles, requirements and guidelines. Switzerland: ISO 2014.

[20] 白雪,胡梦婷,朱春雁. ISO14046:2014《环境管理 水足迹 原则、要求与指南》国际标准解读[J]. 标准科学,2015(9):56-60.

[21] 丁宁,逯馨华,杨建新,等. 煤炭生产的水足迹评价研究[J]. 环境科学学报,2016,36(11):4228-4233.

[22] 章菁,王洪涛,廖文杰. 产品生命周期可得性水足迹计算方法[J]. 环境科学研究,2018,31(5).

[23] SETAC. A Conceptual Framework for Life-Cycle Impact Assessment [M]. Pensacola F L: SETAC Press, 1993.

[24] Joshi S. Product environmental life cycle assessment using input-output techniques [J]. Journalof Industrial Ecology,2000, 3(2/3): 95-120.

[25] Mattila T J, Pakarinen S, Sokka L. Quantifying the total environmental impacts of an industrial

symbiosis—A comparison of process, hybrid and input-output life cycle assessment[J]. Environmental Science & Technology, 2010, 44: 4309-4314.

[26] Chen G Q, Chen Z M. Carbon emissions and resources use by Chinese economy 2007: A 135-sector inventory and input-output embodiment [J]. Communications in Nonlinear Science and Numerical Simulation, 2010, 15: 3647-3732.

[27] Hoekstra A Y, Chapagain A K, Aldaya M M, et al. The Water Footprint Assessment Manual[M]. 2011.

[28] Bullard C W, Penner P S, Pilati D A. Net energy analysis-handbook for combining process and input-output analysis [J]. Resource Energy, 1978, 1(3): 267-313.

[29] 王长波,张力小,庞明月. 生命周期评价方法研究综述——兼论混合生命周期评价的发展与应用[J]. 自然资源学报, 2015, 30(7):1232-1242.

[30] Lenzen, M. Errors in conventional and input-output-based life-cycle inventories[J]. Indust. Ecol. 2000, 4:127-148.

[31] Strømman A H, Peters G P, Hertwich E G. Approaches to correct for double counting in tiered hybrid life cycle inventories[J]. Journal of Cleaner Production, 2009, 17(2):248-254.

[32] 李小环,计军平,马晓明,王靖添. 基于EIO-LCA的燃料乙醇生命周期温室气体排放研究[J]. 北京大学学报(自然科学版),2011,47(06):1081-1088.

[33] 黄英. 基于混合生命周期评价的酒店碳足迹测评创新研究[J]. 湖南社会科学,2016(06):120-125.

[34] 冯超,王科,徐志强,公丕芹. 基于混合生命周期方法的私人电动汽车温室气体排放研究[J]. 中国人口·资源与环境,2017,27(10):178-187.

[35] Suh S, Huppes G. Methods for Life Cycle Inventory of a product[J]. Journal of Cleaner Production, 2005, 13(7):687-697.

[36] Leontie W. Quantitative Input-Output Relations in the Economic System of the United States[J]. Review of Economics and Statistics, 1936, 18:105-125.

[37] 马忠,张继良. 张掖市虚拟水投入产出分析[J]. 统计研究,2008(05):65-70.

[38] 马忠,苏守娟,龙爱华,张晓霞. 塔里木河流域社会经济系统水循环分析[J]. 地球科学进展,2018,33(08):833-841.

[39] 韩买良. 火力发电行业用水分析及对策[J]. 工业水处理,2010,30(2):4-7.

[40] 王佩璋. 火力发电厂全厂废水零排放[J]. 电力科技与环保,2003,19(4):25-29.

[41] 宋轩,耿雷华,杜霞,王高旭,王淑云. 我国火电工业取用水量及其定额分析[J]. 水资源与水工程学报,2008,19(06):64-66+70.

作者简介：

马忠(1968—),男,回族,甘肃兰州人,副教授,西北师范大学地理与环境科学学院,邮编:730070,研究方向:投入产出与生态经济,mazh858@126.com。

王浩(1988—),硕士研究生,男,汉族,北京人,西北师范大学地理与环境科学学院,邮编:730070,whwhbzp@126.com。

北京市行业能源消耗碳排放效应的分解研究

王 玢 袁剑琴 唐夕茹 张 伟 宋 扬 徐丽萍

摘要：《北京市十三五规划纲要》中提出要控制温室气体排放，建设低碳城市，努力实现二氧化碳排放总量在2020年左右达到峰值，深入分析北京市生产用能的碳排放效应对于北京实现减排目标、制定减排政策具有重要的现实意义。首先，为了更清晰地刻画行业碳排放变化引起的连锁反应，基于隐含碳排放视角，在行业能源消耗的完全碳排放量基础上，运用结构分解方法，将碳排放效应分解为乘数效应、反馈效应和溢出效应。其次，在北京市统计年鉴、2012年北京投入产出表及海关进出口数据基础上编制了2017年北京投入产出表。然后，利用北京投入产出表和行业能源消耗相关数据，对北京市生产用能导致的碳排放效应进行了分解研究，为考察不同行业能源消耗的碳排放效应随时间变化情况，测算了2005、2007、2010、2012、2017年五个时期北京市各行业能源消耗的碳排放效应。最后，研究筛选出减排潜力大的行业，为制定积极的碳减排政策，实现北京市现有产业结构逐渐轻型化、低碳化的目标，促进北京市的产业结构调整提供科学支撑和借鉴。

关键词：碳排放 投入产出模型 乘数效应 反馈效应 溢出效应

一、引言

《北京市十三五规划纲要》中提出要控制温室气体排放，建设低碳城市，努力实现二氧化碳排放总量在2020年左右达到峰值。2017年北京市生产用能占全市能耗总量的四分之三还多，深入分析北京市生产用能的碳排放效应对于北京实现减排目标、制定减排政策具有重要的现实意义。而日趋细化的产业分工，使得产业之间的联系越发紧密，各行业生产的产品一方面可以作为其他行业生产所需的原料，另一方面各行业生产时也需要其他行业生产的产品作为原料，因此在核算行业碳排放量时，应当将生产过程中的间接碳排放和直接碳排放加总，这个总和碳排放量即隐含碳排放量。此外，由于产业关联关系的存在，制定碳减排政策时不能只考虑行业本身，应将各行业之间的技术经济联系和依存关系纳入考量，才能从总体上把握产业的协同发展，而投入产出技术是研究产业关联的主要工

---

① 本文为北京市委组织部优秀人才项目（项目编号：2017400685627G194）、北京市科学技术研究院萌芽计划项目（合同编号：GS201815）的研究成果之一。

具,因此本文从隐含碳排放角度,应用投入产出技术,研究北京市各行业碳排放的乘数效应、反馈效应和溢出效应,从产业关联的角度研究筛选出减排潜力大的行业,对实现北京市现有产业结构逐渐轻型化、低碳化的目标具有重要的意义。

目前已有很多文献应用投入产出技术对行业隐含碳排放和贸易进行核算。黄敏(2012)考察了居民消费的碳排放及其影响因素;戴小文(2014)核算和分析了中国农业的隐含碳消费;邓光耀(2018)对中国各行业完全碳排放进行了分解分析;王保乾(2019)基于多区域投入产出法,从行业层面考察了中国等八个主要贸易国双边贸易的隐含净碳排放量。此外,在产业关联研究方面,余典范(2011)应用结构分解技术对产业关联进行了分解研究;金春鹏(2017)对江苏省产业结构效应和产业关联状态进行了实证研究;郑红玲(2018)从静态和动态两个方面研究了产业管理的结构效应。

已有研究对隐含碳排放和产业关联进行了研究,但是没有从行业层面对隐含碳排放进行结构分解研究。本文针对北京问题,在北京市2005、2007、2010、2012、2017年投入产出表的数据基础上,借鉴余典范(2011)对产业关联的结构分解技术,对北京市行业碳排放效应进行分解研究,对各行业碳排放情况进行效应测度和特征分析,并从时间序列角度考察近十几年来北京市行业碳排放的变化情况,为北京市的产业结构调整提供科学支撑和借鉴。

二、研究方法

(一)碳排放效应

本文定义直接碳排放系数为 θ:

$$\theta_i = \frac{\sum_{k=1}^{m} f_k p_{ik}}{X_i} \tag{1}$$

其中,f_k 是第 k 种能源的碳排放因子($k=1,2,\cdots,m$),p_{ik} 是以实物形式计算的第 i 个行业对第 k 种能源的消费量。将各行业直接碳排放系数写成对角矩阵,并同时乘以列昂惕夫逆矩阵和对应行业的最终使用列向量,可得到各行业的完全碳排放量:

$$T = \theta BY \tag{2}$$

其中,T 为行业完全碳排放量,B 为列昂惕夫逆矩阵,Y 为最终使用列向量。

(二)列昂惕夫逆矩阵的结构分解

根据余典范(2011)文中的结构分解技术,将不同部门间技术经济联系分为产业关联的乘数效应、反馈效应和溢出效应,将列昂惕夫逆矩阵分解为:

$$\begin{vmatrix} b_{11} & b_{12} & \cdots & b_{1n} \\ b_{21} & b_{22} & \cdots & b_{2n} \\ \vdots & \vdots & \ddots & \vdots \\ b_{n1} & b_{n2} & \cdots & b_{nn} \end{vmatrix} = \begin{vmatrix} \dfrac{1}{1-a_{11}} & 0 & \cdots & 0 \\ 0 & \dfrac{1}{1-a_{22}} & \cdots & 0 \\ \vdots & \vdots & \ddots & \vdots \\ 0 & 0 & \cdots & \dfrac{1}{1-a_{nn}} \end{vmatrix}$$

$$+\begin{vmatrix} b_{11}-\dfrac{1}{1-a_{11}} & 0 & \cdots & 0 \\ 0 & b_{22}-\dfrac{1}{1-a_{22}} & \cdots & 0 \\ \vdots & \vdots & \ddots & \vdots \\ 0 & 0 & \cdots & b_{nn}-\dfrac{1}{1-a_{nn}} \end{vmatrix}+\begin{vmatrix} 0 & b_{12} & \cdots & b_{1n} \\ b_{21} & 0 & \cdots & b_{2n} \\ \vdots & \vdots & \ddots & \vdots \\ b_{n1} & b_{n2} & \cdots & 0 \end{vmatrix} \quad (3)$$

因此某部门 i 的总投入就可以写作:

$$X_i = \frac{1}{1-a_{ii}}Y_i + (b_{ii}-\frac{1}{1-a_{ii}})Y_i + \sum_{j,j\neq i}^{n} b_{ij}Y_j \quad (4)$$

其中 $\dfrac{1}{1-a_{ii}}$ 为乘数效应,表示产业 i 的单位最终需求所引起的本产业产出水平的变化,是产业自身需求对产业自身产出的影响; $b_{ii}-\dfrac{1}{1-a_{ii}}$ 表示产业 i 的反馈效应,即产业 i 的单位最终需求对其他产业产生影响之后,这一影响反过来对产业 i 的反馈效应; $\sum\limits_{j,j\neq i}^{n} b_{ij}$ 是产业间溢出效应,表示其他产业 1 单位最终需求的增加对产业 i 造成的直接和间接的影响总和,是 i 产业受到其他产业影响程度的反映。总的来说,乘数效应、反馈效应和溢出效应一起反映了产业的成长能力,其中溢出效应反映了产业间的关联效应,和传统的感应度系数相比,此溢出效应将本产业对本产业的影响剥离出去,更加真实地体现了产业与产业间的联系程度。

三、数据说明

(一)编制 2017 年北京投入产出延长表

在 2012 年北京投入产出表基础上,编制了 2017 年北京投入产出延长表。其中,第一象限采用 2012 年北京投入产出表的结构;第二象限数据来自《北京统计年鉴 2018》,进出口数据来自海关数据库;增加值数据来自《北京统计年鉴 2018》;数据平衡采用广义的 RAS 方法,得到 2017 年北京投入产出延长表。2017 年北京投入产出延长表是在 2012 年投入产出表的基础上编制的,因而其部门分类和指标设置都与 2012 年投入产出表相同。

(二)分行业碳排放数据

各行业碳排放量按照公式(1)计算,所需要的能源使用量数据来自相应年份的《北京统计年鉴》(2006、2008、2011、2013、2018);考虑的能源种类包括煤炭、焦炭、汽油、煤油、柴油、燃料油、液化石油气、天然气和电力,特别的,2017 年北京市主要能源消费品种不包括焦炭;各能源品种的碳排放因子数据来自 CEADs(China Emission Accounts and Datasets),中国碳排放数据库 2016 年公布的数据集,都是在英国研究理事会、牛顿基金、中国国家自然科学基金会、中国科学院的资助下,通过调查得到的最新结果;电网平均排放因子每年的变动幅度很小,目前更新的有 2010、2011、2012 年的数据,本文采用 2010 和 2012 年数据。

对碳排放的计算,采用了 IPCC 在《国家温室气体清单指南 2006》中二氧化碳排放量估算的一般方法:

$$CE_{ij} = AD_{ij} \times NCV_j \times EF_j \times O_{ij} \quad (5)$$

在公式(5)中,CE_{ij} 表示不同部门和能源种类的碳排放;AD_{ij} 表示调整的能源消费;NCV_j 表示不同能源种类的净热值;EF_j 表示排放因子;O_{ij} 表示不同部门和能源种类的碳氧化率。

在计算过程中将 NCV_j、EF_j、O_{ij} 的乘积定义为排放因子,即

$$碳排放因子 = NCV_j \times EF_j \times O_{ij} \quad (6)$$

表 1 二氧化碳排放因子

序号	能源种类	$NCV_j(PJ/10^4 t、10^8 m^3)$	$EF_j(Mt\ CO_2/PJ)$	O_{ij} 燃烧率(%)
1	煤炭	0.26344	0.087464	88.54
2	焦炭	0.28435	0.104292	97.00
3	汽油	0.43124	0.069253	98.00
4	煤油	0.43124	0.071818	98.00
5	柴油	0.42652	0.074017	98.00
6	燃料油	0.41816	0.077314	98.00
7	液化石油气	0.50179	0.063024	99.00
8	天然气	0.38931	0.056062	99.00

年份	电力排放系数(kg co2/kw.h)
2010	0.8845
2012	0.8843

(三)统一部门

根据相应年份《北京统计年鉴》中 2005、2007、2010、2012、2017 年分行业能源消费量数据的可获得性,将各年对应的投入产出表的行业进行合并,得到 39 个行业分类。下表为合并后的投入产出表行业分类情况:

表 2 合并后的行业名称

序号	行业名称	序号	行业名称
1	农林牧渔产品和服务	7	纺织品
2	煤炭采选产品	8	纺织服装鞋帽皮革羽绒及其制品
3	石油和天然气开采产品	9	木材加工品和家具
4	金属矿采选产品	10	造纸印刷和文教体育用品
5	非金属矿和其他矿采选产品	11	石油、炼焦产品和核燃料加工品
6	食品和烟草	12	化学产品

续表

序号	行业名称	序号	行业名称
13	非金属矿物制品	27	交通运输、仓储和邮政
14	金属冶炼和压延加工品	28	信息传输、软件和信息技术服务
15	金属制品	29	批发和零售
16	通用设备、专用设备	30	住宿和餐饮
17	交通运输设备	31	金融
18	电气机械和器材	32	房地产
19	通信设备、计算机和其他电子设备	33	租赁和商务服务
20	仪器仪表	34	科学研究和技术服务
21	其他制造产品	35	居民服务、修理和其他服务
22	废品废料	36	教育
23	电力、热力的生产和供应	37	卫生和社会工作
24	燃气生产和供应	38	文化、体育和娱乐
25	水的生产和供应	39	公共管理、社会保障和社会组织
26	建筑		

四、实证分析

(一)各行业完全碳排放量

根据公式(2)计算得到 2005、2007、2010、2012、2017 年北京各行业完全碳排放量,如下表 3 所示:

表3 2005、2007、2010、2012、2017 北京各行业完全碳排放量

行业	行业碳排放/万吨 CO_2					占比				
	2005	2007	2010	2012	2017	2005	2007	2010	2012	2017
01	191.76	223.05	230.16	228.59	156.45	1.63%	1.73%	1.69%	1.72%	1.34%
02	17.08	14.50	11.78	13.74	5.78	0.14%	0.11%	0.09%	0.10%	0.05%
03	0.02	3.92	59.99	2.91	0.04	0.00%	0.03%	0.44%	0.02%	0.00%
04	27.12	21.30	1481.63	289.48	17.19	0.23%	0.17%	10.85%	2.18%	0.15%
05	12.09	25.89	11.57	78.31	1.50	0.10%	0.20%	0.08%	0.59%	0.01%
06	211.73	224.37	229.22	230.89	135.12	1.80%	1.74%	1.68%	1.74%	1.16%
07	38.81	36.08	30.27	18.16	5.81	0.33%	0.28%	0.22%	0.14%	0.05%
08	44.24	43.74	34.35	46.95	21.61	0.38%	0.34%	0.25%	0.35%	0.19%
09	22.56	22.82	22.88	24.03	19.39	0.19%	0.18%	0.17%	0.18%	0.17%
10	79.45	86.24	87.87	86.39	58.78	0.67%	0.67%	0.64%	0.65%	0.50%

续表

行业	行业碳排放/万吨 co2					占比				
	2005	2007	2010	2012	2017	2005	2007	2010	2012	2017
11	612.94	275.42	365.98	390.67	153.48	5.20%	2.13%	2.68%	2.94%	1.32%
12	344.80	464.00	467.01	405.64	187.07	2.92%	3.60%	3.42%	3.06%	1.60%
13	718.48	736.83	579.01	512.71	215.20	6.09%	5.71%	4.24%	3.86%	1.85%
14	2141.33	2140.25	70.21	77.96	48.66	18.16%	16.59%	0.51%	0.59%	0.42%
15	46.41	51.74	58.59	72.58	53.40	0.39%	0.40%	0.43%	0.55%	0.46%
16	109.42	143.14	137.49	112.50	84.29	0.93%	1.11%	1.01%	0.85%	0.72%
17	140.52	151.28	185.06	230.54	244.30	1.19%	1.17%	1.36%	1.74%	2.10%
18	23.46	29.92	46.86	52.37	31.84	0.20%	0.23%	0.34%	0.39%	0.27%
19	81.27	104.86	98.13	156.49	163.47	0.69%	0.81%	0.72%	1.18%	1.40%
20	8.39	10.04	10.44	12.81	12.43	0.07%	0.08%	0.08%	0.10%	0.11%
21	34.11	27.48	15.39	7.02	7.16	0.29%	0.21%	0.11%	0.05%	0.06%
22	2.25	2.71	8.00	3.12	2.87	0.02%	0.02%	0.06%	0.02%	0.02%
23	3132.44	3315.74	3677.32	3797.55	3084.01	26.56%	25.69%	26.94%	28.62%	26.45%
24	3.10	14.64	21.68	27.18	156.20	0.03%	0.11%	0.16%	0.20%	1.34%
25	26.49	30.61	53.90	57.42	123.00	0.22%	0.24%	0.39%	0.43%	1.06%
26	201.42	217.16	342.13	305.88	243.45	1.71%	1.68%	2.51%	2.31%	2.09%
27	1093.16	1675.00	2197.44	2472.29	2732.27	9.27%	12.98%	16.10%	18.63%	23.44%
28	80.24	128.27	199.32	245.49	378.82	0.68%	0.99%	1.46%	1.85%	3.25%
29	268.17	380.70	352.19	409.94	394.12	2.27%	2.95%	2.58%	3.09%	3.38%
30	344.56	458.44	425.68	475.75	492.91	2.92%	3.55%	3.12%	3.59%	4.23%
31	40.24	51.84	70.63	94.25	115.85	0.34%	0.40%	0.52%	0.71%	0.99%
32	584.97	596.10	707.22	750.15	638.91	4.96%	4.62%	5.18%	5.65%	5.48%
33	214.99	237.71	320.35	362.14	378.64	1.82%	1.84%	2.35%	2.73%	3.25%
34	141.36	167.70	194.72	272.32	374.86	1.20%	1.30%	1.43%	2.05%	3.22%
35	192.05	204.47	148.69	185.43	167.39	1.63%	1.58%	1.09%	1.40%	1.44%
36	258.88	274.22	310.64	335.47	318.90	2.20%	2.13%	2.28%	2.53%	2.74%
37	98.62	92.96	111.02	120.64	134.81	0.84%	0.72%	0.81%	0.91%	1.16%
38	67.99	73.49	94.44	115.47	127.31	0.58%	0.57%	0.69%	0.87%	1.09%
39	136.07	145.78	182.27	188.74	170.34	1.15%	1.13%	1.34%	1.42%	1.46%
合计	11793.00	12904.41	13651.54	13269.98	11657.65	1	1	1	1	1

其中,深灰的表格为占比大于10%的,中灰的表格为占比介于5%~10%的,浅灰的表格为占比介于1%~5%的,无色的表格为占比小于1%的。

可以看到，2005年以来各行业完全碳排放量存在较大差异，其中电力、热力的生产和供应(23)的完全碳排放量最大，占比一直在26%左右，这是因为煤炭、汽油、煤油、柴油和燃料油等能源是电力和热力行业生产所必需，因此完全碳排放量最大。交通运输、仓储和邮政(27)的碳排放量在2005年较低，只有9.27%，随后稳步上升，到2017年达到23.44%，翻了2倍多。信息传输、软件和信息技术服务(28)行业的碳排放量在2010年以前很低，低于1%，从2012年开始增加，2017年增加的幅度较大，达到3.25%，这是因为被称为"中国硅谷"的中关村科技园就位于北京，2011年3月，中组部、国家发改委等15个中央部门和北京市联合印发了《关于中关村国家自主创新示范区建设人才特区的若干意见》，中关村加快建设人才特区，趁着这股东风，北京的高新技术产业迎来了高速发展，因此2012年以后北京信息传输、软件和信息技术服务业的碳排放量也有所增加。金属冶炼和压延加工品(14)行业的碳排放在2007年以前占比很高，在16.59%以上，然而之后就急转直下，2010年以后占比只有0.5%左右，碳排放的变化反映了近年来该行业发生的剧变。北京从2003年就开始限制钢铁产能，首钢从2008年奥运周期启动减产到2011年全部停产，响应疏解非首都核心功能号召，整体搬迁，金属冶炼和压延加工行业的碳排放因此而剧烈下降。

从整体来看，北京市第一产业农林牧渔业(1)和第三产业服务业(27—39)的碳排放量整体较高，第二产业中电力、热力的生产和供应业(23)最高，其次是建筑业(26)，而采矿业(2—5)和制造业(6—22)的碳排放水平均较低，这样的碳排放结构也反映了北京服务业为主导的发展格局。

(二)各行业碳排放效应分解

根据公式(4)可计算得到2005年以来北京市各行业碳排放效应的分解情况，在计算结果中，乘数效应和反馈效应存在负值。这是因为最终使用列向量中存在负值，最终使用＝最终消费支出＋资本形成总额＋出口＋国内省外流出－进口－国内省外流入，北京市服务业发达，但一产和二产更加依赖进口，净进口大于最终消费和资本形成总额时，最终使用就会出现负值，该负值表示北京市各行业的生产使用的进口品超过了本地生产量，在计算北京市各行业产生的碳排放量时，进口品产生的碳排放量也需要计算在内，为便于排序和比较，此处对负值取绝对值处理。

结果如下表所示：

表4　2005、2007、2010、2012、2017北京各行业碳排放效应分解－乘数效应、反馈效应

行业	乘数效应					反馈效应				
	2005	2007	2010	2012	2017	2005	2007	2010	2012	2017
01	109.41	110.72*	28.13	120.28*	61.93	1.11	1.83*	0.30	6.67*	0.11
02	15.06*	6.64*	1.08	1.36	60.17*	0.34*	0.08*	0.02	0.01	0.16*
03	0.00	32.55*	51.57*	406.84*	44.48*	0.00	1.56*	5.64*	7.06*	0.02*
04	296.84*	219.76*	160.91	264.65	595.90*	2.93*	3.23*	4.68	0.72	0.30*
05	46.97*	785.69*	621.02*	12.90	0.46	0.04*	12.25*	9.70*	0.05	0.00
06	93.75	147.36	119.54	112.37	134.57	1.69	2.19	1.82	6.40	0.05

续表

行业	乘数效应					反馈效应				
	2005	2007	2010	2012	2017	2005	2007	2010	2012	2017
07	15.56*	17.24*	30.48*	69.02*	89.26*	0.08*	0.09*	0.20*	0.38*	0.06*
08	28.41	28.28	13.96	28.90	3.92*	0.12	0.11	0.08	0.11	0.00*
09	20.00*	15.26*	8.69*	33.92*	27.69*	0.11*	0.05*	0.03*	0.13*	0.03*
10	103.66*	124.16*	121.75*	247.01*	127.65*	2.35*	1.83*	1.66*	6.76*	1.01*
11	99.37	123.02*	77.28*	62.18*	151.16*	3.64	12.58*	12.01*	1.84*	0.07*
12	22.41*	188.33*	162.73*	190.72*	48.81*	0.96*	6.62*	5.45*	8.92*	0.22*
13	400.16*	586.22*	350.87*	623.41*	221.91*	4.72*	11.80*	6.90*	8.67*	1.46*
14	584.70*	4236.16*	212.58*	1429.23*	48.39	19.47*	202.99*	9.30*	71.28*	0.00
15	35.16*	41.86*	36.77*	46.67*	73.21*	0.81*	0.92*	0.72*	1.10*	0.66*
16	29.38	56.61	79.52	19.60	60.42	0.93	1.79	1.71	0.77	0.37
17	26.81	108.63	134.36	199.10	214.70	0.80	1.26	3.06	3.21	2.57
18	10.19*	18.03*	16.41*	7.87*	12.84	0.22*	0.38*	0.46*	0.27*	0.08
19	43.89	7.64*	37.15*	28.76*	29.22	1.95	0.22*	1.30*	0.98*	0.46
20	4.37*	1.30*	0.14	16.22*	14.86*	0.08*	0.01*	0.00	0.17*	0.09*
21	13.56	3.85	3.81	1.75	2.93*	0.07	0.01	0.01	0.00	0.00*
22	0.00*	23.38*	17.88*	0.72*	0.44	0.00*	0.06*	0.05*	0.00*	0.00
23	1290.77*	214.09*	123.96*	1446.09	1553.41	107.17*	2.85*	6.65*	32.03	14.61
24	0.54	10.12*	5.55*	5.01	155.19	0.00	0.01*	0.11*	0.03	0.00
25	8.58	9.63	19.87	14.15	116.05	0.04	0.02	0.04	0.02	0.01
26	171.55	195.06	275.85	283.88	212.22	4.75	1.42	6.00	3.08	6.34
27	205.12	657.79	965.73*	880.90	433.58	11.67	56.95	128.70*	43.76	12.54
28	41.52	110.10	176.16	208.06	255.81	2.66	1.22	1.62	1.99	2.31
29	195.50	125.55	42.28	200.42	93.28	4.23	5.77	4.79	7.18	3.46
30	82.88	151.54	133.15	183.67	78.41*	1.99	3.07	4.16	4.11	3.17*
31	17.13	37.94	49.35	49.46	46.75	0.37	0.88	2.14	1.71	0.95
32	536.47	475.09	602.95	505.09	273.62	1.79	3.38	5.56	7.27	6.49
33	88.05	66.21	97.08	64.28	51.44	5.78	3.43	11.10	2.72	1.99
34	53.26	132.05	137.66	233.52	248.41	4.14	4.49	8.08	4.19	4.34
35	45.79	63.98	56.71	35.07	153.19	1.61	0.47	0.33	0.23	0.28
36	208.26	251.85	258.29	298.52	285.26	0.94	0.41	1.50	0.35	0.21
37	94.80	92.68	110.35	120.26	134.44	0.11	0.01	0.02	0.01	0.01
38	33.64	37.55	47.90	85.20	88.47	1.22	0.47	0.63	0.38	0.57
39	133.28	139.95	125.22	181.99	162.55	0.10	0.29	4.27	0.27	0.33
合计	5206.83	9653.86	5514.68	8719.07	6367.01	190.98	347.01	250.77	234.82	65.33

注：乘数效应和反馈效应中带*号的数据为负值数据取绝对值后的结果。

表 5　2005、2007、2010、2012、2017 北京各行业碳排放效应分解－溢出效应、总效应

行业	溢出效应					总效应				
	2005	2007	2010	2012	2017	2005	2007	2010	2012	2017
01	81.24	335.60	201.74	355.54	94.41	191.76	223.05	230.16	228.59	156.45
02	32.47	21.22	10.68	12.36	66.11	17.08	14.50	11.78	13.74	5.78
03	0.00	38.03	117.20	416.81	44.54	0.00	3.92	59.99	2.91	0.04
04	326.89	244.29	1316.04	24.11	613.39	27.12	21.30	1481.63	289.48	17.19
05	59.10	823.83	642.28	65.36	1.05	12.09	25.89	11.57	78.31	1.50
06	116.29	74.82	107.86	112.13	0.51	211.73	224.37	229.22	230.89	135.12
07	54.45	53.40	60.95	87.57	95.14	38.81	36.08	30.27	18.16	5.81
08	15.72	15.35	20.30	17.94	25.54	44.24	43.74	34.35	46.95	21.61
09	42.67	38.13	31.60	58.07	47.11	22.56	22.82	22.88	24.03	19.39
10	185.46	212.23	211.28	340.16	187.43	79.45	86.24	87.87	86.39	58.78
11	509.93	411.01	455.27	454.70	304.71	612.94	275.42	365.98	390.67	153.48
12	368.17	658.95	635.19	605.28	236.10	344.80	464.00	467.01	405.64	187.07
13	1123.36	1334.85	936.78	1144.80	438.58	718.48	736.83	579.01	512.71	215.20
14	2745.50	6579.40	292.09	1578.47	0.27	2141.33	2140.25	70.21	77.96	48.66
15	82.38	94.52	96.07	120.35	127.27	46.41	51.74	58.59	72.58	53.40
16	79.11	84.74	56.26	92.13	23.50	109.42	143.14	137.49	112.50	84.29
17	112.91	41.38	47.64	28.23	27.04	140.52	151.28	185.06	230.54	244.30
18	33.87	48.32	63.72	60.51	18.92	23.46	29.92	46.86	52.37	31.84
19	35.43	112.72	136.58	186.24	133.79	81.27	104.86	98.13	156.49	163.47
20	12.85	11.35	10.30	29.21	27.39	8.39	10.04	10.44	12.81	12.43
21	20.48	23.62	11.57	5.27	10.09	34.11	27.48	15.39	7.02	7.16
22	2.25	26.15	25.92	3.84	2.44	2.25	2.71	8.00	3.12	2.87
23	4530.39	3532.68	3807.92	2319.43	1516.00	3132.44	3315.74	3677.32	3797.55	3084.01
24	2.56	24.78	27.34	22.13	1.02	3.10	14.64	21.68	27.18	156.20
25	17.88	20.97	33.99	43.24	6.94	26.49	30.61	53.90	57.42	123.00
26	25.12	20.68	60.28	18.92	24.90	201.42	217.16	342.13	305.88	243.45
27	876.37	960.26	3291.87	1547.63	2286.15	1093.16	1675.00	2197.44	2472.29	2732.27
28	36.06	16.95	21.54	35.43	120.70	80.24	128.27	199.32	245.49	378.82
29	68.44	249.37	305.12	202.34	297.38	268.17	380.70	352.19	409.94	394.12
30	259.69	303.83	288.38	287.98	574.49	344.56	458.44	425.68	475.75	492.91
31	22.75	13.01	19.14	43.07	68.14	40.24	51.84	70.63	94.25	115.85
32	46.71	117.63	98.72	237.80	358.79	584.97	596.10	707.22	750.15	638.91

续表

行业	溢出效应					总效应				
	2005	2007	2010	2012	2017	2005	2007	2010	2012	2017
33	121.17	168.07	212.17	295.15	325.21	214.99	237.71	320.35	362.14	378.64
34	83.95	31.17	48.99	31.18	122.10	141.36	167.70	194.72	268.89	374.86
35	144.64	140.02	91.66	150.13	13.92	192.05	204.47	148.69	185.43	167.39
36	49.68	21.97	50.84	36.60	33.43	258.88	274.22	310.64	335.47	318.90
37	3.70	0.27	0.66	0.37	0.36	98.62	92.96	111.02	120.64	134.81
38	33.13	35.46	45.91	29.89	38.27	67.99	73.49	94.44	115.47	127.31
39	2.69	5.54	52.78	6.49	7.46	136.07	145.78	182.27	188.74	170.34
合计	12365.43	16946.60	13944.63	11106.84	8320.57	11792.98	12904.41	13651.54	13266.55	11657.65

从总体看，各行业碳排放的溢出效应最大，乘数效应次之，反馈效应最小。例外情况包括：制造业(6—22)中的食品和烟草业(6)、交通运输设备制造业(17)都是从2007年起乘数效应大于溢出效应；而建筑业(26)2005年以来一直是乘数效应大于溢出效应；服务业(27—39)中大部分行业(28、31、32、34、36、37、38、39)是乘数效应大于溢出效应的。对这些行业来说，行业自身需求的增加对行业碳排放的影响要大于其他行业需求增加对碳排放的影响程度，即受其他行业的影响程度较弱，与其他行业联系的紧密程度较弱。

从合计看，各行业的乘数效应、反馈效应和溢出效应三项之和与表2中各行业的完全碳排放量的相等的，这说明本文对碳排放效应的分解是完全分解，不存在残差项。

分解开来，从乘数效应来看，碳排放量较多的行业有电力、热力的生产和供应业(23)、房地产(32)、金属冶炼和压延加工品(14)、非金属矿物制品(13)、信息传输、软件和信息技术服务(28)，碳排放量较低的行业多集中在采矿业和制造业，农业、建筑和服务业的碳排放量相对较高；从反馈效应来看，碳排放量较多的行业有电力、热力的生产和供应业(23)、金属冶炼和压延加工品(14)、交通运输、仓储和邮政(27)；从溢出效应来看，碳排放量较多的行业有电力、热力的生产和供应业(23)、金属冶炼和压延加工品(14)、非金属矿物制品(13)、交通运输、仓储和邮政(27)、石油、炼焦产品和核燃料加工品(11)、化学产品(12)。

(三)行业分类

舍去贡献较小的反馈效应，依据乘数效应和溢出效应的高低对各行业进行分类：

第一类具有双低的特点，即低乘数效应、低溢出效应，这些部门的碳排放量受自身需求变动和其他行业需求变动的影响都较弱，碳排放量对经济发展的敏感性低。包含采矿业中的煤炭采选业(2)以及制造业中的仪器仪表(20)、其他制造产品(21)、废品废料(22)、燃气生产和供应(24)、水的生产和供应(25)等。

第二类呈现低乘数效应、高溢出效应，这些部门的碳排放受自身需求的影响较弱，但对其他行业需求的变化敏感性很强，当经济快速增长，各行业需求增加时，这些行业的碳排放量变化程度会更大，在经济上行期，降低这些行业的碳排放量会更有成效。这类产业多集中在制造业，比较典型的包括石油、炼焦产品和核燃料加工品(11)、化学产品(12)等。

第三类呈现高乘数效应、低溢出效应，即行业碳排放量受自身需求影响较大，而不易受到其他行业的拉动。这类行业主要集中在服务业，例如信息传输、软件和信息技术服务(28)和房地产业(32)。

第四类特点是双高，即高乘数效应、高溢出效应，表明这些行业的碳排放量既受自身需求变动影响大，同时对其他行业需求的变动很敏感。如电力、热力的生产和供应(23)、制造业中的非金属矿物制品(13)和金属冶炼和压延加工品(14)、服务业中的交通运输、仓储和邮政业(27)，控制这些行业的碳排放量对控制北京市碳排放总量很有帮助。

四、结论与启示

本文基于隐含碳排放视角，利用北京投入产出表和行业能源消耗相关数据，系统核算了2005、2007、2010、2012、2017年各行业能消费的完全碳排放量，并运用结构分解方法，将完全碳排放量分解为乘数效应、反馈效应和溢出效应，更加清晰地刻画了行业碳排放变化引起的连锁反应。结果显示各行业碳排放的差异性较大，反馈效应很小，溢出效应贡献要大于乘数效应，控制碳排放量的增长要根据不同行业的特点区别对待，具体建议如下：

（一）由于各行业碳排放量差异较大，因此降低碳排放量较大的行业是必经之路，例如电力、热力的生产和供应(23)、交通运输、仓储和邮政(27)、信息传输、软件和信息技术服务(28)、金属冶炼和压延加工品(14)等。

（二）对溢出效应高的行业要重点关注，这些行业受经济上行影响敏感度高，碳排放量变化程度大，要在经济增长的同时，防止碳排放量增加过快，对这些行业的碳排放控制不能只关注行业本身，还要兼顾关联行业对本行业的影响。这些行业主要在制造业中，例如石油、炼焦产品和核燃料加工品(11)、化学产品(12)、非金属矿物制品(13)等行业。

（三）对乘数效应高的行业，其自身需求的增加对碳排放量的影响程度较大，对这些行业碳排放的控制可以更多的关注提高行业本身节能减碳的效率，这类行业包括信息传输、软件和信息技术服务(28)和房地产业(32)等。

参考文献

[1] 戴小云. 中国农业隐含碳排放核算与分析——兼与一般碳排放核算方法的对比[J]. 财经科学，2014(12).

[2] 黄敏. 中国消费碳排放的测度及影响因素研究[J]. 贸易经济，2012(3).

[3] 余典范，干春晖，郑若谷. 中国产业结构的关联特征分析——基于投入产出结构分解技术的实证研究[J]. 中国工业经济，2011(11).

[4] 郑红玲，刘肇民，刘柳. 产业关联乘数效应、反馈效应和溢出效应研究[J]. 价格理论与实践，2018(4).

[5] 邓光耀，马蓉，张忠杰. 中国各行业能源消费碳排放效应的分解研究[J]. 经济实证，2018(15).

[6] 金春鹏. 江苏产业结构的关联特征分析[J]. 统计与咨询，2017(2).

[7] 王保乾，葛宇翔，陈盼. 行业视角下中国对外贸易隐含碳排放研究[J]. 资源与产业，2019(3).

作者简介：

王玢，工作单位：北京城市系统工程研究中心，jadey2005@126.com。

产业关联、地理距离与区域协同
——基于中国区域投入产出表的京津冀产业影响研究

武 帅 胡秋阳

摘要: 京津冀地区的一体化发展战略是近数十年内区域经济领域研究的热点话题,学者多从三省市间产业互补与竞争切入,分析区域内京津冀间的产业差异性的分工关系,进而论证三省市间的协同发展将为区域经济提供新的动力。本文基于京津冀在作为三省市经济集合体的同时也作为全国的一个特殊经济区域而存在的事实,考察京津冀区域内的产业与全国各经济区域的产业发展之间有着怎样的联动关系。本文所使用的投入产出方法可以描述某一地区内部的商品和服务流动及产业间的相互消耗关系,能够反映一定地理范围内各部门间通过产品生产而发生的联系。进一步,本文还考察了地理距离在区域产业关联紧密程度中所发挥的影响。具体而言,本文使用 CEADS 于 2017 年公布的中国区域投入产出表(2012),基于多区域投入产出模型进行分析。为了能够在充分反映产业层面信息的同时体现各区域特征,本文保留原表 30 部门的划分,同时结合研究目的对已有区域划分方式加以改进,得到包含京津冀区域在内的八区域投入产出表,进而使用区域间影响力系数等对京津冀地区产业发展对全国其他地区的影响加以分析。本文所得到的基本结论是:京津冀地区同一产业对不同地区的影响效果不同;不同产业对同一区域的影响效果也不同。京津冀区域产业对其他区域的影响可能与相对地理距离有关。这在一定程度上表明当对京津冀区域的某产业进行调整时,这一变动会通过区域间产业联系对其他区域产生相应的影响,这是在制定区域产业政策时所不应忽视的。

关键词: 京津冀 区域产业关联 投入产出分析

一、引言与文献综述

京津冀地区的一体化发展战略是最近数十年内区域经济领域研究的热点话题,京津冀三省市间的协同发展,将为区域经济提供新的动力。《京津冀协同发展规划纲要》指出,要"进一步明确功能定位,充分发挥各自比较优势,调整优化区域生产力布局,加快推动错位发展与融合发展,创新合作模式与利益分享机制"。然而,从次一级的空间维度来看,北京、天津、河北三地的经济发展状况却有较大差异,三地间有着较大的产业极差。目前北京聚焦于高新技术和现代服务业，天津着力发展电子、材料等先进制造业，而河北省则以重工业为主。已有研究便多从三省市间的产业互补与竞争这一角度切入，分析区域内京津冀间的产业差异性的分工关系。吴三忙等（2016）测度了京津冀内某省市消费、投资、出口等最终需求对另一省市增加值的拉动作用，比较了京津冀各省市对于区内其他两省以及全国其余省份的需求拉动程度，同时从历时角度比较 1997、2002、2007 三个年度不同最终需求的拉动作用。姚愉芳等（2016）推导了三地区投入产出模型并运用 2007 年相关数据进行了实证分析，结果表明京津冀三地区内乘数效应远大于溢出效应和反馈效应，即三个地区的产出增长主要是通过内部最终需求和出口的增加而引致的。李惠娟（2014）同样运用三区域投入产出表分析长三角、珠三角及环渤海三大沿海经济区域间的服务业产业关联，测算了服务业的区域间溢出效应、反馈效应。李宵等（2018）分析了京津冀区域生产性服务业产业关联特征。张亚雄，赵坤（2008）以"奥运经济"为背景事件，研究了北京奥运会直接投资对周边省份产业的带动影响。刘小敏（2013）基于区域间投入产出表计算了京津冀三地间产业影响力系数及感应度系数，结果表明北京第三产业有绝对优势，在其他工业行业中各区域影响力较大的行业比较接近，北京并未表现出同其他区域存在根本性差别。

而在对京津冀地区的产业一体化发展进行研究时，除了解本区域的产业状况之外，还有一个问题是不可忽视的：京津冀区域内的产业与全国各经济区域的产业发展之间有着怎样的联动关系？京津冀地区作为一个特殊的区域经济体，其产业发展如何受全国其他区域影响，同时如何影响到全国其他区域？事实上，京津冀在作为三省市经济集合体的同时，也作为全国的一个特殊经济区域而存在。京津冀的发展不仅事关三省市自身，同时也通过产业、商品的联系影响到全国其他区域。对这一问题的回答可以通过投入产出分析来实现。投入产出表描述了某一地区内部的商品和服务流动及产业间的相互消耗关系，能够反映一定地理范围内各部门间通过产品生产而发生的联系。而运用描述不同地区间商品和服务流动的地区间投入产出表，则可以分析京津冀地区作为一个相对独立的地理整体，在全国的背景下其产业与其他地区之间的关联与制约。本文使用 CEADS 于 2017 年公布的中国区域投入产出表（2012），基于多区域投入产出模型进行分析。本文保持原表 30 部门的划分，同时结合本文的研究目的对已有的区域划分方式加以改进，得到包含京津冀区域在内的八区域投入产出表。区域影响力系数反映了当某区域的某一产业增加一个单位最终需求时对各区域所有产业全部生产需求的影响，区域间影响力系数则剔除了区域自身的需求的影响。本文选用区域间影响力系数分析京津冀地区各行业对全国其他几大经济区域的影响效果，以及京津冀区域如何受全国其他区域影响，能够在更大程度上反映出近年来的京津冀区域产业现状特征，从而对当下的现实经济有更大参考。这样便可以从宏观维度对京津冀区域的产业地位进行定位，进而分析京津冀产业发展对全国各区域经济的重大意义。本文所得到的基本结论是：京津冀地区同一产业对不同地区的影响效果不同；不同产业对同一区域的影响效果也不同。具体来看，在京津冀各行业中，对东北地区影响最大的是木材加工品和家具，对长三角地区影响最大的是电子设备和电气设备，而对中部地区影响最大的则是电力、热力的生产和供应及非金属矿物制品、煤炭采选，对西北地区影响最大的是电力、热力的生产和供应及石油炼制、炼焦。这一方面与现实状况相符，同时也反映出京津冀对不同地区影响力大的产业有很大差异。而从同一产业对不同区域的影响力程度来看,京津冀区域的农业、金属矿采选对中部地区的影响最大,燃气和水的生产供应对环渤海非京津冀区域影响最大,这表明京津冀区域产业对其他区域的影响可能与相对地理距离有关。这些结论在一定程度上喻示着当对京津冀区域的某产业进行调整时,这一变动会通过区域间产业联系对其他区域产生相应的影响,这是在制定区域产业政策时所不应忽视的。

与本文较为接近的一支文献有潘文卿(2007),潘文卿、李子奈(2008),与本文在研究思路上不同的是,这些研究聚焦于比较长三角、珠三角及环渤海这三大区域间对全国经济辐射作用的差异,通过计算比较区域间的溢出效应、反馈效应得出环渤海区域的经济主要为内部循环的结论。吴三忙等(2016)研究了全国其他省份对京津冀某省的最终需求拉动作用,但并未区分不同省份的作用效果,只是将所有其他省份归并为一个地区。相较于已有使用投入产出方法对京津冀区域产业进行研究的文献,本文的创新点可能体现在以下方面:其一,将研究聚焦于京津冀地区与全国的产业关联,将京津冀地区从环渤海这一经济区域中分离开来,进而分行业研究其与全国其他区域间的影响关系;其二,使用的数据为 CEADS 于 2017 年公布的中国区域投入产出表(2012),基于 MRIO 模型进行京津冀区域产业分析,能够在更大程度上反映出近年来的区域产业现状,从而对当下的现实经济有所参考。

二、区域间投入产出模型

将对某一地区的投入产出分析扩展到区域之间便可建立区域间投入产出模型来对不同地区之间的产业相互消耗关系进行研究。在区域间投入产出表(MRIO table,Multi-Regional Input-output table)里,不同地区通过区域间的贸易而相互联系起来。基本的区域间投入产出模型可以表示为如下的形式:

$$X = (1-A)^{-1} F$$

$$X = \begin{bmatrix} X^1 \\ X^2 \\ \vdots \\ X^n \end{bmatrix}, A = \begin{bmatrix} A^{11} & A^{12} & \cdots & A^{1n} \\ A^{21} & A^{22} & \cdots & A^{2n} \\ \vdots & \vdots & \ddots & \vdots \\ A^{n1} & A^{n2} & \cdots & A^{nn} \end{bmatrix} \begin{bmatrix} f^{11} & f^{12} & \cdots & f^{1n} \\ f^{21} & f^{22} & \cdots & f^{2n} \\ \vdots & \vdots & \ddots & \vdots \\ f^{n1} & f^{n2} & \cdots & f^{nn} \end{bmatrix}$$

这里 $X=(X_i^s)$ 是总产出向量,X_i^s 是地区 s 的 i 部门的总产出,I 是单位矩阵,$(I-A)^{-1}$ 是列昂惕夫逆矩阵。直接投入系数子矩阵为 $A^{rs}=(a_{ij}^{rs})$,其中 $a_{ij}^{rs}=z_{ij}^{rs}/x_j^s$,这里 z_{ij}^{rs} 代表从 r 地区的 i 部门到 s 地区的 j 部门的部门间流动,x_j^s 是 s 地区 j 部门的总产出。$F=(f_i^{rs})$ 是最终需求矩阵,f_i^{rs} 是 s 地区对于 r 地区 i 部门产品的最终需求[①]。

在区域间投入产出分析中,同样可以用影响力系数和感应度系数来考察产业间的波及效果。影响力系数有区域影响力系数和区域间影响力系数两类。区域产业影响力系数反映"当任一区域的任一产业增加一个单位的最终需求时,对各区域所有产业的全部生产

---

① 以上对模型形式的描述主要参考 Zhifu Mi, Jing Meng, Dabo Guan, Yuli Shan, Malin Song, Yi-Ming Wei, Zhu Liu, and Klaus Hubacek. (2017) Chinese CO2 emission flows have reversed since the global financial crisis. Nature Communications. 8:1712.

需求的影响。"① 具体用公式表示为：

$$f_j^s = \frac{\sum_R \sum_i b_{ij}^{RS}}{\frac{1}{nm}\sum_R \sum_S \sum_i \sum_j b_{ij}^{RS}}$$

其中 b_{ij}^{RS} 为区域投入产出表所得列昂惕夫逆矩阵中的元素，即地区 R 的部门 i 对地区 S 的产业 j 的列昂惕夫逆系数。m 为区域个数，n 为部门个数。

区域间产业影响力系数则反映当某一区域的某一产业增加一个单位最终需求时，对除本区域外的其他各区域所有产业所产生的生产需求影响。用公式可表示为：

$$f_j^{S'} = \frac{\sum_{R(R\neq S)} \sum_i b_{ij}^{RS}}{\frac{1}{n}\sum_{R\neq S} \sum_i \sum_j b_{ij}^{RS}}$$

同样感应度系数也可以分为区域感应度系数和区域间感应度系数。区域感应度系数反映当每一区域的每一产业均增加一个单位的最终需求时，对每一区域的每一产业所产生的全部需求影响。用公式表示为：

$$e_i^R = \frac{\sum_S \sum_j b_{ij}^{RS}}{\frac{1}{nm}\sum_R \sum_S \sum_i \sum_j b_{ij}^{RS}}$$

区域间感应度系数则反映当每一区域的每一产业均增加一个单位的最终需求时，对"任一区域的任一产业所产生的满足其他区域的需求影响。"② 亦即本地区以外的各个产业部门增加一单位最终使用时对本产业所造成的影响。相较于区域感应度系数，它剔除了区域自身的需求的影响，反映了本区域的生产对外部需求的感应程度。用公式表示为：

$$e_i^{R'} = \frac{\sum_{S(S\neq R)} \sum_j b_{ij}^{RS}}{\frac{1}{n}\sum_{S(S\neq R)} \sum_i \sum_j b_{ij}^{RS}}$$

下面在上述模型的基础上，利用2012年中国区域间投入产出表通过对相应系数进行计算来对京津冀地区的产业进行分析。本文所使用的投入产出数据来自 CEADS(China Emission Accounts and Datasets)于2017年公布的中国区域间投入产出表2012。③ 数据共涉及全国除港澳台地区及西藏自治区外的三十个省份。在产业的部门分类上，该表与国内通行的42部门分类有所不同，MRIO(2012)将全国的产业分为30个部门。相对于国内通行的产业分类方式，MRIO(2012)在部门上有所归并和减省，具体说来将通用设备和专用设备进行归并，将燃气生产供应同水的生产供应合并，而将设备修理服务、废品废料、信息服务、金融等11个项目统称为其他服务。而在主要工业部门上，则保持了完全的一致性。

三、京津冀产业整体特征分析

为了能够了解在行业维度上的信息，本文保持原表30个部门的分类不变，只在地区

---

① 杨念. 区域间投入产出表的编制及其应用[D]. 华东师范大学，2008.
② 同上。
③ 数据来源：http://www.ceads.net/data/input－output－tables/

维度将数据进行归并。首先,将原始数据合并为包括京津冀地区和中国其他地区(Rest of China,ROC)的两地区投入产出表。进而利用第二节中介绍的区域影响力系数、区域感应度系数、区域间影响力系数及区域间感应度系数来对京津冀地区整体的产业特征进行分析。计算结果如表1、表2所示。

表1 区域产业影响力系数与区域产业感应度系数

产业部门	区域影响力系数		区域感应度系数	
	京津冀地区	ROC	京津冀地区	ROC
农业	0.65	0.74	0.92	1.32
煤炭采选	0.69	0.86	1.09	1.17
石油和天然气	0.59	0.65	0.71	0.76
金属矿采选	0.87	0.94	0.95	0.73
非金属矿采选	0.78	0.94	0.51	0.55
食品加工和烟草	0.80	0.98	0.78	1.21
纺织品	0.87	1.12	0.59	1.06
服装皮革羽绒等	0.85	1.12	0.49	0.67
木材加工品和家具	0.78	1.09	0.52	0.65
造纸印刷和文教体育用品	0.81	1.09	0.61	0.84
石油炼制、炼焦等	0.75	0.91	0.87	1.13
化学产品	0.84	1.11	1.31	2.48
非金属矿物制品	0.82	1.08	0.61	0.83
冶金	1.01	1.07	1.90	1.89
金属制品	1.07	1.07	0.79	0.75
通用和专用设备	0.90	1.08	0.68	0.92
交通运输设备	0.83	1.12	0.56	0.71
电气设备	0.93	1.11	0.63	0.80
电子设备	0.79	0.95	0.72	0.97
仪器和仪表	0.69	1.02	0.44	0.48
其他制造产品	0.79	0.92	0.59	0.62
电力、热力的生产和供应	0.94	1.02	1.47	1.48
燃气和水的生产与供应	0.69	0.97	0.48	0.56
建筑	0.90	1.09	0.42	0.44
运输与仓储	0.76	0.85	1.19	1.30
批发和零售	0.56	0.64	0.92	1.15
住宿和餐饮	0.70	0.87	0.51	0.65
租赁和商务服务	0.68	0.85	0.66	0.76
科学研究	0.69	0.86	0.47	0.45
其他服务	0.63	0.72	1.26	1.50

表2 区域间产业影响力系数和区域间产业感应度系数

产业部门	区域间影响力系数		区域间感应度系数	
	京津冀地区	ROC	京津冀地区	ROC
农业	0.123	0.011	0.528	0.030
煤炭采选	0.216	0.031	0.716	0.050
石油和天然气	0.055	0.026	0.173	0.030
金属矿采选	0.178	0.038	0.064	0.046
非金属矿采选	0.221	0.038	0.057	0.008
食品加工和烟草	0.232	0.014	0.652	0.028
纺织品	0.224	0.031	0.256	0.021
服装皮革羽绒等	0.236	0.023	0.099	0.010
木材加工品和家具	0.352	0.018	0.190	0.001
造纸印刷和文教体育用品	0.326	0.026	0.216	0.008
石油炼制、炼焦等	0.269	0.046	0.403	0.044
化学产品	0.273	0.026	1.083	0.059
非金属矿物制品	0.334	0.031	0.177	0.005
冶金	0.182	0.079	0.405	0.118
金属制品	0.191	0.065	0.091	0.013
通用和专用设备	0.228	0.046	0.156	0.012
交通运输设备	0.217	0.047	0.108	0.016
电气设备	0.278	0.038	0.227	0.008
电子设备	0.268	0.020	0.277	0.015
仪器和仪表	0.262	0.029	0.063	0.001
其他制造产品	0.180	0.037	0.053	0.014
电力、热力的生产和供应	0.375	0.035	0.555	0.058
燃气和水的生产与供应	0.178	0.034	0.050	0.003
建筑	0.284	0.042	0.015	0.001
运输与仓储	0.201	0.033	0.449	0.082
批发和零售	0.077	0.011	0.348	0.051
住宿和餐饮	0.214	0.013	0.115	0.011
租赁和商务服务	0.142	0.023	0.106	0.013
科学研究	0.166	0.022	0.013	0.007
其他服务	0.142	0.013	0.373	0.042

首先,对于区域产业影响力系数,可以看到京津冀地区对于全国各个行业的生产带动较大的有冶金与金属制品,由于这两个部门的区域影响力系数均大于1,说明京津冀地区的这两个部门在全国具有十分重要的地位。而京津冀地区的通用和专用设备、电气设备、电力和热力的生产及供应、建筑这些部门的系数值相对较高,反映出在京津冀地区相对于其他部门这些行业具有更大的带动作用。其次,对于区域产业感应度系数,可以看到京津

冀地区系数值大于1的部门有煤炭采选、化学产品、冶金、电力热力的生产及供应、运输与仓储以及其他服务。而相比之下ROC的区域产业感应度系数大于1的行业更多，这与其庞大的经济规模有着密切的关系。由于区域感应度这一数据并未剔除来自地区内部的影响，因此各部门皆具有较高的系数值。

而从区域间产业影响力系数来看，可以发现京津冀地区第一、二产业的系数值普遍处于相当低的水平，而虽然没有系数值大于1的产业部门，像非金属矿物制品、建筑、电气设备、石油炼制炼焦等这些部门却具有较高的系数水平。这一现象与ROC即全国其他地区的情况大体一致。由于区域间产业影响力系数剔除了京津冀地区的生产对其自身产生的影响，能够更加充分地反映京津冀地区的生产活动对于其他地区的波及作用。从上述数据可以看到京津冀地区作为一个区域发展的整体其重工业在全国具有十分重要的作用。而与此形成鲜明对照的是，无论是在京津冀地区还是在ROC，像批发和零售、租赁和商务服务、住宿与餐饮这些服务部门在依区域间影响力系数值由大到小的部门序列中都处于更加靠后的位置，这反映了这些服务业部门对于非本地区域的波及效果并不明显。对于区域间产业感应度系数，可以看到京津冀地区系数值大于1的部门有化学产品这一个部门，而与前面所计算得到的区域产业感应度系数相比，包括非金属矿物制品、建筑等部门在内的大多数部门系数值皆有所下降，表明这些部门的影响力在很大程度上仅局限于地区内部。

四、京津冀产业对各经济区域影响分析

上文通过一个简单的两区域投入产出模型对京津冀地区产业特征进行了初步的分析。然而，将全国非京津冀地区的其他省份合并为一个区域来进行分析，在很大程度上忽略了全国各地区经济的结构性差异，使得无法更加具体地分析各产业对全国不同区域所存在的不同影响特征；并且将各省合并为一个"其他地区"后，其庞大的经济体量也对分析的结果有较大的影响。为此，考虑对区域划分进一步细化。

(一)区域划分方式

目前在经济学和地理学等领域，学者基于不同的视角对中国经济区域作出了多种划分的方式。1986年"七五"计划从宏观上将全国分为东部、中部、西部三大经济地带；1996年"九五"计划中则进一步提出七大经济区划。不同维度的划分适用于不同的研究对象及目的。在日本亚洲经济研究所、中国国家信息中心和国家统计局所开发的2000年中国区域间投入产出表中将全国划分为8地区：东北地区（黑龙江、吉林、辽宁）、北部都市（北京、天津）、北部沿海地区（河北、山东）、中部沿海地区（江苏、上海、浙江）、南部沿海地区（福建、广东、海南）、中部地区（山西、河南、安徽、湖北、湖南、江西）、西北地区（内蒙古、陕西、宁夏、甘肃、青海、新疆）以及西南地区（四川、重庆、云南、贵州、广西、西藏），有研究以此归并方式为基础，进行进一步的地区归并，如将北部都市地区与北部沿海地区合并为环渤海地区（潘文卿，2007），或进一步合并为沿海地区与内陆地区（潘文卿、李子奈，2007）。

然而，由于这一区域投入产出表无法单独获得京津冀地区，使得在以京津冀为研究对象时受到了一定的限制。基于此，本文在使用中国MRIO(2012)进行区域归并时，一方面

考虑到地理位置相邻、经济水平相近等具体因素,与已有的区域划分方式相衔接;另一方面考虑到对京津冀这一区域的特别关注,需要对这一划分方式作出一定调整。具体而言,本文保留上述方式中对于西南地区、西北地区、南部沿海地区及中部六省的划分,将中部沿海地区作为长三角地区看待,取北京、天津、河北三省市作为京津冀地区,而将黑龙江、吉林合并为东北地区,辽宁和山东合并为环渤海非京津冀地区。这样的处理方式,在将京津冀地区独立出来的基础上,一方面考虑到辽宁在工业结构及地理位置上与黑龙江和吉林所存在的较大差异,同时又兼而考虑辽宁和山东作为与京津冀相邻且同为环渤海地区的省份与京津冀区域之间所存在的竞争和分工关系。

此外,为保留产业维度的具体信息,本文仍采用原表30部门的划分方式,未作进一步的合并。而在指标的选取上,由于区域间影响力系数剔除了某地区生产活动对其自身产生的影响,在分析京津冀地区对其他经济区域的波及作用时更为合适。据此得到包含京津冀地区在内的八区域投入产出表,进而计算京津冀各产业对各地区的区域间影响力系数如表3所示。

表3 京津冀对各区域的区域间产业影响力系数

	环渤海非京津冀地区	东北地区	长三角	南部沿海	中部六省	西北地区	西南地区
农业	0.0154	0.0274	0.0115	0.0062	0.0328	0.0206	0.0096
煤炭采选	0.0108	0.0041	0.0125	0.0065	0.0946	0.0744	0.0077
石油和天然气	0.0068	0.0078	0.0072	0.0041	0.0110	0.0139	0.0029
金属矿采选	0.0260	0.0112	0.0198	0.0124	0.0508	0.0455	0.0096
非金属矿采选	0.0376	0.0210	0.0280	0.0161	0.0534	0.0494	0.0112
食品加工和烟草	0.0540	0.0554	0.0149	0.0077	0.0541	0.0265	0.0182
纺织品	0.0280	0.0160	0.0426	0.0109	0.0751	0.0356	0.0145
服装皮革羽绒等	0.0251	0.0100	0.0727	0.0484	0.0510	0.0191	0.0086
木材加工品和家具	0.0442	0.0846	0.0460	0.0432	0.0685	0.0376	0.0264
造纸印刷和文教体育用品	0.0381	0.0113	0.0680	0.0773	0.0854	0.0294	0.0146
石油炼制、炼焦等	0.0349	0.0147	0.0167	0.0167	0.0869	0.0836	0.0080
化学产品	0.0588	0.0151	0.0660	0.0184	0.0637	0.0354	0.0135
非金属矿物制品	0.0582	0.0154	0.0371	0.0177	0.1229	0.0671	0.0116
冶金	0.0210	0.0070	0.0201	0.0110	0.0522	0.0568	0.0117
金属制品	0.0240	0.0075	0.0288	0.0144	0.0580	0.0450	0.0115
通用和专用设备	0.0382	0.0074	0.0630	0.0186	0.0518	0.0371	0.0102
交通运输设备	0.0276	0.0281	0.0628	0.0199	0.0353	0.0235	0.0173
电气设备	0.0369	0.0069	0.0937	0.0300	0.0646	0.0338	0.0116
电子设备	0.0242	0.0040	0.1187	0.0567	0.0357	0.0181	0.0132
仪器和仪表	0.0212	0.0059	0.1380	0.0285	0.0372	0.0233	0.0107
其他制造产品	0.0199	0.0070	0.0435	0.0183	0.0484	0.0305	0.0113
电力、热力的生产和供应	0.0257	0.0092	0.0254	0.0130	0.1754	0.1031	0.0184

续表

	环渤海非京津冀地区	东北地区	长三角	南部沿海	中部六省	西北地区	西南地区
燃气和水的生产与供应	0.0487	0.0097	0.0185	0.0095	0.0422	0.0305	0.0152
建筑	0.0538	0.0186	0.0369	0.0169	0.0807	0.0568	0.0173
运输与仓储	0.0255	0.0123	0.0330	0.0161	0.0497	0.0527	0.0103
批发和零售	0.0152	0.0050	0.0159	0.0058	0.0143	0.0142	0.0052
住宿和餐饮	0.0357	0.0496	0.0171	0.0072	0.0425	0.0333	0.0271
租赁和商务服务	0.0189	0.0091	0.0335	0.0102	0.0376	0.0187	0.0138
科学研究	0.0338	0.0132	0.0342	0.0127	0.0355	0.0242	0.0117
其他服务	0.0219	0.0133	0.0371	0.0079	0.0286	0.0211	0.0127

(二)京津冀不同产业对同一区域的影响效果

综合京津冀地区对不同经济区域的影响来看,京津冀地区各产业平均对中部六省的区域间影响力系数最大(0.058),长三角次之(0.0421);而区域间影响力系数平均较低的是南部沿海(0.0194)和西南地区(0.0129)。值得注意的是,东北地区距京津冀相对较近,但系数值平均仅为0.0169,低于南部沿海的系数水平。

表3中的数据反映出两个基本的特点。其一,京津冀地区的不同产业对同一区域的影响效果不同。京津冀地区对东北地区区域间影响力系数最大的五个产业依次为:轻工业中的木材加工品和家具、食品加工和烟草、住宿和餐饮、交通运输设备、农业。而从经济现实来看,东北林区作为我国最大的天然林区,主要分布在大、小兴安岭和长白山,是我国目前主要木材供应地之一。而东北地区独特的地形和气候条件也使其成为我国重要的粮食种植区。中部六省系数值较高的有电力热力的生产和供应、非金属矿物制品、煤炭采选、石油炼制和炼焦、造纸印刷和文教体育用品、建筑、纺织品等部门,且各工业部门的系数值显著高于农业和服务业相关部门。对于长三角地区系数值较高的行业有电子设备、仪器和仪表、电气设备、服装皮革羽绒等,其中多为制造业部门而少像冶金、金属制品等低端重工业部门。与此形成对比的是,对于西北地区,系数值较高的部门有电力热力的生产和供应、石油炼制和炼焦、煤炭采选、非金属矿物制品、冶金、建筑、运输与仓储,这些部门绝大多数为资源和能源型产业,京津冀地区的这些部门对西北地区的波及效果最强,也在一定程度上反映出西北地区自身的产业特征。对南部沿海而言,系数值较大的行业包括造纸印刷和文教体育用品、电子设备、服装皮革和羽绒、木材加工品和家具、电气设备、仪器和仪表,这些部门属于轻工业和精细制造业,京津冀地区的这些部门对南部沿海地区的影响程度更大。西南地区的区域间影响力系数值普遍处于一个较低的水平,其中数值相对较大的有住宿和餐饮、木材加工品和家具。而对于环渤海非京津冀地区,即辽宁和山东省,系数值较大的产业有化学产品、非金属矿物制品、食品加工和烟草、建筑、燃气和水的生产与供应、木材加工品和家具、通用和专用设备、造纸印刷和文教体育用品、非金属矿采选。这些部门可能由于与京津冀地区间存在着程度较深的产业分工与联系,因而受京津冀地区波及效果更强。

(三)京津冀同一产业对不同地区的影响

其二,表中的结果还反映出,京津冀地区同一产业对不同地区的影响效果不同。我们可以对上表中京津冀地区各产业对其他地区的区域间影响力系数分别进行排序,结果表明,农业、煤炭采选、金属矿采选、非金属矿采选、纺织品、造纸印刷和文教体育用品、石油炼制和炼焦、非金属矿物制品、金属制品、其他制造产品、电力热力的生产和供应、建筑、租赁和商务服务、科学研究这些部门对中部六省的波及程度最大,而对于环渤海非京津冀地区却仅有燃气和水的生产和供应这一部门相比于其他区域而言影响排到第一位,这与辽宁山东二省与京津冀区域紧密相邻的区位优势形成一定反差。此外,西北地区排序第一的产业有石油和天然气、冶金、运输与仓储,东北地区排序第一的产业有木材加工品和家具、食品加工和烟草、住宿和餐饮,京津冀的工业部门对东北地区的影响并无像对其他地区那样明显。反观长三角地区,则有服装皮革羽绒、化学产品、通用和专用设备、交通运输设备、电气设备、电子设备、仪器和仪表、批发和零售、其他服务这些行业位列第一。倘若进一步分析京津冀地区产业对不同经济区域的影响排序,可以看到各产业对西南地区的影响皆位居第5—7位,而中部六省则绝大多数为第一或第二位(仅有电子设备、批发和零售这两个部门排名第三)。而对于东北地区,除上文提到的少数产业外,多数行业也排在第5位之后。环渤海非京津冀地区则多是在3—4位。长三角地区除上文提到的电气设备等制造业部门外,排名基本居中,南部沿海则相对靠后。西部地区除部分能源部门和制造业部门外,多数产业排名居中稍靠后。

(四)地理距离是否影响产业的波及效应

数据在一定程度上表明,京津冀产业对各经济区域的影响程度与某经济区域到京津冀地区的相对地理距离有关。例如,对于长三角、南部沿海、西南地区这三个经济区域的区域间影响力系数排名,60%的部门是由长三角到西南地区逐次靠后的。这不禁使我们联想到地理学中的地理学第一定律(Tobler's First Law of Geography,TFL),即 Waldo Tobler 所提出的空间相关性定律:这一定律表明,地物之间的相关性与距离有关,一般来说,距离越近,地物间相关性越大;"任何事物都相关,只是相近的事物关联更紧密"(Tobler 语)。而从数据来看,除向南延伸比较之外,比较中部地区和西北地区,90%的产业部门前者的名次位居后者之前。而有趣的是,可以发现东北地区和环渤海非京津冀地区虽在地理位置上相对离京津冀更近,且区域之间有着较大的公共边界,然而京津冀地区各产业对其的区域间影响力系数排名却并非相对更大,即并非京津冀地区各产业的影响对这两个地区更大。事实上,数据表明京津冀各产业对环渤海非京津冀地区的影响相对居中,而对东北地区则相对靠后。这暗示着这两个地区与京津冀的产业部门关联程度较弱:对于东北地区,可能其产业发展更多依赖的是政策规制;而对于辽宁和山东,则可能其产业发展更多表现为与京津冀地区的竞争效应,而同一产业链上的上下游分工与京津冀地区的紧密程度不如中部六省地区和长三角地区更强,使得京津冀各产业对这一地区所产生的生产需求影响相对更低。此外,我们还可以通过表中数据简单分析京津冀不同产业部门空间影响的不同特征。由上文可知京津冀产业对中部地区影响程度最大,西南地区最小,为控制地区保持不变,取中部六省与西南地区的区域间影响力系数之差作为不同产业波及程度的代理指标,可以看到相对而言能源相关部门(如煤炭采选、石油炼制和炼焦、电力热力的生产和供应)及制造业部门(如电气设备、非金属矿物制品)对不同地区影响的差异性较大,这表明产业自身的特征也会影响其对其他区域的波及效果,进而不同经济区域的资源禀赋和产业布局可能会影响京津冀地区对其的波及程度。

五、结论

京津冀地区作为一个区域整体,其经济发展不仅作用于其内部各省市,也会通过商品和服务流动影响到全国其他地区。本文构建包含京津冀地区在内的八地区间投入产出表,通过区域间影响力系数等指标,定量分析了京津冀地区的产业特征及地区各行业部门与全国其他地区间的影响关系。结果表明,第一,京津冀地区同一产业对不同地区的影响效果不同,京津冀对东北影响力最大的产业为木材加工品和家具业,工业部门对中部地区的影响高于农业和服务业,京津冀的制造业相比其他行业对长三角的波及效果更强,而对西北地区则是资源和能源型产业为主。第二,京津冀地区同一产业对不同地区的影响效果不同,各产业对西南地区的影响明显弱于其他地区,而对中部六省的影响则强于其他地区。更进一步,这种影响程度在一定意义上与经济区域到京津冀地区的相对距离有关,相对较近的区域受京津冀地区影响更大。而有趣的是,虽然东北地区和环渤海非京津冀地区距离京津冀相对更近,且与京津冀区域有着较大的共同边界,但这两个区域与京津冀的产业部门关联程度却较弱,京津冀各产业对这一地区产生的生产需求影响相对更低。这意味着要推动东北地区和辽宁、山东二省的经济发展,从产业关联的视角来看,应着力加强地区与京津冀区域间的协同作用。本文的结论在一定程度上表明当对京津冀区域的某产业进行调整时,这一变动会通过区域间产业联系对其他区域产生相应的影响,这是在制定区域产业政策时所不应忽视的。

参考文献

[1] Miller, R. E., Blair, P. D. *Input—Output Analysis: Foundations and Extensions*. Cambridge University Press, Cambridge, 2009.

[2] Zhifu Mi, Jing Meng, Dabo Guan, Yuli Shan, Malin Song, Yi—Ming Wei, Zhu Liu, Klaus Hubacek. (2017) Chinese CO2 emission flows have reversed since the global financial crisis. Nature Communications. 8:1712.

[3] 尹逊美. 京津冀一体化背景下天津市产业结构分析[D]. 天津财经大学,2016.

[4] 于冲冲. 长三角区域间投入产出表编制及三大效应[D]. 山东大学,2017.

[5] 杨念. 区域间投入产出表的编制及其应用[D]. 华东师范大学,2008.

[6] 石敏俊,金凤君,李娜,赵曌,金少胜. 中国地区间经济联系与区域发展驱动力分析[J]. 地理学报,2006(06):593—603.

[7] 潘文卿,李子奈. 三大增长极对中国内陆地区经济的外溢性影响研究[J]. 经济研究,2008(06):85—94.

[8] 潘文卿. 中国经济的空间联系[A]. 中国数量经济学会.21世纪数量经济学(第4卷)[C]. 中国数量经济学会:中国数量经济学会,2003:12.

[9] 潘文卿. 中国三大增长极的外溢效应:一个区域层面的考证[A]. 中国数量经济学会.21世纪数量

经济学(第 8 卷)[C]. 中国数量经济学会:中国数量经济学会,2007:9.
[10] 吴三忙,陈炜明,李善同. 京津冀经济区内外部经济关联研究——基于地区间投入产出模型的分析[J]. 区域经济评论,2016(03):61-68.
[11] 姚愉芳,陈杰,张晓梅. 京津冀地区间经济影响及溢出和反馈效应分析[J]. 城市与环境研究,2016(01):3-14.
[12] 李宵,申玉铭,邱灵. 京津冀生产性服务业关联特征分析[J]. 地理科学进展,2018,37(02):299-307.
[13] 刘小敏. 基于大北京区域间投入产出表的产业关联分析[J]. 中国集体经济,2013(06):19-22.
[14] 李惠娟. 中国三大经济区间服务业溢出和反馈效应——基于三区域间投入产出分析的视角[J]. 当代财经,2014(06):102-110.

作者简介:

武帅,南开大学经济学院,1611932@mail.nankai.edu.cn。

胡秋阳,南开大学经济学院,huqiuyang@nankai.edu.cn。

京沪深区域间及其对中国其他区域经济联系研究[①]

——2012年深圳与中国（深圳以外）区域间投入产出表的编制以及分析

郭佳宁　居城琢

摘要：随着全球经济一体化进程的推进，北京，上海，深圳作为我国老牌一线城市，在中国整体经济发展过程中发挥着举足轻重的作用。城市经济繁荣，文化兴盛，不仅对周边区域经济具有一定的辐射能力，而且对进出口有着不容忽视的作用。在此背景下，研究区域内外经济及其生产诱发效应，对其经济发展有着一定积极地影响。文章在梳理代表文献的基础上，从MI等(2017)2012年中国30区域间投入产出表中分离出深圳，在建立新的投入产出模型基础上，推算多地区间最终需求对该地区和受其他地区拉动的生产诱发额（增加额），测算京沪深之间的内部相互依赖关系以及与全国其他地区最终需求的相互依赖关系。主要研究结果为：第一，京沪深三地区中，上海最终需求对该地区和受其他地区拉动以及本地区的生产诱发额都是最大的。以及上海相对于其他两地区处于贸易顺差高位。第二，上海与北京的经济联系更加紧密。上海与深圳的经济联系要强于北京与深圳的经济联系。第三，通过三地区与全国其他地区联系分析，北京与天津、河北经济联系最强。上海与浙江、江苏经济联系最强。深圳与广东（深圳以外）经济联系最强。且三地区与河南省经济联系较强。第四，从京沪深最终使用对各地区各产业拉动的生产诱发额来看，北京与上海前十位几乎属于本地区产业且更具相似性。第五，根据假设抽取法，抽取通信设备、计算机和其他电子设备时，深圳引起的减少额最大。比起深圳与上海，北京对本地区以及其他地区各产业部门的减少额较大部门主要集中在其他地区。

关键词：投入产出　京沪深　区域间　生产诱发效应

一、背景简介

现阶段有很多应用投入产出进行分析中国区域间的经济效果影响研究。其中有秋田

[①]　本文内容以日语发表在日文期刊《横浜国际社会科学研究》第24卷2号，页数45-65。

和川村(1997)使用1992年中国投入产出表以及黑龙江投入产出表,从中国分离了东三省地区,测度了东三省经济特征和中国地区的相互依赖关系。雪河来提和马号木提(2004)使用了1997年中国八地区区域间投入产出表,1997年新疆投入产出表,以及2003年中国统计年鉴,从中国西部地区分离了新疆,编制了2002年中国九地区区域间投入产出表。并对最终使用的增长额对各地区的影响进行了分析。冈本(2012)使用了1987年,1997年十年间两个时间点10个产业部门区域间投入产出表。通过生产诱发效应等方法对三个地区(东部(沿海),中部(东北和中部地区),西部)进行了对比分析[①]。

王(2007)为了分析中国经济的地区结构及地区间的经济相互依赖关系,根据2002年中国地区间投入产出表,将中国的30个地区作为"北京地区圈"(华北地区),"上海地区圈"(华东地区),"河南地区圈"(华南地区),"重庆地区圈"(华中地区),"陕西地区圈"(西北地区),"辽宁地区圈"(东北地区)6个地区圈,算出生产诱发系数和增加值诱发系数。利用其明确了特定地区和其他地区之间的经济相互依赖关系。结论表明,"上海地区圈"和"北京地区圈"的相互依赖关系最紧密。"重庆地区圈"给除"辽宁地区圈"以外的4个地区带来了生产诱发效应,但几乎不受其他地区生产波及的影响。"辽宁地区圈"和"陕西地区圈"在很大程度上依赖于"北京地区圈"和"上海地区圈"。

目前来看,中国区域间研究大多数都是基于中国的沿海地区和内陆地区、多地区圈以及省地区的研究,这些研究是以较大的区域间分析为视点。市等较小地区级别的研究较少。其中有,郭和居城(2019)使用2012年大连投入产出表以及辽宁省投入产出表,采用无调查的方法从辽宁中分离大连,利用区域内乘数效应、区域间溢出效应等分析方法测度了大连市经济特征、大连与辽宁的经济发展差异以及相互依赖关系。

中国的国土辽阔,各市都有彼此的经济特征。特别是,作为中国大城市代表的北京、上海以及深圳对中国经济发展产生着举足轻重的影响。现已有很多关于北京、上海的区域间投入产出分析的研究(例如:居城和冯 2017;宫川和王和西津 2015)。但是,关于深圳的研究相对较少。

本文的主要目的是在郭和居城(2019)编写的大连市和辽宁省区域投入产出效应研究的基础上,完善深圳和广东区域间投入产出效应分析。将深圳从中国区域间投入产出表中进行分离,研究其与北京和上海经济之间的相互依赖关系并明确各自的产业结构特色。除此之外还阐明以三个城市为中心对中国其他区域经济的诱发效果等。

二、深圳与中国区域间投入产出表的编制

为了从中国地区间投入产出表中分离深圳,有必要先从广东省中分离深圳。首先需要编制深圳与广东(深圳以外)区域间投入产出表。编制方法与郭和居城(2019)大连与辽宁(大连以外)区域间投入产出表基本一致。雏形见表1。

[①] 参考:馬桂芸(2006)中国における産業連関分析に関する一考察 地域内及び地域間分析を中心に。

表 1 深圳与广东(深圳以外)区域间投入产出表

		中间使用		最终使用		国内省外流出	出口	总产出
		深圳	广东(深圳以外)	深圳	广东(深圳以外)			
中间投入	深圳		②		②	⑤		
	广东(深圳以外)	①		①		⑥		
国内省外流入		③	④	③	④			
进口								
增加值								
总投入								

接着需从中国区域间表中分离深圳,本文基于 MI 等(2017)编制的 2012 年中国区域间投入产出表,由于产业部门数目不统一,需先进行部门的统合。表 2 是从中国地区间投入产出表中分离深圳的雏形。

表 2 深圳与中国区域间投入产出表

		中间使用					最终使用					出口	误差	总产出
		北京	上海	深圳	广东(深圳以外)	…	北京	上海	深圳	广东(深圳以外)	…			
中间投入	北京			⑨	⑩				⑨	⑩				
	上海			⑨	⑩				⑨	⑩				
	深圳	⑦	⑦	①	①	⑦	⑦	⑦	②	②	⑦	④		⑥
	广东(深圳以外)	⑧	⑧	①	①	⑧	⑧	⑧	②	②	⑧	④		⑥
	…			⑨	⑩				⑨	⑩				
进口				③	③				③	③				
增加值				⑤	⑤									
总投入				⑥	⑥									

表 2 的①表 1 是深圳与广东(深圳以外)区域间投入产出表中间使用的部分。同时为了与 MI 等(2017)中国地区间投入产出表的表一致,①~⑥均进行调整。
②是表 2 最终使用的部分。③是进口部分。④是出口部分。⑤是增加值部分。⑥是总投入,总产出的部分。⑦深圳流出是根据深圳各产业部门的国内省外流出与广东流出比例来推算。⑧与⑦同理。⑨对深圳的流入是根据深圳各产业部门总投入与广东各产业部门总投入的比例来进行推算。⑩与⑨同理。

三、分析模型

在本文中,使用区域间投入产出分析模型进行分析。表3是分离深圳的中国区域间投入产出表的模型。原是31个地区区域间投入产出表,但表3为了简化,用北京,上海,深圳以及中国其他地区来表示。表中的 ROC(Rest of China)表示除了北京,上海,深圳的中国其他地区。表中的 ROW(Rest of World)表示外国。表中的上标1表示北京,上标2表示上海,上标3表示深圳,上标C表示中国其他地区,上标W表示外国。其中1地区(北京),2地区(上海),3地区(深圳),C地区(中国其他地区)等为内生地区,W地区为外生地区。区域间模型如以下式(1)所示:

表 3 区域间模型

	Intermediate				Final Demand				Export to ROW	Total Output
	Beijing	Shanghai	Shenzhen	ROC	Beijing	Shanghai	Shenzhen	ROC		
Beijing	Z^{11}	Z^{12}	Z^{13}	Z^{1C}	F^{11}	F^{12}	F^{13}	F^{1C}	E^{1W}	X^1
Shanghai	Z^{21}	Z^{22}	Z^{23}	Z^{2C}	F^{21}	F^{22}	F^{23}	F^{2C}	E^{2W}	X^2
Shenzhen	Z^{31}	Z^{32}	Z^{33}	Z^{3C}	F^{31}	F^{32}	F^{33}	F^{3C}	E^{3W}	X^3
ROC	Z^{C1}	Z^{C2}	Z^{C3}	Z^{CC}	F^{C1}	F^{C2}	F^{C3}	F^{CC}	E^{CW}	X^C
ROW	Z^{W1}	Z^{W2}	Z^{W3}	Z^{WC}	F^{W1}	F^{W2}	F^{W3}	F^{WC}		
VA	V^1	V^2	V^3	V^C						
Total Input	X^1	X^2	X^3	X^C						

(一)生产诱发分析模型

$$\begin{bmatrix} X^1 \\ X^2 \\ X^3 \\ X^C \end{bmatrix} = \begin{bmatrix} A^{11} & A^{12} & A^{13} & A^{1C} \\ A^{21} & A^{22} & A^{23} & A^{2C} \\ A^{31} & A^{32} & A^{33} & A^{3C} \\ A^{C1} & A^{C2} & A^{C3} & A^{CC} \end{bmatrix} \begin{bmatrix} X^1 \\ X^2 \\ X^3 \\ X^C \end{bmatrix} + \begin{bmatrix} F^{11}+F^{12}+F^{13}+F^{1C}+E^{1W} \\ F^{21}+F^{22}+F^{23}+F^{2C}+E^{2W} \\ F^{31}+F^{32}+F^{33}+F^{3C}+E^{3W} \\ F^{C1}+F^{C2}+F^{C3}+F^{CC}+E^{CW} \end{bmatrix} \quad (1)$$

这里的 X^i 是代表 i 地区的总产出。若 $i=j$,A^{ij} 为该地区的直接消耗系数;若 $i \neq j$ 就表示 i 与 j 区域直接消耗系数。F^{ij} 为 i 与 j 区域的最终使用,E^{iC} 代表流出到中国,E^{iW} 代表出口外国。I 为单位矩阵。将式(1)展开可得出式(2)。

$$\begin{bmatrix} X^1 \\ X^2 \\ X^3 \\ X^C \end{bmatrix} = \left\{ I - \begin{bmatrix} A^{11} & A^{12} & A^{13} & A^{1C} \\ A^{21} & A^{22} & A^{23} & A^{2C} \\ A^{31} & A^{32} & A^{33} & A^{3C} \\ A^{C1} & A^{C2} & A^{C3} & A^{CC} \end{bmatrix} \right\}^{-1} \begin{bmatrix} F^{11}+F^{12}+F^{13}+F^{1C}+E^{1W} \\ F^{21}+F^{22}+F^{23}+F^{2C}+E^{2W} \\ F^{31}+F^{32}+F^{33}+F^{3C}+E^{3W} \\ F^{C1}+F^{C2}+F^{C3}+F^{CC}+E^{CW} \end{bmatrix}$$

$$= \begin{bmatrix} B^{11} & B^{12} & B^{13} & B^{1C} \\ B^{21} & B^{22} & B^{23} & B^{2C} \\ B^{31} & B^{32} & B^{33} & B^{3C} \\ B^{C1} & B^{C2} & B^{C3} & B^{CC} \end{bmatrix} \begin{bmatrix} F^{11}+F^{12}+F^{13}+F^{1C}+E^{1W} \\ F^{21}+F^{22}+F^{23}+F^{2C}+E^{2W} \\ F^{31}+F^{32}+F^{33}+F^{3C}+E^{3W} \\ F^{C1}+F^{C2}+F^{C3}+F^{CC}+E^{CW} \end{bmatrix} \quad (2)$$

式(2)的最终使用分割为北京、上海、深圳、中国其他地区和外国,则可得到如下式(3),从中可以分析各地区的最终需求诱发结构。接下来进一步说明构成的各要素。

$$
\begin{aligned}
L &= \begin{bmatrix} B^{11} & B^{12} & B^{13} & B^{1C} \\ B^{21} & B^{22} & B^{23} & B^{2C} \\ B^{31} & B^{32} & B^{33} & B^{3C} \\ B^{C1} & B^{C2} & B^{C3} & B^{CC} \end{bmatrix} \begin{bmatrix} F^{11} & F^{12} & F^{13} & F^{1C} & E^{1W} \\ F^{21} & F^{22} & F^{23} & F^{2C} & E^{2W} \\ F^{31} & F^{32} & F^{33} & F^{3C} & E^{3W} \\ F^{C1} & F^{C2} & F^{C3} & F^{CC} & E^{CW} \end{bmatrix} \\
&= \begin{bmatrix} B^{11}F^{11}+B^{12}F^{21}+B^{13}F^{31}+B^{1C}F^{C1} & B^{11}F^{12}+B^{12}F^{22}+B^{13}F^{32}+B^{1C}F^{C2} \\ B^{21}F^{11}+B^{22}F^{21}+B^{23}F^{31}+B^{2C}F^{C1} & B^{21}F^{12}+B^{22}F^{22}+B^{23}F^{32}+B^{2C}F^{C2} \\ B^{31}F^{11}+B^{32}F^{21}+B^{33}F^{31}+B^{3C}F^{C1} & B^{31}F^{12}+B^{32}F^{22}+B^{33}F^{32}+B^{3C}F^{C2} \\ B^{C1}F^{11}+B^{C2}F^{21}+B^{C3}F^{31}+B^{CC}F^{C1} & B^{C1}F^{12}+B^{C2}F^{22}+B^{C3}F^{32}+B^{CC}F^{C2} \end{bmatrix} \\
&\quad \begin{matrix} B^{11}F^{13}+B^{12}F^{23}+B^{13}F^{33}+B^{1C}F^{C3} & B^{11}F^{1C}+B^{12}F^{2C}+B^{13}F^{3C}+B^{1C}F^{CC} \\ B^{21}F^{13}+B^{22}F^{23}+B^{23}F^{33}+B^{2C}F^{C3} & B^{21}F^{1C}+B^{22}F^{2C}+B^{23}F^{3C}+B^{2C}F^{CC} \\ B^{31}F^{13}+B^{32}F^{23}+B^{33}F^{33}+B^{3C}F^{C3} & B^{31}F^{1C}+B^{32}F^{2C}+B^{33}F^{3C}+B^{3C}F^{CC} \\ B^{C1}F^{13}+B^{C2}F^{23}+B^{C3}F^{33}+B^{CC}F^{C3} & B^{C1}F^{1C}+B^{C2}F^{2C}+B^{C3}F^{3C}+B^{CC}F^{CC} \end{matrix} \\
&\quad \begin{matrix} B^{11}E^{1W}+B^{12}E^{2W}+B^{13}E^{3W}+B^{1C}E^{CW} \\ B^{21}E^{1W}+B^{22}E^{2W}+B^{23}E^{3W}+B^{2C}E^{CW} \\ B^{31}E^{1W}+B^{32}E^{2W}+B^{33}E^{3W}+B^{3C}E^{CW} \\ B^{C1}E^{1W}+B^{C2}E^{2W}+B^{C3}E^{3W}+B^{CC}E^{CW} \end{matrix} \\
&= \begin{bmatrix} L^{11} & L^{12} & L^{13} & L^{1C} & L^{1W} \\ L^{21} & L^{22} & L^{23} & L^{2C} & L^{2W} \\ L^{31} & L^{32} & L^{33} & L^{3C} & L^{3W} \\ L^{C1} & L^{C2} & L^{C3} & L^{CC} & L^{CW} \end{bmatrix}
\end{aligned} \quad (3)
$$

L^{11} 表示由北京的需求引起的北京地区诱发额,L^{21} 表示由北京的需求引起的上海诱发额,L^{31} 表示由北京的需求引起的深圳诱发的额,L^{C1} 表示由北京的需求引起的中国其他各地区诱发额。L^{12} 表示由上海需求引起的北京诱发额,L^{13} 表示由深圳需求引起的北京诱发额,L^{1C} 表示由中国其他地区的需求引起的北京诱发额,L^{1W} 表示 W 地区即外生地区的需求引起的北京诱发额。

(二)出口模型分析

在式(3)中,L^{1W} 是外国需求产生的对北京的生产诱发效应。详细公式($B^{11}E^{1W}+B^{12}E^{2W}+B^{13}E^{3W}+B^{1C}E^{CW}$)的合计是 L^{1W}。L^{1W} 不仅包含北京的出口,同时也计入了包括深圳在内的中国其他各地区所有地区的出口效应,本节用式(4)捕捉北京、上海及深圳仅通过该地区出口的波及效果,构建了按地区划分的出口模式,进行分析。

$$
G^{1w} = \begin{bmatrix} B^{11} & B^{12} & B^{13} & B^{1C} \\ B^{21} & B^{22} & B^{23} & B^{2C} \\ B^{31} & B^{32} & B^{33} & B^{3C} \\ B^{c1} & B^{c2} & B^{c3} & B^{CC} \end{bmatrix} \begin{bmatrix} E^{1W} \\ 0 \\ 0 \\ 0 \end{bmatrix} = \begin{bmatrix} B^{11}E^{1W} \\ B^{21}E^{1W} \\ B^{31}E^{1W} \\ B^{C1}E^{1W} \end{bmatrix} \quad (4)
$$

(三)假设抽取法

本文中,假设在经济系统中抽取特定部门或特定地区的情况下,定量的评价对经济影响的方法,称为假设抽取法。比较抽取前后对整个经济系统中各地区或各部门产出的变化大小即可分析这些地区或这些产业部门的重要程度。它的优势在于完全考虑了产业之间的前向和后向联系效应,避免了影响力系数和感应度系数不能相加的问题,能够对产业部门的重要性进行完整的排序[①]。

根据 schultz(1977),假设抽取法有以下具体定义。"考虑到逆矩阵的特征,通过从相互依赖的体系中进行假设性的提取,尝试了决定各部门的重要度的另一种方法。这不仅意味着观察到的部门的假设性生产的停止,也意味着其他部门的中间财物的供给和向其他部门的销售会受到影响"。(Schultz,1977,p.80)

具体方法是通过从投入产出表矩阵中删除第 j 列和第 j 行,进行了模型化。使用没有 j 部门的 $(n-1)$ 行 $(n-1)$ 列的 $\bar{A}_{(j)}$ 矩阵和与之对应的没有 j 列的最终使用的矩阵 $\bar{f}_{(j)}$,即减少后的产出 $\bar{X}_{(j)} = [I - \bar{A}_{(j)}]^{-1} \bar{f}_{(j)}$,而原产出为 $X = [I - A] f$,因此 $T_j = i'X - i'\bar{X}_{(j)}$,是 j 产业部门抽取之后所带来的经济损失合计测度。(Miller and Blair(2009),p.563)

四、实证分析

(一)生产诱发分析模型分析结论

本文中,根据通常模型 L 矩阵,对中国的 31 个地区的 30 个部门相互产生的生产诱发效应进行分析。同时,本文主要目的是明确以北京,上海,深圳为中心的中国区域间的诱发效果。将中国划分为 4 个地区(东北地区、东部、中部及西部)并从东部中抽取北京、上海、深圳,同时对东部其他地区、中部地区、西部地区、东北部地区进行统合。

为了方便读取 3 个城市的诱发效果。表 4 是将产业部门(30)合并为 1 个部门的各地区生产诱发的关系。从列的方向来看,该数值是根据此地区的最终需求,对此地区及其他地区产生的诱发额。从行方向来看,该数值可以理解为由于其他地区(也包含该地区)的最终需求而产生的诱发额。最后,对角要素网格表示根据本地的最终需求,产生的诱发额。

首先,从表 4 各地区的列和、行和来看,东部的值最大。表明东部作为沿海地区是中国的经济中心,发挥着牵引中国经济的作用。东部、中部、西部、东北部均是本地区的诱发效果最大,因此东部、中部、西部及东北部以本地区为中心。其次,从省市类别分析来看,列和最大为山东省,接着是广东省、江苏省。从各地区的行和来看,江苏省的值最大,接着是广东省、山东省。比较列和的"诱发额"和行和的"被诱发额","被诱发的额"更大。根据该地区的需求,本地区的诱发效果最大的是山东省,其次是江苏省和广东省。在外国的需求中,广东省则为最大。

[①] 参考:黄素心,王春雷(2011)《产业部门重要性测算:基于假设抽取法的实证》。

专题二 区域协同发展研究

表 4 中国区域间生产诱发效应①

单位:亿元

	北京	上海	深圳	广东 (深圳以外)	江苏	山东	浙江
北京	19941	455	151	716	1041	1703	562
上海	619	21594	341	1513	2422	847	2323
深圳	95	110	10980	1493	211	75	148
广东(深圳以外)	391	564	3987	63629	1138	349	746
江苏	1219	2950	1011	4310	75974	1440	3047
山东	1369	830	148	781	1352	112623	907
浙江	690	2467	364	1625	2524	581	53305
东部*	5567	1838	574	2838	3795	4086	2732
中部	3324	4529	1288	6210	11927	4356	6620
西部	3193	2741	1149	5875	5802	4495	4393
东北部	2807	2055	387	1963	3080	2166	2173
合计	39217	40133	20381	90953	109267	132721	76954

续表

	东部*	中部	西部	东北部	出口	合计
北京	5906	5605	5941	4549	9596	56166
上海	2728	7794	8263	4250	22189	74884
深圳	512	1291	2155	517	25437	43025
广东(深圳以外)	2113	5665	10082	2124	51998	142786
江苏	9055	19333	19489	8195	57036	203059
山东	3097	6116	5495	2560	39602	174878
浙江	2457	8185	9453	3762	39655	125068
东部*	93974	14195	16574	8237	35252	189664
中部	11862	220449	29537	9309	32271	341682
西部	9724	19225	205368	7825	30440	300230
东北部	6539	9534	14085	89144	15281	149213
合计	147967	317393	326440	140472	358758	

接下来,具体分析三大城市北京、上海、深圳的诱发效果。在三个地区中,从列和、行和以及对角要素来看,上海的值都最大。由该地区的需求所产生的其他地区诱发额,由其他地区的需求所产生的本地区诱发额,以及该地区的需求所引发的本地区的诱发效果来看,上海的诱发效果在三城市中都是最大的。上海在三大城市中经济规模最大。北京需求对上海的生产诱发效应大于北京需求对深圳的生产诱发效应。上海需求对北京的生产

---

① 东部*代表除 北京、上海、广州、江苏、山东、浙江的东部地区。

诱发效应是比上海需求对深圳的生产诱发效应大,三城市中北京和上海的联系无疑是最强的。深圳和上海的联系要强于深圳和北京的联系。根据外国的需求,深圳的诱发额最大,其次是上海,北京。尤其值得注意的是,外国需求对深圳的生产诱发效应是外国需求对北京的生产诱发效应的 2 倍左右,但与北京和上海相比,深圳的整体经济规模较小,说明深圳与外国的联系比较强。

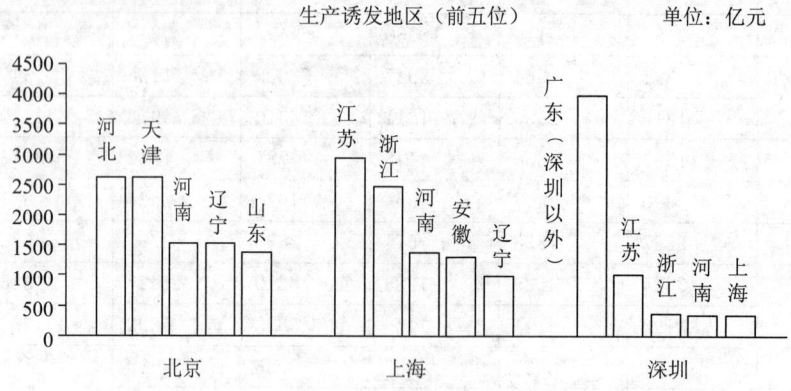

图 1 北京、上海、深圳的最终需求产生生产诱发效应(前五位)

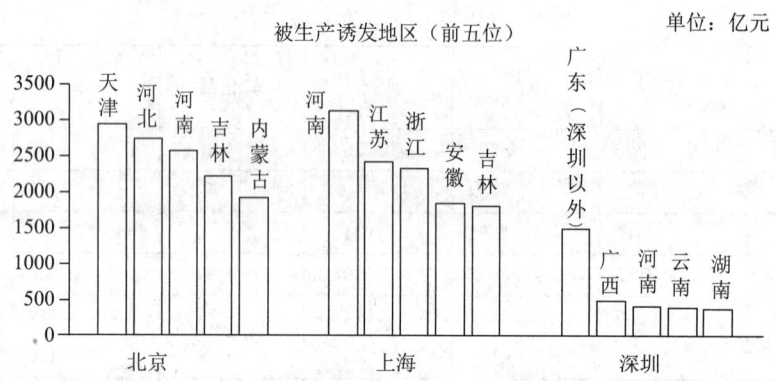

图 2 中国其他地区的最终需求对三城市产生的生产诱发效应(前五位)

图 1 是北京、上海、深圳的该地区的需求引起的其他地区诱发额前 5 位的地区。北京、上海、深圳各自的该地区需求诱发额的排第 1 位的地区分别是河北省,江苏省和广东(深圳以外)。3 个城市都是本地区的相邻地区。3 个城市都是该地区需求支撑邻近省份生产的生产诱发结构。第 2 位分别是天津市、浙江省和江苏省。第 1 位、第 2 位都是东部沿海地区的省市。第三位分别是河南省、河南省和浙江省。深圳的第五位是河南省。图 2 是中国其他各地区需求对 3 个城市的生产诱发效应前 5 位的地区。各地区的第一位分别是天津市,河南及广东(深圳以外)。第 2 位是河北省、江苏省及广西壮族自治区。第 3 位是河南省、浙江省及河南省。结合图 1 和图 2,从两组数据来看,深圳的数值总体较低。北京与河北、天津联系较强,上海与江苏、浙江联系较强,深圳与广东联系较强,可以看出,3 个城市与邻近地区之间存在着紧密的相互依赖关系。3 个城市,特别是北京和上海,与中国中部代表地区的河南省的联系较强。

接下来,分析北京、上海、深圳的需求对各地区产业的生产诱发效应。

表 5　北京、上海、深圳的最终需求诱发地区,产业生产诱发额前 20 位

	产生需求的地区及产业的次序					
	北京		上海		深圳	
诱发地区	北京	其他服务业	上海	其他服务业	深圳	其他服务业
	北京	建筑	上海	建筑	广东（深圳以外）	其他服务业
	北京	租赁和商务服务	上海	批发和零售	深圳	建筑
	北京	科学研究和技术服务	上海	租赁和商务服务	广东（深圳以外）	金属矿采选产品
	北京	批发和零售	上海	食品和烟草	广东（深圳以外）	食品和烟草
	北京	交通运输、仓储和邮政	上海	交通运输设备	广东（深圳以外）	通信设备、计算机和其他电子设备
	天津	食品和烟草	上海	化学产品	深圳	批发和零售
	北京	电力、热力的生产和供应	上海	电力、热力的生产和供应	深圳	化学产品
	北京	住宿和餐饮	上海	交通运输、仓储和邮政	深圳	电气机械和器材
	河北	食品和烟草	上海	科学研究和技术服务	深圳	电力、热力的生产和供应
	河北	金属冶炼和压延加工品	上海	通信设备、计算机和其他电子设备	广东（深圳以外）	电力、热力的生产和供应
	河南	食品和烟草	上海	金属冶炼和压延加工品	江苏	建筑
	辽宁	食品和烟草	上海	电气机械和器材	深圳	造纸印刷和文教体育用品
	北京	通信设备、计算机和其他电子设备	江苏	化学产品	广东（深圳以外）	住宿和餐饮
	山东	食品和烟草	上海	通用和专用设备	深圳	交通运输、仓储和邮政
	北京	非金属矿和其他矿采选产品	上海	住宿和餐饮	深圳	纺织服装鞋帽皮革羽绒及其制品
	天津	金属冶炼和压延加工品	上海	造纸印刷和文教体育用品	广东（深圳以外）	化学产品
	北京	交通运输设备	上海	非金属矿和其他矿采选产品	江苏	化学产品
	北京	食品和烟草	河南	食品和烟草	江苏	金属冶炼和压延加工品
	内蒙古	食品和烟草	江苏	电气机械和器材	广东（深圳以外）	租赁和商务服务

首先,排在北京前 10 位的产业部门中本地区占 8 个。按照降序排列分别为其他服务

业(包括信息计算机服务、软件业、金融保险业、房地产等在内的其他服务业等。),建筑,租赁和商务服务,科学研究和技术服务,批发和零售,交通运输仓库和邮政业,电气、热力的生产和供给,以及住宿和餐饮,全部属于服务业。排在前20位的产业部门中,由北京的需求对其他地区产生的诱发效应占了8位。分别为天津市的食品和烟草业以及金属冶炼和延压加工业,河北省食品和烟草业以及金属冶炼和延压加工业,河南省、辽宁省、山东省以及内蒙古的食品和烟草业。

其次,排在上海前10位的产业部门中本地区占10个。按降序排列分别为其他服务业、建筑业、批发和零售、租赁和商务服务、食品和烟草业、交通运输设备业、化学产品、电气热力的生产和供给、交通运输仓储和邮政业以及科学研究和技术服务。前2位的产业与北京相同。前10位的产业与北京有相似性。排在前20位的产业部门中,由上海的需求对其他地区产生的生产诱发效应的产业部门仅占3位。分别是江苏省的化学产品以及电气机械和器材,河南省的食品和烟草业。

最后,排在深圳前10位的产业部门中本地区占6个。与北京和上海相比较少。按照降序排列分别为其他服务业,建筑业,批发和零售,化学产品,电气机械和器材,电气热力的生产和供给以及批发和零售。排在前20位的产业部门中,由深圳的需求诱发到其他地区产业部门占了11位。分别为广东(深圳以外)的其他服务业,金属矿采选矿业,食品和烟草业,通信设备计算机和其他电子设备制造业,电气热力的生产和供给,住宿和餐饮,化学产品工及租赁和商务服务业,以及江苏的化学产业和金属冶炼和延压加工业。

(二)出口模型分析结论

表6是根据出口模型列出的北京、上海、深圳三个城市出口产生需求的地区产业部门前20位。

表6 北京、上海、深圳的出口诱发地区,产业生产诱发额前20位

		三个城市出口产生需求的地区及产业的次序					
		北京		上海		深圳	
诱发地区	北京	科学研究和技术服务	上海	通信设备、计算机和其他电子设备	深圳	通信设备、计算机和其他电子设备
	北京	其他服务业	上海	批发和零售	广东(深圳以外)	通信设备、计算机和其他电子设备
	北京	租赁和商务服务	上海	租赁和商务服务	深圳	电气机械和器材
	北京	通信设备、计算机和其他电子设备	上海	通用和专用设备	深圳	批发和零售
	北京	交通运输、仓储和邮政	上海	其他服务业	深圳	租赁和商务服务
	北京	批发和零售	上海	化学产品	深圳	造纸印刷和文教体育用品
	北京	通用和专用设备	上海	交通运输、仓储和邮政	深圳	通用和专用设备
	北京	交通运输设备	上海	电气机械和器材	深圳	金属制品

续表

	三个城市出口产生需求的地区及产业的次序					
	北京		上海		深圳	
诱发地区	北京	住宿和餐饮	上海	交通运输设备	深圳	交通运输、仓储和邮政
	北京	电气机械和器材	上海	纺织服装鞋帽皮革羽绒及其制品	深圳	化学产品
	北京	化学产品	上海	金属冶炼和压延加工品	广东（深圳以外）	电力、热力的生产和供应
	北京	电力、热力的生产和供应	上海	金属制品	深圳	电力、热力的生产和供应
	天津	通信设备、计算机和其他电子设备	江苏	通信设备、计算机和其他电子设备	深圳	纺织服装鞋帽皮革羽绒及其制品
	天津	交通运输、仓储和邮政	上海	电力、热力的生产和供应	广东（深圳以外）	其他服务业
	北京	金属制品	上海	造纸印刷和文教体育用品	江苏	通信设备、计算机和其他电子设备
	江苏	通信设备、计算机和其他电子设备	上海	石油、炼焦产品和核燃料加工品	广东（深圳以外）	金属制品
	北京	石油、炼焦产品和核燃料加工品	江苏	化学产品	深圳	仪器仪表
	江苏	化学产品	上海	纺织品	深圳	非金属矿物制品
	天津	食品和烟草	浙江	化学产品	深圳	金属冶炼和压延加工品
	山东	化学产品	江苏	电气机械和器材	深圳	住宿和餐饮

表5和表6比较可知，与该地区的出口有密切联系的产业对地区的诱发效应会增强。首先，排在北京前10位的产业部门中本地区占10个。按降序排列分别为科学研究和技术服务，其他服务业，租赁和商务服务，通信设备、计算机和其他电子设备，交通运输、仓储和邮政，批发和零售，通用和专用设备业，交通运输设备业，住宿和餐饮，电气机械和器材。

排在前20位的产业部门中，由北京的出口对其他地区产生的诱发效应占了6位。分别为天津市的通信设备、计算机和其他电子设备和交通运输、仓储和邮政，以及食品和烟草。江苏省的通信设备、计算机和其他电子设备以及化学产品，山东省的化学产品。

其次，排在上海前10位的产业部门中本地区占10个。按照降序排列分别为，通信设备、计算机和其他电子设备、批发和零售业、租赁和商务服务、通用和专用设备业、其他服务业、化学产品，可以按交通运输、仓储和邮政，电气机械和器材、交通运输设备业、纺织服装鞋帽皮革羽绒及其制品的顺序排列。排在前20位的产业部门中，由上海的出口对其他地区产生的生产诱发效应的产业部门仅占4位。分别为江苏省的通信设备、计算机和其他电子设备、化学产品、电气机械和器材以及浙江省的化学产品。

最后，排在深圳前10位的产业部门中本地区占9个。按降序排列分别为通信设备计算机和其他电子设备、电气机械和器材、批发和零售业、租赁和商务服务、造纸印刷和文教体育用品、通用和专用设备业、金属制品、交通运输仓储和邮政、以及化学产品。排在前20位的产业部门中,由深圳的出口对其他地区产生的生产诱发效应的产业部门仅占5位。分别为广东(深圳以外)的通信设备计算机和其他电子设备、电力热力的生产和供应以及其他服务业和金属制品,以及江苏通信设备计算机和其他电子设备。

(三)假设抽取法分析结论

首先根据假设抽取法把北京,上海,深圳分别进行抽取,用来推算对各地区各产业部门的影响。

表7是分别抽取北京、上海、深圳之后该地区以外的各个地区各个产业部门的减少额的大小排序。

表7 假设抽取法结论(1)

	北京			上海			深圳	
1	天津	食品和烟草	1	江苏	化学产品	1	广东(深圳以外)	通信设备、计算机和其他电子设备
2	江苏	化学产品	2	浙江	化学产品	2	广东(深圳以外)	其他服务业
3	河北	金属冶炼和压延加工品	3	江苏	通信设备、计算机和其他电子设备	3	广东(深圳以外)	金属制品
4	天津	交通运输、仓储和邮政	4	江苏	电气机械和器材	4	江苏	通信设备、计算机和其他电子设备
5	山东	化学产品	5	浙江	纺织品	5	广东(深圳以外)	食品和烟草
6	山东	食品和烟草	6	江苏	其他服务业	6	江苏	化学产品
7	山西	煤炭采选产品	7	江苏	金属冶炼和压延加工品	7	广东(深圳以外)	化学产品
8	河北	食品和烟草	8	浙江	其他服务业	8	广东(深圳以外)	住宿和餐饮
9	天津	金属冶炼和压延加工品	9	河南	食品和烟草	9	广东(深圳以外)	金属冶炼和压延加工品
10	天津	通信设备、计算机和其他电子设备	10	山东	食品和烟草	10	福建	通信设备、计算机和其他电子设备
11	江苏	通信设备、计算机和其他电子设备	11	山西	煤炭采选产品	11	广东(深圳以外)	电力、热力的生产和供应
12	河南	食品和烟草	12	浙江	纺织服装鞋帽皮革羽绒及其制品	12	江苏	电气机械和器材
13	辽宁	食品和烟草	13	江苏	纺织品	13	江苏	金属冶炼和压延加工品
14	天津	批发和零售	14	辽宁	石油、炼焦产品和核燃料加工品	14	江苏	建筑
15	内蒙古	煤炭采选产品	15	浙江	电气机械和器材	15	浙江	化学产品

第一列是抽取北京所有产业部门后的结果,除北京之外其他地区减少额按降序排列分别为天津的食品和烟草业,江苏的化学产品,河北的金属冶炼和压延加工品,天津的交通运输、仓储和邮政等。第二列是抽取上海所有产业部门后的结果,除上海之外其他地区减少额按降序排列分别为江苏的化学产品,浙江的化学产品,江苏的通信设备、计算机和其他电子设备,江苏的电气机械和器材等。第三列是抽取深圳所有产业部门后的结果,除深圳之外其他地区减少额按降序排列分别为广东(深圳以外)的通信设备、计算机和其他电子设备,其他服务业,金属制品业、江苏的通信设备、计算机和其他电子设备等。

然后分别对北京、上海、深圳的通信设备、计算机和其他电子设备产业部门进行抽取,计算减少额合计,其中北京的减少总额为3486亿元,上海为4345亿元,深圳为5902亿元。

表8是分别抽取北京、上海、深圳通信设备、计算机和其他电子设备之后,各个地区各个产业部门的减少额的大小排序。

表8 假设抽取法结论(2)

	北京			上海			深圳	
1	天津	通信设备、计算机和其他电子设备	1	江苏	通信设备、计算机和其他电子设备	1	广东(深圳以外)	通信设备、计算机和其他电子设备
2	江苏	通信设备、计算机和其他电子设备	2	上海	批发和零售	2	深圳	电气机械和器材
3	北京	批发和零售	3	上海	其他服务业	3	江苏	通信设备、计算机和其他电子设备
4	深圳	通信设备、计算机和其他电子设备	4	江苏	化学产品	4	深圳	批发和零售
5	江苏	化学产品	5	上海	专用和通用设备	5	深圳	其他服务业
6	上海	通信设备、计算机和其他电子设备	6	上海	电气机械和器材	6	深圳	交通运输、仓储和邮政
7	广东(深圳以外)	通信设备、计算机和其他电子设备	7	上海	化学产品	7	深圳	专用和通用设备
8	天津	批发和零售	8	深圳	通信设备、计算机和其他电子设备	8	福建	通信设备、计算机和其他电子设备
9	北京	其他服务业	9	江苏	电气机械和器材	9	深圳	化学产品
10	天津	化学产品	10	上海	租赁和商务服务	10	深圳	电力、热力的生产和供应
11	福建	通信设备、计算机和其他电子设备	11	福建	通信设备、计算机和其他电子设备	11	江苏	化学产品
12	江苏	电气机械和器材	12	浙江	通信设备、计算机和其他电子设备	12	上海	通信设备、计算机和其他电子设备
13	北京	租赁和商务服务	13	广东(深圳以外)	通信设备、计算机和其他电子设备	13	深圳	金属冶炼和压延加工品
14	江苏	金属冶炼和压延加工品	14	江苏	金属冶炼和压延加工品	14	深圳	租赁和商务服务
15	北京	电力、热力的生产和供应	15	上海	电力、热力的生产和供应	15	深圳	造纸印刷和文教体育用品

第一列是抽取北京的通信设备、计算机和其他电子设备产业部门的结果,减少额按降序排列分别为天津的通信设备、计算机和其他电子设备,江苏的通信设备、计算机和其他电子设备,北京的批发和零售业,深圳通信设备、计算机和其他电子设备等。第二列是抽取上海的通信设备、计算机和其他电子设备产业部门的结果,减少额按降序排列分别为江苏的通信设备、计算机和其他电子设备,上海的批发和零售业,上海其他服务业,江苏化学产品等。第三列是抽取深圳通信设备、计算机和其他电子设备产业部门的结果,减少额按降序排列分别为广东(深圳以外)的通信设备、计算机和其他电子设备,深圳的电气机械和器材,江苏的通信设备、计算机和其他电子设备、深圳的批发和零售业等。

五、结论

本文基于 MI 等(2017)作成的 2012 年中国 30 个区域间投入产出表,并使用深圳市 2012 年投入产出表。从区域间表内将深圳进行分离,以京沪深 3 个城市为中心,分析了中国全体地区间的相互依赖关系。根据通常使用的地区间投入产出模型、出口模型以及假设抽取法进行分析,得到以下结论。

第一,北京、上海以及深圳由该地区的需求所产生的其他地区诱发额,由其他地区的需求所产生的本地区诱发额,以及该地区的需求所引发的本地区的诱发效果来看,上海的诱发效果在三城市中都是最大的。上海在三大城市中经济规模最大。且对其他两个城市进行生产诱发的地区间关系中,处于盈余的有利地位。

第二,三城市中北京和上海的经济联系较强。深圳和上海的经济联系要强于深圳和北京的联系。由外国的需求所产生的诱发额,深圳最大,其次为上海,北京。深圳的整体经济规模较小,但与外国的经济联系较强。

第三,北京与河北、天津经济联系较强,上海与江苏、浙江经济联系较强,深圳与广东经济联系较强,可以看出,3 个城市与邻近地区之间存在着紧密的相互依赖关系。3 个城市,特别是北京和上海,与中国中部代表地区的河南省的经济联系较强。

第四,从北京,上海,深圳最终需求对各地区产业的生产诱发效应来看,北京和上海的前 10 位几乎都是对本地区的影响,且具有相似性。深圳的前 10 位中,对本地区的波及效果有 6 位。北京前 10 位几乎都属于其他服务业等三次产业。上海前 10 位中,食品和烟草、交通运输设备和化学产品这 3 个二次产业以外都属于三次产业。深圳前 10 位中,有 3 个是广东(深圳以外)的金属矿采选产品、食品和烟草与通信设备、计算机和其他电子设备的二次产业,其余的为本地区及广东(深圳以外)的 7 个三次产业。

第五,从北京、上海、深圳各自的出口对各地区产业的生产诱发效应来看,三城市的前十位基本都是对本地区的波及效果。北京的前三位是对本地区的科研事业和其他服务业以及租赁、商业服务业。上海的前三位是本地区通信设备、计算机和其他电子设备、批发和零售以及租赁和商务服务。深圳的前三位是本地区以及广东(深圳以外)的通信设备、计算机和其他电子设备,和本地区的电气机械和器材业。

第六,根据假设抽取法,抽取通信设备、计算机和其他电子设备时,三城市中深圳引起的减少额最大,其次是上海,北京。比起深圳与上海,北京对本地区以及其他地区各产业部门的减少额较大部门主要集中在其他地区产业部门。

参考文献

[1] 吴三忙,陈炜明,李善同. 京津冀经济区内外部经济联系研究—基于地区间投入产出模型的分析. 区域经济评论,2016(3):61—68.

[2] 吴畏. 我国最终需求与总产出的诱发依存分析—基于中国1997,2002,2005年投入产出表. 工业技术经济,2008,27(12):105—109.

[3] 黄素心,王春雷. 产业部门重要性测算:基于假设抽取法的实证. 统计与决策,2011(9):1—6.

[4] 姚愉芳,陈杰,张晓梅. 京津冀地区间经济影响及溢出和反馈效应分析. 城市与环境研究,2016(1):1—14.

[5] 石敏俊,张卓颖. 中国省区间投入产出模型与区域经济联系. 北京科学出版社,2008.

[6] 蒋雪梅. 地区投入产出模型及其应用. 北京科学出版社,2017.

[7] 向荣美,孟美菊. 地区投入产出模型扩展研究. 西南财经大学出版社,2015.

[8] 秋田隆裕,川村和美. 中国地域産業連関表にみる東北三省対その他の地域の相互依存関係. Erina Report,1997(19):35—39.

[9] 居城琢. 関東地域における地域間分業関係の分析—2000年関東地域間産業連関表の作成と東京・神奈川が関東地域やその他地域に及ぼす生産誘発効果の検討—. 流通経済 大学論集,2012,47(3):95—114.

[10] 居城琢,俞靚侃. 日本関東と中国沿海各 地域間の分業構造—2002年日本18地域中国30地域を区分した地域間国際産業連関表の作成と応用. 横浜国際社会科学研究,2016,21(1,27):21—46.

[11] 居城琢,馮程. 地域日系企業を分離することによる日系地域経済が受ける影響分析—北京の日系企業を分離した日中地域間国際産業連関表の作成と応用. 横浜国際社会科学研究,2017,22(1,2):1—20.

[12] 居城琢,大島啓人. みなとみらい21・横浜都心を区分した全国7地域間産業連関表と分析—横浜都心と川崎・東京・その他神奈川との関係を中心に—. 横浜国際社会科学研究,2019,23(3):1—14.

[13] 宇多賢治郎. 中国地域間の生産誘発分析. 産業連関,2005,13(1):26—51.

[14] 岡本信広. 中国の地域経済—空間構造と相互依存. 日本評論社,2012.

[15] 王在喆. 中国経済の地域構造および地域間相互依存関係—2002年中国地域間産業連関表に基づく実証分析—要旨,2007:115—162.

[16] 王在喆,山田光男. 上海・中国・日本の国際産業連関構造に関する一考察—2007年日中国産業連関表による. 経済学季報,2014,63(4):73—118.

[17] 長谷部勇一,藤川 学,シュレスタ,ナゲンドラ. 東アジアにおける経済構造変化とカーボンリーケージ—2005年アジア国際産業連関表の推計をふまえて—. 経済研究. 一橋大学経済研究所,2012,63(2).

[18] 宮川幸三,王在喆,西津伸一郎. 中国上海地域と日本との国際産業連関構造—2007年規模別日本・中国・上海国際地域 産業連関表による実証分析—. 立正大学経済学季報,2015,64(4):85—107.

[19] 郭佳寧,居城琢. 大連市と遼寧省における地域間産業連関効果の研究—大連市を分離した2007年及び2012年大連市とその他遼寧省 地域間産業連関表の作成と比較分析—. 横浜国際社会科学研究,2019,23(4):51—70.

[20] 馬桂芸. 中国における産業連関分析に関する一考察—地域内及び地域間分析を中心に. 桃山学院大学経済経営論集,2006,48(1):45—71.

[21] 雪合来提,馬合木提. 新疆ウイグル自治区を編入した中国9地域間産業連関表の作成. 調査と研究(京都大学),2004(29):54—66.

[22] Duarte R, Sanchez-Choliz, J, Bielsa J. Water Use in the Spanish Economy: An Input-Output Approach. *Ecological Economics*, 2002(42).

[23] Zhifu Mi, Jing Meng, Dabo Guan, Yuli Shan, Malin Song, Yi-Ming Wei, Zhu Liu, Klaus Hubacek. Chinese CO2 emission flows have reversed since the global financial crisis. *Nature Communications*. 2017(8):1712. DOI: 10.1038/s41467-017-01820-w.

[24] Schultz S. Approaches to Identifying Key Sectors Empirically by Means of Input-Output Analysis. *Journal of Development Studies*, 1977(33).

统计资料

中国 2012 年 42 部门投入产出表　国家统计局
北京 2012 年 42 部门投入产出表　北京统计局
上海 2012 年 42 部门投入产出表　上海统计局
深圳 2012 年 42 部门投入产出表　深圳统计局
China's 2012 MRIO for 30 provinces and 30 sectors

附表 1　30 产业部门分类

编号	产业部门分类	编号	产业部门分类
1	农林牧渔产品和服务	16	通用和专用设备
2	煤炭采选产品	17	交通运输设备
3	石油和天然气开采产品	18	电气机械和器材
4	金属矿采选产品	19	通信设备、计算机和其他电子设备
5	非金属矿和其他矿采选产品	20	仪器仪表
6	食品和烟草	21	其他制造产品
7	纺织品	22	电力、热力的生产和供应
8	纺织服装鞋帽皮革羽绒及其制品	23	燃气和水的生产和供给
9	木材加工品和家具	24	建筑
10	造纸印刷和文教体育用品	25	批发和零售
11	石油、炼焦产品和核燃料加工品	26	交通运输、仓储和邮政
12	化学产品	27	住宿和餐饮
13	非金属矿物制品	28	租赁和商务服务
14	金属冶炼和压延加工品	29	科学研究和技术服务
15	金属制品	30	其他服务业

作者简介：

郭佳宁，横滨国立大学国际社会科学府博士课程；居城琢，横滨国立大学国际社会科学院教授。

京津冀地区间产业隐含能、隐含碳及隐含增加值流动

——基于2017年京津冀地区间投入产出表的分析

于浩杰　张铁军　唐志鹏　王　滨　郑晓光　束映川

摘要：基于2017年京津冀地区间投入产出表数据，定量分析了京津冀地区间隐含能、隐含碳、隐含增加值的空间流动。研究结果显示：天津、河北两地为满足北京市中间以及最终需求所产生的能源消费与碳排放量较高，相当于承接了北京高耗能、高污染制造业转移，在促进经济增长的同时也增加了本地生产的能源消费和碳排放总量。北京从京津冀地区内贸易中获得的经济收益主要集中于服务业部门，而天津和河北却分散分布于服务业、重制造业、能源工业和轻制造业等多个部门。目前北京对京津冀地区经济辐射引领作用仍然不够显著，因此积极推进京津冀互利共赢，北京还需要加快疏解非首都功能的相关产业。

关键词：隐含能　碳排放　流动　产业结构　京津冀地区间投入产出表

一、引言

产业作为支撑区域经济增长载体，与区域的可持续发展密切相关。同时产业作为能源消费和碳排放的承载体，也影响着所在区域的能源消费、环境保护和经济增长。从产业发展与相伴相生的能源消费、碳排放和增加值来看，商品贸易的流通也意味着商品生产过程中的能源消费、碳排放和增加值也发生着空间转移。隐含能（embodied energy）和隐含碳（embodied carbon）概念的提出为全面核算贸易商品中的能源消费和碳排放提供了科学依据。信息化时代的到来，伴随着交通运输条件的大规模改善以及信息技术的广泛应用，生产专业化程度得到进一步提高，产业链跨区域愈加普及，分散在全球各地生产"片段"都被整合到不同空间尺度的生产网络中。在经济全球化的今天，每个地区的发展都不可避免的留着来自其他地区的"痕迹"，地区间相互依赖相互作用已经成为区域发展重要的影响因素。京津冀行政单元地理边界相邻，但地区发展差异较大，2015年党中央审议通过了《京津冀协同发展规划纲要》。《纲要》在2020年目标中明确提出京津冀"协同发展、互利

共赢新局面"。

与此同时,在京津冀经济一体化不断加深的背景下,基于北京市首都定位的需要,北京市一批非首都功能的产业陆续疏解,而天津与河北两地为提升经济发展水平和促进就业,也承接了北京大量的制造业转移。产业转移一定程度上减少了北京市本地的能源消费与碳排放,但可能加剧了河北与天津等周边地区的能源消费与碳排放,产生了能源消费和碳排放转移。因此,如何在以首都核心功能发展为主导的框架下,通过疏解非首都功能的产业达到互利共赢的协同发展?通过京津冀地区间产业隐含能、隐含碳及隐含增加值流动分析,有助于北京与周边地区建立良性互动的分工协作关系,这也有助于人口密集地区的空间优化,实现京津冀地区的健康发展。学者们对京津冀地区产业结构及其优化开展了研究,如戴宏伟研究了大北京经济圈的产业梯度转移与结构优化,阮平南和曾丽娜探讨了北京市的制造业结构优化问题,吴华煜则分析了外商直接投资对京津冀产业结构优化的影响。近年来也有部分文献对京津冀地区的资源环境问题进行了特别关注。如庞军等人通过研究发现,就碳排放而言,河北省为利益受损方。目前虽然已有大量文献对地区间资源流动问题进行了关注,但是这些研究成果对京津冀能源、碳排放和增加值采用的数据较老,得到的分析结果可能存在严重的滞后。本文采用北京市统计局与中科院地理所联合编制的2017年京津冀地区间投入产出表,该表应该是目前有关京津冀地区间表中最新的数据。根据最新的京津冀地区间投入产出表数据,本文定量分析了2017年京津冀地区间产业的隐含能、隐含碳和隐含增加值流动结构,为京津冀地区进一步优化整个大区域的产业结构优化,实现互利共赢提供有益的建议。

二、数据来源与研究方法

(一)数据来源

为了更好地编制地区间投入产出表,北京、天津、河北统计部门在2017年全国投入产出调查中增加了反映三地间流入流出情况的调查指标,取得了京津冀三地流入流出(包括对国内其他省市和国外地区)的行业调查数据。结合地区投入产出表的结构,完成了2017年京津冀地区间投入产出表的编制。在部门划分时,主要根据京津冀2017年行业流入流出调查数据对原有42部门进行了合并,将国民经济统一划分为37个部门(表1)。能源消费数据来源于《北京统计年鉴2018》《天津统计年鉴2018》《河北经济年鉴2018》《中国统计年鉴2018》以及《中国能源消费年鉴2019》。二氧化碳排放数据根据IPCC对京津冀分品种的能源消费作了核算,增加值数据则直接采用2017年京津冀地区间投入产出表中数据。

表1 京津冀国民经济部门的编号及名称

编号	部门名称	编号	部门名称
1	农林牧渔产品和服务	5	非金属矿和其他矿采选产品
2	煤炭采选产品	6	食品和烟草
3	石油和天然气开采产品	7	纺织品及其制品
4	金属矿采选产品	8	木材加工、造纸及文体用品

续表

编号	部门名称	编号	部门名称
9	石油、炼焦产品和核燃料加工品	24	批发和零售
10	化学产品	25	交通运输、仓储和邮政
11	非金属矿物制品	26	住宿和餐饮
12	金属冶炼和压延加工品	27	信息传输、软件和信息技术服务
13	金属制品	28	金融
14	通用和专用设备	29	房地产
15	交通运输设备	30	租赁和商务服务
16	电气机械和器材	31	科学研究和技术服务
17	通信设备、计算机和其他电子设备	32	水利、环境和公共设施管理
18	仪器仪表	33	居民服务、修理和其他服务
19	其他制造产品和废品废料、金属制品、修理服务	34	教育
20	电力、热力的生产和供应	35	卫生和社会工作
21	燃气生产和供应	36	文化、体育和娱乐
22	水的生产和供应	37	公共管理、社会保障和社会组织
23	建筑		

(二)研究方法

地区间投入产出表的编制是在地区投入产出表的基础上完成衔接,能够较为全面、准确的估算京津冀地区间不同行业的贸易流量,反映地区之间产业的关联,目前已成为研究地区间产业结构优化的重要工具。根据多区域投入产出表中的行向平衡关系,可以表示为:

$$\begin{bmatrix} A^{AA} & A^{AB} & \cdots & A^{AR} \\ A^{BA} & A^{BB} & \cdots & A^{BR} \\ \vdots & \vdots & \ddots & \vdots \\ A^{RA} & A^{RB} & \cdots & A^{RR} \end{bmatrix} \begin{bmatrix} X^A \\ X^B \\ \vdots \\ X^R \end{bmatrix} + \begin{bmatrix} Y^{AA}+Y^{AB}+\cdots+Y^{AR} \\ Y^{BA}+Y^{BB}+\cdots+Y^{BR} \\ \vdots \\ Y^{RA}+Y^{RB}+\cdots+Y^{RR} \end{bmatrix} = \begin{bmatrix} X^A \\ X^B \\ \vdots \\ X^R \end{bmatrix} \quad (1)$$

其中 Y^{ST} 表示第 S 个国家(或地区)流向第 T 个国家或地区 N 个产业部门的 $N\times1$ 维最终需求矩阵;X^S 表示第 S 个国家(或地区)的 $N\times1$ 维总产出列向量,$\hat{X}^S$ 表示由第 S 个国家(或地区)各部门总产出构成的对角阵,令 Z^{ST} 表示第 S 个国家(或地区)对第 T 个国家或地区各产业部门的中间投入矩阵,它是一个 $N\times N$ 维矩阵($S,T=1,2,\cdots,R$);则 $A^{ST}=Z^{ST}\cdot(\hat{X}^T)^{-1}$ 表示第 T 个国家(或地区)各部门生产单位产品对第 S 个国家(或地区)各部门产品的直接消耗系数矩阵。将(1)式展开,整理可得:

$$X^S=(I-A^{SS})^{-1}\left[\sum_{\substack{T=1\\T\neq S}}^{N}(A^{ST}X^T+Y^{ST})+Y^{SS}\right] \quad (S,T=1,2,\cdots,R) \quad (2)$$

基于环境投入产出分析框架,令 e^S 表示第 S 个区域的能源消费系数,它是由第 S 个区域 N 个产业部门单位产出的能源消费量为元素构成的行向量,$\hat{e}^S$ 为 e^S 的对角化矩阵。

根据(2)式,可得到为满足第 T 个区域中间需求和最终需求所引起的第 S 个区域向第 T 个区域的隐含能流动列向量 E^{ST} 为:

$$E^{ST} = \hat{e}^S (I - A^{SS})^{-1} (A^{ST} X^T + Y^{ST}) \tag{3}$$

同样,在(3)式中分别引入第 S 个区域的碳排放系数 c^S 和增加值系数 v^S,得到为满足第 T 个区域中间需求和最终需求所引起的第 S 个区域向第 T 个区域的隐含碳和隐含增加值流动的列向量 C^{ST}、V^{ST} 分别为:

$$C^{ST} = \hat{c}^S (I - A^{SS})^{-1} (A^{ST} X^T + Y^{ST}) \tag{4}$$

$$V^{ST} = \hat{v}^S (I - A^{SS})^{-1} (A^{ST} X^T + Y^{ST}) \tag{5}$$

其中,式(3)—(5)中得到 $N \times 1$ 维列向量元素即为所在产业部门在两个地区的隐含能、隐含碳和隐含价值流动量。其中,i 产业部门由第 S 个区域向第 T 个区域的隐含能、隐含碳及隐含增加值流动占第 S 个区域向第 T 个区域流动总量的占比分别依次为:

$$\alpha_i = \frac{E_i^{ST}}{\sum_i E_i^{ST}} \tag{6}$$

$$\beta_i = \frac{C_i^{ST}}{\sum_i C_i^{ST}} \tag{7}$$

$$\gamma_i = \frac{V_i^{ST}}{\sum_i V_i^{ST}} \tag{8}$$

三、结果分析

(一)京津冀地区间隐含能源流动分析

从2017年京津冀地区间隐含能流动总量上看(图1),河北的能源流出总量要远远高于天津和北京,这与河北省土地、人力、矿产等资源丰富有关,河北省作为北京、天津的能

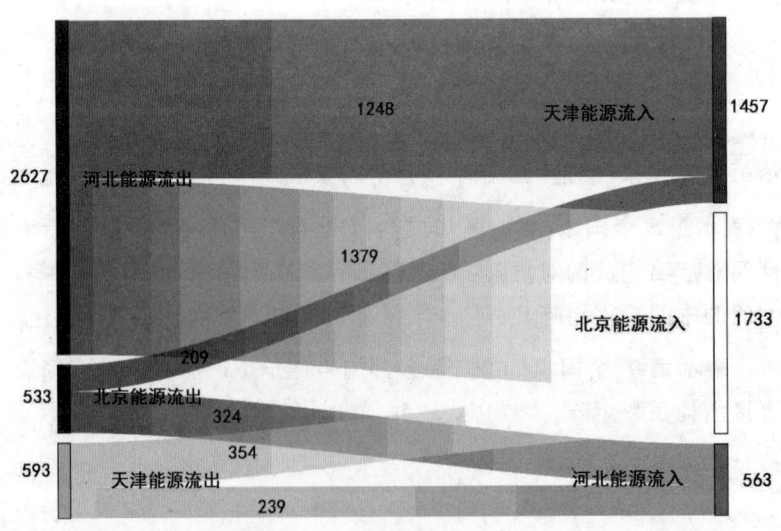

图1 2017年京津冀地区间隐含能的流动关系图(单位:吨标煤)

源和原材料生产腹地产生了大量的能源消费。北京与天津相对于河北而言,经济发达、技术人才密集、创新能力强,技术密集型产业发展优势明显,中间需求和最终需求导致河北省在三地产品流动时隐含能大量流出。从京津冀三地隐含能的内部流动关系来看,河北隐含能较为均衡地流向北京与天津,即北京和天津对河北能源消费拉动数量级大致差不多。2017年天津向北京流出的隐含能约为354万吨标煤,天津向河北流出的隐含能约为239万吨标煤,而北京向天津流出的隐含能约为209万吨标煤,北京向河北流出的隐含能约为323万吨标煤,总体而言,河北是三地隐含能的净流出地,北京则是三地隐含能的净流入地。

表2 2017年京津冀地区间隐含能源流动的分部门占比

单位:%

	北京—天津	北京—河北	天津—北京	天津—河北	河北—北京	河北—天津
农林牧渔产品和服务	3.35	3.83	3.27	3.79	1.75	2.05
煤炭采选产品	0	0	0.03	0.03	4.73	6.54
石油和天然气开采产品	0	0	1.49	1.94	0.56	0.50
金属矿采选产品	0	2.34	0.13	0.26	0.53	1.32
非金属矿和其他矿采选产品	0.02	0.02	0.64	0.69	0.30	0.11
食品和烟草	2.60	2.08	7.58	9.02	0.43	0.82
纺织品及其制品	0.50	0.75	1.87	2.49	0.09	0.18
木材加工、造纸及文体用品	0.93	1.70	3.97	2.90	0.73	0.59
石油、炼焦产品和核燃料加工品	5.20	2.78	4.49	5.21	8.41	4.75
化学产品	4.66	7.63	8.45	9.10	4.31	4.11
非金属矿物制品	2.89	4.43	1.51	1.85	5.87	4.42
金属冶炼和压延加工品	0.41	0.61	6.33	9.22	29.49	37.82
金属制品	0.32	0.39	2.62	2.36	0.30	0.29
通用和专用设备	0.56	0.54	3.23	2.76	0.23	0.35
交通运输设备	0.57	0.58	6.07	7.66	0.18	0.23
电气机械和器材	0.41	0.72	3.29	2.59	0.13	0.14
通信设备、计算机和其他电子设备	1.23	0.73	4.75	2.80	0.08	0.06
仪器仪表	0.08	0.06	0.67	0.53	0.01	0.01
其他制造产品和废品废料、金属制品、修理服务	0.27	0.36	1.00	1.08	0.16	0.14
电力、热力的生产和供应	2.89	3.57	7.62	7.18	22.44	23.71
燃气生产和供应	4.86	3.51	0.67	0.96	0.44	0.15
水的生产和供应	2.40	2.74	0.56	0.52	0.05	0.05
建筑	1.37	1.65	3.84	1.51	0.38	0.96
批发和零售	3.81	4.14	3.21	3.11	2.32	2.57

续表

	北京—天津	北京—河北	天津—北京	天津—河北	河北—北京	河北—天津
交通运输、仓储和邮政	28.41	27.53	9.64	9.22	12.34	4.74
租赁和商务服务	4.21	3.94	2.59	1.73	0.51	0.33
住宿和餐饮	6.68	6.06	1.88	1.82	0.61	0.70
信息传输、软件和信息技术服务	2.21	2.34	1.02	0.74	0.17	0.14
金融	1.42	1.10	2.47	2.32	1.01	0.97
房地产	9.92	7.97	1.51	0.99	0.32	0.43
科学研究和技术服务	1.19	1.27	1.09	0.47	0.16	0.13
水利、环境和公共设施管理	0.37	0.25	0.04	0.04	0.05	0.02
居民服务、修理和其他服务	0.66	0.65	1.36	1.72	0.68	0.34
教育	4.01	2.65	0.30	0.36	0.05	0.13
卫生和社会工作	1.07	0.70	0.41	0.60	0.04	0.14
文化、体育和娱乐	0.44	0.31	0.38	0.39	0.02	0.02
公共管理、社会保障和社会组织	0.09	0.06	0.04	0.04	0.10	0.04

从分产业部门来看（表2），北京流向天津的产业部门隐含能占比最高的前五个部门依次为交通运输仓储和邮政、房地产、住宿和餐饮、石油炼焦产品和核燃料加工品、燃气生产和供应；北京流向河北的产业部门隐含能占比最高的前五个部门为交通运输仓储和邮政、房地产、化学产品、住宿和餐饮、非金属矿物制品；天津流向北京的产业部门隐含能流动占比最高的前五个部门为交通运输仓储和邮政、化学产品、电力热力的生产和供应、食品和烟草、金属冶炼和压延加工品；天津流向河北的产业部门隐含能占比最高的前五个部门为交通运输仓储和邮政、金属冶炼和压延加工品、化学产品、食品和烟草、交通运输设备；河北流向北京的产业部门隐含能占比最高的前五个部门为金属冶炼和压延加工品、电力热力的生产和供应、交通运输仓储和邮政业、石油炼焦产品和核燃料加工品业、非金属矿物制品业；河北流向天津的产业部门隐含能占比最高的前五个部门为金属冶炼和压延加工品、电力热力的生产和供应、煤炭采选产品、石油炼焦产品和核燃料加工品、交通运输仓储和邮政。北京流向天津与河北隐含能最大的部门主要集中在服务业，包括交通运输仓储和邮政与房地产，天津流向北京与河北隐含能最大的部门主要集中在制造业，如化学产品与金属冶炼和压延加工品，而河北流向北京与天津隐含能最大的部门主要集中在重工业，如电力热力的生产和供应与金属冶炼和压延加工品。

（二）京津冀地区间隐含碳的流动分析

从2017年京津冀地区间隐含碳流动总量来看（图2），河北的隐含碳的流出量要远高于天津和北京，这个结果主要与三个地区的经济结构与产业结构高度相关。北京制造业和农业产品大量依赖于外区（特别是河北和天津），加之北京非首都功能疏解的大量外迁产业多是高能耗产业，这在维持北京经济增长的同时也实现了本地碳排放的降低，故北京

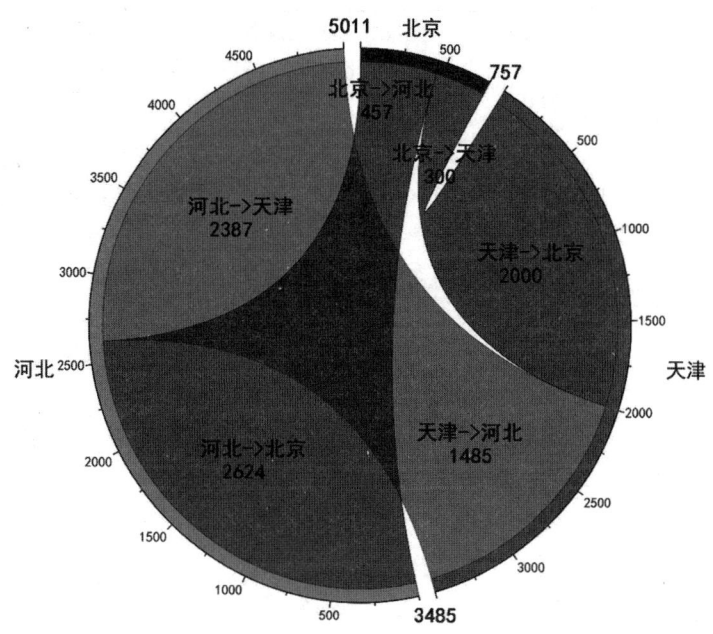

图2 2017年京津冀地区间隐含碳的流动关系图(单位:万吨)

流向天津与河北的隐含碳相对最低;天津工业体系相对完备,航空航天、装备制造等高端制造和石油化工等重化工并重,商贸物流基础雄厚,外贸经济发达,加之承接了部分北京的产业外迁,因此,为了满足北京中间需求和最终需求所导致天津隐含能源、隐含碳流向北京总量也相对较高。从京津冀地区内部的隐含碳流动的关联角度来看,北京市中间需求和最终需求对天津、河北的碳排放拉动总量仍然非常高,对河北尤其如此。北京市中间需求和最终需求拉动河北碳排放量高达2624万吨。这充分说明随着北京市非首都功能产业外迁和能源结构的大力调整在一定程度上虽然降低了北京本地生产端的碳排放,但却将更多的碳排放转移至天津和河北,进而加大了这两个地区的减排压力。

表3 2017年京津冀地区间隐含碳流动的分部门占比

单位:%

	北京—天津	北京—河北	天津—北京	天津—河北	河北—北京	河北—天津
农林牧渔产品和服务	3.70	4.29	0.98	1.03	1.53	1.78
煤炭采选产品	0	0	0	0	4.90	6.73
石油和天然气开采产品	0	0	0.21	0.25	0.58	0.51
金属矿采选产品	0	1.74	0.09	0.17	0.54	1.36
非金属矿和其他矿采选产品	0.02	0.03	1.36	1.34	0.32	0.12
食品和烟草	1.76	1.43	11.73	12.69	0.45	0.85
纺织品及其制品	0.35	0.53	0.28	0.33	0.09	0.18
木材加工、造纸及文体用品	0.63	1.17	0.86	0.57	0.76	0.61

续表

	北京—天津	北京—河北	天津—北京	天津—河北	河北—北京	河北—天津
石油、炼焦产品和核燃料加工品	3.53	1.92	21.32	22.46	8.69	4.88
化学产品	3.17	5.28	42.63	41.70	4.45	4.23
非金属矿物制品	1.97	3.07	0.50	0.56	6.08	4.55
金属冶炼和压延加工品	0.29	0.44	5.01	6.64	30.50	38.90
金属制品	0.22	0.27	0.31	0.25	0.32	0.30
通用和专用设备	0.38	0.38	0.32	0.25	0.24	0.36
交通运输设备	0.38	0.40	1.32	1.52	0.19	0.24
电气机械和器材	0.28	0.50	0.26	0.18	0.14	0.15
通信设备、计算机和其他电子设备	0.83	0.50	0.21	0.11	0.08	0.06
仪器仪表	0.06	0.05	0.11	0.08	0.01	0.01
其他制造产品和废品废料、金属制品、修理服务	0.18	0.24	0.24	0.23	0.16	0.14
电力、热力的生产和供应	1.96	2.46	3.16	2.71	23.21	24.38
燃气生产和供应	3.29	2.42	0	0.01	0.45	0.16
水的生产和供应	1.61	1.86	0.28	0.24	0.05	0.05
建筑	1.59	1.95	1.34	0.48	0.22	0.56
批发和零售	3.79	4.18	0.86	0.76	1.78	1.95
交通运输、仓储和邮政	38.05	37.45	3.17	2.76	11.41	4.36
住宿和餐饮	6.60	6.08	0.50	0.44	0.47	0.53
信息传输、软件和信息技术服务	2.19	2.35	0.27	0.18	0.13	0.11
金融	1.41	1.11	0.65	0.56	0.78	0.74
房地产	9.84	8.03	0.40	0.24	0.24	0.32
租赁和商务服务	4.18	3.97	0.68	0.41	0.39	0.25
科学研究和技术服务	1.18	1.28	0.29	0.11	0.12	0.10
水利、环境和公共设施管理	0.36	0.25	0.01	0.01	0.04	0.01
居民服务、修理和其他服务	0.64	0.65	0.36	0.41	0.52	0.26
教育	3.98	2.67	0.08	0.09	0.04	0.10
卫生和社会工作	1.05	0.70	0.11	0.14	0.03	0.11
文化、体育和娱乐	0.44	0.32	0.10	0.09	0.02	0.02
公共管理、社会保障和社会组织	0.09	0.07	0.01	0.01	0.08	0.03

从分产业部门(表3)来看,北京流向天津的产业部门隐含碳占比最高的前五个部门为交通运输仓储和邮政、房地产、住宿和餐饮、石油炼焦产品和核燃料加工品、租赁和商务服务;北京流向河北的产业部门隐含碳占比最高的前五个部门为交通运输仓储和邮政、房地产、住宿和餐饮、化学产品、农林牧渔产品和服务;天津流向北京的产业部门隐含碳占比最高的前五个部门为化学产品、石油炼焦产品和核燃料加工品、食品和烟草、金属冶炼和压

延加工品、交通运输仓储和邮政;天津流向河北的产业部门隐含碳占比最高的前五个部门为化学产品、石油炼焦产品和核燃料加工品、食品和烟草、金属冶炼和压延加工品、交通运输仓储和邮政;河北流向北京的产业部门隐含碳占比最高的前五个部门为金属冶炼和压延加工品、电力热力的生产和供应、交通运输仓储和邮政、石油炼焦产品和核燃料加工品、非金属矿物制品;河北流向天津的产业部门隐含碳占比最高的前五个部门为金属冶炼和压延加工品、电力、热力的生产和供应、煤炭采选产品、石油、炼焦产品和核燃料加工品、非金属矿物制品业。

京津冀地区隐含能和隐含碳流动方向也侧面反映出三地产业竞争优势具有差异性,即:北京市的优势产业为房地产、租赁和商务服务等一些服务产业;天津的优势产业以资本技术密集型的制造业为主;河北的优势产业仍以高能耗产业为主。同时这也说明了在河北承接北京和天津的高耗能制造业转移,促进河北经济增长的同时,北京和天津也应该注重给予河北大量节能减排措施的帮助扶持。

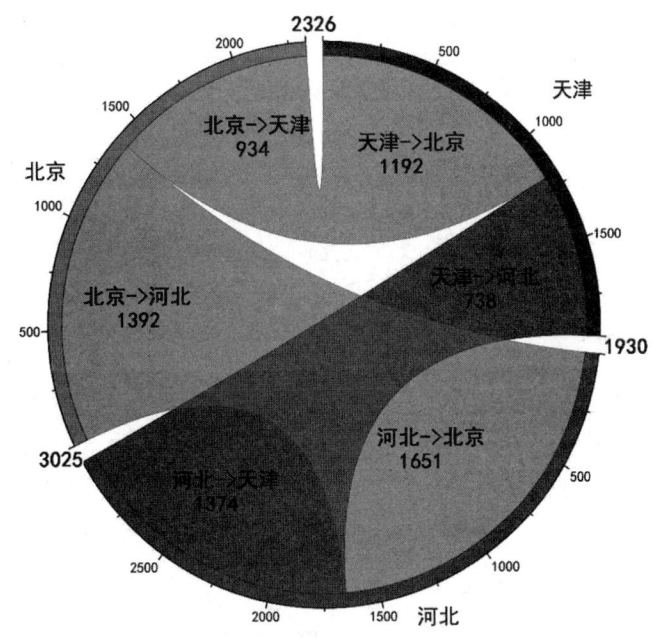

图3 2017年京津冀地区间隐含增加值的流动关系图(单位:亿元)

(三)2017年京津冀地区间隐含增加值流动的分析

相对于隐含能与隐含碳而言,2017年京津冀三地隐含增加值流动的差异较小,北京市的中间需求和最终需求拉动津冀的经济增长仅占到当年津冀经济总量的5.4%,北京市作为经济核心的辐射带动能力仍需进一步加强,天津、河北则要加深与首都的经济合作,积极对接产业转移。

表 4 2017 年京津冀地区间增加值流动的分部门占比

单位：%

	北京—天津	北京—河北	天津—北京	天津—河北	河北—北京	河北—天津
农林牧渔产品和服务	1.28	1.52	1.45	1.83	7.13	9.10
煤炭采选产品	0	0	0.02	0.02	1.19	1.78
石油和天然气开采产品	0.02	0.01	1.79	2.55	0.67	0.66
金属矿采选产品	0	1.45	0.04	0.09	1.14	3.12
非金属矿和其他矿采选产品	0.20	0.24	0.32	0.38	0.46	0.19
食品和烟草	2.03	1.68	3.01	3.91	1.25	2.57
纺织品及其制品	0.35	0.54	1.19	1.72	0.44	0.94
木材加工、造纸及文体用品	0.52	0.99	1.56	1.24	2.02	1.76
石油、炼焦产品和核燃料加工品	0.09	0.05	2.26	2.85	4.64	2.85
化学产品	4.29	7.29	3.71	4.34	3.39	3.51
非金属矿物制品	0.56	0.90	0.53	0.71	2.81	2.30
金属冶炼和压延加工品	0.07	0.10	0.99	1.57	5.54	7.71
金属制品	0.17	0.22	0.58	0.57	1.46	1.53
通用和专用设备	0.78	0.78	1.23	1.15	1.28	2.09
交通运输设备	0.99	1.06	2.39	3.28	1.25	1.73
电气机械和器材	0.70	1.29	1.03	0.88	0.74	0.88
通信设备、计算机和其他电子设备	1.04	0.64	1.31	0.84	0.59	0.49
仪器仪表	0.19	0.15	0.26	0.22	0.12	0.15
其他制造产品和废品废料、金属制品、修理服务	0.50	0.70	0.46	0.54	0.62	0.60
电力、热力的生产和供应	1.37	1.75	3.32	3.41	4.15	4.76
燃气生产和供应	0.65	0.48	0.22	0.35	1.28	0.49
水的生产和供应	0.52	0.62	0.30	0.30	0.12	0.12
建筑	2.83	3.54	3.73	1.60	2.14	5.84
批发和零售	9.32	10.50	7.05	7.45	7.17	8.62
交通运输、仓储和邮政	5.60	5.63	3.53	3.68	21.15	8.82
住宿和餐饮	2.32	2.19	2.94	3.10	1.18	1.47
信息传输、软件和信息技术服务	7.88	8.64	4.45	3.51	1.21	1.08
金融	22.86	18.28	15.49	15.86	10.68	11.08
房地产	11.04	9.20	9.69	6.88	3.46	5.06
租赁和商务服务	8.53	8.27	8.07	5.88	2.98	2.06
科学研究和技术服务	3.86	4.27	4.38	2.05	1.13	1.01
水利、环境和公共设施管理	0.33	0.23	0.19	0.20	0.58	0.21
居民服务、修理和其他服务	1.41	1.45	6.84	9.42	4.08	2.23
教育	4.80	3.28	2.05	2.71	0.57	1.64
卫生和社会工作	1.99	1.36	1.81	2.90	0.25	0.95
文化、体育和娱乐	0.74	0.55	1.60	1.78	0.19	0.22
公共管理、社会保障和社会组织	0.15	0.12	0.20	0.24	0.95	0.38

从分产业部门(表4)来看,北京流向天津的产业部门隐含增加值(即天津对北京的增加值带动)占比最高的前五个部门为金融、房地产、批发和零售、租赁和商务服务、信息传输软件和信息技术服务;北京流向河北的产业部门隐含增加值(即河北对北京的增加值带动)占比最高的前五个部门为金融、批发和零售、房地产、信息传输软件和信息技术服务、租赁和商务服务;天津流向北京的产业部门隐含增加值(即北京对天津的增加值带动)占比最高的前五个部门为金融、房地产、租赁和商务服务、批发和零售、居民服务修理和其他服务业;天津流向河北的产业部门隐含增加值(即河北对天津的增加值带动)占比最高的前五个部门为金融、居民服务修理和其他服务、批发和零售、房地产、租赁和商务服务;河北流向北京的产业部门隐含增加值(即北京对河北的增加值带动)占比最高的前五个部门为交通运输仓储和邮政、金融、批发和零售、农林牧渔产品和服务、金属冶炼和压延加工品;河北流向天津的产业部门隐含增加值(即天津对河北的增加值带动)占比最高的前五个部门为金融、农林牧渔产品和服务、交通运输仓储和邮政、批发和零售、金属冶炼和压延加工品。从行业部门的隐含增加值分布来看,北京在京津冀地区间贸易中获得的经济收益高度集中于服务业部门,而天津和河北却分散分布于服务业、重制造业、能源工业和轻制造业等多个部门。由于首都功能定位差距,北京与天津、河北的差异短时期内很难改变,因此未来天津与河北要加强与北京市之间人才、资金和技术的流动,促进产业对接与合作。

四、结论与展望

通过 2017 年京津冀地区间投入产出表对京津冀三地隐含能、隐含碳和隐含增加值流动的定量化计算,得出相关研究结论:①北京与天津相对于河北而言,经济发达、技术人才密集、创新能力强,技术密集型产业发展优势明显,而河北省作为能源和原材料的生产腹地,在促进自身经济增长的同时也带来了隐含能和隐含碳的转移。②京津冀地区中分产业部门隐含能与隐含碳流动方向也侧面反映出三地产业的竞争优势,即:北京市房地产、租赁和商务服务等一些服务产业作为下游产业竞争优势明显;天津则资本技术密集型制造业的竞争优势较为明显;河北的优势产业仍以高能耗产业为主。③北京拉动天津、河北经济增长仅占到津冀经济总量的 5.4%,北京市作为京津冀地区的经济核心,其辐射带动能力仍需要进一步加强。

同时,由于京津冀地区的产业结构优化更大程度上受到经济发展水平、环境基础条件、资源禀赋等一系列因素的影响。因此,京津冀地区在未来产业结构布局优化时,要充分考虑三地间能源、环境、经济等多重流动因素,充分发挥好三地的比较优势,引导产业有序转移和承接,共同推进京津冀产业协同发展,具体相关政策建议如下:

(一)明确各自产业定位,错位发展产业集群

要突出京津冀地区各自的产业特色,深化各城市间的分工,进一步优化产业结构,延伸链条,加快发展大产业集群,在各城市之间形成密切的产业链体系。要集中规划建设一批各具特点的产业集聚区,形成各产业区的合理分工、优势互补的发展格局,使各城市间结合成风险共担、利益共享的经济、利益和命运共同体,成为全国乃至全球的制造业和现代服务业基地。京津冀三地之间要结合区域实际,客观分析各自比较优势和面临的制约因素,把自身放到京津冀协同发展的更大地域范围内来考虑产业分工,从而明确自身发展定位,围绕产业发展方向和目标,积极发展具有特色的跨地区产业链,构建起大区域特色产业集群,实现资源优化配置和生产要素合理流动,不断提高整个京津冀地区的产业竞争力。

京津冀协同发展就是要进一步发挥北京的科技辐射作用,促进天津、河北加快承接北京非首都功能疏解和转移的产业资源。同时,天津与河北也要主动适应京津冀产业结构调整,激活自身市场潜力,激发民营资本活力,优化产业布局,完善产业链条,打造产业集群。以三地城市功能定位为基本出发点,积极引导企业主营业务进行错位发展。如京津冀地区制造业要以北京的科技研发智力、天津的制造技术和河北的装备制造基础为优势,促进天津加大智力要素和资本要素投入,做大做强天津先进制造业并推动向"智能制造"转变,同时加快河北能源基础性原材料的产业转型升级。

(二)聚焦科技创新能力,加快三地要素融合

加快科技创新能力与产业发展能力的融合,提高京津冀地区的产业协同度,依托北京的科技和人才资源优势,加强技术研发与引进,加快形成京津冀地区创新发展的良性生态机制。同时要提高人才与产业专业的契合度和匹配度,结合城市特色形成人才聚集的产业高地,以产业需求为导向吸引不同层次的专业人才,力求产业层次与人才供给相契合,实现产业与人才的同步同向发展。完善城市服务功能,集聚劳动力要素,劳动力资源对河北省产业的集聚发展起着重要作用,相关服务功能越完善,越容易集聚劳动力。

产业结构的调整是实现既定约束环境下经济增长的重要途径之一,也是促进产业升级转型的动力之一。按照2015年《京津冀协同发展规划纲要》的要求将疏解北京的首都非核心功能,开启精准化和高端化的发展模式,进一步强化北京自身科技创新和绿色宜居的发展定位。因此,京津冀地区在未来产业结构布局优化时,要充分考虑能源、环境、经济等多重因素,在更大尺度的空间上谋求最优发展,充分发挥三地生产要素的比较优势,引导产业有序转移和承接,推进京津冀地区的协同发展。

(三)推进基础设施建设,补齐公共服务短板

京津冀地区资源的优化配置和生产要素流动离不开三地一体化基础设施建设,基础设施建设的一体化是实现京津冀资源优化配置的前提和保障,包括实现京津冀在交通、能源和通信等领域的共享和互联互通,建立起跨地区的智能化高速交通运输网络、更加经济安全的电力供应网络和综合数字化的信息通信网络。这首先需要统筹规划和实施基础设施建设,立足各城市的城镇空间结构进行谋划,通过建立半小时、一小时、两小时经济圈来促进京津冀协同发展。如在轨道交通建设上,依托北京现有近千公里的城郊铁路和近千公里的城市轨道交通,加快形成以北京为中心辐射天津河北城市的一小时轨道交通圈。

破除生产要素跨地区流动的制约,要在利益补偿分配、公共服务均等化等重点领域下功夫,努力形成京津冀三地合力。譬如推动教育、医疗、文化等公共资源的跨地区配置,构建基本公共服务均等化的机制,不断增强人民群众获得的公平感。同时要以解决城乡基本公共服务差距的问题为着眼点,加快美丽乡村建设和中小城镇建设、补齐农村基础设施的短板，使特色小城镇成为承载部分城市功能的"疏解点"和带动农村发展的"小火车头"，依托特色小城镇集聚人口把基础设施和公共服务向农村地区延伸。

(四)加强生态环境合作,实现三地共享共治

统筹好京津冀地区的经济发展与生态环境保护的关系,是京津冀协同发展过程中的重要指导原则。京津冀的生态环境保护需要一体化的生态功能区建设和统一的环境污染综合整治。生态环境保护不可避免涉及到水、大气和生物等要素跨地区流动,生态环境问题不可能是由"各家自扫门前雪"就能实现生态环境保护,需要京津冀三地的共同努力建立起统一的环境污染综合治理和保护体系,共同做好跨行政区划的污水治理、大气污染和固体废弃物防治,统筹规划和布局大型污水处理设施和大型垃圾填埋设施的选址和建设工作,实现京津冀三地对水和大气环境的共同防治。对跨京津冀行政边界的山川河流等自然生态环境的保护和综合开发利用,要打破行政边界限制,统筹考虑生态功能区的划分,加快一体化的生态环境保护统筹协调机构的建设,实现京津冀的生态环境的生态共建、共管和共享。

京津冀三家参与方需要平衡自身利益,通力合作,才能积极投入到生态保护和治理的行动中来,实现生态环境的联防联控,确保整个京津冀地区的生态环境治理取得成效。遵循在整个京津冀国土控制开发强度内,按照人口、资源、环境相均衡和经济、社会、生态、效益相统一的指导原则,以绿色金融、优惠信贷、政策扶持方式为手段,促进地区间产业梯度的合理转移,实现京津冀三地之间产业的良性互动和优化升级,推动清洁能源发展,促进低碳生活模式落地,最终完成京津冀的经济－社会－能源－环境多个系统向绿色循环和清洁低碳的方向转变,形成青山绿色、蓝天白云的生态空间。

(五)打破三地利益壁垒,推动体制机制创新

加快推进京津冀协同发展需要打破行政区域界限,积极探索京津冀协同发展的新机制,避免各自为政的产业规划格局。首先需要构建良好的地方政府间合作机制,如定期举办的地方政府间合作论坛,建设三地协调发展的信息渠道,用以加强地方政府间的互动与合作,成立三地信息沟通的合作平台,有利于加强京津冀三地政策实施的交流沟通;其次是强化三地利益补偿机制,通过建立利益补偿机制,可以在一定程度上缓解地区发展差距过大给协同发展带来的不利影响和消除地方利益受损带来的消极不作为等因素。

创新京津冀协同发展机制,要坚持市场导向与政府调控相结合,以及宏观指导与微观落实相呼应。从京津冀协同发展的全局来看,必须建立统一的政策制定和实施机制,其目的是对整个京津冀地区协调发展进行宏观调控,包括制定协同发展的战略方针、目标原则、总体规划并保证其落实。这就需要创建一个三地政府共同领导和共同参与的职能机构,这个机构需要担负建立完整的产业布局机制、生态治理机制、环境保护机制、社会保障机制和协同发展的第三方评估反馈机制。同时,积极促进协同发展的法律法规机制的完善,确保协同发展政策制定和市场运营等措施在现有国家法律法规的框架下规范运行。

参考文献

[1] Costanza R. Embodied energy and economic valuation [J]. Science, 1980, 210(4475): 1219

−1224.
[2] Peters G P, Hertwich E G. CO2 embodied in international trade with implications for global climate policy[J]. Environmental Science and Technology. 2008,42(2):1401−1407.
[3] 赵金丽,张璐璐,宋金平. 京津冀城市群城市体系空间结构及其演变特征[J]. 地域研究与开发,2018,37(002):9−13,24.
[4] 汪浩,陈操操,潘涛,等. 京津冀区域生产和消费CO2排放的时空特点分析[J]. 环境科学,2014, 000(009):3619−363.
[5] 戴宏伟. "大北京"经济圈产业梯度转移与结构优化[J]. 经济理论与经济管理,2004,(2):66−70.
[6] 阮平南,曾丽娜. 北京制造业产业结构优化研究[J]. 经济论坛,2009,(14):94−96.
[7] 吴华煜. 外商直接投资对京津冀产业结构优化的影响[J]. 企业导报,2010(9):3−5.
[8] 庞军,石媛昌,李梓瑄,等. 基于MRIO模型的京津冀地区贸易隐含污染转移[J]. 中国环境科学, 2017(8).
[9] 汤维祺,周夷,孙可哿. 中国省际贸易隐含碳流向与地区经济发展模式研究[J]. 环境经济研究, 2016,000(001):26−42.
[10] 王婧,李裕瑞. 京津冀地区主要污染物排放变化趋势及启示[J]. 地域研究与开发,2017,36(04): 136−140+170.

作者简介：

于浩杰,中国科学院地理科学与资源研究所硕士研究生,yuhj.20s@igsnrr.ac.cn。
张铁军,北京市经济社会调查总队总队长,ztj@tjj.beijing.gov.cn。
唐志鹏,中国科学院地理科学与资源研究所副研究员,tangzp@igsnrr.ac.cn。
王滨,北京市统计局国民经济核算处处长,wangbinbgs@tjj.beijing.gov.cn。
郑晓光,北京市统计局金融业统计处副处长,zhengxg@tjj.beijing.gov.cn。
束映川,北京市统计局国民经济核算处一级主任科员,shuyc@tjj.beijing.gov.cn。

广西经济增长动能转换研究
——基于广西投入产出表

庞丽萍 谢再统 陈家芹 兰佳信 廖鸣霞

摘要：广西经济增长进入了增速换挡、结构调整与"新旧动能"转换时期，从高速增长转向高质量发展需要增长动能呈现出新的变化。本研究利用结构分解方法（SDA），将广西2007—2012年、2012—2017年间的经济增长分解为基于产业角度的需求扩张效应、增加值率变动效应和技术变迁效应，并测算出不同效应对经济增长的贡献率。研究结论表明，2012—2017年，广西经济增长的动力发生了深刻变化，由依靠投资扩张转变为依靠消费、出口、技术变迁共同驱动，这显示出广西经济增长的稳健性逐步增强。但在动能转换过程中，投资、增加值率出现负向驱动效应。

关键字：经济增长 动能转换 SDA

一、引言及文献综述

随着我国经济进入"新常态"，广西面临的国内外发展环境和条件发生了显著变化，经济增速明显下滑。广西作为面向东盟的国际大通道，西南中南地区开放发展新的战略支点和"一带一路"有机衔接的重要门户，寻求经济增长的突破口，培育经济增长新动能，实现新旧动能转换是摆在我们面前亟待解决的重大问题，是落实"创新、协调、绿色、开放、共享"新发展理念的要求。

从2015年10月我国提出"新旧动能"以来，许多学者从不同的角度，围绕"新旧动能转换"开展相关研究。大部分研究以定性研究为主，如张述存（2016）、隆国强（2017）、李佐军（2017）、刘传江、付明辉（2018）、任志成（2019）、盛朝迅（2019）等从当前经济增长机理、内涵及新旧动能转换存在问题的角度开展分析。少部分研究，利用投入产出表、全要素生产率开展了定量的研究，反映不同时期动能的转换。如郑江淮、宋建（2019）、黄昶生、张晨（2019）、许宪春（2020）等计算全要素生产率或者动能增长指数对中国经济增长新旧动能转换的进展评估。宋瑞礼（2012）、刘用（2018）等利用投入产出表将中国经济增长分解，并测算出不同效应对经济增长的贡献率。

本研究运用利用投入产出表以及SDA结构分解技术，研究广西2007—2012年、2012—2017年广西经济增长动能转换的趋势，揭示广西经济增长动能转换的特征，为广西经济发展提供政策指导以及决策依据。

二、新旧动能转换内涵

经济增长动能,可理解为经济增长的动力源泉。那么什么是新动能,什么是旧动能?众多研究认为,旧动能是依靠大规模粗放的要素投入和投资拉动经济增长。新动能则主要依赖创新形成、消费形成各类新主体、新制度等。从本质上看,新动能指主要依靠科技进步、高素质人力资本驱动经济高质量发展的动能。反映到产业上,新动能体现为投入要素质量提升和结构优化。

新旧动能转换过程是通过加快培育壮大新动能、改造提升传统动能,涌现新产业、新技术、新业态、新模式,从而促进新旧动能接续转换,实现先进生产力替代落后生产力,经济发展动力从要素驱动向创新驱动转换的过程。

从产业层面看,动能转换表现为主导产业的变更,产业关联性强、感应度高,需求弹性大、附加值高的不断发展壮大的过程。产业新旧动能有序转换是转型升级的内在动力及最终目标。从供给和需求相结合的角度,新动能一方面来源于科技创新、要素提升驱动,制度创新推动。另一方面来源于扩大开放、消费需求拉动。提升开放型经济水平,有利于新经济新动能向纵深拓展。随着人均收入水平的提高,消费结构升级,消费倾向发生变化,这都会促进新动能的培育和成长。

三、SDA 分解模型及数据来源

(一)SDA 分解模型

结构分解模型是近年来投入产出分析领域的主流分析工具。它利用投入产出表,通过某因变量的变动分解为各自变量的影响之和,从而测算自变量变动对因变量变动贡献的大小。它克服了传统的投入产出分析的静态特性,具备了动态分析功能。

投入产出表的常见形式是竞争性投入产出表,其特点是在中间投入与最终需求中区分国内外产品,其基本形式如表 1 所示。其中,x 表示中间消耗矩阵,X 表示总产出或总投入,F 表示最终使用合计,分为 C(最终使用中用于消费的部分)、IN(最终使用中用于投资的部分)和 EX(最终使用中用于净出口的部分)三部分,R 表示增加值。增加值一栏表示以收入法计算的 GDP,最终使用栏表示以支出法计算的 GDP。

表 1 竞争性投入产出表

投入\产出	中间使用	最终使用				总产出
		消费	资本形成	净出口	合计	
中间投入	x	C	IN	EX	F	X
增加值	R	—	—	—	—	—
总投入	X	—	—	—	—	—

中间消耗系数矩阵的变化放映了生产技术的变迁。但在竞争性投入产出表中,并未对中间产品的来源及使用进行国内外的区分,无法反映生产过程中对国外中间产品的使用情况反映经济的进口依赖情况。另外,竞争性投入产出表中给出的净出口,用差值做分

析会掩盖很多经济特征。因此,有必要先将竞争性的投入产出表拆分为非竞争性的投入产出表。

非竞争性投入产出表的计算参照沈利生(2009)的方法,假定部门内部产品具有同质性。$x_{ij}^d + x_{ij}^m = x_{ij}$,$ex_i = ex_i^d + ex_i^m$,其中 ex_i^m 利用海关统计数据计算。拆分基本方法为其他部门消耗 i 部门产品时均按相同比例拆分,即 $x_{ij}^d / x_{ij}^m = (X_i - ex_i^d)/M_i$,最终产品也按照此比例进行拆分。

表 2 非竞争性投入产出表

投入\产出	中间使用	最终使用				总产出/进口
		消费	资本形成	出口	合计	
国内产品中间投入	x^d	C^d	IN^d	EX^d	F^d	X
进口产品中间投入	x^m	C^m	IN^m	—	F^m	M
增加值	R	—	—	—	—	—
总投入	X					

表 2 展示了标准的非竞争性投入产出表。其中,R 为增加值,X 为总产出向量,x^d 表示生产过程中国内产品的消耗矩阵,x^m 表示生产过程中进口产品的中间投入矩阵,A^d 为生产过程中国内产品的直接消耗系数矩阵,A^m 为生产过程中进口产品的直接消耗系数矩阵,$x^d = A^d X$,$x^m = A^m X$,M 为进口产品列向量。EX^d 为国内生产出口到国外的产品列向量,EX^m 为从国外进口再出口到国外的产品列向量(即为转口贸易)。F^d 为国内产品的最终使用向量,由消费向量 C^d、资本形成向量 IN^d 和出口向量 EX^d 构成。F^m 为进口产品的最终使用向量,由消费向量 C^m、资本形成向量 IN^m 构成。

根据投入产出表的性质,存在式(1)和式(2)两组均衡关系。

$$x^d + C^d + IN^d + EX^d = A^d X + C^d + IN^d + EX^d = A^d X + F^d = X \quad (1)$$

$$x^m + C^m + IN^m + EX^m = A^m X + C^m + IN^m + EX^m = A^m X + F^m = M \quad (2)$$

将式(1)变换为式(3)的情形,得到总产出和最终需求的对应关系。令 M^z 为进口产品用于中间投入部分,将式(2)变换为式(4)的情形,得到 M^z 与 X 之间的对应关系。

$$X = (1 - A^d)^{-1} F^d \quad (3)$$

$$A^m X = M - F^m = A^m (1 - A^d)^{-1} F^d = M^z \quad (4)$$

进一步假设 R_v 为增加值系数对角矩阵,$B = (I - A^d)^{-1}$,R_{vi} 代表 i 部门单位产出所得到的增加值,即为 i 部门的增加值率。根据投入产出理论可得到增加值的表达式。

$$R_{n \times 1} = R_v X = R_v B F_d \quad (5)$$

由 $F^d = EX^d + IN^d + C^d$ 可得式(6):

$$R = R_c + R_{in} + R_{ex} = R_v B C^d + R_v B IN^d + R_v B EX^d \quad (6)$$

其中 $R_v B C^d$、$R_v B IN^d$ 和 $R_v B EX^d$ 分别表示由消费、投资和出口诱发的增加值。

将经济增长的结构分解理论模型将经济增长表示为增加值的增长:

$$R_1 - R_0 = R_{v1} B_1 F_1^d - R_{v0} B_0 F_0^d \quad (7)$$

其中 R_1 表示本期的增加值,R_0 表示基期的增加值。R_{v1}、B_1、F_1^d 分别表示本期的增加值系数矩阵、列昂惕夫逆矩阵和最终需求向量,R_{v0}、B_0、F_0^d 分别表示基期的增加值系数矩

阵、列昂惕夫逆矩阵和最终需求向量,进一步将经济增长分解。以报告期为基础进行分解:

$$R_1 - R_0 = R_{v1}B_1(F_1^d - F_0^d) + R_{v1}(B_1 - B_0)F_0^d + (R_{v1} - R_{v0})B_0F_0^d \quad (8)$$

以基期为基础进行分解:

$$R_1 - R_0 = R_{v0}B_0(F_1^d - F_0^d) + R_{v0}(B_1 - B_0)F_1^d + (R_{v1} - R_{v0})B_1F_1^d \quad (9)$$

整理得:

$$R_1 - R_0 = \underbrace{(R_{v0}B_0 + R_{v1}B_1)(F_1^d - F_0^d)/2}_{\text{最终需求变动效应}} + \underbrace{[R_{v0}(B_1 - B_0)F_1^d + R_{v1}(B_1 - B_0)F_0^d]/2}_{\text{技术变迁效应}}$$
$$+ \underbrace{(R_{v1} - R_{v0})(B_1F_1^d + B_0F_0^d)/2}_{\text{增加值率变动效应}} \quad (10)$$

$$B_0^{-1} - B_1^{-1} = (I - A_0^d) - (I - A_1^d) = A_1^d - A_0^d \quad (11)$$

$$B_1 - B_0 = B_0(A_1^d - A_0^d)B_1 = B_0(A_1^d - A_0^d)B_1 \quad (12)$$

根据投入产出理论,$BF^d = X$,进一步整理最终需求变动效应:

$$[R_{v0}(B_1 - B_0)F_1^d + R_{v1}(B_1 - B_0)F_0^d]/2$$
$$= [R_{v0}B_0(A_1^d - A_0^d)X_1 + R_{v1}B_1(A_1^d - A_0^d)X_0]/2 \quad (13)$$

$$R_1 - R_0 = (T_{v0} + T_{v1})(F_1^d - F_0^d)/2 + [T_{v0}(A_1^d - A_0^d)X_1 + T_{v1}(A_1^d - A_0^d)X_0]/2$$
$$+ (R_{v1} - R_{v0})(X_1 + X_0)/2$$
$$= \underbrace{(T_{v0} + T_{v1})(C_1^d - C_0^d)/2}_{\text{消费变动效应}} + \underbrace{(T_{v0} + T_{v1})(IN_1^d - IN_0^d)/2}_{\text{投资变动效应}} +$$
$$\underbrace{(T_{v0} + T_{v1})(EX_1^d - EX_0^d)/2}_{\text{出口变动效应}} +$$
$$\underbrace{[T_{v0}(A_1^d - A_0^d)X_1 + T_{v1}(A_1^d - A_0^d)X_0]/2}_{\text{技术变迁效应}} + \underbrace{(R_{v1} - R_{v0})(X_1 + X_0)/2}_{\text{增加值率变动效应}}$$
$$\quad (14)$$

通过以上结构分解将经济增长分为两大部分:由消费、投资和出口直接驱动的经济增长,由技术变迁及增加值率变化间接驱动的经济增长。

(二)数据来源与处理

数据来源于 2007 年、2012 年和 2017 年的《广西投入产出表》。

1. 调整产业部门。将广西 2007 年的投入产出表按 42 部门进行合并调整。
2. 转化投入产出表类型。将 2007 年、2012 年和 2017 年的竞争性投入产出表转化为非竞争性投入产出表。根据沈利生的研究,只有非竞争性投入产出表才能进行结构分解,较为客观地反映各因素对产出的变化情况。假定部门内部产品具有同质性。拆分基本方法为其他部门消耗 i 部门产品时均按相同比例拆分,即 $x_{ij}^d/x_{ij}^m = (X_i - ex_i^d)/M_i$,最终产品也按照此比例进行拆分。
3. 利用平减指数消除价格因素的影响。利用 GDP、第一产业、第二产业和第三产业的平减指数对广西 2012 年、2017 年的竞争性投入产出表进行调整,以消除价格指数的影响。

四、广西新旧动能转换分析与测度

(一)广西新旧动能转换的成效

新旧动能转换的核心是发展新技术、新产业、新业态、新模式。近年来广西新产业快速成长,新动能不断积聚,以此带来的提质增效成果初显。

1. 从产业看,新动力发展主要体现在服务业拉动作用增强,新产业、新业态快速发展。

经济向中高端迈进的一个重要标志是服务业比重持续提高,形成服务业主导的经济结构。2017年,广西服务业增加值增长9.6%,快于GDP增长速度2.4个百分点,占GDP比重达44.3%,是历年以来的最高水平。对GDP增长的贡献率达到58.8%,比上年提高8.6个百分点。服务业成为经济增长第一动力。服务业的快速增长减缓了经济下滑趋势,为保持就业提供支撑。

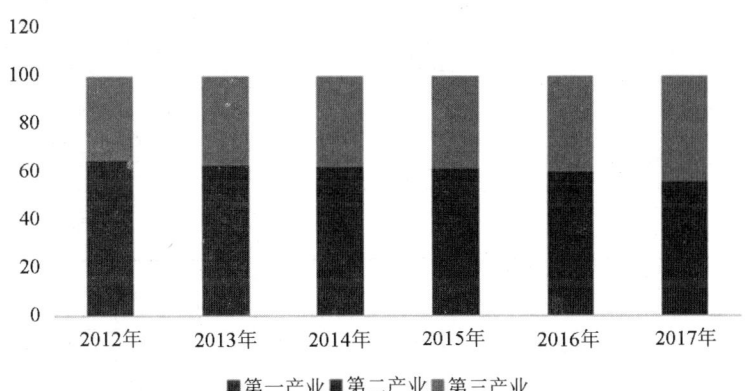

图1 广西2012－2017年三次产业比重

在经济新旧动能转换的过程中,新兴产业正逐步加快孕育,新产品快速成长。2017年,广西高技术制造业同比增长15.4%,高于规模以上工业8.3个百分点;战略性新兴产业新产品产值占规上工业总产值的比重为10.5%,比2016年提高1.6个百分点。新产品实现快速增长,其中城市轨道车辆增长38.5%,新能源汽车增长22.5倍,电子计算机整机增长3.6倍。2017年,通过电子商务交易平台销售商品和服务的"四上"企业占比为6.17%,带动快递业务快速增长,快递服务业务量31750万件,比上年增长39.0%。随着物联网、云计算、大数据、人工智能等新一代信息技术的升级发展,广西信息技术服务业实现主营业务收入145亿元,同比增长10%。同时,传统制造业在加快调整,装备制造业明显升级,国际化、品牌化水平明显提高。2017年,广西装备制造业增加值比上年增长9.2%,占规模以上工业的比重达23.1%。

2. 从需求侧看,需求结构在明显优化,主要表现为消费对经济增长的拉动力在逐步增强,消费结构在加快升级。在投资增长放慢的同时,投资结构日益改善。再次,新动力和新动能还体现在国际空间的拓展上。

居民消费水平不断提高,消费结构日益提升。2017年,广西居民消费达到9834.45亿元,最终消费率达到53.7%,比2012年提高水平3.83个百分点。其中居民消费率为39.5%,比2012年提高水平1.88个百分点;政府消费率为14.2%,比2012年提高水平1.96个百分点。居民消费结构明显提升。与2012年相比,2016年食品消费占比下降了4.89个百分点。而居住、交通和通信、文教娱乐、金融、保险等方面的支出则分别提高8.1、3.0、1.0、1.3和1.4个百分点。

表3 广西居民消费结构表

单位:%

居民消费项目	2012年	2013年	2014年	2015年	2016年
食品	33.77	31.40	31.78	32.24	28.87
衣着	5.48	4.56	4.47	4.53	5.07
居住	7.77	8.64	8.76	15.96	15.88
家庭设备、用品及服务	6.04	5.34	5.37	5.49	5.83
医疗保健	11.05	10.75	10.45	10.51	9.41
交通和通信	10.90	11.92	11.11	11.00	13.93
文教娱乐	7.74	9.01	8.67	9.01	8.79
金融	5.71	6.12	7.42	7.44	7.01
保险	0.89	1.82	1.76	1.91	2.39

投资结构不断优化。高技术产业投资比上年增长17.6%,快于全部投资4.8个百分点,其中高技术制造业投资增长32.5%,比全部制造业投资快24.8个百分点。

对外开放向纵深推进,开放型经济活力日趋增强。2017年,广西外贸创历史新高。全年进出口总额3866.34亿元,是2012年的2.1倍。出口商品结构不断优化,高新技术产品和机电产品同比分别增长40.6%和31.8%。随着对外开放战略的稳步推进,广西贸易伙伴不断增加。2017年,广西与东盟双边贸易额占全区进出口总额的49.0%。广西对拉丁美洲、大洋洲和非洲等市场进出口分别增长67.6%、42.8%和1.2倍;对土耳其、斯里兰卡等国的出口分别增长348.0%和186.7%。

3. 从供给侧看,创新驱动引领作用凸显。支持政策加快转型,政策环境日臻完善。

创新能力不断提升,创新驱动发展战略成效显著,为推动经济发展提供强大的动力。2012—2017年,广西研究与发展经费内部支出由971539万元增加到1421787万元,增长146%。研究与发展经费内部支出占GDP的比重由2012年的0.74%提高到2017年的0.77%。2017年末每万人口发明专利拥有为3.81件,比上年增长27.0%。签订技术合同成交金额39.41亿元,比上年增长27.0%。广西以科技创新为核心带动全面创新,在柴油发动机研制、铝合金制备及加工、三维石墨烯制备等领域取得一批国际先进水平的创新成果,科技创新对经济社会发展的战略支撑作用明显增强。

改革红利不断释放。大力削减行政审批事项,取消多项区级行政审批和服务事项。90%以上行政审批和公共服务事项实现网上办理或一站式办理,同时降低了办事门槛,极大提高了行政效能。改革的持续深化,市场主体持续呈现良好的增长态势。2017年,广西新登记各类市场主体达到47.37万户,同比增长13.2%,平均每天新增1300多户。

表 4 广西创新投入

年份	科技机构数（个）	科技活动人员数（万人）	R&D活动人员折合全时人员（人年）	研究与发展经费内部支出（万元）	研究与发展经费内部支出占GDP比重（%）
2012年	816	10.77	41268	971539	0.74
2013年	825	10.87	40664	1076790	0.74
2014年	847	10.72	41208	1119033	0.71
2015年	842	11.37	38535	1059124	0.63
2016年	825	12.08	39903	1177487	0.64
2017年	860		36857	1421787	0.77

(二)基于影响力与感应度系数的分析

从产业层面看,动能转换表现为产业的变更,是关联性强、感应度高、需求弹性大的产业不断发展壮大的过程。利用影响力系数与感应度系数可以从产业角度分广西经济发展动能转换特征。

1. 影响力系数分析。

产业的影响力系数是指某一产业部门产品变动对国民经济其他产业部门的影响能力。三次产业中,第二产业对经济的影响力仍然较高,主要集中在通信、计算机、设备制造等行业。2012年、2017年第二产业平均影响力系数均大于1,分别为1.0984和1.0851。其次为第三产业,平均影响力系数0.8250和0.8555。第一产业影响力系数最低,平均影响力系数0.7932和0.7260。第二产业26个行业中,有21个行业影响力系数大于1。2017年,影响力大的行业主要集中在通信、计算机、设备制造等行业。影响力系数排前5位的行业为:通信设备、计算机和其他电子设备,交通运输设备,电气机械和器材,专用设备,通用设备,影响力系数分别为1.3386、1.2901、1.2515、1.2514和1.2504。第三产业中仅有卫生和社会工作影响力系数大于1,达到1.0063。

第三产业对经济的影响力提升。新业态、商业模式创新层出不穷,网络化、智慧化、平台化发展态势明显,服务进入新阶段,对经济的影响力日益增强。从动态的角度看,2012年－2017年,第三产业影响力有较大提升,第一、二产业影响力下降。与2012年相比,第三产业平均影响力系数提高0.0305,第一产业和第二产业平均影响力系数则分别下降了0.0671和0.0133。

新技术和新业态支撑行业对经济发展的影响力快速提升,部分高耗能产业影响力在下降。第二产业中,金属制品、金属冶炼和压延加工品等高耗能产业影响力下降,与2012年相比,2017年,金属制品、金属冶炼和压延加工品等高耗能产业影响力系分别下降0.0391和0.0416;通信设备、计算机和其他电子设备、信息传输、软件和信息技术服务、居民服务、修理和其他服务影响力系数分别提高了0.0635、0.1684和0.2665。

2. 感应度系数分析。

感应度系数又称为前向关联系数,反映经济发展对该行业的需求感应程度。

三次产业中,第一产业感应度系数最强,超过1。第一产业是国民经济的基础产业,一直保持较高的感应系数。2017年,第一产业感应度系数为1.7346。第二产业和第三产业感应度系数分别为0.9894和0.9680。第二产业26个行业中,有10个行业感应度系数大于1。感应度较高的行业有化学产品、金属冶炼和压延加工品、通信设备、计算机和其他电子设备、电力、热力的生产和供应、石油、炼焦产品和核燃料加工品,分别为:2.6046、2.4606、1.8759、1.8303和1.2890。第二产业14个行业中,有5个行业影响力系数大于1。感应度较高的行业有交通运输、仓储和邮政、金融、批发和零售、租赁和商务服务,信息传输、软件和信息技术服务,分别为:2.0283、1.8728、1.5357、1.4517和1.0412。

各产业对服务业,特别是生产型、高技术型服务业需求显著增加。服务业与现代农业和先进制造业深度融合,形成研发设计、知识产权、创业孵化、科技金融、营销覆盖全周期、全要素的高新技术服务产业链,更有效地满足各产业部门的需求。与2012年相比,2017年第三产业感应度系数显著提高,提高了0.1741。第一产业和第二产业感应度系数则呈现下降趋势,分别下降0.0686和0.0877。第三产业中,交通运输、仓储和邮政、租赁和商务服务、金融、信息传输、软件和信息技术服务感应度系数分别提高了0.4215、0.3979、0.3872、0.3612和0.3015。

(三)基于SDA结构分解的角度

基于SDA模型,广西经济增长动力可以分为技术变迁效应、增加值率变动效应、消费变动效应、投资变动效应以及出口变动效应。在R中进行矩阵运算,可得到2007—2012年、2012—2017年广西各效应对经济增长的贡献。

1. 广西经济动能转换的总体特征。

投资动能大幅减弱,广西经济增长的动能向区内消费、出口、技术变迁转换。将广西经济增长动力进行分解,结果如图2所示。广西扩内需、促消费、稳外贸政策以及创新驱动战略实施,区内消费、出口、技术变迁对广西经济增长贡献提高显著提高。2007—2012年,广西经济增长贡献最大的动能是投资,达到34.3%;其次是地区间流出与出口,达到

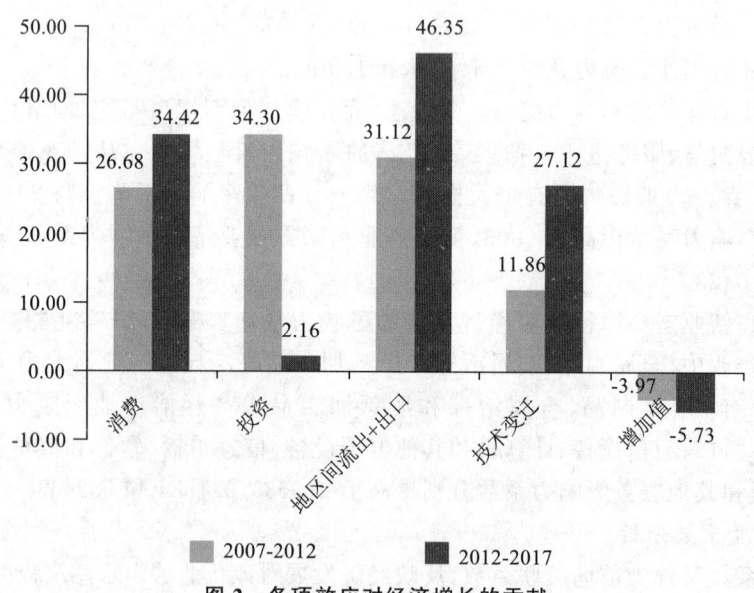

图2 各项效应对经济增长的贡献

31.12%;技术变迁对经济增长的贡献较低,仅为 11.86%。2012—2017 年,经济增长的动能由投资向消费、地区间的流出与出口、技术变迁转换。其中,区内消费、地区间流出与出口对经济增长的驱动效应强,分别为 34.42%和 46.35%,分别比 2007—2012 年提高 7.73 和 15.23 个百分点。其次是技术变迁,技术变迁的驱动效应为 27.12%,比 2007—2012 年提高 15.26 个百分点。投资和增加值率变动效应总体为负,分别—2.16%和—5.73%,经济效率降低和投资不足对增长产生负面影响。

从产业层面看,第三产业对经济增长的动能显著提升,第二产业则呈大幅下降趋势,经济增长的动能从第三产业向第二产业转换。图 3 环形图中,内环和外环分别为 2007—2012 年、2012—2017 年三次产业对经济增长的贡献。图中显示,广西经济仍是第二产业主导,但第三产业动能显著提升。2012—2017 年,广西第三产业对经济增长的贡献为 42.13%,比 2007—2012 年提升 10.14 个百分点。第二产业对经济增长的贡献为 50.52%,比 2007—2012 年下降 11.09 个百分点。第一产业的拉动效应较低,仅为 7.35%,比 2007—2012 年略微提高 0.95 个百分点。

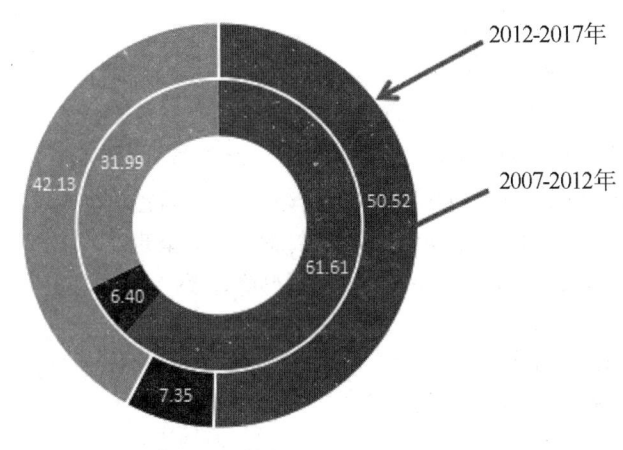

图 3 广西各产业贡献率

2. 第一产业动能转换特征。

第一产业主要驱动力是区内消费、地区间流出与出口,其效应不断增强。广西作为农业大省,是全国最主要的甘蔗、蚕茧、蔬菜、水果来源地。2012—2017 年,第一产业区外市场需求驱动效应扩张,占比为 4.29%;比 2007—2012 年提高 0.93 个百分点。其次是区内消费需求,驱动效应达到 2.78%,比 2007—2012 年提高 0.66 个百分点。

技术变迁的驱动效应较小,增加值率的驱动效应下降。虽然区内外对广西农产品需求不断增加,但是广西农业生产技术仍比较落后,产品处于价值链的低端,产品附加值低。2012—2017 年,广西第一产业技术变迁驱动效应较弱,仅为 0.23%,与 2007—2012 年基本持平;增加值率驱动效应仅为 0.07%,且比 2012—2017 年回落 0.11 个百分点。

投资驱动大幅下降,体现出农业投资的不足。2012—2017 年,广西第一产业投资驱动呈现负效应,为—0.02%,比 2007—2012 年下降 0.54 个百分点。

表5 第一产业经济增长动能转换

	区内消费	投资	地区间流出+出口	技术变迁	增加值率	合计
2007—2012年	2.12	0.52	3.36	0.22	0.18	6.40
2012—2017年	2.78	−0.02	4.29	0.23	0.07	7.35
变动	0.66	−0.54	0.93	0.01	−0.11	0.95

3. 第二产业动能转换的特征。

(1)从产业动能转换角度分析。

从产业层面看,经济增长的动能从传统产业向新兴高技术产业转换,传统产业动能下降是第二产业动能下降的主要原因。2012—2017年,广西食品和烟草、造纸印刷和文教体育用品、金属冶炼和压延加工品、非金属矿物制品等传统行业贡献率回落,分别比2007—2012年回落8.11、2.29、2.48和1.48个百分点;废品废料综合利用、通信设备、计算机和其他电子设备、化学产品等行业贡献率提高幅度较大,分别比2007—2012年提高3.48、1.37和0.63个百分点。

(2)从供需动能转换角度分析。

总体看,第二产业地区间流出与出口、技术变迁效应持续增强。2012—2017年,广西第二产业地区间流出与出口对经济增长的贡献为33.36%,比2007—2012年提高11.55个百分点。广西推动企业开展新一轮技术改造,促进行业技术水平提高。第二产业技术变迁对经济增长的贡献为12.11%,比2007—2012年提高4.68个百分点。受投资萎缩的影响,第二产业投资驱动大幅减弱,投资与增加值率则呈现出负效应。2012—2017年,广西第二产业投资驱动效应为−2.36%,呈大幅下降趋势。广西工业技术水平仍然偏低,产业整体处于价值链的中低端。目前,低端产品严重过剩,企业利润一再被挤压,增加值率驱动效应持续下降。2012—2017年,广西第二产业增加值率驱动效应为−3.86%,比2007—2012年下降2.42个百分点。

①技术变迁成为采矿业最主要驱动力。近年来,广西推动矿山设备的技改的创新实践,提升了设备的技术性能和安全性能。2012—2017年,采矿业技术变迁效应达到2.74%,比2007—2012年提高1.56个百分点。投资、地区间流出与出口、增加值率的驱动效应则出现了不同程度的下降。

②制造业主要动能由外需、投资向外需、消费、技术变迁转换。消费、技术变迁动能提升,投资、地区间流出与出口、增加值率动能减弱。

制造业最主要的驱动力是外需,但产品在区外市场的竞争力下降。2012—2017年,广西制造业地区间流出与出口驱动效应为18.86%,比2007—2012年回落0.52个百分点。其中,外需驱动效应回落主要行业分别为食品和烟草、纺织服装鞋帽皮革羽绒及其制品、交通运输设备,分别比2007—2012年回落5.78、2.94和1.93个百分点;外需驱动效应提高的主要行业有金属制品、废品废料综合利用、金属冶炼与加工、木材加工品和家具、通信设备、计算机和其他电子设备,分别比2007—2012年提高4.59、1.66、1.63、0.96和0.90个百分点。

制造业技术变迁对经济增长的贡献显著增强。2012—2017年,广西制造业技术变迁效应为10.72%,比2012—2017年提高3.46个百分点。除食品和烟草、造纸印刷和文教体育用品、非金属矿物制品以外,其余行业技术变迁效应普遍呈现同提升的趋势。其中,交通运输设备、化学产品、电气机械和器材等行业提高较大,分别比 2007—2012 年提高 3.61、1.69、0.91 个百分点。

制造业区内消费效应提升,促消费政策效果显现。2012—2017 年,广西区内消费效应为 9.01%,比 2012—2017 年提高 2.38 个百分点。消费效应提升较大的行业为纺织服装鞋帽皮革羽绒及其制品、化学产品、非金属矿物制品,分别提高 1.27、0.54 和 0.50 个百分点;但在食品和烟草、造纸印刷和文教体育用品、电气机械和器材等行业出现了回落,分别回落 0.4、0.16 和 0.14 个百分点。

制造业增加值率、投资普遍呈现出负效应。2012—2017 年,广西制造增加值率效应为 −3.32%,比 2007—2012 年下降 2.41 百分点。食品和烟草业回落最大,回落 1.09 个百分点;其次是通信设备、计算机和其他电子设备化学品,分别回落 0.44 和 0.43 个百分点。2012—2017 年,广西制造投资效应为 −2.45%,比 2007—2012 年下降 14.86 百分点。非金属矿物制品、金属冶炼和压延加工品、交通运输设备投资效应回落超过 2 个百分点,分别回落 3.57、3.43 和 2.24 个百分点。

③电力、燃气和水的供应区内消费效应扩张。2012—2017 年,电力、燃气和水的供应消费效应达到 1.98%,比 2007—2012 年提高效应达到 0.93 个百分点。其投资、地区间流出与出口、增加值率的驱动效应则出现了不同程度的回落。

④建筑业主要驱动效应为地区间流出与出口,其投资效效应大幅回落。2012—2017 年,建筑业地区间流出与出口消费效应达到 11.50%,比 2007—2012 年提高 11.43 个百分点。技术变迁与增加值率效应则略微提高,分别比 2007—2012 年提高 0.85 和 0.18 个百分点。投资驱动效应为 0.48%,比 2007—2012 年回落 10.01 个百分点。

表6 第二产业经济增长动能转换

	2012—2017 年					
	区内消费	投资	地区间流出+出口	技术变迁	增加值率	合计
第二产业	11.28	−2.36	33.36	12.11	−3.86	50.52
采矿业	0.25	−0.29	1.11	2.74	−0.35	3.47
制造业	9.01	−2.45	18.86	10.72	−3.32	32.82
食品和烟草	2.01	0.25	−1.12	−0.32	−1.09	−0.26
纺织品	0.05	−0.07	0.34	0.43	−0.07	0.68
纺织服装鞋帽皮革羽绒及其制品	0.79	0.09	−1.12	0.63	−0.11	0.27
木材加工品和家具	0.49	−0.75	3.01	0.68	−0.23	3.19
造纸印刷和文教体育用品	0.64	−0.09	0.31	−0.74	−0.17	−0.05
石油、炼焦产品和核燃料加工品	0.55	−0.99	1.45	0.04	0.03	1.08
化学产品	1.66	−0.60	1.20	2.85	−0.43	4.68
非金属矿物制品	0.62	−0.89	5.26	−1.35	−0.17	3.47
金属冶炼和压延加工品	0.52	−0.63	3.45	0.15	−0.39	3.10
金属制品	0.07	−0.03	0.66	1.10	−0.06	1.74

续表

	区内消费	投资	地区间流出＋出口	技术变迁	增加值率	合计
通用设备	0.04	−0.04	0.18	0.96	−0.07	1.06
专用设备	0.14	−0.44	0.42	0.22	0.04	0.39
交通运输设备	0.55	−0.43	1.50	1.71	−0.18	3.17
电气机械和器材	0.13	0.47	0.05	1.12	−0.13	1.63
通信设备、计算机和其他电子设备	0.47	0.95	1.28	1.43	−0.44	3.69
仪器仪表	0.02	−0.13	0.18	0.14	−0.01	0.20
其他制造产品	0.02	0.04	0.06	0.10	−0.01	0.21
废品废料	0.24	0.84	1.75	1.10	0.19	4.12
电力、燃气和水的供应	1.89	−0.11	0.85	−1.70	0.05	0.98
建筑	1.17	0.48	11.50	0.80	−0.26	13.69
2012—2017年与2007—2012年变动						
第二产业	3.38	−28.28	11.55	4.68	−2.42	−11.09
采矿业	0.11	−1.90	−0.30	1.56	−0.22	−0.75
制造业	2.38	−14.86	−0.52	3.46	−2.41	−11.95
食品和烟草	−0.40	0.02	−5.78	−1.91	−0.04	−8.11
纺织品	0.06	−0.11	0.03	0.22	0.00	0.20
纺织服装鞋帽皮革羽绒及其制品	1.27	0.09	−2.94	0.88	0.00	−0.70
木材加工品和家具	−0.02	−1.13	0.96	0.03	−0.38	−0.54
造纸印刷和文教体育用品	−0.14	−0.35	−0.23	−1.43	−0.14	−2.29
石油、炼焦产品和核燃料加工品	−0.07	−1.75	0.89	−1.95	1.68	−1.20
化学产品	0.54	−1.64	0.21	1.69	−0.18	0.63
非金属矿物制品	0.50	−3.57	4.59	−2.05	−0.95	−1.48
金属冶炼和压延加工品	0.28	−3.43	1.63	−0.32	−0.63	−2.48
金属制品	−0.01	−0.38	0.43	0.90	−0.01	0.94
通用设备	−0.01	−0.40	−0.17	0.82	−0.07	0.18
专用设备	0.05	−1.08	−0.03	0.20	0.42	−0.44
交通运输设备	0.22	−2.14	−1.93	3.61	−2.00	−2.24
电气机械和器材	−0.16	0.00	−0.96	0.91	0.17	−0.04
通信设备、计算机和其他电子设备	0.00	0.59	0.90	0.50	−0.62	1.37
仪器仪表	0.00	−0.28	0.19	0.06	0.05	0.02
其他制造产品	0.05	0.00	0.04	0.20	0.06	0.34
废品废料	0.21	0.71	1.66	0.67	0.24	3.48
电力、燃气和水的供应	0.93	−1.52	−0.12	−0.76	0.01	−1.46
建筑	1.02	−10.01	11.43	0.85	0.18	3.48

4. 服务业动能转换的特征。

(1)从产业动能转换角度分析。

从产业层面看,批发零售业、住宿餐饮业、交通运输、房地产业等传统动能占比较高,但动能略显不足。2012—2017年,广西批发零售业、交通运输、住宿餐饮业、交通运输等行业对经济增长的贡献率达到15%,但与2007—2012年相比,批发零售业、住宿餐饮业贡献率回落1.3和1.7个百分点;交通运输、房地产贡献率也仅是略有提高0.43和0.56个百分点。高技术、现代服务业、非营利性服务业对经济增长贡献出现较快提升。2012—2017年,广西信息传输、软件和信息技术服务、金融业、租赁和商务服务、科学研究和技术服务、教育、卫生和社会工作、公共管理、社会保障和社会组织贡献率分别比2007—2012年提高1.95、1.29、1.25、1.31、2.03、1.01和1.74个百分点。

(2)从供需动能转换角度分析。

总体来看,服务业动能由区内消费、投资向区内消费、技术变迁转换。

区内消费需求是广西服务业最主要发展动能。2012—2017年,广西服务业区内消费驱动效应达到20.36%,比2007—2012年提高3.7个百分点。房地产、教育等行业区内消费动能提升幅度大,分别比2007—2012年提高2.04和2.05个百分点。2012年以来,中央"八项规定"限制了公款吃喝,广西餐饮业区内消费动能回落,比2007—2012年回落了1.29个百分点。

技术变迁超过投资成为广西服务业的第二大动能。2012—2017年,广西服务业技术变迁效应达到14.78%,比2007—2012年提高10.57个百分点。信息传输、软件和信息技术服务、房地产、租赁和商务服务、科学研究和技术服务、居民服务、修理和其他服务技术变迁效应分别比2002—2007年提高2.53、1.93、1.51、1.26和1.89个百分点。

数字技术促进服务业区外需求驱动效应的提升。近年来,随着网络和数据技术广泛应用,服务业发生了巨大的变化,其可贸易性在加强。2012—2017年,广西服务业区外需求驱动效应为8.7%,比2007—2012年提高2.75个百分点。表7中可以明显地看到,凡是与数字经济密切融合的产业,其区外需求效应均有较大提高。如:批发和零售提高2.03个百分点。金融业提高1.73个百分点,交通运输、仓储和邮政提高0.54百分点。

服务业各行业增加值率驱动效应普遍为负,但降幅在收窄。2012—2017年,服务业增加值率驱动效应为-1.94%,但与2007—2012年相比,降幅略为收窄0.77个百分点。交通运输、仓储和邮政、住宿和餐饮、卫生和社会工作、公共管理、社会保障和社会组织等行业资源配置效率在提高,分别比2007—2012年提高1.4、0.63、0.48和0.47个百分点。

投资驱动效应大幅回落。广西第三产业投资驱动效应仅为0.22%,比2007—2012年回落7.64个百分点;除公共管理、社会保障和社会组织外,其余行业投资驱动效应均呈现出不同程度的回落。

表 7 广西第三次产业动能转换

2012—2017 年	区内消费	投资	地区间流出＋出口	技术变迁	增加值率	合计
第三产业	20.36	0.22	8.70	14.78	−1.94	42.13
批发和零售	1.83	0.30	3.43	0.05	−0.43	5.18
交通运输、仓储和邮政	1.59	−0.71	2.51	1.38	−0.02	4.75
住宿和餐饮	0.44	−0.01	0.51	0.26	−0.12	1.07
信息传输、软件和信息技术服务	0.49	0.22	−0.27	2.15	−0.29	2.30
金融	1.99	−0.09	2.92	2.43	−0.15	7.10
房地产	3.68	0.44	−1.60	2.13	−0.66	3.99
租赁和商务服务	0.65	0.00	0.67	2.19	−0.03	3.48
科学研究和技术服务	0.40	0.09	0.18	1.00	0.00	1.67
水利、环境和公共设施管理	0.34	0.00	−0.07	0.16	−0.03	0.41
居民服务、修理和其他服务	0.32	−0.01	−0.36	1.92	−0.31	1.56
教育	3.56	0.00	−0.03	0.12	−0.08	3.57
卫生和社会工作	2.21	0.00	−0.08	0.07	−0.03	2.17
文化、体育和娱乐	0.34	0.00	0.10	0.29	−0.03	0.70
公共管理、社会保障和社会组织	2.52	0.00	0.78	0.20	0.24	3.74
2012—2017 年与 2007—2012 年变动						
第三产业	3.70	−7.64	2.75	10.57	0.77	10.14
批发和零售	0.12	−2.04	2.03	−1.25	−0.16	−1.30
交通运输、仓储和邮政	0.59	−2.68	0.54	0.58	1.40	0.43
住宿和餐饮	−1.29	−0.32	−0.55	−0.18	0.63	−1.70
信息传输、软件和信息技术服务	−0.33	−0.26	0.17	2.53	−0.16	1.95
金融	−0.37	−0.91	1.72	0.78	0.08	1.29
房地产	2.04	−0.64	−1.69	1.93	−1.09	0.56
租赁和商务服务	0.19	−0.38	0.36	1.51	−0.52	1.15
科学研究和技术服务	−0.05	−0.16	0.20	1.26	0.05	1.31
水利、环境和公共设施管理	0.07	−0.02	−0.09	0.22	0.09	0.28
居民服务、修理和其他服务	−0.07	−0.13	−0.50	1.89	−0.54	0.66
教育	2.05	−0.03	−0.06	0.08	−0.01	2.03
卫生和社会工作	0.45	−0.02	−0.09	0.19	0.48	1.01
文化、体育和娱乐	0.00	−0.05	−0.06	0.36	0.06	0.31
公共管理、社会保障和社会组织	0.28	0.00	0.78	0.22	0.47	1.74

（四）广西实现新旧动能转化存在的困难

在经济发展过程中，广西新旧动能转换中存在相互交织的阻力，主要表现在以下几个

方面:

1. 产业供给的发展动能亟待升级。

产业是经济发展的重要动能。目前,广西新旧动能转换中呈现出高端供给不足与低端产能过剩的局面。一方面,作为现代经济发展特征的服务业一直是广西产业发展的短板,广西服务业增加值占GDP比重大幅低于全国服务业平均水平。另一方面,广西增长传统优势产业动能失速过快,转型升级任重道远。以科技创新为引领的新产业、新业态尚未成型。传统产业和新兴产业尚处于"青黄未接"状态,新旧动能转换的培育还需加快。

2. 创新能力不足。

广西产业技术较为落后,大多数仍处于跟跑、模仿阶段,产业整体处于价值链的中低端。一是企业创新主体不强。企业普遍缺乏关键核心技术,高新技术企业和创新型企业数量少。2017年,广西战略性新兴产业企业中六成以上企业没有自主创新研发活动。企业研发投入强度仅为全国平均水平的50%。创新投入与利润不成比例,企业不愿意把资金投入创新,导致企业创新带动不足。二是创新平台不足。科研机构规模偏小、资源较为分散。国家重点实验室、技术研究中心数量较少。三是缺乏高端人才。广西每万名就业人员中研发人员数量仅为全国平均水平的30%。院士、长江学者等顶尖人才匮乏。四是成果转化能力不足,产学研融合不够,科技成果转化应用较为滞后。

3. 企业资金短缺,难以支撑新旧动能转换。

企业的转型升级、新旧动能转换需要资金的支持。据广西调查总队对企业的调研,半数以上的企业反映资金短缺导致企业转型难。特别是小微企业、民营企业,受市场风险、信用不足等因素的影响,从银行等金融机构难以得到经营发展所需资金。同时,由于小型微型企业不享受基准利率,从银行贷款需要支付更高的浮动利率,高额利息给企业造成沉重负担。这些企业处于"融不到、用不起"的两难之中。此外,资源、环境约束,劳动力以及交易成本的不断上升,进一步加重了企业新旧动能转换的负担。

五、研究结论与对策建议

(一)研究主要结论

1. 第二产业对经济的影响力系数仍然较高,主要集中在通信、计算机、设备制造等行业。第三产业对经济的影响力提升。新技术和新业态支撑行业对经济发展的影响力快速提升,部分高耗能产业影响力在下降。

2. 三次产业中,第一产业感应度系数最强,超过1。各产业对服务业,特别是生产型、高技术型服务业需求显著增加。

3. 目前,广西投资动能大幅减弱,经济增长的动能向区内消费、地区间流出与出口、技术变迁转换。其中:

第一产业主要驱动力是区内消费、地区间流出与出口,其效应不断增强。技术变迁的驱动效应较小,增加值率的驱动效应下降。投资驱动大幅下降,体现出农业投资的不足。

第二产业地区间流出与出口、技术变迁效应持续增强。受投资萎缩的影响,第二产业投资驱动大幅减弱,投资与增加值率则呈现出负效应。

第三产业动能由区内消费、投资向区内消费、技术变迁转换。区内消费需求、技术变迁超过投资成为广西服务业最主要发展动能。数字技术促进服务业区外需求驱动效应的提升。服务业各行业增加值率驱动效应普遍为负，但降幅在收窄。投资驱动效应大幅回落。

总体上看，新动力发展主要体现在服务业拉动作用增强，新产业、新业态快速发展，需求结构在明显优化，消费结构在加快升级。其次，新动力和新动能还体现在区外市场和国际空间的拓展上。第三，创新驱动引领作用凸显，支持政策加快转型，政策环境日臻完善。但广西在新旧动能的转换过程中也存在产业发展动能亟待升级、创新能力不足、企业资金短缺等问题，制约广西新旧动能的有序转换。

（二）对策建议

第一，持续扩大内需。一是大力培育新的消费增长点，激发消费新需求，营造便利的消费环境，提高消费对经济增长的贡献率。二是优化投资结构，提升投资效率，以投资优供给、以投资补短板，释放市场活力。

第二，重视区外市场需求。一是以自由贸易试验区建设为契机，以建设大通道为载体，优化对外贸易结构，培育开放新优势，构建全方位、多层次的开放型经济新体制。二是依托数字技术，加强平台及基础设施的建设，通过数字技术创新发展拉动经济增长和贸易扩张。

第三，提升产业附加值。目前，广西行业增加值率呈现持续下降趋势，这反映产品仍处于产业链底端，依靠要素投入驱动经济增长的粗放型模式尚未根本改变，经济增长的质量有待提高。一是要提高产业集中度，提升产业竞争力；二是重视品牌价值和效应，打造名优品牌；三是以现有产业为基础，产业链向上游的基础产业环节和技术研发环节，下游的市场拓展环节延展。产业实现产业向专业化和价值链高端延伸，向精细和高品质升级。

第四，优化新旧动能转换的产业支撑。将新一代信息技术、汽车、智能制造装备等领域作为发展重点，整合产业链、创新链、资源链，培育具有影响力的先进制造业集群。加大对传统制造业技术改造支持力度，建立传统制造业改造提升投资导向目录，着力推动企业关键生产技术装备改造，提升生产效率和效益。加快补齐服务业发展的短板，推进"制造业服务化"和"服务业制造化"，实现产业融合发展。

第五，大力推进技术创新。实施自主创新战略，鼓励企业进行更多技术创新活动，鼓励企业引进、吸收创新国外的前沿技术。加大财政对技术创新的投入，设立专项资金和投资基金，同时积极发展多层次资本市场，为企业技术创新提供资金支。政府采购要向技术创新较强的产品倾斜，为技术创新提供应用场景。加快建设创新平台，促进校企合作，加快科研成果转化为生产力的速度。加快高端人才的引进，大力发展高等教育，培育行业领军人才。

参考文献

[1] 黄昶生,张晨,王丽,杨振勇.新旧动能转换背景下中国制造业企业转型升级能力评价研究[J].工业技术经济,2020,39(08):78-88.
[2] 彭刚,赵乐新.中国数字经济总量测算问题研究——兼论数字经济与我国经济增长动能转换[J].统计学报,2020,1(03):1-13.

[3] 任志成.习近平关于产业新旧动能转换科学论述的战略性与实践路径[J].南京社会科学,2020(05):7—14+58.

[4] 徐高.中国经济增长动能分解[J].金融博览,2020(05):36—37.

[5] 刘世锦.宏观经济走势与新增长动能[J].环境与可持续发展,2020,45(01):25—28.

[6] 刘晓明,孙毅,秦梦.山东经济增长中的结构调整效应分解与路径分析——基于新旧动能转换的视角[J].青岛大学学报(自然科学版),2020,33(01):91—98.

[7] 刘用.浅谈山东省经济增长新旧动能转换战略——基于投入产出模型[J].山东工业技术,2020(01):3—9.

[8] 许宪春,张钟文,常子豪,雷泽坤.中国分行业全要素生产率估计与经济增长动能分析[J].世界经济,2020,43(02):25—48.

[9] 盛朝迅.培育壮大新动能 实现高质量发展[J].智慧中国,2019(07):43—45.

[10] 郑江淮,宋建,张玉昌,郑玉,姜青克.中国经济增长新旧动能转换的进展评估[J].中国工业经济,2018(06):24—42.

[11] 隆国强.新旧动能转换的意义、机遇和路径[J].中国发展观察,2017(21):28—31.

[12] 李佐军.加快新旧动能转换 促进经济转型升级[J].领导科学论坛,2017(18):66—82.

[13] 林秀梅,张廷廷,孙海波.吉林省经济增长动力分析——基于SDA分解技术[J].税务与经济,2017(04):105—112.

[14] 张述存.论深入实施创新驱动发展战略的"三引擎"[J].经济体制改革,2016(01):14—19.

[15] 宋瑞礼.中国经济增长机理解释——基于投入产出SDA方法[J].经济经纬,2012(02):17—21.

作者简介:

庞丽萍,广西壮族自治区统计局,gxhsc0771@163.com。

谢再统,广西壮族自治区统计局,gxhsc0771@163.com。

陈家芹,广西壮族自治区统计局,gxhsc0771@163.com。

兰佳信,广西壮族自治区统计局,gxhsc0771@163.com。

廖鸣霞,广西财经学院,17270764@qq.com。

税收政策与经济增长的关系研究

苑立波　王莉芳

摘要： 营业税改征增值税全面实施后，我国又相继实施了多项减税政策，对减轻企业负担产生重要影响。本文梳理了我国税收政策的改革脉络，对上海市税收收入与宏观经济的关系进行了分析，并利用上海市 2017 年投入产出表，测算了增值税率调整对各行业总产出和增加值的影响。结果表明，考虑到行业议价能力强弱的条件下，增值税率调整等减税政策能够在短期内推动经济增长，2019 年减税乘数约为 1.2。2018 年和 2019 年，上海市由于增值税税率调整和其他减税政策的综合减税规模约 500 亿元和 2022 亿元，分别带动增加值增长约 679 亿元和 2416 亿元，相当于当期地区生产总值的 1.9% 和 6.3%。考虑到对减税的直接影响和间接影响，交通运输设备、金融业、化学产品和批发和零售等行业对经济增长贡献比较突出。

关键词： 增值税率调整　投入产出模型　减税乘数

中国宏观经济正面临前所未有的挑战。自 2008 年金融危机以来，中国经济步入由高速发展转向中高速发展的新阶段，增长速度持续下滑，全国 GDP 增长率由 2011 年的 9.6% 下降到 2019 年的 6.1%。同时期，上海市 GDP 增长率由 8.2% 降至 6%。经济增速下滑引起社会各界对"新常态"的讨论和对中国经济增长前景的担忧。在经济增速下行和产业转型升级压力增大的新形势下，如何通过政策引导实现经济增长的平稳换挡、经济结构的优化升级是当前政府和学术界关注的焦点问题之一。

在宏观经济政策中，货币政策和财政政策是最常用的工具。然而，在利率下调空间有限、货币传导渠道不畅的背景下，货币政策的有效性受到很大制约。扩张性财政支出是各国应对经济下行的重要政策选择（李明等，2018），同时不断攀升的地方政府债务缩窄了财政政策的空间，进一步扩大政府财政支出不仅要面临融资难问题，还可能造成投资回报率下降、经济结构扭曲以及腐败等问题（Chen & Yao, 2011；白重恩和张琼, 2014）。因此，当前无论是扩张性货币政策还是以扩大政府支出为主体的扩张性财政政策，都可能导致风险的进一步累积，威胁到宏观经济的平稳健康运行。

税收作为财政收入的主要来源，是调节宏观经济运行的重要工具。税收政策是稳定宏观经济的重要工具。完善增值税改革也是近年来税制改革的热点。自 2016 年 5 月全面实施"营改增"以来,国家每年都对增值税的税率结构进行调整以降低企业成本。随着税率结构的简并下调和征管力度的加强,税收政策能否达到预期目标?对实体经济活动将产生哪些实际影响?本文将在梳理相关文献的基础上,利用上海市2017年投入产出表建立模型进行研究。

一、税收政策与经济增长关系的文献综述

(一)税收收入与经济增长的关系

理论上,减税不仅可以通过降低要素实际价格的方式促进企业投资并提高实际产出,还会对劳动力市场等方面产生系统性影响。

20世纪初期,Admas(1917)最早提出关于增值税的相关理论,认为对产品增值部分征税的效果要好于仅对会计利润征税,由此开启了关于增值税的研究。Feldstein(1976)认为,相对于所得税而言,增值税消除了因储蓄收益率降低而导致的消费选择行为扭曲效应,对经济发展有促进作用。Burgess和Stern(1993)指出,增值税具有税收中性,避免了其他间接税制重复征税所造成的低效率,且增值税变化不会影响企业的生产决策,是促进经济增长的手段。Hassett & Hubbard(2002)总结了早期的一些实证研究,认为企业会像新古典模型预测的那样对税收激励做出积极反应。

国内针对增值税税制改革的研究中,申广军、陈斌开和杨汝岱(2016)基于全国税收调查的微观企业数据,发现减免增值税有利于促进企业增加固定资产投资,尤其是生产经营的固定资产投资,减税提高了资本和劳动的产出效率,尤其是国有企业、东部地区和出口企业。而陈烨等(2010)运用可计算一般均衡模型(CGE模型)就我国增值税转型政策对就业的影响进行了事前预测,认为增值税转型会扭曲资本与劳动的相对价格,对实际GDP的刺激非常有限,并预测可能造成444万人的新增失业。万华林等(2012)研究了增值税改革对企业的影响,发现增值税转型对投资存在补贴的正面效应和所得税的负面效应,并且前者大于后者,在整体上增加了公司投资价值。

(二)税制结构对经济增长的影响

自从20世纪60年代"哈伯格超中性猜想"提出以来,美国学者开始关注税制结构对经济增长的影响,特别是到20世纪90年代,随着内生增长理论和经济计量方法的流行,促进了该领域的研究。从理论基础来看,一般依据两个基本增长模型来研究税制结构对经济增长的影响,即新古典增长模型(外生增长模型)和内生增长模型。前者认为税收政策变化所引起的增长率变化只是暂时的,对长期稳态增长率没有影响(Solow,1956;Swan,1956);后者认为税收政策不仅影响产出水平,也影响稳态增长率,或者说税收政策具有长期增长效应(Romer,1986;Barro,1990;Mendoza et al.,1997)。经济学界目前主要依据内生增长模型来研究税制结构的经济增长效应。

郭婧等(2015)对相关实证研究进行了梳理,发现很多研究达成的基本共识是,企业所得税和个人所得税的比重提高对经济增长特别有害,而消费税和财产税的不利影响较轻。但整体上看,针对各国的研究结果并未达成一致,即区域、税种和税率的差异都会使得税收政策对经济增长带来不同甚至方向相反的影响。

综合有关税收政策的经济效应和税制结构对经济增长影响的研究结论,税率下降会对宏观经济的投资、就业和收入等造成显著影响,但税制结构对经济增长是否具有显著影响没有定论。从研究方法上看,有的侧重宏观测算,有的利用微观企业数据,而缺乏对细分行业减税效果的测算。投入产出模型可以刻画经济各生产部门的投资、消费和进出口的关联关系,可以更细致地测算税收政策产生的经济效应。

二、上海宏观经济及税收收入的现状分析

(一)上海税收收入的结构分析

2019年,上海实现一般公共预算收入7165.10亿元,同比增长0.8%,其中税收收入6216.29亿元,同比增长-1.1%,占一般公共预算收入的86.8%。

1. 上海税收收入构成。

2019年,上海市税务局组织的税收收入13697.99亿元(不含海关代征),同比下降0.9%。其中,增值税5535.89亿元,企业所得税3745.01亿元,个人所得税1509.33亿元,消费税841.61亿元。按税收大类分,流转税类和所得税类是最为重要的两个税类,流转税和所得税类占总税收收入的比重分别为46.5%和38.4%。按税种分,增值税和企业所得税是最为重要的两个税种,上海增值税和企业所得税占总税收收入的比重分别为40.4%和27.3%(见图1)。

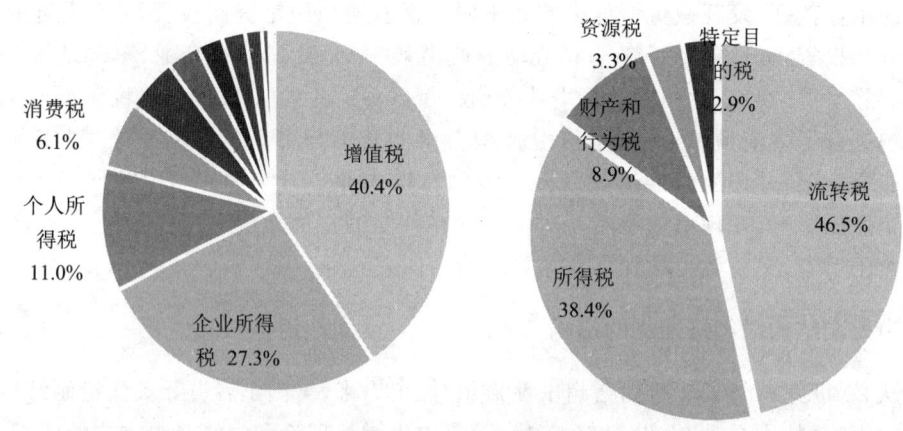

图1 2019年上海税收收入构成(按大类分和按税种分)

2. 上海宏观税负水平相对较高,行业税负差异大。

宏观税负,是指一定时期私人部门因国家课税而放弃的资源总量,通常可用一定时期的政府课税总额或政府课税总额相当于同期GDP的比例加以表示。2019年,上海宏观税负水平为35.9%,略低于北京,高于全国及其他主要城市和地区(见图2)。与发达国家相比,上海2016年宏观税负水平为42%,低于法国和意大利,高于英国、美国等国家(见图3)。

以行业税收(全部税收扣除海关代征)相当于行业增加值的比重衡量不同行业的税收负担,上海不同行业之间税收负担差距较大,租赁和商务服务业、房地产业、建筑业、批发和零售业等行业税收负担较高,2018年四个行业税收负担分别为54.2%、49.1%、48.2%

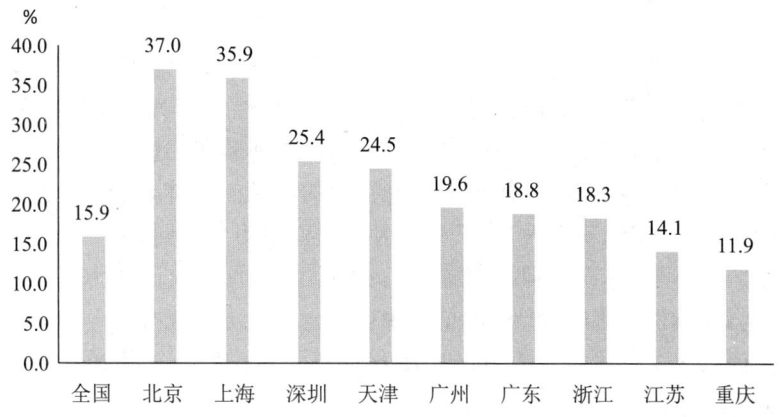

图 2　国内主要地区宏观税负（2019 年）

资料来源：根据公开资料整理，GDP 采用快报数。

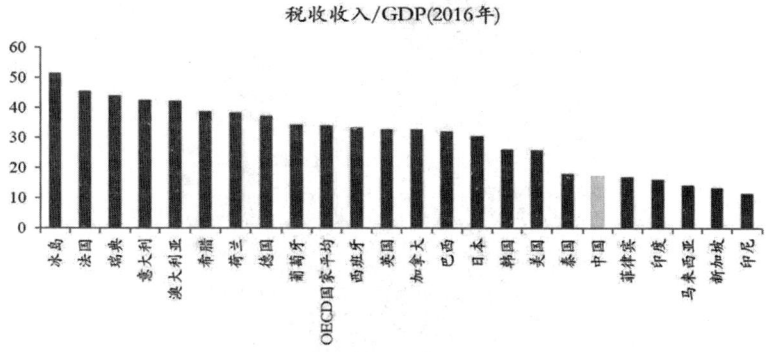

图 3　主要国家宏观税负水平

资料来源：OECD。

和 43.2%；农林牧渔业、卫生和社会工作、教育、公共管理社会保障和社会组织等行业税收负担较轻，均低于 6%（见图 4）。

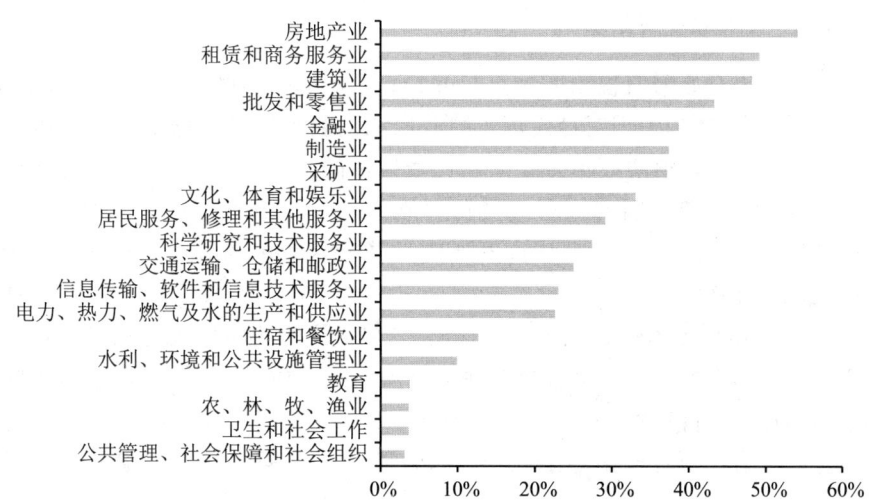

图 4　2019 年上海各行业税收收入相当于行业增加值的比重

3. 企业是主要纳税人。

我国的纳税人分为法人和自然人,企业是最主要的纳税人,缴纳的税收包括流转税中除个体经营者缴纳的部分、企业所得税、资源税等。与自然人相关的税收一部分是个体经营者在生产经营中上缴,一部分是企业代扣代缴的个人所得税,还有一部分是由其他自然人缴纳的与买卖出租房产、取得并使用车辆等有关的税款。整体看,企业是我国最主要的纳税人,与发达国家以家庭和个人为主、企业为辅的税制明显不同。

2019年,上海税收收入从企业类型来看,内资企业税收收入占比为61%,其中有限责任公司、国有企业、股份有限公司、私营企业税收收入占比较高,均在10%以上;外商投资企业和港澳台商投资企业税收收入占比分别为28.1%和8.2%;个体经营税收收入占比较低,为2.8%(见图5)。

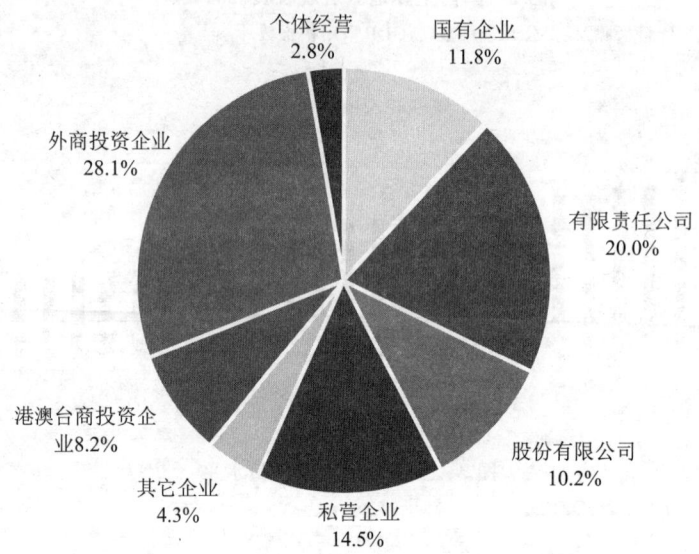

图5　2019年上海各类型企业税收收入占比

(二)减税降费政策及其效果

我国于1979年开始增值税制度试点,1994年在全国范围内实施生产型增值税制度,经过多年运行基本上达到了当时稳定国家财政收入的目标。由于增值税在我国税收体系中的核心作用,政府对增值税改革一直采取比较谨慎的态度,直到2008年12月,财政部、国家税务总局发出《关于全国实施增值税转型改革若干问题的通知》(财税〔2008〕10号)后,从2009年1月1日起在全国范围内开展增值税转型改革,标志着我国由生产型增值税向消费型增值税全面转型。

2016年,中共中央政治局会议上首次提出了"降低宏观税负",大力倡导推行普遍性减税降费政策,减税和降费成为社会各界关注的焦点。经过梳理,2008年以来我国的减税降费历程主要分为两个阶段:第一个阶段是2008—2015年,该阶段以出台各类结构性减税政策为主要特征;第二个阶段是2016年至今,该阶段以全面推行营改增和全面减税降费政策为主要特征。

1. 2008—2015 年结构性减税阶段。

2008 年中央经济工作会议上首次提出了结构性减税的概念,在 2009—2015 年的中央经济工作会议和政府工作报告中也频繁提及结构性减税。这一阶段,为了实现扩大投资、促进消费、调整经济结构、改善民生等目标,中央出台了诸多结构性税收调整政策,主要涉及实施新企业所得税法(2008 年)、全面实施增值税转型改革(2009 年)、对集成电路和软件产品给予税收优惠(2011 年)、提高个税工资薪金税前扣除标准(2011 年)和实施营业税改征增值税试点(2012 年起)等。

2. 2016 年以来增值税改革和全面减税降费阶段。

2016—2018 年,全国通过"营改增"、降低增值税税率、提高个税免征额、增加个税应纳税额抵扣项以及一系列针对小微企业、"双创"企业的税收优惠政策,结合"放管服"的简化行政程序、减少行政收费等普遍性降费措施,分别实现了 6196 亿元、1 万亿元以及 1.3 万亿元的减税规模;2019 年全年减税降费超过 2.3 万亿元。这一阶段减税降费政策主要涉及:全面实施"营改增"(2016 年)、简化增值税税率结构(2017 年 7 月)、降低相关行业增值税税率(2018 年 5 月、2019 年 4 月)、提高科技型中小企业研发费用税前加计扣除比例(2017 年)、扩大享受企业所得税优惠的小型微利企业范围(2018 年)、将商业健康保险个人所得税税前扣除试点政策推至全国(2017 年 7 月)、个人所得税改革(2018 年 10 月)和降低社会保险费率(2019 年 5 月)等。

三、减税降费与经济增长的实证分析

增值税是上海市第一大税种,2019 年增值税收入 5535.89 亿元,占全部税收收入(不含海关代征税)的 40.4%。2018 年财政部调整增值税税率,纳税人发生增值税应税销售行为或者进口货物,原适用 17% 和 11% 税率的,税率分别调整为 16%、10%。2019 年 4 月财政部、税务总局、海关总署联合发布公告,宣布增值税一般纳税人发生增值税应税销售行为或者进口货物,原适用 16% 税率的,税率调整为 13%;原适用 10% 税率的,税率调整为 9%。本文主要分析这两次税率调整对经济增长的影响。

增值税率下调对行业的影响比较复杂,除了直接影响,税率变动会影响产品价格,议价能力不同的行业受益会有明显差异。为便于分析,本文先利用上海市 2017 年投入产出表,不考虑价格变动带来的减税效应和利润变动,分别静态测算 2018 年和 2019 年增值税率下调对各行业的影响。在静态测算的基础上,再考虑产业链中各行业的议价能力,研究税率变动对经济的影响。

(一)直接效应:减税规模的静态测算

为简化计算,不考虑增值税进项税额转出、上期留抵税额等特殊问题,测算不同行业的增值税的公式如下:

$$增值税 = 销项税 - 进项税$$
$$= 销项税基 \times 销项税率 - 进项税基 \times 进项税率$$

税率计算方面,销项税率简单化处理,单一行业采用统一的销项税率,按照 2018 年和 2019 年减税前和减税后适用的各行业销项税率分别计算。进项税率的计算,结合不同行业的销项税率和 2017 年上海投入产出表进行测算,用生产某一行业产品所需的各类行业中间投入的比例进行加权,得到该行业的进项税率。税基计算方面,根据投入产出表,销项税基＝行业总产出－存货增加－出口国外;进项税基＝中间总投入。

计算结果显示,2018 年增值税税率调整后,共减轻全市企业增值税负担 143.36 亿元。其中,制造业、批发零售业、房地产业、交通运输仓储和邮政业等行业增值税税负降幅明显,增值税分别减少 92.65 亿元、70.57 亿元、25.08 亿元和 21 亿元。而大部分的服务业实际税负反而提升,其中租赁和商务服务业、金融业、住宿餐饮业等行业的税负上升明显,增值税分别增加 35.52 亿元、11.68 亿元和 8.48 亿元。各行业减税规模相当于产出的比例见表 1。

表 1　2018 年各行业减税规模相当于产出的比例

单位:%

行业	减税相当于产出	行业	减税相当于产出
批发和零售	0.80	纺织服装鞋帽皮革羽绒及其制品	0.21
房地产	0.79	非金属矿物制品	0.21
食品和烟草	0.61	纺织品	0.19
农林牧渔产品和服务	0.46	燃气生产和供应	0.16
水的生产和供应	0.44	石油、炼焦产品和核燃料加工品	0.15
金属制品、机械和设备修理服务	0.44	金属冶炼和压延加工品	0.15
仪器仪表	0.37	通信设备、计算机和其他电子设备	0.13
化学产品	0.33	公共管理、社会保障和社会组织	－0.10
交通运输、仓储和邮政	0.31	信息传输、软件和信息技术服务	－0.12
电力、热力的生产和供应	0.29	金融	－0.13
其他制造产品和废品废料	0.29	教育	－0.15
专用设备	0.27	文化、体育和娱乐	－0.24
造纸印刷和文教体育用品	0.27	水利、环境和公共设施管理	－0.31
交通运输设备	0.27	综合技术服务	－0.37
建筑	0.26	研究和试验发展	－0.39
电气机械和器材	0.24	居民服务、修理和其他服务	－0.39
通用设备	0.24	租赁和商务服务	－0.46
木材加工品和家具	0.24	卫生和社会工作	－0.50
金属制品	0.23	住宿和餐饮	－0.56

按照计算结果,2019 年增值税税率调整后,共减轻全市企业增值税负担 274.52 亿元。其中,制造业、批发零售业、房地产业等行业增值税税负降幅明显,三个行业增值税分别减少 309.94 亿元、230.83 亿元和 22.56 亿元。大部分服务业的实际税负有所上升,其中租赁和商务服务业、金融业、住宿餐饮业等行业的税负上升明显,增值税分别增加 89.43 亿元、20.53 亿元和 16.15 亿元。

(二)经济效应:税收政策对经济增长的影响测算

在企业经营期间,增值税税率越高,企业在采购材料时需要先支付的资金就越多;如果当期不能收回货款及增值税,在自有资金紧张的情况下就需要借入资金,从而负担更多的利息、增加财务成本。相反,增值税税率越低,企业纳税时面临的筹资压力也相应越小。增值税的链条式设计,使得征收过程中税收可以层层抵扣。各行业在减税政策中获得的减税红利取决于产业上下游的议价能力,并体现为企业现金流的增加;消费者获得的减税红利将通过劳动报酬的增加得以体现。

利用上海市2017年投入产出表,我们利用42部门的产业关联关系,认定了产业链中相对具有议价能力的部门,并假定这些部门享受了上下游的增值税红利,在投入产出模型中通过增加企业营业盈余的方式对经济产生影响。另一方面,通过对投入产出模型的最终消费内生化,可以研究增值税减税对整体经济产出的影响。

1. 强势行业的认定。

在投入产出模型描述的国民经济运行过程中,各部门(行业)间存在着密切的技术经济联系。通常使用影响力系数和推动力系数来刻画这种联系。部门的影响力系数反映了该部门最终需求增加一单位时,对各供给部门产生的需求波及程度;部门的推动力系数反映了该部门初始投入增加一单位时,推动各部门产出增加的合计。影响力系数和推动力系数都大的部门是在国民经济发展中需要特别重视的龙头产业或基础产业,这对于认定产业链中的强势行业具有一定指导意义。我们认为这两个系数较大的行业在产业链中具有优势地位,其议价能力也较强。

我们根据2017年投入产出表(42部门)计算出经过增加值加权的影响力系数和推动力系数(见图6),认定其中较强势的行业有:石油和天然气开采产品、食品和烟草、化学产品、金属冶炼和压延加工品、通用设备、交通运输设备、通信设备计算机和其他电子设备、金属制品机械和设备修理服务、电力热力的生产和供应。

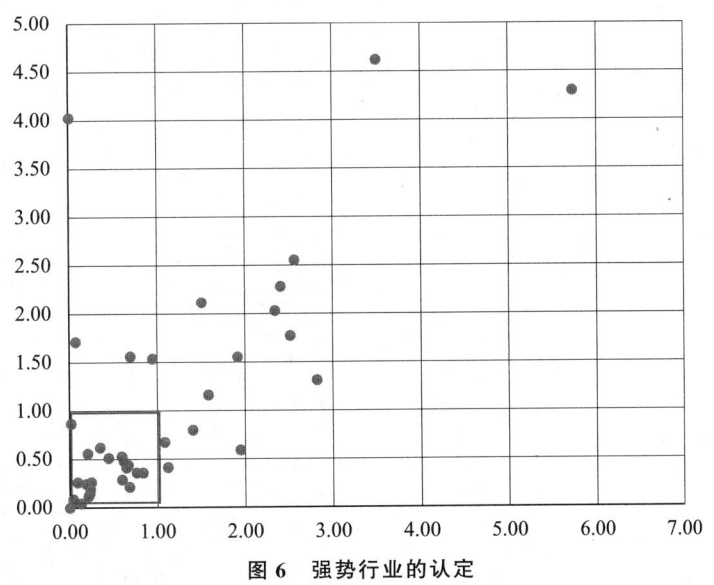

图6 强势行业的认定

注:图中影响力系数(横轴)和推动力系数(纵轴)均采用增加值加权计算。

2. 减税效应的测算模型。

根据上一节的测算结果,2018年上海市部分行业增值税率调整的减税效应总额约为

160.56 亿元(含增值税直接减税和以增值税为税基的城市建设税、教育附加税等附加税减税),将之分配至上述强势行业,作为这些行业初始投入(即增加值中的营业盈余)的增加,得到 Δv。建立基于高希(Gosh)供给驱动模型的局部闭模型

$$(x_1,\cdots,x_n)\begin{bmatrix} r_{11} & \cdots & r_{1n} \\ \vdots & \ddots & \vdots \\ r_{n1} & \cdots & r_{nn} \end{bmatrix} + (v_1,\cdots,v_n) = (x_1,\cdots,x_n)$$

$$x' = v(I-R)^{-1}$$

$$\Delta x' = \Delta v(I-R)^{-1}$$

当强势行业将减税红利作为初始投入,首先影响该行业对应的部门产出,进而通过乘数效应影响各部门的收入和消费,进而对整个国民经济产生影响。

3. 减税效应的测算结果——减税乘数。

由于增值税税率下调影响,2018 年全市减税规模 160.56 亿元,作为宏观经济初始投入的增加,将带动全市各行业总产出增加 1279.75 亿元,相应增加值增加 323.76 亿元,减税的增加值乘数(以下简称减税乘数)为 2.02,即每减税 1 亿元,带动增加值增加约 2 亿元。其中,交通运输设备、金融、化学产品、批发和零售等行业的增加值受减税效应推动较为明显(见表 2)。

表 2 2018 年增值税税率调整对各行业增加值的影响

行　业	△v(亿元)	行　业	△v(亿元)
交通运输设备	31.5	专用设备	3.9
金融	30.0	居民服务、修理和其他服务	3.5
化学产品	29.8	研究和试验发展	2.6
批发和零售	29.5	金属制品	2.5
食品和烟草	23.0	文化、体育和娱乐	2.3
租赁和商务服务	20.5	金属冶炼和压延加工品	2.0
交通运输、仓储和邮政	15.5	金属制品、机械和设备修理服务	2.0
信息传输、软件和信息技术服务	14.7	造纸印刷和文教体育用品	2.0
通信设备、计算机和其他电子设备	14.3	农林牧渔产品和服务	1.5
通用设备	10.8	水利、环境和公共设施管理	1.4
建筑	9.6	非金属矿物制品	1.3
卫生和社会工作	9.0	纺织服装鞋帽皮革羽绒及其制品	1.2
教育	8.8	木材加工品和家具	1.1
房地产	8.7	仪器仪表	1.0
综合技术服务	8.0	纺织品	0.6
公共管理、社会保障和社会组织	6.8	燃气生产和供应	0.6
电力、热力的生产和供应	6.5	其他制造产品和废品废料	0.5
电气机械和器材	5.8	水的生产和供应	0.2
石油、炼焦产品和核燃料加工品	5.6	石油和天然气开采产品	0.1
住宿和餐饮	4.9		

进一步考虑除增值税率调整造成的减税因素,其他减税中部分[①]可作为初始投入的增加带动经济增长。根据 2018 年上海市总减税规模 500 亿测算,除增值税税率调整影响外,其他影响因素减税 339.44 亿元,按照当年各行业增加值比例分配后,带动全市各行业增加值增加约 355.62 亿元,减税乘数 1.05。

利用 2018 年估计的减税乘数,在产业结构和生产技术不发生变化的情况下,2019 年受增值税税率下调引致的减税规模约 308 亿元(含直接减税和附加税),带动各行业增加值合计增加 620 亿元;其他减税政策减税规模约 1700 亿[②],预计带动全市各行业增加值增加约 1781 亿元。

综上,2018 年上海市由于增值税税率调整和其他减税政策的综合减税 500 亿元,其中前者带动各行业增加值合计增加 323.76 亿元,后者带动增加值增加约 355.62 亿元,分别相当于当期地区生产总值的 0.89% 和 0.98%;2019 年上海市综合减税约 2022 亿元,带动各行业增加值合计增加约 2416 亿元,相当于地区生产总值的 6.3%。

四、结论及建议

通过对上海市制造业企业的调研和基于投入产出模型的初步测算,增值税率调整将从三个方面对企业造成影响:产业链上下游企业的税负转嫁能力差异导致增值税调整对不同企业盈利产生不同的影响;增值税调整对企业现金流产生影响,同时对附加费产生影响,进而对企业盈利产生直接影响;增值税率的增减导致企业现金流的变动,进而影响企业生产拉动地区增加值的变化。本文的测算结果显示:

第一,增值税税率下调将减轻全市企业增值税及其附加税负担,2018 年和 2019 年企业增值税分别减轻 160.56 亿元和 307.45 亿元。

第二,考虑到行业的议价能力(影响力和推动力),企业税负的降低将进一步带动经济生产,并对上海市地区生产总值产生正向的推动作用。通过投入产出模型测算,这种推动作用具有一定乘数效应,增值税税率降低产生的增加值乘数为 2.02,其他税费减少产生的增加值乘数为 1.05,2019 年综合减税乘数约为 1.2。

第三,增值税税率降低,税负降幅较明显的行业分别是制造业、批发零售业、房地产业、交通运输仓储和邮政业等。企业减负进一步扩大生产时,带动经济增长贡献最大的行业分别是交通运输设备、金融业、化学产品和批发零售等。

为进一步研究税收政策对经济增长的影响,我们提出如下建议:

第一,减税降费降低了企业和住户部门的负担,但也会导致财政部门预算收入减少。为维持财政收支平衡,保障经济平稳运行,建议财政部门坚持压减一般性支出、严控"三公经费",重点保障重大任务的完成和民生改善,提高财政资金的配置效率和使用效益。

第二,推进与税务部门的合作研究和数据共享。税务部门的增值税发票的微观数据

---

① 除增值税税率调整减税因素外,其他减税政策还包括研发费用加计扣除范围扩大、小微企业税收调整、提高科技型中小企业研发费用税前加计扣除比例、商业健康保险个人所得税前扣除、个人所得税专项附加扣除等。小微企业及微利企业税收减免、个人所得税扣减等因素已经内生于模型,不再作为初始投入考虑。

② 根据上海市十五届人大三次会议上所作的《上海市政府工作报告》,在大规模减税降费总额超过 2022 亿元的情况下,地方一般公共预算收入增长 0.8%。

对改进地方投入产出表的编制质量具有重要作用,建议在与税务部门合作开展研究的基础上推进这一领域的数据共享工作。

第三,积极开展企业调研,掌握各行业企业的经营情况和产业关联特征。为加强理论和模型解决实际问题的效果,需要在企业调研中掌握实际情况,对理论假设进行改进,提高课题研究对决策服务的有效性和针对性。深入分析部门数据和企业调研信息,提高统计服务领导决策的水平。

参考文献

[1] 李明,李德刚,冯强. 中国减税的经济效应评估——基于所得税分享改革"准自然实验"[J]. 经济研究,2018(7).

[2] 申广军,陈斌开,杨汝岱. 减税能否提振中国经济?——基于中国增值税改革的实证研究[J]. 经济研究,2016(11).

[3] 万华林,朱凯,陈信元. 税制改革与公司投资价值相关性[J]. 经济研究,2012(3).

[4] 陈小亮. 中国减税降费政策的效果评估与定位研判[J]. 财经问题研究,2018(9).

[5] 李戎,张凯强,吕冰洋. 减税的经济增长效应研究[J]. 经济评论,2018(4).

[6] 赵孟鑫. 税收增长与 GDP 增长的关系[J]. 财贸与财税,2017(9).

[7] 聂辉华,方明月,李涛. 增值税转型对企业行为和绩效的影响——以东北地区为例[J]. 管理世界,2009(5).

[8] 郭婧,岳希明. 税制结构的增长效应实证研究进展[J]. 经济学动态,2015(5).

[9] 陈烨,张欣,寇恩惠,刘明. 增值税转型对就业负面影响的 CGE 模拟分析[J]. 经济研究,2010(9).

[10] 上海市政府工作报告(2020 年)[Z]. 上海市人民政府网站. 2020 年 1 月.

作者简介:

苑立波,上海市统计局国民经济核算处副处长,54428700@qq.com。

王莉芳,上海市统计局国民经济核算处一级主任科员,594375065@qq.com。

基于云南固定资产投资对经济影响的实证分析

胡明武　曲卓

摘要：固定资产投资是拉动经济增长的总需求之一，一直以来都成为人们关注的焦点，各地也普遍采取增加固定资产投资的办法来启动消费，扩大内需，拉动经济增长。因此，搞清楚增加固定资产投资对国民经济的拉动作用，对合理地确定固定资产投资的规模，有效拉动经济增长有着重要的义。

关键词：投资　经济增长　拉动　投入产出

一、引言

一般来说，经济增长是指在一段时间内，一个国家或地区的人均产出和人均收入的增加，经济增长水平可用一个国家或地区的生产总值来表示。固定资产投资是促进一个国家或者地区经济增长的基本推动力、是扩大再生产的重要源泉、是资源优化配置的重要手段，也是市场经济运行过程中进行宏观管理和宏观调控的重要杠杆。云南固定资产投资的快速增长为全省经济平稳较快增长作出了积极贡献。为了进一步探索固定资产投资与经济增长的内在联系，本文根据2001－2018年云南省固定资产投资和GDP数据，建立固定资产投资效果系数模型，同时采用云南省2017年投入产出技术进行了实证分析，分析发现：云南省固定资产投资增长与GDP增长具有相关性，并存在"时滞效应"（固定资产投资增速出现阶段性高增长点后，2年左右GDP增速会出现一个高点）；云南省100亿元固定资产投资（以下简称"投资"）拉动全社会创造生产总值39.88亿元，比全国少43.04亿元。

二、文献综述

一是投资时滞的相关研究。多数学者都使用投资效果系数来反映全社会投资效果，并对投资时滞期进行研究，比如早在1985年，齐建国就对投资时滞的计算方法进行了初探，指出投资与产生经济效益之间存在着时滞，并从单一项目入手，计算投资效果系数，并分析各年投资额对应的投资时滞，利用"价值项目"法获得多项目综合投资时滞，根据分析得到投资基建期越大,投资时滞就越长。张屹山等人指出投资效果系数不反映本期的投资效果,要想知道投资是哪一时期的效果,必须计算投资时滞,并指出一定时期的国民收入增长额并不是由同期的投资活动引发的,它是受前一时期投资的影响。丁静之根据"投资时滞是指资金投入到建设项目形成生产能力、引起经济增长所需的时间"的定义,提出投资时滞概念的真正意义在于有多少资金被"时滞"了,通过建立数学模型,得到不同方式的投入资金,时滞期是不同的。王迎录等以项目建设周期和投资回收期两个影响因素,建立数学模型,框算出投资时滞时间,用一元回归分析方法找出固定资产投资与GDP的最大相关系数,确定出投资的时滞时间,通过实证分析得出焦作市项目投资对经济的拉动作用显现的时间点应在投资年度结束后的0至1.53年这个时间段内。二是固定资产投资与经济增长的研究。学术界已经对固定资产投资与经济增长的关系进行了大量研究,并基于不同的研究视角提出了不同的观点。Delong和Summers证实分析美国等国家的固定资产投资与经济增长之间显著的正相关关系,认为固定资产投资率越高带来越快的经济增长。Blomstrom等人在研究中肯定了固定资产投资对经济增长的积极作用,但不是关键因素。李朝鲜从投资与经济增长的百分比来看,引发经济周期性波动的主要原因之一就是投资的周期性波动。和宏明从固定资产投资效益来看,通过对固定资产投资率等指标的分析得出,当前我国固定资产投资规模不合理,造成效益不显著。雷辉通过对1978—2003年固定资产投资与GDP的数据分析得出我国固定投资对经济增长有明显的促进作用,固定资产投资每增长1%,GDP增长0.89%。张蕊通过对山东省1978—2008年的时间序列数据进行协整分析、误差修正分析(ECM)与Granger因果关系分析后表明固定资产投资与经济增长之间存在稳定的长期均衡关系与短期关系,并且固定资产投资对人均经济增长也有突出贡献。李添裕对广东省固定资产投资与经济增长相关数据进行分析后发现,广东省固定资产投资与经济增长之间存在双向的格兰杰因果关系,而且广东省固定资产投资对经济增长的长期拉动作用非常明显;进一步分产业分析广东省固定资产投资对经济增长的贡献程度并进行比较后发现,广东省第三产业固定资产投资对经济增长的拉动作用相对明显。熊兴从三次产业的角度实证分析甘肃省固定资产投资与经济增长之间的关系,结果显示,甘肃省分产业的固定资产投资对经济增长的拉动作用大小有差别;第一产业和第三产业,固定资产投资没有明显拉动经济增长,但是经济增长能够有效带动固定资产投资。尽管国内外的研究已有一些成效,但对于云南固定资产投资与经济增长相关的研究还较少,而且有限的文章所使用的方法也多为统计检验模型,随着云南经济的快速发展,有必要对云南省固定资产投资与经济增长进行新的分析与研究,通过使用2017年云南省投入产出模型,得到更可靠的结论。

三、投资与经济增长关系的实证分析

(一)理论概述

在国民经济的支出法核算中,GDP由最终消费、资本形成总额、货物和服务净出口三部分组成。资本形成总额包括固定资本形成总额和存货增加两部分。固定资本形成总额是当年获得的固定资产减去处置的固定资产价值总额。目前,在实际核算中固定资本形成总额的主要基础资料是投资数据,由投资核算固定资本形成总额,可用公式表示:

固定资本形成总额＝投资＋500万元以下投资＋商品房销售增值＋知识产权产品（研发支出、矿藏勘探、计算机软件等）＋武器系统投资－土地购置费－旧设备购置价值－旧建筑物购置价值

按照上述公式，可以得到2011－2018年，云南省投资占固定资本形成总额的平均比重为96.5%，即云南固定资本形成总额的96.5%由投资形成。因此，我们可以将投资引入支出法GDP中开展分析，为宏观经济决策提供有依据的参考。

（二）投资对经济增长影响的实践表现

理论上，在投资的过程，对GDP的生产起到"三重拉动"作用（以云南实际为例）：

1. 对当年的生产资料、设备和服务等构成消费，拉动云南（包括省外）当前已形成的相应生产能力得以充分发挥。比如，基础设施投资，会拉动水泥、钢材、交通等行业的生产发展。云南钢材产量从2001年186.20万吨扩大到2018年的1940.74万吨，水泥产量从2001年1640.86万吨扩大到2018年的11798.42万吨。

2. 通过建安工程投资（比如建筑业生产），增加当年云南社会劳动者报酬、税收和利润收入等，促进GDP总量相应增加。比如，云南城镇化率由2001年24.9%提高到2018年的47.8%；全部职工平均工资从2001年的1.05万/人提高到2018年的8.05万/人；地方一般公共预算收入从2001年的191.28亿元增加到2018年的1994.35亿元。

3. 投资是补充生产能力存量的最主要手段，每增加一定量的投资，都会形成未来的生产和服务能力，进一步提升基础设施水平和再生产能力，促进产业结构调整优化，为GDP生产进一步发展打牢物质基础，满足经济持续增长，提高人民生活水平。同时，云南经济增长也为全社会进一步增加投资总量，扩张社会生产能力提供了坚实基础。

毋庸置疑，投资增长对于经济欠发达地区举足轻重。从2001－2018近二十年来看，除个别年份外，云南省投资的增速都远高于GDP增速（均剔除价格因素），从图1中，直观

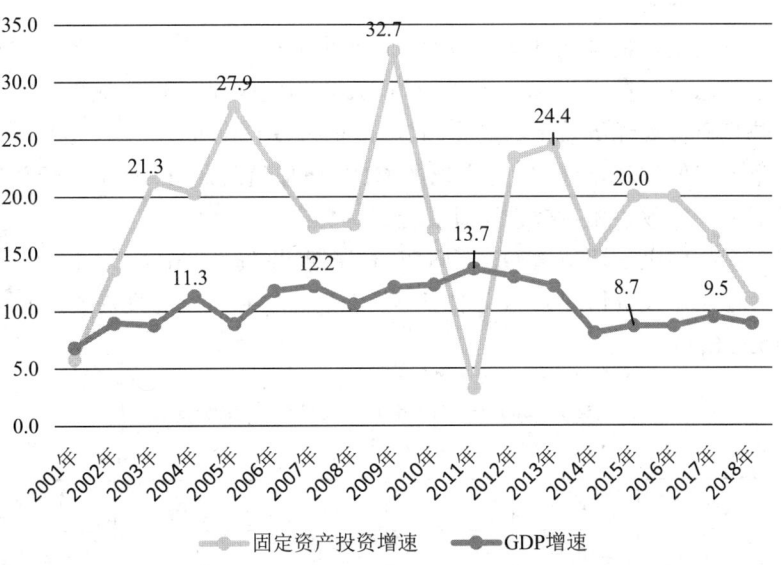

图1　2001－2018年云南固定资产投资增速与GDP增速对比图

的看,两者有显著的相关关系,且投资出现阶段性高增长点后,2 年左右 GDP 增速会出现一个高点。

4. 斯皮尔曼相关系数验证。

为了探究投资增速和 GDP 增速是否具有相关性,本文采用斯皮尔曼(spearman)相关系数进行验证。

斯皮尔曼相关系数公式如下:

$$\rho_s = 1 - \frac{6 \sum d_i^2}{n(n^2 - 1)}$$

该系数是衡量两个变量的依赖性非参数指标。经常用希腊字母 ρ 表示。它利用单调方程评价 X(独立变量)和 Y(依赖变量)的相关方向。如果当 X 增加时,Y 趋向于增加,斯皮尔曼相关系数则为正,如果当 X 增加时,Y 趋向于减少,斯皮尔曼相关系数则为负。斯皮尔曼相关系数为零,表明当 X 增加时 Y 没有任何趋向性。当 X 和 Y 越来越接近完全的单调相关时,斯皮尔曼相关系数会在绝对值上增加。当 X 和 Y 完全单调相关时,斯皮尔曼相关系数的绝对值为 1。

根据计算,2001—2018 年间云南省投资增速(独立变量)与 GDP 增速(依赖变量)这两个指标的斯皮尔曼相关系数为 0.22,其值为正,表明投资增速与 GDP 增速之间存在正向单调相关,即当投资增速增加时,GDP 增速趋向于增加。

综上,云南省投资增长与经济增长有正相关关系,且投资增长对经济增长的拉动具有先导作用,投资快于、先于经济增长而增长,投资的拉动作用在当年的经济增长中并不一定能够完全反映出来。

(三)投资效果系数实证分析

为了更进一步说明云南省投资增长与经济增长关系,本文将采用投资效果系数,对两者关系开展进一步分析。

投资效果系数是指报告期新增 GDP 与同期投资额的比率。它是反映单位投资额所增加的地区生产总值数量的指标。由于新增 GDP 不完全是投资形成的,因此,该指标只能近似地反映投资宏观经济效果的变化趋势,但也可以较全面、较综合地反映投资对经济发展的贡献率。其值越高,单位投资实现的 GDP 增加值就越多,投资的经济效益也就越好;相反,投资的经济效益相对较差。计算公式为:

投资效果系数=报告期新增 GDP/同期(时滞期)投资额×100%(计算时滞期投资效果系数时未考虑当年投资情况),本文取当年及滞后 1 年和 2 年的投资数据为样本,对应的系数分别为 E_0,E_1,E_2。

表 1　2001—2018 年云南投资效果系数表

单位:%

年份	E_0	E_1	E_2	年份	E_0	E_1	E_2
2001 年	17.5	18.5	18.0	2003 年	26.9	33.1	37.4
2002 年	24.1	27.2	28.6	2004 年	37.8	49.3	60.7

续表

年份	E_0	E_1	E_2	年份	E_0	E_1	E_2
2005年	20.6	27.2	35.4	2012年	20.1	25.5	28.5
2006年	26.7	33.8	44.6	2013年	17.3	22.1	27.9
2007年	35.3	44.4	56.2	2014年	10.6	12.2	15.5
2008年	26.6	33.6	42.3	2015年	6.8	8.0	9.2
2009年	12.3	15.8	19.9	2016年	8.7	10.4	12.3
2010年	21.0	25.6	32.9	2017年	11.2	13.1	15.7
2011年	28.9	32.3	39.5	2018年	11.4	12.6	14.9

从表1中我们可以得到以下结论：

1. 从2001-2018年投资效果系数来看，投资与GDP两者相关关系显著，整体都呈现正向的拉动效果。

2. 相同年份，当期效果系数与时滞期效果系数呈现出梯次增长的趋势，投资对经济的拉动具有"时滞效应"，且滞后期的拉动效应明显强于当期。表明投资额增加，必然会带动就业率提高，带动经济发展，但固定资产形成与经济增长之间有一个时间上的差异。从云南角度讲，投资对经济增长的拉动作用在2年左右才能充分显现出来。

3. 投资效益的滞后性是客观存在的，在衡量投资对经济增长的拉动效应时，要综合衡量，不能割裂的看待投资对于经济拉动的当期效果。

四、投资对经济增长拉动效果分析

(一)理论概述

乘数理论由英国经济学家卡恩首先提出，后由凯恩斯将其推广。凯恩斯乘数理论研究投资变化与收入变化之间的关系，即在一定的边际消费倾向条件下，当总投资增加后，可以带来数倍于投资增量的国民收入增加。根据凯恩斯的定义，投资乘数应当使用边际消费倾向数据测算，在实际研究中，则主要采用投资、固定资本形成数据来测算。利用这两类数据测算，投资是基于国民经济视为一个整体进行测算而得来的，如果要研究投资如何通过复杂的产业关联与传导机制带动经济发展，投入产出分析是一种不可替代、便于采用的重要工具。

(二)投资对经济的理想拉动状态分析

常用的投入产出模型是以中间产品(第Ⅰ象限)为核心，以总产品为研究对象，以最终需求为外生变量建立的模型。在投入产出表中存在如下关系：

$$X = (I-A)^{-1}Y$$

在投入产出表中，假设一共有 n 个部门，则由 $AX+Y=X$（X 是 $n \times 1$ 维总产出列向量，A 是 $n \times n$ 维直接消耗系数矩阵，Y 是 $n \times 1$ 维最终产品列向量）可以推出 $X=(I-A)^{-1}Y(AX+Y)=X \to Y=(I-A)X \to X=(I-A)^{-1}Y$，其中 $(I-A)^{-1}$ 为列昂惕夫逆矩

阵,是 $n \times n$ 维方阵,也称为投入产出乘数,最终需求 Y 和总产出 X 的关系,就通过$(I-A)^{-1}$这种放大器连接起来,即最终需求 Y 的增加通过投入产出乘数作用带来总产出 X 的倍数扩张。$(I-A)^{-1}$每一列列向元素相加表达的经济含义是,获得1单位的某部门最终产品,需要消耗本部门1单位产品和其他所有部门提供的中间产品之和。因此,也被称为完全需要系数矩阵。

投资直接带动建筑、制造、交通运输、水电等部门的生产,同时对国民经济其他行业也有间接拉动作用,为分析投资对各行业的直接和间接拉动作用。需要根据投入产出模型 $X=(I-A)^{-1}Y$,利用列昂惕夫逆矩阵$(I-A)^{-1}$中某一行的数值分别乘以按项目分类的最终使用列向量(投资)得到由最终使用项目所诱发的各产业直接和间接生产额(产出),再根据各部门增加值率得到诱发后创造的增加值。

假设全省经济是在一个独立封闭的理想系统中运行(省际间国际间不进行产品和服务的流通),省内各个部门提供的产出与服务,完全可以满足省内投资的需要(投资=资本形成总额),那么按照2017年云南省投入产出结构,100亿元投资可以拉动全社会总产出268.43亿元(见表2),呈1:2.68的拉动,低于全国1:3.06的拉动效应。

表2　2017年云南省投资对经济部门理想状态拉动影响情况表

产品部门	投资额（亿元）	拉动部门产值增加（亿元）	部门增加值率（%）	可形成增加值（亿元）
农业	0.85	13.03	61.7	8.04
工业	12.70	120.42	36.8	44.35
建筑业	78.56	79.89	22.6	18.06
交通运输、仓储和邮政业	0.91	9.71	44.2	4.29
批发零售住宿餐饮业	5.27	18.99	59.6	11.32
其他服务业	1.70	26.38	52.8	13.94
合计	100.00	268.43	—	100.00

在上述假设条件下,根据2017年云南省投入产出模型计算结果表明,全省投资每增加100亿元时,需农业部门提供13.03亿元的农产品,工业部门提供120.42亿元的工业品,建筑部门提供79.89亿元的建筑品,交通运输仓储和邮政部门、批发零售住宿餐饮部门和其他服务部门分别提供9.71、18.99、26.38亿元的服务,总计需要全社会提供268.43亿元的产品和服务。这说明投资所需的产品和服务涉及国民经济各部门,从直接联系看,需要钢材、木材、水泥、设备等各种工业品,从间接联系看,为了向社会提供这些产品,企业在生产过程中,同时还需要社会提供大量其他相关的产品和服务。正是由于国民经济各部门之间存在着千丝万缕的联系,扩大投资可以促进国民经济各部门的发展,有效提供国民经济的增长动力,从表2中可以看出,在全省提供的产品与服务完全满足投资需求的假设条件下,每100亿元投资可拉动云南生产总值增加100亿元,投资与云南生产总值增加的比例是1:1,拉动作用非常明显。

(三)投资对经济的实际拉动影响分析

在现实社会中,我省和省(国)外存在大量产品和服务的流通。投资所需要的产品和服务有两个来源,一是本省生产和提供的,二是为弥补不足从省外(含国外)调入的产品和服务。省外(含国外)流入我省的投资品和服务不是本省生产的,对本省经济不产生拉动作用,需要利用投入产出调入比例系数,剔除省外(含国外)调入部分才能得到投资对我省经济的实际拉动,具体如下:

表3 投入产出表的基本结构

投入\产出	中间使用				消费+投资	调出(出口+流出)	调入(进口+流入)	总产出
中间投入	x_{11}	x_{12}	⋯	x_{1n}	F_1	E_1	M_1	X_1
	x_{21}	x_{22}	⋯	x_{2n}	F_2	E_2	M_2	X_2
	⋮	⋮		⋮	⋮	⋮	⋮	⋮
	x_{n1}	x_{n2}	⋯	x_{nn}	F_n	E_n	M_n	X_n
增加值	V_1	V_2	⋯	V_n				
总投入	X_1	X_2	⋯	X_n				

从表3中,可以得到 $AX + F + E - M = X$ (1)

这里的 A 是投入产出表直接消耗系数矩阵;X 是各部门总产出组成的列向量;F 是国内最终使用列向量(包括消费、资本形成总额等,这里只用到它们的列合计数);E 是出口和流出,M 是进口和流入。

每一个部门的调入 M_i,与该部门省内需求有一个比例关系,称为流入比例系数 m_i,即 $M_i = m_i(\sum_j x_{ij} + F_i)$;记 $\hat{M}$ 为调入比例系数向量 $(m_1 \cdots m_n)$ 对角化形成的矩阵,则有:

$$M = \hat{M}(AX + F) \quad (2)$$

把公式(2)代入到公式(1),整理之后得到:

$$[I - (I - \hat{M})A]X = (I - \hat{M})F + E \quad (3)$$

由公式(3)即有:

$$X = [I - (I - \hat{M})A]^{-1}[(I - \hat{M})F + E] \quad (4)$$

$[I - (I - \hat{M})A]^{-1}$ 是每一个部门的调入同比例(比例系数为 m_i)分配到中间使用和最终使用后的列昂惕夫逆矩阵,这里用字母 B 表示,公式(4)可以为 $X = B(I - \hat{M})F + BE$,表示省内产出由两部分构成,一部分是 $B(I - \hat{M})F$ 为省内最终使用诱发的总产出;另一部分 BE 为调出诱发的总产出。

国内最终使用变化的影响,通过公式(4)可以计算得到由最终使用的变化(ΔF)对各部门总产出的影响(ΔX):

$$\Delta X = [I - (I - \hat{M})A]^{-1}(I - \hat{M})\Delta F$$

再根据各部门的增加值率,计算最终使用的变化对增加值的直接影响(见表4)。

表 4 2017年云南省投资对经济部门实际拉动影响情况表

产品部门	投资额(亿元)	调入比例系数(%)	拉动部门产值增加(亿元)	部门增加值率(%)	可形成增加值(亿元)
农业	0.85	9.5	3.87	61.7	2.39
工业	12.70	58.0	26.09	36.8	9.60
建筑业	78.56	24.1	60.32	22.6	13.63
交通运输、仓储和邮政业	0.91	46.1	2.86	44.2	1.26
批发零售住宿餐饮业	5.27	13.2	9.85	59.6	5.87
其他服务业	1.70	4.3	13.51	52.8	7.13
合计	100.00	——	116.50	——	39.88

注：其他服务业指金融业、房地产业、营利性服务业和非营利服务业。

从表4中我们可以得到以下结论：

1. 2017年，云南省100亿元投资拉动全社会创造生产总值39.88亿元。其中，工业部门创造增加值9.60亿元，建筑业部门创造增加值13.63亿元。

2. 工业和交通运输仓储邮政业的调入比例系数分别是58.0%和46.1%，说明这两个部门使用的调入品和服务占总需求比例较高，投资产品和服务自给率较低，两个部门的投资更多的是拉动调入地的产品和服务的生产。工业投资效果不佳，不仅在一定程度上影响了云南工业经济的平稳较快发展，也对我省国民经济的正常运行带来不利影响。

五、与全国的对比分析

显而易见，由于云南省产业、产品结构不合理，支柱产业单一，造成投资对全省国民经济增长的拉动作用弱化。为进一步研究弱化作用影响大小，利用2017年全国投入产出模型分析国家投资对国内生产总值的拉动作用（见表5）。

表 5 2017年全国投资对经济部门实际拉动影响情况表

产品部门	投资额(亿元)	进口比例系数(%)	拉动部门产值增加(亿元)	部门增加值率(%)	可形成增加值(亿元)
农业	0.66	5.2	9.04	59.4	5.37
工业	24.19	10.8	120.11	24.6	29.55
建筑业	59.82	0.3	61.89	24.2	14.98
交通运输、仓储和邮政业	1.05	6.1	9.07	45.3	4.11
批发零售住宿餐饮业	2.19	2.9	13.40	59.0	7.91
其他服务业	12.09	2.2	39.10	53.7	21.00
合计	100.00	——	252.61	——	82.92

从全国的层面看，我国产品部门比较齐全，投资主要需求的产品和服务自给程度高，国内工业部门生产和提供的产品可以满足投资需求的75.2%，比云南的自给程度高出53.6个百分点，交通运输、仓储和邮政业生产和提供的产品可以满足投资需求的79.0%，

比云南的自给程度高出49.6个百分点,其他部门的自给占比也不同程度高于云南的水平(见表6)。

表6　云南和全国投资自给率和100亿投资可形成增加值的比对情况

产品部门	投资产品和服务自给率（%）			100亿投资可形成增加值（亿元）		
	云南	全国	差距(云南减全国)	云南	全国	差距(云南减全国)
农业	29.7	73.7	−44.0	2.39	5.37	−2.98
工业	21.6	75.2	−53.6	9.60	29.55	−19.95
建筑业	75.5	99.8	−24.3	13.63	14.98	−1.35
交通运输、仓储和邮政业	29.4	79.0	−49.6	1.26	4.11	−2.85
批发零售住宿餐饮业	51.9	82.9	−31.0	5.87	7.91	−2.04
其他服务业	51.1	88.8	−37.7	7.13	21.00	−13.87
合计	——	——		39.88	82.92	−43.04

通过以上对比,可以得到以下结论:

1. 对比表4和表5,云南100亿的投资拉动全省生产总值增加39.88亿元,比全国少了43.04亿元,而拉动省外(含国外)的生产总值增加了60.15亿元,比全国多了43.07亿元,充分反映了投资对云南国民经济拉动作用远远低于全国平均水平。

2. 从表6来看,云南农业、工业、交通运输仓储和邮政部门投资产品和服务自给率最低,为29.7%、26.1%和29.4%,分别比国家低44.0%、53.6%、49.6%。从投资的效果看,国家100亿元投资,可创造工业增加值29.55亿元,其他服务业增加值21.0亿元,分别比云南的水平高19.95亿元和13.87亿元。无论是投资产品和服务自给率还是投资的效果,都反映出云南工业通过投资形成的产能没有有效发挥出来,从而造成工业部门投资效益不高、投资效果欠佳,工业投资对工业经济发展没有产生积极而有效的推动作用。

3. 根据这一测算结构,按照2017年云南省投入产出模型的投资结构,2019年全省完成投资比2018年增加1147.58亿元,拉动云南全省生产总值增加457.65亿元对国民经济增量的贡献率仅为19.5%。

六、对策建议

投资对云南经济的拉动作用虽然与全国有差距,但投资对经济发展的拉动仍有不可替代的作用。目前,受疫情影响,各国、各地已经很接近封闭环境,是抢抓机遇,深挖投资潜力的好时机,要运用好中央出台的一系列稳投资政策,围绕构建产业生态圈、创新生产链,进一步优化全省产业结构,提高投资绩效,加快产品结构升级,不断提高我省生产资料的市场占有率,提高投资需求品的自给程度。

(一)加大对工业投资力度,提高工业产品自给率

云南工业产品自给率仅有21.6%,78.4%的工业产品需要从省外(含国外)调入,导致

需要大量使用调入地的交通运输仓储和邮政等部门服务,如果调入产品长期替代省内产品,有可能造成省内生产能力的闲置,甚至会影响省内劳动力失业增加,这也是我省投资对GDP的拉动效果不佳的主要原因之一。因此,要以优化本省工业产业链,提高产品附加值为切入点,加大工业投资力度,利用我省水电能源和特色农业产品优势,延伸特色产品产业链,提升产品竞争力,有效增加工业终端产品的生产和流出。在投资项目的建设中多采用本省工业产品替代省外调入的部分,同时加大我省优势工业产品占领省外市场的份额。

(二)发挥重点项目支撑引领作用

为增强经济发展后劲,充分发挥投资的驾辕之马和压舱石作用,整合资源优化项目审批流程,强化协调力度,推出并集中开工一批重点项目,加快推进国家规划已明确的重大工程和基础设施建设。充分发挥云南生态环境、气候条件优势,加大旅游产业配套基础设施投资,同时,认真贯彻落实中央各项房地产调控政策,减少市场波动,促进房地产投资平稳健康发展。

(三)优化营商环境,发挥政策效果

坚持市场主导,政府引导,充分发挥市场资源配置的决定作用,充分激发市场活力,大力推进政府和社会资本合作(PPP)模式;通过新基建培育壮大一批新时代产业,如人工智能产业、工业互联网产业、新能源汽车充电桩产业、城市轨道交通产业,形成新的经济增长点,催生新业态、新产业、新服务发展,推动我省经济转型升级。

(四)大力支持民间投资发展

充分发挥政府资金的引导作用,通过政府投入改善营商环境和产业条件,撬动更多的民间资金投入,持续推进供给侧结构性改革,引导民间资本开展技术改造和产业转型升级,向产业链上游挺进,提升生存能力;加快破除各类不合理门槛,向民间资本开放更多领域,鼓励民间资本参与关键领域、新基建基础设施、新经济项目投资。

参考文献

[1] 齐建国.投资时滞的计算方法初探.数量经济技术经济研究[J].1985,09(007).
[2] 张屹山,艾成龙.计算投资时滞的时间价值探讨.数量经济技术经济研究[J].1995,12(006).
[3] 丁静之.投资时滞的定义与计算.数学的实践与认识[J].1999,29(2).
[4] 王迎录,王科.投资效果时滞因素处理方法初探.河南理工大学学报(社会科学版)[J].2015,02(020).
[5] Delong. J. B. and Summers, L. H. Equipment Investment and Economic Growth[J]. Quarterly Journal of Economics. 1992(106):445—502.
[6] Magnus Blomstrom, RobertE. Lipsey. Mario Zejan. Is fixed investment the key to economic growth[J]. The Quarterly Journal of Economies, 1996(2):269—27.
[7] 李朝鲜,李白花.投资波动与经济增长关系的实证分析[J].北京工商大学学报,2007(3).
[8] 和宏明.我国当前固定资产投资效益研究[J].生产力研究,2006(1).
[9] 雷辉.改革以来我国投资对经济增长的影响及其效率研究[D].华中科技大学,2006.

[10] 张蕊. 固定资产投资与经济增长关系的实证研究——以山东省为例[D]. 济南:山东大学,2009.
[11] 李添裕. 基于误差修正模型的广东省固定资产投资与经济增长关系实证研究[J]. 经济研究导刊, 2017(35).
[12] 熊兴. 关于甘肃省固定资产投资与经济增长关系的实证研究[J]. 西部经济管理论坛,2014(1).
[13] 宁吉喆. 2016中国国民经济核算体系培训教材[M]. 中国统计出版社,2018.
[14] 河南省统计局. 从理论到实践:河南省投入产出课题研究论文集[M]. 中国统计出版社,2016.
[15] 陆浩. 宏观经济研究[M]. 云南科技出版,2000.
[16] 夏明,张红霞,刘起运. 结构化凯恩斯乘数方法的辨析与应用[J]. 理论新探. 2010,10(018).
[17] 宋辉. 投入产出技术及大数据分析[M]. 人民出版社,2019.

作者简介：

胡明武,男,1971年生,云南省人,1994年毕业于云南大学统计学专业,获理学学士, 2012年获云南大学公共管理学硕士学位,高级统计师,经济师,现为云南省统计局党组成员,副局长,研究方向为国民经济。

曲卓,女,1980年5月,吉林省人,2008年毕业于云南财经大学,获经济学硕士学位, 中级统计师,现为云南省统计局四级调研员,研究方向区域经济。

专题三

产业发展与产业结构演变研究

对我国近年来总体产值利润率变动趋势的因素分解分析
——基于产业分工视角的投入产出分析

程 远 胡秋阳[②]

摘 要：中国的总体产值利润率处于相对较低水平，且近年来由上升转为了下降。作为总量指标，总体产值利润率的变动中既有局部产业内部因素的影响，还有宏观产业结构因素，进而言之产业分工体系的结构性变迁的影响。对此，本文运用投入产出分析法构建了统一产业内部因素和产业结构因素的总体产值利润率变动因素分解模型，并在产业结构因素中融入产业分工视角，令其涵盖水平分工结构和垂直分工结构两个方面，从而反映产业分工体系的结构演变对总体产值利润率的影响机制。基于上述模型对2002年至2015年间中国总体产值利润率变动的分析结果表明，产业的初次分配结构中利润所占份额的由升转降这一内部因素主导了总体产值利润率的升降转变，而产业分工体系这一结构因素则在此间向着有利于总体产值利润率的方向发生转变。后者既体现在整体层面上，即前期不利于总体产值利润率的"大量投入，大量产出"式垂直分工规模扩张在后期明显缓和；也体现在结构层面上，即一方面垂直分工结构由"自膨胀式的生产链工业化"向"生产链服务化"转变，另一方面水平分工结构伴随消费结构和投资结构的升级而升级等。产业分工体系的这两方面转变带动了产业结构向利润份额较高的第三产业转移，从而有利于总体产值利润率的提高。

关键词：总体产值利润率　产业分工　投入产出分析

一、问题的提出

(一)总体产值利润率变动的特征化事实

从国际水平来看，各发达经济体乃至部分发展中经济体的总体产值利润率(营业盈余

---

① 本文相关内容发表在《经济研究》2020年第五期133—149页《产业分工、部门部类关系与总体产值利润率》。
② 程远，中国社会科学院数量经济与技术经济研究所，电子邮箱：chy805@126.com；胡秋阳(通讯作者)，南开大学经济学院，电子邮箱：huqiuyang@nankai.edu.cn。作者感谢国家自然科学基金面上项目"资金关联、资金供求与资金配置：宏观资金流视角的应用一般均衡模型构建及政策分析"(项目号：71874090)，教育部人文社会科学研究规划基金项目"资金供求的一般均衡分析框架、模型及在中国经济中的应用"(项目号：18YJA790034)，中央高校基本科研业务费资助项目"建设现代化经济体系、着力实体经济与宏观资金流转配置研究"(项目号：63182009)的资助，当然文责自负。

总额/产值总额)多在10%乃至20%以上,而我国则始终处于10%以下的水平,与之有较明显的差距[①]。同时,以全球金融危机前后的一段时期为转折点,我国的总体产值利润率由此前的上升转为了下降,曾经从2000年的5%左右上升到2005年的接近10%,但之后下降到2015年的不足8%(图1)。

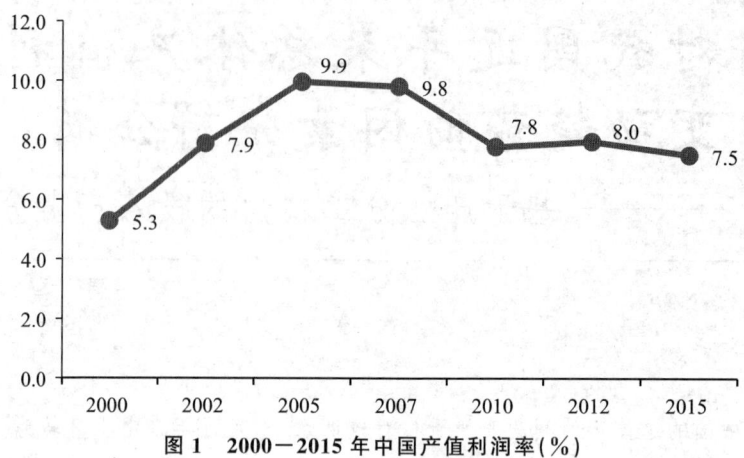

图1　2000—2015年中国产值利润率(%)

数据来源:本文根据中国投入产出表数据计算。

产值利润率的下降意味着经济效益的下滑。尽管过高的总体产值利润率可能是源于经济过热或是源于对劳动报酬的侵占等原因,因而不一定就是国民经济所期望的。但是,保持一定的经济效益水平又是国民经济健康和持续发展的表现以及必要条件。因此,显然有必要结合相关影响因素对我国近年来总体产值利润率的变动模式加以探究。

(二)总体产值利润率与产业分工

在关注中国经济运行的效益问题并着眼于产值利润率的分析和讨论中,以针对企业及产业等微观及局部层面产值利润率的分析为主,内容多围绕着对其产生影响和起决定作用的企业及产业的内外部因素展开,并最终落脚于微观及局部层面上如何改善企业及产业的生产经营效率等问题[②]。

总体产值利润率则不同,其总量指标的性质意味着其变动中既有局部产业内部因素的影响,还有宏观产业结构变迁的影响。这就意味着,有必要基于一个局部产业内部和宏观产业结构相统一的框架来审视总体产值利润率。同时也意味着,不仅要着眼于局部产业领域的改善提高,还应着眼于宏观产业结构的调整优化来思考政策。

有必要指出的是,这里的产业结构,其题中之义在于产业分工结构,进一步地说,是由满足最终需求的横向水平分工结构和加工生产最终品的纵向垂直分工结构这两个方面构

[①] 根据各国统计部门、OECD统计局及日本亚洲经济研究所和日本贸易振兴机构的数据,2005年我国的总体产值利润率为9.95%,美国为13.4%,日本为10.7%,韩国为12.4%,德国为12.8%,法国为19.0%,意大利为15.7%,印度为26.8%,巴西为30.1%,俄罗斯为33.6%,印度尼西亚为29.1%。

[②] 此类研究尤以针对企业层面产值利润率的分析为多(张杰等,2011;梁运文等,2013;陈艳莹等,2013;张华,2017;刘灿雷等,2018;顾海峰等,2018),所考察的因素包括:内部方面的TFP、企业规模、广告投入和人力资本等因素;外部方面的市场集中度、政府补贴等因素;宏观方面的经济增长率等因素;开放方面的汇率、外需、外资和垂直专业化(VSS)等因素。

成的产业分工体系。在这一体系之中,局部各产业之间及其与经济总体之间有着结构性和系统性的联系。产业分工体系的演进变化通过改变这种产业之间及其与经济总体之间的联系而对总体产值利润率产生结构性和系统性的影响。对此,我们可以先基于指标之间的基本关系,从整体和结构两个层面来予以简单说明。在此,把总体产值利润率表达如下:

$$\text{总体产值利润率} = \frac{\text{利润总额}}{\text{产值总额}} = \underbrace{\frac{\text{增加值总额}}{\text{产值总额}}}_{\text{总体增加值率}} \cdot \underbrace{\frac{\text{利润总额}}{\text{增加值总额}}}_{\text{总体初次分配比率}}$$

$$= \underbrace{\frac{\overbrace{\text{最终需求总额}}^{\text{水平分工规模}} + \overbrace{\text{中间需求总额} - \text{中间投入总额}}^{\text{垂直分工规模}}}{\text{产值总额}}}_{\text{总体增加值率}} \cdot \underbrace{\frac{\text{利润总额}}{\text{增加值总额}}}_{\text{总体初次分配比率}} \quad (1)$$

$$\text{总体产值利润率} = \sum \underbrace{\frac{\text{各产业增加值}}{\text{产值总额}}}_{\text{总体增加值率}} \cdot \underbrace{\frac{\text{各产业利润}}{\text{各产业增加值}}}_{} = \sum \underbrace{\frac{\text{增加值总额}}{\text{产值总额}}}_{\text{总体增加值率}} \cdot \underbrace{\frac{\text{各产业增加值}}{\text{增加值总额}}}_{\text{产业结构}} \cdot \underbrace{\frac{\text{各产业利润}}{\text{各产业增加值}}}_{\text{各产业初次分配比率}}$$

$$= \sum \underbrace{\frac{\text{增加值总额}}{\text{产值总额}}}_{\text{总体增加值率}} \cdot \left(\sum \underbrace{\underbrace{\frac{\text{各最终品需求}}{\text{增加值总额(最终需求总额)}}}_{\text{最终需求结构}} \cdot \underbrace{\frac{\text{各分工产业增加值收入}}{\text{各最终品总价值}}}_{\text{各最终品的价值链结构}}}_{\text{产业结构}} \right) \cdot \underbrace{\frac{\text{各产业利润}}{\text{各产业增加值}}}_{\text{各产业初次分配比率}}$$

$$(2)$$

首先,(1)式在整体层面上把总体产值利润率的决定因素分为了两个部分:一是总体增加值率,即增加值总额与产值总额的比率;二是总体初次分配比率,即增加值总额中利润总额所占的比率。总体增加值率越高、总体初次分配比率越高,则总体产值利润率就越高,反之则反。

在考虑了产业分工后,从(1)中看出,水平分工也就是最终需求是产值实现领域之一,关乎产值总额,而垂直分工则具有双重含义:一方面通过中间需求这一产值实现领域关乎产值总额;另一方面则通过中间投入而关乎增加值总额。显然,从垂直分工的角度来看,所谓双重含义其实是同一枚硬币的两个方面。即,在垂直分工体系中,产业参与其他产业的垂直分工而实现的中间需求产值恰好构成对方产业生产中的中间投入成本;反之,本产业生产中的中间投入成本恰是参与本产业垂直分工的其他产业由此而实现的中间需求产值。这意味着,在整体层面上,中间需求和中间投入双方总量相等,而这一总量相等关系意味着最终需求与增加值也是总量相等关系(在不考虑进口时)。考虑此点则可以看出,垂直分工的深化即中间需求总额及中间投入总额的增长将提高中间需求率及中间投入率,同时降低最终需求率及增加值率,进而降低总体产值利润率,反之则反。相反的,水平分工的扩张也就是最终需求总额的增长则将提高最终需求率及增加值率,同时降低中间需求率和中间投入率,进而提高总体产值利润率,反之则反。由此可以看出,水平分工和垂直分工在整体规模上的相对变化通过影响最终需求率及增加值率与中间需求率及中间投入率的相对变化而影响总体产值利润率。此即为产业分工与总体产值利润率之间在整体层面上的关系,同时也是两方面产业分工整体规模的相对变化对总体产值利润率的影响,谓之分工规模效应。

接下来,从结构层面来看,(2)式表明,可将总体产值利润率的决定因素进一步地分为三个部分:一是前述总体增加值率这一反映水平分工和垂直分工整体相对规模的因素;二是各产业的初次分配比率这一反映局部产业内部情况的因素;三是各产业增加值在增加值总额中的比率,即产业结构因素。如前所述,第一项的总体增加值率因素反映着水平分工和垂直分工的整体相对规模,表明两方面的产业分工会基于规模效应而影响总体产值利润率。

关于后两项因素,首先可以看出,初次分配比率越高的产业,其产业增加值在增加值总额中的比率越高,则总体产值利润率越高,反之则反。由此可见,除非各产业初次分配比率这一产业内部因素是均等的,否则各产业增加值在增加值总额中的比率这一产业结构因素便是总体产值利润率的决定性因素之一。其次,在考虑了产业分工之后,(2)式进一步表明,除了规模效应以外,水平分工和垂直分工也会通过产业结构因素而影响总体产值利润率,也就是具有结构效应。具体来说,首先,产业结构因素可以分解为最终需求总额中的各最终品需求份额和各分工产业在最终需求品价值中获得的增加值收入两部分。前者为水平分工结构,后者为垂直分工结构亦即价值链结构。我们知道,现实中几乎任何一种最终品都不是由单一部门独立完成而是由各产业基于垂直分工而协作生产的,参与垂直分工的各产业所创造的价值就构成了最终品的价值,各产业也由此获得相应的增加值收入。也就是说,在各类最终产品的价值总量背后是一条条被垂直分工所分解的价值链。同时,由于现实中各最终产品的价值链结构是各不相同的,这就导致最终需求中的最终品结构与最终品的价值链结构共同决定了各产业的增加值收入在增加值总额中的比率。即,某产业在最终产品价值链上的增加值收入比率越高,该最终产品在最终需求中的比重越大,则该产业的增加值在增加值总额中的比率就越高,反之则反。如果该产业的初次分配比率相对较高,则由水平分工结构和垂直分工结构引起的上述产业结构变化将有利于总体产值利润率,反之则反。由此可以看出,水平分工和垂直分工的结构变化会通过影响产业结构而影响总体产值利润率,谓之结构效应。

需要指出的是,上述说明仅表述了其中的结构性联系,而没有体现其中的系统性联系。具体而言:第一,没有体现垂直分工体系之中产业之间的系统性联系。如前所述,垂直分工的双重含义意味着产业和产业之间是相互联系且相互影响的。重要的是,这种联系和影响不仅是直接的,还有间接的,也就是由直接的中间品投入所需的中间品生产会引致进一步的间接的中间品投入。垂直分工的内部结构显然是其中全部联系的综合反映。第二,没有体现水平分工和垂直分工之间的系统性联系。如前所述,垂直分工是为生产出最终品,而最终品是用以满足最终需求。换句话说,双方不是各自独立的,其中的中间投入和中间需求是最终需求基于最终品的垂直分工生产而引致派生出来的。

总之,一方面,总体产值利润率中包含着产业结构这一宏观结构因素在其中的决定性作用。并且,产业结构因素的背后,是各产业之间以及各产业与总体经济之间基于水平分工和垂直分工而建立起来的结构性和系统性联系,而两方面的产业分工不仅在整体层面上还在结构层面上影响总体产值利润率。因此,融入产业分工视角对于审视总体产值利润率而言具有重要的框架意义。另一方面,产业分工的发展及其结构变迁是经济发展的一项重要内容。工业化进程中的经济体,其产业分工尤其是垂直分工往往发生明显的结构变化。在我国,这种变化曾经有其独特的表现(胡秋阳,2007)。因此,结合产业分工及其结构变迁来考察我国近年来的总体产值利润率变动,进而着眼于产业分工的两个方面,从结构优化调整的角度思考提高宏观经济绩效,具有重要的现实及政策意义。

(三)既有研究述评

从目前的研究进展来看,首先,尚没有研究专门关注我国的总体产值利润率及其变动趋势问题。其次,在考察对象相近的既有研究中,未能在其框架中融入产业分工视角。郑玉歆和李玉红(2007)关于我国1998—2005年工业总体新增利润中的各行业新增利润贡献度分析,不仅在对象上接近于总体利润率及其变动趋势分析,并且在分析框架中也包含了工业的部门结构这一结构因素。不过,该研究仅限于考察工业总体而非国民经济总体的利润率,并且对结构因素的考虑仅限于其是一项权重系数,没有融入产业分工视角,非从产业分工及其体系的角度进行进一步的系统分析。沈利生和王恒(2006)关于我国1981—2000年总体增加值率的实证考察虽然也在考察对象上接近于总体产值利润率,但在分析框架上则没有纳入产业结构因素进而也就没有产业分工视角。

另外,如前所述,产业分工体系中的产业间联系是系统性的。这对融入产业分工视角的分析框架提出了进一步的要求。就是说,若要综合且完善地考虑垂直分工中产业之间直接乃至间接的全部联系以及考虑水平分工和垂直分工之间的联系,需要采用系统模型而非上述简单的结构化模型。对此,在针对局部产业层面的产值利润率的分析中,一些研究在考虑垂直分工这一点上与本文相近(李晓华,2013),但所采用的结构化模型忽略了产业分工中的系统性联系。而在关于我国总体劳动收入份额及其变动的既有研究中,以Solow(1958)的内部效应和结构效应双因素模型为基础,并参考投入产出分析(Input Output Analysis)模型构建的因素分解分析(Structural Decomposition Analysis)模型(孙文杰,2012;胡秋阳,2016),则对于总体产值利润率的分析提供了重要的框架及模型参考。

(四)本文的工作

综上所述,目前有必要通过一个统一了局部产业内部因素和宏观产业结构因素,并且融入产业分工视角,令其产业结构因素反映产业分工的水平分工和垂直分工两个方面,从而也反映出各产业之间以及各产业与经济总体之间的结构性及系统性联系的分析框架,以此来审视我国的总体产值利润率的变动趋势,对其中的产业分工结构问题及其影响有更为深入的探究,进而从产业分工及其结构优化调整的角度,对改善我国经济运行效益提出更具系统性地的政策启示。

据此,本文的任务亦即本文的贡献在于,首先,本文借鉴投入产出分析模型,发挥其完成涵盖产业分工各方面并反映其中的结构性和系统性联系的特点,将其扩展运用于构建总体产值利润率的决定模型以及针对其变动的结构分解分析模型;其次,本文基于该模型定量考察了产业内部因素以及产业分工结构因素对我国近年总体产值利润率变动的影响,并从中获得政策启示。

二、模型和数据

(一)分析模型

本文模型借鉴了投入产出理论中的均衡产出模型(列昂惕夫,1986)和增加值基准分工率模型(尾崎严,1980;藤川清史,1999)以及产业分工与总体劳动报酬份额分析模型(孙文杰,2012;胡秋阳,2016)。

根据投入产出原理,各产业的均衡总产出由以下关系表示:

$$\begin{pmatrix} x_1 \\ \vdots \\ x_n \end{pmatrix} = \left(\begin{pmatrix} 1 & \cdots & 0 \\ \vdots & \ddots & \vdots \\ 0 & \cdots & 1 \end{pmatrix} - \begin{pmatrix} a_{11} & \cdots & a_{1n} \\ \vdots & \ddots & \vdots \\ a_{n1} & \cdots & a_{nn} \end{pmatrix} \right)^{-1} \cdot \begin{pmatrix} f_1 \\ \vdots \\ f_n \end{pmatrix} = \begin{pmatrix} b_{11} & \cdots & b_{1n} \\ \vdots & \ddots & \vdots \\ b_{n1} & \cdots & b_{nn} \end{pmatrix} \cdot \begin{pmatrix} f_1 \\ \vdots \\ f_n \end{pmatrix} \quad (3)$$

其中,x_i 表示 i 产业的总产出,f_i 表示对 i 产业产品的最终需求,a_{ij} 表示中间投入系数,b_{ij} 为列昂惕夫逆矩阵的元素,$i,j=1,\cdots,n$ 表示各产业。

根据投入产出理论,(3)式中由直接消耗系数 a_{ij} 组成的直接消耗系数矩阵第 j 列表示生产一单位 j 产业最终产品所直接消耗的各产业中间品。从产业分工角度来看,直接消耗系数矩阵的列向量即为垂直分工中的直接的生产内容,也就是各产业在 j 产业最终产品的垂直分工链条上所提供的直接的配套生产。完全消耗系数 b_{ij} 所组成的列昂惕夫逆矩阵的列向量则表示生产一单位 j 产业最终产品所直接消耗的各产业中间品及由生产这些中间品而引致的间接消耗的各产业中间品的总和。从产业分工角度来看,列昂惕夫逆矩阵的列向量反映了垂直分工中的全部生产内容,也就是各产业在 j 产业最终产品的垂直分工链条上所直接乃至间接提供的全部配套生产的总和。

不过,上式中的中间投入矩阵系数和列昂惕夫逆矩阵系数都是将各行业总产值作为分母,从分工的角度看就是按照垂直分工链条分解的总产值,而不是各产业在其中所创造的增加值。换句话说,以上模型刻画了产值意义上的垂直分工生产链,没有反映增加值意义上的垂直分工价值链。进一步考虑各产业如何从上述分工生产过程中获得增加值收入,需要引入增加值基准分工率模型(尾崎严,1980;藤川清史,1999;胡秋阳,2016)。

以各产业增加值率为元素的对角矩阵 $v_i'=v_i/x_i$ 与列昂惕夫逆矩阵相乘,就得到增加值基准分工率矩阵 u_{ij}:

$$\begin{pmatrix} u_{11} & \cdots & u_{1n} \\ \vdots & \ddots & \vdots \\ u_{n1} & \cdots & u_{nn} \end{pmatrix} = \begin{pmatrix} v_1' & 0 & 0 \\ 0 & \ddots & 0 \\ 0 & 0 & v_n' \end{pmatrix} \cdot \begin{pmatrix} b_{11} & \cdots & b_{1n} \\ \vdots & \ddots & \vdots \\ b_{n1} & \cdots & b_{nn} \end{pmatrix} \quad (4)$$

其中,v_i' 表示 i 产业的增加值率。增加值基准分工率矩阵 u_{ij} 的第 j 列向量表示的是在各产业增加值率为 v_i' 的条件下,完成一单位 j 产业业最终产品生产链上的全部配套生产所形成的各个分工产业的增加值收入。根据公式(4),u_{ij} 取决于两个因素,一是该行业的增加值率水平 v_i';二是该产业在 j 产业最终产品的垂直分工生产链中承担的生产量 b_{ij}。产业的增加值率越高,产业业在垂直分工中承担的分工生产量越大,则从中获得的增加值收入越高,增加值基准分工率越高。对于增加值基准分工率矩阵,有 $\sum_i u_{ij}=1$ 成立。根据这一性质该系数可以直接用其刻画各产业在产品 j 的价值链上收入份额的结构系数。这一刻画价值链结构的方法具有涵盖产业链上所有垂直分工的参与部门的系统性,和涵盖所有参与部门的直接及其间接引致的全部配套生产的完整性,因而在产业和区域价值链的研究领域得到广泛应用(胡秋阳,2007;藤川清史,1999)。

将(3)式和(4)式相联系,可以得到给定最终需求下各产业增加值收入的决定式:

$$\begin{pmatrix} v_1 \\ \vdots \\ v_n \end{pmatrix} = \begin{pmatrix} v_1' & 0 & 0 \\ 0 & \ddots & 0 \\ 0 & 0 & v_n' \end{pmatrix} \cdot \begin{pmatrix} b_{11} & \cdots & b_{1n} \\ \vdots & \ddots & \vdots \\ b_{n1} & \cdots & b_{nn} \end{pmatrix} \cdot \begin{pmatrix} f_1 \\ \vdots \\ f_n \end{pmatrix} = \begin{pmatrix} u_{11} & \cdots & u_{1n} \\ \vdots & \ddots & \vdots \\ u_{n1} & \cdots & u_{nn} \end{pmatrix} \cdot \begin{pmatrix} f_1 \\ \vdots \\ f_n \end{pmatrix} \quad (5)$$

这里，v_i 表示 i 行业的增加值。根据(5)式，各产业增加值由刻画产业在垂直分工中获得的增加值水平的增加值基准分工率亦即价值链结构 u_{ij} 和对各产业的最终需求 f_i 决定。

根据利润是增加值中支付工资、税收和固定资产折旧等项目后的剩余部分，可以将利润总额表达如下：

$$r = \sum_i r_i = \sum_i \frac{r_i}{v_i} \cdot v_i = \sum_i s_i \cdot v_i = (s_1 \quad \cdots \quad s_n) \cdot \begin{pmatrix} v_1 \\ \vdots \\ v_n \end{pmatrix} \quad (6)$$

其中，r_i 为 i 产业的利润；$r = \sum_i r_i$，为利润总额；$s_i = r_i/v_i$，为 i 产业的初次分配比率。

将(5)式代入(6)式，可以得到如下式所示的企业利润的形成过程：

$$r = (s_1 \quad \cdots \quad s_n) \cdot \begin{pmatrix} u_{11} & \cdots & u_{1n} \\ \vdots & \ddots & \vdots \\ u_{n1} & \cdots & u_{nn} \end{pmatrix} \cdot \begin{pmatrix} f_1 \\ \vdots \\ f_n \end{pmatrix} \quad (7)$$

由于我们讨论的是产值利润率，因此在(7)式基础上可以得到：

$$\hat{r} = (s_1 \quad \cdots \quad s_n) \cdot \begin{pmatrix} u_{11} & \cdots & u_{1n} \\ \vdots & \ddots & \vdots \\ u_{n1} & \cdots & u_{nn} \end{pmatrix} \cdot \begin{pmatrix} \hat{f}_1 \\ \vdots \\ \hat{f}_n \end{pmatrix} \cdot f' \quad (8)$$

其中，$\hat{r} = \dfrac{r}{\sum_i x_i}$，为总体产值利润率；$\hat{f}_i = \dfrac{f_i}{\sum_i f_i}$，为 i 产业的最终品需求占最终需求总额的比率；$f' = \dfrac{\sum_i f_i}{\sum_i x_i}$，为最终需求总额与产值总额的比率。

最后，将矩阵和向量分别用大写字母来表示，得到如下总体产值利润率的决定模型：

$$\hat{r} = SV'B\hat{F}f' = SU\hat{F}f' \quad (9)$$

据此，总体利润率变动可分解如下：

$$\Delta \hat{r} = \underbrace{\Delta SU\hat{F}f'}_{\text{产业内部分配效应}} + \underbrace{\underbrace{SV'B\Delta AB\hat{F}f'}_{\text{生产链结构效应}} + \underbrace{S\Delta V'B\hat{F}f'}_{\text{高增加值化效应}}}_{\text{垂直分工结构效应}} + \underbrace{SU\Delta \hat{F}f'}_{\text{水平分工结构效应}} + \underbrace{SU\hat{F}\Delta f'}_{\text{分工规模效应}} \quad (10)$$

$$\underbrace{}_{\text{产业结构效应}}$$

首先，上式表明，总体产值利润率的变动因素可分为三大方面：一是产业内部分配效应，即各产业初次分配比率变动亦即各产业的利润在其增加值中所占份额变动的影响。如式所示，各产业的初次分配比率提高，则总体产值利润率提高，反之则反。二是产业结构效应，即各产业增加值在增加值总额中的份额变动的影响。如式所示，初次分配比率较高的产业在产业结构中的比重提高，则总体产值利润率提高，反之则反。三是分工规模效应,即总体最终需求率变动的影响。如式所示,最终需求率提高,则总体产值利润率提高,反之则反。

其次,产业结构效应还被进一步地为两部分:一是垂直分工结构效应,即最终品的价值链结构变动的影响。如式所示,最终品的价值链结构向那些初次分配比率较高的产业倾斜,将提高该类产业在产业结构中的比重,进而提高总体产值利润率,反之则反。二是水平分工结构效应,即最终需求结构变动的影响。如式所示,最终需求结构向某些最终品倾斜,而这些最终品的价值链中初次分配比率较高的产业在其中占据较高的份额,则将提高该类产业在产业结构中的比重,进而提高总体产值利润率,反之则反。

再有,垂直分工结构效应又被进一步地分为两部分:一是生产链结构效应,即中间投入系数的影响。如式所示,初次分配比率较高的产业其在各产业的投入系数提高,意味着该类产业在这些产业最终品的垂直分工生产中承担的分工产量提高,这将提高该类产业在这些最终品价值链中的收入份额,进而提高其在产业结构中的比重,最终提高总体产值利润率,反之则反。二是高增加值效应,即各产业增加值率变动的影响。如式所示,初次分配比率较高的产业其增加值率提高,意味着该类产业在垂直分工生产中获得增加值收入的能力提高,这将提高其在最终品价值链中的收入份额,进而提高其在产业结构中的比重,最终提高总体产值利润率,反之则反。

最后,在考虑进口及最终需求项目后,本文最终得到如下因素细分的因素分解模型:

$$\Delta \hat{r} = \underbrace{\Delta S U \hat{F} f'}_{\text{产业内部分配效应}} + \underbrace{S U \hat{F} \Delta f'}_{\text{分工规模效应}} + \underbrace{S \Delta V' B \hat{F} f'}_{\text{高增加值效应}} + \underbrace{S V' B (I - M_A) \Delta A B \hat{F} f'}_{\text{生产链结构效应}} - \underbrace{S V' B \Delta M_A A B \hat{F} f'}_{\text{中间投入进口替代效应}}$$

$$\underbrace{\phantom{S \Delta V' B \hat{F} f' + S V' B (I - M_A) \Delta A B \hat{F} f'}}_{\text{垂直分工结构效应}}$$

$$+ \underbrace{S U ((I - M_F)(\Delta \hat{C} + \Delta \hat{K}) + \Delta \hat{E}) f'}_{\text{最终需求结构效应}} - \underbrace{S U F' \Delta M_F (\hat{C} + \hat{K}) f'}_{\text{最终需求进口替代效应}} \quad (11)$$

$$\underbrace{\phantom{S U ((I - M_F)(\Delta \hat{C} + \Delta \hat{K}) + \Delta \hat{E}) f' - S U F' \Delta M_F (\hat{C} + \hat{K}) f'}}_{\text{水平分工结构效应}}$$

其中,$B = (I - (I - M_A) A)^{-1}$ 为考虑到中间品进口条件下的列昂惕夫逆矩阵,A 为中间消耗系数矩阵,M_A 和 M_F 分别是中间投入和国内最终需求中进口品份额构成的对角矩阵,$\hat{C}$、$\hat{K}$、$\hat{E}$ 分别是对各产业的消费需求、资本形成需求和出口需求在最终需求总额中的比重列向量。

由此可以看出,以投入产出分析模型为基础扩展构建的上述总体产值利润率决定模型以及针对其变动的因素分解分析模型,统一了局部产业内部因素和宏观产业结构因素,并在产业结构因素中融入了产业分工视角,结构性和系统性地体现了两方面产业分工即水平分工和垂直分工在其中的作用和影响。

(二)数据处理

本文的实证分析采用中国 2002 年、2007 年和 2015 年的投入产出表,以涵盖从金融危机前后的完整变化过程[①]。已有研究指出我国统计资料对于不同年份农业部门和非农业

---

① 就我国总体产值利润率的变动特征来说,前期的上升是自 2000 年开始的。但由于我国公布的 2000 年投入产出表为延长表,部门分类仅为 17 个,且其中将商业和餐饮业合并为商业餐饮业等的分类情况无法呈现重要的产业结构特征,故此本文所利用的数据自 2002 年开始。

部门中个体经济的营业盈余处理方法并不一致(白重恩、钱震杰,2009;周明海、肖文、姚先国,2010)。从本文涉及的统计数据来看,2005—2012年投入产出表中农林牧渔部门的营业盈余没有计入数据,而2015年则计入数据。因此本文将2015年农林牧渔部门营业盈余划归劳动报酬,以和2012年之前的数据保持一致。此外对于非农业部门的个体经济,由于非农业部门的投入产出调查按照企业规模进行统计,并不对个体经济单独识别,也不涉及统计方法改变问题。因此本文认为农业以外的其他部门的营业盈余数据具有较好的一致性,不再进行调整。

同时,鉴于各年度投入产出表的部门分类有一定差异,本文对其进行了归并处理,部门最终统一为36个。另外,由于数据所限无法区分 M_A 和 M_F,本文采用了平均进口率。

三、结果及分析

根据前述投入产出表数据,我国总体产值利润率的变动可分为前期的上升和后期的下降两个阶段,即从2002年的7.9%上升到2007年的9.8%,之后下降至2015年的7.5%。本文基于公式(11)对此进行因素分解,结果以各因素的影响对于总体产值利润率变动的贡献度形式列出。为便于说明,各表按表中的部门分类对原36部门的计算结果做了部门归并。

(一)内部分配效应、分工规模效应和产业结构效应

如前所述,各产业的初次分配比率提高,则总体产值利润率提高,反之则反,这就是内部分配效应;由于各产业的初次分配比率存在差异,因此产业结构向初次分配比率较高的产业倾斜,则总体产值利润率提高,反之则反,这就是产业结构效应;垂直分工和水平分工双方在整体规模上的相对变化影响最终需求率,如果垂直分工的深化是主导性的,则最终需求率下降,进而总体产值利润率下降,反之则反,这就是分工规模效应。关于内部分配效应、分工规模效应和产业结构效应的结果列于表1①。

1. 各因素的总体贡献。

第一,表1结果表明,内部分配效应在前后期发生了逆转,由前期的提高总体产值利润率的正效应转为了后期的降低总体产值利润率的负效应。并且,这一逆转主导了总体产值利润率的前期上升和后期下降,在前期的总体产值利润率上升中贡献度为154.6%,而在后期的总体产值利润率下降中贡献度为-111.4%。这反映了我国的初次分配结构中利润所占份额变动的影响。由表2可知,我国的总体初次分配比率先是在2002—2007年上升了9.9个百分点,之后在2007—2015年下降了7.2个百分点。显然,初次分配结构中利润所占份额由升转降的变化,对总体产值利润率的升降变化产生了重要影响,是造成我国总体产值利润率由升转降的主导因素。

第二,分工规模效应和产业结构效应在前后期表现统一,前者是降低总体产值利润率的负效应,后者则是相反的正效应。后期,双方均向着有利于总体产值利润率的方向

---

① 如前所述,我国投入产出表的农林牧渔部门的营业盈余没有计入数据,也就对总体产值利润率没有任何贡献,因此不再展示第一产业实证结果。

转变。

首先,分工规模效应始终是降低总体产值利润率的负效应,但在后期其影响程度大幅减弱,贡献度从−60.3%下降到−22.1%。由表2可知,我国的总体最终需求率在2002—2007年下降了6.0个百分点,在2007—2015年则下降了2.2个百分点,下降幅度明显缩小;总体增加值率则由下降6.4个百分点转为了微升0.2个百分点[①]。这表明前期的我国经济呈"大量投入,大量产出"式的增长特征,垂直分工规模大幅扩张。这固然带来的一定程度的产出增长,但降低了增加值率,压迫了利润空间,由此对总体产值利润率产生了明显的负效应。到了后期,该特征则有所减弱,其负效应亦相应减弱。

其次,产业结构效应始终是提高总体产值利润率的正效应,且在后期其影响程度大幅增强,贡献度从5.7%上升到33.5%。

总之,从前后期的比较来看,分工规模效应的负效应减弱和产业结构效应的正效应增强表明,双方向着有益于改善或提高总体产值利润率方向发生了转变。

表1 各因素对总体产值利润率变动的贡献度

单位:%

	2002—2007年				2007—2015年			
	合计	内部分配效应	分工规模效应	产业结构效应	合计	内部分配效应	分工规模效应	产业结构效应
采矿业	−2.8	1.0	−4.2	0.3	−20.0	−10.2	−0.8	−9.0
轻工业	8.4	10.3	−8.2	6.3	−20.0	−4.2	−2.5	−13.3
重化工业	35.6	34.6	−8.2	9.1	−25.7	−11.1	−3.1	−11.5
机械工业	10.7	12.2	−6.7	5.2	−6.0	−1.5	−2.6	−1.9
水电热气供应业	−8.2	−6.1	−2.0	−0.1	0.6	5.5	−0.6	−4.3
建筑业	0.4	5.4	−3.7	−1.2	−4.8	−9.9	−1.3	6.5
第二产业	44.2	57.4	−32.9	19.7	−76.0	−31.4	−11.0	−33.6
商贸流通业	30.6	43.1	−4.8	−7.7	0.4	−16.8	−2.6	19.7
运输物流业	17.7	24.9	−4.5	−2.7	−24.4	−19.5	−1.3	−3.6
信息及技术服务业	7.1	16.0	−4.2	−4.8	−7.4	−13.2	−1.6	7.4
金融业	9.1	4.4	−6.2	10.9	23.1	−5.8	−3.3	32.2
租赁和商务服务业	−8.7	−4.1	−1.5	−3.1	0.9	−3.3	−0.4	4.7
其他服务业	0.1	12.9	−6.3	−6.5	−16.7	−21.5	−1.9	6.8
第三产业	55.8	97.1	−27.4	−13.9	−24.0	−80.0	−11.1	67.1
合计	100.0	154.6	−60.3	5.7	−100.0	−111.4	−22.1	33.5

数据来源:本文计算,以下同。

---

① 在不考虑进口的情况下,总体最终需求率=总体增加值率。但在考虑进口时,总体最终需求率−总体进口率=总体增加值率。由于我国的总体进口率由前期的上升转为了后期的下降,且幅度较大,由此导致表2中总体最终需求率在后期小幅下降时,总体增加值率呈现微升。关于进口率的影响将在后节进行专门考察。

表 2　初次分配比率、最终需求率和增加值率的变动情况

	2002—2007 年			2007—2015 年		
	初次分配比率	最终需求率	增加值率	初次分配比率	最终需求率	增加值率
采矿业	1.6	−5.4	−10.5	−19.7	−2.1	−13.4
轻工业	8.0	−6.0	−5.1	−6.4	−3.5	−3.0
重化工业	13.7	−0.2	−4.7	−5.8	−4.3	−3.2
机械工业	6.7	−2.5	−5.7	−1.0	−5.8	0.7
水电热气供应业	−9.2	−7.8	−20.5	13.3	1.3	−5.7
建筑业	5.3	−1.4	−0.3	−11.4	−6.8	−0.1
第二产业	6.9	−5.9	−5.6	−5.6	−1.4	−2.5
商贸流通业	32.7	8.9	6.0	−14.4	−8.7	2.8
运输物流业	23.5	0.0	−1.9	−27.1	−4.5	−8.8
信息及技术服务业	15.4	−5.4	1.1	−15.6	1.7	−7.8
金融业	5.4	2.6	5.0	−6.0	−3.8	−3.4
租赁和商务服务业	−13.8	9.5	−8.9	−11.7	−27.5	−4.0
其他服务业	4.7	−6.0	−1.2	−10.2	1.2	6.6
第三产业	14.4	−1.8	0.3	−11.6	−6.5	−0.4
总体	9.9	−6.0	−6.4	−7.2	−2.2	0.2

2. 结构层面的各因素贡献。

第一,就内部分配效应在各大类产业上的表现来看,首先可以看出,其在前后期的反转变化是整体性的,各产业均是在前期表现为正效应而在后期转变为负效应。

其次可以看出,这种整体性之中也有一定的产业侧重且前后期一致,就是以第三产业的内部分配效应的影响最大,主导了总体产值利润率的前期上升和后期下降,贡献度分别达到了 97.2% 和 −80.0%;第二产业的内部分配效应的贡献度则相对较小,分别为 57.4% 和 −31.4%。

这显然是由于第三产业的初次分配比率在前后期的升降变动幅度最大所致。具体而言,由表 2 可知,第三产业的初次分配比率在前期上升了 14.4 个百分点,在后期则下降了 11.6 个百分点,相较第二产业的上升 6.9 个百分点和下降 5.6 个百分点而言,明显变动幅度更大。

再有,就细分产业来看,第三产业初次分配结构的大幅升降变动进而表现出的显著的内部分配效应的转变集中在商贸流通、运输物流和技术服务等生产性服务业领域。同时,尽管第二产业的初次分配比率总体上变动幅度较小进而内部分配效应较小,但在其中的局部领域,如重化工业的初次分配比率变动幅度及其内部分配效应其实在各产业中较为突出。也就是说,重工业和生产性服务业的初次分配比率变动对于内部分配效应在总体产值利润率的升降变动中做出重要贡献,发挥了关键作用。

第二,就产业结构效应在各大类产业上的表现来看,首先可以看出,由于产业结构效应是各产业在产业结构中所占份额的此消彼长所产生的影响,因此尽管产业结构效应总

体上始终表现为正效应,但这并非是整体性的,而恰是各产业的差异性表现的综合结果。

其次可以看出,产业结构效应中各产业的差异性表现在前后期是截然不同的。具体而言,在前期,产业结构效应在第二产业表现为正效应,贡献度为19.7%,而在第三产业则表现为负效应,贡献度为-13.9%,双方截然相反,但前者略高,使得产业结构效应在总体上表现为较小的正效应。在后期,产业结构效应在第二产业反转为负效应,贡献度为-33.6%,在第三产业则反转为正效应,贡献度达67.1%,双方的影响在后期交叉反转后仍然截然不同,由于后者明显高于前者,使得产业结构效应在总体上表现为正效应且较前期有所提高。

这一结果反映了中国的产业结构在前后期由截然不同的变动特征。前期的产业结构变动是第二产业份额上升而第三产业份额下降的"逆结构升级型",后期的产业结构变动则是第二产业份额下降而第三产业份额上升的"结构升级型"。受此影响,前期的产业结构效应在第二产业自然表现为正效应,在第三产业表现为负效应,而在后期则在第二产业表现为负效应,在第三产业表现为正效应。并且,由于第三产业的初次分配比率相对更高,因此,后期的"结构升级型"产业结构变化对总体产值利润率产生了更为显著的正效应。

再有,就细分产业来看,可以发现,在产业结构的变动特征由前期的"逆结构升级型"向后期的"结构升级型"的转变中,在第二产业都主要是轻重工业所受影响最大,由明显的正效应转为明显的负效应;而在第三产业则都主要是商贸流通业所受影响最大,由明显的负效应转为明显的正效应。然而,金融业是其中一个表现特殊的产业。金融业不仅在前期的产业结构的"逆结构升级"中仍提高了其产业份额,从而在前期的产业结构效应中表现出不输于各工业部门的正效应,并且在后期的产业结构的"结构升级"中更是显著提高了其产业份额,从而在后期的产业结构效应中表现出最为突出的正效应。

3. 小结。

上述结果表明,第一,造成我国总体产值利润率由升转降的主导因素是产业内部的初次分配结构中利润所占份额的升降变化。第二,分工规模效应和产业结构效应在后期向着有益于总体产值利润率提高的方向发生了转变,从而在一定程度上缓解了后期内部分配效应对总体产值利润率的不利影响。前者表现为不利于总体产值利润率的纵向分工规模扩张在后期明显缓解,后者表现为由于产业结构的变动特征由前期的"逆结构升级型"转为后期的"结构升级型",产业结构效应由此而发生了结构性的转变,并在总体上更为有益于总体产值利润率的提高

(二)基于分工视角的产业结构效应因素分解

如前所述,源于产业结构的变动特征在前后期发生了结构性的变化,产业结构效应在前后期也发生了结构性的转变,并最终在总体上更加地有益于总体产值利润率的提高,缓解了后期的内部分配效应对总体产值利润率的不利影响。在本文看来,产业结构效应是垂直分工结构和水平分工结构发生结构性变迁所产生影响的综合,本节即对此进行专门分析。

如(11)式所示,一方面,最终需求结构向某些最终品倾斜,而这些最终品的垂直分工价值链中初次分配比率较高的产业在其中占据较高的份额,则将提高该类产业在产业结

构中的比重,进而提高总体产值利润率,反之则反,这就是水平分工结构效应。另一方面,最终品的垂直分工价值链向那些初次分配比率较高的产业倾斜,将提高该类产业在产业结构中的比重,进而提高总体产值利润率,反之则反,这就是垂直分工结构效应。关于水平分工结构效应垂和直分工结构效应的结果列于表3。

1. 水平分工结构效应和垂直分工结构效应。

第一,水平分工结构效应虽然在总体上始终表现为带动总体产值利润率提高的正效应,但在后期,这种正效应有所减弱。并且,前期的正效应主要体现在第二产业上,贡献度达18.9%;后期的正效应则主要体现在第三产业上,贡献度达18.2%。也就是说,水平分工结构效应在前期是"工业化"模式,而在后期是"服务化"模式。

表3 产业结构效应的因素分解

单位:%

	产业结构效应(2002—2007年)	垂直分工结构效应	水平分工结构效应	产业结构效应(2007—2015年)	垂直分工结构效应	水平分工结构效应
采矿业	0.3	2.9	-2.6	-9.0	-8.6	-0.4
轻工业	6.3	3.1	3.3	-13.3	-6.3	-7.0
重化工业	9.1	4.7	4.4	-11.5	-10.1	-1.5
机械工业	5.2	-8.9	14.1	-1.9	2.7	-4.6
水电热气供应业	-0.1	0.3	-0.4	-4.3	-3.9	-0.4
建筑业	-1.2	-1.3	0.1	6.5	0.7	5.7
第二产业合计	19.7	0.8	18.9	-33.6	-25.5	-8.1
商贸流通业	-7.7	-8.0	0.2	19.7	16.0	3.8
物流业	-2.7	-2.3	-0.4	-3.6	-3.4	-0.2
信息及技术服务业	-4.8	-2.4	-2.4	7.4	1.2	6.2
金融业	10.9	4.7	6.2	32.2	27.4	4.8
租赁和商务服务业	-3.1	-4.0	0.9	4.7	4.9	-0.3
其他服务业	-6.5	-0.5	-6.1	6.8	2.9	3.9
第三产业合计	-13.9	-12.5	-1.5	67.1	48.9	18.2
合计	5.7	-11.7	17.4	33.5	23.4	10.1

第二,垂直分工结构效应虽然在前期表面为降低总体产值利润率的负效应,但在后期转变为提高总体产值利润率的正效应。并且,垂直分工结构效应在前期是"去服务化"模式,而在后期转为了"服务化"和"去工业化"模式。具体而言,前期的垂直分工结构效应的负效应主要体现在第三产业,贡献度达-12.5%,后期的正效应则是由于在第三产业的贡献度达48.9%的正效应大于在第二产业的贡献度为-25.5%的负效应所致。

第三,综合上述结果,可以看出,产业结构效应在前后期的结构性变化,是两方面分工结构在前后期发生结构性变化的综合结果。而从总体来看,产业结构效应之所以在后期变得更有益于总体产值利润率的提高,是由于垂直分工结构效应向着有益于总体产值利润率提高发生转变的结果。

当然，由于水平分工结构和垂直分工结构是不同的领域，因此其各自的"工业化"模式和"服务化"模式及其转变的含义是完全不同的。如后所述，前者是最终需求由以外需的出口扩张为主转变为以内需的消费和投资扩张为主，以及内需的消费结构升级和投资结构升级的综合结果；后者是垂直分工由生产的工业化向生产的服务化转变的综合结果。

2. 关于水平分工结构效应。

第一，水平分工结构效应在前期表现出的"工业化"特征及其总体上的正效应，是由于最终需求中的外需出口扩张对第二产业的带动作用明显，并显著产生了带动总体产值利润率提高的作用，贡献度达29.2%，超出了内需消费相对萎缩对总体产值利润率的不利影响。

第二，水平分工结构效应在后期表现出的"服务化"特征及其总体上的正效应，是由于最终需求结构向内需的消费和投资倾斜的同时，消费结构和投资结构均呈现由第二产业向第三产业重心转移的结构升级特征，从而对第三产业的带动作用明显，并显著产生了带动总体产值利润率提高的作用，贡献度分别达17.1%和14.0%，明显超出了出口相对萎缩对总体产值利润率的不利影响。

第三，综合以上结果，尽管水平分工结构效应在前后期均表现为提高总体产值利润率的正效应，但这些特征并非是整体性的，而是存在着结构性的差异，并在前后期有反转式的变化。这种结构性的变化是由于我国的最终需求结构由以出口扩张为主转变为以消费、投资扩张为主，以及消费结构升级和投资结构升级的综合结果。

3. 关于垂直分工结构效应。

第一，在前期，垂直分工结构效应在第三产业表现为负效应，贡献度为−12.5%，而在第二产业则表现为正效应，贡献度为0.8%。进一步来看，其中的高增加值效应和生产链结构效应在两个产业上的表现截然相反：高增加值效应在第二产业表现为负效应，贡献度达−53.2%，而在第三产业表现为正效应，贡献度为3.5%；反之，生产链结构效应在第二产业表现为正效应，贡献度达52.0%，而在第三产业表现为负效应，贡献度为−16.8%。

之所以呈现这样的结果，原因在于其间我国的垂直分工体系在结构上呈现不断向工业部门倾斜的"生产链工业化"特点，并且这种倾斜是通过各工业部门之间"自我分工膨胀"来实现的。也就是说，各工业部门以提高工业中间品投入的方式将其垂直加工链条向工业各部门相互延展，从而令工业部门在垂直分工体系中的地位得以提高。对于其自身而言，由于在提高了对工业品的中间需求的同时，也挤压了工业部门自身的增加值进而利润空间。由表2可以看到，第二产业的增加值率在2002—2007年之间有明显的下降。因此，生产链结构效应对于第二产业产生的正效应和高增加值化效应对于第二产业产生的负效应大体相互抵消，形成第二产业在垂直分工体系的工业化过程中"增产不增收"的特点。另外，这由此挤压了第三产业在垂直分工中的地位，因此，生产链结构效应对于第三产业产生了负效应，形成"生产链去服务化"的特点。

综上，前期由于我国垂直分工结构的"自膨胀式的生产链工业化"对于第二产业造成的是"增产不增收"，和对于第三产业造成的是"生产链去服务化"，从而令垂直分工结构效应最终在总体上表现为不利于总体产值利润率的负效应。

专题三 产业发展与产业结构演变研究

表4 水平分工结构效应的因素分解

单位:%

	水平分工结构效应(2002—2007年)					水平分工结构效应(2007—2015年)				
	消费	资本形成	出口	最终需求进口替代	误差	消费	资本形成	出口	最终需求进口替代	误差
采矿业	−2.6	−2.3	0.3	2.9	0.1	−3.6	0.8	0.6	−2.2	0.2	0.3
轻工业	3.3	−3.2	2.4	4.4	−0.1	−0.2	1.6	0.4	−7.2	0.1	−2.0
重化工业	4.4	−4.2	1.6	9.3	0.4	−2.7	2.2	2.8	−7.8	0.6	0.7
机械工业	14.1	−1.0	3.1	11.1	0.6	0.3	2.2	0.1	−7.4	1.4	−0.9
水电热气供应业	−0.4	−1.3	0.3	1.5	0.1	−0.9	0.2	0.5	−1.3	0.1	0.1
建筑业	0.1	0.2	−1.7	0.1	0.0	1.4	−0.2	4.9	0.0	0.0	1.0
第二产业合计	18.9	−11.7	6.0	29.2	1.0	−5.7	6.8	9.4	−26.0	2.5	−0.8
商贸流通业	0.2	−0.7	−0.2	0.0	0.1	1.0	−0.5	3.1	0.8	0.3	0.0
物流业	−0.4	−2.5	−0.1	2.6	0.0	−0.5	0.8	1.6	−2.8	0.0	0.2
信息及技术服务业	−2.4	−3.8	1.0	−0.2	0.0	0.7	2.7	5.1	−1.0	0.3	−1.0
金融业	6.2	−0.5	0.5	2.9	0.4	2.9	7.6	2.6	−4.4	0.4	−1.4
租赁和商务服务业	0.9	−0.4	0.1	1.4	−0.1	−0.2	0.6	0.4	−1.3	0.2	−0.2
其他服务业	−6.1	−8.9	1.5	0.5	−0.3	1.1	5.8	1.1	−1.3	−0.2	−1.5
第三产业合计	−1.5	−16.7	2.9	7.1	0.0	5.1	17.1	14.0	−10.0	0.9	−3.8
合计	17.4	−28.4	9.0	36.4	1.1	−0.6	23.9	23.4	−36.0	3.4	−4.6

表 5　垂直分工结构效应的因素分解

	垂直分工结构效应（2002—2007年）				垂直分工结构效应（2007—2015年）			
		高增加值效应	生产链结构效应	中间进口替代效应		高增加值效应	生产链结构效应	中间进口替代效应
采矿业	2.9	−6.2	12.2	−3.1	−8.6	−2.9	−5.6	−0.1
轻工业	3.1	−10.0	12.5	0.6	−6.3	−7.0	−0.4	1.0
重化工业	4.7	−13.6	15.2	3.0	−10.1	−9.7	−4.4	4.1
机械工业	−8.9	−13.4	3.3	1.2	2.7	1.4	−2.7	4.0
水电热气供应业	0.3	−9.6	9.6	0.3	−3.9	−2.2	−2.2	0.5
建筑业	−1.3	−0.4	−0.9	0.0	0.7	−0.1	0.8	0.00
第二产业合计	0.8	−53.2	52.0	2.0	−25.5	−20.4	−14.6	9.6
商贸流通业	−8.0	3.9	−12.2	0.4	16.0	2.0	12.8	1.2
物流业	−2.3	−1.4	−0.8	−0.1	−3.4	−4.7	1.6	−0.3
信息及技术服务业	−2.4	0.9	−3.4	0.0	1.2	−4.3	4.7	0.8
金融业	4.7	3.6	−0.5	1.5	27.4	−2.8	28.4	1.8
租赁和商务服务业	−4.0	−2.9	−0.4	−0.7	4.9	−1.0	4.5	1.5
其他服务业	−0.5	−0.7	0.5	−0.3	2.9	0.2	2.6	0.1
第三产业合计	−12.5	3.5	−16.8	0.9	48.9	−10.7	54.5	5.1
合计	−11.7	−49.7	35.1	2.9	23.4	−31.1	39.9	14.6

第二，在后期，垂直分工结构效应换成在第二产业表现为负效应，贡献度为−25.5%，而在第三产业表现为正效应，贡献度为48.9%。进一步来看，其中的高增加值效应和生产链结构效应在第二产业均表现为负效应，而在第三产业则分别表现为负效应和正效应。

之所以呈现这样的结果，原因在于其间我国的垂直分工体系呈现由工业向商贸业及金融业等生产性服务业倾斜的"生产链服务化"和"生产链去工业化"的特点。由于服务业的初次分配比率显著高于其他产业，因此，生产链结构效应在第三产业所表现的正效应作用显著，最终令垂直分工结构效应在总体上由前期的负效应转变为后期的显著的正效应。

四、结论总结及政策启示

本文运用投入产出分析法构建了统一产业内部因素和产业结构因素的总体产值利润率决定模型以及针对起变动的因素分解分析模型，并在产业结构因素中融入产业分工视角，令其涵盖横向水平分工结构和纵向垂直分工结构两个方面，从而令其反映各产业之间以及各产业与经济总体之间的结构性和系统性联系，进而反映产业分工体系的结构演变对总体产值利润率的影响机制。基于上述模型并利用中国投入产出表，本文对2002年至2015年间中国总体产值利润率的变动进行了定量分析。结果表明：

第一，产业的初次分配结构中利润所占份额的由升转降这一内部因素主导了总体产值利润率的升降转变，而产业分工体系这一结构因素则在此间向着有利于总体产值利润率的方向转变。

第二,产业分工体系的转变,既体现在整体层面上,也体现在结构层面上。前者表现为不利于总体产值利润率的"大量投入,大量产出"式垂直分工规模扩张在后期明显减缓;后者一方面表现为垂直分工结构由"自膨胀式的生产链工业化"向"生产链服务化"转变,另一方面表现为水平分工结构伴随最终需求由以外需的出口扩张为主向以内需的消费和投资扩张为主转变,以及伴随内需的消费结构和投资结构的升级而升级。这些转变带动了产业结构的重心向利润份额较高的第三产业转移,从而产生了有利于提高总体产值利润率的效果。

对于上述结果,首先,考虑到前期的初次分配结构变动是以利润挤占劳动报酬份额为代价,且其中不乏因经济及制度等方面的问题所造成的不合理成分,其水平甚至超出了部分发达国家,故而由其带动的总体产值利润率上升难以视为是经济效益改善的表现,而后期的利润份额下降则应视为一种恢复性调整。因此,提高总体产值利润率,改善宏观经济运行效益,不宜指望初次分配结构再次向利润倾斜。

其次,对产业分工体系的分析表明,发展现代产业体系,不单纯是一个产业结构调整升级问题,还关系到经济总体的运行效益。这为相关的对策思考提供了基于产业分工及其结构优化调整角度的有益思路。由于完整综合了产业分工体系中的横向水平分工和纵向垂直分工两个方面,因此本文的分析结论对此有多方面的政策启示。

第一,尽管前期的"大量投入,大量产出"式的垂直分工规模扩张在后期明显缓和,但这一点仍有待进一步改善。经验研究表明,经济发展到一定阶段,产出增长的宏观模式将从以中间投入率上升为特征的"高加工度化""迂回化"生产,转变为以增加值率上升为特征的"高增加值化"生产(胡秋阳,2007)。推动生产的"高增加值化",提升劳动和资本等初始要素的生产率,集约高效使用中间投入,降低中间投入率,提高增加值率进而扩展利润实现空间,对于改善国民经济运行效益,提高总体产值利润率而言,是更具宏观性和根本性的举措。

第二,尽管水平分工结构和垂直分工结构在后期均向着更为有益于提高总体产值利润率的方向转变,但仍有待进一步发挥出更大的作用。首先,第三产业中的生活性服务业等仍有待通过消费升级进一步带动。其次,垂直分工结构的"生产链服务化"过于集中在金融服务领域,信息及技术服务领域以及商务服务领域等仍未更好地参与到各产业的垂直分工之中。考虑到这些领域不仅构成生产链服务化的重要部分,还将关系到对工业中间品等物质性中间投入的高效化和集约化使用,进而有益于降低中间投入率和提高增加值率,因此有必要进一步促进垂直分工的技术化、信息化和服务化。最终,通过以上水平分工结构和垂直分工结构的优化调整,可合理带动产业结构的调整升级,进而从结构层面上对改善国民经济运行效应,提高总体产值利润率发挥出更大的作用。

参考文献

[1] Leontief, W. Input-output economics[M]. Oxford University Press, 1986.
[2] 白重恩,钱震杰. 国民收入的要素分配:统计数据背后的故事[J]. 经济研究,2009(3):27-41.
[3] 陈艳莹,鲍宗客. 行业效应还是企业效应?——中国生产性服务企业利润率差异来源分解[J]. 管理世界,2013(10):81-94.
[4] 顾海峰,于家珺. 人民币汇率对中国出口企业盈利能力的影响研究——来自2006—2016年中国上

[5] 胡秋阳. 产业分工与劳动报酬份额[J]. 经济研究,2016,51(2):82-96.
[6] 胡秋阳. 中国的经济发展和产业结构:投入产出分析的视角[M]. 经济科学出版社,2007.
[7] 李晓华. 中国制造业的"成本上涨与利润增长并存"之谜[J]. 数量经济技术经济研究,2013(12):65-80.
[8] 梁运文,芮明杰. 垂直专业化、利润创造与中国制造业发展困境战略突破[J]. 产业经济研究,2013(4):1-13.
[9] 刘灿雷,康茂楠,邱立成. 外资进入与内资企业利润率:来自中国制造业企业的证据[J]. 世界经济,2018,41(11):98-120.
[10] 沈利生,王恒. 增加值率下降意味着什么[J]. 经济研究,2006(3):59-66.
[11] 孙文杰. 中国劳动报酬份额的演变趋势及其原因——基于最终需求和技术效率的视角. 经济研究,2012(5).
[12] 藤川清史. グローバル経済の産業連関分析[M]. 創文社,1999.
[13] 尾崎巖. 経済発展の構造分析（三）:経済の基本的構造の決定[J]. 三田学会雑誌,1980,73(5):720(66)-748(94).
[14] 张华. 新常态下经济增速放缓对制造业盈利能力影响——基于FAVAR模型的实证[J]. 产经评论,2017,8(02):66-78.
[15] 张杰,黄泰岩,芦哲. 中国企业利润来源与差异的决定机制研究[J]. 中国工业经济,2011(1):27-37.
[16] 郑玉歆,李玉红. 工业新增利润来源及其影响因素:基于企业数据的经验研究[J]. 中国工业经济,2007(12):5-12.
[17] 周明海,肖文,姚先国. 中国经济非均衡增长和国民收入分配失衡[J]. 中国工业经济,2010(6):35-45.

作者简介：

程远,中国社会科学院数量经济与技术经济研究所,chy805@126.com。

胡秋阳,南开大学经济学院,huqiuyang@nankai.edu.cn。

高技术产业创新活动的影响分析

——基于R&D产业间溢出效应

张红霞 夏梦寒

摘要: 本文基于投入产出模型构造了反映知识性溢出和市场性溢出的指标,进一步研究高技术产业创新活动的产业间溢出对国民经济各产业的影响。从市场性溢出来看,对其他部门溢出效应最大的是信息技术产业,市场性溢出的分布较为集中。知识性溢出强度最大的则是航空航天设备制造业,知识性溢出的分布较为均匀和分散。总体来看,高技术部门的知识性溢出和市场性溢出对各工业产业的劳动生产率有显著的正向影响,四类不同高技术产业的知识性溢出对劳动生产率都有显著促进作用。从大类来看,制造业劳动生产率受到高技术部门知识性溢出、市场性溢出影响明显,高技术部门的知识性溢出和市场性溢出分别对采矿业和电力、燃气及水的生产和供应业的劳动生产率产生明显影响。

关键词: 高技术产业 产业间溢出 劳动生产率

一、引言

科技创新是提高社会生产力和综合国力的战略支撑,坚持自主创新,实施创新驱动发展战略成为我国经济向更加重视发展质量转变的必然要求。全球新一轮科技变革和产业变革演进的过程对国民经济各生产部门在提升自主创新能力、掌握关键领域核心技术等方面提出了更高的要求,也促使各部门加大研发投入,促进技术转型升级,逐渐产生新知识、新技术,对经济发展升级产生了重要的影响。

高技术产业体现了尖端技术的发展水平,通常是一些研发投入大、研发人员比重大的产业,往往具有知识和技术密集,研发投入大,知识创新速度快,开发新产品的能力强的特点。世界各国都非常重视高技术产业的发展,早在1971年,美国就提出了高技术的概念,日本、英国等国家也很早认识到了高技术产业发展的作用。高技术产业发展对国民经济产生重大影响的一个最为重要的因素在于高技术产业创新活动对国民经济所有部门技术进步带来的正的外部性,即创新活动的溢出效应。

高技术产业溢出的一个重要表现是知识的溢出,不少学者对溢出的机制进行了研究。Los(1997)认为知识溢出可分为模仿和创造两种途径,模仿溢出主要在同一行业内产生,可以通过员工的流动实现;创造溢出不局限于同一行业,可以通过公开知识的学习、贸易等途径进行知识的交换。赵勇、白永秀(2009)认为知识溢出可以通过人才流动、研发合作、企业家创业、贸易投资实现,是一个动态的过程。王伟广、马胜利、姜博(2015)认为创新影响着高、中低技术产业的转换升级,高技术产业的溢出通过交换显性和隐性知识实现,表现为产业间知识转移、植入和交互作用。张愉、綦良群(2010)提出高新技术的溢出的过程可以分为自愿溢出和非自愿溢出,自愿溢出是通过产品模仿、合作、技术转让主动提供知识给其他部门,非自愿溢出则是通过人力资本流动和非正式沟通实现。张达君、赵鑫(2017)探讨了高技术产业对经济增长的作用,提出高技术产业通过扩大规模、提升比重、升级产业来直接推动经济增长,同时也通过提升关联产业生产效率、升级传统产业来间接促进经济增长。邵一华、吴敏(2000)认为高技术产业通过提高工艺、提高管理水平等对传统产业产生影响,传统产业需要高技术产业来作为技术发展的支持,并提出使用交互影响法建立模型来研究高技术产业与传统产业之间的作用。

对高技术产业溢出效应的研究集中在高技术产业对传统产业、对经济增长的影响上。潘文卿(2018)构建投入产出空间权矩阵探讨了开放经济条件下知识溢出的影响,发现知识资本对地区生产效率有正向影响。余伟军、吴宁宁(2018)对高新技术产业的技术溢出效应进行了研究,发现高新技术产业间存在明显的溢出效应,对行业产出有倒 U 型的效果,但是不如企业 R&D 投入带来的效果明显。汤长安、张丽家、李红燕(2017)对我国不同区域的层面入手,发现中、东部地区的高技术产业对区域经济发展起到促进作用,西部地区则是抑制作用。吴永林、陈钰(2010)选择了北京的 5 个高技术行业,发现高技术产业的研发活动对传统产业有明显的溢出作用,与高技术产业联系紧密的传统产业这一影响更明显。赵玉林、张钟方(2008)从高技术产业和三次产业结构的角度出发,通过实证发现高技术产业促进了工业劳动生产率的提高,但高技术产业对三次产业结构的调整影响尚显。刘志迎、王正巧、李静(2007)计算了高技术资本对地区产出的影响,比较了高技术资本和非高技术资本的边际产出,发现高技术资本对地区产出增加有明显作用,高技术边际产出更高。Jiang、Lu、Xu(2018)研究发现,区域间的后向联系对东部沿海地区的技术分布形态有明显影响。Hauknes、Knell(2009)、Badinger、Egger(2008)研究了 OECD 国家的技术活动,发现溢出对经济增长起重要作用。Chyi、Lai、Liu(2012)提出知识溢出是影响企业集聚效应的因素,通过对新竹高技术产业集群的研究表明 R&D 溢出对企业利润有明显影响。Toh、Thangavelu(2013)利用投入产出模型发现信息和通信技术部门对新加坡经济附加值的提高和促进电子产品出口起到关键作用。

现有文献关注了高技术产业的溢出机制及其影响,缺少对高技术产业不同类型溢出的区分和所带来影响的研究。本文将从产业间研发活动溢出效应的角度入手,将高技术产业的研发溢出区分为知识性溢出和市场性溢出,研究高技术产业的创新活动如何对国民经济各部门,特别是工业部门的劳动生产率产生影响。

二、我国高技术产业发展的概况

(一)高技术产业的概念界定

根据国家统计局的《高技术产业(制造业)分类(2017)》,高技术产业可以分为医药制造业,航空、航天器及设备制造业,电子及通信设备制造业,计算机及办公设备制造业,医疗仪器设备及仪表制造业和信息化学品制造业6大类及相应的小类,其大类与投入产出表部门分类一致。具体见表1。

表1 高技术产业(制造业)分类

医药制造业	化学药品制造 中药饮片加工 中成药生产 兽用药品制造	生物药品制品制造 卫生材料及医药用品制造 药用辅料及包装材料
航空、航天器及设备制造业	飞机制造 航空、航天相关设备制造 航空航天器修理	航天器及运载火箭制造 其他航空航天器制造
电子及通信设备制造业	电子工业专用设备制造 光纤、光缆及锂离子电池制造 通信设备、雷达及配套设备制造 广播电视设备制造 非专业视听设备制造	电子器件制造 电子元件及电子专用材料制造 智能消费设备制造 其他电子设备制造
计算机及办公设备制造业	计算机整机制造 计算机零部件制造 计算机外围设备制造 工业控制计算机及系统制造	信息安全设备制造 其他计算机制造 办公设备制造
医疗仪器设备及仪器仪表制造业	医疗仪器设备及器械制造 专用仪器仪表制造 其他仪器仪表制造业	通用仪器仪表制造 光学仪器制造
信息化学品制造业	信息化学品制造	

(二)我国高技术产业发展的总体特点

总体上看,我国高技术产业发展有如下特点:

第一,21世纪以来,我国高技术产业规模增长迅速。进入21世纪以来,我国高技术产业经历了快速的发展,规模迅速扩大。从2000到2016年,高技术产业的主营业务收入增长了约14倍,从业人数增长了约2.5倍。尤其是从2003到2010年期间,主营业务收入年均增长速度超过22%。从业人员在所有产业中的占比稳步增加,从2000年的0.50%提高到2016年的1.88%。

第二,不同高技术产业规模差异显著。从平均增长速度来看,从2000年到2016年,增长速度最快的是医疗仪器设备及仪器仪表,年均增长速度达到20.9%;其次医药制造业,年均增长速度达到19.5;再次是电子即通信设备制造业,年均增长速度为18.4%;计算机及办公设备制造业增长速度为17.0%;航空航天器及设备增长速度相对较小,为15.5%。总体来看,不同行业的高技术产业增长速度差异不太大,且其高速增长期相对一致,基本上都分布在2000-2012年之间,此后增长速度均有所放缓。

高技术产业一个非常显著的特点是其规模存在显著的行业差异性。从主营业务收入看,从2000到2016年,电子及通信设备制造业在高技术产业中的占比基本都在50%以上,且为增加趋势,至2016年,其主营业务收入占到高技术产业的56.8%。医药制造业的比重为先下降后增加的趋势,2016年,其比重为高技术产业的18.3%。计算机及办公设备制造业的占比先增后减,至2016年,其比重为12.8%。医疗仪器设备及仪器仪表占比较为稳定,至2016年,其比重为7.6%。信息化学品制造业是新出现的产业,从2015年之后开始有统计数据,占比为2.0%。

第三,高技术产业分布存在显著的区域差异性。我国高技术产业显然主要分布在东部地区,其占比保持在70%以上,最高时达到88.3%。从变化趋势看,东部地区的比例在缓慢下降,至2016年,其占比为70.3%。中部和西部地区的比例在逐年增加,中部地区从2000年的6.4%增加到2016年的15.5%;西部地区从7.2%增加到11.6%。

从省区分布来看,占比最高的是广东和江苏两个省。广东省高技术产业占全国的比例持续最高,2016年为24.6%。江苏次之,其2016年占全国的比例为20%。山东和河南占全国的比例在持续增加,至2016年,山东高技术产业占全国的比例为8.0%,河南为4.8%。

表2 高技术产业的省区分布

单位:%

区域	2000年	2005年	2010年	2016年
北京	10.2	6.4	4.5	2.8
天津	6.5	5.6	3.1	2.4
上海	10.5	11.9	9.4	4.6
江苏	12.3	18.1	21.7	20.0
浙江	4.9	5.1	4.5	3.8
福建	4.1	4.2	3.5	2.9
山东	3.6	5.1	6.9	8.0
河南	1.2	0.9	1.6	4.8
广东	26.1	30.7	28.1	24.6
四川	3.0	1.7	2.8	3.9

(三)高技术产业研发活动情况

从2000年到2016年,我国高技术产业的研发活动强度保持稳步提升。R&D经费内部支出占主营业务收入的比例从2000年的1.1%增加到2016年的1.6%,增长比较缓慢。然而从R&D人员折合全时占从业人数的比例来看,则增加相对较快,从2000年的2.3%提高到了2016年的4.3%。因此,综合来看,我国高技术产业的研发活动强度虽然没有快速增长,但是在稳步提升中。研发活动的加强是一个渐进的过程,与社会经济整体环境的改变密切关联,例如人力资本的积累、技术进步模式的改变等。

图1和图2给出了不同高技术产业R&D折合全时占从业人数的比例和R&D经费内部支出占营业收入的比例。其中,航空、航天器及设备制造业的研发强度远远高于其他4个产业,而医药制造业、电子及通信设备制造业、医疗仪器设备及仪器仪表,以及计算机

及办公设备制造业的研发强度差异不明显,其中计算机及办公设备制造业的研发强度最低,研发强度在不同高技术产业之间存在差异。

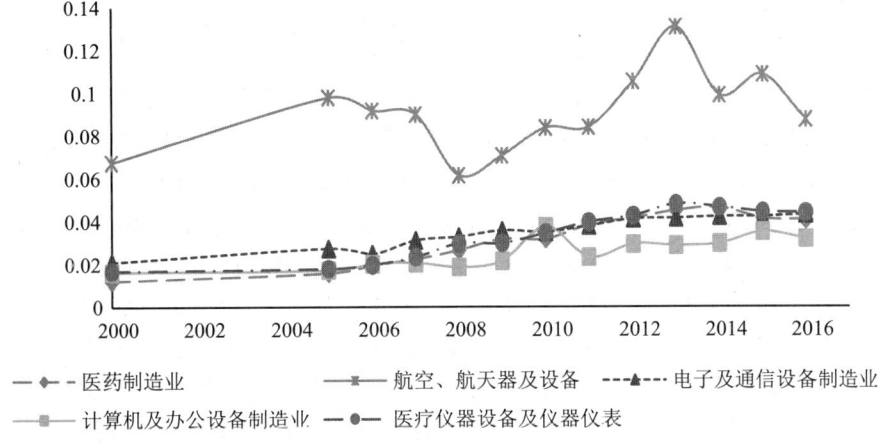

图1 不同高技术产业R&D人员折合全时占从业人数比

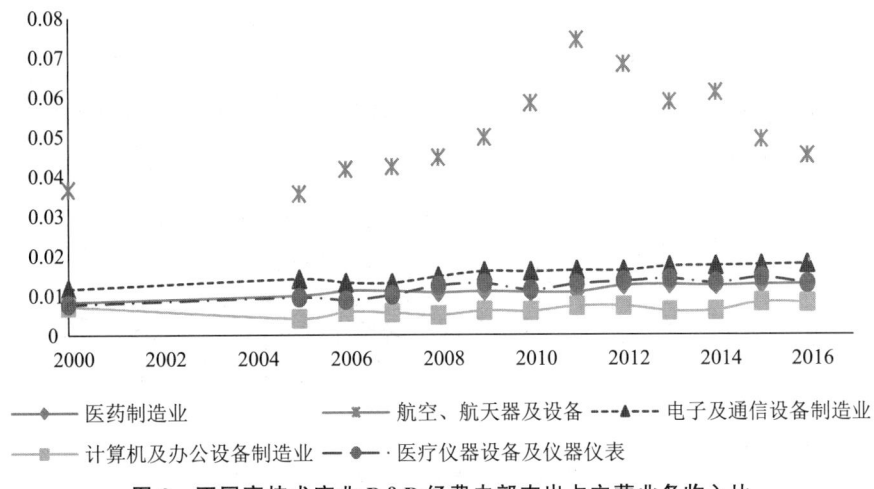

图2 不同高技术产业R&D经费内部支出占主营业务收入比

三、高技术产业创新活动影响各个部门的机制分析——基于溢出效应

高技术的发展对经济中各个产业部门产生影响的一个重要途径是技术创新在产业之间的溢出效应。而高新技术创新在产业之间的溢出效应实现的途径可以分为两类。第一类,是新技术本身在产业之间的转移和流动所带来的知识性溢出,例如黑色金属冶炼产业通过技术创新提升能源使用效率,有色金属冶炼产业也可以通过模仿和学习使用同样的技术提升能源使用效率(潘文卿等,2011)。第二类,是以高新技术产业的产品为载体所带来的溢出效应,即,一个产业在生产过程中由于使用高技术产业的产品所获得的技术溢出,称之为市场性溢出,例如,信息产业的信息技术发展和创新对各产业产生影响的重要途径就是各个产业通过使用信息技术产品的使用而促进了本产业的技术进步和效率提升。

第一类,知识性溢出,其实现主要通过两个渠道。第一个渠道是关联性溢出,即具有相似技术结构的产业通过学习、模仿等实现技术在产业之间的传播,即高技术产业的企业通过自愿或非自愿的技术传播途径将新技术传播到其他产业的企业中,例如:产品模仿,即其他产业的企业通过学习模仿高技术产业的高新技术、生产和管理经验等,提高本产业的技术和管理水平;合作创新,相关产业的企业之间通过达成合作关系,进行合作创新,共享新技术和新知识,可以共同承担研发风险,降低研发成本,提高各自的创新能力,共同提升技术水平和生产效率;技术转让,即高新技术企业通过有偿转让的方式将所获得的新技术和新知识转移到其他相关产业,其他产业利用新技术和新知识提升本产业技术水平和生产效率,达到新技术在产业之间的溢出。第二个渠道是交流性溢出,即通过劳动力的流动和社会交往网络带来的知识溢出,包括:人力资本流动,即知识型员工、科技人才在产业之间流动,促成高技术产业的技术和知识的转移,带来产业间知识溢出效应;非正式的人际沟通和交流所带来的知识性溢出,即劳动力的社会互动带来企业之间的网络外部性。

总体来看,产业间的知识性溢出本质上体现为一种交流外部性,其作用大小与产业之间的技术相似度密切相关,无论是关联性溢出还是交流性溢出,都更容易发生在技术相似度较高的产业之间。因此,借鉴 Jaffe(1986),Los(2000),潘文卿等(2011),我们提出了改进的技术相似度矩阵,结合研发活动指标,构建研发活动的产业间知识性溢出矩阵,作为高技术产业发生潜在知识性溢出的衡量。如果两个部门中间投入的知识技术结构相同,则认为两个部门有较高的相似度,从而更容易在部门间产生知识技术溢出。定义改进后的技术相似度系数为 W^k,v 为增加值比率:

$$W_{ij}^k = \frac{\sum_i a_{mi} a_{mj} + v_i v_j}{\sqrt{(\sum_i a_{mi}^2 + v_i^2)(\sum_i a_{mj}^2 + v_j^2)}}$$

需要注意的是,知识性溢出矩阵仅仅表明产业之间存在的知识性溢出可能大小,并不能衡量其有没有发生实际的影响。产业 j 通过知识性溢出获得的间接 R&D 投入为:

$$KS_j = \sum_{i \neq j} R_i W_{ij}^k$$

其中 R_i 表示第 i 产业直接的 R&D 投入,W_{ij}^k 用来衡量第 i 产业的知识技术对第 j 产业的溢出。

第二类,市场性溢出,其市场性溢出指市场交易可以促使企业之间或者地区之间的技术溢出。商品贸易将物化型技术知识从一个企业或地区传递到另一个使用其产品的企业或地区。这种技术溢出的途径是以高技术产品为载体实现,在产业链上,上游产品和下游产品之间通过中间产品的投入和使用促进彼此的技术进步。从经济系统的角度看,各个产业之间的生产过程相互关联,形成一个生产网络。市场性技术溢出就通过这种产业关联以产品生产中的相互使用为载体实现。而投入产出技术是刻画产业之间生产关联的有效方法,可以清晰地体现产品生产之间的技术联系。借用投入产出模型来描述产业间的这种技术溢出是一种合理的方法。已有学者做过类似的研究工作。例如 Düring and Schnabl(2000);Dietzenbacher and Los(2002),张红霞和冯恩民(2005),韩颖等(2010)。本报告中,我们利用投入产出方法来描述高技术产业通过产品对各个产业的市场性研发溢出(张红霞和冯恩民,2005):$MS_i = \frac{R_i}{X_i} \cdot (I-A)^{-1} \cdot Y_i$。

其中 X_i 为 i 产品的总投入，$\frac{R_i}{X_i}$ 为对角阵，I 是单位阵，A 为直接消耗系数矩阵，Y_i 为 i 产业的总产出。同样，这里的市场性溢出也是描述了高技术产业通过产业之间的贸易而可能产生的溢出途径，并不意味着其在实际中所产生的影响。因此，为了进一步分析知识性溢出和市场性溢出的实际效应，我们通过将知识性溢出和市场性溢出进行综合，并构建生产函数，通过计量模型，来分析这两种溢出对各产业的实际效应。

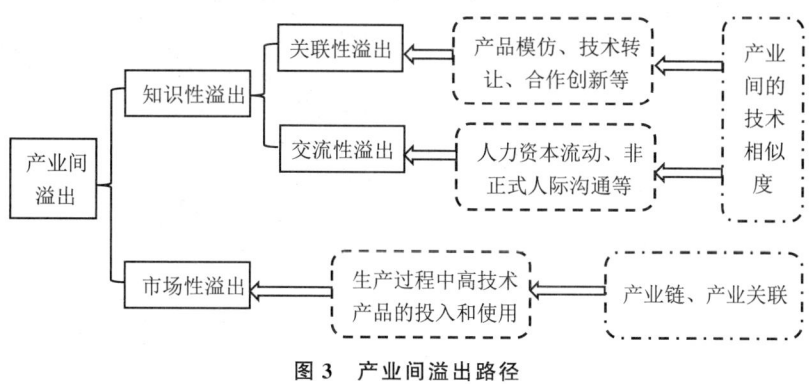

图 3　产业间溢出路径

我们计算了高技术产业研发活动对各个产业的市场性溢出和知识性溢出，选择了与高技术产业对应的投入产出表部门，包括医药制造、计算机、通信设备、广播电视设备、视听设备、电子元器件、其他电子设备，以及仪器仪表等产业。所用的主要数据来源为高技术统计年鉴和 1997、2002、2007、2012 年投入产出表。各部门 R&D 支出来自科技统计年鉴，产成品、固定资本合计和劳动力数据来自工业统计年鉴。

从市场性溢出角度看，不同高技术产业的对外溢出强度存在较大的差异，总体来看信息技术相关产业对其他部门存在较大的研发溢出效应。表3中的数字表示根据2012年投入产出表计算得到的各产业最终产品同时增加10000元时，某个高技术产业研发活动对所有其他产业的溢出数量。例如电子元器件，各产业最终需求同时增加10000元时，电子元器件对其他产业的R&D溢出达到1361万元。溢出强度最大的是电子元器件，其次是仪器仪表、航空航天器设备、医药制品、通信设备和计算机。广播电视设备、视听设备和其他电子设备等溢出强度相对小很多。

表 3　高技术产业研发活动市场溢出强度

产业	高技术产业溢出强度
医药制造业	154.40
航空航天器设备	330.20
计算机	118.09
通信设备	134.27
广播电视设备	3.83
视听设备	39.01
电子元器件	1361.17
其他电子设备	83.34
仪器仪表	355.60

各部门受到的来自高技术产业的研发市场性溢出效应强度存在较大差异。表4给出了根据2012年投入产出表得到的部分产业接受的高技术产业溢出效应强度,即1万元最终产品生产所受到的高技术产业研发活动的影响。总体来看,战略性新兴产业受到的影响较大,如计算机、电子设备等产业接受溢出的强度较大。

表4 不同产业接受的高技术产业市场性溢出效应

产业	接受溢出的强度	产业	接受溢出的强度
计算机	146.38	船舶及相关装置	37.92
视听设备	142.30	其他电气机械和器材	36.85
通信设备	111.59	输配电及控制设备	36.41
广播电视设备和雷达及配套设备	108.27	其他专用设备	33.89
文化、办公用机械	96.97	其他服务	32.81
其他电子设备	87.90	电信和其他信息传输服务	30.82
卫生	86.31	家用器具	30.42
仪器仪表	63.95	其他通用设备	29.37
软件和信息技术服务	57.88	电机	28.76
专业技术服务	45.85	其他交通运输设备	28.60

表4给出了受高技术研发溢出效应影响较大的前20个产业。可以看出,战略性新兴产业所包括的计算机、试听设备、通信设备、广播电视设备、文化办公用机械、电子设备、仪器仪表、软件和信息技术服务、电气机械和器材、通用设备、专用设备、交通运输设备等都在内。也就是说,从产业间研发活动溢出来看,高技术对战略性新兴产业影响较大。

每个高技术产业研发溢出的部门分布差异显著,计算机、通信设备和其他电子设备等信息技术相关产业的溢出更具有"普惠"性质。我们给出了高技术产业研发溢出的部门分布状态,如图4—图5所示。

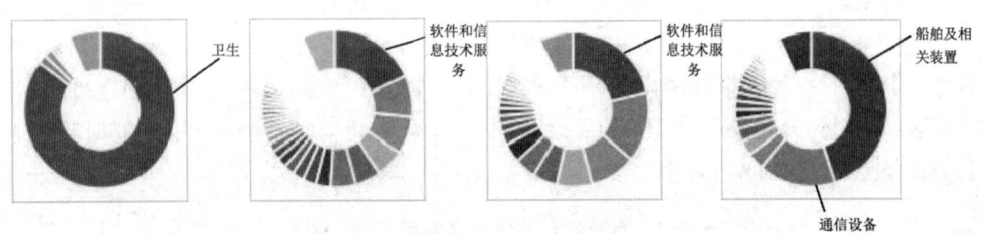

图4 医药制品、计算机、通信设备和广播电视设备市场性溢出部门分布

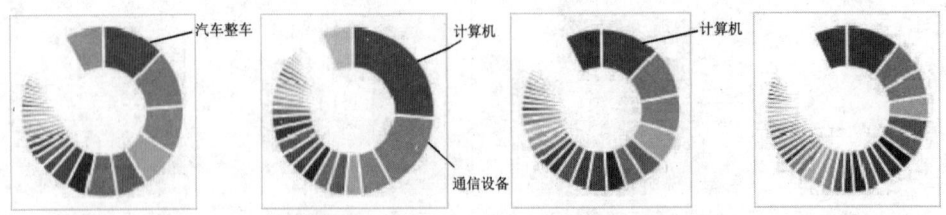

图5 试听设备、电子元器件、其他电子设备和仪器仪表市场性溢出产业分布

由图4和图5可以看出,计算机、通信设备、试听设备、其他电子设备和仪器仪表的研

发溢出相对而言在各个产业之间的分布更为广泛和离散,更具有"普惠"性质,即其溢出效应在产业之间的差异不大,且多数产业都受到影响。而医药制品、广播电视设备和电子元器件的研发溢出在产业间的分布具有"集中"性,其影响集中于少数几个产业,即少数几个产业"受惠",其他产业则受的影响很小。

医药制品的影响主要集中于卫生产业,这是其产业性质所决定的;广播电视设备的影响主要集中于船舶及相关装置、通信设备等;电子元器件则主要影响计算机设备。计算机和通信设备的溢出主要是软件和信息技术服务业以及电信和其他信息传输服务,并通过软件和信息技术服务以及电信和其他信息传输服务对各个产业产生影响。

对于知识性溢出而言,首先,按高技术产业的综合分类来看,对其他产业知识性溢出强度最大的是航空航天器设备制造,其单位产出的知识性溢出为 0.77;其次是仪器仪表制造,其单位产出的知识性溢出强度为 0.39;医药制造的知识性溢出强度为 0.32;而通信设备计算机及其他电子设备制造的知识性溢出强度为 0.15,相对较小。

从每个高技术产业知识性溢出的分布来看,总体而言,与市场性溢出相比,知识性溢出的产业分布比较均匀。相对地,医药制品、航空航天器设备、仪器仪表等在各产业的分布更为均匀和分散,而通信设备计算机及其他电子设备的知识性溢出分布则相对集中,这一特征与市场性溢出显著不同。

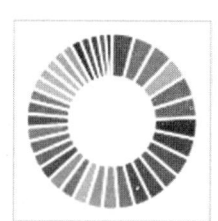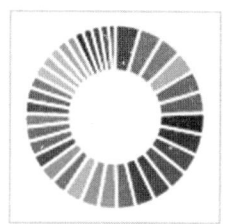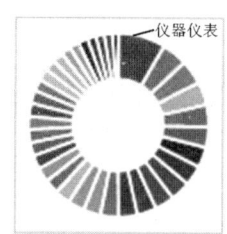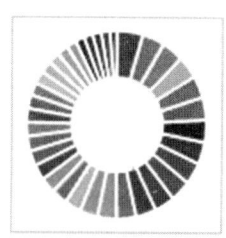

图 6 医药制品、航空航天器设备、通信设备计算机及电子设备、仪器仪表等产业知识性溢出的分布

四、模型构建和数据说明

产业部门的产出除了受到资本、劳动和研发投入的影响,还可能受到高新技术产业的溢出效应影响,因此与知识性溢出和市场性溢出形成的综合溢出指标相关。为了研究高技术产业创新活动对各个产业溢出的实际影响,我们首先采用 CD 函数方法对知识性溢出和市场性溢出进行综合,然后引入产业生产函数:

$$Y_i = \mu((KS_i)^{\delta_1}(MS_i)^{\delta_2})^\theta K_i^\alpha RD_i^\beta L_i^\gamma \tag{1}$$

其中,Y_i 表示产业 i 的产出,K_i、RD_i、L_i 分别表示资本、劳动与研发活动投入。$((KS_i)^{\delta_1}(MS_i)^{\delta_2})^\theta$ 表示知识性溢出和市场性溢出产生的溢出效应,本文将其引入生产函数,研究溢出效应是否对产业部门 i 有影响。为了使生产函数有更强的适用性,假设 $\alpha + \beta + \gamma = \lambda$,将(1)式改写为:

$$Y_i/L_i = \mu((KS_i)^{\delta_1}(MS_i)^{\delta_2})^\theta (K_i/L_i)^\alpha (RD_i/L_i)^\beta L_i^{\lambda-1} \tag{2}$$

(2)式表明产业 i 的劳动生产率受到知识性溢出和市场性溢出、单位劳动资本投入、单位劳动研发投入及劳动投入的影响。将(2)改写为对数形式:

$$\ln(Y_i/L_i) = \ln\mu + \delta_1\theta\ln KS_i + \delta_2\theta\ln MS_i + \alpha\ln(K_i/L_i) + \beta\ln(RD_i/L_i) + (\lambda-1)\ln L_i$$

进一步化简构建模型，y 表示劳动生产率，k 为单位劳动固定资本投入，r 为单位劳动研发投入：

$$\ln y_{it} = \beta_0 + \beta_1\ln KS_{it} + \beta_2\ln MS_{it} + \beta_3\ln k_{it} + \beta_4\ln rd_{it} + \beta_5\ln L_{it}$$

本文使用了 1997—2016 年 36 个产业（包含 4 个高技术产业）的数据。为了研究高技术产业溢出特别是知识性溢出对其他产业的影响，本文重点考虑医药制造业，交通运输设备制造业，计算机、通信、电子设备制造业以及仪器仪表制造业对其余 32 个产业的影响。y 由工业总产值计算得到，k 由固定资产合计计算得到，R&D 由各产业规模以上企业研发经费内部支出数据，劳动 L 为规模以上企业平均就业人数。衡量知识性和市场性溢出的 KS、MS 指标由之前的计算得到。各数据来自《中国科技统计年鉴》《中国工业统计年鉴》。变量说明如下：

表 5 变量说明

变量	定义	单位
y	劳动生产率	亿元
KS	知识性溢出	亿元
MS	市场性溢出	亿元
k	单位劳动固定资本	元/人
rd	单位劳动 R&D 支出	元/人
L	全部从业人员年平均人数	亿人

为了探究高技术部门溢出对不同类型产业的影响，将 32 个部门分为采矿业、制造业、电力热力燃气及水生产和供应业：

表 6 产业分类

采矿业	煤炭开采和洗选业	有色金属矿采选业
	石油和天然气开采业	非金属矿采选业
	黑色金属矿采选业	
制造业	农副食品加工业	石油加工、炼焦及核燃料加工业
	食品制造业	化学原料及化学制品制造业
	饮料制造业	化学纤维制造业
	烟草制品业	橡胶和塑料制品业
	纺织业	非金属矿物制品业
	纺织服装、鞋、帽制造业	黑色金属冶炼及压延加工业
	皮革、毛皮、羽毛(绒)及其制品业	有色金属冶炼及压延加工业
	木材加工及木、竹、藤、棕、草制品业	金属制品业
	家具制造业	通用设备制造业
	造纸及纸制品业	专用设备制造业
	印刷业和记录媒介的复制	电气机械及器材制造业
	文教体育用品制造业	工艺品及其他制造业
电力、热力、燃气及水生产和供应业	电力、热力的生产和供应业	
	燃气生产和供应业	
	水的生产和供应业	

五、结果分析

本文分别估计了高技术部门的知识性、市场性溢出对各产业劳动生产率,对不同类型产业的劳动生产率的影响以及不同高技术部门溢出对各产业劳动生产率、对不同类型产业劳动生产率的影响,经过 Hausman 检验使用固定效应模型进行估计。

(一)高技术部门溢出对各产业劳动生产率的影响

高技术部门的知识性溢出、市场性溢出,单位劳动固定资本投入和劳动投入均通过了置信水平为1%的显著性检验,从结果看,当4个高技术部门的总的知识性溢出强度提高1个百分点,会使其他产业的劳动生产率提高0.44个百分点;高技术部门的市场性溢出强度提高1个百分点,会使其他产业的劳动生产率提高0.15个百分点。单位劳动固定资本投入和劳动投入提高1个百分点,分别会使劳动生产率提高0.60和0.23个百分点。相比之下,单位劳动研发投入对劳动生产率影响不明显。

表7 高技术部门溢出对各产业劳动生产率的影响

VARIABLES	lny
$\ln KS$	0.4448***
	(0.0323)
$\ln MS$	0.1481***
	(0.0207)
$\ln k$	0.6017***
	(0.0345)
$\ln rd$	−0.0026
	(0.0267)
$\ln L$	0.2322***
	(0.0380)
Constant	3.7057***
	(0.2848)
Observations	634
Number of Sectors	32
R−squared	0.9366

注:***表示通过了置信水平为1%的显著性检验,**表示通过了置信水平为5%的显著性检验,*表示通过了置信水平为10%的显著性检验。下同。

(二)高技术产业溢出对不同类型产业劳动生产率的影响

将32个部门分为采矿业、制造业和电力热力燃气及水生产和供应业进行估计。结果显示高技术部门的知识性溢出对采矿业和制造业的劳动生产率影响明显,当4个高技术部门的知识性溢出分别提高1个百分点,采矿业和制造业的劳动生产率分别提高0.61、0.47个百分点,知识性溢出对电力、热力、燃气及水生产和供应业的劳动生产率影响不明显。高技术部门的市场性溢出提高1个百分点,制造业和电力、热力、燃气及水生产和供应业的劳动生产率将分别提高0.15和0.23个百分点,且通过了1%显著性水平的检验。单位劳动固定资本投入对各类产业均有显著影响,尤其是电力热力燃气及水生产和供应业,单位劳动固定资本投入每提高1%,电力热力燃气及水生产和供应业的劳动生产率将提高1.26个百分点。劳动投入对各类型产业劳动生产率也有明显的影响。采矿业的单位劳动R&D支出对采矿业的劳动生产率的增加也起到了重要作用。

表8 高技术产业溢出对不同类型产业劳动生产率的影响

VARIABLES	采矿业	制造业	电力、热力、燃气及水生产和供应业
$\ln KS$	0.6071***	0.4692***	−0.1322
	(0.0955)	(0.0306)	(0.0930)
$\ln MS$	−0.0358	0.1536***	0.2277***
	(0.0817)	(0.0177)	(0.0737)
$\ln k$	0.3936***	0.5250***	1.2620***
	(0.0905)	(0.0350)	(0.1681)
$\ln rd$	0.2116***	−0.0023	−0.0533
	(0.0819)	(0.0294)	(0.0654)
$\ln L$	0.9396***	0.1507***	0.5122**
	(0.1247)	(0.0320)	(0.2220)
Constant	7.1318***	4.2465***	−0.6295
	(1.0231)	(0.2786)	(1.7687)
Observations	100	474	60
Number of Sectors	5	24	3
R−squared	0.9464	0.9592	0.9566

(三)不同高技术部门溢出对劳动生产率的影响

考虑到不同类型的高技术部门产生的影响可能不同,本文对不同的高技术部门溢出对劳动生产率的影响进行了估计。结果显示4类高技术产业知识性溢出和市场性溢出对劳动生产率均有明显影响,均通过了1%显著性水平的检验,从系数上看,不同高技术部门的知识性溢出比市场性溢出大,表示其他产业劳动生产率受到各类高技术部门的知识性溢出更为明显。例如医药制造业知识性溢出强度和市场性溢出强度分别提高1个百分点,会使其他部门劳动生产率提高0.46和0.08个百分点。

表 9　不同高技术部门溢出对劳动生产率的影响

VARIABLES	医药制造业	交通运输设备制造业	计算机、通信、电子设备制造业	仪器仪表制造业
lnKS	0.4626***	0.4734***	0.3229***	0.3354***
	(0.0271)	(0.0303)	(0.0331)	(0.0395)
lnMS	0.0770***	0.1066***	0.1716***	0.1065***
	(0.0094)	(0.0185)	(0.0239)	(0.0200)
ln$k$	0.5323***	0.6671***	0.6420***	0.5438***
	(0.0357)	(0.0315)	(0.0379)	(0.0437)
lnrd	−0.0108	0.0031	0.0566**	0.0949***
	(0.0268)	(0.0262)	(0.0272)	(0.0311)
ln$L$	0.2048***	0.2632***	0.3368***	0.3452***
	(0.0378)	(0.0362)	(0.0392)	(0.0457)
Constant	5.7152***	3.4403***	4.3949***	6.0413***
	(0.2989)	(0.2498)	(0.3292)	(0.3511)
Observations	634	634	634	634
R−squared	0.9373	0.9369	0.9287	0.9159
Number of Sectors	32	32	32	32

(四)不同类型产业劳动生产率受不同高技术产业部门溢出的影响

我们将部门分为采矿业、制造业和电力、热力、燃气及水生产和供应业三大类,对每类部门受不同高技术部门溢出的影响分别进行估计,研究不同类型的产业受到不同高技术产业部门的影响。表10—表12分别为采矿业、制造业和电力、热力、燃气及水生产和供应业受到不同高技术部门溢出的影响。总体来看,采矿业受不同类高技术产业的知识性溢出影响较大;电力、热力、燃气及水生产和供应业受到高技术产业市场性溢出影响较大;知识性溢出、市场性溢出对制造业劳动生产率的影响均很明显。单位劳动固定资本投入对各类产业的劳动生产率影响较大,特别是电力、热力、燃气及水生产和供应业,当单位劳动固定资本投入提高1%,劳动生产率的提高将超过1%。此外劳动投入增加对劳动生产率也有明显的促进作用。

表 10　不同高技术产业部门溢出对采矿业劳动生产率的影响

VARIABLES	医药制造业	交通运输设备制造业	计算机、通信、电子设备制造业	仪器仪表制造业
lnKS	0.5257***	0.5790***	0.5251***	0.4522***
	(0.0844)	(0.0879)	(0.1024)	(0.1109)
lnMS	0.0042	−0.0171	−0.0183	−0.0140
	(0.0312)	(0.0696)	(0.1010)	(0.0657)
ln$k$	0.3356***	0.3970***	0.4416***	0.3442***
	(0.0843)	(0.0760)	(0.1137)	(0.1074)

续表

VARIABLES	医药制造业	交通运输设备制造业	计算机、通信、电子设备制造业	仪器仪表制造业
ln*rd*	0.2123 * *	0.2086 * *	0.2728 * * *	0.3315 * * *
	(0.0824)	(0.0819)	(0.0803)	(0.0888)
ln*L*	0.8938 * * *	0.9016 * * *	1.0410 * * *	0.9875 * * *
	(0.1267)	(0.1194)	(0.1372)	(0.1434)
Constant	9.0451 * * *	7.5396 * * *	7.6221 * * *	9.2648 * * *
	(0.9371)	(0.8802)	(1.2897)	(1.1590)
Observations	100	100	100	100
R-squared	0.9445	0.9468	0.9423	0.9319
Number of Sectors	5	5	5	5

表11 不同高技术产业部门溢出对制造业劳动生产率的影响

VARIABLES	医药制造业	交通运输设备制造业	计算机、通信、电子设备制造业	仪器仪表制造业
ln*KS*	0.4957 * * *	0.4908 * * *	0.3279 * * *	0.3176 * * *
	(0.0262)	(0.0289)	(0.0318)	(0.0406)
ln*MS*	0.0768 * * *	0.1252 * * *	0.1643 * * *	0.1006 * * *
	(0.0084)	(0.0163)	(0.0207)	(0.0191)
ln*k*	0.4482 * * *	0.5759 * * *	0.5516 * * *	0.3982 * * *
	(0.0365)	(0.0334)	(0.0397)	(0.0469)
ln*rd*	-0.0133	0.0065	0.0951 * * *	0.1801 * * *
	(0.0300)	(0.0290)	(0.0306)	(0.0368)
ln*L*	0.1207 * * *	0.1658 * * *	0.2774 * * *	0.2740 * * *
	(0.0329)	(0.0313)	(0.0337)	(0.0436)
Constant	6.3716 * * *	4.1266 * * *	4.9949 * * *	6.9522 * * *
	(0.2854)	(0.2517)	(0.3202)	(0.3498)
Observations	474	474	474	474
R-squared	0.9589	0.9593	0.9496	0.9329
Number of Sectors	24	24	24	24

表12 不同高技术产业部门溢出对电力、热力、燃气及水生产和供应业劳动生产率的影响

VARIABLES	医药制造业	交通运输设备制造业	计算机、通信、电子设备制造业	仪器仪表制造业
ln*KS*	-0.0905	-0.1257	-0.1671 *	-0.1495
	(0.0949)	(0.0927)	(0.0851)	(0.0943)
ln*MS*	0.0475	0.1424 * * *	0.3245 * * *	0.2094 * * *
	(0.0352)	(0.0498)	(0.0886)	(0.0698)

续表

VARIABLES	医药制造业	交通运输设备制造业	计算机、通信、电子设备制造业	仪器仪表制造业
ln$k$	1.5076***	1.5087***	1.1098***	1.1931***
	(0.1908)	(0.1134)	(0.1758)	(0.2252)
lnrd	−0.0832	−0.0582	−0.0691	−0.0461
	(0.0707)	(0.0662)	(0.0615)	(0.0665)
ln$L$	0.8305***	0.6472***	0.3540	0.6164***
	(0.2162)	(0.1965)	(0.2290)	(0.1794)
Constant	−2.0090	−3.0855**	0.9230	0.8121
	(2.1808)	(1.4825)	(1.8810)	(2.5033)
Observations	60	60	60	60
R−squared	0.9507	0.9552	0.9595	0.9567
Number of Sectors	3	3	3	3

六、结论

首先,高技术产业研发活动的溢出效应的主要特征有:第一,不同高技术产业的对外溢出强度存在较大的差异,从市场性溢出来看信息技术相关产业对其他部门存在较大的研发溢出效应,其次是仪器仪表、医药制品等产业;从知识性溢出来看,航空航天器设备的溢出强度最大。第二,从高技术产业创新活动溢出的产业分布来看,市场性溢出分布更为集中,而知识性溢出分布更为均匀和分散;从市场性溢出来看,计算机、通信设备和其他电子设备等信息技术相关产业的溢出更具有"普惠"性质,而医药制品、广播电视设备和电子元器件的研发溢出在产业间的分布具有"集中"性,其影响集中于少数几个产业;从知识性溢出来看,计算机通信设备及其他电子设备制造业的分布相对集中,其他产业更为分散。

其次,分析结果显示,我国高技术产业研发活动的知识性溢出和市场性溢出对各工业产业的劳动生产率有显著的正向影响,整体来看,其促进作用甚至超过了工业部门自身研发投入的影响。进一步研究发现,从大类来看,采矿业的劳动生产率受知识性溢出的影响明显,电力、燃气及水的生产和供应业的劳动生产率受市场性溢出的影响显著,制造业的劳动生产率受两类溢出的影响均很明显。我们分析不同高技术部门对劳动生产率的影响,结果显示医药制造业,交通运输设备制造业,计算机、通信设备制造业和仪器仪表制造业这四类不同高技术产业的知识性溢出和市场性溢出对劳动生产率都有显著促进作用,溢出效应分布具有"集中"性质的医药制造业对劳动生产率的影响却是广泛的。对不同类型的产业进行了进一步分析,结果显示采矿业劳动生产率受到4种高技术产业的知识性溢出影响显著;电力、燃气及水的生产和供应业受交通运输业、计算机、通信、电子设备制造业、仪器仪表制造业的市场性溢出影响明显;各高技术产业的知识性溢出和市场性溢出对制造业劳动生产率产生了明显影响。

因此,从产业间溢出效应的视角来看,高技术产业是整个产业体系创新活动的核心所在是技术进步的源头,其研发活动通过产业间的知识性、市场性溢出效应对其他产业生产效率产生积极的促进作用。建立有利于高技术产业发展的环境、提高高技术产业的研发强度和创新活动,将有利于整个产业体系的发展。

然而,如前所述,目前高技术产业创新活动的溢出对其他产业的影响主要体现在对制造业部门劳动生产率的影响,对采矿业和电力、热力、燃气及水生产和供应业而言分别受知识性溢出和市场性溢出的影响更明显,其影响还有很大的发挥潜力。知识性溢出效应的主要促进因素之一是高技术产业与其他产业之间的技术势差,这是技术溢出的必要条件,而完善的知识产权保护制度是这一必要条件成立的基础;尽管加强知识产权保护对知识性溢出有一定负面影响,但通过建立有效的知识产权保护制度,能够激励高技术产业的创新活动,促进技术势差的形成。此外,影响高技术产业知识性溢出效应的就是其他产业的吸收能力;加强人才培养,提升人力资本水平,建立有利于人力资本流动的环境将使得高技术产业知识性溢出的渠道更为畅通,从而能够发挥高技术创新活动的产业间知识性溢出的应有作用,促进传统产业的效率提高。

参考文献

[1] Los B. The empirical performance of a new inter-industry technology spillover measure[J]. Technology and knowledge: from the firm to innovation systems, 2000.

[2] 赵勇,白永秀. 知识溢出:一个文献综述[J]. 经济研究,2009(1):144-156.

[3] 王伟光,马胜利,姜博. 高技术产业创新驱动中低技术产业增长的影响因素研究[J]. 中国工业经济,2015(3):70-82.

[4] 张愉,綦良群. 高新技术产业知识溢出的作用机理研究[J]. 科技与管理,2010,12(2):38-42.

[5] 张达君,赵鑫. 高技术产业对经济增长的影响机制及发展建议[J]. 经济纵横,2017(10):87-92.

[6] 邵一华,吴敏. 高技术产业对传统产业的影响研究[J]. 中国软科学,2000(3):102-105.

[7] 潘文卿. 知识的空间溢出效应与区域劳动生产率——基于距离指数与投入产出空间权矩阵[J]. 经济学报,2018,5(03):42-64.

[8] 佘伟军,吴宁宁. 高新技术产业间技术溢出效应探析[J]. 山西师大学报(社会科学版),2018,v.45;No.210(04):40-44.

[9] 汤长安,张丽家,李红燕. 高技术产业发展对区域产业结构升级影响的实证研究[J]. 系统工程,2017.

[10] 吴永林[1],陈钰[1]. 高技术产业对北京传统行业技术溢出的实证研究[J]. 中国科技论坛,2010(3).

[11] 赵玉林. 高技术产业发展对产业结构优化升级作用的实证分析/FONT[J]. 科研管理,2008,V29(3):35-42.

[12] 刘志迎,王正巧,李静. 高技术资本对我国地区产出的影响[J]. 数量经济技术经济研究,2007,24(6):102-110.

[13] Jiang X, Lu X, Xu J. How do interregional spillovers influence the distribution of technology? The case of Chinese manufacturing[J]. Economic Systems Research, 2017, 30(2):1-19.

[14] Hauknes J, Knell M. Embodied knowledge and sectoral linkages: An input-output approach to the interaction of high- and low-tech industries[J]. Research Policy, 2009, 38(3):0-469.

[15] Badinger H, Egger P. Intra- and Inter-Industry Productivity Spillovers in OECD Manufacturing: A Spatial Econometric Perspective[J]. Cesifo Working Paper, 2008(1).

[16] Chyi Y L, Lai Y M, Liu W H. Knowledge spillovers and firm performance in the high-technology industrial cluster[J]. Research Policy, 2012, 41(3):0-564.

[17] Toh M H, Thangavelu S M. AN INPUT - OUTPUT STUDY OF THE SINGAPORE INFORMATION SECTOR[J]. Economic Systems Research, 2013, 25(2):233-244.

[18] 潘文卿,李子奈,刘强. 中国产业间的技术溢出效应:基于35个工业部门的经验研究. 经济研究,2011(7).

[19] 张红霞,冯恩民. R&D 部门间溢出效应及中美日三国的比较分析. 大连理工大学学报,2005(2).

[20] 韩颖,李丽君,花园园,孙志敏. 2010. 我国7个产业的产业间 R&D 溢出效应纵向比较分析. 科学学研究,2010(4).

[21] Jaffe A B. Technological Opportunity and Spillovers of R & D: Evidence from Firms' Patents, Profits, and Market Value[J]. The American Economic Review, 1986, 76(5):984-1001.

[22] Los B, Verspagen B. R&D spillovers and productivity: Evidence from U.S. manufacturing microdata[J]. Empirical Economics, 2000, 25(1):127-148.

[23] Düring, Axel, Schnabel H. Imputed Interindustry Technology Flows — A Comparative SMFA Analysis[J]. Economic Systems Research, 2000, 12(3):363-375.

[24] Erik Dietzenbacher, Bart Los. Externalities of R&D Expenditures[J]. Economic Systems Research, 2002, 14(4):407-425.

[25] Terleckyj, N. E., 1974, "Effects of R&D on the Productivity Growth of Industries: An Exploratory Study", National Planning Association, Washington DC.

[26] Griliches Z. Issues in Assessing the Contribution of Research and Development to Productivity Growth[J]. The Bell Journal of Economics, 1979, 10(1):92-116.

[27] Scherer, F. M. Inter-Industry Technology Flows and Productivity Growth[J]. The Review of Economics and Statistics, 1982, 64(4):627.

作者简介:

张红霞,中国人民大学应用经济学院副教授,博士生导师,zhanghongxia_c@ruc.edu.cn。

夏梦寒,中国人民大学应用经济学博士生,lottaxmh@ruc.edu.cn。

我国就业增长与就业结构变迁因素分析①

张 瑜 杨翠红

摘要: 研究我国就业增长与就业结构变迁的主要影响因素,可以为未来扩大就业岗位提供一定的借鉴,具有重要的现实意义。本文基于投入产出的结构分解分析模型,将就业人数变动分解为技术进步、产业结构优化和经济增长因素,其中经济增长因素包括居民消费、政府消费、资本形成和净出口增长因素,基于2002—2007年和2007—2012年两阶段的数据进行了实证研究。为保证结果的稳健性,本文以2007年为基期构建可比价投入产出表,分别基于现价投入产出表和可比价投入产出表对各影响因素的贡献进行研究。结果显示,不论是否考虑价格因素,虽然影响因素的贡献率会有不同,但贡献强度具有很强的收敛性。经济增长是各行业就业增长的主动力,技术进步在一定程度上会导致结构性失业;产业结构优化和经济增长均对就业需求从第二产业转向第三产业有积极影响。

关键词: 就业增长 就业结构变迁 投入产出模型 结构分解分析

一、引言

自中国于2001年加入WTO以来,经济高速发展,目前已成为世界第二大经济体,我国的就业总量与就业结构也发生了显著地变化。而近年来,国际环境复杂严峻,国内经济运行面临下行压力,人口红利逐渐消失、老龄化社会即将到来,我国面临进入"未富先老"的尴尬境地,结构性失业和人才短缺问题愈发凸显。同时在供给侧结构性改革中,部分关停企业职工需要安置与再就业。习近平总书记强调,就业是最大的民生工程、民心工程、根基工程,是社会稳定的重要保障,必须抓紧抓好,并将"稳就业"作为"六稳"工作之首。因此,本文分别从就业总量变动和就业结构变迁角度对就业影响因素进行定量与定性的分析解读,为促进我国就业增长、改善就业结构建言献策。

目前已有许多学者对就业变动的影响因素进行研究,研究内容可分为以下两类:1. 研究就业总量变动的影响因素。游达明等建立影响我国就业情况的分层式指标体系,利用逐步回归得出影响我国就业变动的主要因素有固定资产投资完成额、市场利率、居民消费价格指数、

---

① 本文已被《管理评论》录用。

城镇居民可支配收入和进出口差;高翔等利用投入产出 Ghosh 模型和结构分解分析技术从供给侧研究我国就业变动影响因素,将 2002—2007 和 2007—2012 年两阶段的就业增量分解为技术发展因素、经济增长因素和经济结构变化因素,研究表明经济总量增长是就业增长的主要影响因素且经济增速放缓对就业造成一定压力;田开兰等利用投入产出结构分解分析模型探寻非农就业变动影响因素,研究表明对于加工贸易生产比重高的技术密集型部门,进口投入变化在很大程度上影响了就业变化;将周申和廖伟兵运用投入产出分析研究了我国 1997—2004 年间服务贸易的就业效应,得到服务贸易对就业的净影响较小,但呈现对就业有利的趋势,且服务贸易的就业效应大于工业贸易。2. 研究就业结构变迁的影响因素。李方一和王娟等基于投入占用产出构建结构分解分析模型研究就业变迁影响因素,得出消费增长带动了劳动密集型制造业和知识密集型服务业就业比例上升,投资增长带动了资源型产业和建筑业就业比例的升高;进出口贸易是劳动、技术密集型制造业和其他服务业比例提升的主要因素;姚洋洋和黄迟通过数值经验分析表明我国的就业结构与产值结构存在极不平衡的现象,产值结构的变化对就业结构的影响作用小,产业结构的调整仍然面临艰巨任务;张二震和任志成通过定性分析得到外商在华直接投资促进中国就业结构演进是通过推进农业劳动力向非农劳动产业的转移和促进劳动力素质结构升级实现的。

现有文献对就业影响因素进行了卓有成效的研究,但仍存在不足:首先,多数文献仅从就业总量变动或就业结构变迁角度对就业影响因素进行分析,没有从多角度全方面剖析就业变动影响因素;其次,许多文献在测算各因素对就业变动的影响时,多采用五年为间隔的现价投入产出表序列,但缺乏对模型结果稳健型的分析。因此,为探寻我国就业增长和就业结构变迁的影响因素,本文基于投入产出的结构分解分析模型,将就业人数变动分解为技术进步、产业结构优化和经济增长因素,基于 2002—2007 年和 2007—2012 年两阶段的数据进行了实证研究。从就业总量变动角度看,经济增长对就业增长有很大的促进作用;技术进步对就业增长有很强的抑制作用;产业结构优化对就业增长的影响相对较小,由于正向影响大于负向影响,因此就业量呈递增趋势。从就业结构变迁角度看,2002—2007 年产业结构优化主要给第二产业就业带来正面影响,2007—2012 年这种正面影响则转向第三产业,说明产业结构优化可以促进就业结构变迁。同时,经济增长也对就业结构变迁有一定促进作用;而技术进步则对就业结构变迁产生一定的抑制作用。为保证结果的稳健性,本文以 2007 年为基期构建可比价投入产出表,分别基于现价投入产出表和可比价投入产出表对各影响因素的贡献进行了研究。结果显示,不论是否考虑价格因素,虽然影响因素的贡献率会有不同,但贡献强度大小具有很强的收敛性。

本文第二部分介绍基于投入产出的结构分解分析模型,第三部分介绍数据处理,第四部分为结果分析,第五部分为模型稳健性分析,最后为结论与建议。

二、模型构建

1. 投入产出就业模型。

经典的投入产出模型为:$X = (I - A)^{-1} F$,其中 X 为各部门的总产出列向量;$A = (a_{ij})_{n \times n}$ 为直接消耗系数矩阵,a_{ij} 为直接消耗系数,也称为技术系数,表示第 j 部门生产单位产品对第 i 部门产品的直接消耗量,它反映了在一定技术水平下第 j 部门与第 i 部门间的技术经济联系；记 $\tilde{B} = (I-A)^{-1}$ 称为列昂惕夫逆矩阵也称完全需要系数矩阵，该矩阵全面地揭示了国民经济各产业部门之间错综复杂的经济关联关系；F 表示各部门的最终需求。

定义就业系数向量为：$A_L = (a_{lj})_{1\times n}$，其中 $a_{lj} = \dfrac{l_j}{x_j}$ 表示第 j 部门单位产出所需的就业人数。

因此可得，投入产出就业模型为：

$$L = \hat{A}_L X = \hat{A}_L (I-A)^{-1} F = \hat{A}_L \tilde{B} F \tag{1}$$

其中 L 为就业人数行向量，其元素为各部门的就业人数；$\hat{A}_L$ 为对角矩阵且对角线元素为 A_L。

2. 结构分解分析模型。

结构分解分析模型（Structural Decomposition Analysis，SDA）已发展成为投入产出领域的一种主流经济分析工具，被广泛应用于经济增长、技术进步、产业研究、贸易、价格、资源和环保等多方面的经济分析研究中。其基本思想是通过将经济系统中某因变量的变动分解为与之相关的各独立自变量变动的和，以测度其中每一自变量变动对因变量变动贡献的大小。由于投入产出技术能够分析部门间完全关联的特性，这里测算的贡献既包含了直接贡献，又包含了间接贡献。

SDA 分解结果并不唯一，研究表明当研究变量分解为 n 个因素时，会有 n! 种分解方式，但 n! 种可能的分解结果的平均值非常接近两极分解结果。因此本文采用两极分解法对上述就业模型进行分解。

记基期为 0，报告期为 1，ΔL，$\Delta \hat{A}_L$，$\Delta \tilde{B}$，ΔF 分别表示从基期到报告期的就业人数向量、就业系数矩阵、完全消耗系数矩阵、最终需求向量的变化量，则可对（1）式进行结构分解得：

$$\Delta L = \frac{1}{2}(\Delta \hat{A}_L)(\tilde{B}_0 F_0 + \tilde{B}_1 F_1) + \frac{1}{2}[\hat{A}_{L0}(\Delta \tilde{B})F_1 + \hat{A}_{L1}(\Delta \tilde{B})F_0] + \frac{1}{2}(\hat{A}_{L0}\tilde{B}_0 + \hat{A}_{L1}\tilde{B}_1)(\Delta F)$$

$$= C(\Delta \hat{A}_L) + C(\Delta \tilde{B}) + C(\Delta F) \tag{2}$$

其中，$C(\Delta \hat{A}_L)$ 为就业系数变动对就业量的影响，就业系数表示单位产值所需的劳动力，一般随时间递减，即单位劳动力生产率提高，故就业系数减小可视为技术的进步，本文称其为技术进步因素[①]；$C(\Delta \tilde{B})$ 表示完全消耗系数矩阵变动对就业量的影响，该矩阵反映了各产业部门间内部的相互联系，故本文称其为产业结构变动因素；$C(\Delta F)$ 为最终需求变动对就业人数变动的影响，可看作经济增长对就业量的影响，故本文称其为经济增长因素。

下面对最终需求 F 进行分解，由

$$F = R + G + C + NX$$

其中 R 为居民消费向量，G 为政府消费向量，C 为资本形成向量，NX 为净出口向量。得：

[①] 技术进步对就业影响具有双重性：技术进步提高了劳动生产率，即单位产出所需的劳动力减少；技术进步与创新提供新的就业岗位，从而增加了对劳动力的需求，本文指第一种影响。

$$\Delta F = \Delta R + \Delta G + \Delta C + \Delta NX \tag{3}$$

将该(3)式代入 $C(\Delta F)$ 中即可得到居民消费、政府消费、资本形成和净出口变动对就业量的影响。

三、数据处理

本文采用的数据基础为 2002、2007 和 2012 年的投入产出表,《中国统计年鉴》中对应年份的三次产业就业人数,和 2004、2008 和 2013 年《中国经济普查年鉴》[①]中的分部门就业数据。

1. 投入产出表的部门调整。

对比 2002、2007、2012 年投入产出表,发现它们在部门分类方面存在一定不同,综合考虑部门的分解与合并难度,本文选取 2007 年 42 部门投入产出表作为统一部门分类标准,对 2002、2012 年投入产出表做出调整。针对部门分解,本文借鉴高翔等人的调整思路,在各子部门直接消耗系数相同和各子部门单位劳动力产出相等的假设下,按照子部门人数占所属大类部门就业人数的比例对调整部门进行拆分。至此,2002、2012 年 42 部门投入产出表调整完成[②]。

2. 就业向量的编制。

本文就业向量的基础数据来自《中国统计年鉴》中总就业和三次产业就业数据以及《中国经济普查年鉴》中分部门就业数据,具体的编制步骤如下:

第一步:获取总就业数据和三次产业就业数据。从《中国统计年鉴》中得到 2002、2007 和 2012 年总就业人数与三次产业就业人数,其中第一产业就业人数即为第一部门"农林牧渔业"的就业人数。

第二步:计算第二、三产业就业向量结构。从 2004、2008 和 2013 年《中国经济普查年鉴》中得到第二、三产业分部门就业数据,进而通过计算得到第二、三产业就业向量结构。

第三步:计算第二、三产业分部门就业数据。假设邻近年份就业向量结构相同,即分别用 2004、2008 和 2013 年的就业向量结构来近似 2002、2007 和 2012 年就业向量结构。将 2002、2007 和 2012 年第二、三产业就业总人数分别乘以对应年份第二、三产业就业结构,即可得到第二、三产业分部门就业数据。

第四步:检验就业向量的合理性。将计算得到的就业向量代入到对应年份的投入产出表中,得到各部门平均报酬,将该平均报酬与《中国统计年鉴》中"分行业就业人员平均工资"进行比对,看是否有较大的偏差。

通过以上步骤编制得到 2002、2007 和 2012 年就业向量,且通过检验证实了就业向量编制的合理性。

四、实证结果分析

将调整后的数据代入(2)式,即可得到各因素对各部门就业变动的贡献值,将各部门

[①] 国务院全国经济普查领导小组办公室编制的最近年份《中国经济普查年鉴》为 2004、2008 和 2013 年。
[②] 考虑到文章篇幅,此处未对部门调整作详尽描述,如有需要,可联系作者提供详细的调整过程。

值加总即可得到各因素对总就业变动的贡献值。下面对总就业、三次产业就业以及42个部门就业变化的影响因素进行逐一分析。

1. 总就业。

从表1中可以看出，在2002—2007年，技术进步对总就业变动有很大的负面影响，影响为－49.15％；经济增长对总就业变动有很大的正面影响，影响为45.99％；产业结构调整对总就业变动有较小正面影响为3.15％；由于负面影响大于正面影响，因此2002—2007年总就业减少了0.01％。在经济增长中，资本形成和居民消费的增长对总就业的影响较大，分别为39.25％和33.87％；自中国于2001年加入WTO以来，积极与各国进行贸易往来，因此净出口的增加为总就业变动带来正面影响，贡献为11.89％。

从表2中可以看出，在2007—2012年，技术进步的负面影响下降为－47.44％；经济增长的正面影响上升为47.65％；产业结构调整的正面影响下降为3.05％；总就业增长为3.27％。在经济增长中，居民消费的贡献有大幅度的上升为43.35％，并且超过了资本形成的贡献39.88％；政府消费的贡献也增加为18.10％；但由于2008年金融危机的爆发导致全球经济不景气，因此这一时段净出口减少对总就业增长的影响为－1.33％。

综合来看，这两个阶段中技术的进步对总就业的增长有巨大的负面影响，因此国家仍需防范结构性失业，深化供给侧改革使各要素的供给与需求实现最优配置，进而实现稳就业促发展的经济目标。经济增长是总就业增加的重要因素，这与高翔和田开兰等人结论一致。产业结构的调整优化对总就业的增长有略微的促进作用，这说明我国的产业结构优化调整还处于初级阶段，仍需以市场需求为导向，以技术创新为方法，向价值链的中上游攀登，进而全面实现产业的转型与升级。

2. 三次产业就业。

表1 各因素对2002—2007年总就业人数和三产就业人数变动影响

产业	技术进步	产业结构优化	经济增长	合计	居民消费	政府消费	资本形成	净出口
第一产业	－23546 （－21.56％）	－210 （－0.19％）	16599 （15.20％）	－7156 （－6.55％）	8243 （16.41％）	987 （1.97％）	6000 （11.94％）	1368 （2.72％）
第二产业	－16928 （－15.50％）	4373 （4.00％）	17168 （15.72％）	4613 （4.22％）	3343 （6.66％）	734 （1.46％）	9869 （19.65％）	3222 （6.41％）
第三产业	－13211 （－12.10％）	－721 （－0.66％）	16468 （15.08％）	2535 （2.32％）	5430 （10.81％）	5808 （11.56％）	3847 （7.66％）	1382 （2.75％）
总就业	－53685 （－49.15％）	3441 （3.15％）	50235 （45.99％）	－8.32 （－0.01％）	17016 （33.87％）	7529 （14.99％）	19717 （39.25％）	5972 （11.89％）

注：表格内括号中的元素为各因素变动的影响百分比，它等于单个因素影响值除以所有因素影响值绝对值之和。

表 2　各因素对 2007—2012 年总就业人数和三产就业人数变动影响

产业	技术进步	产业结构优化	经济增长	合计	居民消费	政府消费	资本形成	净出口
第一产业	−22547 (−19.50%)	793 (0.69%)	19052 (16.48%)	−2702 (−2.34%)	14007 (25.42%)	1193 (2.16%)	5594 (10.15%)	−1742 (−3.16%)
第二产业	−11559 (−10.00%)	−1076 (−0.93%)	15578 (13.47%)	2943 (2.54%)	3498 (6.35%)	846 (1.54%)	11113 (20.17%)	120 (0.22%)
第三产业	−20745 (−17.94%)	3809 (3.29%)	20474 (17.71%)	3538 (3.06%)	6382 (11.58%)	7936 (14.40%)	5269 (9.56%)	886 (1.61%)
总就业	−54852 (−47.44%)	3526 (3.05%)	55104 (47.65%)	3779 (3.27%)	23887 (43.35%)	9976 (18.10%)	21976 (39.88%)	−735 (−1.33%)

注：表格内括号中的元素为各因素变动的影响百分比，它等于单个因素影响值除以所有因素影响值绝对值之和。

从表 1 中可看出，在 2002—2007 年，第一产业就业人数下降 6.55%，第二产业就业人数增加 4.22%，第三产业就业人数增加 2.32%。其中技术进步对三次产业就业均为负面影响；而产业结构优化对第一、三产业有较弱的负面影响，对第二产业则为正面影响，贡献为 4.00%；经济增长均对三次产业有较大的正面影响。在经济增长中，居民消费主要促进第一产业就业，资本形成主要促进第二产业就业，居民消费和政府消费共同促进第三产业就业。

从表 2 中可看出，在 2007—2012 年，第一产业就业人数下降 2.34%，第二产业就业人数增加 2.54%，第三产业就业人数增加 3.06%。其中技术进步对第一产业的负面影响下降了 9.55%*[①]，对第二产业的负面影响下降了 17.36%*，但对第三产业的负面影响却增加了 48.26%*，这说明我国第一、二产业已经发展较为成熟能够逐渐适应技术的改革与创新，而第三产业发展还不够成熟，故应加强优化第三产业供给侧配置，防范第三产业结构性失业，同时也表明技术进步对就业结构变迁有一定抑制作用；产业结构优化对第一产业的影响由 −0.19% 转变为 0.69%；对第二产业的影响由 4.00% 转变为 −0.93%，对第三产业的影响由 −0.66% 转变为 3.15%，这说明随着产业结构的优化调整，就业结构也在逐渐改变，就业需求从第二产业转向第三产业，即产业结构优化对就业结构变迁有促进作用；经济增长对第二产业的贡献减少了 14.31%*，对第三产业的贡献增加了 17.44%*，说明经济增长对就业结构变迁有一定的促进作用。

综合来看，第三产业就业增幅有所增加，第二产业就业增幅有放缓趋势，说明我国就业需求逐渐从第二产业转向第三产业，即就业结构正在发生变化。其中产业结构优化和经济增长对就业结构变迁有促进作用，而技术进步对就业结构变迁有一定抑制作用。

3. 42 个部门就业。

表 3 和表 4 分别为 2002—2007 和 2007—2012 年各影响因素变动对各部门就业量变动的影响，农林牧渔业即为第一产业，在三次产业中已分析故在此不赘述。

对于采矿业，在 2002—2007 年，煤炭开采和洗选业、非金属矿及其他采选业就业变动

---

① 带"*"的数值表示贡献率的变化率。

主要受技术进步的负面影响和经济增长的正面影响,且主要是由于资本形成的正面影响;石油和天然气开采业、金属矿采选业主要受技术进步的负面影响和产业结构优化的正面影响,且经济增长中净出口的变动对其就业有较大的负面影响。在2007—2012年,除煤炭开采和洗选业外,产业结构优化其他部门就业的负面影响均有所下降,经济增长成为此产业就业增长的主要动力。

对于制造业,在2002—2007年,技术进步对该行业有较大的负面影响,产业结构优化和经济增长对该行业均为正面影响,且正面影响大于负面影响,因此就业人数呈递增趋势。在经济增长影响中,居民消费对食品制造及烟草加工业和纺织服装制造业有较大的正面影响;净出口对纺织业、造纸印刷业和通信设备、计算机及其他电子设备制造业有较大正面影响;资本形成对通用、专用设备制造业等10个部门有较大的正面影响。在2007—2012年,除石油加工、炼焦及核燃料加工业外,技术进步对各部门就业的负面影响均有不同程度地下降,其中对废品废料部门的影响由负变正。除食品制造及烟草加工业、纺织业外,产业结构优化对通用、专用设备制造业等16个部门就业影响由正变负;除工艺品及其他制造业外,经济增长对其他制造业均为较大的正面影响。

对于电力、燃气及水的生产和供应业,在2002—2007年,技术进步对其有较大的负面影响,产业结构优化和经济增长对电力、热力的生产和供应业、燃气生产和供应业均为正面影响;水的生产和供应业主要受经济增长的正面影响。在2007—2012年,产业结构优化对电力、热力的生产和供应业变为较大负面影响。

对于建筑业,在2002—2007年,经济增长对其有较大的正面影响,且资本形成起主要作用;技术进步和产业结构优化对其为负面影响。在2007—2012年,产业结构优化对建筑业变为正面影响。

对于第三产业,在2002—2007年,除水利、环境和公共设施管理业外,技术进步对教育等15个部门为负面效应;产业结构优化对批发和零售业等6个部门为负面效应,对居民服务和其他服务业等10个部门为正面效应;除水利、环境和公共设施管理业和研究与试验发展业外,经济增长对批发和零售业等14个部门为正面影响。在2007—2012年,除教育和居民服务和其他服务业外,技术进步对公共管理和社会组织等在内的14个部门就业的负面影响进一步加剧;产业结构优化对批发和零售业等8个部门就业的正面影响有所提高,对教育等8个部门就业的负面影响加剧;技术进步对水利、环境和公共设施管理业变为负面影响;产业结构优化对住宿和餐饮业等8个部门为负面效应,对批发和零售业等8个部门为正面效应;经济增长对第三产业各部门均为较大的正面影响。

表3 2002—2007年各因素变化对各部门就业量变动的影响

单位:万人

部门	技术进步	产业结构	经济增长	居民消费	政府消费	资本形成	净出口
农林牧渔业	−23546	−210	16599	8243	987	6000	1368
煤炭开采和洗选业	−681	258	567	147	48	294	77
石油和天然气开采业	−155	148	48	48	16	91	−108
金属矿采选业	−278	319	44	37	10	201	−204
非金属矿及其他矿采选业	−135	25	137	16	7	105	9

续表

部门	技术进步	产业结构	经济增长	居民消费	政府消费	资本形成	净出口
食品制造及烟草加工业	−751	318	706	558	23	100	25
纺织业	−1201	167	1148	154	40	116	838
纺织服装鞋帽皮革羽绒及其制品业	−955	234	960	467	20	92	382
木材加工及家具制造业	−343	8	489	51	29	234	176
造纸印刷及文教体育用品制造业	−464	11	552	145	75	162	170
石油加工、炼焦及核燃料加工业	−157	79	103	30	10	54	9
化学工业	−1460	436	1406	409	153	596	247
非金属矿物制品业	−2006	1019	1084	69	32	777	206
金属冶炼及压延加工业	−1062	392	833	94	23	523	193
金属制品业	−495	67	620	71	20	316	214
通用、专用设备制造业	−1239	186	1468	142	48	1149	130
交通运输设备制造业	−712	79	793	167	28	525	72
电气机械及器材制造业	−895	187	946	152	24	512	257
通信、计算机及其他电子设备制造业	−602	108	798	127	27	251	393
仪器仪表及文化办公用机械制造业	−166	51	158	40	14	132	−28
工艺品及其他制造业	−318	12	327	105	8	124	89
废品废料	−19	27	8	3	1	12	−9
电力、热力的生产和供应业	−693	394	364	116	28	176	43
燃气生产和供应业	−25	12	20	11	1	6	2
水的生产和供应业	−54	−14	76	35	7	26	8
建筑业	−2063	−150	3511	148	41	3294	29
交通运输及仓储业	−944	3	1362	306	191	562	303
邮政业	−26	−4	55	−5	23	27	10
信息传输、计算机服务和软件业	−269	−293	660	266	42	296	57
批发和零售业	−1197	−1352	3218	1315	155	1131	617
住宿和餐饮业	−637	107	748	419	89	191	49
金融业	−888	35	997	455	93	312	137
房地产业	−538	−66	826	413	46	335	32
租赁和商务服务业	−523	−29	1172	396	163	380	232
研究与试验发展业	−102	112	−9	19	40	21	−89
综合技术服务业	−619	410	358	72	−21	284	23
水利、环境和公共设施管理业	414	−291	−99	−195	77	54	−35
居民服务和其他服务业	−928	426	589	532	−4	50	11
教育	−2925	84	2663	721	1830	94	18
卫生、社会保障和社会福利业	−1487	63	1569	642	861	49	18
文化、体育和娱乐业	−221	66	221	67	100	51	3
公共管理和社会组织	−2324	9	2139	8	2123	10	−2

表 4　2007－2012 年各因素变化对各部门就业量变动的影响

单位:万人

部门	技术进步	产业结构	经济增长	居民消费	政府消费	固定资产	净出口
农林牧渔业	−22547.05	793.44	19051.94	14007.11	1192.59	5594.09	−1741.85
煤炭开采和洗选业	−732.85	224.02	460.73	160.72	50.83	392.83	−143.65
石油和天然气开采业	−82.49	−57.54	80.46	68.99	18.58	108.28	−115.39
金属矿采选业	−174.04	25.83	130.15	42.71	13.37	228.27	−154.21
非金属矿及其他矿采选业	−61.71	−46.11	139.54	29.75	9.32	120.21	−19.75
食品制造及烟草加工业	−697.69	102.00	892.04	741.49	43.65	141.96	−35.05
纺织业	−601.20	77.74	225.14	171.11	33.75	87.77	−67.48
纺织服装鞋帽皮革羽绒及其制品业	−497.60	−138.96	853.70	381.76	42.70	112.58	316.67
木材加工及家具制造业	−246.93	−48.02	322.17	71.81	31.42	164.64	54.30
造纸印刷及文教体育用品制造业	−316.12	−156.83	713.58	238.75	92.25	225.18	157.41
石油加工、炼焦及核燃料加工业	−76.16	−16.52	95.07	35.18	10.46	59.46	−10.03
化学工业	−1094.52	−49.73	1272.05	542.44	149.75	592.85	−12.98
非金属矿物制品业	−957.02	−41.83	962.35	68.22	29.28	826.95	37.90
金属冶炼及压延加工业	−310.40	−80.33	528.25	83.16	25.79	478.82	−59.52
金属制品业	−305.93	−50.76	486.35	75.30	28.83	361.79	20.42
通用、专用设备制造业	−859.35	−372.72	1365.13	156.42	46.47	1087.26	74.97
交通运输设备制造业	−412.64	−132.02	753.18	179.23	29.31	557.11	−12.47
电气机械及器材制造业	−361.88	−91.17	653.44	125.71	33.50	394.63	99.59
通信、计算机及其他电子设备制造业	−148.35	−54.87	555.90	158.24	49.01	294.79	53.87
仪器仪表及文化办公用机械制造业	−27.76	−100.78	119.95	37.46	25.17	82.52	−25.21
工艺品及其他制造业	−39.31	−98.36	−39.31	−30.45	8.54	9.46	−26.87
废品废料	11.04	−24.89	24.35	6.06	1.98	23.81	−7.50
电力、热力的生产和供应业	−148.91	−128.91	292.57	93.83	29.66	194.49	−25.40
燃气生产和供应业	−26.70	2.81	37.54	27.41	1.72	9.25	−0.84
水的生产和供应业	−26.54	−40.97	72.45	43.10	7.07	23.41	−1.14
建筑业	−3364.30	222.96	4581.16	−10.23	34.44	4534.28	22.67
交通运输及仓储业	−1103.50	−215.34	1222.63	432.33	116.89	700.26	−26.85
邮政业	−794.50	530.05	312.63	128.09	62.34	83.83	38.37
信息传输、计算机服务和软件业	−548.10	−13.54	836.65	241.53	51.15	531.16	12.82
批发和零售业	−3173.42	1184.33	3668.56	1164.90	198.28	1427.03	878.36
住宿和餐饮业	−654.21	−284.35	892.76	568.24	137.43	237.60	−50.52
金融业	−1213.21	679.10	979.27	472.34	120.86	387.44	−1.37
房地产业	−1257.69	210.53	1396.97	881.63	36.35	462.16	16.83
租赁和商务服务业	−1735.52	1058.88	1319.13	431.19	203.64	561.94	122.35
研究与试验发展业	−143.74	−56.87	183.60	32.08	16.56	82.60	52.36
综合技术服务业	−1723.58	950.62	1273.98	153.07	700.56	460.12	−39.78
水利、环境和公共设施管理业	−577.31	29.29	594.29	71.33	500.44	42.97	−20.44
居民服务和其他服务业	−207.87	−29.11	320.89	210.48	37.02	78.27	−4.88
教育	−2393.36	−214.09	2187.41	581.26	1554.72	66.34	−14.92
卫生、社会保障和社会福利业	−892.46	−144.93	1153.23	663.73	453.84	43.82	−8.16
文化、体育和娱乐业	−226.15	−54.05	392.14	258.97	132.15	73.06	−72.04
公共管理和社会组织	−4100.70	178.45	3740.02	91.05	3614.13	30.50	4.35

五、稳健性分析

由于本文使用的是 2002、2007、2012 年现价投入产出表，时间跨度较大，可能存在通货膨胀等因素对计算结果产生干扰。因此，为分析结果的稳健性，本文进一步编制以 2007 年为基年的 2002、2012 年可比价投入产出表，利用可比价投入产出表进行计算，将所得的结果与现价表的结果进行对比分析。

1. 可比价投入产出表的编制。

常用的编制可比价投入产出表的方法为价格指数缩减法，即利用价格指数将当年的价格转换为基准年的价格，然后将投入产出表行列项配平得到可比价的投入产出表。本文以 2007 年为基年，利用 2002、2012 的现价投入产出表编制可比价投入产出表，这样做的好处是时间跨度相对来说不是很长，价格指数具有较高的准确性，且 2007 年的现价表无需再做调整，减少了编表的工作量。

价格指数缩减法的重点是选取合适的价格指数，最理想的方法是不同指标采用不同价格指数进行缩减，例如总产出利用各产品的产出价格指数进行缩减，中间使用利用各生产部门购买的中间产品的购进价格指数。由于我国目前已经编制的价格指数有限，考虑到数据的可得性，本文各部门使用一致的价格指数进行缩减。本文使用《中国统计年鉴》中的农产品生产价格指数作为投入产出表第一部门、分部门工业生产价格指数作为投入产出表中第二产业各部门的价格指数、建筑安装工程固定资产投资价格指数作为建筑业价格指数以及分部门第三产业增加指数作为投入产出表中第三产业各部门的价格指数。

下面进行 2002 年可比价投入产出表的编制，把 2002 年现价投入产出表的第Ⅰ象限中间需求、第Ⅱ象限最终需求和总产出按行依次乘以 2003—2007 年的相应部门价格指数，可得到可比价投入产出表的第Ⅰ、Ⅱ象限数据，现在投入产出表行向平衡，为使列项平衡，将总产出减去中间投入即可到可比价投入产出表第Ⅲ象限数据，但其只有一行，而没有在细分各构成项目。由于本文在测算就业变动影响因素贡献时主要使用第Ⅰ、Ⅱ象限数据，所以这种表示并不会影响测算的结果。在编制 2012 年可比价投入产出表时步骤与 2002 年类似，但 2012 年现价表要依次除以 2008—2012 年价格指数。至此，2002、2012 年可比价投入产出表编制完成。

2. 稳健性分析。

由于可比价表是在现价表价格调整的基础上得到的，所以数值本身就会发生变动，因此对比相同时期两个表计算的贡献百分比更合适，对比结果如表 5、表 6 所示。从两个表中可以看出，除产业结构优化对总就业的贡献方向不一致外，其他因素对就业的贡献方向与大小基本一致，但产业结构优化对三次产业就业的贡献方向是一致的，因此该差异并不影响本文对各部门就业变动的影响因素分析。利用可比价表计算的各因素对 42 部门就业人数变动的贡献值与现价表的计算结果对比得，各因素对各部门就业变动的贡献方向和相对贡献大小基本一致。通过以上分析可得，本文利用现价投入产出表来分析我国就业增长与就业结构变迁的影响因素，所得到的结果具有良好的稳健性。

表5 各因素对2002-2007年总就业人数和三产就业人数变动影响

产业	技术进步	产业结构优化	经济增长	合计	居民消费	政府消费	资本形成	净出口
第一产业	−19.07% (−21.56%)	−4.66% (−0.19%)	12.82% (15.20%)	−10.92% (−6.55%)	7.96% (16.41%)	0.86% (1.97%)	15.47% (11.94%)	5.15% (2.72%)
第二产业	−20.77% (−15.50%)	6.44% (4.00%)	21.36% (15.72%)	7.04% (4.22%)	8.01% (6.66%)	0.56% (1.46%)	29.01% (19.65%)	11.47% (6.41%)
第三产业	−0.60% (−12.10%)	−4.90% (−0.66%)	9.37% (15.08%)	3.87% (2.32%)	5.52% (10.81%)	2.43% (11.56%)	10.42% (7.66%)	3.14% (2.75%)
总就业	−40.44% (−49.15%)	−3.13% (3.15%)	43.55% (45.99%)	−0.01% (−0.01%)	21.49% (33.87%)	3.86% (14.99%)	54.90% (39.25%)	19.76% (11.89%)s

注:括号中的数值由2002、2007年现价投入产出表计算得到。

表6 各因素对2007-2012年总就业人数和三产就业人数变动影响

产业	技术进步	产业结构优化	经济增长	合计	居民消费	政府消费	资本形成	净出口
第一产业	−17.47% (−19.50%)	−4.94% (0.69%)	17.94% (16.48%)	−4.48% (−2.34%)	25.16% (25.42%)	1.34% (2.16%)	12.15% (10.15%)	−4.23% (−3.16%)
第二产业	−13.44% (−10.00%)	−0.13% (−0.93%)	18.44% (13.47%)	4.88% (2.54%)	7.61% (6.35%)	0.96% (1.54%)	26.50% (20.17%)	0.31% (0.22%)
第三产业	−10.89% (−17.94%)	1.00% (3.29%)	15.75% (17.71%)	5.86% (3.06%)	8.50% (11.58%)	8.97% (14.40%)	12.03% (9.56%)	0.71% (1.61%)
总就业	−41.80% (−47.44%)	−4.07% (3.05%)	52.13% (47.65%)	6.26% (3.27%)	41.27% (43.35%)	11.28% (18.10%)	50.76% (39.88%)	−3.22% (−1.33%)

注:括号中的数值由2007、2012年现价投入产出表计算得到。

六、结论与政策建议

本文基于投入产出的结构分解分析模型,将就业人数变动分解为技术进步、产业结构调整和经济增长的贡献,又进一步将经济增长的贡献分解为居民消费、政府消费、资本形成和净出口增加的贡献,得出结论:

从就业总量变动角度看,经济增长对就业增长有很大的促进作用,其中居民消费增长主要促进了第一产业就业增长,资本形成增加主要促进第二产业就业增长,居民消费和政府消费增长共同促进了第三产业就业增长;技术进步对就业增长有很强的抑制作用;产业结构优化对就业增长有较小的影响,但正向影响高于负向影响,因此就业量呈递增趋势。从就业结构变迁角度看,2002-2007年产业结构优化主要给第二产业就业带来正面影响,2007-2012年这种正面影响则转向第三产业,说明产业结构优化可以促进就业结构变迁。同时,经济增长也对就业结构变迁有一定促进作用;而技术进步则对就业结构变迁产生一定的抑制作用。为保证结果的稳健性,本文以2007年为基期构建了可比价的投入产出表,分别基于现价投入产出表和可比价投入产出表对各影响因素的贡献进行了研究。结果显示,不论是否考虑价格因素,虽然影响因素的贡献率会有不同,但贡献强度大小具有很强的收敛性。

根据研究结果,本文给出以下政策性建议:在保证经济增长的前提下,大力推动技术进步与创新,继续鼓励和支持第三产业的发展,深入优化产业结构,同时加大对人力资本的投资,加强就业指导与再就业培训工作,防范"结构性失业"。

参考文献

[1] 游达明,杨晓辉,杨立,丁燕. 基于多层线性模型的就业影响因素研究[J]. 统计与决策,2011(3):41—44.
[2] 高翔,田开兰,杨翠红. 从供给侧探寻我国就业变化成因[J]. 管理评论,2018,30(5):187—196.
[3] 田开兰,孔亦舒,高翔,杨翠红. 供给侧中国非农就业变动及驱动因素分析[J]. 系统工程理论与实践,2018,38(5):1132—1140.
[4] 周申,廖伟兵. 服务贸易对我国就业影响的经验研究[J]. 财贸经济,2006(11):73—77.
[5] 李方一,王娟,李兰兰,唐志鹏. 中国就业结构演变及其动因分解——基于投入占用产出模型的分析[J]. 管理评论,2018,v.30(05):121—128.
[6] 姚洋洋,黄迟. 我国产值结构变动对就业结构的影响[J]. 当代经济管理,2011,33(8):62—67.
[7] 张二震,任志成. FDI 与中国就业结构的演进[J]. 经济理论与经济管理,2005(5).
[8] 陈锡康,杨翠红. 投入产出技术[M]. 北京:科学出版社,2011.
[9] Dietzenbacher E., Los B. Structural Decomposition Techniques: Sense and Sensitivity[J]. Economic Systems Research,1998,10(3):307—324.
[10] Dietzenbacher E., Los B. Structural decomposition analysis with dependent determinants[J]. Economic Systems Research,2000,12(4):497—511.
[11] De Boer P. Addictive structural decomposition analysis and index number theory: An empirical application of the montgomery decomposition[J]. Economic System Research,2008,20(1):97—109.
[12] 刘春燕. 技术进步对中国就业影响的实证分析[D]. 浙江工商大学,2010.
[13] 许雷鸣. 中国可比价碳排放投入产出表编制与分析[D]. 首都经济贸易大学,2016.
[14] 刘新建. 不变价格投入产出表编制及应用中的若干理论问题[J]. 统计与决策,2011(18):12—16.

作者简介:

张瑜,中国科学院数学与系统科学研究院博士生,zhangyu18@amss.ac.cn。

杨翠红,中国科学院数学与系统科学研究院研究员,chyang@iss.ac.cn。

我国生产性服务业与制造业互动关系及区域差异
——基于三部门投入产出结构分解模型

陈瑾玫

摘要：利用投入产出分析的结构分解技术，使用三部门结构分解模型，对工业化不同阶段、不同的要素密集型产业、不同时期的全国及30省（区、市）的生产性服务业与制造业互动关系进行测算和多方位的对比分析。研究发现：（1）生产性服务业对于经济的拉动作用尽管小于制造业，但是动态看，生产性服务业对经济的拉动推动作用有所增强，增强程度快于制造业。（2）制造业的乘数效应高于生产性服务业；生产性服务业的溢出效应系数高于制造业，然而，从溢出效应对总产出的贡献率来看，制造业对于生产性服务业实际产生的影响力要更大。制造业的反馈效应大于生产性服务业。（3）不同工业化阶段的地区，制造业与生产性服务业对经济发展的促进作用随着工业化水平提高而增加；不同要素密集型的制造业对于生产性服务业的溢出效应有明显差异，工业化水平越高，技术密集型制造业对生产性服务业的溢出效应越大；工业化水平较低阶段，劳动密集型制造业对生产性服务业的溢出效应相对于其他要素密集型制造业比较大。（4）随着工业化水平的提高，高技术含量的生产性服务业对于制造业需求拉动也来越多，溢出效应高；在工业化水平低的地区，高技术含量的生产性服务业对于制造业需求力度有限，而技术含量相对低的批发零售业对于制造业起到相对较大的需求拉动的作用。

关键词：生产性服务业　制造业　三部门模型　结构分解技术　溢出效应

一、引　言

20世纪中后期，整个世界经济的发展重点逐步由"工业型经济"向"服务型经济"转移。伴随着经济全球化发展以及生产性信息科技的进步，世界上许多国家的生产性服务业发展达到了前所未有的水平。经济增长的贡献率中生产性服务业所占的比重日益增加。在一些西方发达的国家，生产性服务业的增长速度已经超过了服务业的平均增长水平。生产性服务业的迅速发展带来整个服务业内部结构的改善，同时也带动了地区经济的增长。目前生产性服务业发展对于制造业的升级以及产业结构的升级所产生的作用受到了各界学者的高度关注，并一度成为近年来的研究热点。

自从改革开放以来,中国经济取得了令世人瞩目的成就,综合国力迅速提升,经济实力不断增强,在这个过程中,制造业一直是重要的经济增长点,然而,不容忽视的问题是,较长一段时期,中国制造业以低廉的商品和低成本优势进入国际市场,不仅造成了中国产品的国际形象欠佳,而且经常引发贸易摩擦。随着人口红利的逐渐消失,一度对经济增长有较大驱动的劳动力资源的优势也逐步减弱,中国经济结构的转型迫在眉睫。伴随着经济结构的转型,制造业对知识、技术、资本和人力资源等的中间需求日益加大,对生产性服务业的需求日益增加。而我国生产性服务业发展水平较为落后,对制造业的促进作用有限,此外,我国地区间经济发展不平衡,制造业和生产性服务业的发展在地区间存在较大差异,这些均严重地制约着我国经济增长。

本文对我国 31 个省(区、市)生产性服务业与制造业产业的互动发展情况进行初步探索,通过对各省生产性服务业和制造业的产业关联分析,了解各省的生产性服务业与制造业的互动关系的差异,了解处于不同工业化阶段的省(区、市)之间制造业与生产性服务业互动关系的特点,这有助于认识不同地区产业发展的特征,进而提出优化产业结构的对策,对于促进地区经济发展,实现我国经济增长质量的提升具有重要现实意义和理论意义。

二、文献综述

自 1936 年瓦西里·列昂惕夫(Wassily Leontief)发明了投入产出分析方法,由于其清晰地刻画产业部门间消耗来源和产品去向、展现经济系统的内在联系的特点,而被广泛地应用于产业之间关系分析,成为产业关系研究的主流方法。投入产出分析方法在应用中不断得到拓展,应用领域扩大到对地区间、国家间的经济关联与影响的分析中。

20 世纪 80 年代,生产性服务业在美国获得了较快速的发展,对于生产性服务业的研究越来越多,特别制造业与生产性服务业关系的研究受到很多学者的关注,并且涌现出大量使用投入产出分析方法对制造业与生产性服务业关系进行研究的文献。从研究方法看大致分成两类,一类是利用投入产出模型展开分析,另一类是基于投入产出表的数据,结合计量经济模型研究产业间的关系。其中,利用投入产出模型对于制造业与生产性服务业关系展开分析的代表性的文献有 Park 利用 1975—1985 年的投入产出表,将 26 个国家按照经济发展水平分成四类,研究不同工业化阶段下制造业与生产性服务业的依赖关系,并测量了上述国家生产性服务业和制造业之间的依赖度,发现生产性服务业对制造业发展起支撑作用。Guerrieri & Meliciani 通过对 OECD 九个代表性国家的投入产出分析,发现制造业部门结构的优化带动了生产性服务业,特别是金融、交通运输、商务服务业的专业化,信息和通信技术对于提高生产性服务业的贸易绩效具有重要的影响,认为制造业的技术水平的提高对于生产性服务业的发展具有重要意义。Stabler & Howe 对加拿大生产性服务业和制造业之间投入产出关系进行了分析。中国也有很多学者开展了相关的研究。薛立敏使用中国台湾的数据研究生产性服务业对于区域经济发展和制造业的影响、程大中对中国和 13 个 OECD 经济体的生产性服务业发展水平、部门结构及其影响进行了比较研究,胡晓鹏、李庆科、汪德华、江静、夏杰长、高传胜分别以我国部分省区、城市以及几个国家为研究对象,使用投入产出方法探讨这些区域制造业与生产性服务业之间的关系。还有学者将 Miller 和 Round 的投入产出结构分解技术应用到产业关联分析中,对制造业与生产性服务业互动关系进行研究,如余典范、干春晖、郑若谷。此外,张亚军、干春晖、郑若谷、余典范、张亚军将 Miller 和 Round、潘文卿、李子奈两区域模型研究方法直接引入到两大产业部门,对于制造业与生产性服务业的互动效应进行分析。

上述文献特别是利用投入产出结构分解技术进行产业关联分析的研究为本文奠定了重要基础,但利用结构分解技术研究两大产业互动关系的方法,仍存在需要完善之处:在利用结构分解技术研究制造业与生产性服务业互动关系的文献中,多数直接将两区域模型研究方法引入到两大产业部门,这样做的结果是有可能破坏投入产出结构的完整性,导致计算结果可能无法反映出部门间真实的关联情况;还有的文献考虑到保持投入产出结构完整性,但是在处理其他产业对所关注产业中间产品需求的问题上采用将其与所对应部门的最终产出相加作为"广义的最终产出",这样做虽然保持了投入产出模型行向的完整性,但是增大了部门的最终产出,使得各种效应值的含义变得模糊,不再是部门间最终产出的变化所带来的后向关联,也同样导致无法准确测算出部门之间真实的联系。鉴于此,本文尝试使用三部门的投入产出结构分析模型,将投入产出数据更新到 2012 年,从多个视角进行全国层面与地区层面、制造业与生产性服务业的整体关联与产业内部不同要素密集产业之间、静态和比较静态分析,以丰富该领域的研究。

本文以下内容安排为:第二部分为基本概念的定义与研究方法,包括对于生产性服务业的外延界定、产业类别划分以及研究方法的介绍,建立三部门的部门间溢出效应、反馈效应以及部门内乘数效应的结构分解模型,以及比较静态分析模型;第三部分基于 2007、2012 年全国以及各省区市投入产出表,利用结构分解技术对于生产性服务业与制造业关系进行比较分析;第四部分给出全文的总结以及政策建议。

三、产业的界定与分类以及研究方法

(一)产业的界定与分类。

1. 生产性服务业的界定。中国国家统计局根据《国务院关于加快发展生产性服务业促进产业结构调整升级的指导意见》(国发〔2014〕26 号)和《国务院关于印发服务业发展"十二五"规划的通知》(国发〔2012〕62 号)的要求,界定了生产性服务业范围。本研究结合我国投入产出表中的行业分类,本着可获得性原则来确定生产性服务业的外延,其中有些行业由于无法获得精确的服务于生产的比例,所以没有将其为非生产性活动提供服务的部分剔除,而是将该行业统一计入到生产性服务业。在我国 2012 年 139 部门投入产出表中没有将批发贸易与零售贸易分开,无法剔除本不属于生产性服务业的零售贸易,因此将批发零售一同计入。同时考虑到本研究侧重于研究生产性服务业与制造业的互动关系,因此没有把为农业、建筑业提供服务的生产性服务业包含在其中。本研究界定的生产性服务业见表 1。为了分析的深入,还根据增加值的要素收入构成以及行业的就业人员文化程度构成,对生产性服务业的要素密集型特征进行分类,见表 1。

表 1　生产性服务业的行业分类

服务类型	行业大类	行业中类	要素密集类型
分销服务	贸易	批发和零售	劳动密集型
	物流、仓储、邮政	铁路运输、道路运水上运输、航空运输、管道运输、装卸搬运和运输代理、仓储、邮政	
生产者服务	租赁和商务服务业	租赁、商务服务	资本密集型
	房地产业	房地产业	
	金融业	货币金融和其他金融服务、资本市场服务、保险	
	信息传输、计算机服务和软件业	电信和其他信息传输服务 软件和信息技术服务	技术密集型
	科学研究、技术服务	研究和试验发展、专业技术服务、科技推广和应用服务	

2. 制造业的分类。为了分析的深入,本研究在参考 OECD 将产业按技术水平高低划分为四类,即高、中高、中低和低技术产业四层次的做法,并参考王岳平对中国工业行业所做的要素密集程度的划分,同时还结合投入产出表的部门分类,将制造业进行如下分类,结果见表 2。

表 2　制造业按要素密集型分类

要素密集类型	行业
劳动密集型	食品和烟草、纺织业、服装鞋帽皮革羽绒及其制品业、木材加工和家具制造业、造纸印刷和文教体育用品制造业、非金属矿物制造业、金属制品业
资本、中资本密集型	石油、炼焦产品和核燃料加工品、有色金属冶炼及压延加工业
中度资本技术密集型	化学产品制造业
中度劳动技术密集型	通用设备制造业、专用设备制造业、交通运输设备制造业
技术密集型	通信设备、计算机和其他电子设备;仪器仪表及文化办公用机械制造业;电气机械及器材制造业

(二)研究方法与理论模型

1. 结构分解技术。它是将经济系统中某因变量的变动分解为与之相关的各独立自变量变动的和,以测度其中某一自变量变动对因变量变动贡献的大小的方法。结构分解技术与投入产出模型结合是由列昂惕夫 1953 年、钱纳里 1960 年首创,通过对投入产出模型中关键参数变动的比较静态分析,进行经济变动原因的分析。Miller 最早提出通过两地区投入产出模型测度地区间经济反馈效应的差分算法,后来 Miller and Blair、Round 提出区域间的溢出效应的概念,并提出加法分解式与乘法分解式,研究溢出效应、反馈效应以及与区域内乘数效应关系。潘文卿、李子奈在 Miller、Round 的方法基础上,进一步明确区域内乘数效应、区域间溢出效应与区域间反馈效应的经济含义,并在乘法分解与加法分解的一致性问题上,提出一个统一以最终需求为出发点测度各类效应的方法。潘文卿、吴福象,朱蕾将结构分解技术引入三地区投入产出模型,对于地区间溢出效应、反馈效应和乘数效应的计算进行结构分解。本文在借鉴上述国内外学者投入产出结构分解技术的基础上,根据研究需要对理论模型进行重新推导。

2. 理论模型推演。本研究将经济体中的部门划分为制造业、生产性服务业和其他行业,分别用标注1、2、3表示。根据投入产出行模型

$$AX + Y = X \tag{1}$$

可以用如下平衡式表达经济体中三部门的平衡关系:

$$A^{11}X^1 + A^{12}X^2 + A^{13}X^3 + Y^1 = X^1 \tag{2}$$

$$A^{21}X^1 + A^{22}X^2 + A^{23}X^3 + Y^2 = X^2 \tag{3}$$

$$A^{31}X^1 + A^{32}X^2 + A^{33}X^3 + Y^3 = X^3 \tag{4}$$

其中,A^{ij} 为直接消耗系数矩阵,X^i 为部门总产出,Y^i 为最终需求,$i,j=1,2,3$。

对式(2)、(3)、(4)进行变换,可得式(5)、(6)、(7)

$$(I - A^{11})X^1 = A^{12}X^2 + A^{13}X^3 + Y^1 \tag{5}$$

$$(I - A^{22})X^2 = A^{21}X^1 + A^{23}X^3 + Y^2 \tag{6}$$

$$(I - A^{33})X^3 = A^{31}X^1 + A^{32}X^2 + Y^3 \tag{7}$$

为了得出向量 X 的表达式,需要对方程(5)、(6)、(7)进行处理。由于 $(I - A^{ii})$ 是可逆的,首先将(5)两端左乘 $(I - A^{11})^{-1}$,可以得到(8)、(9)

$$X^1 = (I - A^{11})^{-1}A^{12}X^2 + (I - A^{11})^{-1}A^{13}X^3 + (I - A^{11})^{-1}Y^1 \tag{8}$$

同理,方程(6)、(7)可以写成(9)、(10):

$$X^2 = (I - A^{22})^{-1}A^{21}X^1 + (I - A^{22})^{-1}A^{23}X^3 + (I - A^{22})^{-1}Y^2 \tag{9}$$

$$X^3 = (I - A^{33})^{-1}A^{31}X^1 + (I - A^{33})^{-1}A^{32}X^2 + (I - A^{33})^{-1}Y^3 \tag{10}$$

将式(10)带入式(8)、(9)得到(11)、(12)

$$X^1 = (I - A^{11})^{-1}A^{12}X^2 + (I - A^{11})^{-1}A^{13}[(I - A^{33})^{-1}A^{31}X^1 \\ + (I - A^{33})^{-1}A^{32}X^2 + (I - A^{33})^{-1}Y^3] + (I - A^{11})^{-1}Y^1 \tag{11}$$

$$X^2 = (I - A^{22})^{-1}A^{21}X^1 + (I - A^{22})^{-1}A^{23}[(I - A^{33})^{-1}A^{31}X^1 \\ + (I - A^{33})^{-1}A^{32}X^2 + (I - A^{33})^{-1}Y^3] + (I - A^{22})^{-1}Y^2 \tag{12}$$

设:$L^{ii} = (I - A^{ii})^{-1}$,$S^{ij} = (I - A^{ii})^{-1}A^{ij}$,$F^{ij} = (I - S^{ij}S^{ji})^{-1}$,$B^{12} = S^{12} + S^{13}S^{32}$,$B^{21} = S^{21} + S^{23}S^{31}$

则(11)、(12)可以简化成(13)、(14):

$$X^1 = F^{13}B^{12}X^2 + F^{13}(S^{13}L^{33}Y^3 + L^{11}Y^1) \tag{13}$$

$$X^2 = F^{23}B^{21}X^1 + F^{23}(S^{23}L^{33}Y^3 + L^{22}Y^2) \tag{14}$$

解(13)、(14)得到(15)、(16)

$$X^1 = (I - F^{13}B^{12}F^{23}B^{21})^{-1}(F^{13}B^{12}F^{23}S^{23}L^{33}Y^3 + F^{13}B^{12}F^{23}L^{22}Y^2 + F^{13}S^{13}L^{33}Y^3 + F^{13}L^{11}Y^1) \tag{15}$$

$$X^2 = (I - F^{23}B^{12}F^{13}B^{12})^{-1}(F^{23}B^{21}F^{13}S^{13}L^{33}Y^3 + F^{23}B^{21}F^{13}L^{11}Y^1 + F^{23}S^{23}L^{33}Y^3 + F^{23}L^{22}Y^2) \tag{16}$$

同样,将(8)带入(9)、(10),可以得到关于 X^2 和 X^3 的方程组,用代入法求解,可以得出:

$$X^3 = (I - F^{32}B^{31}F^{12}B^{13})^{-1}(F^{32}B^{31}F^{12}S^{12}L^{22}Y^2 + F^{32}B^{31}F^{12}L^{11}Y^1 + F^{32}S^{32}L^{22}Y^2 +$$

$$F^{32}L^{33}Y^3) \tag{17}$$

这样,总产出的矩阵表达式可以写为:

$$\begin{pmatrix}X^1\\X^2\\X^3\end{pmatrix}=\begin{pmatrix}(I-F^{13}B^{12}F^{23}B^{21})^{-1} & 0 & 0\\0 & (I-F^{23}B^{21}F^{13}B^{12})^{-1} & 0\\0 & 0 & (I-F^{32}B^{31}F^{12}B^{13})^{-1}\end{pmatrix}$$

$$\cdot\begin{pmatrix}F^{13}B^{12}F^{23}(S^{23}L^{33}Y^3+L^{22}Y^2)+F^{13}(S^{13}L^{33}Y^3+L^{11}Y^1)\\F^{23}B^{21}F^{13}(S^{13}L^{33}Y^3+L^{11}Y^1)+F^{23}(S^{23}L^{33}Y^3+L^{22}Y^2)\\F^{32}B^{31}F^{12}(S^{12}L^{22}Y^2+L^{11}Y^1)+F^{32}(S^{32}L^{22}Y^2+L^{33}Y^3)\end{pmatrix}$$

$$=\begin{pmatrix}(I-F^{13}B^{12}F^{23}B^{21})^{-1} & 0 & 0\\0 & (I-F^{23}B^{21}F^{13}B^{12})^{-1} & 0\\0 & 0 & (I-F^{32}B^{31}F^{12}B^{13})^{-1}\end{pmatrix}\begin{pmatrix}F^{13} & 0 & 0\\0 & F^{32} & 0\\0 & 0 & F^{32}\end{pmatrix}$$

$$\cdot\begin{pmatrix}I & B^{12}F^{23} & B^{12}F^{23}S^{23}+S^{13}\\B^{21}F^{13} & I & B^{21}F^{13}S^{13}+S^{23}\\B^{31}F^{12} & B^{31}F^{12}S^{12}+S^{32} & I\end{pmatrix}\begin{pmatrix}L^{11} & 0 & 0\\0 & L^{22} & 0\\0 & 0 & L^{23}\end{pmatrix}\begin{pmatrix}Y^1\\Y^2\\Y^3\end{pmatrix}$$

$$=\begin{pmatrix}[(F^{13})^{-1}-B^{12}F^{23}B^{21}]^{-1} & 0 & 0\\0 & [(F^{23})^{-1}-B^{21}F^{13}B^{12}]^{-1} & 0\\0 & 0 & [(F^{23})^{-1}-B^{31}F^{12}B^{13}]^{-1}\end{pmatrix}$$

$$\cdot\begin{pmatrix}I & B^{12}F^{23} & B^{12}F^{23}S^{23}+S^{13}\\B^{21}F^{13} & I & B^{21}F^{13}S^{13}+S^{23}\\B^{31}F^{12} & B^{31}F^{12}S^{12}+S^{32} & I\end{pmatrix}\begin{pmatrix}L^{11} & 0 & 0\\0 & L^{22} & 0\\0 & 0 & L^{23}\end{pmatrix}\begin{pmatrix}Y^1\\Y^2\\Y^3\end{pmatrix}$$

$$=\begin{pmatrix}(I-S^{13}S^{31}-B^{12}F^{23}B^{21})^{-1} & 0 & 0\\0 & (I-S^{23}S^{32}-B^{21}F^{13}B^{12})^{-1} & 0\\0 & 0 & (I-S^{31}S^{13}-B^{31}F^{12}B^{13})^{-1}\end{pmatrix}$$

$$\cdot\begin{pmatrix}I & B^{12}F^{23} & B^{12}F^{23}S^{23}+S^{13}\\B^{21}F^{13} & I & B^{21}F^{13}S^{13}+S^{23}\\B^{31}F^{12} & B^{31}F^{12}S^{12}+S^{32} & I\end{pmatrix}\begin{pmatrix}L^{11} & 0 & 0\\0 & L^{22} & 0\\0 & 0 & L^{23}\end{pmatrix}\begin{pmatrix}Y^1\\Y^2\\Y^3\end{pmatrix} \tag{18}$$

设:$(I-S^{13}S^{31}-B^{12}F^{23}B^{21})^{-1}=G^{11}$,$(I-S^{23}S^{32}-B^{21}F^{13}B^{12})^{-1}=G^{22}$,
$(I-S^{31}S^{13}-B^{31}F^{12}B^{13})^{-1}=G^{33}$

则,式(18)可以简化成

$$\begin{pmatrix}X^1\\X^2\\X^3\end{pmatrix}=\begin{pmatrix}G^{11} & 0 & 0\\0 & G^{22} & 0\\0 & 0 & G^{33}\end{pmatrix}\begin{pmatrix}I & B^{12} & F^{23}\\B^{21}F^{13} & I & B^{21}F^{13}S^{13}+S^{23}\\B^{31}F^{12} & B^{31}F^{12}S^{12}+S^{32} & I\end{pmatrix}\begin{pmatrix}L^{11} & 0 & 0\\0 & L^{22} & 0\\0 & 0 & L^{23}\end{pmatrix}\begin{pmatrix}Y^1\\Y^2\\Y^3\end{pmatrix} \tag{19}$$

可以将(19)进一步分解,得出总产出向量加法分解的结果如下:

$$\begin{pmatrix}X^1\\X^2\\X^3\end{pmatrix}=\begin{pmatrix}L^{11} & 0 & 0\\0 & L^{22} & 0\\0 & 0 & L^{33}\end{pmatrix}\begin{pmatrix}Y^1\\Y^2\\Y^3\end{pmatrix}+\begin{pmatrix}0 & B^{12} & B^{13}\\B^{21} & 0 & B^{23}\\B^{31} & B^{32} & 0\end{pmatrix}\begin{pmatrix}L^{11} & 0 & 0\\0 & L^{22} & 0\\0 & 0 & L^{33}\end{pmatrix}\begin{pmatrix}Y^1\\Y^2\\Y^3\end{pmatrix}$$

$$+\begin{pmatrix}G^{11}-I & G^{11}B^{12}F^{23}-B^{12} & G^{11}(B^{12}F^{23}S^{23}+S^{13})-B^{13}\\G^{22}B^{21}F^{13}-B^{21} & G^{22}-I & G^{22}(B^{21}F^{13}S^{13}+S^{23})-B^{23}\\G^{33}B^{31}F^{12}-B^{31} & G^{33}(B^{32}F^{12}S^{12}+S^{32})-B^{32} & G^{33}-I\end{pmatrix}\begin{pmatrix}L^{11} & 0 & 0\\0 & L^{22} & 0\\0 & 0 & L^{33}\end{pmatrix}\begin{pmatrix}Y^1\\Y^2\\Y^3\end{pmatrix}$$

$$\tag{20}$$

式(20)等号右第一项测度的是部门内的乘数效应,$L^{ii}=(I-A^{ii})^{-1}$ 是 i 部门的 Leontief

逆矩阵，可以用来测度 i 部门一个单位最终产出变化引起的总产出的变化，$L^{ii}Y^{i}$ 反映了 i 部门最终需求在三大部门的经济循环中，可以带来的本部门产出增量，体现了 i 部门内发展水平或部门的内生增长状态；第二项测度的是部门间的溢出效应，包含本部门以外的其他两个部门对本部门的溢出效应，$B^{ij}=S^{ij}+S^{ik}S^{kj}$ 为 j 部门对 i 部门的全部溢出效应，其中：$S^{ij}=(I-A^{ii})^{-1}A^{ij}$ 测度 j 部门总产出变化对于 i 部门总产出的直接影响，$S^{ik}S^{kj}=(I-A^{ii})^{-1}A^{ik}(I-A^{kk})^{-1}A^{kj}$ 测度 j 部门对于 k 部门的作用以及 k 部门对部门 i 的作用，可以看成 j 部门对 i 部门的间接溢出效应；$B^{ik}=S^{ik}+S^{ij}S^{jk}$ 为 k 部门对 i 部门的全部溢出效应。记 $B'=B^{ij}L^{jj}$，反映的是 j 部门最终产出每增加一个单位对 i 部门总产出带来的影响；第三项测算的是部门间的反馈效应，反映的是某部门每生产 1 个单位的最终产出对部门另外两个产生了溢出效应之后，再由溢出效应反馈回该部门的能力，记为 K'，以第一部门为例，它由三部分组成，即 $(G^{11}-I)L^{11}$、$(G^{11}B^{12}F^{23}-B^{12})L^{22}$、$[G^{11}(B^{12}F^{23}S^{23}+S^{13})-B^{13}]L^{33}$，分别表示为了满足本部门、第二部门、第三部门最终需求增加，引起本部门对另两个部门溢出再反馈回本部门的能力。从计算式中不难看出，反馈效应值是总效应扣除乘数效应与溢出效应后的余值。

通过对式(20)中的部门内乘数效应、部门间溢出和反馈效应测算矩阵的列向量求和，可以得出基于后向产业关联的部门内乘数效应、部门间溢出效应和反馈效应。

由于部门的产出规模对于乘数效应、溢出效应和反馈效应会产生影响，为了明确测度某部门一个单位最终产出的变动对总产出的影响，通常使用最终产出的部门结构为权重向量，计算加权乘数效应、溢出效应与反馈效应。

为了进行比较静态分析，引入时间变量。根据前文推导的结果，可以得出每个部门总产出的变化可以分解成三种效应引起的总产出变化的代数和：(1)部门内的乘数效应带来的总产出变化；(2)另外两个部门最终需求对于本部门溢出效应变化带来的总产出变化；(3)本部门的反馈效应变化带来的总产出变化。因此，某部门总产出的增量 ΔX 就等于三项合计，即本部门内部乘数作用带来的总产出增加 ΔL、另外两个部门溢出效应带来的本部门总产出增加 ΔB、反馈效应带来的本部门总产出增加 ΔK，即：

$$\Delta X=(X_t-X_0)=\Delta L+\Delta B+\Delta K$$
$$=(L_tY_t-L_0Y_0)+(B'_tY_t-B'_0Y_0)+(K'_tY_t-K'_0Y_0) \quad (21)$$

(21)式中下标 0、t 分别表示基期和报告期。

进一步可以将各种效应分解为技术结构与最终产出变化分别对总产出的影响：

①乘数效应引起的总产出的变化：

$$\Delta L=(L_tY_t-L_0Y_0)=(L_t-L_0)Y_t+L_0(Y_t-Y_0) \quad (22)$$

②溢出效应引起的总产出的变化：

$$\Delta B=(B'_tY_t-B'_0Y_0)=(B'_t-B'_0)Y_t+B'_0(Y_t-Y_0) \quad (23)$$

③反馈效应引起的总产出的变化：

$$\Delta K=(K'_tY_t-K'_0Y_0)=(K'_t-K'_0)Y_t+K'_0(Y_t-Y_0) \quad (24)$$

技术结构因素(各种效应)与最终产出因素引起的总产出变化对于各部门总产出变化的贡献率分别为：

①乘数效应影响：

$$\frac{L_t Y_t - L_0 Y_0}{X_t - X_0} = \frac{(L_t - L_0)Y_t}{X_t - X_0} + \frac{L_0(Y_t - Y_0)}{X_t - X_0} \tag{25}$$

②溢出效应影响：

$$\frac{B'_t Y_t - B'_0 Y_0}{X_t - X_0} = \frac{(B'_t - B'_0)Y_t}{X_t - X_0} + \frac{B'_0(Y_t - Y_0)}{X_t - X_0} \tag{26}$$

③反馈效应影响：

$$\frac{K'_t Y_t - K'_0 Y_0}{X_t - X_0} = \frac{(K'_t - K'_0)Y_t}{X_t - X_0} + \frac{K'_0(Y_t - Y_0)}{X_t - X_0} \tag{27}$$

由于本研究关注的是生产性服务业与制造业的关系，在对部门关联程度测算以及结构分解的比较静态分析时，只对生产性服务业与制造业进行测算，其他部门的乘数、溢出与反馈效应不在本文显示，但是并没有视其为零，因此，本文计算出的三种效应引起的总产出变化量对于总产出变化量的贡献率之和不为1。

(三)数据以及地区选取的说明

本文以2007、2012年42部门投入产出表的数据为基础，以2012年的投入产出表的行业分类为基准，其中制造业包含19[①]个子行业，生产服务业包含7个子行业；在进行地区间比较时，使用2012年31个省(区、市)的投入产出表数据，由于本研究关注的是生产性服务业与制造业的关系，在对部门关联程度测算时，只计算生产性服务业与制造业的各种效应，没有计算其他部门的乘数、溢出与反馈效应。动态比较时，由于缺少2007年西藏的投入产出表，所以使用30个省区市的数据；考虑到不同的经济发展水平的差异，本文借鉴陈佳贵对我国2010各省工业化程度分类，将31个省区市做如下关于工业化阶段的划分：

表3 本研究所选择的省市所属的工业化阶段划分

工业化阶段	地区
后工业化	上海、北京
工业化后期后半阶段	天津、江苏、浙江、广东
工业化后期前半阶段	内蒙古、辽宁、山东、福建、重庆
工业化中期后半阶段	吉林、湖北、河北、陕西、宁夏、黑龙江、湖南、青海、河南、四川、江西、安徽
工业化中期前半阶段	山西、广西、甘肃、云南、贵州
工业化前期后半阶段	新疆、海南、西藏

四、中国生产性服务业与制造业关系的比较

(一)生产性服务业与制造业相互拉动关系全国层面的分析

按照前文介绍的方法，计算出中国制造业与生产性服务业的行业内乘数效应、行业间

---

① 2017年投入产出表中有制造业19个子行业，2007年制造业17个子行业。

溢出效应与行业间反馈效应的后向关联测度结果[①](表4)。可以发现,制造业的三种效应总和高于生产性服务业,说明制造业对于国民经济的影响大于生产性服务业。

对三种效应进行比较,可以发现,制造业三种效应的关系为乘数效应大于反馈效应大于溢出效应,而生产性服务业三种效应的关系为乘数效应大于溢出效应大于反馈效应。乘数效应体现出自给性的特征,反映产业自我成长能力。与生产性服务业相比,制造业有着较强的行业内联系。制造业19个子行业之间后向联系值的合计为41.2,而生产性服务业的值为9.37,表明当19个制造业子行业同时增加1亿元的最终产出时,行业内总产出将会由于制造业内部各行业间的关联性影响而增加41.2亿元;而生产性服务业部门内部7个子部门同时增加1亿元的最终产出时,行业间的关联性影响带来本部门的产出增加只有9.37亿元。从加权平均的行业内乘数值看,制造业内部乘数效应为2.27,生产性服务业为1.34,表明制造业按当年最终产品部门结构增加1亿元最终产品时,可以带动2.27亿元的制造业总产出的增加;生产性服务业按当年最终产品部门结构增加1亿元最终产品时,可以带动1.34亿元的生产性服务业总产出的增加。

表4 2007、2012年制造业与生产性服务业的关联效应比较

	后向关联加权平均				后向关联合计值			
	制造业		生产性服务业		制造业		生产性服务业	
	2012	2007	2012	2007	2012	2007	2012	2007
内部乘数	2.27	2.37	1.34	1.19	41.2	37.46	9.37	10.75
溢出效应	0.36	0.25	0.42	0.47	6.22	3.87	4.05	5.86
反馈效应	0.39	0.44	0.25	0.18	7.44	7.57	1.96	1.62
反馈效应1	0.35	0.38	0.09	0.07	6.65	6.44	0.85	0.87
反馈效应2	0.04	0.06	0.16	0.11	0.79	1.13	1.11	0.75
总效应	3.02	3.06	2.01	1.84	54.86	48.9	15.38	17.93

注:表中的"溢出效应"是本部门对另一部门的溢出效应,测算时各"效应"是以行业最终使用的部门结构为权数计算的加权平均值。

从部门间溢出效应看,制造业内部19个行业对于服务业溢出性影响的后向联系值的合计为6.22,而生产性服务业内部7个行业对于制造业溢出性影响的后向联系值的合计为4.05,表明制造业19个子行业同时增加1亿元的最终产出时,生产性服务业总产出将会由于制造业对其具有的外溢性影响而增加6.22亿元;而生产性服务业对制造业的外溢性影响可使制造业总产出增加4.05亿元。加权平均的行业间溢出效应,制造业为0.36,生产性服务业为0.42,意味着制造业按当年最终产品部门结构增加1亿元最终产品时,可带动生产性服务业0.36亿元的总产出增加,而生产性服务业当年最终产品部门结构增加1亿元最终产品时,可带动制造业0.42亿元总产出的增加,生产性服务业对于制造业的溢出效应比制造业对生产性服务业的溢出效应高出0.06。

再从反馈效应看,制造业的反馈性影响的后向联系值合计为7.44,生产性服务业为

---

① 本文关注的是制造业与生产性服务业的关系,因此在计算各种效应时,只计算两大部门以及其内部各行业的相关指标。

1.96,意味着制造业19个子行业同时增加1亿元的最终产出时,通过影响生产性服务业总产出的增加再反过来影响制造业总产出增加量为7.44亿元;生产性服务业7个子行业同时增加1亿元的最终产出时,通过影响制造业再进一步影响生产性服务业总产出增加量为1.96亿元。制造业的加权平均的部门间反馈效应为0.39,生产性服务业为0.25,表明制造业按当年最终产品部门结构增加1亿元最终产品时,通过影响生产性服务业总产出的增加再反过来影响制造业总产出增加量为0.39亿元,而生产性服务业通过同样的方式,可带动本行业0.25亿元总产出的增加。生产性服务业的反馈效应小于制造业,是生产性服务业溢出效应大于制造业的结果。

从动态看,2012年与2007年比较,制造业乘数效应下降而溢出效应上升,生产性服务业乘数效应均上升而溢出效应下降,反映了制造业内部各行业间的关联程度减弱,而对于生产性服务业的需求有所上升;生产性服务业内部各行业关联作用有所增强,行业内专业化分工更加细化,产业技术水平上升、生产力提高,而对于制造业的需求程度有所减弱,一定程度反映了制造业生产的产品技术水平满足不了生产性服务业的需求。制造业溢出效应上升0.11,服务业溢出效应下降0.05,相应地制造业反馈效应下降0.05,服务业反馈效应上升0.10,溢出效应此消彼长,反映出我国制造业对生产性服务业的需求呈上升态势,制造业在发展过程中需要的服务环节在增加,专业化分工在加强;同时,生产性服务业对于制造业的需求不增反降,反映了我国生产性服务业对于制造业的需求拉动作用有限。良性互动尚未形成。反馈效应的此长彼消则是溢出效应变化的结果。

当然,表4反映出的部门间的乘数效应、溢出效应与反馈效应的后向关联值,刻画了制造业与生产性服务业关联的结构性特征。各种效应的影响都是在制造业与生产性服务业最终产出增加同等程度时,两部门各自的影响"能力"的大小。但这并不说明制造业或生产性服务业当年就实际产生了这么大的影响力,因为当年实际所具有的影响力还要看最终产出规模的大小,即需要考虑部门的经济规模效应(潘文卿)。表5则测度了这种实际的影响。

表5 2012年乘数效应、溢出效应、反馈效应的实际影响

	后向关联影响的实际值(万元)		后向关联影响的贡献率	
	制造业	生产服务业	制造业	生产服务业
乘数效应	4355241935	1443031284	0.532	0.452
溢出效应	456869731	682944738	0.056	0.214
反馈效应	720267730	386243043	0.088	0.120
三项合计	5532379396	2512219065	0.676	0.786
行业总产值	8183479570	3194684580	1.000	1.000

注:表中溢出效应和反馈效应是发生在制造业与服务业间的,没有包含其他行业。

从表5看出,2012年制造业乘数效应在总产出中的贡献率为53.2%,比生产性服务业高出8个百分点。制造业对生产性服务业的溢出效应带来的产出占生产性服务业总产出的21.4%,而生产性服务业溢出效应对于制造业总产出的贡献率仅为5.6%。之所以在制造业溢出效应(0.36)小于生产性服务业溢出效应(0.42)的情况下,制造业对于生产性服务业溢出效应在生产性服务业总产出中的贡献反而大,是由于制造业的产业规模大于生

产性服务业。

由于三种效应的变化程度存在差异,其对于总产出变化所做的贡献不同。通过对2007年和2012年投入产出表进行比较静态分析(表6)可以发现制造业与生产性服务业的各种效应变化对于部门总产出增量的贡献率。

表6　各种效应引起的后向关联的比较静态分析

		对部门总产出增加量的贡献率	影响因素占比	
			技术结构	最终需求
制造业	乘数效应	0.532	−0.098	1.098
	溢出效应	0.119	0.483	0.517
	反馈效应1	0.078	−0.201	1.201
	反馈效应2	0.004	−1.351	2.351
生产性服务业	乘数效应	0.466	0.179	0.821
	溢出效应	0.124	−0.225	1.225
	反馈效应1	0.034	0.330	0.670
	反馈效应2	0.099	0.491	0.509

在制造业总产出增量中,乘数效应引起的总产出增量占53.2%,其中最终需求的影响占109.8%,技术结构的影响占−9.8%;受生产性服务业溢出效应影响引起的总产出增量占11.9%,其中最终需求的影响占48.3%,技术结构的影响占51.7%;受制造业最终需求影响的反馈效应引起的总产出增量占7.8%,其中最终需求的影响占120.1%,技术结构的影响占−20.1%;受生产性服务业最终需求影响的反馈效应引起的总产出增量占0.4%,其中最终需求的影响占235.1%,技术结构的影响占−135.1%。

在生产性服务业总产出增量中,乘数效应引起的总产出增量占46.6%,其中最终需求的影响占82.1%,技术结构的影响占17.9%;受制造业溢出效应影响引起的总产出增量占12.4%,其中最终需求的影响占122.5%,技术结构的影响占−22.5%;受生产性服务业最终需求影响的反馈效应引起的总产出增量占3.4%,其中最终需求的影响占67%,技术结构的影响占33%;受制造业最终需求影响的反馈效应引起的总产出增量占9.9%,其中最终需求的影响占50.9%,技术结构的影响占49.1%。

(二)生产性服务业与制造业互动关系行业层面的分析

制造业中溢出效应最大的子行业是通信设备、计算机和其他电子设备,其次是仪器仪表、电气机械和器材、通用设备制造业等技术密集型制造业。这些行业也是溢出效应增长幅度较大的行业。这反映出技术密集型、或偏劳动的技术密集型制造业在生产过程中,对于技术需求较旺盛,很多企业为了提高竞争力,将服务外包,从而增加了对于生产性服务业产品的需求,从而对生产性服务业产生了较大的外溢效应。生产性服务业子行业中对于制造业溢出效应最大的行业是租赁和商务服务,其次为科学研究和技术服务业,之后依次为信息传输、软件和信息技术服务业、交通运输、仓储和邮政,这些行业要想实现高效运转、保持强劲的竞争力,必须有高性能高质量的设备,这会对于具有高技术含量的制造业产品构成较大的需求,对制造业产生较大的溢出效应。生产性服务业中多数子行业溢出效应下降,只有信息传输、软件、信息技术服务业和金融业呈现上升态势。这反映出,随着市场经济的发展,金融业提供的金融产品与服务日益多样化,在经济中发挥了越来越重要的作用,可以更大限度地满足制造业对于金融产品的需求。

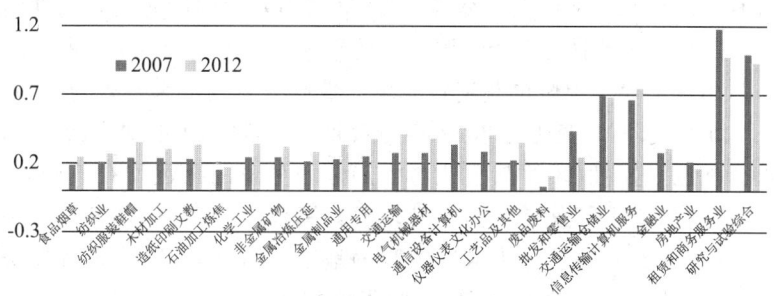

图 1　2007、2012 年细分行业溢出效应比较

从各种效应引起的后向关联对总产值的贡献程度来看,首先看制造业,图 2 显示,纺织品、纺织服装鞋帽皮革羽绒及其制品、专用设备、交通运输设备、通用设备、电气机械和器材、通信设备、计算机和其他电子设备制造业等乘数效应贡献率超过 60%,这些行业基本属于技术密集型、劳动密集型以及偏劳动的技术密集型行业,这些产业内部各行业相互需求较多,体内循环规模较大。在产业发展中受到溢出效应影响较大的子行业是造纸印刷和文教体育用品、石油、炼焦产品和核燃料加工品、通信设备、计算机和其他电子设备、仪器仪表、其他制造产品,这些行业溢出效应引起的后向关联对总产值的贡献率在 10% 以上。在产业发展中受到反馈效应影响较大的行业有仪器仪表制造业、石油、炼焦产品和核燃料加工品制造业、机械修理行业等。在产业发展中受到生产性服务业溢出效应影响非常小的行业,专用设备制造业、金属冶炼和压延加工品、木材加工家具、纺织服装鞋帽,这些行业总产出中溢出效应的贡献不足 3%。再看生产性服务业,乘数效应对于产业总产出的贡献最大的子行业为房地产业,其次为信息传输、软件和信息技术服务,这两个行业的总产出中乘数效应的贡献率大于 60%,而溢出效应的贡献均不足 8%,反馈效应的贡献也很低。溢出效应与反馈效应贡献的合计不超过 10%,表明这两个行业产出的增长主要依靠的是生产服务业内部各行业对于这两个行业的需求,或相互需求,制造业对于这两个行业需求较少,对于信息传输、软件和信息技术服务的需求较少的原因既有可能因为制造业发展水平低,管理水平和技术水平都比较低,导致对于信息传输、软件和信息技术服务的需求很少。其他生产性服务业的总产出中,制造业的溢出效应的贡献率超过 20%,说明制造业对于这些生产性服务业的需求比较大。

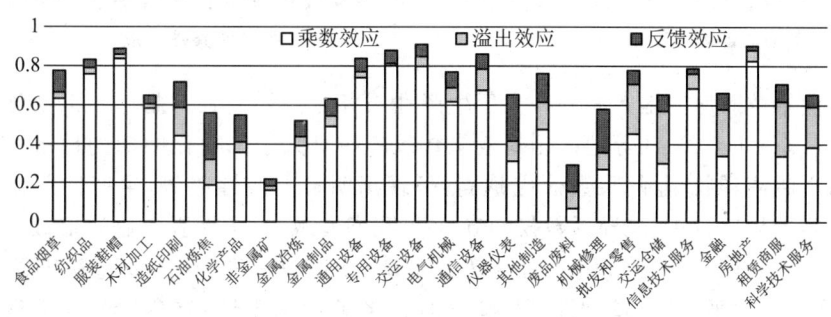

图 2　2012 年细分行业后向关联效应对于总产出的贡献率

(三)生产性服务业与制造业互动关系地区层面的分析

1. 部门内乘数效应比较。表7给出2012年中国30个省(区、市)制造业与生产性服务业的行业内乘数效应、行业间溢出效应、行业间反馈效应的后向关联测度结果。图3、图4是以2007年各地区制造业与生产性服务业的乘数效应平均值为原点构建的笛卡尔坐标系。可以看出,出现在第一象限的制造业和生产性服务业内部乘数效应均较高的地区,从2007年只有上海、北京两地变化为2012年的除北京上海外,还增加了天津、江苏、浙江、安徽、海南等七个地区,这些地区的制造业与生产性服务业的乘数均有不同程度的上升,其中北京、天津、海南制造业乘数有大幅上升,上海、浙江、江苏的生产性服务业乘数效应有大幅上升。这些地区多数为工业化水平较高的地区,地区制造业内部和服务业内部结构合理,内部各行业之间的相互需求较多,反映了这些地区制造业与生产性服务业各自内部子行业间的经济技术联系比较紧密,自我生长能力较强,同时也体现出工业化水平高的地区制造业与生产性服务业的发展水平较高,对地区经济贡献较大;

出现在第四象限的制造业乘数效应较高、生产性服务业乘数效应较低的地区2007年有五个,其中浙江、江苏2012年升入到第一象限,另有山东、江西、宁夏制造业乘数效应提高,由第三象限升入第四象限,其中宁夏制造业乘数效应上升幅度较大而生产性服务业乘数效应有所下降;原本在第四象限的福建、广东制造业与生产性服务业乘数也有小幅上升。这类地区制造业内部部门之间联系紧密,自我生长能力较强,而生产性服务业内部各行业之间缺乏紧密联系,产品提供给本行业使用的程度较低;这些地区的特点是工业化水平不高,产业内部结构不尽合理,地区制造业与生产性服务业的发展水平较低,产业内部各部门之间的联系不紧密。

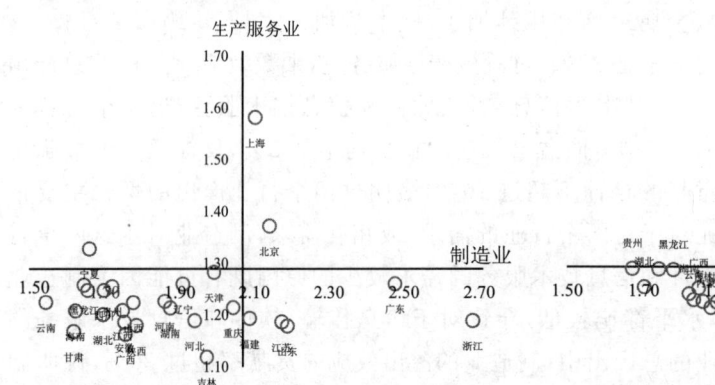
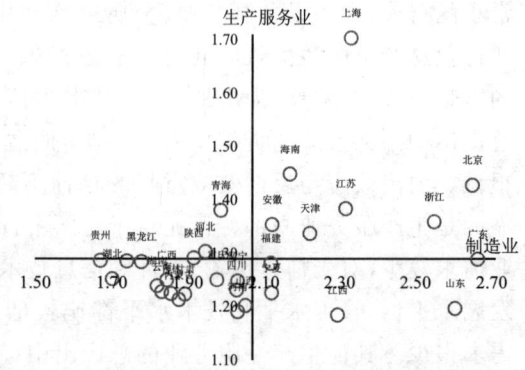

图3 2007年中国30个省区市制造业与生产性服务业乘数效应　　**图4 2012年中国30个省区市制造业与生产性服务业乘数效应**

制造业乘数效应的地区间差异大于生产性服务业。处于后工业化和工业化后期的北京、上海、广东、江苏、浙江等地区制造业乘数效应明显大于工业化中期的地区,平均来看,工业化水平越高,制造业的乘数效应越高,呈现出明显的线性趋势,生产性服务业的乘数效应地区间差异比较小,变异系数仅为0.09。我们发现,生产性服务业的乘数变化与工业化阶段的关系总体看呈现出相反的变动关系,变动比较缓和,在工业化初期阶段略有上扬,说明工业化水平较高和较低阶段,生产性服务业的内生性均较强,前者反映了行业自生长能力较强,后者反映了行业的自循环特征。

比较图 3、图 4 可以看出,生产性服务业乘数效应上升的幅度较大的地区有上海、江苏、广东、山东、北京、安徽、河北、浙江等,其中多数地区的工业化水平较高,反映了我国工业化水平较高地区的生产性服务业的发展对于自身的需求相当旺盛,这在一定程度上反映了这些地区,生产性服务业相当一部分需求者在产业内部,这一点与 Juleff 的研究结论相似。

表 7　2012 年各地区制造业与生产性服务业各种效应①

	乘数效应		溢出效应		反馈效应		总效应	
	制造业	生产性服务业	制造业	生产性服务业	制造业	生产性服务业	制造业	生产性服务业
后工业化	2.490	1.566	0.494	0.577	0.336	0.294	3.320	2.437
工业化后期后	2.438	1.343	0.305	0.558	0.289	0.170	3.033	2.071
工业化后期前	2.121	1.238	0.249	0.481	0.351	0.201	2.722	1.920
工业化中期后	2.098	1.258	0.278	0.452	0.311	0.191	2.688	1.901
工业化中期前	1.884	1.256	0.264	0.387	0.258	0.161	2.406	1.804
工业化前期后	2.047	1.327	0.381	0.386	0.230	0.178	2.657	1.891

2. 溢出效应比较。从溢出效应数值上看,多数地区生产性服务业对于制造业的溢出效应明显大于制造业对生产性服务业的溢出,说明在制造业与生产性服务业最终产出增加同等程度时,生产性服务业对于制造业溢出能力较强。然而,处于不同工业化阶段的地区,二者的关系不完全相同。图 5、图 6 是以 2007 年与 2012 年各地区制造业与生产性服务业的溢出效应平均值为原点构建的笛卡尔坐标系。图 6 显示,出现在第一象限,即制造业和生产性服务业溢出效应均高于平均水平的地区由原来的 6 个省市增加为 10 个,除了原来的北京、上海、天津、浙江、云南、安徽外,新加入第一象限的地区有广东、辽宁、吉林、海南,这些地区大多数工业化水平高,制造业的信息化程度高,有条件实行全价值链管理,体现了这些处在工业化后期与后工业化时期地区的制造业与生产性服务业之间已经形成

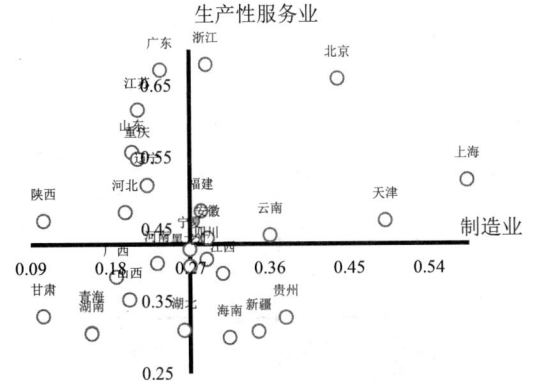

图 5　2007 年各地区制造业与生产性服务业溢出效应

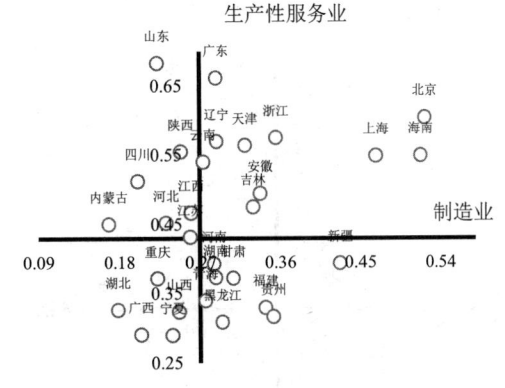

图 6　2012 年各地区制造业与生产性服务业溢出效应

---

① 为了减少篇幅,各省(区、市)数据略去,如需要可与作者联系。

了产业间的良性互动,以及生产性服务业对于制造业发展的巨大支撑与拉动,这些地区制造业与生产性服务业有比较深度的融合;其中辽宁、海南、吉林、安徽制造业与生产性服务业溢出效应同时上升,广东、北京、浙江制造业溢出效应上升生产服务业溢出效应下降,上海、天津、云南则为制造业溢出效应下降生产性服务业溢出效应上升。

出现在第四象限,即制造业溢出效应较高,生产性服务业溢出效应较低的地区为福建、贵州、甘肃、新疆、黑龙江、湖南、河南、青海等,一方面制造业发展水平不高,向生产性服务业提供的高精尖的产品能力有限,使得这些地区生产性服务业对于制造业产品的需求能力有限,而制造业对于生产性服务业的需求比较多,对于生产性服务业的需求拉动作用均比较大。新疆、湖南、甘肃、青海两部门溢出效应均上升,黑龙江、福建、河南制造业溢出效应上升服务业溢出效应下降,贵州两部门溢出效应均下降。

出现在第三象限,即制造业与生产性服务业的溢出效应均较低的地区为:广西、宁夏、黑龙江、湖北、山西、重庆、江苏等,多数处于工业化中期和工业化前期阶段,这些地区的制造业与生产性服务业的良性互动关系还没有形成。上述地区除湖北外,其他地区生产性服务业溢出效应均下降。

出现在第二象限,即生产性服务业溢出效应较高,制造业溢出效应较低的地区为山东、陕西、四川、江西、河北、内蒙古等处在工业化后期和中期后阶段的地区,制造业发展中对于生产性服务业的需求不高,制造业的服务化程度较低;同时这些地区生产性服务业溢出效应高,反映了这些工业化水平不高的地区的生产性服务业发展处于起步阶段,对于制造业的需求较大;山东、陕西两部门溢出效应同时上升,四川、江西、内蒙古生产性服务业溢出效应上升,河北生产性服务业溢出效应下降,制造业溢出效应上升。

制造业溢出效应的地区间差异大于生产性服务业。处于后工业化和工业化后期的北京、上海、广东、浙江等地区制造业与生产性服务业溢出效应明显大于工业化中期的地区,制造业溢出效应的变异系数大于生产性服务业。

3. 反馈效应的比较。图7图8是以2007年与2012年各地区制造业与生产性服务业的反馈效应平均值为原点构建的笛卡尔坐标系。2012年,制造业与生产性服务业的反馈效应地区间的绝对差异不大,二者均高于平均水平的地区有北京、上海、天津、海南、辽宁、

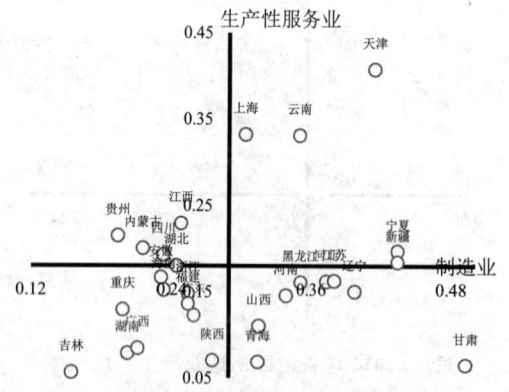

图7 2007年各地区制造业与生产性服务业反馈效应

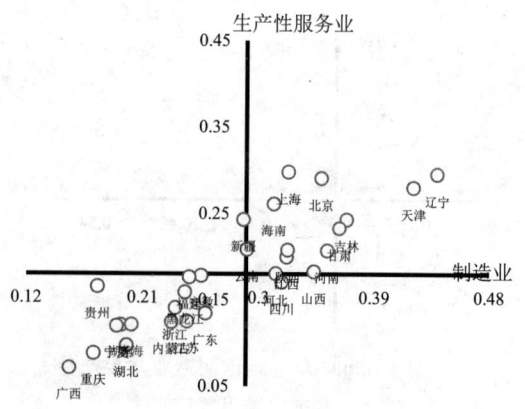

图8 2012年各地区制造业与生产性服务业反馈效应

甘肃、河南、江西、陕西、吉林等10个地区,反映出这些地区生产性服务业和制造业通过作用于对方再回馈到自身的能力较强;处于第四象限的山西、河北、四川的制造业的反馈效应较高,而生产性服务业的反馈效应不高。与2007相比较,2012年两部门反馈效应均上升的地区有河北、福建、湖南、青海、新疆、河南、山西、海南、陕西、辽宁、山东、甘肃、吉林,说明这些地区生产性服务业与制造业通过溢出效应相互作用再通过其反馈给自身,促进本部门发展的能力在增强,产业结构在逐渐优化。两部门反馈效应均下降的地区云南、湖北、宁夏、北京、贵州、重庆、江苏、浙江;下降的原因可以解释为,部分工业化水平较高的地区其制造业升级遇到瓶颈、而工业化水平较低的地区的制造业发展水平低,均导致制造业对服务业的溢出效应下降从而反馈到自身的带动作用也有所下降。

(四)不同类要素密集型生产性服务业与制造业互动关系地区差异分析

1. 不同类型制造业的溢出效应比较。按照前文对于制造业的要素密集程度的分组,将各地区制造业的溢出效应进行分组汇总,据此绘制图9,可以看出,处于后工业化阶段的地区,溢出效应明显高于其他地区,溢出效应相对较高行业依次为:技术密集型＞中劳动技术密集型＞劳动密集型制造业,技术密集型制造业在工业化进程中对于生产性服务业的需求越来越大,逐渐向微笑曲线的两端发展;工业化水平较高的处于工业化后期后半阶段的地区,不同类型制造业的溢出效应差异较小,溢出效应相对较高行业依次为:中资本技术密集型＞劳动密集型＞中劳动技术密集型制造业;工业化水平居中处于工业化后期前半阶段和处于工业化中期后半段的地区,制造业的溢出效应均不高,相对较高的行业依次为:中劳动技术密集型＞中资本技术密集型＞技术密集型;工业化水平较低处于工业化中期前半段的地区,制造业的溢出效应相对较高的制造业依次为:资本密集型＞中劳动技术密集型制造业;工业化最低阶段的地区,溢出效应较高的制造业依次为:中资本技术密集型＞劳动密集型＞中劳动技术密集型制造业。

工业化水平不同的地区,资本密集型制造业的溢出效应差异较小,除了在工业化中期前半段地区中,溢出效应高于其他要素密集型制造业外,在其余各个工业化阶段中,资本密集型制造业的溢出效应均低于其他要素密集型制造业;技术密集型资本密集型制造业的溢出效应差异最大,工业化阶段越高,技术密集型制造业对于生产性服务业的需求越旺盛,越是需要生产性服务业的技术支持。

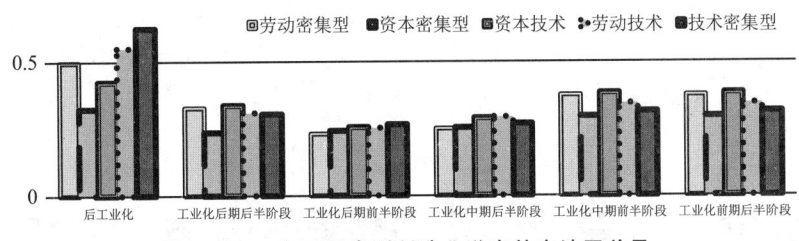

图9 2012年不同类别制造业溢出效应地区差异

2. 生产性服务业的溢出效应。从图10可以看出,科学研究和技术服务业、信息传输、软件和信息技术服务、交通运输、仓储和邮政业对制造业的溢出效应是相对较高的行业,且溢出效应随着工业化水平的提高而提高,其中科学研究和技术服务业、信息传输、软件和信息技术服务的溢出效应在不同工业化水平的地区间存在较大的差异,而交通运输、仓储和邮政业、金融业对制造业的溢出效应在不同工业化水平的地区差异不大。处于后工业化阶段的地区工业化水平较高的处于后工业化阶段的地区,溢出效应总水平相对较高,其中溢出效应较大的生产性服务业依次为科学研究和技术服务业＞信息传输、软件和信息技术服务＞交通运输、仓储和邮政业,而金融业房地产业对制造业的溢出效应排在最后两位。工业化水平居中的处于工业化后期后半段的地区,生产性服务业溢出效应总水平略低于后工业化阶段的地区,其中溢出效应较大的生产性服务业也是科学研究和技术服务业,其后依次为租赁和商务服务——信息传输、软件和信息技术服务业,而房地产业、批发零售业的溢出效应排在后两位,不同类型生产性服务业溢出效应差异较大;工业化水平较低的处于工业化后期前半阶段的地区,生产性服务溢出效应业总水平低于前一梯队,其中溢出效应较大的生产性服务业依次为:信息传输、软件和信息技术服务业——科学研究和技术服务业——交通运输邮电仓储业,而房地产、批发零售业溢出效应排在最后两位;处于工业化中期后半段的地区,生产性服务溢出效应总水平低于前一梯队,其中溢出效应较大的生产性服务业依次为:租赁服务业＞科学研究和技术服务业交通运输邮电仓储业＞信息传输、软件和信息技术服务,而房地产、批发零售业溢出效应排在最后两位;处于工业化中期前半段与工业化前期后半阶段的地区,生产性服务溢出效应总水平较低,溢出效应从高到低依次为:交通运输、仓储和邮政＞信息传输、软件和信息技术服务业＞租赁服务业＞研究和技术服务＞金融业＞批发零售业＞房地产,不同类型生产性服务业溢出效应差异较小;而高技术含量的生产性服务业溢出效应较低,不同类型生产性服务业溢出效应差异较小。该类地区金融业对于制造业的溢出效应高于其他类地区。从图10中还可以看出,高技术含量的生产性服务业(科学研究和技术服务业、信息传输、软件和信息技术服务业)以及技术含量中等的交通运输邮电仓储业,随着工业化水平的提高,对于制造业的需求拉动也来越多,对于制造业的升级起到有力的支撑,而工业化水平低的地区,高技术含量的生产性服务业派不上用场,对于制造业的需求有限;金融业对于制造业的需求随着工业化水平的升高而存在下降的趋势,反映出经济发展相对落后的地区,金融业的发展也受到限制,对于制造业产品的需求量有限;技术含量相对低的批发零售业、房地产业对于制造业的溢出效应在工业化的不同阶段差异较小,对于制造业起到支持拉动的作用不高,且相对稳定。

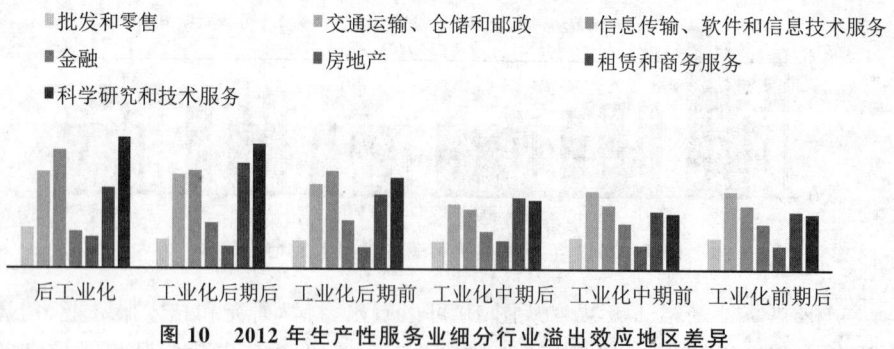

图10 2012年生产性服务业细分行业溢出效应地区差异

四、基本结论与政策建议

(一)基本结论

1. 我国制造业对经济的拉动作用大于生产性服务业,制造业的自生产能力高于生产性服务业。从动态来看,制造业与生产性服务业对于经济增长的拉动作用均有上升,且后者对经济的拉动作用更为明显,而生产性服务业对经济的拉动推动作用有所增强,这种增强很大程度上是由于生产性服务业对制造业的拉动作用引起的。

2. 从三种效应的比较来看,2012 年无论是制造业还是生产性服务业,乘数效应均最大,制造业反馈效应排在第二位溢出效应排在第三位,生产性服务业溢出效应排在第二位反馈效应排在第三位;制造业的乘数效应高于生产性服务业,制造业的总产出中受乘数效应作用的比率占 53.2%,比生产性服务业高出 8 个百分点;生产性服务业的溢出效应系数高于制造业,然而,溢出效应对总产出的贡献率来看,制造业对生产性服务业的溢出效应带来的产出占生产性服务业总产出的 21.4%,而生产性服务业溢出效应对于制造业总产出的贡献率仅为 5.6‰。这反映出在制造业与生产性服务业最终产出增加同等程度时,尽管生产性服务业对制造业的影响"能力"大,但是由于制造业的产业规模大于生产性服务业,使得制造业对于生产性服务业实际产生的影响力要更大。制造业的反馈效应大于生产性服务业,这与生产性服务业溢出效应系数大有直接关系,正是由于生产性服务业对于制造业的溢出效应大,再作用到制造业本身的程度就会大一些。

3. 制造业与生产性服务业对经济发展的促进作用随着工业化水平升高而增加。工业化后期(后)和后工业化阶段的地区,制造业、生产性服务业的乘数效应显著大于工业化中期和前期阶段的地区,反映了随着工业化水平的提升,大多数地区制造业、生产性服务业的技术水平有所提升,内部各行业的互动性增强,使得行业的自生产能力有所提高。处于工业化后期(后)和后工业化水平的地区,制造业、生产性服务业的溢出效应显著大于工业化中期地区,而工业化中期阶段地区的制造业、生产性服务业溢出效应略低于工业化前期阶段地区的溢出效应,反映出当工业化水平达到一定高度以后,产业优化水平有所提升,产业间的良性互动机制逐渐形成,溢出效应不断提高,而工业化中期及前期阶段,产业优化水平比较低,产业间的互动程度不高,溢出效应较低,且与工业化程度的关联性不明显。

4. 不同工业化阶段的地区,不同要素密集型的制造业对于生产性服务业的溢出效应有明显差异,工业化水平越高,技术密集型制造业对生产性服务业的溢出效应越大;工业化水平较低阶段,劳动密集型制造业对生产性服务业的溢出效应相对于其他要素密集型制造业比较大。

5. 随着工业化水平的提高,高技术含量的生产性服务业对于制造业需求拉动也来越多,溢出效应高,在工业化水平低的地区,高技术含量的生产性服务业派不上用场,对于制造业需求力度有限,反而是技术含量相对低的批发零售业对于制造业起到相对较大的需求拉动的作用。

(二)政策建议

1. 建立有利于生产性服务业发展的政策环境。尽管不少地区第三产业所占的比重超过了第二产业,但是总体看我国生产性服务业发展缓慢的问题没有解决,相对于制造业而言,生产性服务业还是处于发展非常薄弱的阶段。首先要健全服务业发展的体系和政策,进而提高服务业的竞争力,推动产业结构优化升级,建立公平、公正、透明、高效的监管体制,形成良性的发展大环境。其次,对有利于拉动生产性服务业发展、带动制造业优化升级、增加就业的企业给予相关政策支持和税收优惠。

2. 扶持重点行业的发展。由于地区间制造业与生产性服务业的发展的不平衡,不同区域应该根据自身特点,有选择地发展生产性服务业,而不是一味地追求向"微笑曲线"的两端发展。

对于工业化水平较低的地区,由于传统生产性服务业对于制造业的溢出效应较大,可以集中力量优先发展具有优势的传统生产性服务业,大力发展生产性物流业,加大对外开放,积极引进国外管理经验,建立物流公共信息平台,将生产性物流业打造为工业化水平较低阶段地区的经济增长点;鼓励制造业龙头企业加大生产性服务业外包,形成生产性服务业新的需求增长点。对于工业化水平居中的处于工业化中后期的地区而言,要大力发展金融业,应该缩小区域金融业的差距,加大内陆城市金融体系的构建;优化金融市场,合理引导金融业发展方向,积极推进金融手段和业务的创新。对于工业化水平较高的工业化后期和后工业化阶段的地区,由于该类地区技术含量高的现代服务业对于制造业的溢出效应高,对制造业以及整个经济体系拉动作用大,则应该大力发展科学研究与技术服务业,以高科技、高知识带动服务业,以服务业带动制造业;加速科研机构、研究机构为主体的服务业体系,推进科学技术业的发展;积极发展科技市场,为企业提供更好的专业化服务。增强地区制造业竞争力。

各类地区都应增加制造业产业链与生产性服务业的互动,理顺产业关系,在促进生产性服务业发展的同时推动制造业转型升级。

参考文献

[1] Park S H, Chan K S. A Cross-Country Input-Output Analysis of Intersection Relationship between Manufacturing and Services and their Employment implication [J], World Development, 1989,17(2):199-212.

[2] Guerrieri P, Meliciani V. Technology and international competitiveness: The interdependence between manufacturing and producer services [J], Structural Change and Economic Dynamics, 2005(16):489-502.

[3] Stabler, J C, Howe, E C, Service Exports and Regional Growth in the post-industrial Era [J], Journal of Regional Science, 1988,28(3):303-315.

[4] 薛立敏. 生产性服务业与制造业互动关系之研究[M],台湾中华经济研究院,1993.

[5] 程大中. 中国生产性服务业的水平、结构及影响——基于投入—产出法的国际比较研究[J]. 经济研究,2008(01):76-88.

[6] 胡晓鹏,李庆科. 生产性服务业与制造业共生关系研究——对苏、浙、沪投入产出表的动态比较[J].数量经济技术经济研究,2009,26(02):33-46.

[7] 汪德华,江静,夏杰长. 生产性服务业与制造业融合对制造业升级的影响——基于北京市与长三角地区的比较分析[J]. 首都经济贸易大学学报,2010(02):15-22.

[8] 高传胜,李善同. 中国服务业:短处、突破方向与政策着力点——基于中、美、日、德四国投入产出数

据的比较分析[J]. 中国软科学,2008(02):16—22.
[9] Miller Ronald E,Blair Peter D. Input—Output Analysis:Foundations and Extensions [M],New York:Cambridge University Press,1985.
[10] Round,J I. Decomposing Multipliers for Economic Systems Involving Regional and World Trade [J],Economic Journal,1985(95):383—99.
[11] 余典范,干春晖,郑若谷. 中国产业结构的关联特征分析——基于投入产出结构分解技术的实证研究[J]. 中国工业经济,2011(11):5—15.
[12] 张亚军,干春晖,郑若谷. 生产性服务业与制造业的内生与关联效应——基于投入产出结构分解技术的实证研究[J]. 产业经济研究,2014(06):81—90.
[13] 余典范,张亚军. 制造驱动还是服务驱动?——基于中国产业关联效应的实证研究[J]. 财经研究,2015,41(06):19—31.
[14] 潘文卿,李子奈. 中国沿海与内陆间经济影响的反馈与溢出效应[J]. 经济研究,2007(05):68—77.
[15] 王岳平:《开放条件下工业结构升级》[M],北京:经济科学出版社,2004.
[16] Miller,R E. Comments on the 'General Equilibrium' Model of Professor Moses [J],Metroeconomica,1963(40):82—88.
[17] 潘文卿. 中国区域经济发展:基于空间溢出效应的分析[J]. 世界经济,2015,38(07):120—142.
[18] 吴福象,朱蕾. 中国三大地带间的产业关联及其溢出和反馈效应——基于多区域投入—产出分析技术的实证研究[J]. 南开经济研究,2010(05):140—152.
[19] 陈佳贵,黄群慧,钟宏武,王延中等著. 中国工业化进程报告:1995—2005年中国省域工业化水平评价与研究[M]. 北京:社会科学文献出版社. 2007.
[20] Juleff,L E. Advanced Producer Services:Just a Service to Manufacturing? [J],The Service Industries Journal,1996,16(3):389—400.

作者简介:

陈瑾玫,辽宁大学经济学院,邮编:110036。

北京需求结构优化对经济增长影响及相关预测模型研究

廖明球　张恪渝　王璐瑶　安　禹　张志强
高孚嘉　王　滨　郑晓光　束映川

摘要：消费和投资是拉动经济的原动力,也是扩大内需的首选目标。北京作为首都,应该在政策创新方面下功夫,引导好消费和投资需求,促进经济高质量发展,积极发挥示范带动作用。本课题正是围绕北京内需及其对生产的影响展开研究,考虑到去库存政策、中美贸易战等不确定因素,我们不将存货和进出口作为研究目标,仅研究较为稳定且对北京经济影响较大的最终消费和固定资本形成,包括预测以及对生产的影响分析。本文共分五部分,第一部分,引言;第二部分,北京市最终消费与固定资本形成的预测分析;第三部分,北京市各项最终需求对生产的影响分析;第四部分,消费与固定资本形成对生产的共同影响分析;第五部分,研究结论与政策建议。本文采用计量经济模型与投入产出模型相结合的方法,计量模型预测总量的时间区间是1978年至2025年,投入产出模型研究结构的时间是2017年,预测2022年。

关键词：北京　内需与生产　投入产出　计量　预测

一、引言

党的十九大提出：我国经济社会的发展目标是满足人民对美好生活的向往。要满足人民的美好生活需要离不开消费和投资。消费和投资是拉动经济的原动力,也是扩大内需的首选目标。消费和投资引导好了,经济就会高质量发展,同时内需也会带动外需,促进经济全面发展。此外,研究内需及对生产的影响,可以推动供给侧结构性改革,促进国内经济大循环和国内与国际经济双循环。北京作为首都,应该在促消费、扩投资政策方面有所作为,积极发挥示范带动作用。因此本课题的选题具有重要的理论意义与实际意义。

与此同时,课题开展的年份是2020年,这一年是国民经济和社会发展"十三五"规划的收官之年,其发展对"十四五"规划有着直接影响。同时,也是北京冬奥运周期年份。根据我国投入产出表的编表周期,我们选择2022年作为预测与规划年份,结合考虑2025年的总量,其研究年份的选择也有着深刻的背景和意义。

本文将计量经济模型与投入产出模型结合,用计量经济模型预测总量,用投入产出模型预测结构,并且用计量经济模型启动投入产出模型,研究内需(不包括存货增加)对生产的影响,最后得出相应的研究结论和政策建议。

二、北京市最终消费与固定资本形成的预测

北京市最终消费与固定资本形成的预测,分为城镇居民消费预测、农村居民消费预测、政府消费预测、固定资本形成预测。

(一)北京市城镇居民消费预测

1. 消费总量预测。

(1)绝对收入假设消费模型。

凯恩斯的绝对收入假说认为,在短期中消费取决于收入,其二者之间的关系由边际消费倾向确定。同时消费会随着收入的增加而增加,但边际消费倾向是递减的,这种理论被称为绝对收入假说。绝对收入假说模型的公式为:

$$Y_t = \beta_0 + \beta_1 X_t + \mu_t \tag{2.1}$$

其中 β_0 为自发性消费,β_1 为边际消费倾向。Y_t 为居民消费,X_t 为收入,用地区生产总值代替,下同。

(2)消费总量预测。

运用绝对收入假说模型对二者进行回归分析。

$$Y_t = 0.3863 X_t - 144.1010 + [AR(1) = 0.8816, MA(1) = 0.3869] \tag{2.2}$$
$$(43.22) \quad (-0.84) \quad (9.78) \quad (2.36)$$

$$R^2 = 0.9997, \bar{R}^2 = 0.9996, F = 36233.23, D.W. = 1.9521$$

模型预测不考虑 2020 年新冠肺炎疫情,下同。经预测,2022 年的北京市城镇居民消费数值为 16664.50 亿元,2025 年城镇居民消费为 20287.96 亿元。

2. 消费结构预测(2022 年)。

(1)八大类预测。

运用人均八大类支出作被解释变量,人均可支配收入作解释变量,运用绝对收入假设模型,预测如下:

表 2-1 2022 年北京市城镇居民八大类消费支出预测

单位:万元

消费支出类别	数值	消费支出类别	数值
食品烟酒	29046655	交通通信	23615702
衣着	10424760	教育文化娱乐	17641466
居住	57067752	医疗保健	12960567
生活用品及服务	11184331	其他用品及服务	5003768
合计	166645000		

(2)42 部门预测。

根据《中国北京奥运经济投入产出与计量模型研究》(廖明球等著)一书的研究,可以

将八大类结构分解为 30 个部门。再根据 2017 年投入产出表分解成 42 部门。

表 2－2　42 部门预测结果

单位：万元

部门	消费	部门	消费
金融	23497378	燃气生产和供应	674473
食品和烟草	21037556	纺织品	624582
房地产	15028935	水利、环境和公共设施管理	435132
教育	12351375	公共管理、社会保障和社会组织	386504
农林牧渔产品和服务	11406396	水的生产和供应	380731
批发和零售	10169616	其他制造产品和废品废料	256154
住宿和餐饮	9753109	综合技术服务	251970
卫生和社会工作	7839402	非金属矿物制品	178233
纺织服装鞋帽皮革羽绒及其制品	7330519	金属制品	169842
交通运输、仓储和邮政	5966500	仪器仪表	125495
信息传输、软件和信息技术服务	5763369	通用设备	100514
化学产品	5197001	专用设备	73015
交通运输设备	4847693	煤炭采选产品	6315
租赁和商务服务	4191065	石油和天然气开采产品	0
石油、炼焦产品和核燃料加工品	3682744	金属矿采选产品	0
文化、体育和娱乐	3494656	非金属矿和其他矿采选产品	0
居民服务、修理和其他服务	3017829	金属冶炼和压延加工品	0
电力、热力的生产和供应	2276614	金属制品、机械和设备修理服务	0
通信设备、计算机和其他电子设备	2105513	建筑	0
造纸印刷和文教体育用品	1604398	研究和试验发展	0
电气机械和器材	1560884	合计	166645000
木材加工品和家具	859488		

（二）北京市农村居民消费预测

1. 消费总量预测。

运用绝对收入假说模型对二者进行回归分析。

$$Y_t = 0.0259X_t + 20.7687 + [AR(1) = 1.1423, AR(2) = -0.3927] \quad (2.3)$$
$$(24.84) \quad (1.57) \quad (7.27) \quad (-2.43)$$
$$R^2 = 0.9958, \bar{R}^2 = 0.9955, F = 2796.92, D.W. = 1.7130$$

预测 2022 年的北京市农村居民消费数值为 1162.34 亿元，2025 年农村居民消费为 1377.58 亿元。

2. 消费结构预测（2022 年）。

（1）八大类预测。

运用人均八大类支出作被解释变量，人均可支配收入作解释变量，运用绝对收入假设

模型,预测如下:

表 2-3 消费量预测

单位:万元

消费支出类别	数值	消费支出类别	数值
食品烟酒	2904637	教育文化娱乐	793675
衣着	665543	医疗保健	1018664
居住	3691424	其他用品及服务	99482
生活用品及服务	806267	合计	11623400
交通通信	1643707		

(2)42 部门预测。

根据《中国北京奥运经济投入产出与计量模型研究》(廖明球等著)一书的研究,可以将八大类结构分解为 30 个部门。再根据 2017 年投入产出表分解成 42 部门。

表 2-4 42 部门预测结果

单位:万元

部门	消费	部门	消费
金融	1887661	木材加工品和家具	54235
食品和烟草	1746280	纺织品	38622
房地产	1731631	非金属矿物制品	27767
农林牧渔产品和服务	962918	其他制造产品和废品废料	18890
批发和零售	756888	水的生产和供应	18805
卫生和社会工作	576291	煤炭采选产品	14057
信息传输、软件和信息技术服务	533075	水利、环境和公共设施管理	11832
住宿和餐饮	451055	金属制品	11706
纺织服装鞋帽皮革羽绒及其制品	382932	仪器仪表	9576
教育	339702	综合技术服务	4287
交通运输设备	313595	公共管理、社会保障和社会组织	3299
化学产品	310402	专用设备	2210
电气机械和器材	299323	通用设备	1008
交通运输、仓储和邮政	222397	石油和天然气开采产品	0
石油、炼焦产品和核燃料加工品	200534	金属矿采选产品	0
电力、热力的生产和供应	200533	非金属矿和其他矿采选产品	0
通信设备、计算机和其他电子设备	100054	金属冶炼和压延加工品	0
居民服务、修理和其他服务	93551	金属制品、机械和设备修理服务	0
租赁和商务服务	85799	建筑	0
造纸印刷和文教体育用品	84116	研究和试验发展	0
燃气生产和供应	70127	合计	11623400
文化、体育和娱乐	58245		

(三)北京市政府消费预测

1. 消费总量预测。

运用绝对收入假说模型对二者进行回归分析。

$$Y_t = 0.2221X_t - 1093.466 + [AR(1) = 0.9766] \quad (2.4)$$
$$(5.62) \quad (-0.22) \quad (8.85)$$

$R^2 = 0.9985, \bar{R}^2 = 0.9985, F = 12580.01, D.W. = 1.6797$

结合相对收入假设模型(即增加前一期的消费作解释变量);自回归移动平均模型(时间与扰动项作解释变量)。可以得到2022年北京市政府消费的预测值为9383.42亿元,2025年政府消费为12187.20亿元。

2. 消费结构预测(2022年)。

根据《中国北京奥运经济投入产出与计量模型研究》(廖明球等著)一书的研究,可以将政府消费分解为30个部门。再根据2017年投入产出表分解成42部门。

表2—5 42部门预测值

单位:万元

部门	消费	部门	消费
公共管理、社会保障和社会组织	32077175	非金属矿物制品	0
卫生和社会工作	16999357	金属冶炼和压延加工品	0
教育	16403874	金属制品	0
文化、体育和娱乐	8654003	通用设备	0
研究和试验发展	6570391	专用设备	0
水利、环境和公共设施管理	6287462	交通运输设备	0
交通运输、仓储和邮政	3864105	电气机械和器材	0
综合技术服务	2343846	通信设备、计算机和其他电子设备	0
金融	357409	仪器仪表	0
租赁和商务服务	241345	其他制造产品和废品废料	0
农林牧渔产品和服务	35242	金属制品、机械和设备修理服务	0
煤炭采选产品	0	电力、热力的生产和供应	0
石油和天然气开采产品	0	燃气生产和供应	0
金属矿采选产品	0	水的生产和供应	0
非金属矿和其他矿采选产品	0	建筑	0
食品和烟草	0	批发和零售	0
纺织品	0	住宿和餐饮	0
纺织服装鞋帽皮革羽绒及其制品	0	信息传输、软件和信息技术服务	0
木材加工品和家具	0	房地产	0
造纸印刷和文教体育用品	0	居民服务、修理和其他服务	0
石油、炼焦产品和核燃料加工品	0	合计	93834209
化学产品	0		

(四)北京市固定资本形成预测

1. 总量预测。

以固定资本形成额作为被解释变量,地区生产总值的增量作为解释变量,同时在方程的右边加入固定资本形成额的滞后一期、滞后二期,以考虑固定资本形成额自身的相关性影响,得到的回归结果如下表所示。

$$\widehat{fix}_t = 20.56993 + 0.540809 \cdot \Delta GDP_t + 0.999056 \cdot fix_{t-1} - 0.065121 \cdot fix_{t-2}$$
(2.5)

结合自回归移动平均模型(以时间与扰动项作解释变量),并考虑误差,其预测结果是2022年北京市固定资本形成总额13010.42亿元,2025年为14323.99亿元。

2. 结构预测(2022年)。

利用2017年表的结构,得到42部门表。

表2-6 2022年固定资本形成预测值

单位:万元

部门	2022年固定资本形成预测值	2017年固定资本形成
农林牧渔产品和服务	81845	67040
煤炭采选产品	0	0
石油和天然气开采产品	0	0
金属矿采选产品	0	0
非金属矿和其他矿采选产品	0	0
食品和烟草	0	0
纺织品	0	0
纺织服装鞋帽皮革羽绒及其制品	0	0
木材加工品和家具	16055	13930
造纸印刷和文教体育用品	8034	6777
石油、炼焦产品和核燃料加工品	0	0
化学产品	0	0
非金属矿物制品	0	0
金属冶炼和压延加工品	0	0
金属制品	81930	65828
通用设备	367500	357777
专用设备	1461881	1454091
交通运输设备	5319976	4885200
电气机械和器材	1122152	967364
通信设备、计算机和其他电子设备	2030538	1647651
仪器仪表	37979	39472
其他制造产品和废品废料	0	0
金属制品、机械和设备修理服务	0	0
电力、热力的生产和供应	0	0

续表

部门	2022年固定资本形成预测值	2017年固定资本形成
燃气生产和供应	0	0
水的生产和供应	0	0
建筑	41599243	33173678
批发和零售	4714313	2710728
交通运输、仓储和邮政	261443	147659
住宿和餐饮	0	0
信息传输、软件和信息技术服务	46835026	37348998
金融	0	0
房地产	11993957	9564686
租赁和商务服务	0	0
研究和试验发展	14133631	11270987
综合技术服务	38697	30859
水利、环境和公共设施管理	0	0
居民服务、修理和其他服务	0	0
教育	0	0
卫生和社会工作	0	0
文化、体育和娱乐	0	0
公共管理、社会保障和社会组织	0	0
合计	130104200	103752725

三、北京市各项最终需求对生产的影响分析

本部分将使用第二部分中城镇居民消费、农村居民消费、政府消费以及固定资本形成的2022年42部门的预测值，分别计算它们对总产出以及增加值的影响，再与2017年的数据进行对比分析。

(一)城镇居民消费对生产的影响分析

1. 对总产出的影响分析。

$$X_{c1} = (I - A_{2017})^{-1} Y_{c1} \tag{3.1}$$

根据公式(3.1)所述，X_{c1}代表了由于城镇居民消费Y_{c1}所引发的各部门总生产的数值；而$(I - A_{2017})^{-1}$表示以2017年的投入产出技术A_{2017}所构建的列昂惕夫逆矩阵。首先使用2022年城镇居民消费的预测值计算引发的当年各部门的生产总值，然后再与2017年的数据进行对比。

2022年由城镇居民消费引发的生产数值(包括调入与进口，下同)48842.76亿元。排名前十的部门是租赁和商务服务，金融，食品和烟草，电力、热力的生产和供应，批发和零售行业，化学产品，房地产，交通运输、仓储和邮政，农林牧渔产品和服务以及金属冶炼和

压延加工品部门。而排名后十位的部门则为水利、环境和公共设施管理,水的生产和供应,仪器仪表,专用设备,公共管理、社会保障和社会组织,其他制造产品和废品废料,煤炭采选产品,非金属矿和其他矿采选产品,金属矿采选产品以及研究和试验发展业。

其中,增长比例较高的部门为纺织品部门以及纺织服装鞋帽皮革羽绒及其制品部门,相比2017年涨幅都超过60%;食品和烟草,农林牧渔产品和服务产品等部门,涨幅都在55%以上。都属于衣食产品。

2. 对增加值的影响分析。

$$N_{c1} = (I - A_c) X_{c1} \tag{3.2}$$

根据公式(3.2)所述,N 表示北京地区的增加值,角标 $c1$ 代表了城镇居民消费;$I-A_c$ 矩阵表示由2017年投入产出技术所构建的增加值率对角矩阵。我们分别使用2017年原始数据与2022年预测数据,进行对比分析。

从上式计算得知,2022年由城镇居民消费所带动的增加值19433.69亿元。排名前十的部门是租赁和商务服务,金融,食品和烟草,电力、热力的生产和供应,批发和零售,化学产品,房地产,交通运输、仓储和邮政,农林牧渔产品和服务以及金属冶炼和压延加工品业。而排名后十位的部门则为水利、环境和公共设施管理,水的生产和供应,仪器仪表,专用设备,公共管理、社会保障和社会组织,其他制造产品和废品废料,煤炭采选产品,非金属矿和其他矿采选产品,金属矿采选产品以及研究和试验发展业。其中,增长比例较高的部门为纺织服装鞋帽皮革羽绒及其制品,纺织品,食品和烟草,电力、热力的生产和供应以及农林牧渔产品和服务,相比2017年涨幅都超过55%;包含了木材加工品和家具,交通运输设备等17个部门,所引发的增长幅度都超过了50%。

(二)农村居民消费对生产的影响分析

1. 对总产出的影响分析。

$$X_{c2} = (I - A_{2017})^{-1} Y_{c2} \tag{3.3}$$

通过式(3.3)计算农村居民消费所引发的总生产的数值。与式(3.1)类似,角标 $c2$ 代表了农村居民消费。从上式计算得知,2022年农村居民消费引发生产3318.15亿元。排名前十的行业是租赁和商务服务,金融,食品和烟草,房地产,电力、热力的生产和供应,批发和零售,农林牧渔产品和服务,化学产品,交通运输、仓储和邮政以及金属冶炼和压延加工品业。而排名后十位的行业分别为水利、环境和公共设施管理,仪器仪表,水的生产和供应,专用设备,其他制造产品和废品废料,煤炭采选产品,公共管理、社会保障和社会组织,非金属矿和其他矿采选产品,金属矿采选产品以及研究和试验发展部门。

按照增长比例来说,燃气生产和供应,纺织服装鞋帽皮革羽绒及其制品,煤炭采选产品,纺织品,石油和天然气开采产品以及食品和烟草行业这6个部门的增长幅度相较于2017年都超过了50%。都属于生存型产品。

2. 对增加值的影响分析。

$$N_{c2} = (I - A_c) X_{c2} \tag{3.4}$$

公式(3.4)与公式(3.2)类似,计算农村居民消费数据所引发的增加值。2022年由农村居民消费所带动的增加值1320.23亿元,排名前十的部门为租赁和商务服务,金融,食品和烟草,房地产,电力、热力的生产和供应,批发和零售,农林牧渔产品和服务,化学产品,交通运输、仓储和邮政以及金属冶炼和压延加工品部门。而排名后十位的部门则为水利、环境和公共设施管理,仪器仪表,水的生产和供应,专用设备,其他制造产品和废品废料,煤炭采选产品,公共管理、社会保障和社会组织,非金属矿和其他矿采选产品,金属矿采选产品以及研究和试验发展业。其中,电力、热力的生产和供应以及纺织服装鞋帽皮革羽绒及其制品两个行业,相比于2017年其增长涨幅都超过60%;此外,还有煤炭采选产品,纺织品,石油和天然气开采产品以及食品和烟草这4个部门增长幅度都超过了50%。

从居民消费拉动生产来看,农村居民与城镇居民大致相同。拉动总产出排在前几位的有租赁和商务服务,金融,食品和烟草,电力、热力的生产和供应,批发和零售,房地产。拉动地区生产总值来看,排在前几位的有房地产,金属制品、机械和设备修理服务,食品和烟草,信息传输、软件和信息技术服务以及金属冶炼和压延加工品部门。

(三)政府消费对生产的影响分析

1. 对总产出的影响分析。

$$X_G = (I - A_{2017})^{-1} Y_G \tag{3.5}$$

根据公式(3.5)所述,X_G代表了由于政府消费Y_G所引发的各部门总生产的数值;$(I - A_{2017})^{-1}$同样表示以2017年的投入产出技术A_{2017}所构建的列昂惕夫逆矩阵。我们首先通过2022年政府部门消费的预测值计算引发的部门生产总值,然后再与2017年的数据进行对比分析。

2022年由政府消费引发的生产数值为25669.85亿元。排名前十的部门是公共管理、社会保障和社会组织,租赁和商务服务,教育,化学产品,卫生和社会工作,交通运输、仓储和邮政,电力、热力的生产和供应,金融,金属冶炼和压延加工品以及文化、体育和娱乐行业。而排名后十位的部门则是纺织品,木材加工品和家具,通用设备,专用设备,水的生产和供应,纺织服装鞋帽皮革羽绒及其制品,其他制造产品和废品废料,煤炭采选产品,非金属矿和其他矿采选产品,金属矿采选产品业。2022年的政府消费所引发的生产结构与2017年相比变化不大。

2. 对增加值的影响分析。

$$N_G = (I - A_c) X_G \tag{3.6}$$

上部分,我们讨论了政府消费Y_G对于总生产X_G的影响。本部分,基于式(3.6)计算由总生产X_G所引发的增加值。其中,N_G表示由于政府消费所引发的增加值;$I - A_c$矩阵表示由2017年投入产出技术所构建的增加值率对角矩阵。分别使用2017年原始数据与2022年预测数据,进行对比分析。

2022年由政府消费引发的增加值数值10213.59亿元。排名前十位的部门是公共管理、社会保障和社会组织,租赁和商务服务,教育,化学产品,卫生和社会工作,交通运输、仓储和邮政,电力、热力的生产和供应,金融,金属冶炼和压延加工品以及文化、体育和娱乐业。而排名后十位的部门则是纺织品,木材加工品和家具,通用设备,专用设备,水的生产和供应,纺织服装鞋帽皮革羽绒及其制品,其他制造产品和废品废料,煤炭采选产品,非金属矿和其他矿采选产品以及金属矿采选产品部门。总体来讲,2017年与2022年的政府支出所带动增加值的结构同样差距甚微。

从政府消费拉动生产来看,主要拉动公共管理、社会保障和社会组织,租赁和商务服务,教育,化学产品,卫生和社会工作。拉动增加值排在前几位的是租赁和商务服务,公共管理、社会保障和社会组织,电力、热力的生产和供应,化学产品,交通运输、仓储和邮政。

(四)固定资本形成对生产的影响分析

1. 对总产出的影响分析。

$$X_I = (I - A_{2017})^{-1} Y_I \tag{3.7}$$

根据公式(3.7)所述,X_I 代表了由于固定资本形成的投资 Y_I 所引发的各部门总生产的数值;$(I - A_{2017})^{-1}$ 同样表示以 2017 年的投入产出技术 A_{2017} 所构建的列昂惕夫逆矩阵。首先,我们使用 2022 年固定资本形成投资的预测值来计算引发的各个部门总生产的数据,然后再与 2017 年的数据进行对比分析。

2022 年由固定资本形成所引发的总产出数值 44200.04 亿元。排名前十位的部门是金属冶炼和压延加工品,信息传输、软件和信息技术服务,租赁和商务服务,建筑,批发和零售,金融,房地产,交通运输、仓储和邮政,电力、热力的生产和供应以及通信设备、计算机和其他电子设备业。而排名后十位的部门则是非金属矿和其他矿采选产品,纺织服装鞋帽皮革羽绒及其制品,水的生产和供应,文化、体育和娱乐,其他制造产品和废品废料,水利、环境和公共设施管理,公共管理、社会保障和社会组织,煤炭采选产品,金属矿采选产品以及卫生和社会工作部门。

与三大最终消费部类(城镇居民消费、农村居民消费以及政府部门消费)相比,2022 年各部门固定资本形成增长比例变化不大,其中增幅最大的部门为建筑业,与 2017 年相比拉动的增加值上升了 16.5%;上升幅度比例排名前五的还有卫生和社会工作,信息传输、软件和信息技术服务,批发和零售以及房地产部门。

2. 对增加值的影响分析。

$$N_I = (I - A_c) X_I \tag{3.8}$$

上一部分,我们讨论了固定资本形成投资 Y_I 对于总生产 X_I 的推动作用。本部分通过式(3.8)计算由总生产 X_I 所引发的增加值。N_I 表示由于固定资本形成投资所引发的增加值;$I - A_c$ 矩阵表示由 2017 年生产技术所构建的增加值率对角阵。分别使用 2017 年原始数据与 2022 年预测数据,进行对比分析。

由公式计算得知,2022 年由固定资本形成所引发增加值数值 17586.43 亿元。排名前十位的部门是金属冶炼和压延加工品,信息传输、软件和信息技术服务,租赁和商务服务,建筑,批发和零售,金融,房地产,交通运输、仓储和邮政,电力、热力的生产和供应以及通信设备、计算机和其他电子设备业。而排名后十位的部门则是非金属矿和其他矿采选产品,纺织服装鞋帽皮革羽绒及其制品,水的生产和供应,文化、体育和娱乐,其他制造产品和废品废料,水利、环境和公共设施管理,公共管理、社会保障和社会组织,煤炭采选产品,金属矿采选产品以及卫生和社会工作部门。与 2017 年相比变化不大。

与三大最终消费部类相比,2022 年各部门固定资本形成所带动的增加值上升的比例同样不大,其中增幅最大的依旧为建筑部门,与 2017 年相比拉动的增加值上升了 16.5%;上升幅度比例排名前五的还有卫生和社会工作,信息传输、软件和信息技术服务,批发和零售以及房地产部门,涨幅在 12% 以上。

四、消费与固定资本形成对生产的共同影响分析

这一部分,我们综合城镇居民消费、农村居民消费、政府消费以及固定资本形成这 4 列最终使用数据,对比分析它们对于北京地区总产出以及增加值的贡献程度。然后进行产业结构优化分析。

(一)共同影响分析

1. 对总产出的影响分析。

我们先将计算出的 X_{c1}、X_{c2}、X_G 以及 X_I 进行加总,然后对比分析各类别消费与固定资产投资对于总产出的贡献程度。从表 4—1 可以看出,2017 年,对于总产出 X 贡献度最大的最终需求部门是固定资本形成的投资,占比 43.2%,这一比例在 2022 年下降至 36.2%。而 2022 年,对于总生产贡献度最大的最终需求部门为城镇居民消费,占比为 40%,相比 2017 年有着小幅度的提高(3.7%)。而农村居民消费比例 2017 年与 2022 年基本持平,低于 3%。政府部门支出所推动的总产出量,2022 年相比于 2017 年有着小幅提升,从 17.9% 上升至 21%。

表 4—1 对总产出的贡献程度

单位:%

	2017 年比例	2022 年比例
城镇居民消费	36.3	40.0
农村居民消费	2.6	2.7
政府消费	17.9	21.0
固定资本形成投资	43.2	36.2
合计	100.0	100.0

2. 对增加值的影响分析。

这里我们将计算出的 N_{c1}、N_{c2}、N_G 以及 N_I 进行加总,然后对比分析各类别消费与固定资产投资对于增加值的贡献程度。从表 4—2 可以看出,与对于总产出的贡献程度类似,2017 年,对于增加值 N 贡献度最大的最终需求部门依旧为固定资本形成的投资,占比 45.6%,这一比例在 2022 年下降至 38.4%,略高于对于总生产的贡献程度。而 2022 年,对于增加值贡献度最大的最终需求部门变为城镇居民消费,占比约为 38.8%,相比 2017 年有着小幅度的提高(3.9%)。而农村居民消费比例 2017 年与 2022 年基本持平,在 2.5% 上下浮动;而居民整体对于增加值的贡献度,在 2022 年突破 41%。政府部门消费所推动的增加值量,2022 年相比于 2017 年有着小幅提升,从 17.1% 上升至 20.2%。

表 4—2 对增加值的贡献程度

单位:%

	2017 年比例	2022 年比例
城镇居民消费	34.9	38.8
农村居民消费	2.4	2.6
政府消费	17.1	20.2
固定资本形成投资	45.6	38.4
合计	100.0	100.0

(二)优化分析

本部分,设计一个简单的线性规划问题,目的在于回答以下两个问题:(1)找寻北京地区2022年最优的产业结构;(2)计算由总生产所分别拉动的本地生产、整体调入以及进口的比例。

规划问题的目标函数为最大化北京地区的总增加值N:

$$\max N = c^T \times X = c_1 \times x_1 + c_2 \times x_2 + \cdots + c_n \times x_n \quad (4.1)$$

其中,x为决策变量,是一组1×42的行向量。c为一组列向量,包含了各个部门单位产出的增加值率,这里的增加值率由2017年的投入产出表计算得到,$c_i = v_i / x_i$;v_i为各部门的增加值数据,x_i则表示各部门的总产出水平。用增加值率乘以产出量,即为部门的增加值数量,再将其加总即可以得到北京地区总增加值数量。

约束条件为:

$$(I - A_{2017}) \times X \leqslant Y_{2022} \quad (4.2)$$

$$X_i > 0 \quad (i = 1, 2, \cdots, n) \quad (4.3)$$

其中,A_{2017}为2017年北京地区的投入产出技术水平矩阵,$(I - A_{2017})$则代表了去除中间消耗后的最终需求系数矩阵;Y_{2022}为城镇居民消费、农村居民消费、政府部门支出以及固定资本形成投资四列之和(不包括库存增加),表示北京地区42部门2022年本地的总需求量的预测值。式(4.2)解释为各部门需要提供多少产出量才能保证2022年的消费与固定资本形成的需求;式(4.3)的意思为保证所有部门的产出量为正。

计算结果如表4-3。

表4-3 部门总产出优化结果

单位:万元

部门	2022年	部门	2022年
农林牧渔产品和服务	31207750	通用设备	4116074
煤炭采选产品	335765	专用设备	3297651
石油和天然气开采产品	12934939	交通运输设备	19691228
金属矿采选产品	134272	电气机械和器材	13601063
非金属矿和其他矿采选产品	698772	通信设备、计算机和其他电子设备	33587101
食品和烟草	41476340	仪器仪表	3371930
纺织品	6726804	其他制造产品和废品废料	871078
纺织服装鞋帽皮革羽绒及其制品	10808650	金属制品、机械和设备修理服务	11880782
木材加工品和家具	5173990	电力、热力的生产和供应	69376492
造纸印刷和文教体育用品	31626020	燃气生产和供应	7154064
石油、炼焦产品和核燃料加工品	16745931	水的生产和供应	1856283
化学产品	65980247	建筑	46865850
非金属矿物制品	10468519	批发和零售	67375585
金属冶炼和压延加工品	97713680	交通运输、仓储和邮政	61505654
金属制品	14661295	住宿和餐饮	24917361

续表

部门	2022年	部门	2022年
信息传输、软件和信息技术服务	78534290	居民服务、修理和其他服务	11698240
金融	86255030	教育	35191342
房地产	55654588	卫生和社会工作	25680767
租赁和商务服务	150108864	文化、体育和娱乐	15283390
研究和试验发展	20336503	公共管理、社会保障和社会组织	34044281
综合技术服务	16998358	**合计**	**1253951200**
水利、环境和公共设施管理	8004375		

表4-3显示了优化模型的结果。为了满足我们预测的42部门2022年的最终需求量Y_{2022},北京地区42部门产出总量(包括调入与进口)需要达到125395.12亿元。从各部门的产出结构来看,2022年产出量最高的部门为租赁和商务服务行业,产出达到1.5万亿元;排名第二的部门为金属冶炼和压延加工品业,总产值达到9771亿元;除了这两个行业以外,排名前十的产业还有金融,信息传输、软件和信息技术服务,电力、热力的生产和供应,批发和零售,化学产品,交通运输、仓储和邮政,房地产以及建筑业。除去排名第十的建筑业外,其余行业的总产出都在5000亿元以上。而产值排名后十位的部门则有纺织品,木材加工品和家具,通用设备,仪器仪表,专用设备,水的生产和供应,其他制造产品和废品废料,非金属矿和其他矿采选产品,煤炭采选产品以及金属矿采选产品业。按照大类划分来看,北京市第一产业农业部门产出量占总产出量的比例仅为2.49%,第二产业部门占比37.9%,而第三产业服务业占比达到59.6%。

将表4-3的数据按照2017年比例可以计算出2022年内需拉动本市生产、拉动总调入(含进口),拉动进口的相关数据(见表4-4)。

表4-4 北京市内需(除库存增加)对生产拉动的数值

单位:万元

部门	拉动本市生产	拉动总调入	拉动进口
农林牧渔产品和服务	5205485.00	26002265.00	11118340.00
煤炭采选产品	3666.92	332097.80	23910.90
石油和天然气开采产品	66730.99	12868208.00	11800927.00
金属矿采选产品	10516.84	123755.40	76521.20
非金属矿和其他矿采选产品	477439.00	221333.10	32467.18
食品和烟草	11801495.00	29674845.00	3600298.00
纺织品	254482.50	6472322.00	596091.10
纺织服装鞋帽皮革羽绒及其制品	1995135.00	8813515.00	529593.20
木材加工品和家具	1054948.00	4119041.00	379950.00
造纸印刷和文教体育用品	2785856.00	28840164.00	1193729.00
石油、炼焦产品和核燃料加工品	1786567.00	14959364.00	1556490.00
化学产品	12143690.00	53836557.00	7108698.00

续表

部门	拉动本市生产	拉动总调入	拉动进口
非金属矿物制品	3332745.00	7135774.00	197519.60
金属冶炼和压延加工品	4768858.00	92944822.00	26526261.00
金属制品	1182389.00	13478906.00	158334.20
通用设备	1503708.00	2612365.00	708969.00
专用设备	1745873.00	1551777.00	872226.50
交通运输设备	10878137.00	8813091.00	3607009.00
电气机械和器材	4516249.00	9084814.00	1157269.00
通信设备、计算机和其他电子设备	11047749.00	22539352.00	1626739.00
仪器仪表	1122399.00	2249531.00	1015977.00
其他制造产品和废品废料	648719.00	222358.80	41820.90
金属制品、机械和设备修理服务	1918033.00	9962750.00	0.00
电力、热力的生产和供应	42585762.00	26790730.00	0.00
燃气生产和供应	7116760.00	37303.95	0.00
水的生产和供应	1822931.00	33352.42	0.00
建筑	45333274.00	1532576.00	1532576.00
批发和零售	25103369.00	42272215.00	11934907.00
交通运输、仓储和邮政	27670479.00	33835176.00	12273295.00
住宿和餐饮	17035087.00	7882274.00	5210461.00
信息传输、软件和信息技术服务	65814805.00	12719484.00	3686349.00
金融	75805760.00	10449270.00	5502373.00
房地产	34711304.00	20943284.00	0.00
租赁和商务服务	77245802.00	72818665.00	5509987.00
研究和试验发展	19197527.00	1138977.00	1138844.00
综合技术服务	15101943.00	1896416.00	209333.30
水利、环境和公共设施管理	6549580.00	1454796.00	231350.60
居民服务、修理和其他服务	7327677.00	4370563.00	395180.00
教育	30287201.00	4904141.00	676844.30
卫生和社会工作	25524604.00	156162.90	0.00
文化、体育和娱乐	12895862.00	2387528.00	1517457.00
公共管理、社会保障和社会组织	34044281.00	0.00	0.00
合计	651424879.00	602481922.00	123748098.00

由表4—4可知，2022年北京地区最优产业结构规划的结果，除去拉动本地区内部的生产之外，还会拉动省与省之间的产品调入，以及对于进口产品的需求。

首先，从拉动本市生产的角度看，2022年最终消费与固定资本形成拉动本市总产出65142亿元。排名前十位的部门分别为租赁和商务服务，金融，信息传输、软件和信息技术服务，建筑，电力、热力的生产和供应，房地产，公共管理、社会保障和社会组织，教育，交通运输、仓储和邮政以及卫生和社会工作,除了建筑业与电力、热力的生产供应业外,大部分属于第三产业,即服务业。

其次,从拉动总调入(包含了省间的调入及进口产品的需求)的角度看,2022年最终消费和固定资本形成拉动调入与进口60248亿元。排名前十位的部门为金属冶炼和压延加工品,租赁和商务服务,化学产品,批发和零售,交通运输、仓储和邮政,食品和烟草,造纸印刷和文教体育用品,电力、热力的生产和供应,农林牧渔产品和服务以及通信设备、计算机和其他电子设备部门。总体上看,产业分得比较散,有第一产业的农业部门,同样也有第二产业的加工业部门,还有第三产业服务业。

最后,单从拉动进口品的角度来分析,2022年最终消费与固定资本形成拉动进口12400亿元。排名前十位的部门为金属冶炼和压延加工品,交通运输、仓储和邮政,批发和零售,石油和天然气开采产品,农林牧渔产品和服务,化学产品,租赁和商务服务,金融,住宿和餐饮以及信息传输、软件和信息技术服务业。部分产业与总调入情况类似,额外增加了部分三产服务业的产品。

五、研究结论与政策建议

(一)研究结论

1. 由预测可知,北京市居民消费倾向于衣食住行等基本生活需求方面,城镇居民消费与农村居民消费既有相同点也有差别。

城镇居民消费和农村居民消费要预测结构,考虑结构预测一致性,城镇居民消费和农村居民消费只采用绝对收入假设预测模型。根据八大类预测结果来看,2022年北京市居民消费主要集中在食品烟酒、衣着、居住、生活用品及服务等与基本的生活需求息息相关的行业,在货物型消费基础上增加了服务型消费。

横向对比来看,农村居民八大类消费排名与城镇居民八大类消费排名基本一致,差别在于各项支出绝对值要比城镇居民消费绝对值低,且医疗保健支出比重更高、教育文化娱乐支出占比更低。说明北京市农村居民在生活水平提高的前提下与城镇居民的生活水平还有一定的差距,这是由于农村相较于城镇在生活配套设施等方面较为落后,房价、物价较低,且人均收入也较低,导致消费支出较少。因此,政府要就此情况进行调节,完善农村配套设施,缩小城乡贫富差距。

2. 由预测可知,北京市政府消费将倾向于社会保障、提供公共设施产品服务的相关行业。

2022年北京市政府消费主要集中在科学研究、公共管理和社会组织业、教育事业以及卫生和社会工作等涉及社会保障、提供公共设施产品服务的相关行业。从中可以看出,未来两年政府将大力扶持科学技术,高科技行业发展优势很大。此外,从政府的消费预测来看,在水利、环境和公共设施管理、交通运输、仓储和邮政、综合技术服务、金融、租赁和商务服务、农林牧渔产品和服务这七个行业,政府也着重关注,在多数行业采取混合所有制的方式适度投入、适度调节,在保证市场秩序稳定的情况下加以扶持。

数据表明,政府消费与居民消费的差别比较大,这是由于政府本身并不是一个独立的消费主体,它所花费的钱不是它自己创造的,而是纳税人的钱,是由全体国民创造的。政府存在的意义本身,就在于要为全体国民提供公共服务。所以,政府在消费时,其消费行为本身要有利于国民。

3. 由预测可知,北京市固定资本形成总额增量中第二产业占较大比重,也包含第一与第三产业。

根据预测结果,与2017年相比,农林牧渔产品和服务,木材加工品和家具,造纸印刷和文教体育用品,金属制品,通用设备,电气机械和器材,通信设备、计算机和其他电子设备,建筑,批发和零售,交通运输、仓储和邮政,信息传输、软件和信息技术服务,房地产,研究和试验发展,综合技术服务这15个部门的固定资本形成有所提高,专用设备,交通运输设备这2个部门的固定资本形成有所降低。

4. 从需求带动总产出与增加值的角度来看,不同需求拉动的生产不同,其贡献率也不同。

首先,从居民消费拉动的生产和增加值角度看,北京地区由城镇居民消费所拉动的行业主要来自租赁和商务服务,金融,食品和烟草,电力、热力的生产和供应,批发与零售,化学工业;北京地区农村居民消费拉动的行业主要是租赁和商务服务,金融,食品和烟草,房地产,电力、热力的生产和供应,批发与零售。

其次,从政府消费拉动的生产和增加值角度看,北京政府消费拉动的行业有公共管理、社会保障和社会组织,租赁和商务服务,教育,化学产品,卫生和社会工作,交通运输、仓储和邮政。

再次,从固定资本形成拉动的生产和增加值的角度来看,北京固定资本形成拉动的行业主要是金属冶炼和压延加工品,信息传输、软件和信息技术服务,租赁和商务服务,建筑业,批发与零售,金融等。

2022年对北京市总产出与增加值贡献最大的是城镇居民消费,其次是固定资本形成,再是政府消费,最后是农村居民消费。

5. 从产业优化结果看,北京市的支柱产业主要是第三产业。

从产业优化结果看,内需(除库存增加)拉动总产出,排在前十位的部门为租赁和商务服务,金融,信息传输、软件和信息技术服务,建筑,电力、热力的生产和供应,房地产,公共管理、社会保障和社会组织,教育,交通运输、仓储和邮政以及卫生和社会工作。除建筑与电力、热力的生产供应业,全部属于三产服务业。由于本地区的内需拉动,对于外地区(包含省际间与进口)产品的需求主要集中在能源部类产品及部分重工业产品。

(二)政策建议

根据以上结论本文提出如下政策建议:

1. 提高资源利用率和最终消费率。

经研究发现,北京市居民消费与政府消费还呈现此消彼长的关系,现阶段的资源利用率还待提高。资源包括自然资源和固定资产,政府消费不挤占居民的消费空间,而是把一部分闲置资源给调动起来,或者是提高资源利用率,这样反过来通过就业和收入增加了居民的消费。可见,现阶段提高资源利用率也是一个重要的发展方向。

此外,我国居民消费逐年稳步增长,但消费率仍小于大部分发达国家的水平。从短期看,投资对保增长是重要的;从中长期看,投资要有效转化为消费,才能形成内在的增长动力。因此笔者建议把提高消费率纳入政府绩效考核的约束性指标。未来几年,推进消费主导的转型与改革,既是短期政策的着力点,也是中长期公平与可持续发展的战略重点,更是改革攻坚的重大挑战。要尽快扭转投资消费失衡的局面,形成消费主导的新格局。未来几年北京市应该继续疏解非首都功能,建设服务型政府,应当按照需求结构变化的趋势,加大以保障型住房、教育、医疗等为重点的公共性投资。同时,要优化投资资金来源,扩大民间资本投入,尤其是引导民间资本进入到教育、医疗、养老、保障性住房建设等领域。

2. 政府联合企业举办消费季,发放消费券,线下消费与线上消费相结合。

随着抗击新冠肺炎疫情常态化,刺激消费也要常态化。由于消费直接拉动生产,特别是服务消费没有库存,不消费意味着不生产。消费的范围很广,除了衣食住行的基本消费外,还有发展型、享受型消费,特别是健康性消费、文化旅游性消费。消费升级是一篇大文章,一定要做好。政府组织,企业让利,常年举办消费季,发放消费券与代金券,采用线下消费与线上消费相结合的方法。在疫情好转的情况下发展线下消费,对聚集性消费特别是室内消费严格实行戴口罩与保持一米的距离。对市区特别是小城镇,发展早市和夜市,比如深夜食堂,实行10分钟的生活服务圈,既可解决就业,又增加了消费,方便了消费群体。

3. 完善国家社会保障体系,拓宽百姓投资渠道。

首先,要进一步加大财政投入。政府要突出人民至上理念,加大财政对社会保障的投入,调整支出结构,建立规范的社会保障预算制度,进一步提高社会保障支出的比重,扩大保障覆盖面,真正实现"应保尽保";探索新的制度建设,针对不同群体增加新的保障项目,如建立符合农民工特点的社会保障制度、农村养老保险制度等。同时,不断提高社保管理服务水平,适应社保服务工作的新任务。

其次,要加快实施农村养老保险制度,减轻居民养老负担。目前在北京市农村地区,基本养老保障制度建设的时机已经成熟,要把解决农村的养老保障问题作为破除城乡二元结构、实现城乡一体化的重要突破口。

再次,北京市政府应加快完善社会保障制度法律体系。在充分研究《劳动法》基础上,尽快制定相关法律法规,如《失业保障法》《济贫法》《社会福利法》《养老保险法》等,制定养老保险条例、医疗保险条例、社会保障基金管理条例等法规,使社会保障制度上升到一个有法可依、违法必究的程度。

最后,要进一步解决居民金融资产保值增值的问题,促进居民理财方式的多元化。当务之急是加快推进利率市场化改革,尤其是尽快放开存款利率的浮动幅度。从长期来看,利率市场化既是民众分享改革发展成果的重要方式,也是银行转型升级的必由之路。对于政府和居民来说,不失为一种"双赢"措施。

4. 促进城乡发展,缩小贫富差距。

经研究表明,北京市城镇、农村发展之间仍存在较大的差距。针对城乡发展不平衡的问题,笔者从以下两点提出建议:

首先,要进一步推进收入分配制度改革。只有让居民更好地从社会发展中得到更公平的分配,才有助于促进社会和谐发展,更好地实现公平发展。一是要在初次分配中就体现出公平,进一步改变初次收入向政府部门、大型国有企业倾斜的现实,不断提高劳动收入的比例,进一步营造初次分配的公平环境。二是加大二次分配的调节力度,结合我国当前经济转型的现实状况,扩大和提高满足民生需求的能力,以明确的制度提高社会保障及转移支付的比例。三是进一步改革税制,全面加强对税收的监管力度,充分发挥出税收的调节作用,尽快建立向公众开放的个人报税平台,通过税收手段来达到对城乡收入的分配调解作用。

其次,要加大教育投入,实现教育公平。教育公平是改善人民群众生活水平、促进城乡发展公平的重要组成部分。为了缩小城乡发展贫富差距,应当大力发展和完善城乡教育体系。一是加大对教育的投入力度,全面提高北京市城乡教育质量,保证居民享有优质的教育资源和教育服务。二是进一步完善教育贷款和助学体制,鼓励贫困家庭通过教育贷款等形式更好地提高教育水平,从而逐步提高就业能力和经济收入。三是着力完善基础教育服务体系,加大基础教育改革力度,在实行素质教育的同时,进一步公平配置教育资源,不仅实现师资力量的优化配置,而且要实现区域性的优化配置,着力解决群众子女上学难问题,同时加大高考改革力度,将招生政策向农村和边远山区倾斜,推进高等教育的普及与发展。

综上所述,缩小北京市城乡贫富差距是一项系统工程,涉及到经济、政治、文教等方面,需要国家加大民生投入,还需要贫困阶层自身的自强努力,更需要政府根据我国基本国情,秉承公平、正义的理念全面深化体制改革。从当前实际情况来看,应当从改革收入分配制度,完善对低收入群体的帮扶,重点解决人民群众的实际问题出发,从而达到促进城乡发展与缩小贫富差距的目的。

5. 实施适度扩张的财政政策,关注下行风险下固定资本投资和建设。

政府的财政政策在稳定经济增长、防止经济增速深度下滑方面具有其他政策难以替代的作用。鉴于基础设施建设项目从立项到施工需要时间较长,应根据经济社会发展需要做好基础设施建设的中长期发展规划,为持续实施和灵活调整政策取向作好准备。

作为中国政治和文化中心的北京,只有在发展中不断改革调整,及时查漏补缺,才能从容地应付瞬息万变的世界经济形势,保证经济长期有效的均衡发展,真正实现经济的腾飞。

在疫情影响下,2020年一季度中国经济遭受重创,一段时间内经济增速下行是大概率事件。在当前的宏观经济背景下,社会整体需求相对不足,在市场行情的影响下北京市内的各项固定资产投资建设可能无法及时获得预期现金流,可能致使部分项目工程无法顺利完成,亦或是工程完成后无法如期收回资金。因此,今后一个时期应该关注固定资本投资和建设。

6. 通过刺激第三产业的需求拉动经济增长,促进产业结构优化升级。

经研究表明,北京市未来在科技创新以及服务业领域有着巨大的发展潜力,因此,政府要借此契机鼓励第三产业发展,促进北京市产业结构升级。具体来说可以从如下方面着手。

首先,提高自主创新能力。提高自主创新能力,是科技的战略基点和调整产业结构、转变增长方式的中心环节。经过多年改革与发展,以自主创新能力作为突破口的一些重要条件开始形成:大规模制造能力的形成;配套产业水平提升;企业成为负责任的投资主体;科技投入不断增加。因此,政府应当按照"自主创新、重点跨越、支撑发展、引领未来"

的方针,在一些对地区发展至关重要的关键战略领域和若干科技发展前沿形成自主知识产权,大力发展高新技术产业,会对经济增长有突破性的重大带动作用。

其次,传统产业在较长时期内仍将是国内市场需求量大、国际市场上有比较优势的重要产业,要加快开发能够推动传统产业升级的共性技术、关键技术和配套技术。装备制造业是为实现工业化、现代化提供物质技术基础的产业,也是今后一段时间我们有较大市场空间的主导产业。要以重大工程为依托,推动设备制造业振兴。我们自己和国际经验都证明,以重大工程为依托进行关键技术的研发和设备研制,目的明确,配套同步,成果直接为重大项目服务。更为重要的是有需求方的约束,其成效是"可检验的",是要拿到市场上去的,能够有效促进技术创新与经济实践的结合。

最后,还要加大在一些前沿科技领域的跟踪投入。信息技术、生物技术、纳米技术与微系统、新材料与先进制造技术、洁净与高效能源、生态环境保护与恢复技术等正在不断取得新的进展,其中可能孕育出引导下一轮产业结构调整的主导技术。要力争通过几年、十几年的持续努力,在这些新的技术领域中奠定自主创新能力,促进产业结构进一步优化升级。

北京第三产业的需求发展强劲,特别是租赁和商务服务,金融以及信息传输、软件和信息技术服务等行业,这些都是生产与生活服务业,并且营业点分散,以小微企业为主体,刺激这些部门发展能够拉动北京经济发展。

7. 北京的内需拉动经济首先是消费拉动经济,再是投资拉动经济,而北京的最优产业结构应该是发展数字经济,发展知识密集型的制造业与服务业。

2022年是北京冬奥会举办之年,同时在经济发展的新常态下,北京市消费能力会更加增强,不仅居民消费力强,而且政府消费力也强。通过分析,我们知道北京消费带动的生产效果要好于投资带动的效果,因此,北京内需拉动经济首先是消费拉动,其次是投资拉动。同时固定资产投资也从消费性投资出发。如果排序,先是居民消费,再是政府消费,后是固定资产投资。

北京地区未来最优产业结构,除去部分高新技术制造业外,将全面转向三产服务业。要通过输出第三产业产品换回第一、二产业产品。为了满足北京地区的生产需求,对于大部分高污染行业的产品,将采取省外调入及进口的方法进行满足。

北京经济围绕科技和文化为中心发展,担负着为向全国和全球提供服务产品的重任。因此布局产业时以科技型企业为主,利用5G技术和北斗导航系统,发展好数字经济,发展知识密集型制造业与服务业。具体是发展人工智能,智能制造,比如发展生产性机器人与服务型机器人产业。

8. 充分发挥国内超大规模市场优势,逐步形成以国内大循环为主体,国内国际双循环相互促进的新发展格局。

北京市是世界城市,又是首都,拥有国内超大规模市场,包括产品市场,人才市场,生产要素市场。同时市场主体完备,有政府主体、居民主体、企业主体。内需是拉动经济的原动力,据预测2022年城镇居民消费16664.50亿元,农村居民消费1162.34亿元,政府消费9383.42亿元,固定资本形成13010.42亿元。这四项内需合计40220.68亿元,而1元内需拉动产出3元左右,一共拉动产出125395亿元。其中,拉动本市产出65145亿元,拉动总调入60250亿元,其中进口12400亿元。根据预测,2025年北京市城镇居民消费

20287.96亿元,农村居民消费1377.58亿元,政府消费12187.20亿元,固定资本形成14323.99亿元。这四项内需合计48176.73亿元,拉动总产出150199亿元。其中,拉动本市产出78031亿元,拉动总调入72168亿元,其中进口14853亿元。货物和服务产品的大量调入调出,使得北京成为全国货物和服务贸易的枢纽与总部经济所在地,逐步形成以国内大循环为主体,国内国际双循环相互促进的新发展格局。

参考文献

[1] 苏丽娟.北京最终消费支出与经济增长的协整分析[J].产业与科技论坛,2012,11(04):43-44.
[2] 晓庆,刘梦晨.基于模型实证分析影响我国居民消费的因素[J].宿州教育学院学报.2017,20(06)20-24.
[3] 王甜甜.北京市房地产投资与经济增长实证研究[D].首都经济贸易大学,2012.
[4] 李纪宏.首都基础设施发展的新阶段和新需求[J].北京规划建设,2017(02):106-108.
[5] 钟契夫,陈锡康,刘起运.投入产出分析[M].北京:中国财政经济出版社,1993.
[6] 廖明球等.中国北京奥运经济投入产出与计量模型研究[M].北京:首都经济贸易大学出版社,2007.
[7] 王军,陆逸.建国以来北京市固定资产投资规模研究[J].首都经济,1999,9:3-8.
[8] 李诗争,张小雪.我国最终消费需求对产业结构变动影响数量分析[J].合作经济与科技,2007(14):38-39.
[9] 许宪春,刘起运.当代中国投入产出分析应用论文精粹[M].北京:中国统计出版社,2004.

作者简介:

廖明球,首都经济贸易大学,liaomq@cueb.udu.cn。
张恪渝,北京物资学院,zkyjesu@126.com。
王璐瑶,首都经济贸易大学,w.luy@163.com。
安禹,首都经济贸易大学,549527479@qq.com。
张志强,首都经济贸易大学,zhangzhiqiang323@163.com。
高孚嘉,首都经济贸易大学,1844056005@qq.com。
王滨,北京市统计局国民经济核算处,wangbinbgs@tjj.beijing.gov.cn。
郑晓光,北京市统计局金融业统计处,zhengxg@tjj.beijing.gov.cn。
束映川,北京市统计局国民经济核算处,shuyc@tjj.beijing.gov.cn。

广西制造业转型升级对经济、能耗和就业的效应研究

——基于广西2017年投入产出表

唐 旭 黄保荣 袁夏莹 蔺 龙 黄靖贵

摘要：制造业是一个国家或地区经济竞争力的核心。广西为欠发达地区，长期以来，制造业一直处在过度依赖资源密集型和劳动密集型产业链低端的粗放、低水平发展状态，低水平的传统制造业占比重过大，布局过于分散，产业集群度低，技术水平、工艺落后等，导致了资源利用效率低，污染物排放严重，能源消耗高，经济社会效益低下，影响了广西经济的可持续发展能力。鉴于此，本文从广西制造业发展现状入手，利用历年广西投入产出数据和广西第四次全国经济普查资料，通过构建经济—能源—就业非竞争型投入占用产出模型，实证分析了广西制造业转型升级对经济、能耗和就业的影响，并从经济增长方式、低碳环保、促进就业等三个方面，提出了广西制造业转型升级的路径选择，以提高广西经济高质量发展提供科学决策依据。

关键字：制造业 转型升级 能源消耗 劳动就业

一、引言

制造业是一个国家或地区经济的基石，也是一个国家或地区经济竞争力的核心。资源和劳动力是制造业发展最为关键的投入要素，在习近平总书记提出的"金山银山，不如绿水青山，而且绿水青山就是金山银山"科学发展理念指导下，如何用较少的能源实现更大的经济发展和创造更多的就业岗位已成为人们共同关注的热点问题。广西为欠发达地区，自然资源总量丰富，过去制造业的发展模式主要以要素驱动，特别是依托人口红利和自然资源驱动，高排放、高污染、高能耗、高劳动力密集等传统制造业为广西经济发展发挥了重要作用。近几年来，由于广西制造业链龙头企业、科技型集聚企业、创新型引领企业、高端服务业企业、总部型高产企业不多，传统制造业产业比重过大，导致的问题逐渐突显——制造业企业内部面临着人力成本和运营成本持续上涨，国内各省的招商引资竞争加剧，外部面临着中美经济贸易摩擦不断，高端制造被发达国家抢占、卡脖子，低端制造又遭受东南亚和发展中经济体低成本国家挤压，传统依靠资源要素投入、劳动力密集投入和规模扩张的粗放发展模式将难以为继，因此制造业必须转型升级。本研究将基于历年广

西投入产出调查资料和2018年广西第四次全国经济普查资料,从分析广西制造业发展现状入手,采用能源及就业投入占用产出模型,分析广西制造业转型升级过程中对能源、就业及经济的波及效应,提出广西制造业转型升级的路径选择,为广西经济质量发展提供决策依据有重要意义。

二、文献综述

能源消耗与就业问题一直是经济学研究领域的热点问题。Yu等(1987)对美国能源消耗与就业增长关系进行研究发现,1973—1984年美国能源消费与非农就业增长存在明显负相关性,但因果关系不明显;Chumbo和David(2006)认为技术变革是能源强度下降的主要原因,但产业结构变化则促进了能源消费量的增加;Murry和Dan(2009)批驳了能源供应和就业在经济增长中具有替代作用的观点,提出其存在共同增长现象;ACE(1997)提出严格环境法律法规标准框架下的低碳经济可以引导和激发经济体投入到激烈的国际竞争市场中,从而创造更多的直接和间接就业岗位;田大洲和田娜(2010)就发展低碳经济对就业的影响机制进行分析,并于此基础上提出了兼顾两者的政策建议;王会娟和陈锡康(2014)利用投入产出分析方法,分析能约束下产业结构变化对非农就业的影响,认为提高低能耗部门增加值会使非农就业有不同程度增加,而对高技术等级就业人员则有负面影响。可见,能源消耗与就业存在密切关系。

Bullard和Robert(1975)最先构建能源投入产出表,陈锡康(1981)则基于实物型投入产出表导出能源投入产出表基本表达式及其系数模型,后来多数能源投入产出模型的理论分析与应用都基于此发展起来。投入产出表分析方法应用于能源消耗、能源贸易、污染物排放等领域研究取得良好分析效果的如:Lin&Polenske(1995)利用投入产出表对1981—1987年我国能源消费变化情况进行了阐释,王会娟等(2009)建立能源产投入产出模型对我国能源出口贸易进行了分析,刘轶芳等(2010)基于投入产出表分析方法测算了我国对外贸易总量及贸易结构的隐含碳排放情况,并对其变化趋势进行了合理性分析;等等。投入产出分析方法应用于就业问题方面的研究也不少,如王会娟等(2009)利用投入产出分析方法测算了国际金融危机对就业的影响,陈全润(2011)则利用投入产出局部闭模型测算了我国扩大消费的政策对就业的影响等。此外,还有将能源与就业集中在同一个利用投入产出分析系统里分析经济发展情况,如Tourkolias&Mirasgedis(2011)利用投入产出模型测算出了希腊可再生资源所能带来的包括直接和间接的就业机会;Ulrike等(2008)利用投入产出模型测算了可再生能源投资、需要变化对就业的影响;王会娟等(2014)建立非竞争型能源就业投入占用产出模型分析了能源约束下产业结构调整对我国非农业就业的影响。然而,目前研究尚未有将产业结构调整、能源消耗和就业集中在一个系统中分析广西制造发展情况。因此,本研究将在前人研究的基础上,结合广西制造业发展的实际,建立广西制造业能源及就业投入占用产出模型,并以此为基础分析讨论广西制造业转型升级对经济、能耗和就业的效应情况。

三、广西制造业发展现状分析

长期以来,广西制造业一直处在过度依赖资源密集型和劳动密集型产业链低端的粗放、低水平发展状态,低水平的传统制造业占比重过大,布局过于分散,产业集群度低,技术水平、工艺落后等,导致了资源利用效率低,污染物排放严重,能源消耗高,经济社会效益低下,影响了制造业可持续发展能力。

(一)过度依赖于资源型和劳动密集型产业

广西第四次全国经济普查资料整理结果显示,2018年末,广西制造业法人单位总资产规模为1.48万亿元,占二三产业法人单位资产合计比重为10.9%,其中,农副食品加工业、木材加工和木、竹、藤、棕、草制品业、非金属矿物制品业、黑色金属冶炼和压延加工业、有色金属冶炼和压延加工业、化学原料和化学制品制造业、汽车制造业、计算机通信和其他电子设备制造业等8个行业的资产累计占整个制造行业资产合计的比重超过60%。2013—2018年五年间,广西制造业法人单位总资产规模扩大了25.0%,其中上述这8个行业的资产规模扩大对整个广西制造行业资产规模扩大的贡献率达78.3%。以资源型产业和劳动密集型产业为主的制造业产业格局,对资源消耗大,行业生产投入高,同时容易受市场价格变动和宏观政策调控影响,市场竞争力不强,企业经营获利能力弱,成为了广西制造业转型发展的主要瓶颈。2019年广西GDP总量为2.12亿元,按可比价计算,比上年增长6.0%,其中制造业仅增长3.8%。

(二)制造业转型升级成效明显

长期以来,虽然广西制造业由于受到产业格局的影响发展相对比较慢,但是近些年来广西凭借着地处我国国际陆海贸易新通道、面向东盟的金融开放门户、中国—东盟信息港、对接粤港澳大湾区重要区域的区位优势,并坚持以习近平新时代中国特色社会主义思想"中国制造"转型升级重要论述为指导,锚定实体经济高质量发展新坐标,抓好制造业,特别是针对优势传统产业绿色制造、先进制造、智能制造等优势产业等制造业领域的短板,从供给侧培育新动能、创新驱动壮大新动能和产业融合发展上发力,防止"脱实向虚""强龙头、补链条、聚集群",制造业发展规模不断壮大,结构不断优化,质量水平不断提高。

从资产规模变化情况来看,近几年广西优势传统制造、先进制造和智能制造企业扩张非常快,据广西经济普查数据资料显示,2013—2018年,广西汽车、计算机、通信及其他电子设备等高端制造行业的资产规模分别增长39.6%和128.9%,非金属矿物制品、黑色金属冶炼和压延加工、木材加工及木、竹、藤、棕、草制品等优势传统行业的资产规模也分别增长达45.4%、26.5%和78.6%。2013—2018年广西资产规模位列前10位的制造业行业资产变化情况如表1所示。另外,从制造业产品产量看,2019年,全区新能源汽车产量比上年增长83.6%,智能电视增长2.1倍,手机增长72.1%,电子元件增长11.9%。可见,高端制造、先进制造和新产品制造业较快发展,已成为推动广西经济高质量发展的新动力。

表1　2013—2018年资产规模前10位的制造业行业资产变化情况

行业	2018年末 资产总计（亿元）	2018年末 占制造业比重（%）	2013年末 资产总计（亿元）	2013年末 占制造业比重（%）	增长（%）	拉动（个百分点）
制造业	14786.4	100.0	11824.6	100.0	25.05	
汽车制造业	1779.5	12.0	1274.4	10.8	39.6	4.3
农副食品加工业	1610.7	10.9	1505.8	12.7	7.0	0.9
非金属矿物制品业	1473.5	10.0	1013.5	8.6	45.4	3.9
黑色金属冶炼和压延加工业	1433.5	9.7	1133.2	9.6	26.5	2.5
有色金属冶炼和压延加工业	1297.6	8.8	1146.5	9.7	13.2	1.3
化学原料和化学制品制造业	966.5	6.5	852.7	7.2	13.3	1.0
计算机、通信和其他电子设备制造业	686.2	4.6	299.7	2.5	128.9	3.3
木材加工和木、竹、藤、棕、草制品业	679.8	4.6	380.7	3.2	78.6	2.5
造纸和纸制品业	617.5	4.2	536.0	4.5	15.2	0.7
专用设备制造业	596.2	4.0	554.2	4.7	7.6	0.4

从行业结构调整情况来看，近几年广西制造业不断向计算机通信、电子、汽车等高新技术行业和制糖、木材加工、医药等具广西特色的行业加快集聚。通信、计算机及其他电子设备制造行业和汽车制造行业规模以上总产值占规模以上制造业总产值的比重，分别由2013年的4.5%和11.8%提高到了2018年的7.3%和13.0%；具有广西特色木材加工及木竹藤棕草制品业比重也持续提高，由4.1%提高到了6.1%，农副食品加工业基本维持在12.0%左右。相反，污染严重的冶金、化工、造纸比重持续下降，黑色金属冶炼及压延加工业、化学原料及化学制品制造业和造纸及纸制品业的比重，分别由2013年的13.8%、5.8%和2.4%下降到了11.7%、4.5%和1.9%。2013—2018年行业结构变化较大制造业的总产值比重变化情况如表2所示。

表2　2013—2018年部分规模以上制造行业总产值占比情况表

单位：%

行业	2013	2014	2015	2016	2017	2018
制造业	100.0	100.0	100.0	100.0	100.0	100.0
通信设备、计算机及其他电子设备	4.5	5.3	6.4	7.2	7.8	7.3
木材加工及木竹藤棕制品业	4.1	4.6	5.2	5.6	6.0	6.1
电气机械及器材制造业	4.0	4.2	4.5	4.6	3.7	2.2
汽车制造	11.8	11.8	12.2	12.2	11.7	13.0
医药制造业	2.1	2.1	2.2	2.2	1.9	1.4
食品制造业	1.7	1.8	1.9	2.0	2.0	1.2
黑色金属冶炼及压延加工业	13.8	13.4	12.2	12.1	10.4	11.7
有色金属冶炼及压延加工业	6.3	6.5	6.3	6.6	8.2	6.9
化学原料及化学制品制造业	5.8	5.6	6.0	5.8	5.2	4.5
农副食品加工业	12.6	12.2	11.7	11.5	11.1	12.3
烟草制品业	1.2	1.2	1.1	0.9	0.9	1.3
造纸及纸制品业	2.4	2.1	1.9	1.8	1.7	1.9

(三)制造业能源消费总量比重明显下降

随着经济绿色低碳发展战略和能源供给侧结构性改革持续推进,在制造业转型升级的作用下,近年来广西制造业能源消费量占总能源消费量的比重明显下降,由2013年的67.3%下降到了2018年的65.0%,其中高耗能高污染的非金属矿物制品业、化学原料及化学制品制造业和农副食品加工业下降最为明显,分别由2013年的15.8%、5.3%和5.1%下降至2018年的13.7%、2.9%和3.7%,下降了2.4%、2.0%和1.4%,其他部分行业详见表3所示。

表3 2013—2018年部分行业能源消费占比变化情况表

单位:%

行业	2013	2014	2015	2016	2017	2018
消费总计	100.0	100.0	100.0	100.0	100.0	100.0
工业	74.3	72.0	70.3	69.2	69.2	70.6
制造业	67.3	65.5	64.2	63.5	63.6	65.0
农副食品加工业	5.1	5.4	4.3	2.2	2.5	3.7
食品制造业	0.5	0.6	0.7	0.6	0.5	0.4
酒、饮料和精制茶制造业	0.8	0.8	0.6	0.6	0.5	0.3
木材加工及木、竹、藤、棕、草制品业	1.3	1.3	1.4	1.0	1.1	1.4
造纸及纸制品业	2.0	2.3	2.3	2.6	2.7	1.9
石油加工、炼焦和核燃料加工业	3.1	2.8	2.3	2.3	3.4	2.6
化学原料及化学制品制造业	5.3	5.0	5.6	4.3	3.3	2.9
医药制造业	0.3	0.3	0.3	1.0	0.3	0.2
橡胶和塑料制品业	0.3	0.3	0.5	0.3	1.1	1.1
非金属矿物制品业	15.8	14.2	14.1	14.1	13.3	13.7
黑色金属冶炼及压延加工业	21.6	22.1	20.8	21.3	22.1	21.6
有色金属冶炼及压延加工业	8.3	7.8	8.0	9.8	9.6	12.7
金属制品业	0.4	0.4	0.5	0.9	0.4	0.5
汽车制造业	0.7	0.7	0.9	0.8	0.8	0.3
电气机械及器材制造业	0.4	0.3	0.4	0.2	0.2	0.0

(四)制造业仍是吸纳就业的关键行业

近年来,随着广西实体经济转型升级步伐加快,以及跨境电商、农村电商、网上零售、网络订餐等新兴业态的不断"升温",催生了大量服务业就业岗位,尤其是在批发和零售行业为个体户创造了大量的就业机会。据广西第四次全国经济普查资料整理结果显示,2018年末,全区第二产业和第三产业法人单位从业人员750.86万人,比2013年末增加78.75万人,增长11.7%。第三产业的从业人员为471.53万人,增加108.71万人,增长30.0%。个体经营户从事批发和零售行业的从业人员为200.14万人,占整个二三产业所有从业人员的比重为17.5%。但值得注意的是,制造业仍是当前稳定就业的关键行业。

2018年末,全区制造业从业人员为187.86万人,占二三产业所有从业人员比重达16.5%,其中,法人单位从业人员为150.17万人,个体经营户从业人员37.69万人;在所有法人单位从业人员中,制造业法人单位从业人员占比达20.0%,比建筑、批发零售、教育等领域分别多了5.3、10.9和9.7个百分点。可见,制造业仍是当前提供就业的主导行业,尤其在二三产业法人单位中仍是提供就业岗位最多的行业,无疑是当前稳定就业的关键行业。2018年末部分行业从业人员情况如表4所示。

表4 2018年末分行业从业人员情况表

行业	法人单位从业人员(万人)	比重(%)	个体经营户从业人员(万人)	比重(%)
合　计	750.86	100.0	389.61	100.0
采矿业	6.76	0.9	0.43	0.1
制造业	150.17	20.0	37.69	9.7
电力、热力、燃气及水生产和供应业	12.4	1.7	0.11	0.0
建筑业	110.4	14.7	12.72	3.3
批发和零售业	68.65	9.1	200.14	51.4
交通运输、仓储和邮政业	32.11	4.3	29.79	7.6
住宿和餐饮业	13.63	1.8	53.58	13.8
信息传输、软件和信息技术服务业	12.86	1.7	0.81	0.2
金融业	31.54	4.2	—	
房地产业	30.22	4.0	0.37	0.1
租赁和商务服务业	49.49	6.6	4.21	1.1
科学研究和技术服务业	19.7	2.6	0.59	0.2
水利、环境和公共设施管理业	8.56	1.1	0.02	0.0
居民服务、修理和其他服务业	7.46	1.0	33.07	8.5
教育	77.1	10.3	5.33	1.4
卫生和社会工作	36.51	4.9	4.56	1.2
文化、体育和娱乐业	7.9	1.1	3.3	0.8
公共管理、社会保障和社会组织	71.83	9.6	—	

从各行业人才分布情况看,制造业是各类人才聚集比较多的行业。据广西第四次全国经济普查资料整理结果显示,2018年末,全区二三产业法人单位技能人员为49.33万人,其中高级技师、技师、高级技能、中级技能和初级技能人员分别为1.34万人、3.98万人、9.87万人、14.22万人、19.91万人,分别占2.7%、8.1%、20.0%、28.8%和40.4%;全区二三产业法人单位具有大学专科学历以上人员287.12万人,其中具有研究生学历(位)、本科学历(位)、大学专科学历人员分别为13.18万人、133.58万人、140.35万人,分别占4.6%、46.5%和48.9%。分行业看,2018年末,全区制造业法人单位有技能的从业人员为13.58万人,其中,其中高级技师、技师、高级技能、中级技能和初级技能人员分别为0.38万人、1.10万人、3.12万人、3.90万人和5.07万人,占2.8%、8.1%、23.0%、28.7%和37.3%;全区制造业法人单位有技能的从业人员占二三产业法人单位所有有技

能的从业人员的比重为27.5%,排在各行业的首位。另外,全区制造业法人单位具有大学专科学历以上从业人员为27.74万人,占全区二三产业法人单位所有具有大学专科学历以上从业人员的比重为9.7%,排在各行业的第三位。

表5 2018年末分行业技能人员和具有大学专科学历以上人员情况表

行业	技能人员（万人）	占比（%）	具有大学专科学历以上人员（万人）	占比（%）
合　计	49.33	100.0	287.11	100.0
采矿业	0.87	1.8	1.72	0.6
制造业	13.58	27.5	27.74	9.7
电力、热力、燃气及水生产和供应业	4.92	10.0	6.82	2.4
建筑业	14.47	29.3	19.48	6.8
批发和零售业	3.79	7.7	22.78	7.9
交通运输、仓储和邮政业	2.38	4.8	9.10	3.2
住宿和餐饮业	0.36	0.7	1.76	0.6
信息传输、软件和信息技术服务业	0.87	1.8	9.54	3.3
金融业	0.07	0.2	0.53	0.2
房地产业	1.95	4.0	11.67	4.1
租赁和商务服务业	2.48	5.0	17.92	6.2
科学研究和技术服务业	1.49	3.0	12.21	4.3
水利、环境和公共设施管理业	0.27	0.5	2.60	0.9
居民服务、修理和其他服务业	0.53	1.1	1.39	0.5
教育	0.10	0.2	0.31	0.1
卫生和社会工作	0.76	1.5	88.04	30.7
文化、体育和娱乐业	0.32	0.7	3.98	1.4
公共管理、社会保障和社会组织	0.00	0.0	49.01	17.1

四、经济－能源－就业非竞争型投入占用产出模型

反映能源及就业特点的经济－能源－就业非竞争型投入占用产出模型是集能源投入产出模型和就业投入占用产出模型于一个模型系统里以突出体现国民经济生产过程中对能源消耗以及对劳动力的占用情况。为了计算制造业转型升级对经济（增加值）、能源消耗和就业的影响,构建经济－能源－就业非竞争型投入占用产出模型如表6所示。

表6 经济－能源－就业非竞争型投入占用产出模型

投入＼产出		中间使用		最终使用					国内省外流入	进口	其他	地区内总产出
		地区内生产品 1…n	中间使用合计	消费	资本形成总额	国内省外流出	出口	最终使用合计				
中间投入	地区内生产品 1…n	X_{ij}^D		F^{DC}	F^{DI}	F^{DO}	F^{DE}	F^D	X^P	X^M		X
	国内省外流入品中间投入 1…n	X_{ij}^P		F^{PC}	F^{PI}			F^P				X^P
	进口品中间投入 1…n	X_{ij}^M		F^{MC}	F^{MI}			F^M				X^M
	中间使用合计											
最初投入	增加值合计	V_j										
	总投入	X^T										
	能源消耗量 1…m	E_j										
	劳动力占用量 1…s	L_j										

表6中的经济－能源－就业非竞争型投入占用产出模型从横向上看,满足地区内产品生产与使用量相等和进口量(国内省外流入品量)与使用量相等,即:

$$\sum_{j=1}^{n} X_{ij}^D + F^D - X^M - X^P = X \quad (1)$$

$$\sum_{j=1}^{n} X_{ij}^P + F^{PC} + F^{PI} = X^P \quad (2)$$

$$\sum_{j=1}^{n} X_{ij}^M + F^{MC} + F^{MI} = X^M \quad (3)$$

其中,X_{ij}^D 表示第 j 部门生产过程中对第 i 部门地区内产品、进口品及从国内省外流入产品的中间消耗量,F^D 表示地区内部门产品、进口品及从国内省外流入产品的最终使用列向量,即 $F^D = F^{DC} + F^{DI} + F^{DE} + F^{DO}$,$F^{DC}$ 表示消费地区内部门产品的列向量,F^{DI} 表示地区内部门资本形成总额的列向量,F^{DE} 表示地区内部门产品出口的列向量,F^{DO} 表示地区内部门产品流出到省外国内的列向量,X^M 表示地区部门中间使用和最终使用进口品的列向量,X^P 表示地区部门中间使用和最终使用国内省外流入的产品的列向量,X 是地区内部门总产出列向量,X_{ij}^P 和 X_{ij}^M 分别表示国内省外流入品、进口品地区内部门中间使用矩阵,F^{PC} 和 F^{MC} 分别表示国内省外流入品、进口品地区内部门消费向量,F^{PI} 和 F^{MI} 分别表示国内省外流入品、进口品地区内部门资本形成总额向量。

从纵向上看，总投入包括中间投入和最初投入，即满足：

$$\sum_{i=1}^{n} X_{ij}^{D} + \sum_{i=1}^{n} X_{ij}^{P} + \sum_{i=1}^{n} X_{ij}^{M} + V_j = X^T \tag{4}$$

其中，V_j 表示地区内部门增加值行向量，X^T 是 X 的转置。

另外，模型中还扩展引入了能源消耗和就业方面的两个指标，其中 E_j 表示地区部门能源投入量，L_j 地区部门劳动力投入量。

令 $A^D = [a_{ij}^D] \equiv [X_{ij}^D / X_j]$ 表示地区内产品直接消耗系数矩阵，再由(1)简化式 $A^D X + F^D - X^M - X^P = X$，可得：

$$X = (I - A^D)^{-1}(F^D - X^M - X^P) \tag{5}$$

在此，$B^D = (I - A^D)^{-1}$ 就是非竞争型投入占用产出模型的完全需求系数矩阵，其元素表示生产一个单位最终需求所需要的地区内产品的总产出。

由此，可计算生产一个单位最终需求所消耗的能源和所需要的就业分别为：

$$E_X = A_E (I - A^D)^{-1} = A_E B^D \tag{6}$$

$$L_X = A_L (I - A^D)^{-1} = A_L B^D \tag{7}$$

其中，A_E 为直接能源消耗系数行向量，$A_E = [a_{Ej}] \equiv [E_j / X_j]$；$A_L$ 为直接就业系数行向量，$A_L = [a_{Lj}] \equiv [L_j / X_j]$。

以及生产一个单位最终需求所能创造的增加值可以计算为：

$$B_V = I_{1 \times n} (I - A^D)^{-1} A^V \tag{8}$$

其中，A^V 表示直接增加值系数对角矩阵，对角线元素为直接增加值系数 $v_j = \dfrac{V_j}{X_j}$。

因此，地区内部门单位增加值所消耗的能源和所需要的就业可以计算为：

$$E_V = E_X (B_V)^{-1} = A_E B^D (B_V)^{-1} \tag{9}$$

$$L_V = L_X (B_V)^{-1} = A_L B^D (B_V)^{-1} \tag{10}$$

其中，$(B_V)^{-1}$ 为行向量 B_V 对角阵的逆矩阵。

五、实证分析

制造业转型升级的核心是转变制造业行业增长"类型"，即把高投入、高消耗、高污染、低产出、低质量、低效益的制造业行业"类型"转为低投入、低消耗、低污染、高产出、高质量、高效益的其他经济行业"类型"，但不是单纯的转变行业，因此制造业转型升级带来的影响也是多方位的。

（一）制造业转型升级对经济的影响

增加值率通常用以反映一国或地区经济效益水平，是技术效率、结构特征、分配关系、社会分工等因素共同作用的结果。一般认为，增加值率越高，企业的附加值越高、盈利水平越高，投入产出的效果越佳，增加值率高低直接决定着一个地区的经济发展水平和效益水平。通过了解制造业增加率变化，可以掌握制造业转型升级对经济的影响过程。据2012年和2017年广西投入产出表测算，广西各制造业行业增加值率普遍下降，如图1所示。这是否意味着广西制造业经济增长效益在下降呢？从目前全国及各地区投入产出表编制的实践来看,利用投入产出表测算出的行业增加值率,还无法直接反映出技术进步、分配关系等因素促进制造业转型升级对经济的影响,但从中可以得到一些定性结论。

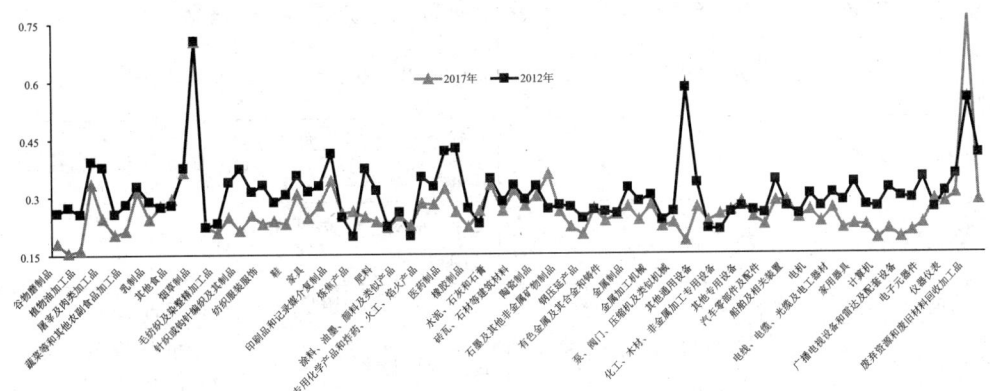

图 1 2012 年和 2017 年广西各制造业增加值率比较

为便于分析,本研究根据投入产出表 86 个制造产品行业重新归类为高能耗、中能耗、低能耗部门产品,其中,高能耗部门包括精炼石油和核燃料加工品、煤炭加工品、基础化学原料等 22 个行业,中能耗部门包括谷物磨制品、饲料加工品、植物油加工品、糖及糖制品等 42 个行业,低能耗部门包括橡胶制品、塑料制品、纺织服装服饰等 22 个行业,详见表 7 所示。

表 7 制造业高中低能耗部门分类

高能耗部门	中能耗部门		低能耗部门
精炼石油和核燃料加工品	谷物磨制品	造纸和纸制品	橡胶制品
煤炭加工品	饲料加工品	印刷和记录媒介复制品	塑料制品
基础化学原料	植物油加工品	工艺美术品	纺织服装服饰
肥料	糖及糖制品	文教、体育和娱乐用品	皮革、毛皮、羽毛及其制品
农药	屠宰及肉类加工品	医药制品	鞋
涂料、油墨、颜料及类似产品	水产加工品	金属制品	汽车整车
合成材料	蔬菜、水果、坚果和其他农副食品加工品	锅炉及原动设备	汽车零部件及配件
专用化学产品和炸药、火工、焰火产品	方便食品	金属加工机械	电机
日用化学产品	乳制品	物料搬运设备	输配电及控制设备
化学纤维制品	调味品、发酵制品	泵、阀门、压缩机及类似机械	电线、电缆、光缆及电工器材

续表

高能耗部门	中能耗部门		低能耗部门
水泥、石灰和石膏 石膏、水泥制品及类似制品	其他食品 酒精和酒	文化、办公用机械 其他通用设备	电池 家用器具
砖瓦、石材等建筑材料	饮料	采矿、冶金、建筑专用设备	其他电气机械和器材
玻璃和玻璃制品	精制茶	化工、木材、非金属加工专用设备	计算机
陶瓷制品	烟草制品	农、林、牧、渔专用机械	通信设备
耐火材料制品	棉、化纤纺织及印染精加工品	其他专用设备	广播电视设备和雷达及配套设备
石墨及其他非金属矿物制品	毛纺织及染整精加工品	铁路运输和城市轨道交通设备	视听设备
钢	麻、丝绢纺织及加工品	船舶及相关装置	电子元器件
钢压延产品	针织或钩针编织及其制品	其他交通运输设备	其他电子设备
铁及铁合金产品	纺织制成品	其他制造产品	仪器仪表
有色金属及其合金	木材加工和木、竹、藤、棕、草制品		废弃资源和废旧材料回收加工品
有色金属压延加工品	家具		金属制品、机械和设备修理服务

近年来,广西制造业增加值率普遍下降的因素是多方面的,下面主要从行业结构调整和产品内分工发展加以讨论,以从中得出制造业转型升级对经济的影响结论。

1. 制造业行业内部结构变化不是增加值率下降的主导原因。在实际核算中,制造业增加值率是以各行业的产出占比为权重通过行业增加值率加权平均计算得到。因此,即便各行业的增加值率没有变化,低增加值率的行业占比提高,高增加值率的行业占比下降,制造业整体增加值率就会下降。从表8看,2012年整个制造业简单平均增加值率比加权平均增加值率略高 0.05 个百分点,说明增加值率较高的行业在制造业中的产出权重较小。2017年,这两者之间的差距扩大到了 0.10 个百分点,说明广西制造业中增加值率较低的行业产出权重呈上升态势,也说明制造业结构变化在一定程度上促成了广西制造业增加值率下降的趋势。从不同类型能耗部门看,高能耗制造业部门简单平均增加值率与加权平均增加值率差距由 0.74 个百分点缩小到了 0.24 个百分点,说明在高能耗制造中行业产出权重向增加值率较高的行业倾斜;低能耗部门更是如此,由 2.49 个百分点缩小到了 −0.37 个百分点;相反,中能耗部门则由 −2.76 个百分点扩大到了 −0.80 个百分点,说明中能耗制造中增加值率较低的行业产出权重呈上升态势,由此可见,中能耗制造业结构调整造成的增加值率下降是整个制造业结构变化造成整个制造业增加值率下降的主要原因。至于制造业结构变化是不是导致整个制造业增加值率下降的主导因素,进一步分析。

2012—2017年广西制造业所有行业加权平均的增加值率下降3.86个百分点。假定各制造行业结构保持于2012年状态不变,由此算得广西制造业增加值率下降4.17个百分点。再假定各制造行业增加值率保持在2012年的水平,经计算得到广西制造行业结构变化带来整个广西制造业增加值率提高0.08个百分点。广西制造业行业结构变化对增加值率的影响是正的且很小,说明广西各制造行业增加值率普遍下降不是结构变化起主导作用。

表8 2012—2017年广西制造业增加值率变化情况

单位:%

部门	2012年			2017年		
	加权平均(A)	简单平均(B)	差额(B-A)	加权平均(A)	简单平均(B)	差额(B-A)
制造业合计	30.18	30.23	0.05	26.32	26.42	0.10
高能耗部门	27.93	28.67	0.74	25.01	25.25	0.24
中能耗部门	33.54	30.79	-2.76	27.61	26.81	-0.80
低能耗部门	28.22	30.71	2.49	26.30	25.93	-0.37

2. 制造业产品内分工发展是导致现行投入产出表测算增加值率下降的主导原因。依据现行统计核算方法,不管是行业、产业或者整体经济的增加值率都是根据企业层面的统计资料核算得到。依据统计核算基本原则,在增加值率核算过程中,中间消耗只能是企业的外购产品和服务。同时,在国际国内社会分工越来越深化和细化的大背景下,企业在完成特定产品的生产过程中,越来越多的零部件和服务都得外包给专业化企业来供应,这就

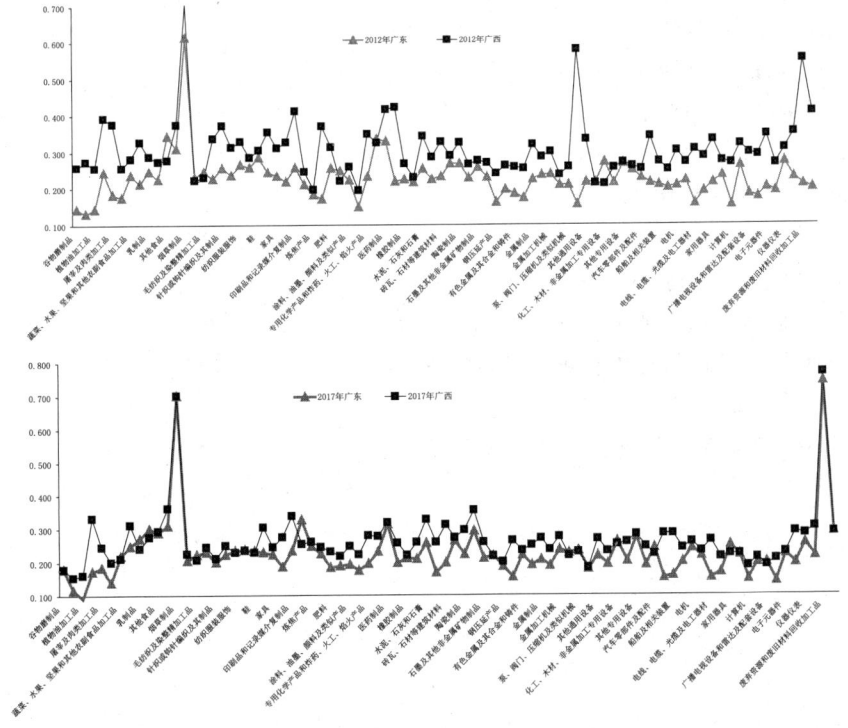

图2 2012年和2017年广西与广东制造业各行业增加值率比较

意味着企业生产的最终产品所需要的中间投入比率就越来越大,因此由此核算出来的行业、产业或整体经济体的中间投入比率也就相应的提高,中间投入比率越提高,增加值率自然就会变得越低,比如广西制造业产品内分工发展明显不如邻省的广东发达,因此广西各制造行业增加值率普遍比广东的低,如图2所示。因此,可以这么认为产品内分工越深化、越细化,依据现行统计核算方法核算出来的增加值率就越低。

3. 制造业转型升级明显促进了制造业产品内分工发展。综上分析,近几年来广西制造业增加值率不断下降,不是由制造业行业结构变化来主导,而是由现行投入产出产核算方法和制造业产品内分工发展共同所致。产品内分工越深化、越细化,要求的技术含量和专业化程度就越高,近几年广西各制造行业增加值率普遍下降,这就意味着广西近几年不断推动制造业转型升级,有效促进了制造业产品内分工,推动了制造业"缺链"和"弱链"的不断完善,促进了经济发展水平和效益水平的提高。

(二)制造业产业结构升级调整对能源及就业的影响

1. 制造业产业结构调整情景假设。

竞争型能源就业投入占用产出模型中,各门增加值比重的变动必将导致各部门对能源、就业占用的变化。在经济－能源－就业非竞争型投入占用产出模型(表6)中,欲通过制造行业结构调整实现制造业转型升级目标,即将增加低能耗制造行业增加值所占比重,适度减少高能耗或中能耗产业增加值比重。为此,我们假定制造业转型升级目标是适当提高低能耗部门增加值占制造业增加值的比重。据2017年广西投入产出表,广西高能耗、中能耗、低能耗制造业部门的增加值分别为1743.73亿元、1919.95亿元和1450.78亿元,占制造业增加值的比重分别为34.1%、37.5%和28.4%。为分析制造业转型升级对能源消耗和就业的影响,从以下三个情况进行讨论:

情景一:低能耗制造业部门增加值所占制造业增加值比重提高1个百分点,中、高能耗部门按比例平减,即低能耗部门占比由目前的28.4%提高到29.4%,中、高能耗部门则分别下降0.52和0.48个百分点,到37.0%和33.6%。

情景二:低能耗制造业部门增加值所占制造业增加值比重提高1个百分点,高能耗部门不变,即低能耗部门占比由目前的28.4%提高到29.4%,高能耗部门维持34.1%,中能耗部门由37.5%下降到36.5%。

情景三:低能耗制造业部门增加值所占制造业增加值比重提高1个百分点,中能耗部门不变,即低能耗部门占比由目前的28.4%提高到29.4%,中能耗部门维持37.5%,高能耗部门由34.1%下降到33.1%。

2. 制造业产业结构调整假设结果分析。

为分析各情景制造业转型升级对能源消耗和就业的影,据(9)和(10)测算,广西高能耗、中能耗、低能耗制造业部门单位增加值所消耗的能源和所需要的就业如表9所示。

表9　高、中、低能耗制造业部门单位增加值耗能和占用就业情况

指　　标		高能耗部门	中能耗部门	低能耗部门
能耗(吨标准煤/万元)		2.3358	1.5218	1.2736
从业人员(人/万元)	从业人员人数	0.0209	0.0854	0.0645
	具有研究生学历(位)人员	0.0001	0.0002	0.0001
	具有大学本科学历(位)人员	0.0010	0.0031	0.0035
	具有大学专科学历人员	0.0011	0.0052	0.0064
	大学专科以下人员	0.0188	0.0770	0.0546
技能人员(人/万元)	技能人员	0.0006	0.0007	0.0068
	高级技师(国家职业资格一级)	0.0000	0.0000	0.0006
	技师(国家职业资格二级)	0.0001	0.0000	0.0011
	高级技能人员(国家职业资格三级)	0.0002	0.0000	0.0017
	中级技能人员(国家职业资格四级)	0.0002	0.0001	0.0021
	初级技能人员(国家职业资格五级)	0.0002	0.0006	0.0013
	非技能人员	0.0203	0.0847	0.0577

从表中,可以发现广西高、中、低能耗制造业部门1万元增加值耗能分别为2.3358吨标准煤、1.5218吨标准煤、1.2736吨标准煤,高能耗制造业部门单位增加值耗能远远大于低能耗制造业部门单位增加值耗能;高、中、低能耗制造业部门1万元增加值占用的就业岗位分别为0.0209个、0.0854个和0.0645个,其中,具有大学专科学历上就业岗位分别为0.0021个、0.0085个和0.0099个,大学专科以下就业岗位分别为0.0188个、0.0770个和0.0546个,占用技能人员分别为0.0006人、0.0007人和0.0068人,非技能人员分别为0.0203人、0.0848人和0.0577人。

据表9,经测算,情景一广西制造业转型升级对耗能和就业的影响情况如表10所示。从表中可以看出,低能耗制造业部门增加值所占制造业增加值比重提高1个百分点,中、高能耗部门分别下降0.52和0.48个百分点。能耗方面,高能耗部门和中能耗部门能耗分别减少56.86万和40.79万吨标准煤,低能耗部门能耗增加65.14万吨标准煤,整个制造业能耗减少32.51万吨标准煤,减少幅度为0.4%。就业方面,高能耗部门和中能耗部门从业人员人数分别减少5089人和22902人,减少幅度均为1.4%;低能耗部门增加33000人,增加幅度为3.5%;整个制造业从业人员人数增加5009人,增加幅度为0.2%。其中,从学历来看,整个制造业具有研究生学历(位)人员减少35,具有大学本科学历(位)人员增加691人,具有大学专科学历人员增加1627人,大学专科以下人员增加2726;从技能人员来看,技能人员增加3143人,非技能人员增加1866人,技能人员中,高级技师(国家职业资格一级)和技师(国家职业资格二级)以上共增加834人,高级技能人员(国家职业资格三级)增加851人。

表10 情景一高、中、低能耗制造业部门能耗及就业岗位变化情况

指标		高能耗部门	中能耗部门	低能耗部门	合计
能耗(万吨标准煤)		−56.86	−40.79	65.14	−32.51
从业人员(人)	从业人员人数	−5089	−22902	33000	5009
	具有研究生学历(位)人员	−14	−65	43	−35
	具有大学本科学历(位)人员	−248	−826	1766	691
	具有大学专科学历人员	−256	−1385	3269	1627
	大学专科以下人员	−4571	−20626	27923	2726
技能人员(人)	技能人员	−147	−188	3478	3143
	高级技师(国家职业资格一级)	−4	−1	309	305
	技师(国家职业资格二级)	−13	0	542	529
	高级技能人员(国家职业资格三级)	−37	0	888	851
	中级技能人员(国家职业资格四级)	−37	−17	1075	1021
	初级技能人员(国家职业资格五级)	−56	−170	663	436
	非技能人员	−4942	−22714	29523	1866

经测算,情景二广西制造业转型升级对耗能和就业的影响情况如表11所示。从表中可以看出,低能耗制造业部门增加值所占制造业增加值比重提高1个百分点,高能耗部门不变,中能耗部门下降1个百分点。能耗方面,中能耗部门能耗减少77.83万吨标准煤,低能耗部门能耗增加65.14万吨标准煤,整个制造业能耗减少12.69万吨标准煤,减少幅度为0.14%。就业方面,中能耗部门从业人员减少43702人,减少幅度为2.7%;低能耗部门增加33000人,增加幅度为3.5%;整个制造业从业人员减少10701人,减少幅度为0.4%。其中,从学历来看,整个制造业具有研究生学历(位)人员减少80人,具有大学本科学历(位)人员增加190人,具有大学专科学历人员增加652人,大学专科以下人员减少11436人;从技能人员来看,技能人员增加3120人,非技能人员减少13821人,技能人员中,高级技师(国家职业资格一级)和技师(国家职业资格二级)以上共增加852人,高级技能人员(国家职业资格三级)增加888人。

表11 情景二高、中、低能耗制造业部门能耗及就业岗位变化情况

指标		高能耗部门	中能耗部门	低能耗部门	合计
能耗(万吨标准煤)		0	−77.83	65.14	−12.69
从业人员(人)	从业人员期末人数	0	−43702	33000	−10701
	具有研究生学历(位)人员	0	−123	43	−80
	具有大学本科学历(位)人员	0	−1576	1766	190
	具有大学专科学历人员	0	−2643	3269	625
	大学专科以下人员	0	−39359	27923	−11436

续表

指标		高能耗部门	中能耗部门	低能耗部门	合计
能耗(万吨标准煤)		0	−77.83	65.14	−12.69
技能人员(人)	技能人员	0	−358	3478	3120
	高级技师(国家职业资格一级)	0	−1	309	308
	技师(国家职业资格二级)	0	0	542	542
	高级技能人员(国家职业资格三级)	0	0	888	888
	中级技能人员(国家职业资格四级)	0	−32	1075	1043
	初级技能人员(国家职业资格五级)	0	−325	663	338
	非技能人员	0	−43344	29523	−13821

经测算,情景三广西制造业转型升级对耗能和就业的影响情况如表12所示。从表中可以看出,低能耗制造业部门增加值所占制造业增加值比重提高1个百分点,高能耗部门下降1个百分点,中能耗部门不变。能耗方面,高能耗部门能耗减少119.46万吨标准煤,低能耗部门能耗增加65.14万吨标准煤,整个制造业能耗减少54.32万吨标准煤,减少幅度为0.6%;就业方面,高能耗部门从业人员减少10693人,减少幅度为2.9%;低能耗部门增加33000人,增加幅度为3.5%;整个制造业从业人员增加22308人,增加幅度为0.8%。其中,从学历来看,整个制造业具有研究生学历(位)人员增加14人,具有大学本科学历(位)人员增加1244人,具有大学专科学历人员增加2731人,大学专科以下人员增加18319人;从技能人员来看,技能人员增加3169人,非技能人员增加19139人,技能人员中,高级技师(国家职业资格一级)和技师(国家职业资格二级)以上共增加817人,高级技能人员(国家职业资格三级)增加810人。

表12 情景三高、中、低能耗制造业部门能耗及就业岗位变化情况

指 标		高能耗部门	中能耗部门	低能耗部门	合计
能源消耗(万吨标准煤)		−119.46	0	65.14	−54.32
从业人员(人)	从业人员人数	−10693	0	33000	22308
	具有研究生学历(位)人员	−29	0	43	14
	具有大学本科学历(位)人员	−522	0	1766	1244
	具有大学专科学历人员	−538	0	3269	2731
	大学专科以下人员	−9604	0	27923	18319
技能人员(人)	技能人员	−308	0	3478	3169
	高级技师(国家职业资格一级)	−8	0	309	302
	技师(国家职业资格二级)	−27	0	542	515
	高级技能人员(国家职业资格三级)	−78	0	888	810
	中级技能人员(国家职业资格四级)	−78	0	1075	997
	初级技能人员(国家职业资格五级)	−118	0	663	545
	非技能人员	−10384	0	29523	19139

综合以上三种情景看,制造业结构调整所带来对能耗和就业的影响,就耗能而言,可以看出只要是低能耗部门增加值所占比例有所增加,不管是相应增加值比重减少的是高能耗部门,还是中能耗部门,或者是两部门结合,耗能都减少;对就业而言,低能耗部门增加值所占比例有所增加,只降低高能耗部门增加值所占比例或中能耗部门增加值所占比例,对就业的影响是相同的,只降低高能耗部门可以使制造业人员增加,相反,只降低中能耗部门则可以使制造业人员减少。对学历人员而言,不管是相应增加值比重减少的是高能耗部门,还是中能耗部门,或者是两部门结合,具有大学本科学历(位)人员和具有大学专科学历人员的从来业人员都增加,对技能人员亦是如此。可见,在增加值不变的情况下,通过制造业转型升级,可以减少能耗使用,有效促进节能环保和绿色发展,特别是压缩高能耗部门增加值比重,更能促进劳动力就业,以促进经济健康发展。

六、结论及对策建议

(一)结论

本文基于广西投入产出表数据,对广西各制造行业增加值率变化的分析,以及通过构建经济－能源－就业非竞争型投入占用产出模型,结合广西投入产出数据和广西第四次全国经济普查资料,假设制造业结构调整情景,模拟实证分析了广西制造业转型升级对能耗和就业的影响,得出以下结论:

第一,广西制造业转型升级已逐渐向高端化转型。从资产规模变化情况来看出,优势传统制造、先进制造和智能制造,尤其是汽车、计算机通信及其他电子设备等高端制造行业资产规模扩张非常快,资产增长发挥了重要的引领作用,说明广西制造业已逐渐向高技术、高附加值制造行业转型升级。

第二,广西制造业转型升级有效促进了产品内分工。从广西各制造行业增加值率普遍下降背后的原因来看,现行投入产出增加值率核算方法结合制造业产品内分工发展是导致广西各制造行业增加值率测算结果普遍下降的原因,而现行投入产出增加值率核算方法是相对固定的,说明制造业产品内分工越来越深化和越来越细化所主导。由此,也恰恰说明了广西近几年来不断推动制造业转型升级,有效促进了制造业产品内分工,推动了制造业"缺链"和"弱链"的不断完善,促进了经济发展水平和效益水平的提高。

第三,广西制造业转型升级有效促进了节能减排。低能耗部门增加值比重增加1个百分点,中、高能耗部门增加值比重分别下降0.52和0.48个百分点,或高能耗部门增加值比重不变,中能耗部门增加值比重下降1个百分点,都可以使整个制造业节能达到0.14%;而若低能耗部门增加值比重增加1个百分点,中能耗部门增加值比重不变,高能耗部门增加值比重下降1个百分点,则可以使整个制造业节能达到0.6%。2012－2017年,广西制造业转型低能耗部门增加值比重增加由2012年的21.6%增加到了2017年的27.8%,提高了6.2个百分点,而中、高能耗部门则分别下降了4.8和1.3个百分点,据此测算,2012－2017年广西制造业转型升级有效促进了整个制造业节能减排0.86个百分点。

第四,广西制造业转型升级应优先考虑降价高能耗部门比重。从本文假设的三个情景讨论结果看,第三个情景降低高能耗部门增加值比重1个百分点,相应地提高低能耗部门增加值比重1个百分点,可以实现节能0.6%,为三种情景中的最好效果。同时,从就业来看,也是带来就业岗位增加最多的情景,可以增加就业人员为22308人,增加幅度达0.8%。可见,降低高能耗部门增加值比重,既可以达到最好的节能减排效果,又可以达到最好促就业、稳就业的目标。但从近几年实践情况看,广西制造业转型升级虽然有效降低了高能耗部门的增加值比重,但降低幅度仍不够仅为1.3个百分点,比中能耗部门小3.5个百分点。因此,今后重点遏制高耗能高污染行业过快增长,适当压缩高能耗部门比重是广西制造业转型升级的最优选择。

(二)对策建议

长期以来,广西制造业一直处在过度依赖资源密集型和劳动密集型产业链低端的粗放、低水平发展状态,中高低耗能增加值比较都比较大。为促进绿色低碳发展,推动制造业转型升级,同时,稳就业、保民生,提出以下几点建议:

第一,加快推动制造业转型升级,促进制造业产品分工向深化细化发展。一要瞄准粤港澳大湾区先进制造业标准,强龙头、补链条、聚集群,抓创新、创品牌、拓市场,壮大一批实力雄厚龙头企业,如柳钢、柳工、玉柴机器、广西盛隆冶金、广西农垦、桂林力源和洋浦南华糖业等中国制造业500强企业;二要培育一批具备了一定国际先进、国内领先的关键技术,如石墨烯新材料、新能源汽车、智能设备等高新技术;三要推动铝产业、机械、冶金、制糖等广西传统产业与人工智能、大数据、云计算等新兴技术深度融合;推进以中国-东盟信息港为核心的基地项目建设,打造广西数字新经济建设。

第二,优化生态环境,推动绿色发展。广西高耗能制造业占比比较大,其中非金属矿物制品业的比重、黑色金属冶炼及压延加工业、化学原料及化学制品制造业等比较严重,且制造业发展对传统产业高度依赖在短期内无法根本转变。因此,一方面,要推动企业"三废"排放管理透明化。企业"三废"是制造业环境污染主要因素,环保部门要通过企业提供生产系统的原材料、零部件、耗能、产品及服务和工艺流程等数据,构建基于大数据的企业"三废"管理模型,实现企业"三废"管理。另一方面,要鼓励企业推进绿色发展贡献评价的透明化鼓励。利用技术手段获取员工为绿色发展所做的贡献、企业的产品重用和回收等所做的贡献。此外,还要强全社会大众监督透明化,依靠大众对制造业企业和产品问题进行监督,对发现问题者由给予奖励,促进产品销售和提升绿色发展企业的市场形象。

第三,坚持以人为本理念,优化制造业公平营商环境。广西制造业发展滞后,人才支撑不足是其突出原因,必须加强以人为本的透明公平环境建设。一是打造透明公平的人才交互式供需平台。建立创新人才能力库,实现人才能力透明化,实现人才供求间透明公平的交互式互选。二是培育透明公平的人才成长和评价环境。鼓励企业推进岗位需求、员工升职条件等透明化,人社部门要基于群体协同构建大数据下的人才评价指标和方法,进行公平化和科学化地协同评价人才。三是鼓励企业建立透明公平的企业人才培育机制。企业在人才培养的投资、过程,以及人才对企业的回报等,实现数量化和透明化,参考建立类似体育人才流动机制,既保证投资人利益,又保护人才利益。四是培养员工忠诚度。企业要推动员工工作过程的透明化,让员工明白责权利,实现责权利透明化,同时,创建一种公平环境,让员工得到尊重、让贡献得到回报,提高员工对工作的忠诚度和责任感。五是加强技能人才培训。

参考文献

[1] 柳卸林,张杰军. 中国高技术产业是否高投入低产出[J]. 科学学与科学技术管理,2004(1).

[2] 沈利生,王恒. 增加值率下降意味着什么[J]. 经济研究,2006(3).

[3] Law rence J. Lau 等. 非竞争型投入占用产出模型及其应用——中美贸易顺差透视[J]. 中国社会科学,2007(5):91—103.

[4] 王会娟,陈锡康,杨翠红. 能源投入产出模型与能源贸易进出口分析[M]. 中国1992－2005年可比价投入产出序列表分析. 北京:中国统计出版社,2010:92—99.

[5] 蔡昉. 金融危机对就业的影响及应对政策建议[J]. 中国发展观察,2009(3):5—9.

[6] 刘轶芳,蒋雪梅,祖垒. 低碳约束下我国贸易结构的合理性研究[J]. 管理评论,2010(6):106—113.

[7] 王会娟,陈锡康,祝坤福. 国际金融危机对我国就业的影响分析[J]. 数学的实践与认识,2010(5):58—68.

[8] 刘瑞翔. 中国的增加值率为什么会出现下降:基于非竞争型投入产出框架的视角[J]. 南方经济,2011(9).

[9] 陈全润. 部分消费内生化的投入产出局部闭模型及其应用[D]. 北京:中国科学院,2011.

[10] 李方一,王娟,李兰兰,唐志鹏. 中国就业结构演变及其动因分解——基于投入占用产出模型的分析[J]. 管理评论,2018(5):119—126.

[11] 梁朝晖. 效益和能耗视角下上海制造业结构调整的研究[J]. 上海经济研究,2011(5).

[12] 肖晓军. 对外贸易对我国制造业劳动就业影响的投入产出法分析[J]. 国际贸易,2011(20):54—56.

[13] 王会娟,陈锡康. 能源约束下产业结构调整对我国非农就业的影响——基于投入占用产出技术[J]. 系统科学与数学,2014(9):1026—1034.

[14] 于春海,常海龙. 再论我国制造业增加值率下降的原因—基于WIOD数据的分析[J]. 经济理论与经济管理,2015(2).

[15] 广西壮族自治区统计局. 广西投入产出表(2012). 广西区统计编印,2015(4).

[16] 广西壮族自治区统计局. 广西统计年鉴(2018). 中国统计出版社,2019(10).

[17] 广西壮族自治区统计局. 广西投入产出表(2017). 广西区统计编印,2020(9).

作者简介：

唐　旭,广西壮族自治区统计局,gxhsc0771@163.com。

黄保荣,广西壮族自治区统计局,gxhsc0771@163.com。

袁夏莹,广西壮族自治区统计局,gxhsc0771@163.com。

蔺　龙,广西壮族自治区统计局,gxhsc0771@163.com。

黄靖贵,广西财经学院,88245675@qq.com。

江苏现代产业体系发展现状及特征分析

——基于2017年投入产出表

李宝会 张远征 高 斌 刘瑞琪

摘要： 界定自主可控现代产业体系的概念内涵，将现代产业体系分为先导层、主干层和基础层，明确三个分层的覆盖范围。利用投产分析工具，量化分析江苏现代产业体系及三个分层的规模现状、附加值趋势、产业链特征，从外部需求依存度、国际竞争力等方面探讨江苏现代产业体系的自主可控状况。总结主要问题和存在短板，探索未来发展路径。围绕提升关键技术控制力、产业集群带动力、产业链条整合力、信息化对制造业的引领力和国际行业标准制定主导力提出相关政策举措，为省委省政府决策提供参考和依据。

一、文献综述及概念界定

(一)文献综述

1. 任务的提出。

构建自主可控的现代产业体系是江苏省委提出的未来产业发展重要任务，是对党的十九大提出的建设现代化经济体系战略任务在江苏的贯彻落实。江苏省委十三届四次会议中明确了建设自主可控先进制造业体系的目标和路径，以及推进生产性服务业发展等要求。

2. 概念发展和前期研究。

关于自主可控的现代产业体系内涵，主要落实到"自主可控""现代产业体系"两个关键词上。

(1)现代产业体系。现代产业体系属于发展经济学概念，是指现代元素比较显著的产业构成，在不同发展水平和不同时期的涵义各不相同。当前阶段，西方学者倾向于将生产性服务业作为现代产业体系的构成主体，例如全球性城市的基本判定标准就是生产性服务业占GDP的比重在50%以上。在国内，对现代产业体系概念的认知也在不断深化和提升。党的十七大报告中首次提出"发展现代产业体系"，党的十八大报告中扩展为"要着力构建现代产业发展新体系"，党的十九大报告中进一步提出"着力加快建设实体经济、科技创新、现代金融、人力资源协同发展的产业体系"。本文认为，十九大报告从要素投入以及产业协作,而非三次产业的角度概括了现代产业体系的目标和内涵,与"提高全要素生产率"及高质量发展等目标一脉相承。

(2)自主可控。"自主可控"最初是网络安全领域的技术性概念,可控性是信息安全的五个目标之一。2016年习近平总书记在中央政治局第三十六次集体学习时提出,"加快推进国产自主可控替代计划,构建安全可控的信息技术体系",自主可控概念首次得到广泛关注。随后,习近平在各类讲话中又多次强调,"核心技术受制于人是我们最大的隐患","缺芯少魂"等于"在别人的墙基上砌房子",要"抓紧突破网络发展的前沿技术和具有国际竞争力的关键核心技术"。

3. 相关产业政策。

梳理创新驱动和产业升级等方面的政策,适用范围较广的主要有高新技术产业、高技术产业、战略性新兴产业等概念。其中,高新技术产业以高新技术企业为基本单位,高技术产业、战略性新兴产业以国民经济行业分类为基本单位。高新技术产业、高技术产业入选的核心标准是知识产权及研发活动,战略性新兴产业更强调对国民经济产业体系的前沿引领作用。

(1)高新技术产业。高新技术产业是指掌握核心知识产权,以高新技术为基础开展经营活动的企业集合。我国高新技术企业认定始于20世纪90年代初,经过对认定标准的多次修订,目前高新技术企业必须在《国家重点支持的高新技术领域》(最新版本为2016年制定)内开展经营活动,并必须持续进行研发与技术成果转化,形成企业核心自主知识产权。在此基础上,江苏省制定了《江苏省高新技术产业统计分类目录》。

(2)高技术产业。高技术产业分制造业和服务业两大类,由国家统计局制定分类标准。其中,《高技术产业(制造业)分类(2017)》实现了与OECD等国际组织分类标准实现基本衔接,《高技术产业(服务业)分类(2018)》也参考了相关的国际标准。高技术制造业是指国民经济中R&D投入强度相对高的制造业行业;高技术服务业是采用高技术手段为社会提供服务活动的集合。

(3)战略性新兴产业。战略性新兴产业是指以重大技术突破和重大发展需求为基础,代表新一轮科技革命和产业变革的方向,对经济社会全局和长远发展具有重大引领带动作用的产业。《"十三五"国家战略性新兴产业发展规划》(国发〔2016〕67号)中指出,要把战略性新兴产业摆在经济社会发展更加突出的位置,大力构建现代产业新体系。为满足统计监测的需要,国家统计局2012年制定了《战略性新兴产业分类》,2018年进行了修订。

(二)研究范围界定

基于科技属性及增长空间,本文将三类产业界定为现代产业,并以2017年江苏投入产出表的142个产品部门分类为基础,根据含"科"量进行分层。

第一层为先导层,是指符合全球科技革命和产业变革趋势,关键核心技术的创新及应用高度活跃,产业增长空间大、爆发强,对国民经济起引领带动作用的产业领域,也是含"科"量最高的产业层。先导层根据产业研发投入强度进行界定,涵盖10个产品部门,如下表。

专题三　产业发展与产业结构演变研究

表1　先导层覆盖的投产表产品部门

行业大类代码	投产表产品部门名称	投产表代码
27	医药制造业	27050
35	其他专用设备	35076
39	计算机、通信和其他电子设备制造业	39大类全部
40	仪器仪表	40094
63	电信、广播电视和卫星传输服务	63121
64	互联网和相关服务	64123
65	软件和信息技术服务业	65124
66	研究与实验发展	73132
67	专业技术服务	74133
68	科技推广和应用	75134

第二层为主干层，是指与先导层在产业链上紧密关联，通过先导层的带动融合，具有持续增长空间的产业领域。主干层的含"科"量弱于先导层，但易通过产业链渗透受益于科技进步，生产效率有望迅速提高。从概念出发，一是剔除了与先导层联系偏弱的农业、食品、采掘、轻工、建材、贸易、房地产和生活性服务业等领域中的多数产品部门，二是剔除了石化、钢铁、有色、机械、交通等领域中部分增长空间见顶的产品部门。主干层涵盖30个产品部门，如下表。

表2　主干层覆盖的投产表产品部门

行业大类代码	投产表产品部门名称	投产表代码
05	农、林、牧、渔服务产品	05005
26	合成材料	26047
26	专用化学产品和炸药、火工、焰火产品	26048
26	日用化学产品	26049
30	石墨及其他非金属矿物制品	30060
32	有色金属及其合金	32064
34	通用设备制造	34大类全部
35	其他专用设备	35大类减先导层
36	汽车	36大类全部
37	其他交通运输设备	37大类全部
38	电机	38082
38	输配电及控制设备	38083
38	电线、电缆、光缆及电工器材	38084
38	电池	38085
38	其他电气机械和器材	38087
60	邮政	60118
72	商务服务	72131
84	卫生	84141
86	新闻和出版	86143
87	广播、电视、电影和影视录音制作	87144

第三层为基础层,是指为国民经济高效运行提供基本保障的产业领域,如能源、基建、流通、金融、教育等。基础层的含"科"量不确定,产业链上的联系也不够直接,但作为经济运行循环畅通的保障不容忽视。基础层覆盖10个产品部门。

表3 基础层覆盖的投产表产品部门

行业大类代码	行业分类名称
44	电力、热力生产和供应
48	土木工程建筑
51	批发
52	零售
53	铁路运输
56	航空运输
66	货币金融和其他金融服务
67	资本市场服务
68	保险
83	教育

先导层(15个产品部门)、主干层(30个产品部门)、基础层(10个产品部门)共同构成现代产业体系,合计涉及到55个产品部门,涵盖面为38.7%。排除在外的主要是含"科"量较低,与先导层联系较弱,且产业规模占GDP比重呈下降趋势的传统产业领域。事实上,传统产业依然受益于科技进步的扩散,但受益程度相对偏低。

二、发展现状

(一)现代产业体系发展现状及特征

1. 现代产业体系规模现状。

2017年江苏现代产业体系先导层、主干层、基础层总产出合计14.12万亿,占全部产业总产出比重54.5%;增加值合计4.73万亿,占GDP比重55.1%。2012—2017年,现代产业体系总产出累计增长50.9%,年均增长8.6%,年均增速高于全部产业总产出2.1个百分点,占全部产业比重提高了5个百分点;增加值累计增长59.1%,年均增长9.7%,年均增速高于GDP2.3个百分点,占比提高了5.5个百分点。从三次产业看,2017年江苏现代产业体系中服务业增加值占GDP比重为31.7%,比2012年提高了7.2个百分点;制造业增加值占GDP比重为20.7%,减少了1.5个百分点;其他产业增加值占GDP比重为2.7%,减少了0.2个百分点;现代服务业规模扩张快速度大幅领先其他领域。

现代产业体系三个分层的规模现状。一是先导层产业规模依然偏低。2017年先导层、主干层、基础层总产出分别为4.10万亿、6.43万亿、3.59万亿,占全部产业比重为15.8%、24.8%、13.9%;增加值分别为1.13万亿、1.64万亿、1.95万亿,占GDP比重为13.2%、19.1%、22.8%。三个分层中,主干层产出规模最高,占现代产业体系的45.5%;基础层增加值规模最大,占现代产业体系的41.3%;先导层产业规模依然偏低,总产出、增加值分别占现代产业体系的29.0%和24.0%。二是基础层增长速度相对较快。2012—

2017年,基础层总产出、增加值分别累计增长63%、61.4%,占全部产业(GDP)比重分别累计提高2.2个、2.6个百分点,规模增速快于先导层和主干层,呈现以基础层发展带动其他产业的趋势。先导层的增加值增速在三个分层中最低,2012—2017年累计增长56.4%,占现代产业体系比重下降0.4个百分点,说明先导层产业发展依然存在阻碍和瓶颈。三是部分产品部门增长迅猛,是经济增长的动力支撑。2012—2017年,先导层中规模增长较快的有通信设备(产出累计增长159%)、广播电视雷达设备(360%)、互联网和信息传输服务(233%)等部门,主干层中有邮政(226%)、广播影视制作(169%)等部门,基础层中有航空运输(213%)、保险(251%)等部门。先导层、主干层中服务业增长明显快于制造业,2017年两个分层中服务业增加值分别占比34.3%、37.1%,比2012年提高9.4个、13.0个百分点。

表4 现代产业体系规模及构成情况

	2017年				2012年			
	总产出		增加值		总产出		增加值	
	总量(万亿)	比重(%)	总量(万亿)	比重(%)	总量(万亿)	比重(%)	总量(万亿)	比重(%)
合计	14.12	54.5	4.73	55.1	9.36	49.5	2.97	49.6
先导层	4.1	15.8	1.13	13.2	2.76	14.6	0.73	12.1
主干层	6.43	24.8	1.64	19.1	4.4	23.2	1.04	17.3
基础层	3.59	13.9	1.95	22.8	2.2	11.7	1.21	20.2

2. 现代产业体系增加值构成。

2017年,江苏现代产业体系增加值率33.5%,高于全部产业0.4个百分点。从增加值构成看,现代产业体系的营业盈余和固定资产折旧占总产出比重分别为4.6%、11.0%,分别高于全部产业0.1个、1.1个百分点,劳动者报酬占总产出比重低于全部产业0.6个百分点,具备一定的低劳动密集、高资本和高回报特征。从变化趋势看,现代产业体系折旧率显著提高。2012—2017年,现代产业体系增加值率提高了1.7个百分点,高于全部产业1.4个百分点的增幅。其中,折旧率(固定资产折旧占总产出比重)提高0.6个百分点,与全部产业折旧率下降0.3个百分点相比,说明现代产业体系的产品产能扩张速度大幅领先于其他传统产业;由于折旧率提高,现代产业体系的盈余率(营业盈余占总产出比重)下降了0.6个百分点,降幅高于全部产业的0.2个百分点,说明现代产业可能正处在产能扩张积蓄期,新增产能尚未有效转化为企业利润。

现代产业体系三个分层的发展特点。一是基础层折旧率提高较快。从2012年的4.7%到2017年的6.4%,基础层折旧率提高了1.7个百分点。其中,批发零售折旧率大幅提高,从2012年的3.9%增至2017年的8.8%,反映出信息技术对贸易业态更新的推动和倒逼;电力热力生产和供应折旧率从9.2%提高到12.8%,体现出能源供给系统的不断升级。二是先导层净税额大幅提高。2012—2017年,先导层生产税净额累计增长了366%,净税率(生产税净额占总产出比重)从1.1%提高到3.3%,提高了2.2个百分点。2012年,先导层净税率仅为社会平均水平的三分之一,但2017年已达到社会平均水平的8成左右。其中,医药制造业(生产税净额累计增长546%)、其他专用设备(882%)、广播电视雷达设备(988%)、电子元器件(678%)、其他电子设备(852%)的净税额增长较快。先导层净税额的提升,一方面反映出税收优惠政策的规范化和合理化,从直接补贴逐步向企业研发费用加计扣除等收入税调节转化,另一方面也要警惕先导层产业税收负担的较快提高。三是主干层的盈余率大幅下降。2012—2017 年,主干层营业盈余累计仅增长15.2%,盈余率从 9.7%下降至 7.7%,下降了 2.1 个百分点。其中,盈余率下降较为明显的有基础化工、有色金属、专用设备、电气设备等领域,仅有汽车及零部件、船舶、电池等领域盈余率有所提高。整体上,产品部门的盈余率与劳动成本占比呈现此消彼长的关系,说明劳动成本上升已成为制约主干层产业健康发展的因素之一,加大新技术应用、节约劳动力投入可能是解决问题的有效手段。

表5 现代产业体系增加值构成情况

	2017 年					2012 年				
	劳动者报酬	生产税净额	固定资产折旧	营业盈余	增加值率	劳动者报酬	生产税净额	固定资产折旧	营业盈余	增加值率
全社会	14.4	4.3	4.5	9.9	33.1	13.4	3.3	4.8	10.1	31.7
现代产业体系	13.8	4.1	4.6	11.0	33.5	12.8	3.4	4.0	11.6	31.8
先导层	11.3	3.3	5.1	7.9	27.7	12.2	1.1	4.6	8.4	26.3
主干层	11.1	3.5	3.3	7.7	25.6	9.1	1.6	3.3	9.7	23.6
基础层	21.3	6.2	6.4	20.5	54.4	20.8	9.9	4.7	19.5	55.0

3. 现代产业体系的产业关联度分析。

产业关联度决定了某产品部门对其他产业的协同带动效应,是衡量产业地位的重要基准。现代产业体系在产业关联度方面呈现以下特征。一是现代产业体系影响力相对较高。2017 年,江苏现代产业体系的影响力乘数为 3.07,影响力系数为 1.046,分别高于全部产业 0.13 个单位和 4.6%,说明现代产业体系每新增 1 单位最终需求,能够比全部行业平均多拉动 0.13 个单位或 4.6%的国民经济总产出,也意味着从下游视角,现代产业体系与其他传统产业相比上游分工更细、产业链更长。但是,与 2012 年相比,现代产业体系影响力系数从 1.067 下降至 1.046,说明现代产业体系产业链较长的优势有所减弱。二是现代产业体系感应度有所改善。2012 年,现代产业体系的感应度系数为 0.889(小于 1),说明现代产业体系供给能力相对不足,全社会每新增 1 单位最终需求对现代产业产出的推动低于行业平均 11.1%。2017 年这一状况明显改善,现代产业体系感应度系数提高到1.042,感应度乘数在国民经济总产出乘数下降的情况下比 2012 年提高了 0.33 个单位,说明全社会每新增 1 单位最终需求,推动的现代产业产出比 2012 年提高 0.33 个单位、高于全部行业平均 4.2%。感应度系数的改善意味着现代产业体系的供给能力有所提升,下游新的业务领域在不断拓展,产业链逐步延长。

从三个分层看,一是先导层产业关联度系数整体偏低。2017 年先导层影响力系数为1.065,低于主干层,高于先导层;感应度系数为 0.756,在三个分层中最低。为了更加准确对比,将三个分层区分为制造业和服务业分别考察。从制造业看,先导层和主干层中制造业的影响力系数分别为 1.195、1.205,感应度系数分别为 0.900、0.938,先导层制造业两项系数都略低,说明无论从上游视角还是下游视角,代表着关键核心技术的先导层产业链完整度都弱于主干层。技术冲关困难可能是阻碍先导层产业链延伸的原因之一,如集成电路设计等。从服务业看,先导层、主干层和基础层中服务业的影响力系数分别为0.869、0.819、0.700,感应度系数分别为0.541、1.158、1.367,先导层服务业影响力系数略高,但感应度系数严重偏低,表明先导层服务业还在积累建设期,相对于其他服务领域成熟度不足、渗透率不够,大量新的业务领域尚未开拓。

二是基础层产业服务能力持续提升。2017年,基础层产业感应度乘数为4.99,感应度系数高达1.697,意味着全社会每新增1单位最终需求,推动基础层总产出的需求增长4.99个单位,高于全部行业平均69.7%,说明基础层供给的产业面广,基础性作用有效发挥。与2012年相比,基础层产业感应度乘数提高了0.16个单位。其中,电力热力生产和供应、贸易、货币金融等部门感应度系数明显较高,是服务实体经济的重要产业基础。

三是部分产品部门的产业地位明显增强。先导层的医药制造、专业技术服务、科技推广服务,主干层的工程机械、邮政、商务服务,基础层的资本市场服务等部门的影响力、感应度系数都比2012有所提高,意味着产业链条延长,产业地位提高;先导层的电子元器件,主干层的有色金属、汽车零部件等领域感应度系数提高较为明显,说明下游产业链有效拓展,如电子元器件感应度乘数比2012年大幅提高2.51个单位,感应度系数达3.250,作为卡脖子的上游环节,重要性不言而喻。

表6 现代产业体系分产品部门的关联度系数

	2012影响力		2017影响力		2012感应度		2017感应度	
	乘数	系数	乘数	系数	乘数	系数	乘数	系数
全部产业	3.07	1.000	2.94	1.000	3.07	1.000	2.94	1.000
现代产业体系	3.16	1.029	3.07	1.046	2.73	0.889	3.06	1.042
先导层	3.34	1.089	3.13	1.065	1.99	0.648	2.22	0.756
主干层	3.50	1.142	3.32	1.128	2.62	0.854	2.84	0.966
基础层	2.41	0.786	2.27	0.773	4.83	1.574	4.99	1.697

注:2012年"电信和其他信息传输服务"拆分为2017年的"电信、广播电视和卫星传输服务"和"互联网和相关服务"2个产品部门;2012年的"批发零售"拆分为2017年的"批发"和"零售"2个产品部门。

4. 现代产业体系最终需求及结构特点。

最终需求分为消费、投资、国际贸易、省际贸易四部分,其中消费、投资属于内部需求,国际贸易、省际贸易带来的净需求属于外部需求。现代产业体系的最终需求及结构具有以下特点。

一是现代产业体系需求变化对国民经济运行影响力较强。2017年现代产业体系最终需求合计5.96万亿,最终产品率(用于最终使用的产品占总产出比重)42.2%,高于全部产业9.1个百分点。由于最终产品率较高,现代产业体系最终需求占全部产业比重达69.4%,高于其增加值占全部产业比重14.3个百分点,是增加值比重的1.259倍,意味着同样创造1单位增加值,现代产业体系对应的最终需求数量比平均水平高25.9%。再次叠加现代产业体系影响力系数较高的因素,2017年现代产业最终需求直接和间接拉动的国民经济总产出为18.14万亿,占全部产业比重达70.0%,对国民经济运行的影响力极高。从三个分层看,先导层、主干层最终需求拉动的总产出占全部产业比重分别为23.8%

和35.4%,分别是增加值比重的1.80倍和1.85倍,需求变动对生产活动影响较大,值得重点关注;基础层需求拉动比重10.8%,低于增加值比重。

二是外部需求活跃说明现代产业体系深度参与国际国内贸易。现代产业体系最终产品率较高的原因之一是外部需求的带动。2017年,现代产业体系实现省际贸易净流入2.14万亿(全省净流入−5125亿),国际贸易净进口5287亿,合计占现代产业最终需求的44.8%,高于全部产业40.0个百分点。其中,省际贸易净流出优势极为明显,说明江苏现代产业在国内市场具备极强竞争力;国际贸易净出口占全部产业比重56.8%,其中出口占全部产业比重62.4%、进口占66.0%,分别相当于增加值占比的1.132和1.197倍,说明现代产业进出口活跃度高于传统产业。从三个分层看,先导层、主干层的外部需求占全部需求的比重分别为68%和64%,属于净输出;基础层外部需求为负,说明本地生产不能满足省内需求,江苏基础层发展仍有提高空间。

三是内部需求先导层以投资为主,主干层和基础层以消费为主。先导层最终需求中投资需求为3709亿元,是消费需求的1.53倍,说明先导层的最终产品主要以投资品的形态提供,如机械设备、知识产权产品等,省内消费与先导层的直接联系依然较弱。主干层和基础层的最终消费需求分别为6561亿元和12487亿元,分别约为投资需求的2倍和3倍,说明其最终产品主要以消费品形态提供,与消费需求的联系更加紧密和直接。

表7 2017年现代产业体系最终需求及需求结构

	最终需求(亿元)					最终需求结构(%)			
	合计	消费	投资	省际贸易	国际贸易	消费	投资	省际贸易	国际贸易
全部产业	85,870	43,021	38,672	−5,125	9,302	50.1	45.0	(6.0)	10.8
现代产业体系	59,598	21,473	11,462	21,376	5,287	36.0	19.2	35.9	8.9
先导层	19,153	2,425	3,709	10,237	2,782	12.7	19.4	53.5	14.5
主干层	27,279	6,561	3,262	14,950	2,505	24.1	12.0	54.8	9.2
基础层	16,978	12,487	4,491	−3,812	—	94.8	34.1	(29.0)	—

(二)现代产业体系自主可控状况

自主可控问题产生的背景是国际分工,目标是作为国际产业链参与者,能够对产业链整体运行具备一定的控制力。从需求端来看,需要考察外部需求对省内生产经营活动,特别是现代产业体系生产经营活动的影响;从供给端看,需要考察外部供给的数量,以及可能被"卡脖子"的关键环节。目前,考察国际省际产业链的工具还比较缺乏,一般利用国际国内贸易资料进行分析。

1. 现代产业体系对外部需求的依赖度分析。

从自主可控角度,产业发展不可能脱离本地需求,某产业如果高度依赖外部需求,那么也容易受到外部经济波动的冲击,产业发展风险较高。从社会生产由需求诱发的视角,可以测算各类最终需求对生产活动的重要性。基于当前的需求结构,将各类最终需求变动1个单位对国民经济总产出的影响称为生产诱发系数,据此可以计算出各类最终需求诱发的总产出数量及占比。2017年,消费、投资、国际贸易、省际贸易对全部产业的生产诱发分别为 9.95 万亿、11.14 万亿、3.51 万亿、1.03 万亿,比重分别为 38.4%、44.1%、13.6% 和 4.0%,生产诱发系数分别为 2.31、2.96、3.78 和 -2.00(最终需求为负值,但生产诱发为正值,因为不同产业的关联系数和产业地位不同)。将省际贸易、国际贸易共同考虑,外需诱发的总产出占比 17.6%,可以认为江苏经济运行对外部需求的依赖度为 17.6%。若仅考察国际贸易,其中出口诱发的总产出占比为 31.7%,进口抵销的总产出占比为 18.1%,合计国际贸易诱发的总产出占比 13.6%。因此,在进出口互不影响的极端假设下,国外需求全部消失对省内总产出的影响为 31.7%;在进口完全由出口带动的极端假设下,国外需求全部消失对省内总产出的影响为 13.6%;由于现实情况是部分进口由出口带动、部分进口与出口无关,那么国外需求全部消失对省内总产出的影响在 13.6% 至 31.7% 之间,约 20% 的水平。(以上分析基于当前的需求结构不变的前提下,事实上国外需求消失必然会对国内产品价格、国内就业和收入以及需求结构造成连锁影响,所以实际影响程度可能会有偏离)。

现代产业体系外部需求依赖度明显高于传统产业。2017 年,现代产业体系对省际贸易和国际贸易需求的依赖度分别为 24.4% 和 12.4%,合计 36.8%,高于全部产业 19.2 个百分点。从三个分层看,仅考察国际贸易,先导层、主干层、基础层对国际贸易需求的依赖度分别为 16.2%、12.1% 和 8.6%,其中对出口需求诱发的总产出依赖度分别为 44.1%、27.4% 和 20.9%,呈逐步下降态势。先导层的出口依赖度最高,且多数出口都伴随着进口,说明先导层产业融入全球产业链的程度高于其他分层,受外部需求影响程度较高。国外需求全部消失的假设下,先导层总产出受影响的程度在 16.2% 至 44.1% 之间,约 30% 的水平。

表8 2017 年现代产业体系最终需求依赖度

	消费	投资	省际贸易	其中:流出	国际贸易	其中:出口
全部产业	38.4	44.1	4.0	59.7	13.6	31.7
现代产业体系	32.7	30.5	24.4	60.8	12.4	30.6
先导层	18.1	22.9	42.8	55.5	16.2	44.1
主干层	26.5	26.2	35.2	70.6	12.1	27.4
基础层	60.6	46.7	-16.0	49.0	8.6	20.9

2. 现代产业体系的国产化率及竞争力分析。

先导层是国际产业链自主供给的短板领域。根据当前常用的分析方法,1-进口占省内总使用(省内总使用=省内需求+出口+流出)比重来衡量国产率,1-进口和省际流入占省内总使用比重来衡量省产率。国产率和省产率考察了国内和省内供应本地需求的能力。2017 年江苏全部产业国产率 95.6%,省产率 79.2%;其中现代产业体系国产率 94.2%,略低于全部产业平均水平,但省产率为 86%,高于平均水平 6.8 个百分点。从三个分层看,先导层、主干层、基础层国产率分别为 87.2%、95.5% 和 100%,先导层明显偏低,是国际产业链供给侧自主可控的短板领域;省产率分别为 84.7%、88.4% 和 83.5%,意味着国内其他省份对江苏省内需求的供给率分别为 2.5%、7.1% 和 16.5%,先导层对外省供给的依赖低于其他领域,主要的产业链缺口由国外供给。从供给端出发,难以准确评估外部供给消失对省内生产的影响,原因是个别关键环节少量供给的短缺,在缺少替代品的情况下,可能会造成整个产业链的停摆,提高先导层自主供给能力尤为重要。

先导层国际竞争力分值低于平均水平。用国际贸易中的(出口-进口)/(出口+进口)衡量国际竞争力,利用计算结果对国际竞争力进行评估:将分值>0.20界定为竞争力强,其含义是出口为进口的1.5倍,如果进口全部由出口引发,进口品在国内的增值率在50%以上;分值在0—0.20界定为竞争力较强,含义是出口大于进口,但出口与进口的比例低于1.5倍;分值在-0.20—0界定为竞争力偏弱,含义是出口略低于进口,行业存在国际贸易逆差;分值<-0.2界定为竞争力弱,含义是进口高于出口的1.5倍,行业以进口为主,存在较高贸易逆差。按照同样办法,用(省际流出-流入)/(省际流出+流入)衡量省际竞争力并进行评估。下表可见,2017年江苏全部产业国际竞争力分值0.244,国际竞争力强,省际竞争力分值为负,省际竞争力弱;现代产业体系国际竞争力分值0.218,略低于平均水平,但竞争力依然评估为强,省际竞争力分值0.442,大幅高于平均水平。从三个分层看,国际竞争力分值先导层、主干层分别为0.184、0.275,竞争力分别为较强和强,先导层国际竞争力分值低于平均水平;基础层国产率已实现100%,因此国际竞争力评价为强。省际竞争力分值先导层、主干层、基础层分别为0.442、0.805、-0.367,竞争力评价分别为强、强和弱。

从具体的产品部门看。国际竞争力评价为弱,且国产率低于90%的产品部门有电子元器件、仪器仪表、合成材料、金属加工机械四个。其中,电子元器件国产化率仅为71.3%,合成材料为81.3%,国产化率最低,再考虑两者较高的感应度系数,应用领域较为广泛,因此电子元器件和合成材料可以看做江苏现代产业自主供给中最为薄弱和关键的领域。国际竞争力评价为弱,但国产率高于90%的产品部门有专业技术服务、石墨及其他非金属矿物、有色金属及合金三个。这些部门虽然进口量比较小,但作为重要的创新服务供给和上游原材料,提高自主供给能力也尤为重要。此外,从省际竞争力看,江苏其他专用设备、通信设备、日用化学产品、文化办公用机械、邮政、卫生和基础层产业都属于净流入状态,在国内的竞争力偏弱。

表9 现代产业体系的国产率及竞争力

	国产率(%)	省产率(%)	国际竞争力		省际竞争力	
全部产业	95.6	79.2	0.244	强	-0.050	偏弱
现代产业体系	94.2	86.0	0.218	强	0.442	强
医药制造业	96.1	88.1	0.280	强	0.699	强
其他专用设备	85.6	82.6	-0.144	偏弱	-1.000	弱
计算机	92.7	92.7	0.787	强	1.000	强
通信设备	91.9	78.6	0.778	强	-1.000	弱
广播电视设备和雷达及配套设备	82.8	82.8	0.608	强	0.998	强
视听设备	99.6	97.5	0.932	强	0.937	强
电子元器件	71.3	71.2	-0.349	弱	0.980	强
其他电子设备	100.0	100.0	—	强	0.999	强
仪器仪表	85.2	84.4	-0.222	弱	0.970	强
电信、广播电视和卫星传输服务	100.0	100.0	—	强	1.000	强

续表

	国产率(%)	省产率(%)	国际竞争力		省际竞争力	
互联网和相关服务	100.0	98.8	—	强	0.966	强
软件和信息技术服务业	100.0	98.6	—	强	0.920	强
研究与实验发展	100.0	100.0	—	强	1.000	强
专业技术服务	100.0	92.3	−0.759	弱	−1.000	弱
科技推广和应用	100.0	98.7	—	强	0.876	强
先导层合计	87.2	84.7	0.184	较强	0.805	强
农、林、牧、渔服务产品	100.0	84.8	—	强	−0.809	弱
合成材料	81.3	80.0	−0.441	弱	0.596	强
专用化学产品炸药火工焰火产品	87.1	87.1	−0.150	偏弱	1.000	强
日用化学产品	95.1	57.8	0.328	强	−0.952	弱
石墨及其他非金属矿物制品	93.4	89.7	−0.232	弱	−1.000	弱
有色金属及其合金	97.4	34.9	−0.774	弱	−0.880	弱
锅炉及原动设备	91.7	83.1	0.074	较强	0.398	强
金属加工机械	83.5	81.1	−0.447	弱	0.802	强
物料搬运设备	96.4	96.4	0.627	强	1.000	强
泵、阀门、压缩机及类似机械	87.3	87.3	0.178	较强	1.000	强
文化、办公用机械	98.3	41.1	0.852	强	−0.538	弱
其他通用设备	92.6	91.8	0.346	强	0.888	强
采矿、冶金、建筑专用设备	98.1	98.1	0.665	强	1.000	强
化工木材非金属加工专用设备	90.6	84.1	0.160	较强	0.750	强
农、林、牧、渔专用机械	97.2	81.1	0.815	强	0.207	强
汽车整车	98.7	97.0	0.336	强	0.889	强
汽车零部件及配件	96.6	94.9	0.336	强	0.846	强
铁路运输和城市轨道交通设备	98.4	98.4	0.202	强	1.000	强
船舶及相关装置	99.6	97.5	0.970	强	0.936	强
其他交通运输设备	97.7	92.3	0.763	强	0.703	强
电机	97.8	97.8	0.594	强	1.000	强
输配电及控制设备	95.1	94.9	0.392	强	0.991	强
电线、电缆、光缆及电工器材	98.1	97.2	0.542	强	0.972	强
电池	90.7	90.7	0.289	强	1.000	强
其他电气机械和器材	89.4	89.1	0.556	强	0.956	强
邮政	100.0	79.4	—	强	−1.000	弱
商务服务	100.0	100.0	—	强	1.000	强
卫生	100.0	96.7	—	强	−1.000	弱
新闻和出版	97.2	96.4	−0.192	偏弱	0.941	强
广播电视电影和影视录音制作	100.0	100.0	—	强	1.000	强
主干层合计	95.5	88.4	0.275	强	0.591	强
基础层合计	100.0	83.5	—	强	−0.367	弱

三、存在的问题和短板

(一)现代产业中先导层占比仍然偏低

当前,江苏技术领先、服务领先、品牌和技术附加值较高的产业发展仍然较为滞后,先导产业规模及层次与经济发展阶段相比仍有一定差距。2017年,江苏现代产业体系增加值占GDP比重为55.1%,其中先导层占GDP比重仅为13.2%,主干层19.1%,合计仅占32.3%,表明现代产业体系中科技含量较高、发展潜力较大的核心行业和部门占比仍不足经济总量的三分之一。从现代产业占比较大的第三产业看,2017年广东服务业增加值占GDP比重53.6%,浙江为53.3%,比江苏分别高3.3个、3个百分点。从工业看,江苏现代产业体系先导层中规模最大的是计算机通信和其他电子设备制造业,2017年规模以上电子行业实现主营业务收入18530.6亿元,占规模以上工业比重达12.4%;与广东比较,江苏规模以上电子行业主营业务收入仅为广东的50.4%,占规上工业比重比广东低15个百分点。

(二)产业技术创新能力仍待加强

与发达国家相比,我省研发投入占比依然偏低,工业研发投入产出效率不高,工业新产品国际竞争力不强等问题依然突出。研发经费支出占比与发达国家差距较大。2017年,江苏研究与发展经费支出占地区生产总值比重达2.6%,仍低于日本的3.3%(2015)、韩国的4.2%(2015)、德国的2.9%(2015)、美国的2.8%(2015)。规上工业企业研发投入、产出均低于广东。2017年,江苏规模以上工业企业R&D人员全时当量为45.5万人年,R&D经费支出为1833.9亿元,均略低于广东,居全国各省区第二位;规上工业企业专利申请数为12.5万件,比广东低7.4万件,差距较为明显;其中发明专利申请量为4.57万件,仅为广东的52.7%;规上工业企业有效发明专利拥有量为14万件,仅为广东的48.5%。工业新产品竞争力仍然偏弱。2017年,江苏规上工业企业新产品开发项目数为6.97万项,仅为广东的67.5%;新产品研发经费支出2150.6亿元,比广东低24%;新产品销售收入2.86万亿元,比广东低18%;新产品出口5708.1亿元,仅为广东的51.6%,新产品出口仅占销售收入的20%,比广东低11.7个百分点。综合来看,江苏制造业仍主要集中在产业链、技术链的中低端环节,基础研究、原始创新相对不足,创新链与产业链紧密度不够等现象亟待解决突破。

(三)现代产业的竞争力亟待提升

江苏高新技术产品、机电产品的国际市场占有率明显低于广东。2017年,江苏高新技术产品出口额仅为1380亿美元,而广东高新技术产品出口额达2158亿美元,比广东低778亿美元;江苏机电产品出口2393亿美元,广东为4201.3亿美元,比广东低1808.3亿美元。高新技术产品国际竞争力仍然偏低。2017年江苏机电产品国际竞争力指数(贸易顺差/进出口总额)达到0.28,明显高于全部产品国际竞争力指数的0.23,但高新技术产品国际竞争力仅0.18,明显低于机电产品和全部产品的国际竞争力平均水平。江苏新兴行业、新兴产业发展仍处于产业链、技术链的中低端,大量企业仍处于装配加工、零部件制造等环节,业务和产品涉及高新技术产品关键核心技术的企业较少,国际竞争力不强,不可替代性偏弱。

(四)部分行业自主可控性有待增强

总体上看,当前江苏现代产业体系中的重点制造业行业对外依存度仍然较高。如第一大产业电子信息产业中,部分核心零部件仍然依靠大量进口。2017年江苏进口产品中集成电路483亿美元,自动数据处理设备及其部件、自动数据处理设备的零件分别达32.6亿美元、25.1亿美元,液晶显示板76.1亿美元,四种重点电子零部件产品进口货值已占规上电子产业全年主营业务收入的30%。尤其是大量手机、笔记本电脑代工企业生产的电子产品中,省内企业以装配加工环节为主以及部分普通零配件生产,在产业链条中可替代性强、缺乏话语权。大量以制造代工为主要发展模式的电子企业,在国际终端消费市场中缺乏自主品牌,产业链自主可控能力明显不足。部分涉及高新技术产品生产的企业,生产线中关键核心设备仍然主要依靠欧美发达国家的企业设计供给,以金属加工机床为例,2017年进口额仍高达25.8亿美元,折合人民币174.2亿元。

四、实施路径与政策举措

江苏是制造业大省,制造业规模居全国首位,产业门类齐全,产业基础强。省委十三届四次全会明确提出:"着力建设自主可控的先进制造业体系,充分体现中国制造看江苏的责任担当"。省委十三届七次全会提出五个"聚焦",其中首个就是"聚焦自主可控、安全高效,加快构建先进制造业体系"。加快构建自主可控的现代产业体系,是江苏制造业发展最重大的任务、最急需解决的问题。

(一)完善细化顶层设计,提升规划引领水平

从建设社会主义现代化强国的高度,从江苏经济高质量发展的高度,进一步加强对全省现代产业体系发展的顶层设计和宏观指导。把中央要求和江苏实际紧密结合,紧紧把握长三角区域一体化、长江经济带建设、"一带一路"建设等多重国家战略叠加机遇,围绕"核心技术自主化、产业基础高级化、产业链现代化"的任务目标,完善战略规划、加强政策扶持,统筹协调加快推进全省现代产业体系发展。

以科学规划引领现代产业发展。编制完善现代产业体系发展规划,并推动纳入经济社会发展总体规划一体推进。规划应注重前瞻性、科学性、可行性,坚持政府引导和市场机制相结合,坚持独立自主和开放合作相促进,坚持应用牵引和问题导向相结合,着力提升关键技术控制力、产业集群带动力、产业链条整合力、信息化对制造业的引领力和国际行业标准制定主导力,全面提升江苏现代产业体系竞争力。

加强产业政策有效供给。进一步加强与国家层面政策对接,尽快系统化完善江苏相关政策体系。省级相关部门加强协调联动,围绕"十四五"规划总体要求,紧扣建设自主可控现代产业体系的目标任务,充分发挥部门职能作用,统筹推进完善细化政策工作。全面梳理现有产业政策,分产业、分行业、分区域深入基层调研全省现代产业发展现状,明确江苏现代产业发展不足短板,同时借鉴欧美发达国家成功经验,结合江苏实际完善产业政

策、有针对性加强政策引导和扶持。

(二)促进产业融合发展,提升产业集群带动力

提高产业集聚度,必须加强政策支持和规划引领,对于先导层、主干层、基础层产业有针对性地出台引导政策,合理布局产业发展空间,强化产业融合发展,注重加强创新要素支撑,进一步提升产业链配套和企业分工协作水平,培育壮大先进制造业、现代服务业产业集群。

打造具有国际竞争力的先进制造业集群。围绕建设制造强省的发展战略,以先进制造业集群带动制造业高质量发展,助推产业向全球价值链中高端迈进。聚焦工程机械、集成电路、高端装备、生物医药、物联网、前沿新材料等13个先进制造业集群,支持发展符合国家战略要求、产业带动力强、技术先进的大项目,带动提升先进制造业集聚度。引导集群内企业在空间相对集聚的基础上,加强产业配套、科技创新等交流协作,构建良好的产业集群生态系统,充分发挥产业集群的乘数效应。

加快建设现代服务业产业集聚新格局。组织实施现代服务业质量提升工程,推动生产性服务业向专业化和价值链高端延伸,生活性服务业向高品质和多样化发展。全面提升现代服务业和先进制造业融合发展水平,提升服务业对全省经济的拉动力和贡献率。支持服务业发展基础较好的南京、苏州建设国家服务经济中心,其他市要充分发挥产业比较优势,打造现代服务业集聚区,实现与周边地区的错位竞相发展。加快发展总部经济、枢纽经济,高标准建设南京国家级临空经济示范区等现代服务业高水平集聚区,辐射带动周边地区和相关产业发展。

(三)聚力补链固链强链,提升产业链条整合力

提升产业链条整合力,就必须积极适应和引领全球产业链加速重建的新形势,围绕全产业链协同发展的目标,加快补链固链强链,从而提高产业链现代化水平。

聚焦主导产业和重点企业,做优做强产业链。立足全产业链视角,重点加强产业链薄弱环节和关键领域的企业培育和招引,不断提高产业自给率和核心竞争力。支持江苏企业在全球范围内开展资源要素整合的全产业链运营模式,进一步提升资源配置效率,持续巩固和深化江苏制造优势。围绕产业技术前沿领域和新业态、新模式重点领域,重点发展一批技术先进、主业突出、核心竞争力强的独角兽企业和瞪羚企业。引导支持中小微企业与龙头企业建立以产业链、供应链、产品链为纽带的战略联盟,形成大中小微企业相互协作、关联配套的良性发展格局,提升产业链整体竞争力。

围绕产业链打造创新链,促进"双链"融合发展。围绕产业链布局创新链,立足重点支柱产业和战略性新兴产业,引导产业链上下游企业树立资源共享、价值共创、发展共赢的发展理念,以龙头企业为引领,带动行业加强技术创新和研发力度,强化与科研院所产学研合作,推广建设以应用基础研究和前沿技术研发为主的研究机构,加强核心技术研发的追赶步伐,合力解决行业技术创新面临的共性问题和关键问题。加大对产业链重点创新领域有效投入,引导产业链资金、人才、技术等创新要素向重点产业、重点项目集聚,促进提升产业链的专业化、精细化、高端化水平。

(四)深化科技自主创新,提升关键技术控制力

坚持自主创新和开放创新相结合,从核心技术的追跑者向并跑者、领跑者转变。结合江苏产业发展实际,加快完善创新体系,聚焦关键性、前沿性产业领域,实施一批重大技术攻关项目,重点攻坚对产业发展有推动作用以及"卡脖子"的关键技术,争取在新材料、关键核心部件等领域不断取得突破,把江苏科教优势的势能转化为现代产业体系的发展动能。

完善区域创新体系,加强创新平台建设。省级层面加快完善顶层设计,围绕江苏产业发展特点和产业集群的空间布局,明确自主可控建设的重点区域、重点领域、重点项目,努力实现科技资源、科技服务在地区间、产业间互通互联、合作共享,避免同质化竞争和重复投入,构建江苏全域创新一体化的创新体系,助力长三角地区创新一体化。加强技术创新平台支撑,加快国家重点实验室、国家大科学装置等国家级科研平台建设,为科研成果孵化筑牢基础、丰富载体。

强化关键核心技术攻关,扩大创新要素供给。以江苏产业发展需求为导向,聚焦人工智能、石墨烯等领域关键核心技术,组织实施科研攻关,推动核心技术自主化。加大国家重大科技项目承接力度,将重点科研项目列入"十四五"发展规划持续推进,实施前沿引领技术基础研究专项、重大科技成果转化专项。健全创新人才优先发展保障机制,重点培养科技创新最核心、产业发展最前沿的科技领军人才和高水平创新团队,充分发挥创新型人才在技术攻关中的引领作用。加强工科院校建设,尤其是发展急需的新兴工科专业,强化科技人才储备。大力发展科技金融,推动金融、科技、产业融合发展,全方位加强创新要素保障和支撑。

(五)强化信息技术应用,提升信息化对制造业的引领力

当前,新业态、新模式、新技术迅猛发展,工业互联网、5G等技术应用给制造业发展带来新机遇、注入新动能。加强新一代信息技术的深度应用,就是要加强工业互联网建设应用,推广发展智能制造,加快制造业数字化改造,推动更多战略性新兴产业发展成为江苏产业体系新支柱,带动江苏制造业高质量发展。

加快发展工业互联网,赋能制造业创新发展。江苏是制造大省和互联网大省,发展工业互联网具备良好产业基础和广大市场需求。抢抓工业互联网发展机遇,加快"5G+工业互联网"建设,统筹推进基于5G、云计算、物联网等新一代信息技术的工业互联网基础设施建设,构建全国领先的工业互联网平台。建立多层级全覆盖的安全保障体系。支持引导企业尤其是中小微企业上云上平台,推动工业互联网在实体经济领域广泛的深度应用。推广建设一批"互联网+制造业"标杆项目,推动技术研究和产业发展互促共进。

加快发展智能制造,促进制造业转型升级。根据省政府《关于进一步加快智能制造发展的意见》,到2020年全省目标建成1000家智能车间,创建50家左右省级智能制造示范工厂,试点创建10家左右省级智能制造示范区。下一步应充分发挥省级示范工厂、省级示范区的示范带动作用,重点面向先进制造业集群地区,推广更多企业高起点开展智能制造转型升级。发展智能制造服务机构,为面广量大的企业智能制造提供技术咨询和服务。

加快制造业数字化转型,推动制造业高质量发展。随着大数据、人工智能、虚拟现实、区块链等新技术兴起,越来越多国家把发展数字化制造业作为推动传统产业改造升级的重要途径。国内制造业数字化改造应用仍处于起步阶段。全方位、全链条对传统制造业进行数字化改造,围绕体系重构、流程再造,建设数字化车间、数字化工厂、数字化企业。加快发展数字化平台经济,积极培育数字经济这一创新商业模式,更好发挥数字经济对制造业转型升级带动作用。

(六)厚积技术竞争优势,提升国际行业标准制定主导力

标准,是当前国际市场竞争的重要手段,是引领产业发展的重要核心竞争力。作为外向型经济大省和制造业大省,江苏企业参与国际行业标准制定的主动性不够、话语权不足,尤其是新兴产业领域行业标准被国际公认和采用的仍然偏少。提升国际行业标准制定主导力,就必须要进一步推动技术创新与标准制定共同发展进步,及时将创新成果转化为领先的技术标准,抢占技术竞争话语权,大力推动江苏标准成为国家标准、国际标准。

对标行业国际标准,实施"标准化+"制造业战略。制造业高质量发展,高水平的行业标准体系是基础。树立标准引领行业发展导向,充分发挥政府部门引导作用和企业主体作用,加快构建以国际标准为引领,国家标准和行业标准为主体,团体标准和企业标准为基础,地方标准为补充的江苏先进制造标准体系。梳理省内制造业各行业标准,对标国际标准结合江苏产业发展动态修订调整相关标准,以标准升级倒逼产品质量升级。鼓励企业学习国际先进标准技术管理,培养引进标准化人才,提高江苏企业参与行业国际标准制定的专业化水平。

以传统产业为重点,对标国际标准达标提标。传统产业虽然由发达国家逐步向发展中国家转移,但是行业标准、专利等话语权仍掌握在发达国家手中。当前全省传统制造业仍占据主导地位,要引导企业主动对标行业内国际先进标准,加快赶超步伐,在产品技术创新过程中注重探索形成先进的企业标准,争做国际标准的领跑者,引领带动传统制造业转型升级。

以新兴产业为突破口,推动江苏标准领航领先。加强政府部门和标准化技术机构、科研院所,以及新产业企业之间的合作,畅通新兴产业地方标准制定的"快速通道",将企业的技术创新优势转化为领先行业标准、国际标准的"领航标准"。围绕生物医药、新能源汽车等江苏优势新兴产业,鼓励技术创新走在行业前沿的企业积极参与到国际标准制定中去,促进企业产品与国际市场接轨,占据行业发展主导权,以技术标准的领先凸显核心竞争力。

参考文献

[1] 徐康宁:构建自主可控、具有国际竞争力的现代产业体系,《群众》(思想理论版),2018(8).
[2] 志彪:建设四位协同发展的现代产业体系,长江产业经济研究院智库,2019(2).
[3] 张培丽:新时代产业体系建设的新内涵与新任务,光明日报,2018(6).
[4] 陈柳:自主可控现代产业体系基本内涵与江苏作为,长江产业经济研究院智库,2018(11).
[5] 中金策略:全球变局下的中国产业变革,金融界网站,2018(12).
[6] 高新技术产业发展的全球经验和中国思考,经济观察报,2018(5).

作者简介：

李宝会，江苏省统计局，hancaolu@163.com。
张远征，江苏省统计局，909299096@qq.com。
高斌，江苏省统计局，ronald_gb@126.com。
刘瑞琪，江苏省统计局，133639898@qq.com。

中国先进制造业与现代服务业深度融合发展研究

陈汉臻　李国锋　彭丽芳　王　媛

摘要：改革开放后,我国制造业不断发展壮大,逐渐确立了世界制造业大国的地位,但所面临的国际政治、经济环境也日益复杂。我国制造业正面临丧失比较优势,被锁定于全球价值链低端和经济陷入贫困化发展的风险。党的十九大报告明确提出:要"加快建设制造强国,加速发展先进制造业","坚定实施推动产业优化升级,加快发展先进制造业、现代服务业,促进我国产业迈向全球价值链中高端"。因此,研究现代服务业与先进制造业之间的关系,对加速产业结构升级,实现新旧动能转换,促进经济高质量发展具有重要意义。本研究报告主要以产业融合理论为基础,运用投入产出分析方法以及产业关联分析方法,研究中国先进制造业与现代服务业的融合发展情况。本文首先界定了现代服务业和先进制造业的概念内涵及其行业细分;其次,研究了我国先进制造业和现代服务业的产业融合互动水平。主要包括内生互动融合水平、外生互动融合水平和综合融合水平,并进行了实证分析研究。最后,为促进两业深度融合发展提出了政策建议。

关键词：先进制造业　现代服务业　融合度

一、绪论

(一)研究背景与意义

2015年5月国务院印发了《中国制造2025》,这是中央政府部署全面推进实施制造强国的战略文件,是中国实施制造强国战略第一个十年的行动纲领。该文件明确提出"推动生产型制造向服务型制造转变",这是我国制造业发展的基本方向和重大任务。2019年11月国家发改委等15部门印发了《关于推动先进制造业和现代服务业深度融合发展的实施意见》,指出推动先进制造业和现代服务业相融相长、耦合共生。随着网络技术、信息技术和数字技术等广泛应用于服务业和制造业,先进制造业和现代服务业呈现出渗透、互动、融合的现象。当前,我国总体上进入工业化中后期,制造业与服务业融合发展是工业化中后期和从工业经济转向服务经济时代的一个普遍趋势。服务业是经济发展的主动力和新引擎,制造业竞争力是体现一国综合国力与国际经济竞争的重要方面,先进制造业与现代服务业融合发展是制造业与服务业融合发展的具体化和深化,推动先进制造业与现代服务业深度融合是顺应当前全球经济发展的重要趋势,是现代产业演进的客观规律,是当前经济由高速增长阶段转向高质量发展阶段的需要,是提高产业链附加值、向全球价值链高端迈进的需要,是制造业实现高质量发展和提升综合竞争力的需要,是我国从制造大国向制造业强国转变的必由之路。

(二)研究文献综述

关于先进制造业与现代服务业融合的研究取得了许多进展,但是先进制造业与现代服务业融合的概念仍然缺乏明确的标准。下面将结合国内外研究,从研究产业融合的概念出发观察不同视角下两业融合的概念。从技术角度来看,产业融合是享有相同技术平台的产业相互融合(Ames&Rosenberg,1977;Bresnahan&Trajtenberg,1995)。产业融合是为了适应产业增长而发生的产业边界的收缩或消失(Greenstein 和 Khanna,1997)。国外有学者将产业融合定义为"采用数字技术后原本各自独立的产品的整合"(Yoffie,1997)。最初产业融合主要发生在信息通信业内,随着技术革新的推进以及互联网的普及,产业融合将在制造业得到进一步的发展(植草益,2001)。Jonas Lind(2005)、王小波(2016)、李美云(2011)、周宁和惠宇(2014)认为产业融合是指在消除产业边界的进入壁垒后,原本相互独立的产业相互交叉渗透,直至产业间边界越来越模糊或消失的经济现象,产业融合是发生在相关产业边界的技术融合、业务融合或市场融合的过程,产业融合会产生兼具两种产业特征的新型产业业态,主要表现为"制造业的服务化"和"服务业的制造化"两种表现形式。

基于上述关于产业融合概念的研究,可以将产业融合的概念概括为随着技术革新以及信息技术的广泛应用,原本相互独立的产业相互交融、相互渗透,产业间形成良性互动机制,并且随着产业间相互依赖,共同发展,产业关系不断深化,两大产业的利益趋于一致,导致产业界限逐渐模糊或消失,两大产业价值链进行分解、重组的经济现象。在产业融合的过程中常常会在产业边界处发生技术创新、产品创新以及市场创新,从而催生出新的产业形态,产业融合的本质是产业创新。

国内外许多学者对先进制造业与现代服务业的融合发展进行了一系列的研究。徐建华(2019)提出推动先进制造业与现代服务业融合发展从微观层面上要培育和发展一大批将先进制造业和现代服务业融合发展的企业。在中观层面上,要完善先进制造业与现代服务业融合发展的产业生态体系,包括生产生态、服务生态、创新生态等方面。在宏观层面上,要出台相应的政策措施,创造良好的市场环境。罗青兰(2016)利用投入产出表对广东省先进制造业与现代服务业融合水平进行了测量,发现先进制造业是经济发展的重要部门,广东省的现代服务业发展滞后,但在经济中的地位逐步上升。邓培伟和朱星谕(2019)对广东省先进制造业与现代服务业融合现状进行研究,提出推动先进制造业与现代服务业深度融合发展需要完善两业融合发展的体制机制建设,大力推动现代服务业和先进制造的发展水平,强化信息技术对两业融合发展的支撑作用,加快培育两业融合新模式新业态。

二、先进制造业与现代服务业融合的理论

(一)现代服务业的概念界定与行业细分

尽管现代服务业对我们来说已经不再陌生,在党的"十五大"报告中首次提出了"现代服务业",国内学者针对现代服务业进行了许多研究,但是学术界对于现代服务业的内涵及行业划分尚没有制定统一的标准。随着我国经济的发展,国内学者对现代服务业本质特征的认识上达成了一些共识,认为现代服务业是以信息技术为代表的现代科技和现代管理观念为支撑,依托于现代经营方式和组织形式发展起来的服务业。除此之外,国内学者对于现代服务业的概念内涵还有着不同的见解,周振华(2005)认为现代服务业是指依托电子信息等高技术和现代管理理念、经营方式和组织形式发展起来的,主要为生产者提供服务的部门,现代服务业具有高人力资本含量、高度专业性、高附加值等共同特征。潘海岚(2008)认为现代服务业的本质是实现服务业的现代化,核心是技术、信息和知识密集的现代生产性服务业。钟云燕(2009)认为现代服务业还应包括经过现代信息技术和现代管理观念、经营模式改造提升的传统服务业,且提出现代服务业具有新兴化、信息化、知识化以及经营管理和组织形式现代化的特点。成青青(2019)提出现代服务业是建立在新业态、新商业模式、新服务方式以及新管理办法基础上的服务业,除了生产性服务业,还包括消费性服务业、知识性服务业以及公共服务业等。

本文认为,现代服务业主要指依托电子信息等高技术或现代经营方式和组织形式而发展起来的服务业。根据2012年2月22日国家科技部发布的第70号文件,现代服务业是指以现代科学技术特别是信息网络技术为主要支撑,建立在新的商业模式、服务方式和管理方法基础上的服务产业。现代服务业的发展本质上来自于社会进步、经济发展、社会分工的专业化等需求。现代服务业既包括随着技术发展而产生的新兴服务业,也包含应用了现代技术的传统服务业的技术改造和升级,其本质是实现服务业的现代化,属于知识密集型和技术密集型产业,具有智力要素密集度高、产出附加值高、创新活动活跃、资源消耗少、环境污染少等特点。

根据对相关文献的梳理,一般认为现代服务业具有高技术性、知识性和新兴性的共性特征,结合我国现阶段大力发展服务业的需求以及突显现代服务业动态发展的特点,本论文在选取现代服务业的细分行业时将采用较为宽泛的划分标准,即只要具备上述三大特征中的至少一个特征,则将其确定为现代服务业。因此,本论文将根据《国民经济行业分类 GB/T 4754—2017》以及数据的可获得性,选取:①信息传输计算机服务和软件业;②金融业;③房地产业;④租赁和商务服务业;⑤科学研究技术服务和地质勘查业;⑥水利环境和公共设施管理业;⑦居民服务和其他服务业;⑧教育;⑨卫生、社会工作和社会保障;⑩文化体育和娱乐业等10个行业作为现代服务业。

(二)先进制造业的概念界定与行业细分

先进制造业是一个较新的经济概念,关于它的内涵及其概念边界目前官方还没有权威的标准,学术界也尚未形成一个明确的定义,国内外专家学者对其都有着不同的理解。随着工业技术在制造业中的广泛应用,美国政府于1992年首次提出先进制造业的概念,

提出先进制造业是拥有先进制造技术的行业。进入21世纪,信息技术广泛应用到制造业中,改变了传统制造业的生产方式和业务流程,制造业企业在生产过程中也产生了许多先进制造模式。许多学者认为需要通过先进制造模式将先进制造业技术转换为先进生产力。黄烨菁(2010)认为先进制造业表现在制造技术的先进性、生产组织方式的创新性以及制造与服务活动关联模式的创新上。秦世俊(2004)、李舒翔(2013)提出先进制造业是指不断吸收电子信息、计算机以及现代管理技术等方面高新技术成果,并将这些技术成果应用于制造业产品的研发设计、制造、在线检测、营销服务及管理的全过程,实现信息化、自动化、智能化生产,取得良好经济社会和市场效果的制造业总称。刘振元(2018)提出先进制造业具有时代性、动态性、创新性、战略性等特征。彭本红(2019)认为相对于传统制造业,先进制造业具有产品设计制造和企业管理信息化、生产过程控制智能化以及产品制造过程绿色化等特点。

本论文认为,先进制造业是指能够不断吸收电子信息、计算机、机械、材料以及现代管理技术等方面的高新技术成果,并将这些先进制造技术综合应用于制造业产品的研发设计、生产制造、在线检测、营销服务和管理的全过程,实现优质、高效、低耗、清洁、灵活生产,即实现信息化、自动化、智能化、柔性化、生态化生产,取得很好经济收益和市场效果的制造业总称,具备先进技术、先进管理模式、先进生产组织方式、拥有先进市场网络组织的制造业。先进制造业不仅体现了技术的先进性,还体现了产业的先进性以及管理的先进性,是创新力高、竞争力强、具有高附加值的制造业。

关于先进制造业的划分标准,相比于传统制造业,要突出先进制造业的先进性,先进制造业要具有先进制造技术、先进生产组织模式以及先进管理模式,同时通过应用高新技术、先进生产方式和先进管理模式,在技术研发方面达到领先水平的那部分传统制造业也可以纳入先进制造业的范围内。罗守贵(2006)、郭巍和林汉川(2010)、商黎(2014)等学者根据先进制造业的内涵及特点,对先进制造业的范围进行了界定。

本论文以《国民经济行业分类 GB/T 4754－2017》中的制造业分类为行业分类标准,同时考虑到数据的可获得性,选取①精炼石油和核燃料加工品;②化学产品;③金属冶炼和压延加工品;④金属制品;⑤通用设备;⑥专用设备;⑦交通运输设备;⑧电气机械和器材;⑨通信设备、计算机和其他电子设备;⑩仪器仪表等10个领域产品的生产为先进制造业。

三、先进制造业与现代服务业的融合测度方法

《中国制造 2025》明确提出"促进生产型制造向服务型制造转变",这是我国制造业发展的基本方向和重大任务。实现《中国制造 2025》的目标,需要客观把握现状,对中国产业融合程度进行量化和判断。从主要发达经济体的实践来看,生产性服务业(含现代服务业)与制造业(含先进制造业)之间的关系经历了从"需求依附"转向"相互支撑"、再到"发展引领"的演进过程。先进制造业与现代服务业的融合本质上是两者之间的互动,可分为内生互动和外生互动。前者体现为两者在生产过程的直接联系和使用联系,后者则是外生冲击驱动导致,可由最终需求的变动引起。因此,根据投入产出分析方法,本报告从产业角度建立先进制造业与现代服务业融合的测度指标体系。

(一)两业融合基础测度指标

本论文研究使用直接消耗系数和中间产品分配系数作为衡量先进制造业和现代服务业内生互动性的基础指标,进一步计算有关派生系数,以研究两业互动融合水平。

1. 直接消耗系数。

直接消耗系数是投入产出分析中最基本的系数,它能体现经济系统中产业间的直接经济联系。在生产活动过程中,第 j 部门(包括先进制造业和现代服务业及其细分行业)生产单位产出所直接消耗的第 i 部门(包括先进制造业和现代服务业及其细分行业)产品的数量,称为第 j 部门对第 i 部门产品的直接消耗系数。价值直接消耗系数的计算公式为

$$a_{ij} = \frac{x_{ij}}{X_j} (i,j=1,2,\cdots,n) \tag{1}$$

由每个部门的 a_{ij} 形成价值直接消耗系数矩阵为

$$A = \begin{pmatrix} a_{11} & a_{12} & \cdots & a_{1n} \\ a_{21} & a_{22} & \cdots & a_{2n} \\ \vdots & \vdots & \ddots & \vdots \\ a_{n1} & a_{n2} & \cdots & a_{nn} \end{pmatrix} \tag{2}$$

价值投入产出表中,横行表示各种产品的分配使用去向,既包括中间产品使用,也包括最终产品使用。在一定条件下,各种产品分配用作各种用途的比例具有相对稳定性。

2. 中间产品分配系数。

所谓分配系数是指第 i 部门产品分配(提供)给第 j 部门和提供给社会做最终使用的产品数量占该部门总产品量的比值。分配系数包括中间产品分配系数和最终产品分配系数。中间产品分配系数的含义是指第 i 部门产品分配(提供)给各 j 部门作中间使用的产品数量占第 i 部门总产品量的比重,又称为直接分配系数。

中间产品分配系数的计算公式为

$$h_{ij} = \frac{x_{ij}}{X_i}(i,j=1,2,\cdots n) \tag{3}$$

中间产品分配系数矩阵为:

$$H = \begin{pmatrix} h_{11} & h_{12} & \cdots & h_{1n} \\ h_{21} & h_{22} & \cdots & h_{2n} \\ \vdots & \vdots & \ddots & \vdots \\ h_{n1} & h_{n2} & \cdots & h_{nn} \end{pmatrix} \tag{4}$$

(二)两业融合的内生互动性测度方法

1. 投入角度的内生互动性测度。

投入角度的内生互动性使用生产依存度系数进行测度。对直接消耗系数矩阵的列向元素求和得到 $a_{c_j} = \sum_{i=1}^{n} a_{ij}$,这称为第 j 部门的中间投入率,也称为第 j 部门对所有产出部门的直接生产依存度或直接影响力。a_{c_j} 反映了第 j 部门每生产单位产出与所有 i 部门产品的直接经济联系。a_{c_j} 越大,说明第 j 部门与所有其他部门之间的联系越紧密。若以

l_j 表示 j 部门的生产依存度系数,则其计算公式为

$$l_j = \frac{a_{cj}}{\frac{1}{n}\sum_{j=1}^{n}a_{cj}} \tag{5}$$

式中分母为所有部门的平均直接生产依存度。计算生产依存度系数便于比较不同部门生产依存度的大小,从而区分不同部门对其他部门生产依存度的强弱。

2. 使用角度的内生互动性测度。

使用角度的内生互动性使用生产支撑度系数进行测度。中间产品分配系数可以表示第 i 部门从各个消耗部门取得收入的比重。中间产品分配系数矩阵的行和 $\sum_{j=1}^{n}h_{ij}$ 是第 i 部门因为提供中间产品而从各个消耗部门得到的收入之和,该值越大,说明第 i 部门产品对生产的支撑作用越大,因此可以称为生产支撑度。为便于比较不同部门的生产支撑度,可计算生产支撑度系数。若以 f_i 表示生产支撑度系数,则其计算公式为

$$f_i = \frac{\sum_{j=1}^{n}h_{ij}}{\frac{1}{n}\sum_{i=1}^{n}\sum_{j=1}^{n}h_{ij}} \tag{6}$$

生产支撑度系数的作用:f_i 的取值在 1 上下波动,由于中间产品分配系数矩阵之行和与最终产品分配系数矩阵的行和相加等于 1,所以我们可以根据生产支撑度系数的数值判断某个部门是中间产品型部门还是最终产品型部门。f_i 的值大于 1,说明第 i 部门属于中间产品型部门;f_i 的值小于 1,说明第 i 部门属于最终产品型部门。

3. 内生融合水平。

$$两业内生融合水平 R1=(生产依存度系数+生产支撑度系数)/2 \tag{7}$$

(三)两业融合的外生互动性测度

最终需求在投入产出分之中可看作是外生因素,各部门最终需求的变动必然拉动各产出部门的产出变化,同时某产出部门产出也会受到感应变化。为了反映最终需求变化对产出的影响,可使用 $(I-A)^{-1}$ 中的元素进行研究。

列昂惕夫逆矩阵 $(I-A)^{-1}$ 中的各列元素,表示当第 j 部门的最终需求增加 1 个单位时,需要各 i 产出部门直接与间接提供的总产出量。列昂惕夫逆矩阵 $(I-A)^{-1}$ 中的各行元素的和,表示所有 j 部门的最终需求同时增加 1 个单位时,需要第 i 部门增加的总产出量。由 $(I-A)^{-1}$ 中的元素,可以进一步派生得到一系列具有重要意义的系数。

1. 影响力系数。

影响力即 $(I-A)^{-1}$ 中每一列元素的和,其具体含义是第 j 部门的最终需求增加一个单位时,需要全社会所有 i 部门直接和间接增加的总产出量,这称为第 j 部门的影响力。为了便于比较不同部门间的影响力,需要计算影响力系数,它是以所有部门的平均影响力为对比基础计算的。平均影响力即所有 j 部门影响力的算术平均数,称为平均影响力,其计算公式为

$$平均影响力 = \frac{1}{n}\sum_{j=1}^{n}\sum_{i=1}^{n}b_{ij} \tag{8}$$

第 j 部门的影响力与所有部门平均影响力的比值成为第 j 部门的影响力系数,计算公式为

$$F_j = \frac{\sum_{i=1}^{n} \bar{b}_{ij}}{\frac{1}{n} \sum_{i=1}^{n} \sum_{i=1}^{n} \bar{b}_{ij}} \tag{9}$$

F_j 有三种结果：$F_j > 1$,说明第 j 部门的影响力超过所有部门的平均影响力,第 j 部门将对国民经济发展产生更大的影响或带动作用,可以作为国民经济发展的主导产业和部门；$F_j < 1$,说明第 j 部门的影响力比所有部门的平均影响力要小；$F_j = 1$,说明第 j 部门的影响力等于所有部门的平均影响力。

2. 感应度系数。

$(I-A)^{-1}$ 中每一行元素的合计称为第 i 部门的感应度,它说明了第 i 部门对最终需求变动的反应程度。所有 i 部门感应度的平均数,称为平均感应度,计算公式为

$$\text{平均感应度} = \frac{1}{n} \sum_{j=1}^{n} \sum_{i=1}^{n} \bar{b}_{ij} \tag{10}$$

第 i 部门的感应度与平均感应度的比值,称为第 i 部门的感应度系数,计算公式为

$$E_i = \frac{\sum_{j=1}^{n} \bar{b}_{ij}}{\frac{1}{n} \sum_{i=1}^{n} \sum_{j=1}^{n} \bar{b}_{ij}} \tag{11}$$

E_i 有三种结果：$E_i > 1$,说明第 i 部门的感应度超过国民经济平均感应度,将对国民经济发展产生较大的推动作用,可以作为国民经济发展的主导产业和部门；$E_i < 1$,说明第 i 部门的感应度比国民经济平均感应度要小；$E_i = 1$,说明第 i 部门的感应度等于国民经济平均感应度。

3. 外生融合水平。

$$\text{两业外生融合水平 } R2 = (\text{影响力系数} + \text{感应度系数})/2 \tag{12}$$

(四)两业综合互动融合水平测度

$$\text{两业综合融合水平 } R = (R1 + R2)/2 \tag{13}$$

四、中国先进制造业与现代服务业的融合发展实证分析

本研究使用的数据来源于公布的中国投入产出表和各年度的中国统计年鉴。由于我国投入产出表的非连续性编制,本研究使用调查年份的 2007、2012、2017 年的中国投入产出表为基础,结合确定的先进制造业与现代服务业的分类整合以上投入产出表,以适合两业融合分析的需要。

先进制造业和现代服务业深度融合是顺应新一轮科技革命和产业变革,增强制造业核心竞争力、培育现代产业体系、实现新时代高质量发展的重要途径,是推进工业化进程、加快产业转型升级的需要,是适应产业发展新趋势、新技术场景变化的需要,是深化供给

侧结构性改革的需要,是我国未来产业的政策方向与核心。近年来,随着技术进步和市场环境的变化,我国两业融合步伐不断加快,取得许多新进展。

(一)中国先进制造业与现代服务业的融合发展分析

服务业与制造业的融合,表现为大量生产性服务作为中间产品投入到制造业的生产中;同时,制造业产品也会融入生产性服务业的服务提供中,表现为大量制造业产品作为中间产品投入到生产性服务的提供过程中。因此,先进制造业与现代服务业的融合是一个相互影响的过程,两业的融合既需要观察先进制造业对现代服务业的影响,也需要观察现代服务业对先进制造业的影响。投入产出分析是整体分析方法,对特定部门的观察分析会涉及国民经济的所有部门,但由于本报告只关心两业的相互融合状况,所以实际分析问题时,需要把其他部门掩盖起来略而不论,但这并不意味着没有观察掩盖起来的有关其他部门的情况,只是考虑分析的需要不再显示而已。

为了更好地观察先进制造业与现代服务业的融合发展过程,本报告使用2007、2012、2017年的中国投入产出表进行分析,并将先进制造业与现代服务业的内部结构考虑进来,完整地考察两业的融合发展状况。

1. 从中间投入和中间需求看两业融合发展。

根据2017年投入产出表,整理计算的各部门中间投入率和中间需求率(见表1)。

表1 2017年各部门的中间投入率和中间需求率

	农业	先进制造业	传统制造业	其他工业	建筑业	现代服务业	传统服务业	中间需求率
农业	0.1333	0.0082	0.1425	0.0003	0.0083	0.0042	0.0120	—
先进制造业	0.0303	0.4702	0.0994	0.1213	0.2404	0.1064	0.0725	—
传统制造业	0.1575	0.0892	0.3207	0.0254	0.2273	0.0551	0.0602	—
其他工业	0.0097	0.0895	0.0657	0.3209	0.0218	0.0090	0.0163	—
建筑业	0.0007	0.0002	0.0003	0.0019	0.0319	0.0036	0.0032	—
现代服务业	0.0266	0.0494	0.0381	0.0736	0.1392	0.2183	0.1706	—
传统服务业	0.0468	0.0766	0.0902	0.0416	0.0821	0.0770	0.1113	—
中间投入率	0.4048	0.7833	0.7568	0.5850	0.7511	0.4736	0.4460	—
	农业	先进制造业	传统制造业	其他工业	建筑业	现代服务业	传统服务业	中间需求率
农业	0.1333	0.0450	0.5249	0.0003	0.0172	0.0177	0.0340	0.7725
先进制造业	0.0055	0.4702	0.0669	0.0237	0.0912	0.0820	0.0374	0.7769
传统制造业	0.0427	0.1325	0.3207	0.0074	0.1281	0.0632	0.0461	0.7408
其他工业	0.0091	0.4585	0.2264	0.3209	0.0425	0.0356	0.0430	1.1360
建筑业	0.0003	0.0006	0.0005	0.0010	0.0319	0.0073	0.0043	0.0459
现代服务业	0.0063	0.0641	0.0333	0.0186	0.0685	0.2183	0.1141	0.5232
传统服务业	0.0166	0.1485	0.1178	0.0158	0.0604	0.1151	0.1113	0.5855

可以看出,先进制造业和现代服务业的中间投入率分别为78.33%和47.36%,先进制

造业的中间投入率远远高于现代服务业,说明先进制造业对各部门产品的依赖度较高,而现代服务业则对各部门产品的依赖度较低,也进一步说明现代服务业是高附加值行业,其增加值率为52.64%,现代制造业的增加值率只有21.67%。

首先,从先进制造业和现代服务业的中间投入看。在先进制造业的中间投入中,现代服务业提供的服务只占4.94%,而依赖先进制造业产品的比重达到47.02%,说明先进制造业目前对现代服务业的依赖较弱。现代服务业的中间投入中,先进制造业的产品占到10.64%。

其次,从先进制造业和现代服务业的中间需求看。先进制造业对国民经济各部门提供的中间产品占77.69%,其中提供给现代服务业的中间产品占8.20%,是除提供给先进制造业外最多的部门;现代服务业部门的中间需求率为52.32%,其中本部门是最大的需求部门,提供给先进制造业的中间产品只占6.41%。

上述情况说明,目前现代服务业仍然依赖于先进制造业的发展,处于对先进制造业的"需求依附"阶段。在"一带一路"政策的背景下,促进先进制造业和现代服务业走向更高层次,探索有效的融合发展模式,稳定提高两业融合发展的合理水平是实现我国产业结构升级、实现新旧动能转换、促进经济高质量发展的重要举措。

2.两业融合的内生互动性分析。

基于投入和使用角度计算的先进制造业和现代服务业的生产依存度系数、生产支撑度系数(见表2)。

表2 先进制造业和现代服务业内生互动系数

	先进制造业对现代服务业			现代服务业对先进制造业		
	2007	2012	2017	2007	2012	2017
生产依存度系数	0.4680	0.6603	0.5927	1.5259	1.3017	1.0828
生产支撑度系数	1.0492	1.0624	1.3987	1.1039	0.9389	0.5600

(1)基于先进制造业的内生互动分析。

从先进制造业整体来看,2007—2017年,先进制造业对现代服务业的生产依存度系数在不断提高,十年提高了12.47个百分点;生产支撑度系数大于1,且生产支撑度系数不断提高,说明先进制造业对现代服务业来讲属于中间产品型部门,先进制造业融入生产服务业的生产过程在不断加快,对现代服务业的发展提供了很好的支撑作用。

先进制造业生产过程中对现代服务业依赖程度最强的前三位部门是金融业、租赁和商务服务业、科学研究和技术服务业,但不同年份在发生着变化。2007年先进制造业对金融业的依赖程度最强,至2012年达到高峰,2017年比2012年有所减弱。2017年,租赁和商务服务业成为先进制造业生产中依赖程度最强的部门。对科学研究和技术服务业的依赖程度在2012年达到顶峰,2017年有所下降,比2007年的生产依存度系数更低,这一问题需要引起重视。

从先进制造业内部的部门来看,各部门的生产依存度系数及生产依赖的前三位现代服务业部门(见表3)。

专题三 产业发展与产业结构演变研究

表3 先进制造业细分部门的生产依存度系数及其依赖的主要现代服务业部门

年份	2007									
先进制造业部门	1.精炼石油和核燃料加工品	2.化学产品	3.金属冶炼和压延加工品	4.金属制品	5.通用设备	6.专用设备	7.交通运输设备	8.电气机械和器材	9.通信设备计算机和其他电子设备	10.仪器仪表
现代服务业整体	0.0277	0.0566	0.0391	0.0321	0.0389	0.048	0.0458	0.0556	0.069	0.0552
前三位部门	2.金融业 4.租赁和商务服务业 1.信息传输计算机服务和软件业	4.租赁和商务服务业 2.金融业 5.科学研究技术服务和地质勘查业	2.金融业 1.信息传输计算机服务和软件业 5.科学研究技术服务和地质勘查业	2.金融业 5.科学研究技术服务和地质勘查业 3.房地产业	2.金融业 5.科学研究技术服务和地质勘查业 4.租赁和商务服务业	5.科学研究技术服务和地质勘查业 4.租赁和商务服务业 2.金融业	4.租赁和商务服务业 5.科学研究技术服务和地质勘查业 2.金融业	2.金融业 4.租赁和商务服务业 5.科学研究技术服务和地质勘查业	2.金融业 5.科学研究技术服务和地质勘查业 4.租赁和商务服务业	4.租赁和商务服务业 5.科学研究技术服务和地质勘查业 2.金融业
年份	2012									
现代服务业整体	0.0279	0.0739	0.0589	0.0609	0.07	0.0755	0.0655	0.0644	0.0853	0.0779
前三位部门	2.金融业 4.租赁和商务服务业 7.居民服务和其他服务业	4.租赁和商务服务业 2.金融业 5.科学研究技术服务和地质勘查业	2.金融业 4.租赁和商务服务业 5.科学研究技术服务和地质勘查业	2.金融业 4.租赁和商务服务业 5.科学研究技术服务和地质勘查业	2.金融业 4.租赁和商务服务业 5.科学研究技术服务和地质勘查业	2.金融业 5.科学研究技术服务和地质勘查业 4.租赁和商务服务业	5.科学研究技术服务和地质勘查业 4.租赁和商务服务业 2.金融业	2.金融业 4.租赁和商务服务业 5.科学研究技术服务和地质勘查业	2.金融业 5.科学研究技术服务和地质勘查业 4.租赁和商务服务业	2.金融业 5.科学研究技术服务和地质勘查业 4.租赁和商务服务业
年份	2017									
现代服务业整体	0.0232	0.0714	0.0521	0.0543	0.0627	0.0747	0.0607	0.0558	0.0822	0.0556
前三位部门	2.金融业 4.租赁和商务服务业 9.卫生、社会工作和社会保障	4.租赁和商务服务业 2.金融业 5.科学研究技术服务和地质勘查业	2.金融业 4.租赁和商务服务业 5.科学研究技术服务和地质勘查业	4.租赁和商务服务业 2.金融业 5.科学研究技术服务和地质勘查业	4.租赁和商务服务业 2.金融业 5.科学研究技术服务和地质勘查业	4.租赁和商务服务业 2.金融业 5.科学研究技术服务和地质勘查业	4.租赁和商务服务业 2.金融业 5.科学研究技术服务和地质勘查业	4.租赁和商务服务业 5.科学研究技术服务和地质勘查业 2.金融业	1.信息传输计算机服务和软件业 2.金融业 4.租赁和商务服务业	2.金融业 4.租赁和商务服务业 5.科学研究技术服务和地质勘查业

观察先进制造业内部各部门生产过程依赖的前三位现代服务业部门主要是：金融业、租赁和商务服务业、科学研究技术服务和地质勘查业。当然各部门对以上前三位部门的

依赖程度有高有低,顺序也不同,但以上前三位部门的集中度最高。

根据先进制造业的生产支撑度系数,可以观察先进制造业及其细分行业产品的主要服务对象。2007—2017年先进制造业及细分行业的生产支撑度系数(见表4)。

可以看出,不同的先进制造业部门其主要服务的现代服务业部门不同,而且在不同年份上也有变化。整体来看,先进制造业部门主要将产品提供给了以下部门:科学研究技术服务和地质勘查业、卫生、社会工作和社会保障、租赁和商务服务业、居民服务和其他服务业、教育部门。

表4 先进制造业及细分行业的生产支撑度系数

	现代服务业整体		
	2007	2012	2017
先进制造业整体	1.0492	1.0624	1.3987
1. 精炼石油和核燃料加工品	0.0863	0.1452	0.1546
2. 化学产品	0.2073	0.2286	0.3159
3. 金属冶炼和压延加工品	0.0028	0.0016	0.0012
4. 金属制品	0.0469	0.0935	0.1129
5. 通用设备	0.0281	0.0051	0.0075
6. 专用设备	0.0257	0.0159	0.0435
7. 交通运输设备	0.0375	0.035	0.0433
8. 电气机械和器材	0.0819	0.0894	0.0645
9. 通信设备计算机和其他电子设备	0.0648	0.1225	0.1192
10. 仪器仪表	0.4679	0.3256	0.5361

(2)基于现代服务业的内生互动分析。

从现代服务业整体来看,现代服务业对先进制造业的依赖程度不强,对先进制造业的支撑作用呈弱化趋势。至2017年,现代服务业对先进制造业的生产支撑度从2007年的1.1039降至0.56,足足降低了一半,对先进制造业的支撑作用相对于2007年有弱化迹象。根据生产支撑度系数数据,当前现代服务业属于最终产品型部门。以上情况说明随着制造业的不断发展,生产性服务业会随之发展的结论没有得到验证。

从现代服务业内部的部门来看,2007、2012和2017年度各部门的生产支撑度系数及主要服务的前三位先进制造业部门(见表5)。

表5 现代服务业细分部门的生产依存度系数及其依赖的主要部门

年份	2007									
现代服务业部门	1.信息传输计算机服务和软件业	2.金融业	3.房地产业	4.租赁和商务服务业	5.科学研究技术服务和地质勘查业	6.水利环境和公共设施管理业	7.居民服务和其他服务业	8.教育	9.卫生、社会工作和社会保障	10.文化体育和娱乐业
先进制造业整体	0.1023	0.0109	0.0121	0.3467	0.1741	0.1259	0.1909	0.0516	0.4426	0.0687

前三位部门	8.电气机械和器材 9.通信设备计算机和其他电子设备 5.通用设备	1.精炼石油和核燃料加工品 5.通用设备 7.交通运输设备	1.精炼石油和核燃料加工品 2.化学产品 8.电气机械和器材	通信设备计算机和其他电子设备 8.电气机械和器材 7.交通运输设备	9.通信设备计算机和其他电子设备 8.电气机械和器材 10.仪器仪表	2.化学产品 1.精炼石油和核燃料加工品 9.通信设备计算机和其他电子设备	2.化学产品 7.交通运输设备 7.交通运输设备	10.仪器仪表 2.化学产品 1.精炼石油和核燃料加工品	2.化学产品 6.专用设备 5.通用设备	2.化学产品 9.通信设备计算机和其他电子设备 1.精炼石油和核燃料加工品
年份					2012					
先进制造业整体	0.1402	0.0063	0.0029	0.2527	0.2533	0.1191	0.1494	0.0119	0.3402	0.0256
前三位部门	9.通信设备计算机和其他电子设备 8.电气机械和器材 2.化学产品	1.精炼石油和核燃料加工品 6.专用设备 9.通信设备计算机和其他电子设备	1.精炼石油和核燃料加工品 4.金属制品 2.化学产品	1.精炼石油和核燃料加工品 8.电气机械和器材 7.交通运输设备	9.通信设备计算机和其他电子设备 2.化学产品 7.交通运输设备	2.化学产品 7.交通运输设备 4.金属制品	10.仪器仪表 2.化学产品 1.精炼石油和核燃料加工品	2.化学产品 7.交通运输设备 9.通信设备计算机和其他电子设备	2.化学产品 6.专用设备 8.电气机械和器材	2.化学产品 1.精炼石油和核燃料加工品 8.电气机械和器材
年份					2017					
先进制造业整体	0.1051	0.0062	0.0018	0.1473	0.1958	0.1111	0.1363	0.0135	0.3441	0.0216
前三位部门	9.通信设备计算机和其他电子设备 8.电气机械和器材 2.化学产品	1.精炼石油和核燃料加工品 6.专用设备 9.通信设备计算机和其他电子设备	1.精炼石油和核燃料加工品 4.金属制品 2.化学产品	7.交通运输设备 9.通信设备计算机和其他电子设备 10.仪器仪表	2.化学产品 9.通信设备计算机和其他电子设备 10.仪器仪表	2.化学产品 7.交通运输设备 1.精炼石油和核燃料加工品	2.化学产品 10.仪器仪表 1.精炼石油和核燃料加工品	2.化学产品 9.通信设备计算机和其他电子设备 1.精炼石油和核燃料加工品	2.化学产品 6.专用设备 9.通信设备计算机和其他电子设备	2.化学产品 9.通信设备计算机和其他电子设备 1.精炼石油和核燃料加工品

可以看出,现代服务业内部的各部门生产主要依赖于以下部门:通信设备计算机和其他电子设备、化学产品、精炼石油和核燃料加工品、交通运输设备、金属制品、专用设备、通用设备、仪器仪表等。现代服务业内部的各部门对先进制造业产品的生产依存度系数在下降,同样验证了前面分析的当前现代服务业对先进制造业的支撑作用存在相对弱化迹象。

根据现代服务业的生产支撑系数,可以观察2007—2017年现代服务业及细分行业的生产支撑度系数(见表6)。

表6 现代服务业及细分行业的生产支撑度系数

	先进制造业整体		
	2007	2012	2017
现代服务业整体	1.1039	0.9389	0.56
1. 信息传输计算机服务和软件业	0.116	0.0279	0.0448
2. 金融业	0.1953	0.2456	0.1319
3. 房地产业	0.0133	0.0026	0.0016
4. 租赁和商务服务业	0.2936	0.2637	0.2063
5. 科学研究技术服务和地质勘查业	0.3655	0.2387	0.0707
6. 水利环境和公共设施管理业	0.0162	0.0221	0.0152
7. 居民服务和其他服务业	0.0375	0.086	0.0602
8. 教育	0.0011	0.0005	0
9. 卫生、社会工作和社会保障	0.006	0.0003	0
10. 文化体育和娱乐业	0.0594	0.0515	0.0293

可以看出,现代服务业主要服务的先进制造业部门是:通信设备计算机和其他电子设备、化学产品、交通运输设备、金属冶炼和压延加工品、电气机械和器材。现代服务业细分部门的具体服务对象不同,在不同年份的服务对象的顺序也存在差别。整体来看,现代服务业对先进制造业的支撑作用较弱。

3. 两业融合的外生互动性分析。

生产依存度系数和支撑度系数的分析,只是体现了生产系统内部两业之间的直接互动关系。两业的互动融合还会受到有关最终需求变动的影响,为了体现在最终需求变动影响下的互动情况,需使用各业的影响力系数和感应度系数进行分析。

(1) 基于先进制造业的外生互动性分析。

先进制造业的影响力系数分析。先进制造业整体对现代服务业的影响力系数不断提高(见表7)。由2007年的0.0586提高到2012年的0.0795,进一步提高到2017年的0.0907,2017年比2007年提高了55%,先进制造业对现代服务业的拉动作用越来越强。分部门看,先进制造业内部各部门的影响力系数都有所提高,其中提高程度最大的是专用设备制造业,10年提高了70%多。在所有先进制造业部门中,有7个部门(化学产品、金属冶炼和压延加工品、金属制品、通用设备、专用设备、交通运输设备、通信设备计算机和其他电子设备)的提高程度均超过了50%,只有精炼石油和核燃料加工品(36.54%)、电气机械和器材(46.03%)、仪器仪表(46.03%)的提高程度不足50%。

表7 先进制造业对现代服务业的影响力系数

		先进制造业整体	1. 精炼石油和核燃料加工品	2. 化学产品	3. 金属冶炼和压延加工品	4. 金属制品	5. 通用设备	6. 专用设备	7. 交通运输设备	8. 电气机械和器材	9. 通信设备计算机和其他电子设备	10. 仪器仪表
现代服务业整体	2007	0.0586	0.0052	0.0057	0.0053	0.005	0.0055	0.0057	0.0059	0.0063	0.0077	0.0063
	2012	0.0795	0.0051	0.0075	0.0071	0.0076	0.0083	0.0085	0.0083	0.0082	0.0100	0.0089
	2017	0.0907	0.0071	0.0087	0.0082	0.0084	0.0093	0.0097	0.0093	0.0092	0.0116	0.0092

先进制造业的感应度系数分析。先进制造业对现代服务业的感应度系数(见表8)。由表中感应度系数数据可以发现,先进制造业对现代服务业的感应程度存在下降趋势。2007年,先进制造业整体对现代服务业的感应度系数为0.1898,至2017年降为0.1288,先进制造业对现代服务业需求的变化反映变得相对迟钝,这从一个方面反映了先进制造业与现代服务业之间的融合程度较弱。

表8 先进制造业对现代服务业的感应度系数

		现代服务业整体	1.信息传输计算机服务和软件业	2.金融业	3.房地产业	4.租赁和商务服务业	5.科学研究技术服务和地质勘查业	6.水利环境和公共设施管理业	7.居民服务和其他服务业	8.教育	9.卫生、社会工作和社会保障	10.文化体育和娱乐业
先进制造业整体	2007	0.1898	0.1973	0.0624	0.0578	0.3432	0.2375	0.1822	0.2325	0.1207	0.3245	0.141
	2012	0.1512	0.2046	0.0604	0.0354	0.2337	0.2579	0.1484	0.1813	0.0503	0.2538	0.0855
	2017	0.1288	0.1659	0.0456	0.0248	0.1637	0.2153	0.1363	0.1672	0.0473	0.252	0.0693

(2)基于现代服务业的外生互动性分析。

现代服务业的影响力系数分析。现代服务业对先进制造业的影响力系数(见表9)。现代服务业对先进制造业的影响力系数整体看与先进制造业对现代服务业的影响力系数水平接近。但就现代服务业的细分行业看,对先进制造业的影响力系数普遍较弱。在现代服务业的细分行业中,对先进制造业影响较大的是租赁和商务服务业、卫生社会工作和社会保障,影响最弱的是金融业,也就是说金融业最终需求的增加对先进制造业整体的产出变化影响最小,说明当前金融业服务实体经济的能力不强。

表9 现代服务业对先进制造业的影响力系数

		现代服务业整体	1.信息传输计算机服务和软件业	2.金融业	3.房地产业	4.租赁和商务服务业	5.科学研究技术服务和地质勘查业	6.水利环境和公共设施管理业	7.居民服务和其他服务业	8.教育	9.卫生、社会工作和社会保障	10.文化体育和娱乐业
先进制造业整体	2007	0.1898	0.0197	0.0062	0.0058	0.0343	0.0237	0.0182	0.0232	0.0121	0.0325	0.0141
	2012	0.1511	0.0205	0.0060	0.0035	0.0234	0.0258	0.0148	0.0181	0.0050	0.0254	0.0086
	2017	0.1287	0.0166	0.0046	0.0025	0.0164	0.0215	0.0136	0.0167	0.0047	0.0252	0.0069

现代服务业的感应度系数测算(见表10)。整体来看,现代服务业对先进制造业的感应程度在不断提高。2007—2017年间的现代服务业感应度系数的不断提高说明了这一点。同时也说明,先进制造业的发展对现代服务业的需求越来越强。

表10 现代服务业对先进制造业的感应度系数

		先进制造业整体	1.精炼石油和核燃料加工品	2.化学产品	3.金属冶炼和压延加工品	4.金属制品	5.通用设备	6.专用设备	7.交通运输设备	8.电气机械和器材	9.通信设备计算机和其他电子设备	10.仪器仪表
现代服务业整体	2007	0.0585	0.0521	0.0571	0.0527	0.0497	0.0547	0.0567	0.0591	0.0626	0.0767	0.0633
	2012	0.0796	0.0513	0.0747	0.0707	0.0763	0.0829	0.0847	0.0829	0.0822	0.1000	0.0891
	2017	0.0907	0.0708	0.0875	0.0823	0.0835	0.0927	0.0973	0.0927	0.0917	0.1162	0.0922

4. 两业综合互动融合水平分析。

(1)基于先进制造业的两业融合水平分析。

表11计算了基于先进制造业的两业内生融合水平。

表11 内生融合水平(先进制造业对现代服务业)

		先进制造业	1.精炼石油和核燃料加工品	2.化学产品	3.金属冶炼和压延加工品	4.金属制品	5.通用设备	6.专用设备	7.交通运输设备	8.电气机械和器材	9.通信设备计算机和其他电子设备	10.仪器仪表
现代服务业	2007	0.7586	0.0570	0.1320	0.0210	0.0395	0.0335	0.0369	0.0417	0.0688	0.0669	0.2616
	2012	0.8638	0.0868	0.1516	0.0305	0.0774	0.0377	0.0458	0.0506	0.0771	0.1042	0.2021
	2017	0.9980	0.0891	0.1939	0.0269	0.0839	0.0354	0.0593	0.0522	0.0603	0.1009	0.2961

无论是先进制造业整体还是其细分行业,两业生产过程中的融合水平在不断提高,两业生产过程中相互提供和使用对方产品的直接融合状况在不断改善,但细分行业的融合水平还处于较低水平。

从外生融合水平看(见表12),两业整体及细分行业的融合水平比内生融合水平要高。

表12 外生融合水平(先进制造业对现代服务业)

		先进制造业	1.精炼石油和核燃料加工品	2.化学产品	3.金属冶炼和压延加工品	4.金属制品	5.通用设备	6.专用设备	7.交通运输设备	8.电气机械和器材	9.通信设备计算机和其他电子设备	10.仪器仪表
现代服务业	2007	1.2443	0.1123	0.2437	0.1672	0.0752	0.0906	0.0493	0.1095	0.1289	0.2055	0.0621
	2012	1.2191	0.1126	0.237	0.1514	0.0873	0.0732	0.0644	0.1047	0.1197	0.2017	0.0671
	2017	1.0996	0.0811	0.2237	0.1087	0.0817	0.0694	0.0701	0.1058	0.0957	0.1954	0.068

进一步将内生互动和外生互动结合起来计算两业综合融合水平(见表13)。

表 13 两业综合融合水平(先进制造业对现代服务业)

	先进制造业		1. 精炼石油和核燃料加工品	2. 化学产品	3. 金属冶炼和压延加工品	4. 金属制品	5. 通用设备	6. 专用设备	7. 交通运输设备	8. 电气机械和器材	9. 通信设备计算机和其他电子设备	10. 仪器仪表
现代服务业	2007		1.0013	0.0845	0.1878	0.094	0.0574	0.0621	0.0431	0.0755	0.0989	0.1362	0.1618
	2012		1.0437	0.1001	0.1945	0.0912	0.0825	0.0558	0.0552	0.0777	0.0987	0.1532	0.1348
	2017		1.0516	0.0854	0.209	0.068	0.083	0.0528	0.065	0.0793	0.0783	0.1485	0.1823

由以上三种两业融合的水平可以看出,当前先进制造业对现代服务业的融合主要表现在外生融合上,而内生互动融合的程度还非常低,综合融合水平在逐渐提高。

(2)基于现代服务业的两业融合水平分析。

基于现代服务业计算的两业内生融合水平(见表14)。

表 14 内生融合水平(现代服务业对先进制造业)

		现代服务业	1. 信息传输计算机服务和软件业	2. 金融业	3. 房地产业	4. 租赁和商务服务业	5. 科学研究技术服务和地质勘查业	6. 水利环境和公共设施管理业	7. 居民服务和其他服务业	8. 教育	9. 卫生、社会工作和社会保障	10. 文化体育和娱乐业
先进制造业	2007	1.3174	0.1094	0.1034	0.0129	0.3204	0.27	0.0712	0.1146	0.0266	0.2245	0.0644
	2012	1.1272	0.0844	0.1275	0.0029	0.2596	0.2482	0.0707	0.1183	0.0062	0.1704	0.0390
	2017	0.8241	0.0753	0.0693	0.002	0.177	0.1333	0.0635	0.0986	0.0071	0.1722	0.0258

现代服务业与先进制造业的直接互动水平普遍高于先进制造业对现代服务业的直接互动水平,说明现代服务业生产过程对现代制造业的依赖程度更强一些,这与先有制造业后有服务业的产业发展顺序有关。

再从现代服务业的外生融合水平看(见表15),其数据要高于先进制造业的融合水平,说明现代服务业受先进制造业的影响程度高于现代制造业受现代服务业的影响程度。

表 15 外生融合水平(现代服务业对先进制造业)

		现代服务业	1. 信息传输计算机服务和软件业	2. 金融业	3. 房地产业	4. 租赁和商务服务业	5. 科学研究技术服务和地质勘查业	6. 水利环境和公共设施管理业	7. 居民服务和其他服务业	8. 教育	9. 卫生、社会工作和社会保障	10. 文化体育和娱乐业
先进制造业	2007	1.2443	0.1324	0.1312	0.0485	0.2263	0.1546	0.0955	0.1383	0.0652	0.1721	0.0802
	2012	1.1556	0.1244	0.1894	0.0417	0.2117	0.1849	0.0803	0.1137	0.0283	0.1291	0.0521
	2017	1.0996	0.1162	0.1779	0.0557	0.2194	0.144	0.0751	0.1105	0.0264	0.1295	0.0449

从整体来看(见表16),现代服务业的综合融合水平高于现代制造业的综合融合水平。

表 16　两业综合融合水平(现代服务业对先进制造业)

		现代服务业	1. 信息传输计算机服务和软件业	2. 金融业	3. 房地产业	4. 租赁和商务服务业	5. 科学研究技术服务和地质勘查业	6. 水利环境和公共设施管理业	7. 居民服务和其他服务业	8. 教育	9. 卫生、社会工作和社会保障	10. 文化体育和娱乐业
先进制造业	2007	1.2809	0.1209	0.1173	0.0307	0.2734	0.2123	0.0834	0.1265	0.0459	0.1983	0.0723
	2012	1.1437	0.1048	0.1587	0.0226	0.2358	0.2167	0.0757	0.1162	0.0175	0.1499	0.0458
	2017	0.9645	0.0959	0.1239	0.0292	0.1984	0.1389	0.0697	0.1047	0.0171	0.1511	0.0356

总之,现代服务业与先进制造业的融合水平还处于较低水平,先进制造业对现代服务业的依赖程度低于现代服务业对先进制造业的依赖程度,现代服务业的发展还处于对先进制造业发展的"依附阶段",离"相互支撑"乃至"发展引领"阶段还相距甚远,如何在发展先进制造业的同时,探索进行与现代服务业的密切融合发展任务还非常艰巨。

五、促进两业深度融合发展的路径探究与政策建议

(一)路径探究

1. 要素结构提升的融合路径。

先进制造业与现代服务业融合的重点是要素投入情况,我国先进制造业对现代服务业的需求主要还是停留在传统生产性服务需求,集中在采购、物流、保险、销售等环节,过度依赖低成本要素的消耗,服务要素无法更好地参与到制造业价值链中促进制造业的转型和升级。先进制造业的发展要求调整优化要素结构,促进要素升级,包括技术进步、知识增长、人力资本提升等。需要注重研发设计对先进制造业发展的引领作用,强化研发设计服务和制造业有机融合,瞄准转型升级关键环节和突出短板,推动研发设计服务与制造业融合发展、互促共进。引导研发设计企业与制造企业嵌入式合作,提供需求分析、创新实验、原型开发等服务,开展制造业设计能力专项行动,促进工业设计向高端综合设计服务转型。通过提高自主创新能力,扩大市场对现代服务业与先进制造业的需求,加快科研成果转化,优先发展金融、咨询、研发设计、高端设备制造、生物技术等高端产业,创新商业模式,以推进新一代信息技术、生物技术、新能源技术、新材料技术、智能制造技术等领域科技创新及其产业化为重点,加快破除阻碍"创造性毁灭"的体制障碍,着力增加创新要素、提高人力资本存量、前瞻布局信息基础设施等,提高生产要素的配置效率,促进生产要素积累和全要素生产率提升。

2. 用户价值提升的融合路径。

高质量、综合化、定制个性化是新工业革命背景下市场需求的变动方向,无论是制造业还是服务业,都需要为用户提供更高价值的产品。制造业与服务业深度融合目标之一是提升最终产品或产品组合价值。加强全生命周期管理是实现先进制造业与现代服务业融合的重要模式,从概念设计、产品工程设计、生产准备和制造、售后服务等整个过程进行全生命周期管理,通过全生命周期管理能够减少中间环节,降低产品的维护成本,形成新

利润增长点,提高市场、产品的质量和竞争力,通过构建大数据通道,为制造产品设计、智能制造、经营决策提供支撑。建设以先进制造业企业为中心的网络化协同制造服务体系,鼓励先进制造业企业提升信息化水平,推动制造业企业与软件信息企业、互联网企业跨界融合也能够提升用户价值。另外,先进制造业与现代服务业深度融合还带来分工的深化和细化,这将有利于进一步激发科技创新活力,增加产品和服务的科技含量,完善有利于科技创新的产业环境,加快创新发展。通过鼓励先进制造业企业加大创新力度,对运营流程和环节进行重构,加大技术研发、市场服务等方面的创新力度,整合资源优势,提供专业化、系统化、集成化的系统解决方案,开展在检验检测、供应链管理、专业维修维护等领域的总集成总承包。

(二)政策建议

1. 加快制造业产业结构优化升级。

一是加快优化制造业产业结构步伐,促进传统制造业采用先进制造技术实现技改升级、培育先进制造业发展新动能,聚焦技术改进和研发投入,不断提升产品技术含量和附加值,提高先进制造业在制造业结构中的占比,以高水平开放推动以研发为重点的生产性服务业大发展,进一步加大政策的支持力度,为先进制造业企业向服务型制造转型创造有利条件;清理制约两业融合发展的规章、规范性文件和其他政策措施,放宽市场准入,深化资质、认证认可管理体制改革;着力提升现代服务业中现代生产性服务业的比重,重点提高金融保险、商务咨询、设计服务、信息技术与网络通信服务等现代生产性服务的供给质量。二是优化和完善法规制度与政策措施构成的软环境。近年来我国先进制造业与现代服务业融合发展的制度壁垒大幅削减,但在市场准入、信息共享、行业标准和监管等方面还存在一些不容忽视的体制机制障碍。需要建立平等、规范的市场准入和退出机制,破除两业融合发展中的各类显性隐性障碍,消除先进制造业与现代服务业在用地、税收、科技创新、金融、要素价格等方面的不合理政策差异,完善优化财税制度政策,对"制造业服务化""服务业制造化""服务外包"相关技术创新、技术应用、技术引进等给予金融、财税方面的支持。三是要把握信息时代宝贵机遇,以科技创新引领两业深度融合。要顺应制造业数字化、网络化、智能化、绿色化发展的趋势,大力发展"互联网+",激发发展活力和潜力,用"中国制造+中国服务"的高质量发展,最终推动和助力中国经济的高质量发展,加快人工智能、5G物联网、区块链、大数据等新一代信息技术在制造、服务企业的创新应用,逐步实现深度优化和智能决策。完善产业生态体系,建设先进制造业相关上下游企业和现代服务业企业的产业联盟,推动数据信息共享和网络协同制造,提供各类配套服务,为产业融合提供信息数据支持、应用支持和标准支持。

2. 发挥多元化融合发展主体作用。

这些主体既包括产业链龙头企业、行业骨干企业、平台型企业和机构,也包括高等院校、职业学校以及科研、咨询、金融、投资、知识产权等机构。因此发挥多元化融合发展主体作用。一是要强化产业链龙头企业引领作用。开展两业融合试点,支持有条件的城市、产业园区,开展区域融合发展试点,在创新管理方式、完善工作机制和创新用地、统计、市场监管等方面先试先行,甄选一批先进制造业行业领军企业,引导此类优质企业率先将现代服务融入制造业产业链,通过金融、财税、保险配套政策支持,进行重点培育孵化,积累探索示范经验,塑造一批成功的企业典范,积累可推广的经验,引导业内企业积极借鉴,优化创新。二是强化两业融合人才支撑。先进制造业与现代服务业两业融合涉及到的产业多、领域广,市场容量和业务范围逐步扩大,复合型、创新型人才需求进一步提高,一方面,政府要有人才培养观念,完善我国人力资本培养和开发机制,加快职业教育布局结构调整,建立与先进制造业发展相适应的现代职业教育体系,鼓励高校根据企业人才需求设立高等职业教育的科类,支持企业根据自身需要同科研院所合作,深化产教融合,高校重点培养信息技术应用人才、统计人才和管理会计人才。另一方面,企业注重在职技术工人的培训和后备技术工人的培养,使之能够掌握更高层次的技能,继续加大对现有科技人才、技术人才的再教育,使之能够掌握更新、更前沿的专业知识和技术。三是提升平台型企业和机构综合服务效能。搭建先进制造业与现代服务业共性研发平台,构建若干以平台型企业为主导的产业生态圈,发挥其整合资源、集聚企业的优势,提高服务水平、创新服务手段,实现信息互联互通,降低企业融合发展成本。吸引高质量人才思想汇聚,因地制宜提出符合实际的战略指导成果,支持先进企业进行行业联盟,鼓励公共平台实现创新。

3. 强化融合动力促进两大产业融合发展。

一是提升市场需求水平为融合发展提供驱动。政府加强引导与支持,增加国内市场需求,强化对融合型产品市场的保护和监管,规范市场主体行为。要通过政府的引导与支持,通过适度的政府采购等加强对于我国先进制造业与现代服务业的需求,引导先进制造业与现代服务业融合。同时我国先进制造业企业自身的发展中也要基于市场的需求和发展,掌握市场需求发展的趋势。通过加强对于市场需求信息的了解和搜寻,加强对融合型产品研发,根据下游用户需求,提供先进制造业与现代服务业融合的智能装备产品,以供给带动需求;通过科学的市场营销策略开拓融合智能产品市场。二是增大研发投入为融合发展提供技术保障。各地政府要结合产业发展的实际,增加财政投资,加强对于本地优先发展的先进制造业的研发投入支持,对于现代服务业的发展,更要建立和积极申请国家的专项支持资金,做到专款专用,增大两大产业的研发资金投入力度,在此基础上不断提升两大产业的科技创新水平,为两大产业的技术融合乃至产业融合发展提供技术支持。

参考文献

[1] 郭朝先. 以产业融合推动制造业高质量发展[J]. 智慧中国,2019(11):40—43.

[2] 米利群. 河北省先进制造业与现代服务业融合水平测度研究[J]. 吉林工商学院学报,2020,36(01):14—21.

[3] 成青青. 江苏先进制造业和现代服务业深度融合发展研究[J]. 中共四川省委党校学报,2019(04):50—60.

[4] Ames, Rosenberg. Technological change in the machine tool century[M]. Cambridge university press,1977.

[5] Bresnahan, Trajtenberg. A time to Sow and A time to Reap: growth based on general purpose technologies[J]. NBER working paper,1995.

[6] GREENSTEIN S, KHANNA T. What Does Industry Mean? [M]. US: The President and Fellows of Harvard Press,1997:14—28.

[7] Yoffie D B. Introduction:CHESS and competing in the age of digital convergence[A]. In: Yoffie, D B(ed.). Competing in the age of digital convergence[C]. Boston, 1997:1—35.

[8] 植草益.信息通讯业的产业融合[J].中国工业经济,2001(02):24—27.
[9] Jonas Lind, Ubiquitous Convergence: Market Redefinitions Generated By Technological Change and The Industry Life Cycle [R]. Paper for the DRUID Academy Winter 2005 Conference,2005(1):27—29.
[10] 王小波.生产性服务业与制造业融合发展研究[D].湘潭大学,2016.
[11] 李美云.基于价值链重构的制造业和服务业间产业融合研究[J].广东工业大学学报(社会科学版),2011,11(05):34—40.
[12] 徐建华.先进制造业和现代服务业融合"质"关重要[N].中国质量报,2019—09—11(004).
[13] 罗青兰.广东省先进制造业与现代服务业互动融合关系研究——基于投入产出表的分析[J].广东经济,2016(09):20—26.
[14] 邓培伟,朱星谕.广东先进制造业和现代服务业融合发展的挑战及对策选择[J].财会学习,2019(34):25—26.
[15] 周振华.现代服务业发展:基础条件及其构建[J].上海经济研究,2005(09):21—29.
[16] 潘海岚.现代服务业部门统计分类的概述与构想[J].统计与决策,2008(03):44—46.
[17] 钟云燕.现代服务业的界定方法[J].统计与决策,2009(06):168—169.
[18] 徐国祥,常宁.现代服务业统计标准的设计[J].统计研究,2004(12):10—12.
[19] 王淑梅.现代服务业系统机理与发展模式研究[D].武汉理工大学,2012.
[20] 盛建新,范欲晓,邹小伟,胡然,牛婧红.湖北现代服务业统计体系的构建[J].统计与决策,2016(12):56—58.
[21] 黄烨菁.何为"先进制造业"?——对一个模糊概念的学术梳理[J].学术月刊,2010,42(07):87—93.
[22] 秦世俊.世界先进制造业发展态势[J].华东科技,2004(12):16—18.
[23] 李舒翔,黄章树.信息产业与先进制造业的关联性分析及实证研究[J].中国管理科学,2013,21(S2):587—593.
[24] 刘振元.先进制造业生成机理及演化成长动力研究[D].武汉理工大学,2018.
[25] 彭本红.现代物流业与先进制造业的协同演化研究[J].中国软科学,2009(S1):149—153+192.
[26] 罗守贵.上海先进制造业水平的国际对比及其启示[J].科技进步与对策,2006(08):60—62.
[27] 郭巍,林汉川.北京市发展先进制造业的行业评析与研究[J].北京工商大学学报(社会科学版),2010,25(06):103—109.
[28] 商黎.先进制造业统计标准探析[J].统计研究,2014,31(11):111—112.

作者简介:

李国锋,山东财经大学,19869070@sdufe.edu.cn。
陈汉臻,山东省统计局,chz@stats—sd.gov.cn。
彭丽芳,山东省统计局,lifangpeng@stats—sd.gov.cn。
王媛,山东省统计局,wangyuan@stats—sd.gov.cn。

专题四

贸易与价值链分析

从投入产出视角看中美贸易平衡问题
——兼论中美贸易摩擦动因

陈 璋 寇宏伟

摘要：自2017年以来,中美之间贸易摩擦频频。特朗普以中美贸易顺差为由向我国屡次挑起贸易争端。本文采用WWZ方法,运用WIOD2000年至2014年国际投入产出表数据对中美双边贸易进行增加值分解,并通过分析最终需求方及供给方在贸易中利益的分配状况来揭示已有分配格局。研究结果显示,净出口这种衡量方式相对增加值贸易平均高估约25%。同时,在全球价值链越上游位置的产业美国的比较优势越大,而这是美国所不曾提起的。

关键词：投入产出　增加值贸易　贸易失衡

一、引言

2017年以来,美国单方面挑起中美之间的贸易冲突。距今,已近两年之久。期间几次谈判,均以美方的反复无常而宣告破产。虽然新一轮谈判再次开始,但是谈判结果仍具有极大的不确定性。美方对中国贸易战的理由为中美贸易顺差,并据此认为中国在贸易中占了美国便宜。但是,一个值得深思的问题是,中美贸易顺差问题是否真如美方所宣称那般严重。

贸易顺差抑或逆差均为贸易失衡的表现。已有研究表明,贸易失衡并非近期现象,近百年来这种失衡在逐渐加剧。而学界关于贸易失衡问题的研究则主要集中于如下几个方面:或对贸易失衡原因进行剖析,或对其结果进行讨论。关于贸易失衡本身的研究则相对较少。事实上,失衡的逐渐加剧在一定意义上也许与失衡的衡量标准有关。通常的失衡衡量均以贸易顺差或逆差量来表示。然而,这种方式存在一个缺陷:对贸易增加值的放大作用。在一国出口中,其出口总额不仅包括该国自己所创造的增加值,还包括其他国家增加值,而这是以最终产品出口为主的过去所不具有的特征。因此,对贸易失衡现象进行重新评估成为当务之急。

投入产出表能够反映各国中间产品及最终产品之间的相互关系,因此,本文采用WIOD2000年至2014年国际投入产出表,借鉴WWZ方法对中美贸易进行增加值分解,从而对中美贸易关系进行重新认识。这不仅有助于对以中美为代表的贸易失衡本身的更进一步研究,也有助于对中美贸易关系进行更深入了解。

本文结构安排如下:第二部分为文献综述,第三部分为投入产出方法推导及数据来源,第四部分为实证结果,最后为结论。

二、文献综述

自地理大发现以来,贸易在经济中的重要性逐渐凸显。海外市场、原材料地的拓展使早期的发达国家经济得以飞速发展。得益于此,20世纪发达国家开始推动全球化以进一步为经济增长提供基石。在全球化所带来的各国经济联系日趋紧密的同时,一个现象值得重视:全球贸易失衡愈来愈严重。这种失衡主要表现为国家与国家间贸易的巨额顺差或逆差,代表性国家为中国与美国。基于此,对贸易失衡现象的研究则具有重要意义。

杨盼盼、徐建炜(2014)对近百年世界各国经常账户进行分析,分析结果显示所谓失衡并非是近期现象,其产生及变化与全球货币体系变迁具有重要关联,且失衡现象始终集中于少数国家。也有学者认为目前关于外贸失衡的计算方法存在偏差,通过刨除汇率变动、购买力平价估算差异以及海关统计的重复计算,中国外贸失衡度明显下降(李昕、徐滇庆,2013)。

基于贸易失衡现象本身,以中美为主要分析对象,部分学者更关注于这种失衡所产生的原因。张海燕、宋玉华(2009)认为这种现象的产生源于两种贸易模式之间的冲突,是"美国贸易模式"与"东亚贸易模式"冲突的必然结果。也有学者认为就业以及收入分配状况是全球贸易失衡的主要原因。不同收入水平对不同阶段发展国家的进口需求存在区别,而人口增长率与就业情况将影响到一国的国际收支倾向(谢建国等,2015),因此贸易失衡问题的解决将是个长期问题。对于贸易顺差国而言,其之所以能够实现产品的净流出与其生产能力有关,因此李天栋等(2009)认为一国经济规模的扩张是影响贸易余额的主要原因。在技术不断向前发展的过程中,国家间的产业转移承接是全球化的一个必然结果,蔡兴等(2014)认为全球贸易失衡是国际产业转移的必然结果。此外,汇率(曹伟等,2016;宋超、谢青,2017;廖泽芳、李婷,2017)、人口结构(田巍等,2013)、产业结构(张明志、马静,2012)等也是被认为贸易失衡的主要原因。

在研究贸易失衡原因的同时,这种失衡对经济所造成的影响也是学界的一个研究重点。对经济相对较为落后的国家而言,藉由贸易以进一步推动技术进步是其一大目标。谢建国,周露昭(2009)证实了这一观点,通过15年的省级面板数据进行分析,认为进口贸易对我国全要素生产率的提升具有重要作用。而随着技术水平的提升,产业结构也将必然调整。通过对我国的实证分析,杨丹萍、杨丽华(2016)认为这种失衡对产业结构呈现U型影响,而技术进步与产业结构则呈正相关关系。此外,就业水平是衡量一经济体经济是否稳定的重要指标。而随着贸易失衡的加剧,就业所受到的影响也受到了广泛关注。卫瑞、庄宗明(2015)认为贸易失衡对劳动力就业所造成的影响具有结构性差异,其中低技能劳动者所受到的冲击最大,而高技能劳动者所受到的冲击最小。也有学者对中美贸易失衡对美国就业的冲击影响进行了分析,结果显示所谓的失衡对美国就业的冲击被明显夸大,中美经贸关系本质上是互利共赢的。此外,失衡对经济增长(裴长洪,2013)、汇率波动、金融等方面的影响也是学界重点研究问题。

综上所述,已有研究均立足于贸易失衡现象,并以此为起点来拓展出不同方向的研究,而关于贸易失衡本身的研究相对较少。如今,贸易失衡与否的评判标准仍为进出口总量的对比,而这种方法在全球化的当下已失去其过去所具有的效力。究其原因,与全球价值链的重塑以及技术发展的不同阶段有关。在贸易早期,全球贸易以最终产品贸易为主。因此,进出口可以完全代表一国或一经济体在贸易中的获利或受损情况。而随着技术的不断发展,如今已很少有某种产业能够完全独立于其他国家来生产,最终产品贸易在贸易中的占比日趋下降,而中间产品贸易后来居上。贸易性质、结构的变化意味着单纯以进出口总量来衡量贸易的平衡抑或失衡已失去其过往效力,而在贸易中一国的增加值情况则相对更能说明问题。因此,以中美两国为研究对象,从增加值角度对贸易失衡问题进行研究则极为重要。

三、方法与数据

国际投入产出表可以直观地反映国家间、部门间的经济联系,因此本文对中美贸易中增加值的分解将以投入产出表为基本研究工具,方法则采用 Wang et. al(2013)对总出口的分解方法。

由于研究重点为中美贸易,因此本文将国际投入产出表合并为三国,分别为中国、美国与其他国家。为了便于分析,中美两国贸易增加值分解的过程推导将以两部门为例。

表1 三国、两部门投入产出表

国家	国家部门	中间使用						最终使用			总产出
		S		R		T		Y^S	Y^R	Y^T	
		1	2	1	2	1	2				
S	1	z_{11}^{ss}	z_{12}^{ss}	z_{11}^{sr}	z_{12}^{sr}	z_{11}^{st}	z_{12}^{st}	y_1^{ss}	y_1^{sr}	y_1^{st}	x_1^s
	2	z_{21}^{ss}	z_{22}^{ss}	z_{21}^{sr}	z_{22}^{sr}	z_{21}^{st}	z_{22}^{st}	y_2^{ss}	y_2^{sr}	y_2^{st}	x_2^s
R	1	z_{11}^{rs}	z_{12}^{rs}	z_{11}^{rr}	z_{12}^{rr}	z_{11}^{rt}	z_{12}^{rt}	y_1^{rs}	y_1^{rr}	y_1^{rt}	x_1^r
	2	z_{21}^{rs}	z_{22}^{rs}	z_{21}^{rr}	z_{22}^{rr}	z_{21}^{rt}	z_{22}^{rt}	y_2^{rs}	y_2^{rr}	y_2^{rt}	x_2^r
T	1	z_{11}^{ts}	z_{12}^{ts}	z_{11}^{tr}	z_{12}^{tr}	z_{11}^{tt}	z_{12}^{tt}	y_1^{ts}	y_1^{tr}	y_1^{tt}	x_1^t
	2	z_{21}^{ts}	z_{22}^{ts}	z_{21}^{tr}	z_{22}^{tr}	z_{21}^{tt}	z_{22}^{tt}	y_2^{ts}	y_2^{tr}	y_2^{tt}	x_2^t
增加值投入		V_1^s	V_2^s	V_1^r	V_2^r	V_1^t	V_2^t				
总投入		x_1^s	x_2^s	x_1^r	x_2^r	x_1^t	x_2^t				

如表1所示,z_{12}^{sr} 表示国家 s 第1部门的中间产品被用于国家 r 第2部门的生产中,y_1^{sr} 表示在 r 国的最终使用中来源于 s 国第1部门的最终产品,V_1^s 表示 s 国第1部门的初始投入部分,x_1^r 为 r 国第1部门的总产出。投入产出表具有行向平衡与列向平衡的特点,因此具有如下恒等式:

$$\begin{bmatrix} X^S \\ X^R \\ X^T \end{bmatrix} = \begin{bmatrix} Z^{SS} & Z^{SR} & Z^{ST} \\ Z^{RS} & Z^{RR} & Z^{RT} \\ Z^{TS} & Z^{TR} & Z^{TT} \end{bmatrix} i + \begin{bmatrix} Y^{SS} + Y^{SR} + Y^{ST} \\ Y^{RS} + Y^{RR} + Y^{RT} \\ Y^{TS} + Y^{TR} + Y^{TT} \end{bmatrix}$$

其中，$i=(1,\cdots,1)^T$。

$$\begin{bmatrix}X^S\\X^R\\X^T\end{bmatrix}=\begin{bmatrix}A^{SS}&A^{SR}&A^{ST}\\A^{RS}&A^{RR}&A^{RT}\\A^{TS}&A^{TR}&A^{TT}\end{bmatrix}\begin{bmatrix}X^S\\X^R\\X^T\end{bmatrix}+\begin{bmatrix}Y^{SS}+Y^{SR}+Y^{ST}\\Y^{RS}+Y^{RR}+Y^{RT}\\Y^{TS}+Y^{TR}+Y^{TT}\end{bmatrix}$$

$$[X]=[I-A]^{-1}Y=BY$$

就列向关系而言，一国的总投入等于初始投入与中间投入之和。因此，增加值率为：

$$v_1^s=1-\sum_{i=1}^{2}a_{i1}^{ss}-\sum_{i=1}^{2}a_{i1}^{rs}-\sum_{i=1}^{2}a_{i1}^{ts}$$

因此，将最终需求所拉动的总产出进行增加值分解，将为：

$$VBY=\begin{bmatrix}V^S\\V^R\\V^T\end{bmatrix}\begin{bmatrix}B^{SS}&B^{SR}&B^{ST}\\B^{RS}&B^{RR}&B^{RT}\\B^{TS}&B^{TR}&B^{TT}\end{bmatrix}\begin{bmatrix}Y^S\\Y^R\\Y^T\end{bmatrix}$$

其中，$V^S=[v_1^s\ v_2^s]$，$Y^S=Y^{SS}+Y^{SR}+Y^{ST}$。

同时，国家间的经济联系既体现于中间产品方面，又体现于最终产品方面。因此，一国出口 $E^{SR}=Z^{SR}+Y^{SR}=A^{SR}X^R+Y^{SR}$。将增加值分解公式代入上式，可得：

$$A^{SR}X^R=A^{SR}(B^{SS}Y^S+B^{SR}Y^R+B^{ST}Y^T)$$
$$=A^{SR}[B^{SS}(Y^{SS}+Y^{SR}+Y^{ST})+B^{SR}(Y^{RS}+Y^{RR}+Y^{RT})+B^{ST}(Y^{TS}+Y^{TR}+Y^{TT})]$$

$$E^{S*}=E^{SR}+E^{ST}$$
$$L^{RR}=(I-A^{RR})^{-1}$$

故，国家 S 向国家 R 的出口 E^{SR} 最终可被分解为

$$\begin{aligned}E^{SR}&=(V^SB^{SS})^TY^{SR}+(V^SL^{SS})^T(A^{SR}B^{RR}Y^{RR})&&(1)+(2)\\&+(V^SL^{SS})^T[A^{SR}B^{RT}Y^{TT}+A^{SR}B^{RR}Y^{RT}+A^{SR}B^{RT}Y^{TR}]&&(3)+(4)+(5)\\&+(V^SL^{SS})^T[A^{RR}B^{RR}Y^{RS}+A^{SR}B^{RT}Y^{TS}+A^{SR}B^{RS}Y^{SS}]&&(6)+(7)+(8)\\&+(V^SL^{SS})^T(A^{SR}B^{RS}Y^{ST})+(V^SB^{SS}-V^SL^S)^T(A^{SR}X^R)&&(9)+(10)\\&+(V^RB^{RS})^TY^{SR}+(V^TB^{TS})^TY^{SR}&&(11)+(12)\\&+(V^RB^{RS})^T(A^{SR}L^{RR}Y^{RR})+(V^TB^{TS})^T(A^{SR}L^{RR}Y^{RR})&&(13)+(14)\\&+(V^RB^{RS})^T(A^{SR}L^{RR}E^{R*})+(V^TB^{TS})^T(A^{SR}L^{RR}E^{R*})&&(15)+(16)\end{aligned}$$

在上式中，出口被分解为七部分，共计十六项。其中，第一部分表示 r 国最终需求所引致的对 s 国中间产品及最终产品需求过程中 s 国的价值增值；第二部分表示由 t 国最终需求所形成的对 r 国中间产品及最终产品的需求，并进而传导至对 s 国中间产品的需求多带来的 s 国的价值增值；第三部分表示 s 国最终使用中来源于 r 国的产品需求，且该产品具有在 r 国生产且从 s 国进口中间品的特征，在这个过程中所形成的对 s 国的价值增值；第四部分表示 t 国最终使用中来源于 s 国的产品，且该产品生产历经如下环节：s 国将其中间产品出口至 r 国，之后 r 国对其进行加工并返回至 s 国，s 国再次加工后再出口至 t 国；(11)、(13)、(15) 式之和表示 r 国国内对 s 国中间品及最终品的需求所带来的增加值；(12)、(14)、(16) 之和表示 r 国国内对 s 国中间产品及最终产品的需求所带来的 t 国的价值增值。

根据分解，最终 s 国对 r 国增加值贸易差额为：

$$RESULT = (1) + (2) + (V^S B^{SR})^T Y^{RS} + (V^S B^{SR})^T (A^{RS} L^{SS} Y^{SS})$$
$$+ (V^S B^{SR})^T (A^{RS} L^{SS} E^{S*}) - (V^R B^{RR})^T Y^{RS} - (V^R L^{RR})^T (A^{RS} B^{SS} Y^{SS})$$
$$- (V^R B^{RS})^T Y^{SR} - (V^R B^{RS})^T (A^{SR} L^{RR} Y^{RR}) - (V^R B^{RS})^T (A^{SR} L^{RR} E^{R*})$$

若贸易增加值差额为正,则表示在 s 国与 r 国的双边贸易中 s 国获益更大。反之,则为 r 国获得更多贸易利得。

本文数据来源于 WIOD 数据库,共计 56 部门,采用 2000—2014 年数据来对中美之间的贸易利得进行分析。

四、实证

(一)中美贸易整体水平

自加入世贸组织以来,中国与世界的经济联系日益紧密。作为一个发展中国家,低廉的劳动力成本以及政府对外资企业的政策优惠是我国在国际市场上的优势所在,而发达国家随着技术水平不断进步所带来的落后产业转移需求则正与我国成本优势对接。由此,发达国家与我国之间的产业转移承接过程造就了我国世界工厂之称。美国作为一个世界主要发达国家及消费大国,也成为了我国的主要贸易伙伴国。从 2000 年至 2014 年,中美贸易进出口总额从 640 亿美元增长至 4594 亿美元,年平均增速达 14%,远超中美经济增长水平。而在总量贸易之下,不同部门的发展情况则差距极大。例如,广告与市场研究部门为增长最快部门,年平均增速达 88%。而保险及养老、社会保障部门则为增长最慢部门,与 2000 年相比,2014 年进出口总额反而有所下降。

在中美进出口总额迅猛增长的同时,中国对美国净出口总额则呈现持续顺差状态,且就总趋势而言显示出上涨态势。2000 年,中国对美国净出口为 391 亿美元。至 2014 年,净出口总额增长了五倍,平均年增长率达 13%。由于 2008 年全球经济危机所造成的影响,2009 年中美净出口略有下降,而之后则继续延续前期上涨趋势。而在 56 部门中,进口增长最快的部门为科研与发展部门,年平均增长速度达 87%。而这与我国与美国在技术水平上的差距有关。机械设备制造业成为出口增长最快的部门,达到 26% 的年平均增长速度。从 2000 年至 2014 年,在中美贸易关系日趋紧密的同时,中美之间供需关系也在发生着转变。这种转变不仅体现在贸易总量上,也体现于贸易结构中。行政及支援服务活动部门是这种转变的最好证明。2000 年,该部门我国处于逆差状态,而 2014 年我国顺差达 1.1 亿美元,成为增长最快的部门。而法律、会计及管理咨询部门则由 2000 年的顺差转变为逆差,其增长速度仅次于行政及支援服务活动部门。

所以,作为两个超级大国,贸易总量的增长是全球化下的必然结果。进出口总额与净出口额的同步增长表面上表明中美双方出口量的同步增长,增长背后各国在贸易中的利得则需从增加值角度来进行分析。

(二)中美贸易增加值水平

技术进步的过程实质上是分工不断细化的过程。而分工则意味着就单一最终产品的生产而言,生产方可以在全球进行所有生产环节的最优化配置。这是在通信、交通成本不断降低,效率持续提升下产品生产成本最小化的必然选择。由于不同生产环节其所需密集要素不同,而不同国家或经济体其生产优势也差距甚大,因此在最终的全球价值链配置中不同国家将处于生产链的不同位置。与其他国家相比,中国的生产优势体现于较为低廉的劳动力成本,因此在改革开放以来我国则主要从事劳动密集型工业。而发达国家在高科技、研发领域相对更具优势,因此在全球价值链配置中发达国家则主要从事技术密集型或人力资本密集型工业。从事生产环节的不同将必然导致一个结果:在最终产品中所占的增加值比重存在区别。

对 2000—2014 年中美贸易进行增加值分解,其结果如表 2 所示。从 2000 年至 2014 年,我国增加值贸易在总量上为正,且处于持续增长状态。十五年来,中美增加值贸易差额扩大了近 6 倍。这种扩大主要原因为中美贸易总量的增长。而在总量贸易的背后,将增加值贸易与中美净出口额相比,可以发现总量贸易严重高估了中美顺差情况。如,2000 年,中国对美国的增加值出口为 313.1 亿美元,而在总量评价体系下,中美贸易顺差达 391 亿美元。两种衡量方法之间的差距约为 20% 至 30%,若再将中美较大的贸易规模纳入考虑范畴,那么每年中美贸易实际顺差额将扩大至一个极为可观的水平。

表 2 2000—2014 年中美贸易增加值分解

年份	2000	2001	2002	2003	2004	2005	2006	2007
增加值贸易(十亿美元)	31.31	30.23	39.93	51.86	65.67	92.46	109.51	125.80
占比(%)	79.61	80.39	77.90	74.18	70.73	71.71	72.00	71.28
年份	2008	2009	2010	2011	2012	2013	2014	
增加值贸易(十亿美元)	132.71	109.64	136.23	149.84	167.12	166.47	188.44	
占比(%)	73.36	76.42	74.38	75.10	76.99	77.10	80.10	

根据 OECD 对制造业的划分标准,本文将五十六个部门划分为初级产业、低技术产业、中低技术产业、中高技术产业、高技术产业及服务业等六大类。其具体划分标准如表三所示。服务业指除其他产业部门外的所有部门。

表 3 产业划分标准

初级产业	低技术产业	中低技术产业	中高技术产业	高技术产业	服务业
农、林、牧、渔业	食品、饮料及烟草加工业	焦炭、精炼石油产品的制造	化学制品(不含制药)	制药	其他部门行业
采矿业	纺织、纺织品及皮革加工业	橡胶、塑料制品	电气机械设备	计算机、电子和光学产品制造	
	木材、木制品、纸浆及纸张、纸制品、印刷和出版	其他非金属矿物制品	装备制造业	广播电视及通信	
		基本金属及金属制品	汽车、挂车和半挂车		
		电力、燃气及水的供应	其他交通运输设备		

初级产业整体贸易增加值为负,这表明在中美贸易中美国在该产业具有更大的增加值。值得注意的是,农林牧渔业中美贸易量提升极快,这也直接表现为该行业增加值贸易的飞速增长。采矿业以2007年为转折点,经历了由出口向进口的转变过程。因此就贸易增加值与净出口占比而言2009年及之后比例超过100%[①]。

表 4 中美初级产业贸易增加值

行业	年份	2000	2001	2002	2003	2004	2005	2006	2007
农林牧渔业	总增加值贸易(亿美元)	−2.94	−3.25	−2.88	−12.36	−24.27	−20.84	−26.87	−36.86
	占比(%)	87.97	89.27	88.22	90.36	90.68	88.32	87.29	87.25
	年份	2008	2009	2010	2011	2012	2013	2014	
	增加值贸易(亿美元)	−51.17	−63.26	−92.95	−100.87	−114.29	103.52	−93.92	
	占比(%)	85.77	88.07	87.86	87.25	86.76	88.81	88.29	
采矿业	年份	2000	2001	2002	2003	2004	2005	2006	2007
	总增加值(亿美元)	2.63	1.55	2.04	2.36	2.30	3.60	2.60	−4.45
	占比(%)	93.58	94	93.12	91.32	89.42	86.87	84.56	94.17
	年份	2008	2009	2010	2011	2012	2013	2014	
	总增加值(亿美元)	3.13	−3.79	−6.82	−9.43	−7.38	−9.00	−4.91	
	占比(%)	77.89	101.80	101.66	102	102.34	99.25	100	

就低级产业而言,中美贸易中中国增加值更具优势。且低级产业增加值远远高于其他产业。而产业内部,食品、饮料及烟草加工业经历了从顺差向逆差的转变过程,纸张及纸制品则相对更为复杂,2004年前其一直保持顺差状态,之后转为逆差,直到2012年才又恢复顺差。其他部门则一直为顺差状态。因此,这也说明我国的比较优势在低级产业。

表 5 中美低级产业贸易增加值

年份	2000	2001	2002	2003	2004	2005	2006	2007
总增加值贸易(亿美元)	159.94	171.11	202.02	251.57	285.63	408.50	497.25	570.34
占比(%)	85.76	86.21	85.25	84.08	82.70	83.49	84.20	84.80
年份	2008	2009	2010	2011	2012	2013	2014	
增加值贸易(亿美元)	532.38	496.91	559.00	576.11	627.54	649.88	692.57	
占比(%)	86.18	88.96	87.28	87.38	88.98	89.13	90.23	

在中低级产业我国贸易增加值也更具优势。不过,与初级产业及低级产业相比,贸易

---

① 当双边贸易总额差距较小,或处于"由顺差转向逆差"或者"由逆差转向顺差"时,增加值占比会出现负值或较大值(>100)。

增加值占比明显降低。这表明该产业贸易由净出口来衡量其夸大成分明显更大。在产业内部,所有产业均呈现顺差状态。基本金属及金属制品相对其他产业顺差规模更大,2014年其贸易增加值达109.29亿美元,约占当年总增加值的50%。

表6 中美中低级产业贸易增加值

年份	2000	2001	2002	2003	2004	2005	2006	2007
总增加值贸易(亿美元)	44.21	43.63	53.07	63.49	96.60	119.93	154.13	168.84
占比(%)	84.70	85.74	84.91	81.46	78.50	78.05	78.54	78.43
年份	2008	2009	2010	2011	2012	2013	2014	
增加值贸易(亿美元)	201.96	137.08	177.57	201.83	242.47	246.28	272.02	
占比(%)	79.35	82.86	80.01	79.32	80.77	80.98	83.31	

中高级产业方面我国增加值贸易顺差,且增加值占比区间相对更低于中低级产业。产业内部,只有其他交通运输设备我国增加值贸易及净出口处于逆差状态,且该值连年增长。2014年,其他交通运输设备业我国贸易增加值逆差达67.04亿美元。

表7 中美中高级产业贸易增加值

年份	2000	2001	2002	2003	2004	2005	2006	2007
总增加值贸易(亿美元)	26.49	23.94	39.23	59.43	79.94	114.71	139.93	203.24
占比(%)	78.42	78.24	77.11	72.15	67.94	70.05	70.49	71.67
年份	2008	2009	2010	2011	2012	2013	2014	
增加值贸易(亿美元)	270.85	156.35	231.67	322.25	332.39	352.48	457.94	
占比(%)	75.49	75.88	74.35	76.56	78.93	79.83	84.27	

高级产业我国增加值贸易顺差,而占比则相对继续下降。除广播、电视及通信业外,其他产业增加值均为顺差。中美服务业贸易我国增加值则由顺差转为逆差,且由于这种转变,在最终占比中呈现高于100%的状态。在服务业内部,几乎所有产业均增加值逆差,航空运输业经历了由顺差向逆差的转变过程,而这也是后期服务业总体贸易增加值逆差的原因。

表8 中美高级产业贸易增加值

年份	2000	2001	2002	2003	2004	2005	2006	2007
总增加值贸易(亿美元)	69.66	50.59	93.45	136.14	201.64	285.29	316.28	357.63
占比(%)	66.27	63.19	63.33	59.70	58.35	59.35	58.29	56.62
年份	2008	2009	2010	2011	2012	2013	2014	
增加值贸易(亿美元)	379.80	396.98	517.70	561.21	654.78	652.74	713.78	
占比(%)	59.82	66.36	65.75	67.20	69.11	69.18	71.96	

表 9　中美服务业贸易增加值

年份	2000	2001	2002	2003	2004	2005	2006	2007
总增加值贸易（十亿美元）	11.33	14.68	12.43	18.01	14.88	13.36	11.77	−0.74
占比（%）	80.93	81.76	78.47	79.19	71.01	62.45	56.97	−8.40
年份	2008	2009	2010	2011	2012	2013	2014	
增加值贸易（十亿美元）	−9.88	−23.84	−23.88	−52.66	−64.36	−124.14	−153.09	
占比（%）	135	132.48	137.86	106.6	100.11	92.98	92.56	

五、结论

技术进步的过程是分工不断深化的过程。因此，这将必然导致技术发展阶段越高，一国或经济体与世界联系将越广泛和深入。作为两个大国，随着科技的不断进步以及中国参与全球生产价值链的程度提高，中美贸易规模迅猛增长。与此同时，中美贸易巨额顺差的现象也吸引了学界关注。目前采用净出口来评估贸易总量的方法已失去其在往日应有的效力，而采用增加值方法则更能体现中美之间真实的贸易水平。因此，本文采用 WWZ 方法，对中美贸易进行增加值分解，进而计算贸易增加值。研究结果显示，就总量而言，中美贸易增加值为顺差，且净出口这种衡量方式放大了中美贸易顺差规模。从 2000 年至 2014 年，增加值贸易在净出口中占比为 70% 至 80%，这意味着净出口这种衡量方式对中美贸易顺差平均高估约 25%。将产业进行细分，将会发现中美贸易中不同技术级别产业其增加值贸易占比存在明显差距。一个基本事实是，技术水平越低，贸易增加值占比越高。这反映了我国在高技术产业生产的相对不足以及美国的优势所在。同时，美国在服务业对中国的增加值顺差持续扩大，这与其在全球价值链中所处的位置有关。服务业，尤其是新兴服务业美国处于全球价值链更上游的位置。而这个位置则取决于其比较优势。技术水平、要素成本等是其主要决定因素。同时，无论是哪种因素，其改变均为一个长期过程。因此，中美贸易顺差只是中美两国在不同比较优势下参与全球价值链生产的一个表象，特朗普对中国的贸易战并不能改变其已有全球价值链中的地位。而在产品生产环节全球配置的基本背景下，贸易战还将抬高最终产品成本，最终受损的还是所有国家。

参考文献

[1] 杨盼盼，徐建炜."全球失衡"的百年变迁——基于经验数据与事实比较的分析[J].经济学（季刊），2014,13(02):625−646.

[2] 李昕，徐滇庆.中国外贸依存度和失衡度的重新估算——全球生产链中的增加值贸易[J].中国社会科学，2013(01):29−55+205.

[3] 张海燕，宋玉华.当前全球贸易失衡的机制及中国的地位分析[J].世界经济研究，2009(08):9−13+87.

[4] 谢建国，赵锦春，林小娟.不对称劳动参与、收入不平等与全球贸易失衡[J].世界经济，2015,38(09):56−79.

[5] 李天栋,张卫平,杜金宇.经济规模扩张与贸易失衡:中国的视角[J].国际金融研究,2009(10):83—90.
[6] 蔡兴,刘子兰,赵家章.国际产业转移与全球贸易失衡[J].当代经济研究,2014(01):51—57.
[7] 曹伟,言方荣,鲍曙明.人民币汇率变动、邻国效应与双边贸易——基于中国与"一带一路"沿线国家空间面板模型的实证研究[J].金融研究,2016(09):50—66.
[8] 宋超,谢一青.人民币汇率对中国企业出口的影响:加工贸易与一般贸易[J].世界经济,2017,40(08):78—102.
[9] 廖泽芳,李婷.汇率传递异质性对中美贸易失衡的解释[J].世界经济研究,2017(07):88—98+136—137.
[10] 田巍,姚洋,余淼杰,周羿.人口结构与国际贸易[J].经济研究,2013,48(11):87—99.
[11] 张明志,马静.产业结构影响中国贸易收支失衡的理论分析与实证检验[J].国际贸易问题,2012(01):50—61.
[12] 谢建国,周露昭.进口贸易、吸收能力与国际R&D技术溢出:中国省区面板数据的研究[J].世界经济,2009,32(09):68—81.
[13] 杨丹萍,杨丽华.对外贸易、技术进步与产业结构升级:经验、机理与实证[J].管理世界,2016(11):172—173.
[14] 卫瑞,庄宗明.生产国际化与中国就业波动:基于贸易自由化和外包视角[J].世界经济,2015,38(01):53—80.
[15] 隆国强,王伶俐.对中美贸易失衡及其就业影响的测度与分析[J].国际贸易,2018(05):4—7.
[16] 裴长洪.进口贸易结构与经济增长:规律与启示[J].经济研究,2013,48(07):4—19.
[17] Wang Z, Wei S J, Zhu K F. "Quantifying International Production Sharing at the Bilateral and Sector Levels", NBER Working Paper, No. 19677, 2013.
[18] 李南.中国与东盟双边贸易的平衡问题研究——以投入产出分析的视角[J].南洋问题研究,2018(02):62—74.

作者简介:

陈璋(1957—),男,汉族,湖南人,硕士研究生,教授,博士生导师,主要从事投入产出分析研究。

寇宏伟(1991—),女,汉族,山西人,博士研究生,主要从事宏观经济结构问题研究。

我国扩大进口是否有助于解决内需不足问题[①]
——基于国家间投入产出模型的分析

潘高远

摘要：由于我国经济发展不平衡不充分特征突显，内需不足问题既有需求端的收入不足原因，同时也具有供给侧不平衡原因。本文研究认为，扩大进口中的关税削减举措兼具有"定向减税"的扩大需求作用以及补充我国供给短板的供给结构改善作用。但是扩大进口对国内市场的负面冲击是影响扩大进口的正面作用能否长期持续的关键。因此，本文基于国家间投入产出模型分析框架，从正、负两方面构建我国扩大进口削减关税将引发的市场扩大效应以及国内市场替代效应，得出其对收入变化的综合影响模型，并从数理上分析平衡我国削减关税引起的负面冲击的条件。同时使用 WIOD 以及 WTO 关税数据测算我国扩大进口削减关税对收入的综合影响，结果显示在总体上，扩大进口有助于扩大内需，但各行业结构性分化明显。为此，本文给出平衡扩大进口负面冲击的相应建议。

关键词：扩大进口　内需不足　市场扩大效应　市场替代效应

一、引言

自 2008 年金融危机以来，国际市场的衰退以及疲弱不振使得我国"出口导向型"经济发展模式的弊端显现，国内需求发展滞后问题突显。近年来，美国又频频挥舞关税大棒，搅乱国际贸易局势，使得我国对外贸易的前景更加具有不确定性，在此背景下，改进原来的经济发展模式，提高国内需求水平，做大做强国内需求市场成为稳定中国经济发展的重要基石。

与通过提高关税或非关税壁垒保护国内需求市场的贸易保护主义方式不同的是，我国在不断推行经济结构性改革扩大内需的同时，秉持开放、共赢的理念，欢迎各国搭中国发展的"便车"，并通过扩大进口一系列举措表明我国保持和扩大开放的诚意。

2018 年 11 月 5 日，习近平总书记在首届中国国际进口博览会开幕式上的主旨演讲中提出，"持续推进服务业开放，深化农业、采矿业、制造业开放，加快电信、教育、医疗、文化等领域开放进程，特别是外国投资者关注、国内市场缺口较大的教育、医疗等领域也将放

[①] 本文部分内容发表在《宏观经济研究》2020 年第 5 期 52—67 页《扩大进口、收入冲击与扩大内需——基于国家间投入产出模型的分析》。

宽外资股比限制。预计未来15年,中国进口商品和服务将分别超过30万亿美元和10万亿美元。"可见,从扩大进口的总量和行业结构上看,这是中国对外开放进程中的又一大步。显然,我国扩大进口的举措将国内需求市场主动与其他国家分享,对全世界整体经济的稳定发展做出贡献。

但是,国际贸易体系中竞争与合作并存。与发达国家完备的科技、产品自主创新能力相比,我国作为一个发展中国家在许多高新技术行业仍然处于追赶阶段,在国际价值链分工体系中所处的位置与发达国家仍有差距。扩大进口举措对我国各行业,尤其是技术尚未成熟、国际竞争力不足的高科技行业,造成国内市场冲击,使得我国由于国内高端产品市场的占有不足导致产业升级停滞(贾根良,2016),面临陷入"低端锁定"的风险,这会进一步导致就业压力和收入下降的压力,与我国扩大内需战略相矛盾(贾根良,2012)。

因此,扩大进口在对全球经济发展做出贡献的同时,若无法对我国本身形成对促进经济发展有利的条件,则我国的内需市场反而会因此受到负面影响。国内学者对扩大进口的积极影响的主要探讨包括:以中国市场的进一步开放带动全球市场的增长,中国扮演"全球购买者"的角色与扩大内需的要求高度一致(刘鹤,2011);扩大进口有利于满足国内居民日益增长的高质量需求及高质量发展(李大伟等,2018;薛安伟等,2018;向洪金等,2019);降低国内通胀压力(郭红兵,2013);引进竞争机制,促使我国企业加快提升创新能力(邢孝兵等,2018;魏浩等,2018)。可见,通过扩大进口引致国际市场的扩大、降低产品购买的价格、促使我国产业创新升级,确实成为促进我国扩大内需的有利因素。

遗憾的是,当前对扩大进口与扩大内需之间关系的研究处于各执一端,就有利或不利的某一面来探讨,并未形成对有利与不利因素综合考察的分析框架,因此,本文通过国家间投入产出模型的构建,从国家间的消费结构、生产结构之间的相互联系与竞争出发,剖析扩大进口举措对我国收入的正面和负面综合影响机制及构建数理模型,分析平衡扩大进口负面影响的条件,并在WIOD、WTO等数据基础上进行定量分析。

二、扩大进口对内需问题的影响机制

我国内需不足问题既产生于收入结构不平衡导致的国内居民需求不足(陈彦斌,2009;程磊,2009;刘生龙,周绍杰,2011),也在于我国供给能力不充分发展与居民高质量消费需求不相匹配的结构性矛盾(刘伟,2010),从而进一步表现为产能过剩并对居民收入的持续增长产生负面影响。扩大进口通过国际先进产能补充我国发展不充分的供给结构时,如何影响我国的收入是回答其有无助于扩大内需的关键。

(一)扩大进口举措对我国居民收入的直接作用及影响

2018年7月2日,在国务院办公厅转发商务部等部门的《关于扩大进口促进对外贸易平衡发展的意见》(下称《意见》)中提出我国本阶段进一步扩大进口的进口内容,以及进口来源地的建议。其中,进一步扩大进口的内容包括:(1)与人民生活密切相关的日用消费品、医药和康复、养老护理等设备;(2)建筑设计、商贸物流、咨询服务、研发设计、节能环保、环境服务等生产性服务;(3)国内产业转型升级需要的技术、设备及零部件等;(4)增加农产品、资源性产品进口。同时,优化进口的来源地,尤其是"一带一路"沿线国家以及不发达国家。

从《意见》中可看出,首先,在需求侧,扩大进口举措是市场配置起决定性作用的定向减税政策[①]。通过降低关税水平对进口产品需求较旺盛的中高收入群体定向减税,进一步释放国内对高质量产品的需求活力。

显然,对进口产品需求较大的消费群体主要是对生活质量要求较高的中等收入以及高收入群体。杨天宇(2007)测算表明我国居民的边际消费倾向与收入水平大致呈"倒U"型关系,即中等收入阶层的边际消费倾向较高,低收入阶层和高收入阶层的边际消费倾向较低。因此对中高收入群体的"定向减税"会引致较大的消费量。与普通的转移支付财政政策相比,消费者是否购买进口商品的决策完全属于市场行为而非政府主导,更直接地形成经济效益。

其次,在供给侧,该举措扩大我国用于生产的中间产品和用于消费的最终产品的供给来源,并对国内产品形成潜在的负面冲击。《意见》中表明,我国扩大进口范围包含各个行业,其中对农产品、日用消费品、医药等最终产品(服务)进口直接扩大在这些行业的供给来源;另一方面,资源品、生产性服务业、关键技术等进口则有助于优化我国各行业生产的中间环节,提升企业的生产效率[②]。

但是,由于我国各行业的国际竞争力水平参差不齐,扩大进口在带来对我国生产结构优化可能的同时,也不得不承担某些国际竞争力较弱的行业被外国产品大量挤占国内市场份额的风险,从而使国内企业销量下滑、利润下降,进一步导致从业人员收入下降的可能。

(二)生产和消费的国际联系背景下扩大进口对我国居民收入的综合影响

扩大进口主要包含降低关税以及扩大服务业准入两大部分,由于扩大服务业准入的方式难以量化,因此本文只局限于分析削减关税对我国收入变化的影响。

为尽可能充分地考虑扩大进口在供给侧上所带来的负面影响,也由于未来技术进步的不确定性,本文假定削减关税、扩大进口后我国相对国外的技术水平、产品质量不变,也即我国在国际市场的占有份额不变。

如图1所示,我国扩大进口对我国居民收入的影响机制由模块①、②、③三大部分构成。模块①表示我国削减关税对居民收入所带来正面影响的传导机制,其依据是随着生产价值链将更多国家嵌入其中,无论是其他国家或本国生产的最终产品都需要其他国家的中间产品投入,从而随着外国在我国国内市场获得收入水平后,并扩大需求时,可通过中间产品或最终产品两个渠道扩大对我国各行业的产品使用量,形成对我国收入的正面影响;模块②表示我国削减关税后对居民收入所带来的负面影响传导机制,其关键在于关税削减幅度与外国产品在我国市场占有率变化幅度的大小关系;模块③表示居民获得变化后的收入时,将收入转化为消费,通过边际消费倾向形成乘数作用,进一步推动我国及国际的收入水平。

[①] 关税税率的绝对变化所引起的整体减税数量大于关税数量的绝对变化,以消费税税率3%,增值税税率16%(2019年之前)计,如关税税率降低t,则整体税率及价格变化1.195t。从而,每1%的关税税率降低将给相应产品购买者节省1.195%购买费用,相当于提升了收入。

[②] 余森杰(2011)从企业微观层面的全要素生产率测算发现,各企业所面临的关税税率下降10%,企业生产率会上升大约3%—6%。盛斌,毛其淋(2017)认为最终品与中间品贸易自由化能够促进出口技术复杂度。

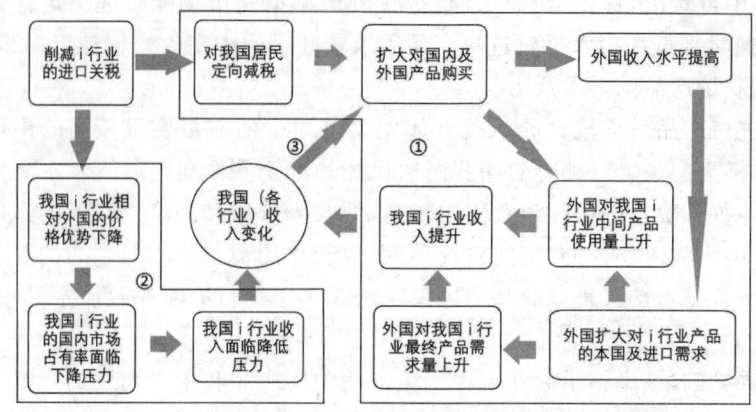

图 1　我国削减减税对我国(各行业)收入的影响机制

模块③是否能够持续,取决于我国收入的变化情况,而我国收入的变化大小则取决于模块①与模块②之间的对比情况,若削减关税对收入的正面影响大于负面影响,则我国收入提升,并进一步通过国内及国外产品的购买扩大全球收入及需求市场;反之,则我国收入下降,使我国内需不足问题加剧。

模块①中国家间投入产出表的生产结构、消费结构的直接与间接联系进行模型构建,由下文的(1)式表达;模块③在借鉴凯恩斯乘数以及投入产出局部闭模型的基础上,构建削减关税后对收入扩大的乘数作用,由下文(2)式表达;模块②通过替代矩阵的引入刻画削减关税对我国生产及消费结构的负面冲击,由下文(3)式表达,通过面板数据模型(4)的测算获得。为对冲扩大进口造成国内市场冲击的负面影响,本文根据国家间生产、消费结构的投入产出联系特征推导出平衡负面冲击的条件(5)。

三、国家间投入产出分析框架下扩大进口对收入影响的模型构建

国家间投入产出分析框架构建能够同时反映我国与其他国家的消费结构、生产结构以及各经济体之间生产的直接与间接联系的需求拉动模型。为便于说明,先讨论两国家两部门模型。

(一)国家间投入产出模型的说明

将所有国家分为中国、外国两大部分,可构建国家间投入产出模型,其价值表的形式如下表所示。其中,r 表示中国,s 表示外国。

其中 a_{ij}^{rr}, a_{ij}^{sr} 分别表示 r 国为生产总产出 X_j^r 所使用分别来自 r 国和 s 国的部门 i 产品的直接消耗系数。记国家间直接消耗系数矩阵为 $A = \begin{pmatrix} A^{rr} & A^{rs} \\ A^{sr} & A^{ss} \end{pmatrix}$,$A^{rr}, A^{rs}, A^{sr}, A^{ss}$ 均为 $n*n$ 方阵,n 为行业数量,其中 A^{rr}, A^{sr} 分别表示 r 国生产中使用来自 r 国、s 国产品的直接消耗系数。

表 1　两国家两部门非竞争型投入产出价值表

		中国中间产品使用		外国中间产品使用		中国最终产品使用		外国最终产品使用		总产出
		部门1	部门2	部门1	部门2	消费	投资	消费	投资	
中国中间产品投入	部门1	$a_{11}^{rr}X_1^r$	$a_{12}^{rr}X_2^r$	$a_{11}^{rs}X_1^s$	$a_{12}^{rs}X_2^s$	C_1^{rr}	I_1^{rr}	C_1^{rs}	I_1^{rs}	X_1^r
	部门2	$a_{21}^{rr}X_1^r$	$a_{22}^{rr}X_2^r$	$a_{21}^{rs}X_1^s$	$a_{22}^{rs}X_2^s$	C_2^{rr}	I_2^{rr}	C_2^{rs}	I_2^{rs}	X_2^r
外国中间产品投入	部门1	$a_{11}^{sr}X_1^r$	$a_{12}^{sr}X_2^r$	$a_{11}^{ss}X_1^s$	$a_{12}^{ss}X_2^s$	C_1^{sr}	I_1^{sr}	C_1^{ss}	I_1^{ss}	X_1^s
	部门2	$a_{21}^{sr}X_1^r$	$a_{22}^{sr}X_2^r$	$a_{21}^{ss}X_1^s$	$a_{22}^{ss}X_2^s$	C_2^{sr}	I_2^{sr}	C_2^{ss}	I_2^{ss}	X_2^s
增加值		V_1^r	V_2^r	V_1^s	V_2^s					
总投入		X_1^r	X_2^r	X_1^s	X_2^s					

消费结构矩阵为 $F = \begin{pmatrix} f^{rr} & f^{rs} \\ f^{sr} & f^{ss} \end{pmatrix}$，$f^{rr}$，$f^{rs}$ 分别为 r 国使用来自 r 国、s 国最终产品占所有最终产品的比重 $n*1$ 列向量

记 r 国及 s 国的最终产品使用矩阵分别为 Y^r，Y^s，为消费 C 和投资 I 之和。

增加值率矩阵 $v = \begin{pmatrix} v^r & 0 \\ 0 & v^s \end{pmatrix}$，$v^r$，$v^s$ 分别为 r 国和 s 国增加值率，为 $n*n$ 对角矩阵，可用于分析各行业的增加值率结构，对其求和即为国家总增加值。

通过投入产出表的行向关系可构建需求拉动模型，并得到最终消费所对应的 r 国与 s 国的收入结构为：

$$\begin{pmatrix} V^r \\ V^s \end{pmatrix} = \begin{pmatrix} v^r & 0 \\ 0 & v^s \end{pmatrix} \begin{pmatrix} X^r \\ X^s \end{pmatrix} = \begin{pmatrix} v^r & 0 \\ 0 & v^s \end{pmatrix} \left(I - \begin{pmatrix} A^{rr} & A^{rs} \\ A^{sr} & A^{ss} \end{pmatrix} \right)^{-1} \begin{pmatrix} Y^{rr} & Y^{rs} \\ Y^{sr} & Y^{ss} \end{pmatrix} \quad (1)$$

记列昂惕夫逆阵为 L。

(二)扩大进口所致的市场扩大效应及市场替代效应

本文将扩大进口对收入所形成的正面效应称为市场扩大效应，表示由我国扩大进口行为所引发的一系列扩大市场需求规模的影响。将扩大进口对收入所形成的负面效应称为市场替代效应，表示由我国扩大进口行为所导致的我国国内企业所面临的市场份额冲击影响。

首先，降低关税是对我国消费者的"定向减税"。设降低关税 Δt_1 对我国消费者在原有消费水平上所节省的费用总额为 h。假设我国消费者和国外消费者的边际消费倾向分别为 c^r，c^s。

根据(1)式可得出我国降低关税后，我国消费者购买形成消费增量所形成的我国与外国的收入变化(由投入产出表特点设为1年内的收入变化)为：

$$\begin{pmatrix} V_{t_1}^r \\ V_{t_1}^s \end{pmatrix} = \begin{pmatrix} v^r & 0 \\ 0 & v^s \end{pmatrix}_{2n \times 2n} \cdot \left(\begin{pmatrix} I & 0 \\ 0 & I \end{pmatrix} - \begin{pmatrix} A^{rr} & A^{sr} \\ A^{rs} & A^{ss} \end{pmatrix} \right)_{2n \times 2n}^{-1} \cdot \begin{pmatrix} f^{rr} & f^{sr} \\ f^{rs} & f^{ss} \end{pmatrix}_{2n \times 2} \cdot \begin{pmatrix} c^r & \\ & c^s \end{pmatrix}_{2 \times 2} \cdot \begin{pmatrix} h \\ 0 \end{pmatrix}_{2 \times 1}$$

$$= v \cdot L \cdot F \cdot c \cdot H$$

其中 v^r，v^s 在总量分析时分别为 $1*n$ 行向量，在分行业分析时转化为 $n*n$ 对角矩阵。

其经济含义为，我国降低关税过程中政府对消费者"定向"的转移支付所形成的收入 h

中以边际消费倾 c^r 的比例用于消费,分行业的消费量由我国居民对国内及国外产品的消费结构 F 决定,并通过具有各国相互联系特点的生产结构 $v \cdot L$ 形成相应的收入 $V_{t_1}^r, V_{t_1}^s$,即第一轮 r 国 s 国收入增长。

其次,在 t_1 时期我国和外国分别获得收入 $V_{t_1}^r, V_{t_1}^s$ 后,会再一次用于第二年的消费,并形成第二轮全球收入增长。

$$\begin{pmatrix} V_{t_2}^r \\ V_{t_2}^s \end{pmatrix} = \begin{pmatrix} v^r & 0 \\ 0 & v^s \end{pmatrix} \cdot \left(\begin{pmatrix} I & 0 \\ 0 & I \end{pmatrix} - \begin{pmatrix} A^{rr} & A^{sr} \\ A^{rs} & A^{ss} \end{pmatrix} \right)^{-1} \cdot \begin{pmatrix} f^{rr} & f^{sr} \\ f^{rs} & f^{ss} \end{pmatrix} \cdot \begin{pmatrix} c^r & \\ & c^s \end{pmatrix} \cdot I_1 \cdot \begin{pmatrix} V_{t_1}^r \\ V_{t_1}^s \end{pmatrix}$$

$$= v \cdot L \cdot F \cdot c \cdot I_1 \cdot V_{t_1}$$

其中 I_1 为将分行业的收入求和为全国收入总量的 $2*2n$ 矩阵,不影响经济结构①。

若无其他因素影响,可得第 n 轮全球收入增长:

$$\begin{pmatrix} V_{t_n}^r \\ V_{t_n}^s \end{pmatrix} = v \cdot L \cdot F \cdot c \cdot I_1 \cdot \begin{pmatrix} V_{t_{n-1}}^r \\ V_{t_{n-1}}^s \end{pmatrix} = v \cdot L \cdot F \cdot c \cdot (I_1 \cdot v \cdot L \cdot F \cdot c)^{n-1} \cdot H$$

将第 $1,2,\cdots,n$ 轮收入增长相加可得 r 国,s 国收入增长总量,以及 r 国,s 国各行业收入增长分量:

$$\begin{pmatrix} TV^r \\ TV^s \end{pmatrix} = \sum_{i=1}^{n} \begin{pmatrix} V_{t_i}^r \\ V_{t_i}^s \end{pmatrix} = v \cdot L \cdot F \cdot c \cdot H + (v \cdot L \cdot F \cdot c) \cdot (I_1 \cdot v \cdot L \cdot F \cdot c) \cdot H$$

$$+ \cdots + (v \cdot L \cdot F \cdot c) \cdot (I_1 \cdot v \cdot L \cdot F \cdot c)^{n-1} \cdot H$$

化简得:

$$\begin{pmatrix} TV^r \\ TV^s \end{pmatrix} = (v \cdot L \cdot F \cdot c) \cdot (I - I_1 \cdot v \cdot L \cdot F \cdot c)^{-1} \cdot H \tag{2}$$

可见,在仅考虑扩大进口的正面效应的情况下,降低关税将在全球中以式中的乘数作用形成更大的全球市场。

进一步考虑市场替代效应。扩大进口在扩大我国产品的供应来源的同时,也使得国内市场面临被替代的风险。关税水平降低使得我国产品与其他国外产品的价格优势受到削弱,增加来自外国高质量产品的竞争压力,既表现为对消费结构 F,也对中间投入结构 A 产生进口产品替代国内产品的结构性冲击。

设最终消费替代矩阵 $G_1 = \begin{pmatrix} -\Delta g_1 & 0 \\ \Delta g_1 & 0 \end{pmatrix}$,中间投入替代矩阵 $G_2 = \begin{pmatrix} -\Delta g_2 & 0 \\ \Delta g_2 & 0 \end{pmatrix}$,$\Delta g$ 为 $n*1$ 的列矩阵,各元素表示减税削减后 r 国和 s 国在 r 国内市场份额变化量,其大小取决于,我国关税水平降低时,我国产品与外国产品在国内市场竞争力的相对变化情况。

假设外国消费结构和生产结构不变,则

$$\widetilde{F} = \begin{pmatrix} f^{rr} & f^{rs} \\ f^{sr} & f^{ss} \end{pmatrix} + \begin{pmatrix} -\Delta g_1 & 0 \\ \Delta g_1 & 0 \end{pmatrix} = \begin{pmatrix} \widetilde{f}^{rr} & f^{rs} \\ \widetilde{f}^{sr} & f^{ss} \end{pmatrix}$$

$$\widetilde{A} = A + G_2, \widetilde{v} = (1,\cdots,1) - (1,\cdots,1)\widetilde{A}$$

---

① 在 v 使用总量分析矩阵形式时可舍去 I_1

$$\tilde{L} = (I - \tilde{A})^{-1} = \left(\begin{pmatrix} I & 0 \\ 0 & I \end{pmatrix} - \begin{pmatrix} A^{rr} & A^{sr} \\ A^{rs} & A^{ss} \end{pmatrix} - \begin{pmatrix} -\Delta g_2 & 0 \\ \Delta g_2 & 0 \end{pmatrix} \right)^{-1}$$

从而收入结构在市场替代效应冲击下变为 $\tilde{v} \cdot \tilde{L} \cdot \tilde{F}$，综合市场扩大效应与市场扩大效应的正、负两面影响，(2)式改写为：

$$\begin{pmatrix} TV^r \\ TV^s \end{pmatrix} = (\tilde{v} \cdot \tilde{L} \cdot \tilde{F} \cdot c) \cdot (I - I_1 \cdot \tilde{v} \cdot \tilde{L} \cdot \tilde{F} \cdot c)^{-1} \cdot H \tag{3}$$

由于消费结构由消费者行为特性决定，生产的中间投入结构由各国的生产技术特性决定，在经典的投入产出模型中为外生给定，需要构建计量模型定量估算进口关税下降对我国各行业收入结构由 $v \cdot L \cdot F$ 转变为 $\tilde{v} \cdot \tilde{L} \cdot \tilde{F}$ 的影响大小。

与传统的市场占有率只考虑最终产品的市场占有份额（即消费结构 F 的特征）不同的是，将各国各行业在全球价值链分工中的实际地位考虑在内才能真正地反映实际市场占有份额。

当前，一个国家出口到其他国家的最终产品所进行的所有生产环节并非完全在该国中，为避免对价值链内低附加值环节国家的市场占有率过高估计而对价值链中附加值高的国家估计过低，故将其在生产此产品中所参与的环节所对应的收入份额作为实际市场占有率，用于更准确地测度。因此，在同时包含价值链分工、最终产品市场份额信息的收入结构 $v \cdot L \cdot F$ 才能表示实际市场占有率。

外国产品在我国国内市场的占有率大小是外国产品与我国产品相互竞争后的结果，消费者与企业在面对来自国内及国外的同类产品时，依据两者间的价格差异和质量差异进行选择。在相同的质量水平上，外国产品相对我国产品价格差距越高，则其在我国国内的市场占有率越小；在相同的价格水平上，我国产品相对外国产品质量越高，则其在我国国内的市场占有率越小。

以外国在我国国内市场的实际市场占有率为因变量，关税为自变量，并以其他影响实际市场占有率的影响因素为控制变量，分行业 i 构建面板模型如下：

$$sr_{i_t} = \beta_{0_i} + \beta_{1_i} tariff_{i_t} + \beta_{2_i} X_i^{sr} + \varepsilon_t, i = 1, \cdots, n \tag{4}$$

其中 sr_{i_t} 表示外国在我国市场的实际市场占有份额，$tariff_{i_t}$ 表示我国关税水平，X_i^{sr} 为控制变量，在本文中包含 t 时期汇率变化率 e_t，r 国对 s 国单位产品所需要素成本的比值 $input_{i_t}$，t 时期的我国产品在国际市场上的占有份额变化程度 rs_{i_t}，近似表示我国产品相对国外产品的竞争力变化情况。

在影响同类进口产品与国内产品的价格差异的变量中，关税水平的高低与价格差异（指国内产品价格减去）的大小呈负相关关系，汇率水平（本文指人民币兑换美元的比率）的高低与此价格差异呈正相关关系，另外，各国生产同一单位产品所投入的劳动及资本所构成的成本差距也会影响价格差距。

使用我国在国外市场的实际占有份额近似替代我国与其他国家的产品质量差距情况，我国产品在国外市场占有率越高，说明在与同一价格水平的同类外国产品中，我国产品质量与国外产品越接近甚至超过国外产品。

表 2 变量说明

	名称	含义
因变量	sr	s 国在我国市场的实际占有率
自变量	tariff	我国的关税水平,为我国产品在国内提供相对 s 国产品的价格优势
	e	我国相对 s 国的汇率水平的变化,影响我国相对 s 国产品的价格优势
	input	我国生产 1 单位产品所投入的劳动和资本要素成本相对 s 国的比值大小,影响我国相对 s 国产品的价格优势
控制变量	rs	我国在 s 国的实际市场占有率,间接反映我国产品相对 s 国产品的质量对比情况 ①
	ss	s 国在其本国内的实际市场占有率变化情况,与 rs 共同反映我国在 s 国内的实际市场占有率变化是取代 s 国产品,还是第三国产品

(三)"你中有我"与"我中有你"的平衡是保证扩大进口可持续的条件

从模型(3)的结构可以看出,关税削减的"定向减税"所能引致的收入扩大及收入结构取决于受到冲击之后 $v \cdot L \cdot F$ 的结构特征。

为便于讨论,此处假设各国只有一个行业,即将整个国家视为整体。设 r 国和 s 国的收入规模分别为 Y^r, Y^s 且 $Y^s = \alpha Y^r$,在开放条件下形成的收入为:

$$v \cdot L \cdot F \cdot c \cdot Y = \begin{pmatrix} v^r & 0 \\ 0 & v^s \end{pmatrix} \cdot \begin{pmatrix} L^{rr} & L^{rs} \\ L^{sr} & L^{ss} \end{pmatrix} \cdot \begin{pmatrix} f^{rr} & f^{rs} \\ f^{sr} & f^{ss} \end{pmatrix} \cdot \begin{pmatrix} c^r & 0 \\ 0 & c^s \end{pmatrix} \cdot \begin{pmatrix} Y^r \\ Y^s \end{pmatrix}$$

$$= \begin{pmatrix} v^r(L^{rr}f^{rr} + L^{rs}f^{sr}) & v^r(L^{rr}f^{rs} + L^{rs}f^{ss}) \\ v^s(L^{sr}f^{rr} + L^{ss}f^{sr}) & v^s(L^{sr}f^{rs} + L^{ss}f^{ss}) \end{pmatrix} \cdot \begin{pmatrix} c^r & 0 \\ 0 & c^s \end{pmatrix} \cdot \begin{pmatrix} Y^r \\ Y^s \end{pmatrix}$$

$v^r(L^{rr}f^{rr} + L^{rs}f^{sr})$ 表示 r 国消费者消费国内及国外最终产品时,r 国生产者获得的收入份额;$v^s(L^{sr}f^{rr} + L^{ss}f^{sr})$ 表示 r 国消费者消费国内及国外最终产品时,s 国生产者获得的收入份额;$v^r(L^{rr}f^{rs} + L^{rs}f^{ss})$ 表示 s 国消费者消费国内及国外最终产品时,r 国生产者获得的收入份额;$v^s(L^{sr}f^{rs} + L^{ss}f^{ss})$ 表示 s 国消费者消费国内及国外最终产品时,s 国生产者获得的收入份额。

对于 r 国而言,$v^s(L^{sr}f^{rr} + L^{ss}f^{sr})$ 为 r 国对 s 国的收入流出,即 r 国生产与消费结构体系中 s 国的参与程度;$v^r(L^{rr}f^{rs} + L^{rs}f^{ss})$ 为 r 国对 s 国的收入流入,即 s 国生产与消费结构体系中 r 国的参与程度。为方便讨论分别记为 p, q。

"你中有我"与"我中有你"的平衡实质上是两国之间相互参与对方生产与消费结构体系的平衡:

---

① 我国在外国市场的实际市场占有份额是我国产品在价格和质量两方面与外国产品相竞争对比下的结果。由于产品质量测度目前并未形成统一的标准,如 Khandelwal(2010)和王益明(2014)的质量阶梯模型、Hallak 和 Schoot(2009)的出口价格分解模型、Johnson(2012)和樊海潮(2015)的价格-生产率分析框架、张杰(2014)的需求结构模型(DSM)等从不同角度对产品质量进行测度,哪种测度方法更为准确本身就是一个重要的课题。而本文所需要的是我国与高收入国家、与中低收入国家之间的产品质量比较,若分国家一一测算难以实现,因此采用间接数据替代的方式属于无奈之举。但另一方面,数据来源及测算都属于投入产出分析框架,并包含了价值链分工下生产结构与消费结构的信息,确保了数据之间经济联系的完整性。

$$v^r(L^{rr}f^{rs} + L^{rs}f^{ss})c^sY^s = v^s(L^{sr}f^{rr} + L^{ss}f^{sr})c^rY^r, \text{即} qc^s\alpha = pc^r \quad (5)$$

从而 r 国,也即 s 国实现平衡时,$p/q = c^s\alpha/c^r$,s 国对 r 国市场占有份额之比等于 s 国对 r 国的消费市场规模之比;r 国流入大于流出时,$p/q < c^s\alpha/c^r$,s 国对 r 国市场占有份额之比小于 s 国对 r 国的消费市场规模之比;r 国流入小于流出时,$p/q > c^s\alpha/c^r$,s 国对 r 国市场占有份额之比大于 s 国对 r 国的消费市场规模之比。即 r 国与 s 国之间的消费市场规模与相互之间的市场占有规模的相对大小关系决定了在开放经济体中 r 国的收入净流入或流出情况。

在 r 国面临关税削减所造成的国内市场份额负面冲击时,p 上升为 $\tilde{p}$,冲击程度的大小决定 $\tilde{p}/q$ 与 $c^s\alpha/c^r$ 未来的大小关系。在消费规模及消费倾向保持不变的情况下,为平衡负面冲击所引起的收入流出,需要我国在国际市场上的参与程度提升 $\triangle q = \dfrac{(\tilde{p}-p)c^r}{c^s\alpha}$。

四、扩大进口正、负影响的经验数据分析

本节首先对模型所需要的相关数据进行基础性分析及初步处理,接着测算扩大进口的市场替代效应及市场扩大效应,最后分析扩大进口对我国收入变化的综合影响。

(一)我国关税水平及实际市场占有率变化趋势

我国现有的数据库不提供分行业的关税数据,故本文采用来自 WTO 数据库的关税数据进行转换。由于 WTO 的关税数据采用 HS 编码,需要将其转化为 WIOD 投入产出表中所使用的 ISIC 分类标准。本文使用联合国[①]及欧盟[②]公布的各版本 HS-STIC,STIC-ISIC 分类转换表将 HS 编码的关税数据转换为 ISIC.rev4 的行业关税,如下表所示。

表3 2000年至2014年我国关税水平变化趋势表

单位:%

行业	2000	2001	2002	2003	2004	2009	2014
农业	19.61	18.72	13.95	12.79	11.86	11.61	11.31
采矿业	3.63	3.14	3.25	3.21	3.17	2.83	2.26
食品饮料、烟草制品	24.25	22.84	17.48	15.86	14.41	17.12	13.52
纺织、服装、皮革制品制造	26.42	21.38	17.77	15.48	13.34	12.18	11.96
木材及木制品	12.48	11.05	7.90	6.72	5.55	4.52	5.43
造纸及纸制品	16.25	14.93	9.84	8.11	6.71	5.62	5.72
印刷和复制记录媒体	10.96	9.87	6.99	5.89	5.19	4.21	3.96
焦炭、成品油	6.75	6.04	5.67	5.67	5.67	5.68	4.92

① https://unstats.un.org/unsd/trade/classifications/correspondence-tables.asp
② https://ec.europa.eu/eurostat/ramon/relations/index.cfm?TargetUrl=LST_REL&StrLanguageCode=EN&IntCurrentPage=10

续表

行业	2000	2001	2002	2003	2004	2009	2014
化工及化工产品制造	10.82	9.86	7.37	7.01	6.73	6.64	6.46
基本药品和制剂	10.82	9.86	7.37	7.01	6.73	6.64	6.46
橡胶和塑料制品	16.43	15.58	12.82	11.98	11.24	10.77	11.02
其他非金属矿产品制造	17.43	16.91	14.16	13.57	13.06	12.61	11.90
基本金属制造	8.11	7.16	5.39	5.19	5.09	5.14	5.15
金属制品制造	13.74	12.95	11.44	11.21	11.08	10.97	10.46
计算机、电子、光学产品制造	15.81	14.69	10.42	9.59	9.14	8.24	8.15
电气机械制造	15.02	14.46	10.26	9.39	9.00	9.35	9.12
机械设备制造	15.42	14.89	11.17	10.36	9.86	9.46	8.97
汽车、挂车、半挂车制造	28.87	26.78	19.85	17.33	15.26	14.11	12.16
其他运输设备制造	13.13	12.05	9.97	9.27	8.91	8.44	8.44
其他制造业	22.16	19.92	16.82	15.73	14.76	14.40	13.96

从以上数据可以看出，2000以来，我国关税调整大致可分为两个阶段，快速削减阶段及稳定阶段。2000年至2004年期间，我国为履行加入WTO的承诺，对各行业关税进行大幅度削减，削减幅度在10%至60%之间，其中农业39.4%，资源行业14.4%，轻工业51.4%，重工业35.0%。2004年之后，我国各行业关税水平略有波动，但整体较为稳定，总体处于下调趋势。

市场占有率的变化是测算市场替代效应的关键。为讨论的方便，记我国、高收入国家和地区、中低收入国家和地区①分别为 r,s,t。高收入国家与中低收入国家的个体差异较大，如行业竞争力等，故将高收入国家与中低收入国家在我国国内的市场占有率与我国关税水平的关系分别讨论。

本文的实际市场占有率通过 $v \cdot L \cdot F$ 的结构测算，F 为全球最终消费结构，v 和 L 为全球生产结构决定的增加值率对角矩阵和列昂惕夫逆阵，相比以最终产品 F 的国家结构所表示的市场占有率，实际市场占有率包含产业完全联系以及世界各国价值链分工地位信息。

具体数据如表4所示②。

---

① 高收入和中低收入国家和地区的划分采用世界银行的划分标准，在WIOD表中，除中国，将美国等32个高收入国家和地区合并为高收入地区，其他11个国家及地区合并为中低收入地区。

② 由于篇幅所限文中不直接列出我国2000—2014所有年份实际市场占有率测算结果，只列出文中说明所需要的相关处理后的数据，如需要所有测算结果可向作者索要。

表 4　2000－2014 年我国各行业实际市场占有率变化情况

行业	2000年市场占有率	最深跌幅	最终涨幅	行业	2000年市场占有率	最深跌幅	最终涨幅
印刷和复制记录媒体	91.77%	−3.4%	0.74%	基本金属制造	74.97%	−3.38%	2.87%
纺织、服装、皮革制品制造	84.56%	−1.34%	7.39%	计算机、电子、光学产品制造	45.33%	−11.8%	10.39%
焦炭、成品油	79.32%	−6.38%	4.37%	电气机械制造	76.57%	−7.43%	6.07%
化工及化工产品制造	68.94%	−9.43%	5.79%	其他运输设备制造	76.84%	−5.27%	7.10%
造纸及纸制品	74.84%	0	7.72%	橡胶和塑料制品	81.43%	−11.4%	−3.17%
农业	96.62%	−4.77%	−3.82%	非金属矿产品	92.19%	−10.0%	−4.34%
采矿业	74.32%	−20.7%	−12.4%	金属制品制造	74.61%	−13.1%	−2.60%
食品饮料、烟草制品	95.46%	−2.01%	−0.84%	机械设备制造	82.89%	−9.3%	−5.07%
木材及木制品	87.57%	−1.90%	−1.15%	汽车、挂车、半挂车制造	83.28%	−13.7%	−3.96%
基本药品和制剂	92.58%	−7.40%	−4.41%	其他制造业	91.63%	−50.8%	−36.7%

注：最深跌幅表示 2000 年与 2000－2014 年期间我国实际在国内实际市场占有率最低值差额，最终涨幅表示 2014 年较 2000 年实际市场占有率变化程度，数据来源 WIOD，由作者测算。

从我国经济发展的实际过程来看，随着关税水平降低并稳定的变化过程，各行业的国内实际市场占有率变化趋势分化明显，除造纸及纸制品行业不受关税削减影响国内市场占有率不断上升以外，其余 19 个行业皆呈现国内市场占有率先降低后上升的变化趋势，至 2014 年，有 9 个细分行业市场占有率超过 2000 年水平，11 个细分行业依然低于 2014 年水平。

(二)扩大进口的市场替代效应测算

在前文的行业及国家地区组别划分基础上，使用高收入国家及地区组 32 个截面，中低收入国家及地区 11 个截面，样本延续期为 2000 至 2014 年共 15 年，两组别的观测值分别为 480 和 165 个。在控制变量中，我国与各国的成本比值 input 数据由 WIOD 的 SEA 表中的产出量、劳动成本、资本成本计算获得；各国的历年汇率数据来自 BIS 数据库；我国在其他国家各行业的实际市场占有率 rs 由 WIOD 数据计算所得。

本文采用模型(4)分别对各国各行业进行面板回归得到以下结果(表 5、表 6)，为消除异方差和序列相关的不良影响,采用 Hausman 检验来确定选择固定效应还是随机效应。并使用 EG-ADF 两步法通过平稳性检验,经 VIF 检验不存在多重共线性。

我国对高收入国家、中低收入国家的关税弹性估计结果分别如表5、表6所示。

表5 高收入国家在我国实际市场占有率(sr)与我国关税水平(tariff)回归结果[①]

	(1)[②] sr_industry1	(2) sr_industry2	(3) sr_industry3	(5) sr_industry5	(7) sr_industry7	(9) sr_industry9
tariff_i	-0.003**	-0.148***	-0.002**	-0.003*	-0.007*	-0.092***
	(0.001)	(0.047)	(0.001)	(0.002)	(0.004)	(0.018)
rs_i	0.012***	0.025*	-0.000	-0.001	-0.011	-0.117***
	(0.002)	(0.013)	(0.003)	(0.001)	(0.009)	(0.013)
input_i	-0.001***	-0.001	-0.000*	-0.000	-0.001	-0.010***
	(0.000)	(0.001)	(0.000)	(0.000)	(0.001)	(0.001)
e_i	-0.001***	0.003**	0.000	0.000	0.000	0.007***
	(0.000)	(0.001)	(0.000)	(0.000)	(0.001)	(0.002)
ss_i	0.001**	0.011***	0.000	0.003***	0.001	0.005
	(0.001)	(0.003)	(0.000)	(0.001)	(0.001)	(0.004)
_cons	0.001*	0.002	0.001***	0.001	0.002	0.020***
	(0.001)	(0.002)	(0.000)	(0.001)	(0.001)	(0.003)
Obs.	480	480	480	480	480	480
R-squared	.z	0.065	0.056	.z	.z	0.282
Hausmantest	chi2(5)=-3.47	P=0.0001	P=0.0094	chi2(5)=-0.26	P=0.3877	P=0.0000
模型选择	Re	Fe	Fe	Re	Re	Fe
	(10) sr_industry10	(11) sr_industry11	(12) sr_industry12	(13) sr_industry13	(14) sr_industry14	(15) sr_industry15
tariff_i	-0.040***	-0.057***	-0.044***	-0.033	-0.144***	-0.037
	(0.008)	(0.013)	(0.006)	(0.020)	(0.027)	(0.022)
rs_i	-0.004	-0.040***	-0.012**	-0.014**	-0.059***	-0.020*
	(0.010)	(0.015)	(0.005)	(0.006)	(0.018)	(0.011)
input_i	-0.005***	-0.005**	-0.005***	-0.005***	-0.005	0.004
	(0.001)	(0.002)	(0.001)	(0.001)	(0.003)	(0.003)
e_i	0.000	-0.001	-0.002*	0.004***	0.002	0.009**
	(0.001)	(0.002)	(0.001)	(0.001)	(0.002)	(0.004)
ss_i	0.001	0.001	0.001	0.005	0.019***	0.019***
	(0.001)	(0.004)	(0.002)	(0.004)	(0.005)	(0.007)

---

① 为节省篇幅,文中只汇报关税变量回归系数为负且经统计量检验显著的行业。高收入国家组舍去3个行业,分别为纺织、服装、皮革制品制造(4),造纸及纸制品(6),其他运输设备制造(19),经检验,这三个行业无法拒绝关税弹性系数为0的原假设。

② 为简化表格,将表3中的行业依次编号为1至20。

_cons	0.009***	0.019***	0.012***	0.007**	0.019***	0.003
	(0.001)	(0.004)	(0.003)	(0.003)	(0.006)	(0.005)
Obs.	480	480	480	480	480	480
R－squared	0.213	0.074	0.101	0.111	0.110	0.055
Hausman test	P=0.0126	P=0.0001	P=0.0017	P=0.0000	P=0.0675	P=0.0002
模型选择	Fe	Fe	Fe	Fe	Fe	Fe

Standard errors are in parenthesis

*** $p<0.01$，** $p<0.05$，* $p<0.1$

	(16)	(17)	(18)	(20)
	sr_industry16	sr_industry17	sr_industry18	sr_industry20
tariff_i	−0.057***	−0.037***	−0.035***	−0.074***
	(0.014)	(0.007)	(0.007)	(0.013)
rs_i	−0.058***	−0.003	−0.139***	−0.018*
	(0.012)	(0.007)	(0.030)	(0.010)
input_i	−0.010***	0.001	−0.006**	−0.005*
	(0.003)	(0.002)	(0.003)	(0.003)
e_i	−0.003	0.002*	−0.005*	0.002
	(0.003)	(0.001)	(0.003)	(0.002)
ss_i	0.006	0.002	0.007*	−0.001
	(0.005)	(0.002)	(0.004)	(0.003)
_cons	0.024***	0.007***	0.022***	0.020***
	(0.005)	(0.002)	(0.004)	(0.005)
Obs.	480	480	480	480
R－squared	0.097	0.110	0.079	0.094
Hausman test	P=0.0009	P=0.0000	P=0.0003	P=0.0076
模型选择	Fe	Fe	Fe	Fe

注:括号内数值为相应 t 统计量(FE 模型)或 z 统计量(FGLS 模型);Hausman 检验原假设:随机效应模型为正确模型;*** $p<0.01$，** $p<0.05$，* $p<0.1$。

表6 中低收入国家在我国实际市场占有率(sr)与我国关税水平(tariff)回归结果[①]

	(1)	(3)	(9)	(11)	(12)	(14)
	sr_industry1	sr_industry3	sr_industry9	sr_industry11	sr_industry12	sr_industry14
tariff_i	−0.016**	−0.007*	−0.076***	−0.023***	−0.057***	−0.081***
	(0.008)	(0.004)	(0.021)	(0.009)	(0.015)	(0.026)
rs_i	0.374***	0.008	−0.092***	0.005	0.014	0.033**
	(0.043)	(0.023)	(0.015)	(0.011)	(0.013)	(0.015)

---

① 中低收入国家组仅在农业(1),食品、饮料、烟草制品(3),化工及化工产品制造(9),橡胶和塑料制品(11),非金属矿产品(12)、金属制品制造(机械设备除外)(14)6个行业上关税弹性回归系数统计量检验显著,拒绝系数为0的原假设。

续表

	(1) sr_industry1	(3) sr_industry3	(9) sr_industry9	(11) sr_industry11	(12) sr_industry12	(14) sr_industry14
in_i	0.007 * (0.004)	−0.001 (0.001)	−0.003 * (0.002)	−0.002 (0.001)	−0.002 (0.003)	0.002 (0.002)
e_i	0.002 (0.001)	0.002 * (0.001)	0.001 (0.002)	0.001 (0.001)	0.005 * * * (0.002)	0.003 * * (0.002)
ss_i	0.042 * * * (0.005)	0.002 (0.003)	0.002 (0.005)	−0.001 (0.003)	−0.013 * * (0.005)	0.005 (0.004)
_cons	−0.040 * * * (0.007)	0.002 (0.003)	0.018 * * * (0.005)	0.010 * * (0.004)	0.019 * * * (0.006)	0.009 (0.007)
Obs.	150	150	165	165	165	150
R−squared	0.464	.z	.z	.z	.z	.z
Hausman test	P=0.0000	chi2(5)=−16.88	chi2(5)=−2.91	chi2(5)=−3.97	chi2(5)=−8.33	chi2(5)=−4.29
模型选择	Fe	Re	Re	Re	Re	Re

市场替代矩阵的大小由模型估计中的系数 $\beta^s_{tariff\_i}$,$\beta^t_{tariff\_i}$ 计算得到,表示在其他条件不变的情况下,关税水平每降低一个百分点,高收入国家、中低收入国家在我国相应行业的实际市场占有份额分别平均提升 $\beta^s_{tariff\_i}$,$\beta^t_{tariff\_i}$ 个百分点。对各行业分别进行国家间的加总得替代矩阵 G,其中各行业的关税替代弹性如表7所示。

表7 我国17个行业关税弹性汇总表[①]

行业	木材及木制品	食品饮料、烟草制品	印刷和复制记录媒体	农业	基本金属制造	汽车、挂车、半挂车的制造
关税弹性	−0.096	−0.141	−0.224	−0.272	−1.056	−1.12
行业	计算机、电子、光学产品制造	机械设备制造	基本药品和制剂	电气机械及器材制造业	其他非金属矿产品制造	橡胶和塑料制品
关税弹性	−1.184	−1.184	−1.28	−1.824	−2.035	−2.077
行业	焦炭、成品油	其他制造业	化工及化工产品制造	采矿业	金属制品制造	
关税弹性	−2.08	−2.368	−3.78	−4.736	−5.499	

注:食品、饮料、烟草制品、农业、化工及化工产品制造、橡胶和塑料制品、其他非金属矿产品制造、金属制品制造(机械设备除外)6个行业为高收入国家与中低收入国的加总。

表中数据表示我国关税水平每削减1个百分点,在相应行业的国内市场实际占有率下降的百分点大小。相较而言,农业、轻工业受关税削减的负面影响较小,重工业以及以计算机、电子光学产品为代表的高新技术产业受关税削减冲击较大。

[①] 面板数据回归所得的关税弹性系数分别是高收入国家、中低收入国家两个组别内的各国平均水平,故计算我国降低关税的总体影响时,由组内国家个数与关税弹性均值相乘并加总得到。其余3个行业在替代矩阵中计为0。

(三)扩大进口对收入的综合效应测算

从世界银行公布的各国储蓄率来看,2007 至 2017 年间我国储蓄率由 50.85% 下降至 47%,均值为 49.4%,而高收入国家、中低收入国家十年间的储蓄率均值为分别 25% 和 20%,可见我国总收入中用于消费的比例远低于世界水平。通过 2000—2014 年 WIOD 国家间投入产出表中的消费数据及收入数据通过 OLS 回归估计我国、高收入国家、中低收入国家的边际消费倾向分别为 0.536,0.718,0.649。

情形一:在近似封闭经济条件下,假设我国保持关税水平不变,而将收取关税的 50% 用于转移支付,记为 h,并购买生产链条完全在国内的产品,则通过收入乘数所能引致的收入总量为 $c^r h/(1-c^r) = 1.1552h$。

情形二:在开放经济条件下,保持关税水平,并将关税收入的 50%,即 h,用于转移支付,引致的收入总量为 $I_2(vLF \cdot c) \cdot (I - I_1 \cdot vLF \cdot c)^{-1} \cdot H = 1.2772h$,其中我国获得收入 0.9275h,高收入国家获得 0.2480h,中低收入国家获得 0.1017h。分行业上,我国农业获得收入 0.1298h,轻工业获得收入 0.0926h,资源性行业获得 0.0361h,重工业及高新工业获得 0.1019h,服务业获得 0.5670h。

情形三:在开放经济条件下,通过关税水平降低 50% 进行转移支付的 h 可引致的收入总量为 $I_2(\widehat{vLF} \cdot c) \cdot (I - I_1 \cdot \widehat{vLF} \cdot c)^{-1} \cdot H = 1.2938h$,其中我国获得收入为 0.8993h,高收入国家获得 0.2863h,中低收入国家获得 0.1082h。分行业上,我国农业获得收入 0.1257h,轻工业获得收入 0.0907h,资源性行业获得 0.0322h,重工业及高新工业获得 0.0917h,服务业获得 0.5590h。同时,我国在国内市场整体实际市场占有率下降 1.52%[①]。

首先,开放条件下的关税削减政策是让全球经济搭中国经济发展的便车。从情形一至情形三所产生的收入总量来看,我国通过削减关税的扩大进口政策会在全球范围内产生最大的新增收入规模。同时,也由于我国扩大进口降低进入我国市场的门槛,使得我国在新增收入规模中让利,高收入国家与中低收入国家所获得新增收入皆扩大,且高收入国家较中低收入国家获利更多。因此,我国保持且扩大开放,而非封闭国门,是让世界各国共享我国经济发展的成果。

其次,扩大进口的"定向减税"效应使得各行业的收入均有上升,但情形三与情形二相比,在削减关税让利的情况下我国农业增加的收入让利 3.14%,资源性行业让利 11.12%,轻工业让利 2.02%,重工业及高新工业让利 10.03%,服务业让利 1.41%。

最后,通过海外市场的占有率上升将关税减让所引起的"外流"收入进行合理回流,实现可持续发展的条件。以 2014 年 WIOD 数据中,高收入国家和低收入国家的消费规模与我国的消费规模之比 $\alpha \approx 10$。为平衡情形三中关税削减 50% 所引起的国内实际市场占有率下降,需要在国外市场实际占有率中提升 0.1192 个百分点。

---

① 由关税弹性计算各行业的实际市场占有率市场变化后加权所得。

五、结论及建议

综合上文对扩大进口的正面、负面影响的综合分析,可知我国扩大进口举措总体上提升我国收入水平,有助于内需不足问题的解决,但行业结构分化。在让外国分享我国收入增量的同时,可以通过提升国外市场的实际市场占有率达到平衡,使得扩大进口可持续。

从扩大进口对全球收入增量的扩大效应来看,保持有序地对外开放,有助于我国融入国际市场,运用国际市场的规模及结构特点扩大全球的收入水平,成为全球经济的稳定发展的基石。

其次,扩大进口举措中对关税的削减幅度需根据各行业的关税弹性特点循序渐进。其中,基本金属制造、汽车、挂车、半挂车的制造、计算机、电子、光学产品制造、机械设备制造、基本药品和制剂、电气机械及器材制造业、其他非金属矿产品制造、橡胶和塑料制品、化工及化工产品制造、金属制品制造、其他制造业等受关税削减导致市场占有率下降较大的行业应保持较小的削减幅度,而对农业、轻工业等受关税削减影响较小的行业可适当加快开放的步伐。

最后,为保持扩大进口的可持续性,加强我国在国际市场上的竞争力,提升国际市场的参与程度是确保我国与其他国家的收入与支出良性循环的保障。因此,在扩大开放为外国企业进入我国市场提供便利的同时,既需要我国政府为国内企业提供良好的创新环境,也需要为相对公平、开放的国外市场竞争环境的营造开辟道路。

参考文献

[1] 贾根良. 扩大进口战略的隐忧与国民经济平衡增长新论[J]. 当代经济研究,2012(12):41−46.
[2] 贾根良. "一带一路"和"亚投行"的"阿喀琉斯之踵"及其破解——基于新李斯特理论视角[J]. 当代经济研究,2016(02):40−48+2+97.
[3] 刘鹤. 围绕扩大内需提出的三个重点问题[N]. 中国经济时报,2011−05−06(004).
[4] 中国宏观经济研究院对外经济研究所 李大伟 杨长湧. 扩大进口是顺应国内国际大局的主动作为[N]. 经济日报,2018−05−19(001).
[5] 上海社会科学院世界经济研究所 薛安伟 张幼文. 以扩大进口推动高质量发展[N]. 解放日报,2018−07−24(010).
[6] 向洪金,邝艳湘,徐振宇. 全球视角下中国主动扩大进口的行业层面福利效应研究[J]. 数量经济技术经济研究,2019,36(04):120−138.
[7] 郭红兵. 扩大进口能否抑制我国的通货膨胀:理论和实证[J]. 经济问题探索,2013(1):15−21.
[8] 邢孝兵,徐洁香,王阳. 进口贸易的技术创新效应:抑制还是促进[J]. 国际贸易问题,2018(06):11−26.
[9] 魏浩,巫俊. 知识产权保护、进口贸易与创新型领军企业创新[J]. 金融研究,2018(09):91−106.
[10] 陈彦斌,陈军. 我国总消费不足的原因探析——基于居民财产持有的视角[J]. 中国人民大学学报,2009,23(06):80−86.
[11] 刘生龙,周绍杰. 中国为什么难以启动内需——基于省级动态面板数据模型的实证检验[J]. 数量经济技术经济研究,2011,28(09):90−102.
[12] 程磊. 收入差距扩大与中国内需不足:理论机制与实证检验[J]. 经济科学,2011(01):11−24.
[13] 中国人民大学校长 刘伟. 扩大内需的根本在于增强创新力[N]. 人民日报,2010−12−22(007).

[14] 杨天宇,朱诗娥. 我国居民收入水平与边际消费倾向之间"倒 U"型关系研究[J]. 中国人民大学学报,2007,21(3):49−56.
[15] 余淼杰. 加工贸易、企业生产率和关税减免——来自中国产品面的证据[J]. 经济学(季刊),2011,10(04):1251−1280.
[16] 盛斌,毛其淋. 进口贸易自由化是否影响了中国制造业出口技术复杂度[J]. 世界经济,2017,40(12):52−75.
[17] KHANDELWAL, AMIT. The Long and Short (of) Quality Ladders[J]. Review of Economic Studies,2010,77(4):1450−1476.
[18] Hallak J C, Sivadasan J. Firms' Exporting Behavior under Quality Constraints[J]. Working Papers,2010:14928.
[19] Johnson R C. Trade and prices with heterogeneous firms[J]. Journal of International Economics,2012,86(1):0−56.
[20] 王明益. 中国出口产品质量提高了吗[J]. 统计研究,2014,31(05):24−31.
[21] 张杰,郑文平,翟福昕. 中国出口产品质量得到提升了么?[J]. 经济研究,2014,49(10):46−59.
[22] 樊海潮,郭光远. 出口价格、出口质量与生产率间的关系:中国的证据[J]. 世界经济,2015,38(02):58−85.
[23] 张杰,郑文平,翟福昕. 中国出口产品质量得到提升了么?[J]. 经济研究,2014,49(10):46−59.
[24] 夏明,张红霞. 投入产出分析:理论、方法与数据[M]. 2013.

作者简介:

潘高远,中国人民大学应用经济学院,博士研究生,研究方向:宏观经济分析,pgyruc@163.com。

中国增加值出口贸易规模核算研究

郑珍远　郑姗姗　刘艺辉　颜　晓

摘要: 20世纪90年代以来,随着国际贸易的形式逐渐由商品贸易向服务贸易转变,多国垂直专业化生产的贸易形式得以蓬勃发展,中国以加工贸易方式承接了大量的劳动密集型生产,在全球分工化生产的各个环节中扮演着愈加重要的角色。与此同时,我国作为第一人口大国,拥有富余的劳动力资源,因此必须面临严峻的就业形势,就业资源的合理分配备受关注。本文增加值贸易视角,运用增加值贸易核算方法对中国增加值出口贸易规模进行核算,为中国产业持续发展与就业资源优化提供政策帮助。

首先,基于最新的世界投入产出数据库(2016年版)中的投入产出数据与劳动力数据,对56个产业部门进行适当的部门归并与部值贸易视角出发,基于出口贸易规模的总体模型与分解模型两个层面研究中国出口贸易规模的总体态势与分解态势,从而全面了解中国增加值出口贸易规模;最后,归纳实证分析结果,揭示存在的问题并提出相应的政策建议。实证结果表明:传统贸易核算方法较增加值贸易核算法存在高估一国贸易规模的问题;中国各产业参与全球分工生产的程度越来越深化,增加值出口的部门主要集中在中低端技术制造产业,其中纺织、皮革及皮革制成品业出口的增加值创造能力不断得以提升,在全球价值链的地位得到提高。

关键词: 增加值贸易核算　传统贸易核算　出口贸易规模

一、引言

2018年07月06日,中美贸易战正式打响,美国开始对340亿美元中国产品加征25%关税,发动迄今为止经济史上最大规模贸易战,中国对美部分进口商品也采取加征关税的应对措施,可见当今国际贸易活动十分活跃,各国家经济发展联系密切。而同时随着"一带一路"倡议的推进与贸易投资的日趋自由化,垂直专业化分工生产的领域不断扩大,逐渐由产业间分工发展为产业内分工,进而演变为相同产品内不同工序、不同增值环节之间的全球价值链(Global Value Chain,GVC)分工体系。在这种分工体系下,我国以加工贸易方式承接了大量的劳动密集型生产,形成了加工装配进口中间品再出口给最终需求所在国的贸易格局。面对新兴贸易结构的崛起,以总值出口数据为基础的传统贸易统计方法将面临全新的挑战:统计内容显得过于粗略和表面化,不能如实反映国际贸易的具体形式、规模及收益。为适应贸易结构的改变,增加值贸易测算在诸多国内外学者的研究中应运而生,因此本文基于增加值贸易视角,对近年来中国出口贸易规模进行核算,重新审视贸易规模,正确认识核算方法的差异。

增加值贸易核算方法也称附加值贸易统计方法,其统计方式仍存在一定的难度,国内外学者在该领域也进行了丰富而广泛的研究工作:

国外学者在总值出口的分解领域已做了丰富的研究工作。Hummels 等(2001)首先提出了垂直专业化(Vertical Specialization,VS)这一概念,并在分解总值出口的基础上构建了分解核算框架(简称为 HIY 核算框架),该核算框架存在一定的缺陷:它只适用于测算一个国家的投入产出数据,研究范畴受到限制,如今全球生产模式已经是一个紧密相关的体系结构,仅依据一国或某一区域的投入产出数据来测算无法准确体现出各国间复杂多样的贸易活动。Koopman 等(2008)认为 HIY 核算方法中所作出的假设与实际情况不太符合,指出该方法无法完全适用于所有国家,尤其是发展中国家;于是其基于不同贸易方式对总值出口贸易进行了重新分解,并提出了一国增加值出口的核算思路(简称 KPWW 法):将总值出口数据分解为国外增加值和国内增加值,又将国内增加值分解为最终产品出口、由直接进口国吸收的中间品出口、被转到第三国的中间品出口以及返回本国的中间品出口四个部分。KPWW 核算方法构建了一个相对完整的贸易核算框架,其将存在重复核算部分排除在外,为解决核算再出口规模的问题提供了重要理论依据。由于 KPWW 核算方法仅仅适用于国家层面上的分解核算,于是 Wang 等(2013)又进一步提出了适用于双边部门层面的总值出口分解框架,并对总值出口贸易进行分解测算。

国内学者在增加值贸易核算领域的研究也逐渐丰富。刘遵义(2007)通过公式演绎详细推导出总值出口的计算模型,进一步实证演绎了模型的具体输出结果;王直等人(2014)将 Koopman 等提出的总值出口核算体系扩展到部门层面,将总值出口分解为增加值出口等多个部分,实现了与国民经济核算体系建立良好对应关系;李昕(2012)最早利用 KPWW 方法计算了 2002 与 2007 年增加值统计下的中国贸易规模与贸易顺差,并对中国各部门进行分解测算;张志明(2017)基于增加值贸易视角研究贸易开放和《劳动合同法》实施对制造业用工行为的影响,将研究范畴拓展到政策因素;随后,张志明,杜明威(2018)利用增加值贸易核算方法测算出中美贸易摩擦的效应情况,将该方法创新性地运用到测算贸易摩擦的领域,结论表明中美贸易摩擦均对中美两国造成不同程度损失,为政府部门弥补贸易损失提供数据支撑。

二、相关理论分析

(一)出口贸易规模总体模型构建

根据产品的可替代性,投入产出表可分为竞争型和非竞争型,两者的区别在于非竞争型投入产出表认为进口产品与国内产品不能完全等同,其将国内产品与进口产品做了区分,而竞争型认为两者可完全替代,并未做区分只给出一个进口列向量。本文采用的世界投入产出表数据均属于非竞争型,为便于理解本文假设世界上仅为两个国家或地区(国家或地区 C、W),其中每个国家存在 n 个生产不同产品的可贸易部门,且每个国家出口品可分为中间产品与最终产品,简化后的表结构下表所示:

表1 非竞争型投入产出表(两个国家)

投入		产出 国家 部门	中间使用						最终使用		总产出
			C			W			Y^c	Y^w	
			c_1	...	c_n	w_1	...	w_n			
中间投入	C	c_1	x_{11}^{cc}	...	x_{1n}^{cc}	x_{11}^{cw}	...	x_{1n}^{cw}	y_1^{cc}	y_1^{cw}	x_1^c
		⋮	⋮	⋮	⋮	⋮	⋮	⋮	⋮	⋮	⋮
		c_n	x_{n1}^{cc}	...	x_{nn}^{cc}	x_{n1}^{cw}	...	x_{nn}^{cw}	y_n^{cc}	y_n^{cw}	x_n^c
	W	w_1	x_{11}^{wc}	...	x_{1n}^{wc}	x_{11}^{ww}	...	x_{1n}^{ww}	y_1^{wc}	y_1^{ww}	x_1^w
		⋮	⋮	⋮	⋮	⋮	⋮	⋮	⋮	⋮	⋮
		w_n	x_{n1}^{wc}	...	x_{nn}^{wc}	x_{n1}^{ww}	...	x_{nn}^{ww}	y_n^{wc}	y_n^{ww}	x_n^w
增加值			v_1^c	...	v_n^c	v_1^w	...	v_n^w			
总投入			x_1^c	...	x_n^c	x_1^w	...	x_n^w			

其中 x_{ij}^{cc} 为国家(或地区)C 第 i 部门在生产活动中对本国第 j 部门消耗量,v_i^c 为国家(或地区)C 第 i 部门在生产活动中所产生的增加值,X^c 为国家(或地区)C 的 $n \times 1$ 阶总产出向量,Y^{cc} 为国家(或地区)C 来源于自身产品的 $n \times 1$ 阶最终需求列向量,其他变量的经济学解释与以上变量类似。

本文参考 Koopman 等(2012)文献,基于多区域投入产出模型建立出口贸易规模总体模型,从宏观层面对中国的增加值贸易情况进行系统的核算以及进一步分析其与传统贸易核算方法的区别。根据表1结构,由行方向的平衡关系,可得:

$$\begin{cases} X^c = A^{cc}X^c + A^{cw}X^w + Y^{cc} + Y^{cw} \\ X^w = A^{ww}X^w + A^{wc}X^c + Y^{ww} + Y^{wc} \end{cases} \tag{1}$$

将式(1)写成矩阵形式,可得:

$$\begin{bmatrix} X^c \\ X^w \end{bmatrix} = \begin{bmatrix} A^{cc} & A^{cw} \\ A^{wc} & A^{ww} \end{bmatrix} \begin{bmatrix} X^c \\ X^w \end{bmatrix} + \begin{bmatrix} Y^{cc} + Y^{cw} \\ Y^{ww} + Y^{wc} \end{bmatrix} \tag{2}$$

其中 A^{cc} 为国家(或地区)C 的中间使用中消耗自身产品的 $n \times n$ 阶直接消耗系数矩阵,其他变量与该变量解释类似,将式(2)移项重新整理后可得:

$$\begin{bmatrix} X^c \\ X^w \end{bmatrix} = \begin{bmatrix} I-A^{cc} & -A^{cw} \\ -A^{wc} & I-A^{ww} \end{bmatrix}^{-1} \begin{bmatrix} Y^{cc} + Y^{cw} \\ Y^{ww} + Y^{wc} \end{bmatrix} = \begin{bmatrix} B^{cc} & B^{cw} \\ B^{wc} & B^{ww} \end{bmatrix} \begin{bmatrix} Y^{cc} + Y^{cw} \\ Y^{ww} + Y^{wc} \end{bmatrix} \tag{3}$$

其中 I 为与矩阵 A^{cc} 阶数相同的单位矩阵,B^{cc} 为 $n \times n$ 阶世界列昂惕夫逆矩阵,表示国家(或地区)C 每增加一单位最终需求所拉动本国的总产出量。

增加值贸易可从增加值出口与增加值进口两方面进一步分解核算,其中增加值出口表示一个国家在出口过程中,为满足其他国家最终需求所出口的国内增加值部分。本文以两个国家为例详述其计算方法,如下所示:

$$VE^c = \begin{bmatrix} V^c & 0 \end{bmatrix} \begin{bmatrix} B^{cc} & B^{cw} \\ B^{wc} & B^{ww} \end{bmatrix} \begin{bmatrix} 0+Y^{cw} \\ 0+Y^{ww} \end{bmatrix} \tag{4}$$

其中 V^c 表示国家(或地区)C 的 $1 \times n$ 阶增加值系数矩阵,用来衡量各行业总产出每增加一单位该行业直接增加值部分,其具体计算公式为:

专题四 贸易与价值链分析

$$V^c = \begin{bmatrix} V_1^c & V_2^c & \cdots & V_n^c \end{bmatrix} = \begin{bmatrix} \dfrac{v_1^c}{x_1^c} & \dfrac{v_2^c}{x_2^c} & \cdots & \dfrac{v_n^c}{x_n^c} \end{bmatrix} \quad (5)$$

而增加值进口则表示一国家在进口过程中,为满足其自身的最终需求,所进口的国外增加值部分。同样以两个国家为例详述其计算方法,如下所示:

$$VI^c = \begin{bmatrix} 0 & V^w \end{bmatrix} \begin{bmatrix} B^{cc} & B^{cw} \\ B^{wc} & B^{ww} \end{bmatrix} \begin{bmatrix} 0 + Y^{cc} \\ 0 + Y^{wc} \end{bmatrix} \quad (6)$$

综上可看出通过增加值系数矩阵 V、列昂惕夫逆矩阵 B 以及最终使用矩 Y 进行乘法运算可得到各国家的增加值贸易情况,以此类推,可依此建立各国家出口贸易规模总体模型,具体的增加值总出口模型与总进口模型可归纳为如下:

(1)运用增加值贸易核算法测算国家(或地区)C 的总出口 VE^c 可表示为:

$$VE^c = \sum_{w \neq c}^{n} VE^{cw} = \sum_{w \neq c}^{n} \left(V^c \left(\sum_{t}^{n} B^{ct} Y^{tw} \right) \right) = V^c \left(\sum_{w \neq c}^{n} \sum_{t}^{n} B^{ct} Y^{tw} \right) \quad (7)$$

(2)运用增加值贸易核算法测算国家(或地区)C 的总进口 VI^c 可表示为:

$$VI^c = \sum_{w \neq c}^{n} VI^{wc} = \sum_{w \neq c}^{n} \left(V^w \left(\sum_{t}^{n} B^{wt} Y^{tc} \right) \right) \quad (8)$$

为进一步比较增加值贸易与传统贸易核算方法间的区别,本文在此也归纳出传统贸易统计核算模型,具体如下所示:

(3)运用传统贸易核算法测算国家(或地区)C 的总出口 E^c 可表示为:

$$E^c = \sum_{w \neq c}^{n} E^{cw} = \sum_{w \neq c}^{n} \left(A^{cw} X^w + Y^{cw} \right) \quad (9)$$

(4)运用传统贸易核算法测算国家(或地区)C 的总进口 I^c 可表示为:

$$I^c = \sum_{w \neq c}^{n} I^{wc} = \sum_{w \neq c}^{n} \left(A^{wc} X^c + Y^{wc} \right) \quad (10)$$

(二)出口贸易规模分解模型构建

通过以上的总体模型可充分了解中国出口规模的总体态势,为了全面体现出口规模的组成部分,在此构建其分解模型;同时由于本文主要研究中国增加值出口贸易规模对各部门就业情况的影响,所以在此需要对出口贸易规模进一步进行分解出增加值出口贸易规模,为下一步研究做相应的准备。所以本文借鉴 Koopman 等(2014)与 Wang 等(2014)所构建出口分解框架的思想,参考了代鹏等诸多学者所介绍的总值出口分解框架,从而构建中国出口贸易规模分解模型。

国家(或地区)t 对国家(或地区)s 出口部分可分解为中间产品与最终产品两大部分,用公式表示如下:

$$E^{cw} = A^{cw} X^w + Y^{cw} \quad (11)$$

为了将出口从总产出中剥离出来,式(1)可写成:

$$\begin{cases} X^c = A^{cc} X^c + Y^{cc} + E^{cw} \\ X^w = A^{ww} X^w + Y^{ww} + E^{wc} \end{cases} \quad (12)$$

将式(12)移项重新整理可得到:

$$\begin{cases} X^c = (I-A^{cc})^{-1}Y^{cc} + (I-A^{cc})^{-1}E^{cw} \\ X^w = (I-A^{ww})^{-1}Y^{ww} + (I-A^{ww})^{-1}E^{wc} \end{cases} \quad (13)$$

接着将式(13)中的 $X^w = (I-A^{ww})^{-1}Y^{ww} + (I-A^{ww})^{-1}E^{wc}$ 展开得到：

$$X^w = \begin{bmatrix} x_1^w \\ \vdots \\ x_n^w \end{bmatrix} = \begin{bmatrix} 1-a_{11}^{ww} & \cdots & -a_{1n}^{ww} \\ \vdots & \ddots & \vdots \\ -a_{n1}^{ww} & \cdots & 1-a_{nn}^{ww} \end{bmatrix}^{-1} \begin{bmatrix} y_1^{ww} \\ \vdots \\ y_n^{ww} \end{bmatrix} + \begin{bmatrix} 1-a_{11}^{ww} & \cdots & -a_{1n}^{ww} \\ \vdots & \ddots & \vdots \\ -a_{n1}^{ww} & \cdots & 1-a_{nn}^{ww} \end{bmatrix}^{-1} \begin{bmatrix} e_1^{wc} \\ \vdots \\ e_n^{wc} \end{bmatrix}$$

(14)

接着将式(11)代入到式(14)中，可得到：

$$X^w = L^{ww}Y^{ww} + L^{ww}Y^{wc} + L^{ww}A^{wc}L^{cc}Y^{cc} + L^{ww}A^{wc}L^{cc}E^{cw} \quad (15)$$

将世界直接增加值系数与世界列昂惕夫逆矩阵相乘得到世界增加值系数矩阵，具体公式如下所示：

$$VB = \begin{bmatrix} V^c & V^w \end{bmatrix} \begin{bmatrix} B^{cc} & B^{cw} \\ B^{wc} & B^{ww} \end{bmatrix} = \begin{bmatrix} V^cB^{cc} + V^wB^{wc} & V^cB^{cw} + V^wB^{ww} \end{bmatrix} \quad (16)$$

其中 V^cB^{cc} 和 V^wB^{wc} 分别表示国家(或地区)C的总产出中的国内增加值份额和外国增加值份额。由于各国增加值均由国内增加值与国外增加值组成，因此有以下的关系成立：

$$V^cB^{cc} + V^wB^{wc} = V^cB^{cw} + V^wB^{ww} = \begin{bmatrix} r_1 & r_2 & \cdots & r_n \end{bmatrix} \quad (r_1 = r_2 = \cdots = r_n = 1)$$

(17)

为了将总出口分解为各个增加值组成部分，在此将式(17)与式(11)进行矩阵元素智能乘法相乘(所谓智能相乘：例如当一个 $n \times n$ 矩阵与一个 $n \times 1$ 列向量进行元素智能乘法运算时，矩阵的每行都应与列向量的相应行元素相乘)，在此用"♯"来表示此运算，于是可得：

$$\begin{aligned} E^{cw} &= (V^cB^{cc} + V^wB^{wc})^T \sharp (A^{cw}X^w + Y^{cw}) \\ &= (V^cB^{cc})^T \sharp Y^{cw} + (V^wB^{wc})^T \sharp Y^{cw} + (V^cB^{cc})^T \sharp A^{cw}X^w + (V^wB^{wc})^T \sharp A^{cw}X^w \end{aligned}$$

(18)

上式可看出总出口分解为四部分，对应于式(18)中的第一项至第四项，分别表示为最终产品中的本国增加值部分、最终产品中的国外增加值部分、中间产品中的本国增加值部分、中间产品中的国外增加值部分。

将式(15)代入到式(18)中的后两项，可根据中间产品的去向进一步对其进行分解，由此可推导出分解模型。国家(或地区)C对国家(或地区)W出口贸易规模 E^{cw} 可分解为：

$$\begin{aligned} E^{cw} =\ & \underbrace{(V^cB^{cc})^T Y^{cw} + (V^cB^{cc})^T (A^{cw}L^{ww}Y^{ww})}_{\text{增加值出口部分}} \\ & + \underbrace{(V^cB^{cc})^T (A^{cw}L^{ww}Y^{wc}) + (V^cB^{cc})^T (A^{cw}L^{ww}A^{wc}L^{cc}Y^{cc}) + (V^cB^{cc})^T (A^{cw}L^{ww}A^{wc}L^{cc}E^{cw})}_{\text{国内增加值折返}} \\ & + \underbrace{(V^wB^{wc})^T Y^{cw} + (V^wB^{wc})^T (A^{cw}L^{ww}X^w)}_{\text{外国部分}} \end{aligned}$$

(19)

可利用式(19)类似方法推导出各个国家在传统贸易核算法下的出口贸易规模具体分解量，从上式可看出出口贸易规模可分解为七个部分，以下为各部分的经济意义解释：

第一项表示国家(或地区)C各行业中所生产的最终产品中所包含的国内增加值。其中各行业的最终产品中包含的国内增加值又分为两个组成部分：一部分为本行业所创造的国内增加值；另一部分是其他行业创造而包含在本行业最终产品中的国内增加值。

第二项表示国家(或地区)C各行业中所生产的中间产品中(该部分中间产品被外国用于生产供自身消费的最终产品)所包含的国内增加值。

第三项表示国家(或地区)C各行业中所生产的中间产品中所包含的国内增加值,其中该部分中间产品是被外国用于生产供其出口的最终产品(即中国从外国进口的最终产品)。

第四项表示国家(或地区)C各行业中所生产的中间产品中所包含的国内增加值,其中该部分中间产品先被外国用于生产供其出口的中间品,然后C国家(或地区)通过中间品进口再利用这些折返回来的中间产品生产供本国消费的最终产品。

第五项表示国家(或地区)C各行业中所生产的中间产品中所包含的国内增加值,其中该部分中间产品先被外国用于生产供其出口的中间品,然后C国家(或地区)通过中间品进口再利用这些折返回来的中间产品生产供本国的出口品。

第六项表示国家(或地区)C各行业中所生产的最终品出口中所包含的国外增加值。其中各行业的最终产品中包含的国外增加值又分为两个组成部分:一部分为本行业所创造的国外增加值;另一部分是其他行业创造而包含在本行业最终产品中的国外增加值。

第七项表示国家(或地区)C各行业中所生产的中间产品中所包含的国外增加值。

从以上所解释的经济意义可看出:第一项与第二项共同组成了国外的最终需求所拉动的国内增加值,构成了国家(或地区)C的增加值出口部分,该部分也是本文以下进一步研究的主要内容。第五项是属于纯重复核算的国内增加值,因为该部分内容在前四项已经核算过。第六项与第七项共同组成了出口贸易规模的国外增加值部分。

因此可以通过以上所构建的出口规模总体模型与分解模型全面了解中国出口贸易规模总体情况具体分解情况,为进一步研究增加值出口贸易的就业效应研究做准备。

三、实证分析

(一)数据来源与处理

1. 数据来源。

本文具体的数据来源包括:(1)中国2000—2014年投入产出数据,该数据主要从WIOD中的2000—2014年世界投入产出表(WIOTS)版块中获取;(2)中国2000—2014年劳动力数据,该数据主要从WIOD中的2000—2014年社会经济核算账户(Social Economic Accounts)版块中获取。而世界投入产出表包含56个部门数据,其中包括4个农业部门,19个工业部门以及33个服务部门,具体部门说明见附表1。

由于以上的原始数据容量过大不便以表格或其他形式展示,且仅会在计算过程中使用到,所以本文尚未做详细体现(具体数据详见网址:http://www.wiod.org/home);考虑到数据量较大,计算过程较多,因此本文的数据处理均由Matlab R2013a软件编程实现。

2. 数据处理。

(1)部门重新归并。

由于WIOD这一数据库中的投入产出表数据均为56个部门数据,考虑到部分部门数据量较少,为方便对部门数据进行比较分析,本文对56个部门进行归并处理,具体的归并过程如下：

将农作物和畜牧生产、狩猎及相关服务业（A01）、林业（A02）和渔业、水产养殖业（A03）进行合并，形成新c1部门更名为农、牧、渔、林业；将纸及纸制品制造业（C17）和印刷业（C18）进行合并，形成新的c6部门并更名为纸和纸制品及印刷业。将化学品及化学制品制造业（C20）和基础医药产品和医药制剂制造业（C21）进行合并，形成新的c8部门并更名为化学原料及化学医药制品业。将基础金属制造业（C24）和非机械设备金属制品制造业（C25）进行合并，形成新的c11部门并更名为金属及金属制品业。将电子及光学产品制造业（C26）和电气设备制造业（C27）进行合并，形成新的c12部门并更名为电子和光学设备业。将机动车辆制造业（C29）和其他运输设备制造业（C30）进行合并，形成新的c14部门并更名为运输设备制造业。将家具以及其他制造业（C31-C32）、机械设备修理与安装业（C33）进行合并，形成新的c15部门并更名为其他制造业。将电力、煤气、蒸汽和空调供应业（D35）、水收集、处理和供应业（E36）、污水处理及废物处理业（E37-E39）进行合并，形成新的c16部门并更名为电力、天然气及水的供给回收业。汽车和摩托车的批发、零售及修理业（G45）、批发贸易业（除汽车和摩托车）（G46）和零售贸易业（除汽车和摩托车）（G47）进行合并，形成新c18的部门并更名为批发和代理贸易零售部门。将内陆运输业（H49）、水上运输业（H50）、航空运输业（H51）、运输仓储及支援业（H52）以及邮政速递业（H53）进行合并，形成新的c19部门并更名为交通运输、仓储和邮政业。将金融服务业（保险和养恤金除外）（K64）、保险、再保险业（强制性社会保障除外）（K65）、金融服务及保险支援业（K66）进行合并，形成新的c21部门并更名为金融业，将J58到U之间除了K64、K65、K66以外的余下服务业进行合并，形成新的c22部门并更名为其他服务业。由上归并过程可将56个部门合并为22个部门，具体部门归并前后对应关系如表2所示。

（2）部门类型划分。

在实证过程中，为了更深入探讨不同生产要素密集特征的部门间出口贸易的就业效应是否存在差异性，本文借鉴Stehrer，Timmer，Los（2012）等国外学者及樊茂清和黄薇（2013）、戴翔（2015）等国内学者对产业类型划分标准，按照产业要素密集特征将归并后22个部门划分为如下：

初级产品和资源产品（包括部门c1、c2）；劳动密集型制造业（包括部门c4、c5）、资本密集型制造业（包括部门c3、c6、c7、c9、c10、c11）、知识密集型制造业（包括部门c8、c12、c13、c14、c15）；劳动密集型服务业（包括部门c17、c18、c20）、资本密集型服务业（包括部门c16、c19）、知识密集型服务业（包括部门c21、c22），划分结果如表2。

表2 行业归并前后对应表

归并后行业代码	归并后行业名称	归并前行业代码	行业类型
c1	农、牧、渔、林业	A01、A02、A03	初级产品和资源产品
c2	采矿及采石业	B	
c3	食品、饮品及烟草加工业	C10-C12	资本密集制造业
c4	纺织、皮革及皮革制成品业	C13-C15	劳动密集制造业
c5	木材及木材制成品业	C16	劳动密集制造业

续表

归并后行业代码	归并后行业名称	归并前行业代码	行业类型
c1	农、牧、渔、林业	A01、A02、A03	初级产品和资源产品
c2	采矿及采石业	B	
c6	纸和纸制品及印刷业	C17、C18	资本密集制造业
c7	焦炭、精炼石油加工业	C19	资本密集制造业
c8	化学原料及化学医药制品业	C20、C21	知识密集制造业
c9	橡胶和塑料制品业	C22	资本密集制造业
c10	非金属矿物制品业	C23	资本密集制造业
c11	金属及金属制品业	C24、C25	资本密集制造业
c12	电子和光学设备业	C26、C27	知识密集制造业
c13	机械及设备制造业	C28	知识密集制造业
c14	运输设备制造业	C29、C30	知识密集制造业
c15	其他制造业	C31—C32、C33	知识密集制造业
c16	电力、天然气及水的供给业	D35、E36、E37—E39	资本密集服务业
c17	建筑业	F	劳动密集服务业
c18	批发和代理贸易零售业	G45、G46、G47	劳动密集服务业
c19	交通运输、仓储和邮政业	H49、H50、H51、H52、H53	资本密集服务业
c20	住宿和餐饮业	I	劳动密集服务业
c21	金融业	K64、K65、K66	知识密集服务业
c22	其他服务业	J58、J59—J60、J61、J62—J63、L68、M69—M70、M71、M72、M73、M74—M75、N、O84、P85、Q、R—S、T、U	知识密集服务业

(二)出口贸易规模总体态势分析

为了准确衡量中国近年来贸易总体规模,本文利用第二部分介绍贸易规模的总体模型实证分析中国近年来对外贸易的变化趋势以及对增加值贸易核算下与传统贸易核算下的贸易情况进行比较,为了突出两者的差异性,在此还测算了进口贸易规模以便结合考察。首先从不同核算方法比较出口贸易规模,然后从国家层面分析出口目的地规模变化趋势,最后从部门层面分析各部门出口贸易规模的变动情况。

1. 不同核算方法比较出口贸易规模。

表3给出了2000—2014年两种核算方法下中国进出口贸易规模,其中扭曲程度表示传统贸易核算方法的贸易值与增加值贸易核算方法的贸易值之间的差值占后者的比值。

从时间序列角度考察,中国进出口贸易规模不断扩大。传统贸易核算法下,中国出口额从2000年2599.590亿美元增加到2014年24224.600亿美元,提高了8.3倍,年均增幅为17.3%;进口额从2000年2183.010亿美元增加到2014年18393.700亿美元,提高了7.4倍,年均增幅为16.4%;而从增加值贸易核算法来看,我国出口额从2105.350亿美元增加到2014年19190.000亿美元,提高了8.1倍,年均增幅为17.1%;进口额从2000年

1676.025亿美元增加到2014年的13307.500亿美元,提高了6.9倍,年均增幅为16.0%。结合出口、进口贸易规模可看出在2000—2014年间,无论传统贸易核算还是增加值贸易核算法,中国的贸易总额逐年增长,且一直存在贸易顺差,依然属于净出国。

从核算方法角度考察,在2000—2014年期间,基于传统贸易核算法所得到的出口或进口贸易规模远高于增加值贸易核算结果,且可从两种核算法的扭曲程度看出在此期间传统贸易核算法对进出口贸易额的高估程度呈现先增长后递减的趋势。依此可看出,传统贸易核算法存在高估进出口贸易规模的问题,增加值贸易核算法较能准确衡量出中国贸易状况。

表3　2000—2014年中国贸易规模核算结果比较

年份	传统贸易核算方法（10亿美元）		增加值贸易核算方法（10亿美元）		扭曲程度（%）	
	总出口	总进口	总出口	总进口	总出口	总进口
2000	259.9590	218.3010	210.5350	167.6025	23.4754	30.2492
2001	278.3693	236.1246	227.1978	183.1970	22.5229	28.8911
2002	342.9220	286.7290	273.2680	215.6697	25.4893	32.9482
2003	459.6700	395.9400	348.8600	284.3900	31.7635	39.2243
2004	630.0900	539.3500	458.8000	368.8800	37.3344	46.2129
2005	804.3400	633.8100	584.3200	416.7500	37.6540	52.0840
2006	1025.0100	762.2200	743.3200	484.8300	37.8962	57.2139
2007	1302.0900	921.2500	943.0900	570.3100	38.0664	61.5350
2008	1537.9000	1096.7500	1140.8600	704.8600	34.8018	55.5983
2009	1290.5500	981.0500	1010.5400	699.3100	27.7089	40.2883
2010	1694.9200	1355.0200	1287.1600	944.6500	31.6790	43.4415
2011	2034.9800	1700.7400	1548.7700	1205.7300	31.3933	41.0548
2012	2153.1200	1745.1600	1666.1200	1248.9700	29.2296	39.7279
2013	2289.9800	1860.1000	1775.8800	1336.2600	28.9490	39.2020
2014	2422.4600	1839.3700	1919.0000	1330.7500	26.2355	38.2206

2. 国家层面分析出口贸易规模。

从以上分析可看出增加值贸易核算法较传统贸易核算法而言,较能准确衡量出口贸易规模,为了进一步分析中国出口贸易规模的总体态势,以下从国家层面(出口目的地)分析中国增加值贸易出口规模的变动趋势。图1、图2分别给出中国增加值贸易出口目的地规模排名前三的趋势变化图。

从出口目的地来看,在该期间内中国增加值贸易出口额排名前三分别为美国、日本与德国,说明中国出口目的地主要集中在发达国家,出口到发达国家的贸易份额较大。

从增长率来看,中国对不同国家间出口贸易增长率在2000—2004与2004—2009这两个区间内增长率达到较高,可能受到2008年金融危机影响,中国对外出口贸易规模均有所缩减,2009—2014年间增长率有所下降。

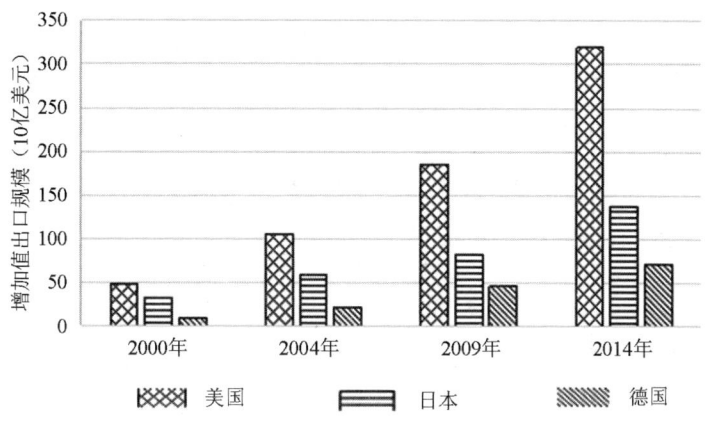

图 1 中国增加值贸易出口目的地(排名前三)规模数据

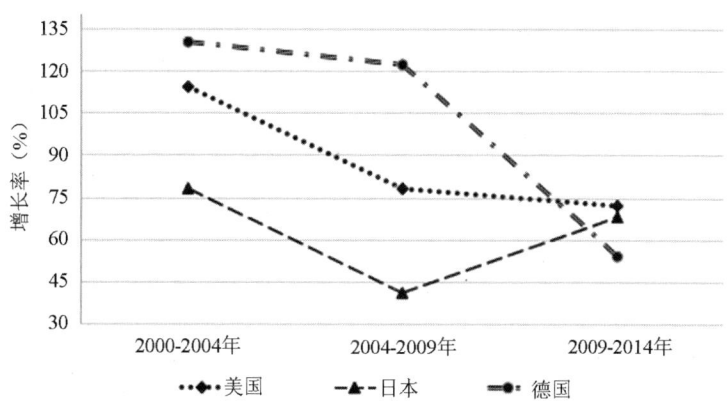

图 2 中国增加值贸易出口目的地(排名前三)的规模增长率趋势图

3. 部门层面分析出口贸易规模。

为了进一步分析中国出口贸易规模的总体态势,以下从部门层面入手细化分析中国增加值贸易出口规模的变动趋势,表4给出2000、2004、2009与2014年中国各部门增加值出口贸易规模及增长率数据。

从部门角度来看,2000年中国出口额排名前三部门分别:纺织、皮革及皮革制成品业,批发和代理贸易零售业,电子和光学设备业;2004年出口额排名前三的部门分别为:电子和光学设备业,批发和代理贸易零售业,其他服务业;2009年,批发和代理贸易零售业,电子和光学设备业,其他服务业居出口额前三名;而2014年排名前三的部门分别有:批发和代理贸易零售业,电子和光学设备业,其他服务业。比较这些年份的结果可看出,中国出口贸易集中在劳动密集与知识密集等部门,随着中国科技日益发展,以电子和光学设备业为代表的高科技制造产业也随之带动起来,其出口贸易规模逐年增长,说明中国出口贸易结构发生改变,出口产业类型逐渐从低端向中高端产业过渡发展。

从出口规模增长率来看,2000－2004年间,各部门间出口规模增长速度较快有:金属及金属制品业,电力、天然气及水的供给回收业,电子和光学设备业;金融业、建筑业、运输设备制造业在2004—2009年间增长率达到较高水平;在2009—2014年内,增长率较高有:建筑业,批发和代理贸易零售业,金融业。以此看出,各部门间出口规模保持较高速度发展的产业逐渐从制造业向服务业转变,说明中国出口贸易结构逐渐发生变化,制造业出口规模虽保持优势发展,但服务业出口贸易活动也趋于活跃状态。

表4 中国增加值贸易出口规模分部门比较

单位:10亿美元、%

部门名称	2000年	2004年	2009年	2014年	Rate1	Rate2	Rate3
农、牧、渔、林业	16.9755	35.5639	76.3046	129.7339	109.5005	114.5566	70.0211
采矿及采石业	14.7868	29.9892	61.1113	137.1332	102.8110	103.7776	124.3992
食品、饮品及烟草加工业	5.2549	10.9216	25.1620	49.0672	107.8368	130.3869	95.0057
纺织、皮革及皮革制成品业	22.3912	37.9813	74.1621	121.9511	69.6258	95.2594	64.4386
木材及木材制成品业	1.8519	4.7929	11.6231	20.6667	158.8074	142.5058	77.8073
纸和纸制品及印刷业	3.8539	7.5413	13.0608	21.2199	95.6820	73.1908	62.4698
焦炭、精炼石油加工业	2.5830	6.1835	15.9915	27.5763	139.3918	158.6166	72.4438
化学原料及化学医药制品业	9.7729	21.9760	46.2705	78.8678	124.8659	110.5502	70.4496
橡胶和塑料制品业	5.6705	12.3501	20.6623	36.3822	117.7971	67.3044	76.0802
非金属矿物制品业	3.9839	5.9460	14.5659	29.7109	49.2485	144.9721	103.9752
金属及金属制品业	11.7651	35.7030	67.3827	108.9730	203.4667	88.7311	61.7225
电子和光学设备业	20.9428	58.3915	108.6735	224.9596	178.8142	86.1118	107.0051
机械及设备制造业	6.3457	17.5032	46.8882	76.4748	175.8271	167.8842	63.1001
运输设备制造业	3.2671	8.5404	25.8982	50.9721	161.4081	203.2434	96.8171
其他制造业	8.3143	11.8068	27.4441	43.0566	42.0057	132.4424	56.8887
电力、天然气及水的供给业	5.9458	17.2503	26.7090	49.2991	190.1236	54.8320	84.5787
建筑业	0.6532	0.9694	2.9928	8.2392	48.4024	208.7378	175.3027
批发和代理贸易零售业	22.1273	42.2776	118.5025	270.0745	91.0651	180.2963	127.9063
交通运输、仓储和邮政业	16.4161	32.0984	63.1421	112.6180	95.5296	96.7139	78.3566
住宿和餐饮业	3.2353	7.2923	14.8873	22.1920	125.3985	104.1522	49.0665
金融业	7.7590	13.9548	50.1865	112.8210	79.8525	259.6377	124.8034
其他服务业	16.6843	39.8116	98.9778	187.0634	138.6175	148.6157	88.9953

(三)出口贸易规模分解态势比较分析

近年来,各国的贸易活动逐渐多样化,全球分工生产的贸易方式蓬勃发展,传统贸易核算方法的局限性无法继续用于衡量一国贸易情况,增加值贸易核算法应运而生,国内外学者在此领域做了相当多的尝试,本文借鉴 Koopman 等(2014)与 Wang 等(2014)所构建出口分解框架的思想,建立中国出口贸易规模分解模型。基于此分解模型对2000—2014年间中国各部门的总值出口进行分解,从而更全面了解中国出口贸易的组成部分,同时也为下面分析增加值出口贸易的就业效应做铺垫。

1. 出口贸易规模分解结果比较分析。

根据第三章中所构建的出口贸易规模分解模型,本文在此分解出2000年、2004年、

2009 年与 2014 年中国出口贸易的各组成部分,表 5 给出 2000 年中国传统贸易核算下总出口分解结果,表中第一列至第七列数据分别对应式(19)第一项至第七项。

从部门角度来考察,各部门的增加值出口部分(中间品与最终品)占总出口规模的绝大部分,该部分的占比均高于 90%,国外增加值折返、纯重复核算国内增加值以及国外部分这三大模块所占份额较小。说明中国国内增加值绝大部分是由增加值出口所创造的,由此说明本文所研究各部门间增加值出口贸易的就业效应情况具有代表意义。

从各分解项来考察,最终品增加值出口份额达到较高(大于 85%)的部门有:其他制造业,食品、饮品及烟草加工业,纺织、皮革及皮革制成品业等中低端制造业;而中间品增加值出口份额达到较高(大于 90%)的部门包括建筑业,纸和纸制品及印刷业,采矿及采石业,说明 2000 年中国增加值出口的部门主要为中低端制造产业。从纯重复核算项来看,制造业与服务业的重复核算份额较高,其中采矿及采石业(占比为 0.1970%)、电子和光学设备业(0.1191%)份额较高,批发和代理贸易零售业(0.1801%)占比也较高,说明制造业与服务业中的部分部门存在"出口-进口"的往返贸易现象,此时再运用传统贸易法核算贸易规模必然会产生误差。

表 5 2000 年中国总出口分解结果比较

单位:%

部门名称	增加值出口		国外增加值折返		纯重复核算国内增加值	国外部分	
	最终品	中间品	最终品	中间品		最终品	中间品
农、牧、渔、林业	43.6112	55.0258	0.1898	0.2523	0.0172	0.3964	0.5072
采矿及采石业	3.1025	90.5134	0.7437	2.8239	0.1970	0.0396	2.5798
食品、饮品及烟草加工业	87.0373	11.8721	0.0234	0.0415	0.0019	0.9118	0.1120
纺织、皮革及皮革制成品业	86.6773	9.5346	0.1145	0.3472	0.0454	2.4179	0.8631
木材及木材制成品业	35.8275	60.5685	0.2808	0.5761	0.0429	0.5910	2.1133
纸和纸制品及印刷业	4.3571	91.8301	0.3169	0.8675	0.0683	0.1275	2.4326
焦炭、精炼石油加工业	18.2519	76.0837	0.2854	1.2149	0.0634	0.8101	3.2907
化学原料及化学医药制品业	22.1762	71.8118	0.4374	2.0507	0.1006	0.4574	2.9660
橡胶和塑料制品业	47.9823	46.6418	0.5014	0.7757	0.0974	1.3771	2.6244
非金属矿物制品业	45.3053	52.1355	0.1558	0.3061	0.0275	0.7896	1.2802
金属及金属制品业	20.0707	73.5430	0.9895	1.7893	0.0952	0.4864	3.0259
电子和光学设备业	74.3068	17.9650	0.5814	0.7230	0.1191	4.0407	2.2639
机械及设备制造业	74.1700	22.5974	0.3681	0.2828	0.0255	1.6997	0.8565
运输设备制造业	73.7010	22.5597	0.1348	0.2027	0.0216	2.3296	1.0506
其他制造业	91.7889	7.0378	0.0180	0.0276	0.0024	1.0191	0.1061
电力、天然气及水的供给业	26.9014	68.4648	0.4299	0.9908	0.0644	0.6304	2.5183
建筑业	0.3562	93.2319	0.2350	0.5837	0.0689	0.0005	5.5239
批发和代理贸易零售业	41.6197	52.4485	0.6734	1.2927	0.1801	1.2787	2.5069
交通运输、仓储和邮政业	43.7887	52.0133	0.3748	0.7977	0.0941	1.2069	1.7244
住宿和餐饮业	39.2629	58.9485	0.2071	0.3553	0.0318	0.3931	0.8013
金融业	50.6386	47.2266	0.1946	0.4419	0.0536	0.5775	0.8672
其他服务业	44.4860	51.6621	0.2455	0.4708	0.0445	1.5765	1.5147

2. 出口贸易规模分解变动比较分析。

以上分析了2000年各部门出口分解情况,为了更直观看出出口贸易规模分解走势,在此给出2000—2014年期间中国各部门的总出口分解变动数据,具体如表6所示。

从部门角度来看,2000—2014间,各部门国内增加值折返与纯重复核算两部分的份额均呈增长的趋势,而其他部分的份额变动存在差异性,说明贸易模式发生转变,各部门参与全球分工生产的方式愈加多样化,参与程度逐渐加深。

从各分解项来看,增加值出口占比的变动可看出农业占比呈下降趋势,而制造业除了纺织、皮革及皮革制成品业以外其他部门也均呈下降趋势,其中下降幅度最大为焦炭、精炼石油加工业,下降幅度为11.6892%,由此可说明在2000—2014年期间内,纺织、皮革及皮革制成品业出口的增加值创造能力不断提升,从某种意义上而言,该部门在全球价值链的地位也在不断提高;而焦炭、精炼石油加工业出口的创造能力下降,在全球价值链的地位中下降幅度最大。在各服务部门中下降幅度最高为金融业(4.2478%),变动幅度最小为批发和代理贸易零售业(0.1958%)。

表6　2000—2014年中国总出口分解变动结果

单位:%

部门名称	增加值出口		国外增加值折返		纯重复核算国内增加值	国外部分	
	最终品	中间品	最终品	中间品		最终品	中间品
农、牧、渔、林业	22.6244	−23.3471	0.2371	0.2122	0.0170	0.4171	−0.1608
采矿及采石业	33.0950	−37.2077	0.1752	1.9501	0.3552	0.5965	1.0356
食品、饮品及烟草加工业	−4.3863	3.8132	0.1606	0.2100	0.0151	0.1142	0.0732
纺织、皮革及皮革制成品业	−2.6357	4.0576	0.1376	0.0486	−0.0015	−1.2474	−0.3592
木材及木材制成品业	−18.6292	14.8321	0.5031	1.9492	0.2366	−0.3358	1.4439
纸和纸制品及印刷业	15.7899	−18.7693	0.5594	1.1632	0.1640	0.4202	0.6727
焦炭、精炼石油加工业	4.9555	−16.6447	0.4314	2.6014	0.3302	1.8839	6.4423
化学原料及化学医药制品业	−0.9045	−2.5525	0.6496	2.2148	0.1753	0.0252	0.3920
橡胶及塑料制品业	−13.9983	11.0614	0.6371	1.5031	0.2496	−0.2047	0.7517
非金属矿物制品业	−27.0976	22.9327	0.7389	1.2420	0.1139	−0.1483	2.2184
金属及金属制品业	4.5712	−9.1654	0.3564	1.3540	0.2561	0.2498	2.3779
电子和光学设备业	−9.6961	7.2993	0.9300	1.4403	0.3229	−0.5902	0.2939
机械及设备制造业	−6.5757	3.8672	0.3970	0.8978	0.1039	0.8815	0.4283
运输设备制造业	−8.9722	7.1024	0.4637	0.5209	0.0380	0.8218	0.0253
其他制造业	−9.7445	8.1040	0.3150	0.5062	0.0449	0.5774	0.1970
电力、天然气及水的供给业	28.1050	−31.0349	0.1596	0.7783	0.1435	1.6644	0.1840
建筑业	0.3971	−3.7002	0.1997	1.1728	0.2040	0.0036	1.7230
批发和代理贸易零售业	−0.2066	0.0108	0.3084	1.3093	0.3153	−0.5500	−1.1871
交通运输、仓储和邮政业	−1.3898	−2.0723	0.2684	1.4465	0.2461	0.5136	0.9874
住宿和餐饮业	−2.3204	−0.6546	0.3838	1.4175	0.2498	0.2989	0.6250
金融业	−8.4541	4.2063	0.4555	2.0347	0.3455	0.4768	0.9353
其他服务业	−12.1641	9.9959	0.8323	1.3947	0.1750	−0.6873	0.4535

3. 全球生产网络参与程度比较分析。

表7给出各部门参与全球生产网络的程度及变动数据,本文采用前向参与程度与后向参与程度之和总体参与程度衡量各部门在全球生产网络中的参与程度。其中前向参与程度对应于总值出口分解模型中第三项、第四项与第五项的占比之和;而后向参与程度对应于总值出口分解模型中第六项与第七项占比之和。某部门前向参与度较后向参与度更高,说明该部门国内增加值来源主要依靠出口中间产品,反之则依靠进口中间产品。

从时间序列层面来考察,在2000—2014年期间,中国各部门在全球生产网络中位置均有所上升,其中纺织、皮革及皮革制成品业因其后向参与程度减弱导致参与程度呈负向变动,但总体参与程度仍保持上升趋势。

从部门层面来考察,中国在全球生产网络中参与程度较高部门包括:焦炭、精炼石油加工业,金属及金属制品业,采矿及采石业等;参与程度较低部门包括:纺织、皮革及皮革制成品业,批发和代理贸易零售业与食品,饮品及烟草加工业等部门。从中可看出,中国在全球生产网络中参与程度较高的部门主要集中在制造业,其占据分工生产活动的主导地位。

表7 2000—2014年中国各部门参与全球生产网络的程度及变动情况

单位:%

部门名称	2000年参与程度			2014年参与程度			2000—2014年参与程度变动		
	前向	后向	总体	前向	后向	总体	前向	后向	总体
农、牧、渔、林业	0.4594	0.9036	1.3630	0.9257	1.1600	2.0857	0.4663	0.2563	0.7226
采矿及采石业	3.7647	2.6194	6.3841	6.2452	4.2516	10.4968	2.4805	1.6322	4.1127
食品、饮品及烟草加工业	0.0668	1.0238	1.0906	0.4525	1.2111	1.6637	0.3857	0.1874	0.5731
纺织、皮革及皮革制成品业	0.5071	3.2810	3.7881	0.6918	1.6744	2.3662	0.1847	−1.6066	−1.4219
木材及木材制成品业	0.8997	2.7043	3.6040	3.5887	3.8124	7.4011	2.6889	1.1082	3.7971
纸和纸制品及印刷业	1.2527	2.5601	3.8128	3.1392	3.6530	6.7922	1.8866	1.0929	2.9794
焦炭、精炼石油加工业	1.5637	4.1008	5.6644	4.9267	12.4270	17.3537	3.3631	8.3262	11.6893
化学原料化学医药制品业	2.5886	3.4234	6.0120	5.6283	3.8407	9.4690	3.0397	0.4173	3.4570
橡胶和塑料制品业	1.3745	4.0014	5.3759	3.7643	4.5485	8.3128	2.3898	0.5470	2.9368
非金属矿物制品业	0.4895	2.0698	2.5592	2.5843	4.1399	6.7241	2.0948	2.0701	4.1649
金属及金属制品业	2.8740	3.5123	6.3864	4.8406	6.1400	10.9806	1.9665	2.6277	4.5942
电子和光学设备业	1.4236	6.3046	7.7282	4.1167	6.0083	10.1250	2.6931	−0.2963	2.3968
机械及设备制造业	0.6764	2.5562	3.2326	2.0751	3.8660	5.9411	1.3987	1.3098	2.7085
运输设备制造业	0.3592	3.3802	3.7393	1.3818	4.2273	5.6091	1.0226	0.8471	1.8698
其他制造业	0.0481	1.1253	1.1733	0.9142	1.8997	2.8138	0.8661	0.7744	1.6405
电力、天然气及水的供给业	1.4851	3.1487	4.6338	2.5665	4.9972	7.5636	1.0814	1.8485	2.9299
建筑业	0.8875	5.5244	6.4119	2.4640	7.2510	9.7150	1.5765	1.7266	3.3031
批发和代理贸易零售业	2.1462	3.7856	5.9318	4.0791	2.0485	6.1276	1.9329	−1.7371	0.1958
交通运输、仓储和邮政业	1.2666	2.9314	4.1980	3.2276	4.4324	7.6601	1.9610	1.5011	3.4621
住宿和餐饮业	0.5942	1.1944	1.7886	2.6453	2.1183	4.7636	2.0511	0.9239	2.9751
金融业	0.6901	1.4447	2.1348	3.5258	2.8568	6.3826	2.8357	1.4121	4.2478
其他服务业	0.7608	3.0911	3.8519	3.1628	2.8574	6.0201	2.4020	−0.2338	2.1682

四、研究结论与政策建议

(一)研究结论

本文基于出口贸易规模的总体模型与分解模型,分别比较分析中国出口贸易规模的总体态势与分解态势情况,得出结论:

从总体态势来看,2000—2014年间我国出口贸易规模不断扩大,一直保持贸易顺差,传统贸易核算方法存在高估我国贸易规模的问题,相比之下,增加值贸易核算法较能准确衡量一国贸易活动;从国家层面来看,我国出口目的地一直倾向于(美国、日本与德国等)发达国家,占据我国出口规模绝大部分;从部门层面来看,我国出口贸易依然集中在劳动力密集的部门,而同时贸易结构也存在转变(由低端产业向中高端产业过渡),制造业出口规模虽保持优势发展,但服务业出口贸易活动也趋于活跃状态;

从分解态势来看,2000—2014年间我国出口贸易规模中增加值出口份额最高,由此所带来的增加值创造了绝大部分的国内增加值;在2000—2014年间,我国各产业参与全球分工生产的程度越来越深化,增加值出口的部门主要集中在中低端技术制造产业,其中纺织、皮革及皮革制成品业出口的增加值创造能力不断得以提升,在全球价值链的地位得到提高。

(二)政策建议

1. 推进核算制度改革,丰富贸易统计体系。

运用传统贸易核算方法对一国贸易规模进行测算,往往会存在高估一国对外贸易的规模与收益,可能夸大中国与其他国家的贸易失衡问题,这样会影响到贸易政策的合理性与有效性,所以传统贸易核算方法无法准确衡量一个国家的贸易形势,而增加值贸易核算方法可以解决部分有关贸易的现实问题,认清国际贸易实时形势,以增加值为统计口径的新型贸易核算方法能为相关政策制定者提供一种有利工具,从以上问题可揭示贸易核算方法是分析一国贸易形势相关问题的基础。因此一方面,我国相关政府部门应借鉴欧盟投入产出数据库、经合组织投入产出数据库等国际组织机构的增加值贸易核算制度的通行做法,结合本国国情与贸易统计体系的实际情况,对现有的统计核算方法进行补充与完善,进而构建符合我国贸易统计的实际情况又能与国际通行做法接轨的贸易核算方法与贸易数据库,为日后制定贸易政策提供详实可靠的数据支撑;另一方面,应加快基层统计工作的统一步伐,明确细化统计工作方向,全面改进贸易统计方法,确保统计信息有效传输,为贸易统计核算制度顺利改革提供保障。

2. 优化产业出口结构,促进产业耦合发展。

相对美国日本等发达国家而言,中国各部门参与全球分工化生产的程度较低,处于全球价值链的下游位置,其出口贸易主要是以劳动密集型产品为主,出口产业主要集中在中低端技术制造业,服务业出口贸易活动趋于活跃状态,但制造业的出口贸易相对服务业更有助于其就业结构优化。中国凭借自身劳动力资源丰富的优势,主要以进口原材料、中间产品组装加工再出口的形式参与全球价值链中,而制造业始终成为出口贸易的中坚力量,通过本文的比较分析可看出制造业虽然保持发展优势,但服务业的发展形势也不容忽视。

对于所揭示的问题,一方面,对于政府而言,相关部门应重视我国产业出口存在的问题,充分认识出口目的地的差异性,及时调整产品结构,升级加工处理模式,注重技术加工含量,以提高产品附加值;重视货物贸易对服务贸易的促进作用,提高生产性服务业的效率与国际竞争力,扩大服务业出口规模与优化服务出口结构,充分发挥服务部门的带动效应,加快高新技术制造业与生产性服务业的耦合发展;另一方面,对于企业而言,国内企业应主动与外资企业达成合作共识,形成配套化生产经营,重点学习生产技术与管理技能,组建健全稳固的产业链,明确产业生产职能,积极配合高效运作。积极响应"中国制造"向"中国智造"转变,建立高新科技园区以提高产业集聚效应,充分使用发展资源,优化生产消费环节,实现贸易活动带动产业协作运行,产业耦合生产加快贸易往来的运营模式。

参考文献

[1] Hummels D, Ishii J, Yi K M. The Nature and Growth of Vertical Specialization in World Trade [J]. Journal of International Economics, 2001(54):75−96.

[2] Koopman R, Wang Z, Wei S J. How Much of Chinese Exports Is Really Made in China? Assessing Domestic Value − Added When Processing Trade Is Pervasive [J]. NBER Working Paper, 2008:14109.

[3] Koopman R, Powers W, Wang Z, et al. Give Credit to Where Credit Is Due: TracingVaule Added in Global Production Chains[J]. NBER Working Paper, 2011:16426.

[4] Koopman R, Wang Z, Wei S J. Tracing Value−added and Double Counting in Gross Exports[J]. American Economic Review. 2014,104(02):459−494.

[5] Wang Z, Wei S J, Zhu K F. Quantifying International Production Sharing at the Bilateral and Sector Levels[J]. NBER Working Paper,2013:19677.

[6] 刘遵义,陈锡康,杨翠红,等. 非竞争型投入占用产出模型及其应用——中美贸易顺差透视[J]. 中国社会科学,2007(05): 91−103,206−207.

[7] 李昕. 贸易总额与贸易差额的增加值统计研究[J]. 统计研究,2012(10):15−22.

[8] 张志明,崔日明,代鹏. 贸易开放、《劳动合同法》实施与中国制造业用工行为——基于增加值贸易视角[J]. 国际贸易问题,2017(04): 153−165.

[9] 张志明,杜明威. 全球价值链视角下中美贸易摩擦的非对称贸易效应——基于MRIO模型的分析[J]. 数量经济技术经济研究,2018(12):22−39.

[10] 刘会政,丁媛. 基于MRIO模型的中国参与全球价值链就业效应研究[J]. 国际商务−对外经济贸易大学学报,2017(6).

[11] 代鹏. 中国增加值出口贸易的就业效应研究[D]. 辽宁:辽宁大学,2016.

[12] 世界投入产出数据库(WIOD)中2000−2014年世界投入产出表.

作者简介:

郑珍远,福州大学经济与管理学院,副教授,硕士生导师。研究方向为统计学、投入产出分析。fzdxzzy@163.com。

郑姗姗,福州工商学院商学院,讲师。fzdxzss@163.com。

刘艺辉、颜晓,福州大学经济与管理学院,应用统计专业学位硕士研究生。

中国技术类别制造业全球价值链嵌入动态研究

金继红

摘要：本文通过分解国内增加值的出口流向和国外增加值的国际来源,分析中国制造业嵌入全球价值链动态演变过程。研究表明:2014年中国制造业增加值的出口份额位列全球第一,改变了世界制造业增加值的出口格局,出口获利能力逐渐增强。中国制造业增加值的出口流向由日、美等发达国家转向其他经济体,最终产品出口中的国外增加值主要来源于日本,中间产品出口的国外增加值则集中于美国,高技术制造业参与全球价值链范围最广,程度最高,中低技术制造业已较为成功嵌入全球价值链。

关键词：中国技术类别制造业　全球价值链　增加值贸易总出口分解　嵌入动态

基金项目：教育部人文社科项目"基于国际产业分工的贸易中隐含碳与减排责任分担量化研究"(14YJAGJW002)

一、引言

改革开放以来,中国凭借劳动力成本优势,以加工贸易等方式较快地融入全球价值链(Global Value Chains,GVCs),实现了制造业贸易量的快速增长。根据中国统计年鉴,中国制造业总出口额由2000年的2237.43亿美元增长到2016年的19924.44亿美元,年均增长率达24.44%,在全球低端制造业上获得了较强的竞争力,成为名副其实的世界制造业大国,但"大而不强"的问题逐渐突出,国务院发布的《中国制造2025》制造强国战略也旨在改变这种现状。在全球价值链主导的国际贸易新格局下,如何正确认识巨大的贸易额与获得的真实贸易利益之间的关系?中国制造业出口对国外依赖程度及所含有的国外成份分别来源于哪些国家?如何更好地实现中国制造业向全球价值链高端环节攀升并获取主动地位?正确解决这些问题对建设制造业强国,高效统筹制造业全球价值链布局,推动制造业贸易发展及实现产业结构优化、升级等具有重要理论意义和现实意义。

随着全球价值链(GVCs)的不断延伸,嵌入在价值链上的各个国家通过参与产品生产的某一环节或某些环节共同完成最终产品的生产,使得中间产品在不同国家间的流转次数增加带来"重复统计"问题(Koopman et al. 2008)。尤其在加工贸易较为盛行的中国,一个国家真正实现的增加值无法与贸易额相对称,因此传统海关统计贸易额不能准确地描绘中国制造业嵌入全球价值链中的真实情况,这一现象引起国内外学者的广泛关注,并做了大量研究。其中,较为典型和被广泛认可的是使用投入产出分析法,构建增加值贸易核算体系,从全球价值链角度研究出口中的国内外增加值率,弥补传统海关贸易统计的不足。

增加值贸易核算最早源于垂直产业化的研究(Hummels,Ishii,Yi,2001,以下简称HIY)。HIY认为一国通过进口中间品用于生产出口产品或者出口中间品被他国用于生产出口产品的两种形式参与垂直专业化分工。由于HIY存在两项严谨的假设,其他学者通过不断放宽两大假设,推进了增加值贸易核算体系以及垂直专业化研究。Daudin等首次提出"增加值贸易"的概念,Stehrer R进一步讨论了增加值贸易和贸易增加值的定义区别,并首次正式定义增加值出口(Value-Added Export)为一国或地区所创造的增加值,最终在其他国家被消化吸收。Wang等将一国出口增值分解为直接价值增值出口和间接价值增值出口,形成了贸易增加值框架的雏形。Koopman、Wang和Wei(简称KWW)等人逐步放宽HIY的所有假设,经过一系列研究,Koopman等最终实现对总出口的完全分解,建立传统海关统计和增加值核算的对应关系,根据最终吸收地及吸收渠道的不同,将总出口具体分解为被国外吸收的国内增加值,折返回到本国的国内增加值、国外增加值以及重复统计项等四大类共九项,这一模型是增加值贸易核算体系中较成熟的总出口增加值分解方法。

随着联合国贸发会、WTO以及OECD等国际组织对增加值贸易数据库的构建和完善,以增加值核算方法为基础研究全球价值链背景下的国家间贸易成为主流。葛明等、王岚等通过增加值贸易体系测度中美双边贸易,指出两国的贸易差额与贸易利益之间存在严重错配。韩中将2014年中国总出口完全分解并测算相关衍生指标,指出中国总出口中VS指标所占比例为21.77%,重复统计项比例为25.53%等。高运胜将中国制成品出口欧盟的增加值结构进行分解,指出中欧贸易额被高估,主要制造业部门处在全球价值链低端位置。张咏华关注中美制造业贸易摩擦,认为用增加值贸易核算能使得中国制造业出口规模和中美贸易失衡幅度减少。尹伟华通过构建前向垂直专业化率和后向垂直专业化率,以及全球价值链地位指数等分析中国制造业融入国际分工的模式和地位。

在经济全球化和区域经济一体化的双重背景下,产品价值链在国内外区域延伸,与全球价值链相关的现有文献,集中于考量两国或三国间的贸易利益,或研究中国制造业整体的国际分工地位及关注制造业增加值贸易与传统海关统计贸易的差异等。鲜有学者关注不同技术分类制造业国内价值链嵌入到全球价值链中的不同地位,国内增加值的国际流向和国外增加值的来源,以及中国制造业对主要贸易国的依赖程度如何等,无法全面解释制造业全球贸易动态变化趋势。

本文的特点在于重新编制最新的七国(中、美、日、加、澳、欧、其他国家)国际投入产出表,分解中国整体制造业和不同技术类别制造业总出口中的国内增加值(本国GDP的实际贡献)的国际流向以及国外增加值(全球价值链上游(中间产品进口))的国家来源,分析中国制造业对GDP的贡献度和全球制造业出口中的地位以及对世界主要贸易国的依赖程度,将国内价值链整合到全球价值链中,以正视制造业增加值贸易的全球格局,更加真实地剖析中国制造业在全球价值链嵌入动态的演变过程,为现有文献提供有益的补充。

二、模型与数据说明

(一)总出口价值增值分解模型

Koopman 等(2014)根据出口产品的最终吸收地及吸收渠道的不同,将总出口分解为国内外增加值部分和重复计算项,使得海关贸易统计(总值计算法)和国民账户核算(增加值计算法)之间建立对应关系。经济体 S 的总出口分解模型如下:

Koopman 等(2014)根据出口产品的最终吸收地及吸收渠道的不同,将总出口分解为国内外增加值部分和重复计算项,使得海关贸易统计(总值计算法)和国民账户核算(增加值计算法)之间建立对应关系。经济体 S 的总出口分解模型如下:

$$
\begin{aligned}
uE_{S*} &= \{V_S \sum_{R \neq S}^{G} B_{SS} Y_{SR} + V_S \sum_{R \neq S}^{G} B_{SR} Y_{RR} + V_S \sum_{R \neq S}^{G} \sum_{T \neq S,R}^{G} B_{SR} Y_{RT}\} \\
&+ \{V_S \sum_{R \neq S}^{G} B_{SR} Y_{RS} + V_S \sum_{R \neq S}^{G} B_{SR} A_{RS} (I - A_{SS})^{-1} Y_{SS}\} \\
&+ V_S \sum_{R \neq S}^{G} B_{SR} A_{RS} (I - A_{SS})^{-1} E_{S*} \\
&+ \{\sum_{T \neq S}^{G} \sum_{R \neq S}^{G} V_T B_{TS} Y_{SR} + \sum_{T \neq S}^{G} \sum_{R \neq S}^{G} V_T B_{TS} A_{SR} (I - A_{RR})^{-1} Y_{RR}\} \\
&+ \sum_{T \neq S}^{G} V_T B_{TS} A_{SR} \sum_{R \neq S}^{G} (I - A_{RR})^{-1} E_{R*} \\
&= \{DVA\_fin + DVA\_int + DVA\_rex\} + \{RDV\_fin + RDV\_int\} + DDC \\
&+ \{FVA\_fin + FVA\_int\} + PDC
\end{aligned}
$$

其中,V_S 表示 S 国各部门的直接价值增值系数向量,其中元素表示各行业的增加值率,即

$$V_S = \begin{bmatrix} V_1 & 0 & \cdots & 0 \\ 0 & V_2 & \cdots & 0 \\ \vdots & \vdots & \ddots & \vdots \\ 0 & 0 & \cdots & V_G \end{bmatrix}$$,**A** 为直接消耗矩阵,**B** 为列昂惕夫逆矩阵,

$$\boldsymbol{B} = (I - A)^{-1} = \begin{bmatrix} I - A_{11} & -A_{12} & \cdots & -A_{13} \\ -A_{21} & I - A_{22} & \cdots & -A_{23} \\ \vdots & \vdots & \ddots & \vdots \\ -A_{G1} & -A_{G2} & \cdots & I - A_{GG} \end{bmatrix}^{-1} = \begin{bmatrix} B_{11} & B_{12} & \cdots & B_{1G} \\ B_{21} & B_{22} & \cdots & B_{2G} \\ \vdots & \vdots & \ddots & \vdots \\ B_{G1} & B_{G2} & \cdots & B_{GG} \end{bmatrix}$$,Y_{SR} 表

示 S 国各行业向国家 R 出口的最终产品,E_{S*} 和 E_{R*} 表示本国 S 和 R 国的出口总额。

根据上述分解,一国总出口可被分解为国内增加值、折返增加值、国外增加值以及不属于任何国家 GDP 的重复统计项。其中,第一项到第三项表示国内增加值(DVA),即增加值出口部分,分别是以最终产品形式出口的国内增加值(DVA_fin),以中间产品形式直接出口的国内增加值(DVA_int),以中间产品形式间接出口的国内增加值(DVA_rex)。

第四项到第六项,表示"折返"增加值(RDV),即一国出口的中间产品被进口国进口加工后,再次返回到本国被吸收的国内增加值,分别为以最终产品形式返回的国内增加值(RDV_fin),以中间产品形式返回的国内增加值(RDV_int),以及国内账户的重复统计

(DDC)。

第七项到第九项,表示国外增加值(FVA),分别为以最终产品形式出口的国外增加值(FVA_fin)、以中间产品形式出口的国外增加值(FVA_int),以及国外账户的重复统计(FDC)。为了便于理解,整理后的总出口如图1所示:

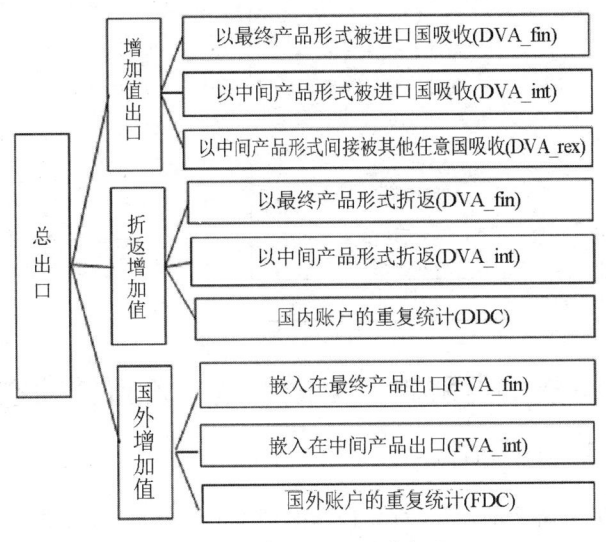

图1 总出口价值增值分解图

通过以上模型,一国的总出口被分解为国内成分(DV=1+2+3+4+5+6)和国外成分(FV=7+8+9),其中,国内增加值(DVA)=(1)+(2)+(3),"折返"增加值(RDV)=(4)+(5),国外增加值(FVA)=(7)+(8),(6)为国内账户的重复统计(DDC),(9)为国外账户的重复统计(FDC),垂直专业化(VS)=(7)+(8)+(9)。

(二)数据来源及国际投入产出表编制

本文所使用投入产出数据来源于由欧盟资助、多个国际机构联合开发的世界投入产出数据库(WIOD Input Output Data,WIOD)更新至2014年的最新数据,该数据库涵盖43个国家或地区的56个产业部门,是目前研究增加值贸易和全球价值链问题最有效的数据库之一,得到广泛研究学者的使用和认可。

所测算的制造业涉及WIOD中的18个产业,同时参照OECD的产业分类标准,将制造业分为高技术制造业、中高技术制造业、中低技术制造业以及低技术制造业[①]。

基于KWW(2014)多国模型的总出口分解,本文将世界投入产出表进行整合,重新编制中(CHN)、美(USA)、日(JPN)、加(CAN)、澳(AUS)、欧(EU)以及其他国家(ROW)构成的7国投入产出表,如表1所示。

---

① 其中,计算机、电子及光学制造业以及医药制品为高技术制造业;化学制造业,电力设备制造业,机械和设备制造业,汽车、挂车及半挂车设备,其他交通运输设备为中高技术制造业;焦炭及精炼石油加工品,橡胶及塑料制造业,其他非金属矿采选业,基础金属制造业及其他金属制造业为中低技术制造业;食品、饮料及烟草制品,纺织服装及皮革制品,木材加工及草制品,造纸及纸制品,印刷品及记录媒介复制品,家具及其他制造业为低技术制造业。

表 1　整合后的国际投入产出表

		中间使用							最终使用							总产出
		CHN	USA	JPN	CAN	AUS	EU	ROW	CHN	USA	JPN	CAN	AUS	EU	ROW	
中间投入	CHN															
	USA															
	JPN															
	CAN				A							Y				X
	AUS															
	EU															
	ROW															
增加值		V														
总投入		X^T														

三、中国不同技术类别制造业嵌入全球价值链动态分析

（一）全球制造业价值链内部性

在进行总出口的分解之前，本文首先根据模型中的前三项，比较世界六大经济体及其他国家（地区）制造业全球价值链内部性（即各国出口中的国内增加值），在全球价值链下重新审视制造业增加值贸易的全球格局，以判断中国制造业在全球价值链上的相对国际分工地位及世界贸易中的总体发展趋势。表 2 为六大经济体及全球制造业的国内增加值出口，图 2 为世界主要经济体（地区）制造业国内增加值出口占全球出口比重的趋势分析。

结合表 2 及图 2，各大经济体及全球制造业国内增加值出口总体呈现上升趋势。其中，中国制造业国内增加值出口由 3031.71 亿美元上升至 8940.93 亿美元，增长了近两倍，年均增长率达 12.77%，增长速度远超其他经济体。但 2009 年受全球金融危机的负面影响，各经济体制造业的国内增加值出口均呈现不同程度的回落，欧盟下降最为显著，由 2008 年的 7765.06 亿美元下降到 2009 年的 6346.89 亿美元，下降约 18.3%。维持 2 年的上升趋势后，全球经济受到欧债危机等冲击，2012 年全球制造业增加值出口进一步放缓，由 2011 年的 37089.93 亿美元下降为 31863.63 亿美元，下降约 12.09%。其中，中国、美国、日本的降幅分别为 15.71%、11.48% 以及 15.84%。

表 2　六大经济体及世界制造业国内增加值出口

单位：亿美元

	2005	2006	2007	2008	2009	2010	2011	2012	2013	2014
CHN	3031.71	3865.48	4864.69	5737.87	5005.09	6677.41	7616.44	6420.04	8474.03	8940.93
USA	3291.78	3787.54	4196.21	4431.96	4040.16	4786.44	4978.50	4407.23	5147.96	5232.04
JPN	3014.48	3092.63	3296.11	3336.21	2568.78	3608.25	3575.64	3009.29	3195.96	3260.06
CAN	955.45	1009.43	1090.51	1098.80	865.47	1009.87	1089.40	1041.11	1111.96	1130.45
AUS	244.62	248.60	299.01	295.41	235.70	301.24	315.31	253.09	308.41	278.75
EU	5447.15	6052.52	7059.08	7765.06	6346.89	8275.70	8404.14	6943.37	8509.65	8768.38
WORLD	22708.16	25557.78	28987.97	31318.82	26461.38	34810.92	37089.93	31863.63	37305.47	38590.26

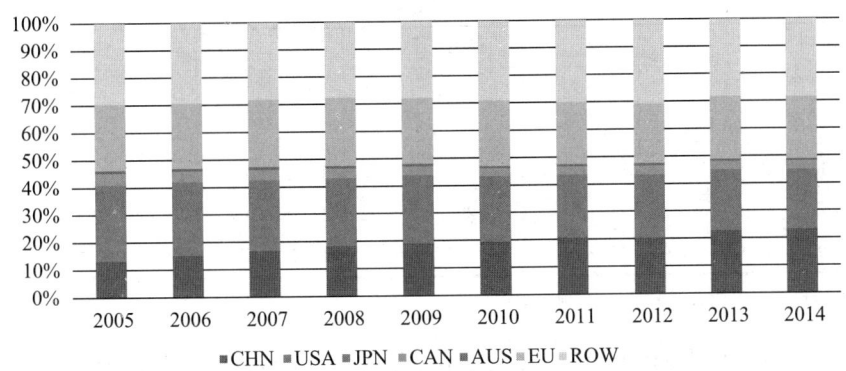

图 2 主要经济体制造业国内增加值出口占全球比重趋势

另一方面,影响国内增加值率的经济规模因素看,经济规模大的国家全球价值链内部性大的特征。2005年国内增加值率排前三的依次为欧盟(23.99%)、美国(14.5%)和日本(13.27%)等。随着中国经济的高速发展,经济规模的扩大,2014年中国以8940.93亿美元以及23.17%的份额位列全球制造业国内增加值出口的第一位。欧盟在全球制造业增加值出口中的占比一直较高且稳定,美国的制造业国内增加值出口占全球份额仅略微下降,而日本和加拿大等经济体的制造业国内增加值出口份额均呈现不同程度的下降趋势,其中日本制造业所占份额明显下降,2014年仅占8.45%。近十年间,中国改变了全球制造业增加值出口的格局。

(二)中国制造业嵌入全球价值链地位分析

根据模型把中国制造业的总出口分解为不同项目的增加值和重复统计项。表3具体列出各年总出口分解后的九小项占总出口的比重。

根据表3,2005年至2014年中国制造业总出口由3912.34亿美元上升至10639.44亿美元,上升了约1.7倍,年均增长率达11.76%。中国制造业国内增加值占比(DVA)总体呈现上升趋势,由2005的77.49%上升至2009年的82.82%,2010年回落至81.11%后继续逐渐上升至2014年的84.04%,随着中国的制造业在提高质量和技术创新等政策引导下,制造业逐步提升,制造业出口的获利能力增强。在国内增加值中,以最终产品形式出口的比重占据主导地位,而以中间产品出口的比重相对较小,中国制造业以加工贸易为主处在全球价值链的下游,但最终产品比重呈现下降趋势,而以中间产品形式的直接和间接出口比重均在上升,表明中国制造业向全球价值链中高端爬升的趋势逐渐凸显。

表 3 中国制造业总出口分解

年份	总出口	DVA	(1)	(2)	(3)	RDV	(4)	(5)	(6)	FVA	(7)	(8)	(9)
2005	3912.34	77.49	47.85	24.84	4.81	1.12	0.52	0.60	0.63	17.88	12.61	5.25	2.91
2006	4977.30	77.66	47.39	25.34	4.93	1.20	0.58	0.62	0.75	17.38	12.23	5.15	3.00
2007	6252.50	77.80	47.25	25.87	4.69	1.10	0.39	0.71	0.78	17.44	12.11	5.33	2.87
2008	7140.56	80.36	47.41	28.14	4.80	1.22	0.43	0.79	0.77	15.15	10.32	4.83	2.51
2009	6043.44	82.82	50.80	27.84	4.18	1.43	0.60	0.83	0.63	13.16	9.01	4.15	1.96

续表

年份	总出口	DVA	(1)	(2)	(3)	RDV	(4)	(5)	(6)	FVA	(7)	(8)	(9)
2010	8232.76	81.11	46.41	29.53	5.17	1.83	0.86	0.97	0.80	12.85	8.96	4.85	2.44
2011	9300.18	81.90	47.45	29.36	5.08	2.00	0.84	1.16	0.86	11.83	8.47	4.38	2.39
2012	7826.03	82.03	46.11	30.99	4.94	2.59	1.05	1.53	0.97	11.93	7.64	4.19	2.58
2013	10216.33	82.95	47.29	31.18	4.48	2.22	0.82	1.40	0.93	13.93	7.57	4.36	1.98
2014	10639.44	84.04	46.90	32.20	4.93	2.22	0.84	1.38	0.89	10.98	6.87	4.41	1.87

注③：总出口一列单位为亿美元，其余项目单位均为%。

中国制造业出口中的"折返"增加值占比(RDV)微不足道，这主要由于中国制造业处于产品价值链低端位置，缺乏产品研发、设计等高技术环节，因此中国制造业向其他国家提供核心中间品，再进口返回到国内供本国使用的较少。但是值得关注的是，"折返"增加值占比总体呈现较为稳定的上升趋势，该值由2005年的1.12%上升至2014年的2.22%，表明越来越多的中国制造业中间品被其他国家进口再生产，最终返回到我国消费，这也进一步说明我国制造业的全球价值链嵌入地位逐步上升趋势。

中国制造业总出口中国外增加值(FVA)占比在2008年及以前较高且变动较小，约在17.5%上下浮动，但是2008年后国外增加值占比逐渐下降，这主要是由于2008年全球金融危机在一定程度上割裂了全球价值链，对中国参与全球价值链造成一定影响。在国外增加值占比中，嵌入在最终产品出口的国外增加值高于嵌入在中间产品中出口的国外增加值，表明中国为国外高附加值产品提供加工、组装等形式参与低端环节的生产链。

总出口中存在重复统计是因为中国制造业产品在被最终生产和消费前，在经济体间不断流动而导致。其中，国外账户的重复统计项占比明显高于国内账户的重复统计项占比，这是由于中国参与全球价值链分工程度加深，制造业产品在最终成型前不断在各国间流转。

表4为中国制造业国内增加值的主要国别流向的总量情况，图3为中国增加值出口中各国所占份额，分析国内增加值的国际流向和对不同国家技术依赖程度的变化。根据表4及图3，从总量上来看，六大经济体中，中国制造业流向美国、欧盟和日本的增加值位列前三，2014年分别达1678.78亿美元、1664.85亿美元以及693.02亿美元，进一步证实美国、欧盟和日本是中国的三大贸易伙伴，中国对其出口额较高，因此增加值出口也相对较高。但值得注意的是，中国增加值出口至美国、日本、欧盟、澳大利亚等经济体的份额逐渐下降，尤其对日本和对美国的制造业增加值出口份额下降明显，分别下降了7.40%和3.90%，而中国增加值出口流向其他国家或地区的趋势显著上升，总量由2005年的1117.76亿美元上升至4470.40亿美元，比重由2005年的36.87%上升至2014年的50%，表明中国制造业的增加值出口流向由发达国家转向其他经济体，与其他经济体贸易往来加深。

表 4 中国制造业国内增加值的主要国别流向

单位:亿美元

	国内增加值	USA	JPN	CAN	AUS	EU	ROW
2005	3031.71	793.27	352.87	78.88	65.14	623.79	1117.76
2006	3865.48	961.05	382.82	101.48	77.31	796.26	1546.56
2007	4864.69	1102.44	419.36	126.94	106.14	1053.27	2056.54
2008	5737.87	1169.91	475.43	147.68	118.10	1285.79	2540.96
2009	5005.09	1035.15	427.46	132.05	120.57	1059.72	2230.14
2010	6677.41	1297.20	519.45	161.03	162.20	1392.86	3144.68
2011	7616.44	1430.57	629.10	191.76	211.57	1521.33	3632.11
2012	6420.04	1560.22	669.26	211.21	213.29	1252.59	2513.48
2013	8474.03	1564.05	664.40	216.11	213.17	1570.85	4245.47
2014	8940.93	1678.78	693.02	219.08	214.81	1664.85	4470.40

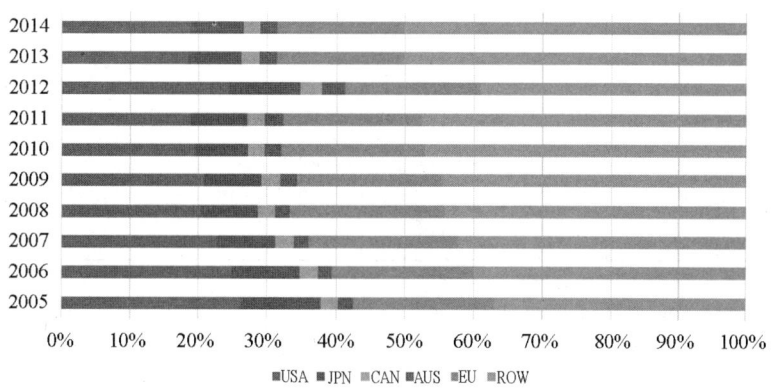

图 3 2005—2014 年中国国内增加值流向各国的份额

在总出口分解模型中,Koopman 等将最后三项之和作为垂直专业化的量化标准,以测量一国参与全球价值链国际分工的程度,即 $VS=FVA\_fin+FVA\_int\_+FDC$。为了更好地分析中国制造业总出口中所包含其他贸易国中间品的比重和对不同贸易国的进口依赖程度,将国外增加值单独再分解并分析。表 5 为中国制造业总出口的国外增加值结构分解,其中 VSS 表示 VS 占总出口的比重,其余各列表示对应数值占 VS 的比重。

根据表 5,嵌入在中国的中间产品出口的各国国外增加值比重明显低于以最终产品出口的国外增加值比重,表明中国制造业主要参与全球价值链中下游环节。其中,嵌入在最终产品出口的国外增加值主要来源于日本、欧盟及美国,尤其在 2012 年以前,以最终产品形式嵌入在制造业出口的各国国外增加值份额相对较高,这主要是由于中国 2002 年入世后国际贸易发展迅猛,但国内制造业产品缺乏核心技术,对日、美、欧等发达国家或地区的技术依赖较强,进口高技术、高附加值的中间产品进行组装加工后再出口,使得出口贸易中含有较高比例的国外增加值,其中所含日本增加值份额最高。

近年随着中国不断提高自主创新能力,加大科技投入等政策的实施,嵌入在最终产品出口的美国和日本增加值占比总体呈现下降趋势,分别下降 0.88% 和 3.75%,进口美国和日本的零部件等中间产品,为其提供加工、组装等低附加值生产活动逐渐减少,尤其是对日本中间品技术依赖下降显著。而嵌入在最终产品出口的欧盟增加值占比总体呈小幅上升趋势,由 2005 年 7.35% 上升至 2014 年的 7.64%,中国仍然对欧盟制造业中间品的进口依赖较大,且处在对欧盟制造业出口的价值链低端,贸易获利较少,但中国制造业嵌入欧盟制造业生产网络的程度加深。

表 5 中国制造业总出口的国外增加值来源分析

年份	VSS (%)	VS 的结构分解										重复统计项 (FDC/%)
		以最终产品出口的国外增加值 (FVA_fin/%)					以中间产品出口的国外增加值 (FVA_int/%)					
		USA	JPN	CAN	AUS	EU	USA	JPN	CAN	AUS	EU	
2005	20.76	5.85	11.02	0.45	0.53	7.35	2.47	4.76	0.22	0.29	3.40	14.00
2006	20.39	7.48	12.30	0.60	0.55	8.66	3.17	5.36	0.29	0.31	4.10	18.41
2007	20.31	7.09	11.75	0.64	0.60	9.36	3.12	0.91	0.06	0.06	0.80	22.11
2008	17.66	7.13	11.02	0.73	0.52	9.59	3.33	0.79	0.06	0.05	0.76	22.04
2009	15.12	7.34	10.73	0.65	0.51	8.91	3.40	0.66	0.04	0.04	0.60	14.57
2010	16.26	5.95	9.82	0.51	0.47	7.95	3.29	0.74	0.04	0.05	0.65	24.77
2011	15.25	8.21	13.67	0.83	0.80	11.86	4.42	0.59	0.04	0.05	0.57	27.41
2012	14.41	5.23	7.86	0.50	0.43	7.03	3.03	0.51	0.04	0.04	0.53	24.87
2013	13.91	5.03	6.88	0.52	0.54	7.21	2.99	0.47	0.05	0.05	0.55	24.93
2014	12.85	4.97	7.27	0.48	0.47	7.64	3.09	0.43	0.03	0.04	0.50	24.48

与嵌入在最终产品出口的国外增加值分布不同,2006 年以后嵌入在中国的中间产品出口的国外增加值主要集中在美国,2011 年美国的增加值占比高达 4.42%。同时出口中间产品中所含的美国增加值比重总体呈上升趋势,从 2005 年的 2.47% 上升至 2014 年的 3.09%,而嵌入在中间产品中出口的日本和欧盟的增加值份额从 2007 年开始呈下降趋势,且 2007 年下降幅度较大,表明随着中美贸易的不断扩张,中国对日本和欧盟的中间品依赖下降,中国的产业优化升级使得中国制造业从全球价值链低端向中高端攀爬。

国外账户的重复统计项中国外增加值的比重逐年上升,由 2005 年 14% 上升至 2014 年的 24.48%,这意味着随着制造业产品链条逐渐加长,中间产品跨越国境的次数越来越多,进一步说明中国制造业参与国际分工的程度不断加深。

(三)不同技术类别制造业的价值链分工差异分析

为了进一步分析全球价值链背景下不同技术类别制造业出口产品的特征和变化,对中国高技术制造业、中高技术制造业、中低技术业以及低技术制造业的总出口进行分解分析。

根据表 6,四类制造业的国内增加值比重均呈现不同程度的提升,尤其是高技术制造业和中高技术制造业上升显著,分别由 62.83% 上升至 72.27%,75.65% 上升至 85.09%,说明中国的高技术产业和中高技术产业的出口获利能力提升显著。但比较不同技术类别的制造业增加值比重,高技术制造业出口中国内增加值占比最低,低技术制造业出口中国内增加值占比最高,这是因为计算机、电子及光学制造业,医药制品等高技术产业参与全球价值链的程度深、范围广,多个国家参与产品供应链,中国在高技术产业链地位相对较低而导致增加值获利低。而低技术制造业一般是纺织服装、皮革制品,木材加工、草制品等劳动及资源密集型产业,中国凭借劳动成本优势获得出口中的绝大部分国内增加值。另外,高技术制造业、中高技术制造业以及低技术制造业的国内增加值获利方式均以出口最终产品为主,进一步证实中国的上述制造业处在全球价值链的下游地位,而中低技术制造业以中间产品形式出口的比重大于以最终产品形式出口的比重,表明中低技术制造业在全球价值链中具备一定优势,较为成功地嵌入全球价值链。

表6 中国不同技术类别制造业总出口分解

年份	总出口	DVA	(1)	(2)	(3)	RDV	(4)	(5)	(6)	FVA	(7)	(8)	(9)
高技术制造业总出口分解													
2005	905.08	62.83	43.69	14.99	4.16	1.40	0.74	0.66	0.93	29.85	22.53	7.32	4.99
2006	1175.69	61.81	42.44	15.13	4.23	1.50	0.82	0.68	1.13	30.18	22.65	7.53	5.39
2007	1405.67	59.30	40.56	14.95	3.79	1.24	0.44	0.80	1.19	32.78	24.25	8.52	5.50
2008	1494.39	62.47	42.05	16.46	3.96	1.34	0.48	0.86	1.16	30.01	21.91	8.10	5.03
2009	1256.67	68.17	45.95	18.28	3.94	1.81	0.88	0.93	1.01	25.09	18.34	6.75	3.91
2010	1904.92	68.66	42.99	20.75	4.91	2.33	1.21	1.12	1.28	23.37	16.20	7.17	4.36
2011	2025.00	69.94	45.16	20.07	4.72	2.44	1.16	1.28	1.33	22.07	15.68	6.39	4.22
2012	1818.50	70.33	45.35	20.39	4.60	3.24	1.51	1.73	1.51	20.37	14.38	5.99	4.55
2013	2306.38	71.01	43.95	22.90	4.16	2.92	1.22	1.70	1.52	20.93	14.38	6.71	3.61
2014	2380.46	72.27	44.20	23.69	4.38	2.87	1.21	1.67	1.45	19.92	13.39	6.53	3.49
中高技术制造业总出口分解													
2005	991.73	75.65	41.43	29.06	5.16	1.15	0.50	0.65	0.59	19.40	12.86	6.54	3.20
2006	1255.17	76.56	41.95	29.33	5.28	1.22	0.55	0.67	0.69	18.36	12.12	6.24	3.17
2007	1692.60	78.43	43.26	29.96	5.21	1.19	0.42	0.77	0.73	16.86	10.98	5.87	2.80
2008	2054.98	81.63	44.45	31.93	5.25	1.31	0.46	0.86	0.72	13.99	8.94	5.05	2.34
2009	1727.48	82.95	47.28	31.24	4.44	1.50	0.59	0.91	0.59	13.05	8.46	4.59	1.91
2010	2461.99	81.63	44.04	32.21	5.39	1.84	0.83	1.01	0.71	13.48	8.29	5.19	2.34
011	2821.97	82.64	45.02	32.27	5.34	2.06	0.84	1.23	0.78	12.24	7.64	4.60	2.28
2012	2172.80	82.49	41.59	35.50	5.40	2.69	1.05	1.64	0.89	11.42	6.87	4.55	2.50
2013	2930.75	84.08	44.90	34.32	4.86	2.23	0.80	1.43	0.82	11.05	6.66	4.39	1.82
2014	3070.76	85.09	44.01	35.62	5.46	2.29	0.85	1.44	0.80	10.11	5.98	4.13	1.72
中低技术制造业总出口分解													
2005	954.40	78.74	35.88	36.86	6.00	1.48	0.67	0.81	0.74	16.28	10.72	5.56	2.76
2006	1214.31	79.45	35.29	37.93	6.24	1.57	0.74	0.83	0.87	15.36	10.08	5.28	2.75
2007	1532.09	80.17	35.54	38.63	5.99	1.46	0.53	0.93	0.92	14.92	9.71	5.22	2.53
2008	1830.40	82.72	36.14	40.60	5.98	1.58	0.56	1.02	0.89	12.66	8.06	4.60	2.16

续表

年份	总出口	DVA	(1)	(2)	(3)	RDV	(4)	(5)	(6)	FVA	(7)	(8)	(9)
2009	1422.47	83.98	39.85	39.17	4.95	1.78	0.71	1.07	0.72	11.76	7.60	4.16	1.76
2010	1957.49	82.47	35.65	40.74	6.07	2.18	0.97	1.20	0.86	12.32	7.55	4.77	2.17
2011	2223.42	82.02	35.93	40.13	5.96	2.45	0.97	1.47	0.96	12.26	7.61	4.64	2.32
2012	1804.04	82.00	33.41	42.90	5.68	3.09	1.17	1.93	1.06	11.33	6.75	4.58	2.52
2013	2344.48	82.63	35.16	42.38	5.09	2.60	0.89	1.71	0.99	11.79	6.99	4.80	1.99
2014	2410.61	84.57	35.10	43.66	5.82	2.61	0.93	1.68	0.95	10.12	5.92	4.19	1.75
低技术制造业总出口分解													
2005	1061.13	90.59	68.16	18.47	3.96	0.53	0.22	0.30	0.30	7.60	5.60	2.00	0.98
2006	1332.12	91.06	67.90	19.13	4.03	0.59	0.26	0.32	0.36	7.02	5.12	1.90	0.97
2007	1622.14	90.95	68.25	18.99	3.71	0.55	0.19	0.36	0.37	7.14	5.03	2.11	0.99
2008	1760.79	91.59	67.12	20.69	3.78	0.63	0.22	0.41	0.36	6.49	4.43	2.05	0.93
2009	1636.81	92.91	67.74	21.76	3.41	0.77	0.30	0.47	0.31	5.33	3.64	1.69	0.68
2010	1908.36	91.47	63.90	23.33	4.24	0.97	0.43	0.54	0.38	6.24	4.05	2.19	0.95
2011	2229.79	91.68	64.03	23.37	4.20	1.08	0.42	0.66	0.42	5.86	3.83	2.03	0.96
2012	2030.68	92.06	62.90	25.07	4.09	1.43	0.54	0.89	0.48	5.06	3.21	1.85	0.97
2013	2634.72	92.41	63.67	24.95	3.79	1.25	0.43	0.81	0.46	5.15	3.26	1.89	0.73
2014	2777.61	92.49	62.68	25.77	4.04	1.28	0.46	0.82	0.45	5.03	3.10	1.94	0.75

注④：总出口一列单位为亿美元，其余各列项目单位均为%。

四类制造业中间产品直接出口的国内增加值比重和被进口加工后再出口到任意第三国的中间产品国内增加值比重均呈上升趋势，表明中国四类产业在全球价值链的位置均有不同程度的提升，尤其是高技术制造业，以最终产品形式出口的国内增加值比重变化不大，但以中间产品形式出口的国内增加值比重由19.14%提升至28.08%，中间产品出口增加带来高技术制造业的国内增加值提升。

四类制造业的"折返"增加值占比均微小，但都呈现不同程度的上升趋势，分别上升1.47%，1.14%，1.13%以及0.75%，表明虽然中国的四类制造业在全球价值链中所处的地位较低，但四类制造业产品越来越多的被其他国家进口加工后又返回国内消费，中国各类制造业正努力向全球价值链中上游爬升。具体看，低技术制造业折返增加值占比最低（2014年仅占1.28%），而高技术制造业、中高技术制造业以及中低技术制造业占比相对较高（2014年分别为2.87%，2.29%以及2.61%），这是因为技术类别高的制造业全球价值链参与度越高，全球价值链的嵌入程度也相对更高。

对比四类制造业的国外增加值占比，高技术制造业的国外增加值占比最高，2014年达19.92%，低技术制造业国外增加值占比最低，仅占5.03%，表明高技术制造业的全球价值链参与度最高，低技术制造业的全球价值链参与度最低。虽高技术制造业参与全球价值链程度较高，但是国外增加值主要嵌入在最终产品中出口，意味着我国高技术产业参与全球价值链的技术含量并不高，以生产加工环节为主。同样其他三类制造业中，以最终产品出口的国外增加值比重均高于以中间产品出口的国外增加值比重，表明中国制造业总体处在全球价值链的中下游。

四、结论与政策含义

主要结论如下:

1. 中国制造业增加值出口占全球制造业增加值出口份额增长迅速,截至2014年,中国制造业增加值出口份额位列全球第一位,改变世界制造业增加值出口的格局。中国制造业总出口中国内增加值比重呈现波动性上升的趋势,以最终产品形式出口的国内增加值比重占据主导地位,而以中间产品出口的比重相对较小,但以中间产品形式的直接出口和间接出口的增加值比重均在上升,说明中国制造业向全球价值链中上游爬升的趋势逐渐凸显。

2. "折返"增加值占比微不足道,但呈较为稳定的上升趋势,中国制造业在全球价值链地位逐渐上升趋势。国外增加值占比总体下降,嵌入在中间产品中出口的国外增加值明显低于嵌入在最终产品中出口的国外增加值,表明中国制造业主要参与全球价值链中下游的环节。

3. 从国别来看,中国制造业增加值出口至美国、日本、欧盟、澳大利亚等经济体的份额下降,而出口到其他国家或地区的份额上升,与世界其他经济体贸易往来加深。嵌入在最终产品出口的国外增加值主要来源于日本、欧盟及美国,中国制造业出口明显减少对日本进口中间品的依赖,而融入欧盟制造业生产网络的程度加深。嵌入在中间产品出口的国外增加值以美国为主,且美国增加值份额总体呈上升趋势,表明与美国制造业贸易中,中国的产业优化升级使得中国制造业正从价值链低端向中间攀爬。

4. 高技术制造业和中高技术制造业国内增加值比重上升明显,出口获利能力提升显著。高技术制造业参与全球价值链范围最广、程度最高,其主要以最终产品形式出口,中国高技术制造业所含的技术含量不高,处在全球价值链的下游地位。中低技术制造业以中间产品形式出口的比重大于以最终产品形式出口的比重,表明中低技术制造业较为成功融入全球价值链,且具备一定优势,低技术制造业全球价值链融入程度低。

政策建议:

根据上述研究结论,从提高中国制造业在全球价值链中的位置和制造业出口获利能力方面提出如下政策建议:

1. 中国制造业整体仍处于全球价值链中下端,提升在全球价值链分工地位和提高贸易获利能力的关键在于技术创新。加大研发投入,提高技术创新程度,依托供给侧改革提升制造业产品质量和效益,提高制造业产品的竞争优势和国内增加值,实现制造业贸易的求"多"求"大"转向求"优"求"强"。

2. 继续发展"走出去"战略,加强和发达国家间的高技术产业合作,抓住"一带一路"机遇,转移低技术产业。同时中国通过与美、日等发达国家合作布局产业链上游高科技产品的部分生产工序,继续向价值链中高端攀升,而将产品组装、加工等产业链的下游制造业转移至技能劳动力更丰富的国家,从而提高制造业增加值获利能力,提升在全球价值链中的竞争优势,完成国内价值链和全球价值链对接,实现自身在全球价值链中的升级。

3. 在全球价值链主导的贸易模式下,把握全球价值重塑调整期,积极参与国际经贸规则的制定。区域贸易协定有助于成员国融入全球价值链,且区域经济发展影响多边贸易发展,中国应积极参与各项国际经贸规则的制定,占据世界话语权,为提升全球价值链地位、实现经贸强国营造有力的外部环境。

参考文献

[1] Koopman R, Wang Z, Wei S J. How Much of China's Exports is Really Made in China? Assessing Domestic Value — Added When Processing Trade is Pervasive[D]. NBER Working Paper, 2008, NO. 14109.

[2] Hummels D, Ishii J, Yi K M. The nature and growth of vertical specialization in world trade[J]. Journal of International Economics,2001(54):75—96.

[3] Daudin G, C. Rifflart, Schweisguth D. Who produces for whom in the world economy? [J]. Canadian Journal of Economics,2011(44):1409—1538.

[4] Stehrer R. Trade in Value Added and the Value Added in Trade[D]. Wiiw Working Paper, 2012, No. 81.

[5] Wang Z, Powers W, Wei S J. Value chains in East Asian production networks: An international input—output model based analysis[J]. Ecomod, 2009.

[6] Koopman R,WangZ,Wei S J. Give Credit Is Due: Tracing Value Added in Global Production Chains [D]. NBER Working Paper, 2010,No. 16426.

[7] Koopman R,Wang Z,Wei S J. Tracing Value—Added and Double Counting in Gross Exports[J]. Social Science Electronic Publishing,2014(104):459—494.

[8] 葛明,赵素萍,林玲. 中美双边贸易利益分配格局解构—基于 GVC 分解的视角[J]. 世界经济研究,2016(2):46—57.

[9] 王岚,盛斌. 全球价值链分工背景下的中美增加值贸易与双边贸易利益[J]. 财经研究,2014(9):97—108.

[10] 韩中. 全球价值链视角下中国总出口的增加值分解[J]. 数量经济技术经济研究,2016(9):129—143.

[11] 高运胜,甄程成,郑乐凯. 中国制成品出口欧盟增加值分解研究——基于垂直专业化分工的视角[J]. 数量经济技术经济研究,2015(9):73—88.

[12] 张咏华. 中国制造业增加值出口与中美贸易失衡[J]. 财经研究, 2013(2):15—25.

[13] 尹伟华. 中国制造业参与全球价值链的程度与方式—基于世界投入产出表的分析[J]. 经济与管理研究, 2015(8):12—20.

[14] 尹伟华. 中国制造业产品全球价值链的分解分析—基于世界投入产出表视角[J]. 世界经济研究,2016(1):66—75.

作者简介:

金继红,东华大学,旭日工商管理学院,jh_jin@dhu.edu.cn。

基于投入产出技术的中美贸易摩擦对广东经济影响研究

杨新洪　夏南新　杨少浪　李珠桥　蔡晓冰
陈宇游　张旭杏　冯　祥　王铭婵

摘要：本文利用广东省投入产出调查数据资料，构建分析模型，揭示中美贸易摩擦对经济影响的传导脉络、影响程度和未来基本趋势，并对加速广东经济转型升级提出政策建议。

关键词：投入产出　中美贸易摩擦　广东经济　分析

一、中美贸易摩擦主要影响

(一)中美贸易摩擦对中国出口贸易影响

2018年3月美国政府对中国的"301调查"以来，对中国进口商品加征关税清单规模逐步扩大，从第一批的500亿美元上升到第三批的3000亿美元规模。除关税战以外，中美贸易摩擦也涉及到科技技术出口管制、人才交流限制、美国企业对华投资限制等方面。中国对美国出口的电机电气类、机械类以及服装消费品等三大类产品受到较大影响，导致对美出口增速大幅下降至负值。2019年中国整体出口增速0.47%，较去年全年下滑9.4个百分点；对美国的出口速度降至－12.5%，同比降低约24个百分点。

表1　美国对中国三次加征关税行业情况

关税	所涉及的行业
500亿美元关税清单	瞄准"中国制造2025"。该清单包括电子触摸屏、钢铁板材、医疗器械、飞机零部件、电池等。
2000亿美元关税清单	针对中间产品和原材料，涉及范围较广，包括冰箱、棉花、钢铁、铝制品、电子、纺织、金属制品和汽车零部件等相关产业。
3000亿美元关税清单	针对消费品，超过一半金额的是电子产品，包括：智能手机、笔记本电脑、电视机、无线耳机、智能音响等。

受中美贸易摩擦的影响，中国出口贸易格局也随之发生改变。2019年前美国一直是中国最大的商品及服务出口国，2019年美国在中国贸易出口格局中退居第二大贸易出口

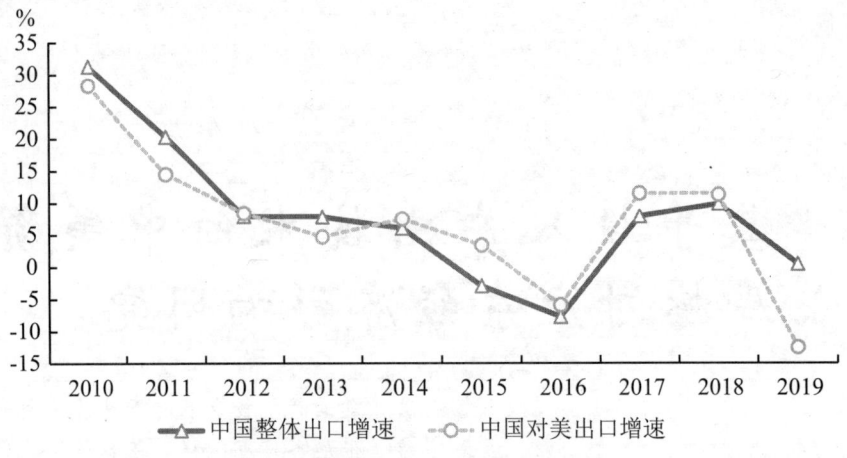

图 1　中国整体出口与对美出口增速

目的地,被东盟地区超越。而今年在疫情的推波助澜下,东盟一举超越欧盟成为中国第一大贸易伙伴。2020 年 1—2 月,中国与东盟贸易总值占比 14.4%;与欧盟(不含英国)贸易总值占比 13.5%,与美国贸易总值占比 10.2%。

(二)中美贸易摩擦对广东省经济影响

2019 年,广东全年实现地区生产总值 107671.07 亿元,比上年增长 6.2%。广东经济总量连续 31 年居全国首位,是全国首个经济总量突破 10 万亿元的省份。分产业看,第一产业增加值 4351.26 亿元,比上年增长 4.1%;第二产业增加值 43546.43 亿元,增长 4.7%;第三产业增加值 59773.38 亿元,增长 7.5%。从增速来看,2018—2019 年广东经济增速基本稳定在 6.0%～7.0%,但从 2018 年以来,经济增速也出现持续的缓慢放缓,主要源于近年来国内经济下行压力明显和中美贸易摩擦所带来的双重负面影响。但广东省经济增长总体上仍具有较强活力,中美贸易对经济总量影响相对有限。从产业结构来看,2019 年,广东三次产业结构为 4.0∶40.5∶55.5,服务业比重比上年提高 0.7 个百分点,产业协同性增强。在三次产业结构发生变化的同时,其内部的行业结构趋于分化,不断优化调整。

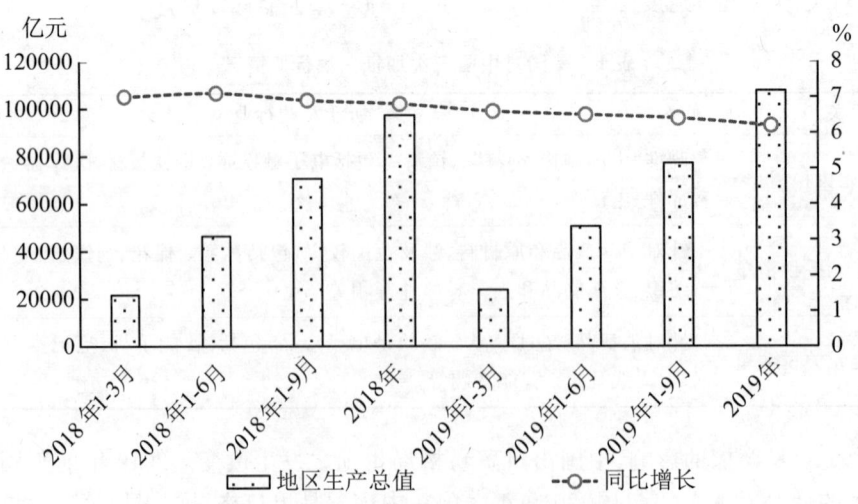

图 2　2018—2019 年广东地区经济增长

(三)中美贸易摩擦对广东省出口贸易的影响

广东省外向型经济特征明显。2018 年广东省整体对外贸易依存度高达 46.6%，高于全国平均水平。美国是广东出口贸易的重要目的地，中美贸易摩擦对广东省的经济发展和产业结构都会带来不可忽视的负面影响。从广东省出口额累计同比增速来看，中美贸易摩擦导致广东出口额出现明显滑坡。2018 年广东省出口增速为 3.8%，2019 年增速则由正转负，降至 -2.7%，同比下降 6.5 个百分点。

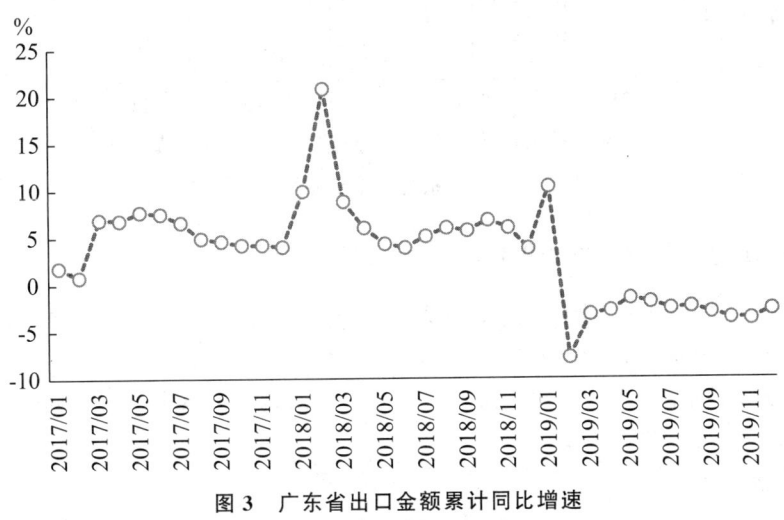

图 3　广东省出口金额累计同比增速

美国的关税清单和广东优势出口行业有较高重合度，关税商品清单中占比最高的机械、电气设备产业也恰好是广东出口的优势产业，以 2019 年为例，广东的机电产品出口额占到了总出口额的近七成。自 2018 年 3 月中美贸易战打响以来，无论是广东省机电类产品出口增速，还是广东省整体的出口增速，都呈下降趋势。到了 2019 年，广东省机电产品出口金额的同比增速仅有 0.6%，相比中美贸易摩擦升级之前出现了明显的下滑。纺织、家具等受制裁影响较为严重的行业，出口也受到了较大的影响。2018 年出口金额同比增速倒数前 10 的商品中，有 6 类和纺织业有关。

(四)中美贸易摩擦对广东省就业的影响

广东 2019 年各季度末全省城镇登记失业率稳定在 2.16%~2.25%；四季度末，全省城镇登记失业率 2.25%，比上年下降 0.16 个百分点。从城镇调查失业率的情况看，2019 年分季度城镇调查失业率分别为 4.6%、4.6%、4.8%、4.8%，各季波动幅度稳定在 0.2 个百分点。这一定程度反映出中美贸易摩擦对广东省就业情况并未带来实质冲击。但由于中美摩擦对各行业影响程度不同，各行业劳动力就业结构会出现阶段性调整，部分行业的劳动力结构可能会出现一定程度上的恶化，不利于广东省内产业结构的转型升级。此外，广东省作为国内经济发达地区，每年吸引大量劳动力流入。若贸易战扩大升级或持续时间延长，广东省的劳动力吸纳能力将出现减弱。

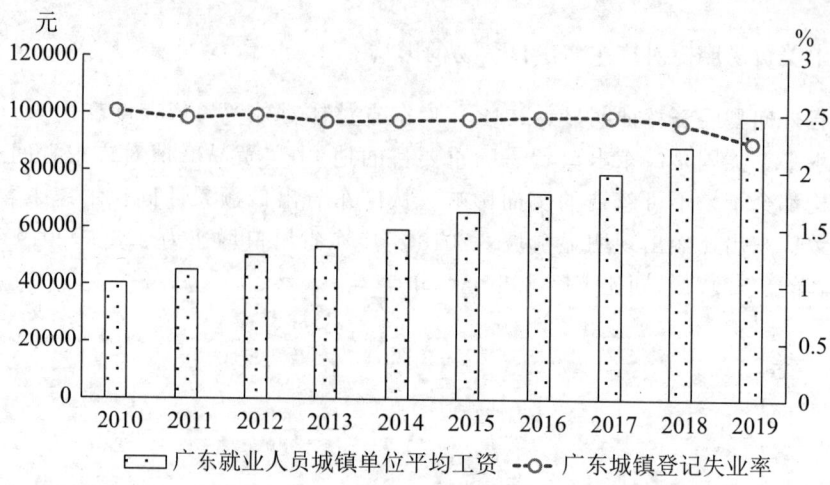

图4 广东省历年就业情况

(五)中美贸易摩擦对苏浙鲁出口影响

由于浙江、江苏及山东同为外向型经济大省,受中美贸易摩擦影响,2019年江苏省、浙江省、山东省出口增速分别为 -2.28%、4.18%、0.82%,分别比2018年下降13.50、7.76、8.04个百分点,下降幅度均高于广东的6.5个百分点,表明广东出口更具韧性。

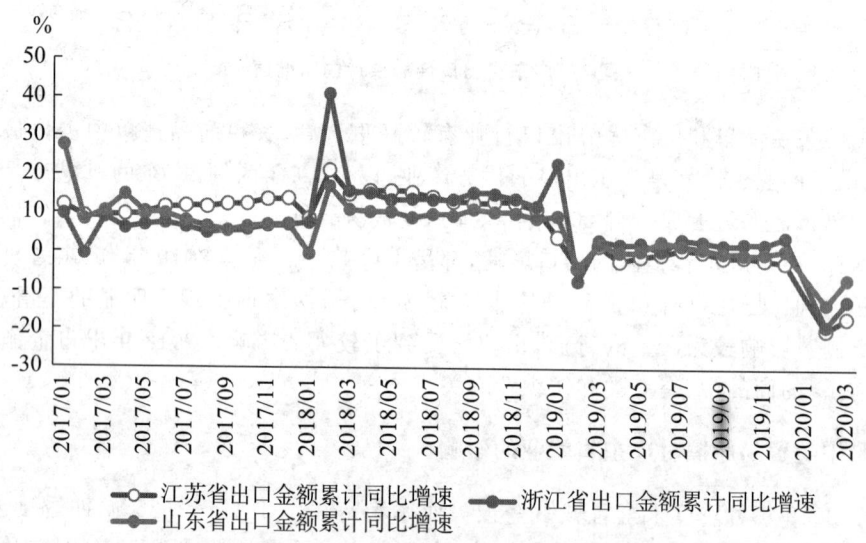

图5 江苏、浙江、山东出口金额累计同比增速

从出口额占全国出口比重来看,2018年广东、江苏、浙江和山东出口金额占比分别为26.01%、16.25%、12.91%、6.44%;2019年对应占比分别为25.18%、15.80%、13.39%、6.46%,广东下降幅度最大,表明出广东相对于苏浙鲁对中美贸易战敏感性更高。

二、广东投入产出基本分析

为研究中美贸易摩擦对广东经济的影响,拟以2015年及2017年的广东省投入产出表作为基础数据,运用投入产出技术为工具,深入分析中美贸易摩擦下的广东产业联系与变化趋势,为制定广东经济高质量发展政策措施提供参考依据。

2017年广东省投入产出表调查了142个部门,划分为农业、工业、建筑业、货运邮电业商业及服务业六大行业。

表2 2017年投入产出表行业分类明细

归属行业	原2017年投入产出表分类行业
农业	农产品、林产品、畜牧产品、渔产品、农、林、牧、渔服务产品
工业	采矿业、制造业及电力、热力、燃气及水生产和供应业等的细分95个行业
建筑业	房屋建筑、土木工程建筑、建筑安装、建筑装饰、装修和其他建筑服务
货运邮电业	批发、零售、铁路运输、道路运输、水上运输、航空运输、管道运输、其他运输、装卸搬运和仓储、邮政、住宿
商业	餐饮、电信、广播电视和卫星传输服务、互联网和相关服务、软件和信息技术服务、货币金融和其他金融服务、资本市场服务、保险、房地产
服务业	租赁、商务服务、研究和试验发展、专业技术服务、科技推广和应用服务、水利管理、生态保护和环境治理、公共设施管理、居民服务、其他服务、教育、卫生、社会工作、新闻和出版、广播、电视、电影和影视录音制作、文化艺术、体育、娱乐、社会保障、公共管理和社会组织

运用投入产出表相关指标(略)可以分析产业关联影响,通过投入产出技术可得到直接消耗系数,完全消耗系数,中间投入率,中间需求率,影响力系数,感应度系数等指标(见表3)。直接消耗系数 a_{ij} 反映了某一部门对另一部门产品的直接消耗程度。a_{ij} 越大,说明两产业部门之间的直接依存关系越密切。完全消耗系数 b_{ij} 反映了两个产业部门之间的完全依存程度。

表3 产业结构相关指标

直接消耗系数	$a_{ij} = \dfrac{x_{ij}}{X_j}(i,j=1,2,\cdots,n)$	第 j 个部门生产单位产品对第 i 个部门产品的直接消耗量,称为第 j 个部门对第 i 个部门产品的直接消耗系数
完全消耗系数	b_{ij} 来自列昂惕夫逆矩阵(完全需求矩阵)	第 j 个部门对第 i 个部门产品的完全需求系数,它包括直接需求、间接需求和最终使用三部分
中间投入率	$MI_j = \sum\limits_i X_{ij}/X_j$	表示第 j 部门的所有中间投入占本部门总投入的比重
中间需求率	$MD_i = \sum\limits_j X_{ij}/X_i$	表示第 i 部门的所有中间需求占本部门总产出比重
中间流量系数	$w_{ij} = x_{ij}/\sum\limits_i\sum\limits_j x_{ij}$	反映从 i 部门流向 j 部门的中间投入占所有产业部门中间投入总和的比重,其值表示该中间流量相对于所有产业部门而言的重要程度。当 $i=j$ 时,意义为自耗流量系数,反映内部联系程度。

中间投入流量比重	$IW_j = \sum_i w_{ij}$	反映了第 j 部门的中间投入相对于所有产业部门而言的重要程度。
中间需求流量比重	$DW_i = \sum_j w_{ij}$	反映了第 i 部门的中间需求相对于所有产业部门而言的重要程度。
影响力系数	$\pi_j = C_{oj}/(\sum_i \sum_j C_{ij}/n)$	反映第 j 部门的生产对其他部门的影响程度。当 π_j 大于 1 时,表示该部门生产对其他部门所产生的波及影响程度超过社会平均水平,该部门的发展会推动全社会生产的更快发展。
感应度系数	$\delta_i = C_{io}/(\sum_i \sum_j C_{ij}/n)$	反映各部门增加一个单位最终产品时,第 i 部门由此受到的需求感应程度,δ_i 大于 1 时,表示该部门受其他部门生产的影响大,感受的需求压力大,是国民经济中的"瓶颈"部门。

记 c_{ij} 为列昂惕夫逆矩阵系数,令 $C_{oj} = \sum_i c_{ij}$,则 C_{oj} 表示第 j 部门每增加一个单位最终产品时,需要经济各部门增加生产的产品总量。令 $C_{io} = \sum_j c_{ij}$,则 C_{io} 表示当经济各部门均增加一个单位最终产品时,第 i 部门需要增加生产的产品总量。

(一)直接消耗系数

根据相应的行业分类,基于广东省 2015 年及 2017 年广东省投入产出表数据计算出行业直接消耗系数变动(见表 4)。

表 4 行业直接消耗系数变动

直接消耗系数	农业	工业	建筑业	货运邮电业	商业	服务业
农业	▼−0.05	0	▼−0.01	0	▼0	▼−0.01
工业	▲0.02	▼−0.03	▼−0.03	▼−0.06	▼−0.04	▼−0.08
建筑业	0		▼−0.03	▼0		0
货运邮电业	▲0.01	▲0.01	▲0.03	▲0.01	▼−0.01	▲0.02
商业	▲0.01	▼0	▲0.01	▲0.04	▲0.04	0
服务业		▲	▲0.03	▲0.02	▲0.02	▲0.03

注:以上数值来源于 2017 年与 2015 年直接消耗系数矩阵之差,正三角代表该系数呈上升趋势,倒三角代表该系数呈下降趋势,横线代表该系数呈平稳状态。

结果表明,广东第三产业内部之间的联系增强,而多数产业对农业及工业的直接依存关系下降。

(二)完全消耗系数

完全消耗系数反映了两个产业部门之间的完全依存程度,从完全消耗系数看(见表 5),大多数产业对农业与工业的完全依存关系下降,对农业的完全消耗系数降幅较小,第三产业内部依存紧密,商业对于所有产业而言完全依存关系上升明显。表明第三产业已取代农业及工业成为国民经济的关键,服务业成为经济增长的压舱石。

表 5　行业完全消耗系数变动

完全消耗系数	农业	工业	建筑业	货运邮电业	商业	服务业
农业	▼−0.06	0	▼−0.01	▼0	▼−0.01	▼−0.02
工业	▼−0.06	▼−0.41	▼−0.43	▼−0.31	▼−0.24	▼−0.39
建筑业	0		▼−0.03	0	0	
货运邮电业	▲0.02	▲0.01	▲0.04	▲0.01	▼−0.01	▲0.02
商业	▲0.02	▲0.01	▲0.03	▲0.08	▲0.06	▲0.02
服务业	0.01	▼0	▲0.04	▲0.04	▲0.04	▲0.04

注:以上数值来源于 2017 年与 2015 年完全消耗系数矩阵之差,符号含义同表 4。

该系数呈上升趋势,绿色倒三角代表该系数呈下降趋势,黄色横线代表该系数呈平稳状态。

(三)中间流量及影响力、感应度系数

农业的中间投入流量比重、中间需求流量比重均低于工业,表明农业与其他部门的联系弱于工业。货运邮电业、商业及服务业的中间需求率和中间需求流量比重较高,表明对其他产业部门的需求越来越大(见表 6)。

当影响力系数大于 1 时,表示该行业的生产对其他行业的影响超过了社会平均水平,该行业的发展将促进社会生产的加速发展(见表 6)。

当感应力系数大于 1 时,表明该行业受其他部门生产的影响很大,需求压力也很大,是国民经济中的"瓶颈"部门。工业与建筑业的影响力系数在 2015 分别为 1.416 和 1.379,2017 年分别为 1.403 和 1.372,说明工业与建筑业是目前国民经济发展的关键,同时工业的感应度系数也两年均大于 1,分别为 3.228 和 2.830,说明工业发展受其他部门影响大,工业与其他行业的互相影响,互相依存(见表 6)。

表 6　行业中间流量及影响力、感应度系数

指标		农业	工业	建筑业	货运邮电业	商业	服务业
中间投入率	2017 年	0.378	0.775	0.797	0.514	0.396	0.405
	2015 年	0.379	0.798	0.794	0.493	0.384	0.439
中间需求率	2017 年	0.805	0.779	0.051	0.697	0.498	0.384
	2015 年	0.795	0.818	0.065	0.667	0.463	0.341
中间投入流量比重	2017 年	0.013	0.702	0.066	0.075	0.077	0.068
	2015 年	0.013	0.752	0.059	0.061	0.057	0.057
中间需求流量比重	2017 年	0.029	0.705	0.004	0.101	0.096	0.064
	2015 年	0.028	0.772	0.005	0.082	0.069	0.044

续表

指标		农业	工业	建筑业	货运邮电业	商业	服务业
影响力系数	2017年	0.832	1.403	1.372	0.847	0.744	0.803
	2015年	0.781	1.416	1.379	0.839	0.734	0.852
感应度系数	2017年	0.517	2.830	0.403	0.793	0.803	0.654
	2015年	0.505	3.228	0.375	0.693	0.660	0.539

(四)重点行业分析

1. 行业中间投入率。按行业中间投入率排序,前五个部门:金属冶炼和压延加工品、燃气生产和供应、造纸印刷和文教体育用品、废品废料、交通运输设备部门的中间投入率较高,其中间投入占总投入比重高,增加值占比较低,这些部门对其他部门的投入依赖程度较大;后五个部门:房地产、石油和天然气开采产品、公共管理、社会保障和社会组织、教育、金融部门的中间投入率最低,其中间投入占总投入比重低,增加值占比较高,这些部门对其他部门的投入依赖程度较小(见表7)。

表7 细分行业中间投入率

中间投入率		2015年	2017年	差额
前五个部门	交通运输设备	0.8195	0.7897	−0.0297
	废品废料	0.8210	0.2599	−0.5611
	造纸印刷和文教体育用品	0.8218	0.7875	−0.0342
	燃气生产和供应	0.8473	0.8265	−0.0208
	金属冶炼和压延加工品	0.8784	0.8062	−0.0722
后五个部门	房地产	0.2787	0.2925	0.0138
	石油和天然气开采产品	0.2792	0.4008	0.1216
	公共管理、社会保障和社会组织	0.2880	0.2847	−0.0033
	教育	0.2926	0.2876	−0.0049
	金融	0.3228	0.3504	0.0276

2. 行业中间需求率。按行业中间需求率排序,前五个部门:煤炭采选产品、金属矿采选产品、石油和天然气开采产品、金属冶炼和压延加工品、废品废料部门中间需求率高,这些部门所有中间需求占本部门总产出比重高,对进口及省外流入的需求大;后五个部门:卫生和社会工作、公共管理、社会保障和社会组织、建筑、教育、水利、环境和公共设施管理部门中间需求率低,这些部门所有中间需求占本部门总产出比重低,对进口及省外流入的需求小(见表8)。

表 8　细分行业中间需求率

中间需求率		2015 年	2017 年	差额
前五个部门	废品废料	1.5809	1.0668	−0.5140
	金属冶炼和压延加工品	1.8181	2.4047	0.5866
	石油和天然气开采产品	1.9258	1.9619	0.0361
	金属矿采选产品	2.1930	2.2454	0.0524
	煤炭采选产品	1121.93	8792.31	7670.38
后五个部门	卫生和社会工作	0.0006	0.0492	0.0486
	公共管理、社会保障和社会组织	0.0437	0.0644	0.0207
	建筑	0.0655	0.0513	−0.0142
	教育	0.0883	0.1455	0.0572
	水利、环境和公共设施管理	0.1096	0.0602	−0.0493

3. 行业影响力系数。影响力系数反映的是一个部门对社会发展的影响的重要程度。高端制造业如通信、交运、电气等,低端制造业如木材、金属冶炼等对于推动经济发展意义重大(见表9)。

表 9　细分行业影响力系数

影响力系数大于 1 的部门		
年份	2015 年	2017 年
金属矿采选产品	1.0051	0.9581
电力、热力的生产和供应	1.0091	1.1545
非金属矿和其他矿采选产品	1.0512	0.9519
非金属矿物制品	1.1454	1.1954
纺织服装鞋帽皮革羽绒及其制品	1.1499	1.2434
纺织品	1.1529	1.2851
木材加工品和家具	1.1656	1.1849
化学产品	1.1779	1.2864
金属制品、机械和设备修理服务	1.1882	1.1415
建筑	1.1986	1.2074
专用设备	1.2360	1.2262
仪器仪表	1.2574	1.3302
其他制造产品	1.3030	1.2999
造纸印刷和文教体育用品	1.3059	1.2288
通用设备	1.3142	1.2999
废品废料	1.3219	0.5974
金属制品	1.3230	1.3381
交通运输设备	1.3237	1.3269
电气机械和器材	1.3319	1.3128
燃气生产和供应	1.3498	1.3039
通信设备、计算机和其他电子设备	1.3718	1.4340
金属冶炼和压延加工品	1.4064	1.3277

4. 行业感应力系数。化学产品、金属冶炼和压延加工品、电力、热力的生产和供应、交通运输、仓储和邮政、金融、批发和零售、金属制品、造纸印刷和文教体育用品、食品和烟草、租赁和商务服务、石油、炼焦产品和核燃料加工品及农林牧渔产品和服务部门等行业感应力系数较大,这些部门承受其他部门的需求压力较大(见表10)。

表10 细分行业感应力系数

感应度系数大于1的部门		
年份	2015年	2017年
通信设备、计算机和其他电子设备	4.3696	0.8385
化学产品	3.3575	2.2461
金属冶炼和压延加工品	2.8030	4.1617
电力、热力的生产和供应	2.2539	2.5613
交通运输、仓储和邮政	1.6908	1.6012
金融	1.3715	1.7837
废品废料	1.3451	0.7194
批发和零售	1.2709	1.5565
电气机械和器材	1.2541	0.7799
金属制品	1.2057	1.1920
造纸印刷和文教体育用品	1.1729	1.1100
食品和烟草	1.1710	1.0041
煤炭采选产品	1.1436	0.8210
租赁和商务服务	1.1287	1.3026
石油、炼焦产品和核燃料加工品	1.0738	1.0691
农林牧渔产品和服务	1.0557	1.0704

三、中美贸易摩擦对广东出口贸易影响分析

(一)关税变动对出口价格影响

考虑关税措施与汇率变动对出口价格的影响具有等价性,可测算汇率升值对出口价格的传导效率来模拟关税措施对出口价格的影响。通过选取2006年1月至2019年10月的月度时间序列数据,构建多元线性回归模型:

$$LNP_t = \beta_0 + \beta_1 LNE_t + \beta_2 LND_t + \beta_3 LNX_t + \varepsilon_t \tag{1}$$

其中,LNP 为美国对华进口价格指数对数,LNE 为美元兑人民币平均汇率对数,LND 为美国采购经理指数(PMI)对数,LNX 为中国生产者物价指数(PPI)对数,t 表示2006年1月至2019年10月,β_0 为截距项,β_1 - β_3 为回归系数。ε_t 为随机干扰项。

根据回归结果,R^2 为0.6176,F 统计量为65.00,方程拟合程度较好。LNE、LND、LNX 均通过1%显著性水平检验。表明汇率对出口价格存在显著影响,系数为 -0.2833,

即其他条件不变的情况下,关税成本每升高1%,会带来出口价格上升0.2833%。

(二)出口价格对出口总量的影响

出口需求与出口商品实际相对价格、外国商品价格水平以及外国需求水平相关。选取剔除价格因素后美国对华出口量的变动作为被解释变量,美国对我国进口实际相对价格为解释变量,美国物价水平、美国市场需求水平为控制变量建立多元线性回归模型:

$$LNEX_t = \beta_0 + \beta_1 LNP_t + \beta_2 CPI_t + \beta_3 LNY_t + \beta_4 LNS_t + \varepsilon_t \qquad (2)$$

其中,LNX为美国对华进口金额,LNP为美国对华进口实际相对价格,CPI为美国消费者物价指数当月同比,LNY为美国工业生产指数对数,t表示2006年1月至2019年10月,β_0为截距项,$\beta_1 — \beta_4$为回归系数。ε_t为随机干扰项。

根据回归结果,R^2为0.6079,F统计量为83.73,方程拟合程度较好。LNP、LNY、CPI均通过1%显著性水平检验。表明出口实际相对价格对出口量存在显著影响,出口价格弹性系数为-2.006。也就是出口价格每上升1%,会带来出口规模下降2.006%。

(三)结果测算

基于前面分析,得到关税变动对出口价格传导系数为0.283,出口需求价格弹性系数为-2.006。结合中美贸易摩擦中美国对我国出口商品主要征收10%、25%的关税,分别测算两种关税成本对广东出口的影响。

假设美国对我国产品征收10%的关税,广东出口到美国的商品价格会上升2.83%,由于关税对出口价格的传导不完全,广东出口商需要自行承担损失达-6.52%;同时相对价格上涨2.83%会导致美国商品进口量下降5.68%,二者会导致广东出口规模下降11.83%。若征收25%的关税,广东出口至美国的产品价格上升7.08%,广东出口商需要承担人民币价格下降损失14.34%,出口量会下降14.20%,二者会导致广东对美出口规模下降26.50%。

四、中美贸易摩擦对广东行业总产出的影响分析

为了精确地度量出口对经济增长的影响,基于进口内生的投入产出模型,剔除了各部门出口中包含的中间品的进口投入,测算2016—2018年各行业出口变动导致的总产出的变化,从而可量化分析中美贸易摩擦前后广东省出口状况变化产生的对广东各行业的影响(模型及计算略)。

(一)进口系数

进口系数反映该部门在生产过程中,对于进口中间品的依赖程度。进口系数越高的行业,其产出受到对外贸易的影响越大。随着中美贸易摩擦的加剧,中方采取了相应的反制措施,例如中国对美国大豆等商品提高了关税。这些措施势必对中方对美进口数量产生负面影响,而进口系数高、生产比较依赖进口中间产品的行业的生产过程也会首当其冲地受到影响。42个部门的进口系数如表11所示:

表 11 广东省 42 行业产品生产的进口系数

行业	进口系数(%)	行业	进口系数(%)
仪器仪表	42.05	煤炭采选产品	5.62
石油和天然气开采产品	33.03	其他制造产品	4.98
通信设备、计算机和其他电子设备	25.71	金属制品	4.55
金属矿采选产品	25.33	水利、环境和公共设施管理	4.48
废品废料	25.23	非金属矿和其他矿采选产品	4.3
科学研究和技术服务	20.71	木材加工品和家具	4.3
文化、体育和娱乐	18.26	非金属矿物制品	4.28
专用设备	16.32	纺织服装鞋帽皮革羽绒及其制品	3.41
交通运输、仓储和邮政	15.92	金融	1.99
化学产品	14.3	信息传输、软件和信息技术服务	1.49
金属冶炼和压延加工品	13.75	居民服务、修理和其他服务	1.1
电气机械和器材	10.99	建筑	0.15
通用设备	10.79	公共管理、社会保障和社会组织	0.13
农林牧渔产品和服务	10.17	电力、热力的生产和供应	0.08
纺织品	9.89	教育	0
石油、炼焦产品和核燃料加工品	8.6	金属制品、机械和设备修理服务	0
食品和烟草	8.32	燃气生产和供应	0
住宿和餐饮	7.7	水的生产和供应	0
交通运输设备	7.53	批发和零售	0
造纸印刷和文教体育用品	7.45	房地产	0
租赁和商务服务	6.23	卫生和社会工作	0

从表中可以看出,以制造业为代表的工业会更加依赖进口的中间产品。仪器仪表会受到进口数量下降的负面影响最为显著,达到了 42.05%。与之相反,服务业与商业受到中国实施的关税提高等反制措施的影响最小,其中,有六个部门的生产过程并不会直接依赖进口产品。所以,中美贸易摩擦不仅会从美国提高关税导致的出口数量下降来影响广东省经济增长,中方的反制措施导致的对美进口额下降也会通过影响生产过程而对广东省各部门的总产出产生负面冲击。

(二)出口变动对总产出的影响

基于计算的 42 个行业的进口系数的基础上,计算 2016 年到 2018 年由于进口数量的变化导致各行业增加值的变化,更清晰地反映出口量变化给各行业造成的相对影响,通过研究各行业因出口变动导致增加值变化与各行业的总产出值的比值,从而计算出各行业出口量对产出的影响值。

表12 2016—2018年广东省42行业出口量变动对总产出的影响值

行业	出口变动对总产出的影响值(%)		
	2016	2017	2018
金属矿采选产品	0.0041	0.0335	0.0163
科学研究和技术服务	−0.0076	0.0369	0.0305
纺织品	0.0323	0.4266	0.2072
居民服务、修理和其他服务	−0.2742	1.0422	0.0945
金属制品	−0.5852	−0.1025	0.1261
化学产品	0.0077	0.0213	0.0194
公共管理、社会保障和社会组织	0.0000	0.0001	0.0001
电力、热力的生产和供应	−0.0099	0.0224	−0.0171
建筑	−0.0074	0.0246	0.0171
石油和天然气开采产品	−0.0024	0.0333	0.0181
金属冶炼和压延加工品	−0.0008	0.1792	0.1127
食品和烟草	−0.0049	0.0479	0.0304
煤炭采选产品	−0.0598	0.0042	0.0236
文化、体育和娱乐	−0.0154	0.1516	0.0676
批发和零售	−0.0072	0.0516	0.0396
通信设备、计算机和其他电子设备	−0.0433	0.2771	0.2516
仪器仪表	0.0072	0.1368	−0.0289
交通运输、仓储和邮政	−0.0080	0.0274	−0.0015
信息传输、软件和信息技术服务	−0.0031	0.0424	0.0207
住宿和餐饮	−0.0089	0.0610	0.0652
造纸印刷和文教体育用品	−0.0012	0.0778	−0.0080
电气机械和器材	0.2644	−0.0564	−0.1859
租赁和商务服务	−0.0164	0.1336	0.0652
木材加工品和家具	−0.0417	0.0939	0.0647
燃气生产和供应	−0.0566	0.3100	0.2980
纺织服装鞋帽皮革羽绒及其制品	−0.0020	0.0074	0.0036
房地产	−0.0115	0.0716	0.0549
水利、环境和公共设施管理	−0.0005	0.0038	0.0024
废品废料	−0.0098	0.1564	0.0735
农林牧渔产品和服务	−0.0202	0.0779	0.0371
非金属矿物制品	0.0021	0.0427	0.0338
金属制品、机械和设备修理服务	−0.0389	0.2083	0.2801
金融	−0.0096	0.0658	0.0409
教育	−0.0030	0.0273	0.0174
石油、炼焦产品和核燃料加工品	0.0049	0.0818	0.0453

续表

行业	出口变动对总产出的影响值（%）		
	2016	2017	2018
交通运输设备	−0.0521	0.2489	0.3424
其他制造产品	−0.0179	0.1002	−0.0602
专用设备	0.0038	0.0248	0.0112
通用设备	−0.0004	0.0041	0.0020
卫生和社会工作	0.0000	0.0001	0.0001
水的生产和供应	−0.0709	0.2265	0.0560
非金属矿和其他矿采选产品	0.0273	0.0381	−0.0428

注：负值表示该行业本年比上年由于出口量下降对行业总产出的负向影响。

根据表12表明，一方面，广东在2018年受到中美贸易摩擦冲击影响最大的七个部门分别是：电气机械和器材、其他制造产品、非金属矿和其他矿采选产品、仪器仪表、电力和热力的生产和供应、造纸印刷和文教体育用品、交通运输和仓储和邮政。这些受到影响的行业主要是制造行业，并均可以在美对华三次关税清单里找到。其中，相比于消费品，中间商品的生产与出口受到的影响最为突出，因为美国公布的前两次关税清单主要针对的是零部件、设备仪表等中间商品与原材料，而针对中国消费品出口的3000亿美元清单最后公布，所以这一领域行业受到的冲击尚不明显。

另一方面，相比于以制造业为代表的工业，广东省的商业与服务业总产出受到中美贸易摩擦的冲击较不明显，出口对其产出的影响依旧保持为正向，这些行业大部分已经走出了2015—2016年出口额下降导致的负面影响。这说明广东省产业调整，进行"供给侧改革"的政策的效果十分显著。在中美贸易摩擦的间接冲击下，这些行业的发展保持了良好的稳健性。在面临中美贸易摩擦的当下，广东省应该继续扩大对外开放的规模。中国正在倡导"一带一路"的建设，鼓励企业向"一带一路"周边国家出口与投资，就是在减小我国出口业对西方发达国家与东亚周边经济体的依赖程度，防止再次出现金融危机或"贸易战"对我国对外经济"走出去"的负面影响。

（三）粤苏浙比较分析

相比于苏浙两省，广东大部分行业在2018年的总产出因出口数量下降受到了更大的影响。通过对比研究测算的三省同行业出口量变动对总产出的影响权重的数字大小，可以看出大部分行业的指标数据，广东的影响权重的数值是最大。江苏省仅有燃气生产和供应、文化及体育和娱乐、租赁和商务服务和水的生产和供应这四个行业的指标数值大于广东省，而浙江省仅有纺织品、食品和烟草、造纸印刷和文教体育用品、纺织服装鞋帽皮革羽绒及其制品和通用设备这五个行业的影响权重相比于广东有更大的数值。表明广东省各产业的生产具有更大的对外贸易依存度，其产出对出口数量有更大的敏感度（见表13）。

表 13 2018 年苏浙粤三省 42 行业出口量变动对总产出的影响值

行业	出口变动对总产出的影响值(%)		
	浙江省	江苏省	广东省
金属矿采选产品	0.0027	−0.0154	0.0163
科学研究和技术服务	0.0031	0.0095	0.0305
纺织品	−0.2618	−0.1753	0.2072
居民服务、修理和其他服务	0.0125	0.0323	0.0945
金属制品	0.0285	0.1231	0.1261
化学产品	0.0162	0.0083	0.0194
公共管理、社会保障和社会组织	0.0000	0.0000	0.0001
电力、热力的生产和供应	0.0102	0.0126	−0.0171
建筑	0.0049	−0.0246	0.0171
石油和天然气开采产品	0.0152	0.0151	0.0181
金属冶炼和压延加工品	0.0035	0.0629	0.1127
食品和烟草	−0.0473	0.0247	0.0304
煤炭采选产品	0.0128	0.0052	0.0236
文化、体育和娱乐	0.0124	0.1028	0.0676
批发和零售	0.0184	0.0216	0.0396
通信设备、计算机和其他电子设备	0.0582	−0.0652	0.2516
仪器仪表	−0.0042	−0.0108	−0.0289
交通运输、仓储和邮政	0.0004	−0.0004	−0.0015
信息传输、软件和信息技术服务	0.0102	0.0122	0.0207
住宿和餐饮	−0.0709	0.0320	0.0652
造纸印刷和文教体育用品	−0.0121	0.0074	−0.0080
电气机械和器材	−0.0091	−0.0530	−0.1859
租赁和商务服务	0.0072	0.1064	0.0652
木材加工品和家具	−0.0397	0.0325	0.0647
燃气生产和供应	0.0516	0.4941	0.2980
纺织服装鞋帽皮革羽绒及其制品	−0.0121	0.0032	0.0036
房地产	0.0085	0.0048	0.0549
水利、环境和公共设施管理	0.0002	0.0012	0.0024
废品废料	0.0107	0.0583	0.0735
农林牧渔产品和服务	0.0042	0.0032	0.0371
非金属矿物制品	0.0062	−0.0239	0.0338
金属制品、机械和设备修理服务	0.0849	0.2542	0.2801
金融	0.0053	0.0326	0.0409
教育	0.0172	0.0032	0.0174
石油、炼焦产品和核燃料加工品	0.0156	−0.0327	0.0453
交通运输设备	0.0832	0.0351	0.3424

续表

行业	出口变动对总产出的影响值（%）		
	浙江省	江苏省	广东省
其他制造产品	0.0601	0.0512	−0.0602
专用设备	−0.0128	−0.0108	0.0112
通用设备	0.0035	0.0003	0.0020
卫生和社会工作	0.0000	0.0001	0.0001
水的生产和供应	0.0213	0.0715	0.0560
非金属矿和其他矿采选产品	−0.0041	−0.0239	−0.0428

五、中美贸易摩擦对广东工业的脉冲分析

为了进一步分析中美贸易摩擦对广东省工业部门生产存在动态关系，基于向量自回归模型（VAR Model），分析出口数量对广东省工业增加值的量化影响，并在此基础上测算出口数量变化对广东省工业产出的冲击。

通过选择广东月度工业产值作为被解释变量，月度出口数量作为解释变量，对数据作预处理，平稳性检验，格兰杰因果关系检验（略）。

建立的联立方程：

$$\begin{cases} LNINDUSTRY = 0.211 - 0.308 LNINDUSTRY(-1) + 0.585 LNEXPORT(-1) + \varepsilon_1 \\ LNEXPORT = 10.124 - 0.127 LNINDUSTRY(-1) + 0.475 LNEXPORT(-1) + \varepsilon_2 \end{cases}$$

该方程表明，广东省工业产值对出口数量的弹性为0.585%，两个经济指标的变动方向是相同的。因此，其他条件不变的情况下，当出口数量每变动1%，广东省工业产值则正向变动0.585%。

运用脉冲响应分析（略）可以看出，广东省工业产值的变化对出口数量的冲击是有明显的同向响应。说明出口数量的变化对于广东省工业产出的影响是明显的短期影响，滞后期大概为一个月；从长期来看，出口数量变化的冲击不会对广东省工业产出造成根本性影响，影响效果会在第四个月基本消失。这表明了，短期内市场存在供求弹性，出口数量的变化对广东省工业生产的影响比较显著；但在中长期，企业可通过自身经营策略的调节，以及对国内市场的开发，来充分消化出口数量带来的冲击，影响效果随之减弱。

同时，工业产值对出口数量冲击的响应与两个经济指标对自身冲击的响应，其影响效果均是随时间呈现下降趋势，没有滞后效应的影响。冲击影响的效果大概在第3到4个月降为零，也是典型的短期影响。这说明了，出口数量与工业产值这两个经济指标有明显的稳健性，短期的自身冲击不会造成长期的根本性的影响。采用方差分解分析（略）中美贸易摩擦对于广东省工业的长期影响效果同样是结果。

六、政策建议

（一）促进和引导农林牧渔行业结构升级

广东农林牧渔行业进口系数为10.17%，在42部门中处于中游水平，从2018年出口

变动对总产出的影响权重来看,农林牧渔行业为0.0371%,受中美贸易摩擦冲击并不严重。中美贸易摩擦对广东农林牧渔行业的负面影响,更多是由于中国对美加征关税的反制措施造成的。对美国农产品加征关税是中国重要的反制手段,这会推高大豆等农产品进口价格,从而导致豆粕及其替代品价格的提高,最后使得饲料的成本以及畜禽水产品的生产成本及价格升高。面对农畜禽水产品成本及价格升高的情况,政府应该通过提供补贴、贷款支持、价格保护等多方面扶持畜禽水产品加工企业。可以在用地、水电、购买设备、税费等方面对畜禽水产品加工企业予以补贴,允许他们使用部分自混饲料替代使用豆粕的工业化饲料,从而降低豆粕的需求,降低企业生产、经营成本。发挥广东的沿海优势,和其他国家加强交流合作,获取廉价的原材料替代货源,降低在贸易摩擦中的风险和损失。美国2000亿美元的征税清单中,包含了我国绝大多数出口美国的水产品和果蔬产品。中国也相应地对美国对华出口量比较大的农产品,如大豆、谷物、棉花、猪肉等产品提出了征税反制措施。两国农业都极大地受到了贸易战的波及。但相比之下,美国农业收到的冲击会更大一些。中国应该借此机会,主动与美方磋商,化解贸易摩擦的负面影响。

(二)采矿业企业积极走出去

广东采矿业进口系数为25.33%,对进口依赖性较高。在受贸易摩擦影响最大的七大部门中排名前三,这一方面来自于中美贸易摩擦中相关制造业行业出口下降,再加上国内经济结构的转型升级,国内外对于大宗商品的需求会不断降低,这会导致对金属工业品的需求会随之萎靡。为了保证采矿业行业的正常发展,政府可通过实施以下措施来降低这一行业的系统性风险。首先,政府应该加大对本地采矿业企业积极"走出去",进行跨国合作的政策扶持力度。在以美国为首的西方国家努力推行贸易保护主义的当下,全球主要的矿产资源早已经被西方大型跨国公司所垄断。而积极"走出去",与境外同行业公司展开合作,投资境外优质矿产地,有助于帮助提升本地矿产企业的全球竞争力。其次,政府应加大对采矿业转型的引导力度,提高该行业的资源配置效率。应该继续响应国家政策的号召,进一步加大对采矿业"简政放权"的力度。相关政策可以让采矿业部门企业在中美贸易摩擦的压力下,可以采取更灵活的应对措施,而不会受到政策较为严苛的约束,从而激活这一行业的活力。最后,应加大对相关企业技术创新的鼓励力度。通过提升采矿业相应的生产技术水平,提高该行业的平均生产力与竞争力。

(三)加速制造业的技术密集型升级

广东受中美贸易摩擦冲击最大的行业主要是制造行业,其中仪器仪表会受到进口数量下降的负面影响最为显著,达到了42.05%,出口变动对产出的影响权重也相对更高,金属制品权重为0.1261%,通信设备、计算机和其他电子设备为0.25165%,电气机械和器材为-0.1859%。中美贸易摩擦的爆发使得各种生产要素的价格随之上升,关税清单里出口美国的相关产品的关税成本也同样提高,相当数量的制造业企业收到的订单量受到了严重的负面影响,国际订单也会选择东南等其他发展中国家,甚至重回美国本土。2019年,占广东省出口额近七成的机电类产品,其出口增速跌至仅为0.6%。纺织品、家具也是广东省受到制裁影响较为严重的出口产品。为减轻广东省制造业的压力,加快行业转型升级的速度,政府应该采取以下措施:首先,应鼓励制造业企业加大研发力度,重点发展高技术制造业。同时,也可以提高研发经费在财政支出中的比重,积极引导制造业企业进行技术创新。其次,广东省应该将劳动密集型制造业从经济发达的珠三角地区,向肇庆、江门等经济较为落后的地区转移。为了保证产业转移后,广东制造业生产效率不会受到较大影响,应提供相应的政策保障,例如政府应该根据本地区自身发展特征与资源禀赋,有针对地引入相关产业。同时,不同地区也应该避免引进同质化的制造业,从而造成广东省各地区之间的恶性竞争。最后,应注重对本省制造业总体发展的科学性规划,继而为全省制造业的发展营造良好的发展环境。和级政府因地制宜,制定本地区制造业发展规划。地区与地区之间制造业的发展做到相互协作,互不冲突,增强本省制造业整体抗击风险的能力。制造业是美方制裁中国措施的首要目标,美方希望通过打压中国制造业来达到振兴本土制造业的目的。为了更好地应对贸易战的冲击,中国可以参考新加坡在中国建立工业园的方法,为企业在海外建立基地提供优质服务。在商务、外汇管理等部门的支持下,制造业等工业企业可以发挥好海外产业园平台的作用,企业先行、政府跟进搭台,加快沿线国家产业园区建设。

(四)加快畅通供应链产业链

交通运输行业整体对外依存度不高,除航运港口板块因与国际贸易紧密相关之外,中美贸易摩擦对交通运输各细分板块带来的负面冲击并不明显。其中,航空则主要受中美贸易摩擦所带来出境需求减少的消极影响;快递物流与机场因中美国际业务占比较低,贸易摩擦带来的影响也相对有限;公路主要受国内区域经济发展的影响,具有相对独立性,影响相对较小。为应对中美贸易摩擦所带来的外部市场需求变化和国内经济下行趋势,交通运输行业应积极服务于区域经济发展格局和产业结构的升级转换,快速布局贸易运输线路,积极转换产能,丰富运输贸易格局,合理放缓美国为目的地的线路建设规划。同时广东的交通运输作为粤港澳大湾区区域协同发展的基石,应重点关注区域互联互通下的交通一体化。在加速省内城市群联通方面,广东省需继续加快城市轨道、城际高铁、高速公路的建设,并且重点关注主要城市之间联通融合工程项目的建设和完善,如港珠澳大桥、深中通道、虎门大桥等;在强化对外贸易门户和国际化地位方面,广东应该注重港口分工以发挥协同效用。目前广东省内已形成"大小港口错落,互相依存"的港口群,但是仍存在功能同质化严重、竞争明显、浪费港口潜能等结构性问题,应参照国外先进港湾建设经验,让各港口依托各自区位优势进行分工,将各大港口串联起来。从对接国际外贸,到负责国内贸易,不同港口负责整条服务链的不同部位,形成一个广域港湾,将各港口的竞争力转换成了整体合力。航空机场方面目前主要的问题是产能的规划建设,应该按照城市群的规划定位新建和扩建机场,提升广州和深圳机场国际枢纽竞争力,增强佛山珠海等机场功能,形成世界级机场群。特别是在中美贸易摩擦加剧的当下,中国更应该加大在经济层面的对外交流活动,而交通运输业将在其中扮演重要的角色。由于全球性新冠肺炎疫情,中国航空业特别是国际航班受到了较大的影响。中国交通运输行业应该灵活地采取措施,来防御疫情冲击,例如将目标用户的重心放在国内旅客或客户身上,并积极与其他行业加强合作,共同协助保证复工复产的任务顺利执行。

(五)力促租赁和商务服务业产业化

由广东的投入产出表可以看出,各产业对第三产业依存关系不断愈加紧密。由于中美贸易摩擦对商业服务业整体上冲击较小,具有较强抗风险能力。因此大力发展第三产业,使其成为经济发展动力尤为重要。近年来我国的租赁和商务服务业处于快速发展阶段,经济占比逐年提高,就业吸纳能力强。但目前我国租赁和商务服务业还缺少国际性品牌,竞争力比较弱。对于作为国家改革发展的排头兵,广东应加大对租赁和商业服务业的重视程度,突出其在广东经济发展的作用。应该进一步规划租赁和商业服务业的未来发展方向,促进其国际化与市场化发展。同时,应创造良好发展的经营环境,为租赁和商业服务业的产业化发展提供良好外界条件。商业服务业具有高度可分离性与聚集效应,因此广东有必要科学指导其集聚发展,即在一定地理区域内高度集中大量相互联系的商业服务业。支持机构通过知识外部性和公共基础设施的共享,减少交易成本,形成支持产业发展的规模经济和范围经济,提高产出效率和竞争力。随着中美贸易摩擦的升级,以及瑞幸咖啡丑闻的爆发,美国证券开始加强了对中概股的监管力度,导致了许多中国企业重新回国回港上市。面对这些压力,应该继续加大金融业对外开放的步伐,在发展实体经济的基础上对租赁和商务服务业进行转型升级,让租赁和商业服务业的产业化发展更好地为实体经济的发展助力。

参考文献

[1] 段玉婉,刘丹阳,倪红福. 全球价值链视角下的关税有效保护率——兼评美国加征关税的影响. 中国工业经济,2018(07):62-79.
[2] 范思立. 时评 | 中美签署协议将推动双方经贸更大发展. 中国经济时报 https://baijiahao.baidu.com/s? id=1655967590972268405&wfr=spider&for=pc.
[3] 范耀璋. 中美贸易摩擦对人民币汇率影响的实证研究[D]. 山东大学,2019.
[4] 龚夏玥. 中美贸易摩擦及中国应对措施[D]. 华东师范大学,2019.
[5] 郭晴,陈伟光. 中美贸易摩擦对中国国际贸易的影响及对策研究[J]. 经济社会体制比较,2019(05):78-90.
[6] 韩中,王刚. 基于多区域投入产出模型中美贸易隐含能源、碳排放的测算[J]. 气候变化研究进展,2019,15(04):416-426.
[7] 焦慧莹. 中美贸易摩擦的制度分析[J]. 宏观经济管理,2018(09):86-93.
[8] 李嘉惠,张颖. 中美贸易摩擦对广东出口贸易的影响[J]. 合作经济与科技,2019(04):85-87.
[9] 李嘉图. 政治经济学及其赋税原理[M]. 北京:商务印书馆,1976:174-175.
[10] 陈新年. 我国工业对进口的依赖状况及其对策[J]. 国际贸易,1990(01):49-52.
[11] 陈新年. 我国经济对进口的依赖度[J]. 经济纵横,1990(09):22-23+21.
[12] 邓学龙. 中国旅游产业融合发展路径选择——基于投入产出视角[J]. 创新,2020,14(01):42-53.
[13] 于杏娣,陈锐. 人民币升值、进出口贸易和中国产业结构升级[J]. 世界经济研究,2014(09):16-22+87.
[14] 霍伟东,周荃,宋易珈. 中美贸易摩擦与美国贸易政策的战略转移[J]. 亚太经济,2018(05):49-56+64+150.
[15] 孔炯炯. 我国进出口贸易结构对产业结构的影响——基于VAR模型的实证分析[J]. 湖南社会科学,2014(01):115-118.
[16] 李嘉惠,张颖. 中美贸易摩擦对广东出口贸易的影响[J]. 合作经济与科技,2019(4).
[17] 李敬湘,肖勇勇. 广西产业关联与产业结构演化分析——基于投出产出表数据的分析[J]. 广西质量监督导报,2019(06):92-94.

[18] 李奎,唐林.中美贸易摩擦对广东开展国际技术转移转化的影响及对策[J].科技与金融,2019(11):12-16.

[19] 李梦然.GTAP模型下中美贸易摩擦经济影响的实证分析[J].皖西学院学报,2020,36(01):76-80.

[20] 刘捷.对外贸易对江苏经济增长的作用研究[D].南京工业大学,2005.

[21] 刘明,王忠民.中国城市化进程对于城乡收入差异的影响[J].经济师,2014,10:13-16+20.

[22] 马歇尔.经济学原理[M].商务印书馆.1964,下卷.

[23] 任泽平.中美贸易战:原因、影响、展望及应对[J].新能源经贸观察,2018(7).

[24] 沈利生,吴振宇.外贸对经济增长贡献的定量分析[J].吉林大学社会科学学报,2004(04):67-78.

[25] 宋泽明,吉伟伦,宁凌.中美贸易摩擦对湛江市水产品输美贸易的影响及发展对策研究[J].中国渔业经济,2019,37(01):59-70.

[26] 谭祖谊.外贸依存度、相互依存度、经济开放度的比较分析[J].国际贸易问题,2005(11):12-16.

[27] 王兵,陈雪梅.产业结构与广东经济增长——基于VAR模型的实证分析[J].暨南学报(哲学社会科学版),2006(04):46-50+150.

[28] 王磊.对外贸易对中国经济增长影响的实证分析——基于1997~2007年中国进口非竞争型投入产出表的分析[J].山西财经大学学报,2013,35(01):1-7+18.

[29] 王岭曦,唐雪钰,孟纬茜.中美贸易战带来的影响及对策[J].合作经济与科技,2018(24).

[30] 王晴晴.山西省战略性新兴产业与传统产业耦合发展研究[D].山西财经大学,2019.

[31] 王先庆.中美贸易摩擦背景下广东急需构建高水平贸易体系[N].深圳特区报,2018-09-18(B05).

[32] 王治政.美国加征关税对浙江出口、行业产出和GDP增速的影响[J].浙江金融,2019(08):73-80.

[33] 吴佳宁,郑雅茜,郭凌含.中美贸易摩擦对浙江省外贸企业的影响——以嘉兴市为例[J].福建茶叶,2020,42(03):50.

[34] 吴绍钞.对外贸易与经济增长的作用机理研究[D].浙江大学,2007.

[35] 吴振宇,沈利生.中国对外贸易对GDP贡献的经验分析[J].世界经济,2004(02):13-20.

[36] 夏南新.黑市汇率与官方汇率的结构平稳性、因果性和脉冲响应研究[C].中国数量经济学会.21世纪数量经济学(第7卷).中国数量经济学会:中国数量经济学会,2006:273-282.

[37] 谢地,张巩.中美贸易摩擦的政治经济学分析[J].政治经济学评论,2018,9(05):121-143.

[38] 谢士强,曹红辉.广东外贸企业应对中美贸易摩擦的主要做法和成功经验[J].发展研究,2020(03):29-33.

[39] 薛声家,成达建.广东省产业经济的投入产出实证研究——1987、1992、1997年广东省投入产出表比较分析[J].暨南学报(哲学社会科学版),2002(02):80-89.

[40] 亚当.斯密:《国民财富的性质和原因的研究》[M],北京:商务印书馆,1974:15-35.

[41] 尹庆民,宋媛,田贵良.基于投入产出动态分析的煤炭产业波及效应研究[J].资源与产业,2019,21(06):48-59.

[42] 尹翔硕.贸易结构更为重要——中国外贸依存度及进出口贸易的不平衡与不对称[J].国际贸易,2004(03):10-13.

[43] 翟晓颖.中国制造业出口贸易利益的测算与影响因素研究[D].华东师范大学,2019.

[44] 张海梅,陈多多.中美贸易摩擦对广东出口的影响及应对[J].岭南学刊,2019(01):100-110.

[45] 张汉东,胡朝麟.浙江省对外贸易与经济增长、产业结构之间的关系研究——基于投入产出模型的实证分析[J].国际贸易问题,2012(11):74-82.

[46] 张杰.广东省对外贸易对经济增长贡献的实证分析[D].沈阳师范大学,2016.

[47] 周剑勇,葛晋亮. 美国加征关税对浙江省出口的影响分析——基于 HS 编码规则下中美 HTS 码的匹配分析[J]. 浙江金融,2019(02):74−80.
[48] 周剑勇,葛晋亮. 美国加征关税对浙江省出口的影响分析——基于 HS 编码规则下中美 HTS 码的匹配分析[J]. 浙江金融,2019(02):74−80.
[49] 周曙东,郑建,卢祥. 中美贸易争端对中国主要农业产业部门的影响[J]. 南京农业大学学报(社会科学版),2019,19(01):130−141+167−168.
[50] 周效政,韩洁,高攀. 新华国际时评:解决中美经贸问题要有耐心和定力. 新华社. http://news.sina.com.cn/w/2019−10−12/doc−iicezuev1612086.shtml.
[51] 朱晶,张腾飞,李天祥. 关税减让、汇率升值对中国农产品价格的传递效应[J]. 江苏农业科学,2016,44(04):497−501.

作者简介:

杨新洪,广东省统计局,yangxh@gdstats.gov.cn。
夏南新,中山大学岭南学院,xianx@mail.sysu.edu.cn。
杨少浪,广东省统计局,ysl@gdstats.gov.cn。
李珠桥,广东省统计局,lzq@gdstats.gov.cn。
蔡晓冰,中山大学岭南学院,caixiaobing.ice@foxmail.com。
陈宇游,中山大学岭南学院,940744782@qq.com。
张旭杏,中山大学岭南学院,295826243@qq.com。
冯祥中,山大学岭南学院,jrfxccw@163.com。
王铭婵,广东省统计局,wmc@gdstats.gov.cn。